KB124752

사회적 삶의 에너지

상호작용 의례의 사슬 랜들 콜린스 지음 | 진수미 옮김
Interaction Ritual Chains

한울
아카데미

이 도서의 국립중앙도서관 출판시도서목록(CIP)은 e-CIP홈페이지(http://www.nl.go.kr/ecip)에서 이
용하실 수 있습니다. (CIP제어번호 : CIP2009002721)

INTERACTION RITUAL CHAINS

Randall Collins

Princeton University Press

INTERACTION RITUAL CHAINS
by Randall Collins

옮긴이의 말

보통 사람들에게 좋은 자동차란 비싸지 않고 연비가 높은 자동차이다. 승차감이 좋고 모양과 색이 취향에 맞으면 더할 나위 없을 것이다. 이 비유가 적절한지는 모르겠지만, 좋은 사회학 이론도 간결하고 현실 설명력의 범위가 넓은 이론이다.

콜린스(Randall Collins)의 상호작용 의례 사슬 이론은 좋은 이론의 요소를 두루 갖추고 있다. 의례, 상징, 정서적 에너지의 세 요소로 거의 모든 사회 현상을 설명한다. 우리 일상 삶의 구체적 현장에서 이루어지는 미시 상호작용에서 중범위, 거시 수준의 구조와 제도의 발현과 변동, 장기적 역사의 흐름까지 포괄한다. 사회학 이론에서 잔여 범주로 치부되거나 암묵적으로 전제해왔던 감정과 정서의 사회적 형성과 역학, 그 결과를 정면으로 다룬다. 사회학에서 미답의 영역인 개인 내면의 생각 과정도 철학이나 심층 심리학의 몫으로만 남겨두지 않는다.

이 책은 거시 구조의 미시적 토대, 거시와 미시의 연결 기제를 연구해온 콜린스가 연구생활 초기부터 탐구해온 연구 관심사를 집대성하여, 명쾌하고 간결한 이론적 모델을 정립하고 실제 사회 현상에 적용하여 높은 이론적 설명력을 보여준 책이다.

사회학이 이해하고 설명할 수 있는 사회적 삶의 핵심 기제가 무엇인가. 이 책에서 콜린스는 상호작용 의례의 기제라고 답한다. 그 이론의 핵심은 다음과 같다. 첫째, 인간은 정서적 에너지 추구자이며, 정서적 에너지는 개인의 구체적인 일상 삶의 현장, 즉 미시 수준에서 이루어지는 상호작용 의례에서 생산된다. 둘째, 성공한 의례는 집단 소속의 상징을 창조하며 개인에게 정서적 에너지를 생성시키거나 높여주지만, 실패한 의례는 정서적 에너지를 고갈시킨다. 의례에서 창조된 상징은 후속 의례, 개인들의 연결망에서 순환되며 집단의 통합과 유대를 산출한다. 상징은 홀로 있을 때 개인의 내면에서도 재순환되며 집단 소속감과 정서적 에너지를 유지시킨다. 셋째, 개인은 자신이 지닌 문화적 자본에 비해 정서적 에너지 보상이 가장 큰 상호작용에 이끌리며 한 상황에서 다른 상황으로 움직인다. 그래서 사회적 삶은 무수히 많은 상호작용 의례들의 사슬로 구성된다. 거시 구조와 제도는 이러한 상호작용 의례 사슬의 결과로서 형태를 부여받고 유지되거나 변화한다. 이 상호작용의 의례 기제는 겉보기에 성격이 다른 사회 현상인 성 상호작용, 상황적 계층화, 흡연 의례와 같은 일상의 소소한 의례에서 개인성의 현대적 생산에 이르기까지 두루 작용한다.

이론은 간결하고 이론의 적용과 서술은 풍부하다. 서술의 풍부함은 하버드 대학교 학부에서 문학, 수학, 철학을 거쳐 사회학, 심리학, 인류학을 통합한 사회관계학으로 여러 전공 분야를 공부했고, 스탠퍼드 대학교에서는 심리학으로 석사를, 다시 UC 버클리로 옮겨 사회학으로 박사학위를 받은 그의 지적 이력과도 무관하지 않을 것이다. 한때는 극작가나 소설가가 되려고 문학을 공부했고 실제로 소설을 쓴 적도 있는 사람답게 생각과 자료를 엮고 풀어 나가는 그의 글쓰기 솜씨도 매력적이다.

콜린스의 이론이 단 하나의 완결된 사회학 이론이라고 주장하는 것은 과장일지도 모른다. 거시 구조의 위력에 문제의식을 가지고 있는 이들에게 불편하게 여겨질 요소도 분명히 있다. 실제로 미국 학계에 콜린스의 이론이 미시 환원론이라는 비판도 있고, 핵심 개념들이 경험적 연구를 위해 측정하기 힘들다는 한계가 지적되기도 한다. 그렇지만 그의 이론은 사회학 이론의 오랜 쟁점인 거시-미시, 구조-행위의 이분법적 이론화를 극복할 수 있는 잠재력이 큰 이론이다. 미시 환원론이라는 비판에 대해서는 거시에 편향된 추상적인 이론이 지닌 결함과 빈틈보다는 오히려 작으며, 미시에 대한 강조는 현상 설명의 출발점으로 이해하는 편이 옳다는 반론이 가능하다. 거시 구조적 설명은 미시 수준에서는 그와 어굿나거나 거리가 있는 미세한 삶의 결, 개인이 일상에서 실제로 겪는 삶의 생생한 실체를 보기 어렵다. 경험적 연구를 위한 측정의 문제도 이론에 공감하는 연구 공동체가 함께 도전해야 할 과제가 아닐까. 물론 궁극적인 평가는 독자와 사회학계의 몫이다.

콜린스의 이론은 지극히 미국적인 현상을 설명하는 이론이라는 인상을 받는 이도 분명히 있을 것이다. 그래서 1980년대 이래 거시에 편향된 우리 사회학계에서 콜린스가 크게 주목받지 못했는지도 모르겠다. 근대화 이후 격변하는 세월과 억압 체제의 어두운 터널을 지나온 우리 사회의 역사적 체험 탓도 있다. 아직 그 터널을 다 빠져나왔다고 단언하기는 어렵지만 우리의 일상 삶의 모습이 엄청나게 빠른 속도로 변하고 있음도 목격한다. 이 책을 꼼꼼히 읽고 따라가 보면, 어두운 구조의 모습도 지금 빠르게 변하는 모습도 이해하고 설명할 수 있다고 믿는다.

배우고 공부하는 사람에게 눈앞이 환히 열리는 느낌과 공감의 체험만큼 정서적 에너지를 높이는 일이 달리 있을까. 사회학을 공부하는 동안 나는 뒤르켐(Emile Durkheim)의 논증방식, 마르크스(Karl Marx)의 자본주의에 대한 비판적 통찰, 그 뒤를 이은 브레이버만(Harry Braverman)과 부라보이(Michael Burawoy)의 노동 과정 분석, 신경쇠약으로 무너질 만큼 치열했던 베버(Max Weber)의 지식인으로서의 삶을 읽었을 때 그런 경험을 했다. 이제 그 목록에 콜린스도 올려놓아야 할 것 같다.

이 책을 처음 읽고 초벌 번역을 하는 동안 행복했다. 콜린스 식으로 말하자면, 결국 변방의 지식 소매상이 된 내게 이 책이 정서적 에너지를 생산해주었다고 해야 할까. 그래서 고치고 다듬는 긴 고역의 시간을 감내할 수 있었다. 정서적 에너지는 풍족하게 얻었으나 번역은 역시 힘들고 어려웠다. 원문에 충실하면서 수월하게 읽히는 우리말로 옮겨졌는지는 의문이다. 그래도 애는 썼음을 위안으로 삼는다.

결혼식의 진부한 주례사가 짧을수록 좋은 것처럼 군더더기일 수도 있는 옮긴이의 말도 짧은 것이 낫다고 생각하지만, 안내자로서 몇 마디만 덧붙인다. 이 책의 미덕 가운데 하나는 책의 뒤에 실린 적지 않은 분량의 주가 본문 못지않게 풍부하고 흥미로운 내용을 담고 있다는 점이다. 특히 대학원에서 사회학을 전공하고 있는 학생들에게는 좋은 길잡이가 될 것이다. 학계에 있는 독자들에게 토론과 비판, 연구의 자극제가 되었으면 좋겠다는 바람이 있다. 또한 책이 너무 두꺼워 선뜻 읽을 엄두가 나지 않는 독자들은 제1부를 건너뛰고 제2부를 먼저 읽거나, 시간을 두고 흥미를 느끼는 장들을 골라 읽어도 콜린스의 일관된 전언은 충분히 전달될 수 있으리라 믿는다.

남루한 원고로 책상 서랍에 처박히지 않고 세상에 내놓을 수 있도록 도와준 이들에 대한 감사를 빼놓을 수 없다. 초벌 원고를 처음부터 꼼꼼히 읽어주고, 수정 작업을 도와준 포스코 연구소의 박경 박사, 경북대학교 사회학과 대학원에 다니는 최경화, 류숙진, 그리고 표와 그림을 그려준 정숙정에게 고마운 마음을 전한다. 마지막으로 출판과 관련된 여러 업무를 진행해준 도서출판 한울의 여러분에게 감사의 말을 전한다.

이제, 독자들이 직접 맛보고, 이해하고, 평가하시라고, 콜린스가 펼쳐 보이는 세계의 문을 열어 드린다.

2009년 7월

옮긴이 진수미

차례

감사의 말

이 책의 구성에 조언을 해준 미셸 라몽(Michèle Lamont)에게 특별히 감사의 마음을 전한다. 그리고 논평과 비판과 토론에 참여하거나 정보를 제공해준, 라우먼(Edward O. Laumann), 레이스(Ira Reiss), 스틴체콤브(Arthur Stinchecomb), 호츠스칠드(Arlie Hochschild), 브리안 터너(Bryan Turner)와 조나산 터너(Johnathan Turner), 셰프(Tom Scheff), 리(Rebecca Li), 리엔(Bob Lien), 샘슨(Yvette Samson), 푹스(Stephan Fuchs), 깁슨(David Gibson), 베르게센(Albert Bergesen), 에미르베이어(Mustapha Emirbayer), 두니어(Mitch Dunier), 수메르스-에플러(Erika Summers-Effler), 스마르던(Regina Smardon), 보덴(Deirdre Boden), 스케글로프(Emanuel Schegloff), 에크먼(Paul Ekman), 켐퍼(Theodore Kemper), 바네스(Barry Barnes), 와일리(Norbert Wiley), 파인(Gary Alan Fine), 프랭크(Arthur Frank), 요아스(Hans Joas), 콜먼(James S. Coleman), 젤라이저(Viviana Zelizer), 앤더슨(Elijah Anderson), 잉햄(Geoff Ingham), 재스퍼(James Jasper), 디마지오(Paul DiMaggio), 챔블리스(Dan Chambliss), 와인버그(Darrin Wineberg), 왓킨스(Susan Watkins), 엘오(Irma Elo) 등에게 신세를 많이 졌다.

이 책 제3장의 일부는 켐퍼가 편집한 『감정 사회학의 연구 의제(Research Agenda in the Sociology of Emotions)』(Albany: SUNY Press, 1990)에, 제4장은 『합리성과 사회(Rationality and Society)』 5(1993)에, 제7장은 『사회 이론(Sociological Theory)』 18권(2000)에 실렸던 글들로, 뉴욕 주립대학교(SUNY) 출판부, 시카고 대학교 출판부, 미국 사회학회의 허락을 받아 이 책에 다시 실었다.

머리말

　이 책은 고전 사회학에서 현재까지 이어지는 주요 이론적 경로의 논의를 발전시킨 것이다. 뒤르켕(Emile Durkheim)은 가장 핵심적인 문제를 설명하는 수준 높은 이론으로 사회학을 출범시켰다. 무엇이 사람들의 사회 성원의식, 도덕적 신념, 생각하고 소통하는 관념을 생산하는가. 해답의 열쇠는 그 모두가 동일한 기제로 연결된다는 데 있다. 관념은 집단 성원의식의 상징이고, 문화는 사회적 상호작용의 도덕적 − 정서적이라는 말과 같다 − 유형으로 창조된다. 뒤르켕의 이론은 사회 전체의 도덕적 통합 문제를 다룬 총체적 이론으로 해석되고 그 때문에 비판을 받지만, 나는 고프먼(Erving Goffman)과 미시사회학의 눈으로 뒤르켕의 이론을 해석하고자 한다. 이는 상징적 상호작용론, 사회적 구성주의 그리고 감정사회학의 정신으로 해석한다는 뜻이다. 의례 기제(ritual mechanism)를 중심에 두고 미시사회학적 관점에서 어떻게 의례 기제의 설명력을 최대한 이끌어낼 수 있는지 보여주려고 한다. 뒤르켕주의적 기제에서 시작하면 의례의 강도에 따라 사회 성원의식의 유형과 그 변이, 관념의 다양성이 생기는 방식을 볼 수 있다. 그 모두는 넓은 의미에서 전체 수준의 '사회'가 아니라 국지적인 집단, 때로는 일시적이고 계층화된 갈등적인 집단에서 생긴다.

　나는 뒤르켕이나 고프먼의 이론을 문자 그대로 고수하자는 것이 아니라 사회의 흐름과 변이를 이론화하는 데 그들의 사고를 받아들여 우리가 거둘 수 있는 수확을 강조하는 것이다. 제1장은 밀림의 고목에 휘감긴 넝쿨손처럼 뒤르켕을 해석해온 전통에 뒤덮인 장애물을 걷어내고 가장 유용한 부분을 골라내자는 뜻에서 의례에 관한 사회 이론의 지성사를 훑어본다. 일단 매듭을 푼 다음에는 급진적인 미시사회학에서 가장 유용한 부분과 융합시킬 것이다. 미시사회학 분야의 개척자인 고프먼의 이론에서도 가장 유용한 부분만 골라낼 것이다.

　제2장은 고프먼이 상호작용 의례라 부르는, 내가 구성한 이론적 모델을 소개한다. 용어가 정착되면 바꾸기 어려우므로 반드시 상호작용 의례라는 용어로 제한할 필요는 없을 것이다. 더 포괄적인 용어로 초점 공유(mutual focus) 또는 정서적 합류(emotional entrainment) 기제라 부를 수도 있다. 그것은 참여자들이 관심의 초점을 어느 정도나 공유하는지, 그리고 얼마나 강렬하게 정서적 합류가 이루어지는지에 따라 변이를 보이는 상호작용 상황의 모델이다. 초점 공유와 정서적 합류가 강렬해지면, 자기강화적인 되먹임 과정(feedback process)을 통해 저항하기 어려운 정서를 경험하는 순간이 창출된다. 그런 경험이 행위동기를 이끌어내는 힘이 되고, 창조·오염·강화되는 문화적 의미가 된다. 그 한 실례로, 9·11 테러 당시 파국적 상황을 직접 녹화한 자료를 분석하여 새로운 국가적 상징이 창조되는 과정을 살펴본다. 의례는 일차적인 대면 상호작용에서 상징을 창조하고, 이어서 이차적·삼차적 재순환으로 이어진다. 일단 상황의 정서가 녹아들면 상징은 대화의 연결망을 통해 순환되고 개개인 마음의 회로에서 생각으로 내면화된다. 상징을 향한 사람들의 관심은 상호작용 의례 사슬에서 되풀이되는 정도에 따라 열광하고 사로잡히는 감정에서 지루하거나 소원한 감정에 이르기까지 다양하게 나타난다. 재순환되는 상징이 얼마나 중요한지는 일차적인 사회적 만남에서 감정이 얼마나 강렬한 수준에 도달했는가에 달려 있다. 우리는 흔히 상징이 생생하게 의미를 띠는 상호작용 맥락과 거리를 둔 상황에서 상징과 대면하는 경우가 많다. 그래서 상징이 정서적 의미를 얻게 된 상호작용 상황, 이어서 대화 연결망에서 반복되는 과정, 그리고 혼자 있는 상황의 경험을 추적하여 상징의 의미를 푸는 몇 가지 규칙을 제안한다.

　제3장에서 제5장까지는 상호작용 의례 기제가 지닌 함의를 검토한다. 제3장은 정서의 상호작용 이론을 제시한다. 일상에서 인식되는 구체적 감정(분노, 기쁨, 공포 따위)과 내가 정서적 에너지라고 부르는 전형적인 사회적 정서의 차이를

강조한다. 뒤르켐은 성공적인 사회적 의례는 개인 참여자를 힘, 자신감, 진취적 의욕으로 가득 차게 한다는 점에 주목했다. 고도로 집중되고 정서적으로 합류가 이루어진 상호작용에서 일어나는 집합적 열광은, 그 일부가 개인에게 스며들어 집단 정서가 야기된 상황으로부터 떨어져 나온 후에도 한동안 그들의 몸에 남아 있다. 반대로 약하거나 실패한 사회적 의례는 자신을 내부자로 받아들이지 않는 남의 상호작용 의례에 온 것처럼, 정서적으로 상처받은 희생자나 외부자로 머물게 만들고 참여자의 자신감과 진취성, 즉 정서적 에너지를 떨어뜨린다. 상호작용 의례는 모종의 정서를 성분으로 취해 다른 정서를 산출하는 정서 변압기 역할을 한다. 상황에서 생긴 단기적인 감정은 정서적 에너지의 형태로 집단 소속감의 여운을 담고 상황에서 상황으로 전달되고, 시간이 흐르면서 상호작용 의례 사슬을 형성한다. 집단의 경계선과 소속감, 유대, 정서적 에너지의 높고 낮음, 이 모든 특성이 함께 작용한다. 따라서 상호작용의 계층화 — 함께 상호작용하는 상대의 권력 지위가 높은지 또는 낮은지, 그리고 상호작용에 받아들여지는 신분인지 거부되는 신분인지 — 는 개인의 정서적 에너지 수준을 높이기도 하고 낮추기도 한다. 상호작용 상황의 사슬로 자세히 들여다보면, 사회구조는 상호작용 상황의 사슬로서 개인의 정서적 수준에 따라 계층화되는 진행형 과정이다.

명예나 권력은 단순히 불평등한 물질적·문화적 자원의 결과가 아니다. 누가 더 인상적이고 매력적이며 지배적인 사람이 되는가는 상황에서 상황으로 흘러가는 정서적 에너지의 흐름에 달려 있다. 똑같은 상황의 흐름이 어떤 사람의 정서적 에너지 원천을 위축시켜 단순한 추종자나 소극적인 방관자로 머물게 하고 주변으로 밀어낸다. 사회적 지배력 — 그 형태가 리더십이든, 대중적 인기나 지적 창의성이든, 신체적 공격성이든 — 은 거기에 응하는 사람들이 있어서 가능해진다. 어떤 사람은 추켜세우고 또 어떤 사람은 풀죽게 만드는 정서적 과정이 작용하기 때문이다.

제4장은 상호작용 의례가 상황에서 상황으로 이어지는 행위동기의 흐름을 생산하는 방식을 보여준다. 합리적 선택 이론에서 개념을 빌려와 개인이 한 상황

에서 다른 상황으로 방향키를 조정하면서 벌어지는 일들을 예측할 수 있도록 상호작용 이론을 확장시킨다. 어쩌면 이런 이론화가 어떤 사회 이론가들에게는 불편하거나 이단처럼 여겨질지도 모르겠다. 얼핏 보면, 계산속을 지닌 이기적 개인의 이미지는 뒤르켐 학파가 말하는 도덕적 유대를 지닌 미시집합체와는 다르게 보일 것이다. 그러나 나는 합리적 선택 이론은 진정한 상황적 상호작용의 모델이 아니라 개인이 일정한 시간적 간격을 두고 상황에 따라 어떤 행동을 하는지를 보는 중범위 수준(meso level)의 이론이라고 생각한다. 선택은 대안을 놓고 이루어지며, 대안은 실제 삶에서 일련의 계기를 경험하면서 점차 모습을 드러낸다. 합리적 선택으로 분석하기 어려운 예외 사례가 생기는 연유는 미시 상황에서 개인이 생각할 수 있는 가능한 대안의 범위를 잘 가늠하지 못하는 탓이다. 그러나 합리적 선택 모델에서 가장 유용한 부분은 사람들이 계산한다는 사실을 지적한 것이 아니라 의식적으로나 무의식적으로 비용에 비해 이득이 가장 큰 상황으로 이끌리는 경향이 있다고 본 점이다. 인간은 비용과 이득을 그리 잘 계산하지는 못하지만, 상호작용 의례에서 정서적 에너지의 최대치를 얻으려는 근본적인 동기를 얼마나 충족시킬 수 있는지 무의식적으로 판단하며 목표로 향하는 길을 감지한다.

상황의 총합은 곧 상호작용 의례를 위한 시장으로 볼 수 있다. 결혼 시장이라는 익숙한 사회학적 개념을 상기한다면 시장이 별난 개념도 아니다. 또 확대해서 성적 취향의 시장(예를 들어, 단기간의 성적·낭만적 관계를 맺을 수 있는 잠재적 상대자군에서 이루어지는 경쟁적 짝짓기로서, 이성애 시장과 동성애 시장으로 나뉜다)과 친구관계 형성의 시장 역학도 생각해보라. 우리는 모든 상호작용 의례를 하나의 시장으로 개념화할 수 있다. 사람들의 인간적인 감수성을 모욕하려는 뜻이 아니다. 낭만적인 짝을 찾거나 친한 친구를 만들고 싶은 사람들은 보통 진정으로 그 관계에 몰입한다. 서로 문화적 경험의 동일한 지평 안에 있어야 편안하다. 또 무의식중에 비타산적인 방식으로 긍정적 정서를 공유한다. 그러나 이는 미시 수준의 관계에 담긴 내용물이다. 시장 측면은 중범위 수준에서 출현하며 개인이 명시적으로나 묵시적으로 선택하는 상호작용의 총합이다. 모든 사람이 어느 누구와도 다 연인이나 절친한 친구가 될 수는 없을 것이고, 누가 가능한 범위에 들어 있는지, 상대가 이미 다른 사람과 관계를 맺고 있지 않은지가 가장 낭만적인 경우에도 피할 수 없는 영향을 미친다.

내가 상호작용 의례 사슬이라고 부르는 것은 상황에서 상황으로 개인을 끌어당기거나 밀어내는 행위동기의 모델이다. 상호작용 의례 사슬은 참여자들이 축적한 사회적 자원—앞서 있었던 상호작용 의례에서 축적된 정서적 에너지와 소속 집단을 드러내는 상징이나 문화적 자본—과 그들이 만나는 다른 사람들의 축적된 사회적 자원이 서로 맞물리며 시장과 비슷한 방식으로 움직인다. 이 요소들이 맞물리는 정도가 상호작용 의례의 성격을 결정짓는 성분을 이룬다. 사람들은 각각의 상호작용 의례에서 얻은 정서의 강도와 자신의 사회적 지평 안에 있는 다른 상호작용 의례의 강도를 은연중에 비교하여, 자신이 정서적으로 몰입되는 사회적 상황에는 이끌리고 정서적 끌림이 낮거나 반감이 생기는 상호작용은 멀리한다. 따라서 상호작용 의례의 정서적 에너지 시장은 사람들이 삶을 구성하는 상호작용 의례 사슬을 통과하는 과정에서 행위동기를 자극하는 총괄 기제이다.

나는 가능한 한 사회관계의 시장을 구성하는 전체 상호작용 의례 사슬에서 그 순간 개인이 어떤 위치에 있는지를 토대로 개인의 동기를 설명하는 이론을 제시한다. 이를 다른 각도에서 볼 수도 있다. 즉, 개인에게 초점을 맞추는 대신에 상호작용 의례 사슬의 연결고리로서 제도나 전체 사회 영역의 구조화를 살펴보는 시각이다. 여기서 내가 염두에 두는 제도는 좁은 의미의 경제 제도다. 노동 시장, 상품 시장, 금융 제도이다(간단히 말해 '물질 시장'이다). 경제사회학에서 잘 알려진 이론에 따르면 물질 시장은 사회적 신뢰의 관계와 묵시적 게임의 규칙에 깊이 스며들어 있다. 나는 이를 상황에 따라 유동적인 유형을 보이는 것으로 해석한다. 경제사회학자가 다소 추상적으로 다루는 '신뢰'는 정태적인 요소도 아니고 경제 게임 영역을 설정하는 단순한 배경도 아니다. 그보다는 행위의 동력을 제공하는 경제적 동기이다. '사회적 스며듦(social embedding)'이 사실상 경제

행위의 핵심이다. 어떤 종류이든 성공적인 상호작용 의례는 '신뢰'의 다른 이름인 도덕적 유대를 산출한다. 그리고 개인 행위동기의 전체 과정이 상호작용 의례 사슬에서 창출되므로 상호작용 의례 사슬은 신뢰를 산출하는 데서 그치지 않는다. 물질적인 경제 활동이건 순수하게 사교적인 관계이건 작용하는 기제는 같다. 모든 제도 영역에 걸쳐 작용하는 지배적인 동기는 정서적 에너지의 추구이다. 열정적으로 일에 몰두할지 대충대충 때우듯 할지, 기업가가 될지, 겁이 나서 피할지, 투자흐름에 편승할지 아니면 투자한 돈을 빼서 금융 시장이 아닌 다른 데로 정서적 관심을 돌릴지 등 경제 활동의 선택 동기는 각각의 상호작용 의례가 산출하는 정서적 에너지의 정도에 따라 결정된다.

상호작용 의례에서 물질 시장과 정서적 보상을 위한 시장을 가르는 분명한 선은 없다. 두 시장 모두 사람들의 정서적 에너지 추구 동기에 의해 움직인다. 물론 물질 시장에 참여할 때는 보통 열정보다는 절제된 기계적인 마음가짐으로 목표를 맞추려고 하지, 적극적으로 높은 정서적 체험을 추구하지는 않는다. 냉철한 현실주의자는 의례를 위해서가 아니라 생존하려면 물질적 재화가 필요하기 때문에 일한다고 말할 것이다. 나는 사람들이 다른 이유로 물질적 재화를 원하는 경우와 마찬가지로 단지 생존을 위해 일하게 만드는 것도 사회적 동기라는 반론을 제기한다. 사회적 동기의 차이가 경제 행위의 강도를 결정한다. 물질 시장은 물질적 재화의 수요에 따라 움직인다. 물질적 자원은 강렬한 상호작용 의례를 경험하는 데 필요한 성분이기 때문에 물질 경제와 의례 경제는 순환 고리로 연결되어 있다. 각각 서로에게 필요한 투입물이다. 막스 베버의 논리에 따르면, 종교적 체험에 참여하려는 강렬한 동기가 근대 자본주의를 확산시켰다. 내방식으로 일반화한다면, 물질 시장에서 일하고 생산하고 투자하고 소비하려는 동기를 자극하는 것은 상호작용 의례를 행하는 사회 전체의 상호작용 시장이다. 일반 이론의 수준에서는 공통분모 없이 각기 구별된 영역의 동기로써 인간 행위를 설명하는 것은 불가능하다. 구체적인 상황에서 무엇을 선택하는지 그 방법을 보여주지 못하기 때문이다. 이론적 해결책은 고강도 상호작용 의례 시장과 물질적 재화 시장이 서로 영향을 주고받는 통합된 시장으로 개념화하는 방법이다. 궁극적 동기를 물질 추구에 있다고 보면 거기서 사회적 동기를 도출할 수 없다. 그러나 사회적 동기에서 시작하면 두 영역을 통합할 수 있다.

제5장에서는 기본적인 상호작용 의례 기제를 생각의 이론에 응용한다. 핵심 논점은 상호작용 의례가 생산하는 정서적 에너지의 정도가 소속 집단의 중요성과 관련된 관념을 충전시킨다는 주장이다. 그래서 상황의 사슬에서 특정한 위치에 있는 어떤 개인에게는 다른 관념보다 더 쉽게 생각나는 개념이 있다. 그런 관념은 마음에 떠오르거나 입에 붙어 나오는 반면에 다른 관념들은 상호작용하는 데 별로 매력이 없거나 심지어는 보이지 않는 사회적 장애 때문에 제외되기도 한다. 생각은 내면화된 대화－조지 허버트 미드(George Herbert Mead)의 이론적 논점－이다. 따라서 내면의 대화를 거쳐 나오는 외적 대화를 보고 그 내면의 연결 고리를 추적할 수 있다. 지식인은 다른 지식인들과 맺고 있는 관계의 사회적 연결망과 글에서 내면의 사유 과정이 드러나므로 경험적으로 추적하기가 쉽다. 지식인의 사유에 대한 논의에서 출발해 종종 외부로 드러난 자아와 아주 다른 내적 자아를 형성하는 의식과 말, 미처 말로 형상화되지 못한 형태의 생각으로 넘어간다. 대화 분석의 통찰력을 활용하여 내면화된 대화를 경험적으로 연구하는 방법의 보기를 제시한다. 제5장의 논의는 고전 이론에서 터너(Jonathan Turner), 와일리(Nobert Wiley), 셰프(Thomas Scheff), 캣츠(Jack Katz)의 최근 연구에 이르는 상징적 상호작용 이론의 전통에서 도출한 것이다. 그러나 자아의 구성 요소에 대한 미드의 은유－주관적 자아, 객관적 자아, 일반화된 타자－를 내면화된 상호작용 의례에서 이루어지는 관심의 초점과 에너지의 흐름이라는 좀 더 과정적인 모델로 바꿀 수 있다.

제2부에서는 일반 이론을 구체적이고 역사적인 사회생활의 영역에 적용한다. 제6장은 미시 상황의 경험적 관찰을 바탕으로 구성한 성 상호작용(sexual interaction)의 이론이다. 다시 말해, 성적인 상황에서 사람들이 실제로 무엇을 하는지 다룬다. 이 이론은 한 문화권 안에 존재하는 성의 문화적 의미를 다루지도 않고,

개인 수준의 성행위 종류나 빈도 따위의 통계를 다루지도 않는다. 그보다는 사람들이 성행위를 할 때 어떤 종류의 상호작용이 실제로 일어나는지를 보는 이론이다. 어쩌면 자명하게 보일 수 있지만 사회학적으로 검토하면 광범한 대안적 해석이 가능하다. 사람들이 실제로 무엇을 하는지, 무엇이 성적 자극을 주는지하는 문제를 개인의 쾌락 추구 동기만으로 설명할 수는 없다. 무엇이 성적인 것으로 간주되는지, 몸의 어느 부위가 성적 흥분의 과녁이 되는지는 역사적으로그리고 상황에 따라 다양하게 나타난다. 몸의 성적 상징성은 상호작용 의례의 초점과 강도로 구성된다. 성적인 행위의 기준이 되는 형태인 성교는 상호작용의례 모델에 아주 잘 들어맞는다. 성교는 서로의 공감과 집합적 도취의 절정을보여주는 전형적인 상호작용의 형태이다. 가장 원초적인 유대의 형태이며 또 가장 직접적인 도덕성의 기준이다. 사랑과 성적 소유가 결합된 감정은 곧 두 사람으로 구성된 집단에서 의례로 나타내는 강렬한 집단 소속감이다.

이런 기준 모델을 토대로 성 상호작용 의례에서 성기 쾌락과 무관하게 보이는부위가 어떻게 관심의 초점을 형성하는지 보여줄 것이다. 또 성 의례에는 유대수준이 낮은 이기적이고 강압적인 성행위나 그 순간의 상대와 소속감을 지향하지 않는 성행위도 있다. 그러나 이런 성행위도 사회학적으로 설명할 수 있다. 그런 성행위에서 관심의 초점은 당사자들의 관계가 아니라 소속감이나 명성을 얻으려 성을 협상하고 과시하는 더 넓은 무대를 겨냥한다. 미시 수준에서 이루어지는 성 상호작용의 형태는 상호작용 의례 사슬로 연결된 더 넓은 무대에 의해규정된다. 20세기에 성 협상과 자극이 발생하는 공간과 일련의 성 상호작용 관행이 역사적으로 변화하면서 성애가 강화되는 과정을 실례로 보여줄 것이다. 그중에는 현대의 특징적 형태로 발전한 동성애도 있다.

제7장은 20세기 후반에서 21세기 초반의 계층화 현상에 대한 미시사회학적관점을 제시한다. 여기서는 밑으로부터 불평등이 실제로 이루어지는 상황의 시각에서 계층화 현상을 다룬다. 이 미시 경험적 시각은 경제적 계급, 지위 집단, 정치적 권력이라는 베버의 도식과 결과적으로 부합하지만, 통계적 형태의 거시

구조로 보지 않고 일상생활의 역학에서 재구성되는 방식을 다룬다. 우리는 거시적 계층구조의 범주적 정체성이 느슨해지는 반면 상황적 계층화 역학의 비중은 훨씬 더 커지는 역사적 시기에 살고 있다. 상호작용 의례를 행하는 데 필요한 자원 분포의 변화, 그리고 한때는 계층화된 의례의 청중이 되도록 강제했지만 이제는 피할 수도 있게 된 조건의 변화가 계층 간 존대 의례(deference ritual)가 증발하는 현상도 설명해준다.

제8장은 사적 영역과 진지한 공적 임무에서 벗어난 여가 상황에서 이루어지는 작은 의례들을 다룬다. 그 의례들의 역사적 부침에서 사생활과 친교의 자잘한 의례를 구성하는 데 투입되는 사회적 성분의 변화를 볼 수 있다. 고프먼은 이런 의례 연구의 분야를 개척했지만, 선구자로서 보편적인 경향을 보여주는 데 집중한 나머지 의례의 역사적 변화는 주목하지 못했다. 얄궂게도 그는 일상생활의 의례가 대폭 전환되던 시기에 책을 썼다. 당시는 공공연하게 계층의 경계선을 드러내는 형식적 예절이 붕괴하던 시기였다. 그런 의례의 전환을 더러는 1960년대 '반체제문화'의 부상이라고 말하지만, 나는 '고프먼 식 혁명'이라 부른다. 형식성의 표준보다는 탈격식의 표준을 선호하는 쪽으로 바뀐 그 혁명이 바로 21세기로 접어드는 시기에 드러나는 상황적 계층화의 특징적인 모습이다. 계급 차이를 드러내는 기호는 숨겨지고 격식을 갖추는 일은 서투른 짓으로 보인다. 이는 널리 퍼져 있는 일상생활 의례가 전환된 실례로 수세기 동안 일어난 일련의 변화 가운데 하나이다.

제8장은 흡연 의례를 가늠자로 삼아 격식을 갖춘 상호작용 의례에서 일어난 미시적인 구조 변화를 살펴본다. 16세기 이래 다양한 흡연 의례를 만들어낸 조건과 그 시기를 통틀어 의례의 정당성을 둘러싸고 벌어진 갈등을 촉진한 조건은 다른 기호식품의 섭취도 조명해준다. 알코올이나 마약의 사회사에 초점을 맞출 수 있고, 실제로 이론적 렌즈는 다르지만 여러 연구자들에 의해 많이 이루어졌다. 따라서 흡연 의례와 반의례(anti-ritual)는 분석적 논점을 더욱 분명하게 드러내기에 알맞은 신선한 주제이다.

우리는 일상생활에서 분석이 덜 된 현상들의 한가운데에 살고 있기 때문에 적어도 사회학자로서 우리의 인식 틀을 바꿀 기회는 더 많다. 수세기 동안 실패한 뒤 20세기 후반에 금연 운동이 성공한 사례가 대표적이다. 단순한 설명은 담배가 해롭다는 의학적 증거가 더 많아졌고, 흡연을 규제하거나 금지하는 운동이 벌어져 그 결과 자연스럽게 공공정책이 뒤따랐다는 것이다. 그것이 전부라면 이론적으로는 참으로 미숙한 것이다. 사회운동이론, 정치이론, 그리고 생활양식의 변화를 설명하는 이론들은 단순히 과학자가 개입해 사람들에게 자기 이익을 지키라고 말하고 사람들은 그 말을 따랐기에 주요한 사회 변화가 이루어졌다고 주장하는 셈인데, 정작 그것을 입증할 증거는 별로 보여주지 못한다. 이런 미숙한 설명이 사회학계나 다른 학문 분야에서 도전을 받은 적도 없다. 아마도 상당수 사회학자가 금연 운동에 헌신하는 집단에 속한 탓일지도 모른다. 금연 운동이 표방한 범주를 통해 보기 때문에 금연 운동의 성공을 설명이 필요한 사회현상으로 보지 못할 수도 있다. 이데올로기적인 운동 참여자는 자기가 하는 운동을 그다지 잘 분석하지 못한다. 마찬가지로 역사상 여러 형태로 존재했던 흡연자를 관습적으로 다루는 미디어의 광고처럼 중독자가 아니면 모범생이라는 범주로 본다면, 우리도 금연 운동의 표적을 분석하는 데는 그리 좋은 연구자가 못 된다. 멀찌감치 떨어져 전체 역사적 과정을 보아야 중독이나 상습적인 기호식품의 섭취가 단순히 의학적인 문제가 아니라 사회적인 현상임을 이해할 수 있다.

기호식품 섭취 의례에 생리적 작용이 있음은 사실이지만, 생리적 작용이 사회과학자가 아닌 사람들에게 사회적 행위를 설명하라고 우선적 지위를 넘겨주기에 충분한 이론적 근거는 될 수 없다. 상호작용 의례는 보통 신경체계가 리듬을 맞추고 상대의 반응에 대한 상호 기대가 조율될 정도로, 그리고 감정을 불러일으키는 한 사람의 신체적인 생리작용이 다른 이의 몸을 관통해 되돌아오는 상호 반응의 순환 고리가 형성될 만큼 충분히 밀착된 상태에서 이루어진다. 적어도 그 순간은 사회적 상호작용이 생리적 반응을 자극한다. 이는 술, 담배, 마약, 카페인 따위를 섭취하지 않아도 일어나는 인간 상호작용의 기초이다. 상호작용 의례에 기호식품의 섭취가 곁들이면 생리적 효과는 사회적인 효과와 뒤섞이며 사회적인 형태를 띤다. 나는 여기서 단지 정신적 과정과 정서뿐만 아니라 우리 몸이 섭취하는 물질이 무엇이건 그 체험 효과는 같다고 주장하는 강력한 형태의 사회적 구성주의 입장에 선다. 어떤 종류의 음식물이든 화학성분은 독립적인 효과가 있다. 그 효과가 더 큰 경우도 있다. 신경흥분제는 설탕과 같지 않다. 그러나 모든 음식물이 다 신경흥분제처럼 극단적인 범주에 속한다고 가정하는 것은 잘못이다. 대중적인 음식물은 대개 사회적 맥락에 따라 효과가 다양하게 나타나며, 효과는 사회적 용법으로 결정된다. 20세기 후반 흡연의 가장 주요한 인과 요인은 신체적인 효과가 아니라 사회적으로 경험하는 효과이다.

이 책에서 논의된 내용 전체가 의문을 불러일으킬지도 모른다. 모든 것의 사회학화는 너무 지나치지 않은가? 사회학이 다룰 수 없는 것, 개인으로서의 고유한 특성, 우리의 사사로운 내적 체험을 구성하는 무엇을 빠뜨리고 있지는 않은가? 상호작용 모델은 인간을 언제나 군중을 찾고, 혼자 있지 못하고, 내적 생활이 없는 수다스러운 외향적 이미지로만 편향되게 보는 것은 아닌가? 제9장은 이러한 문제를 다룬다. 개인주의 자체도 사회적 산물이다. 뒤르켕과 그 후학, 특히 모스(Marcel Mauss)의 주장처럼 인간의 역사 전반에 걸쳐 사회구조가 분화되는 정도에 비례해 사회는 다양한 개인을 생산해왔다. 사회적 상황이 더 다양해질수록 더 독특한 개인의 체험이 있고 더 다양한 개인이 나타난다. 또 역사적 구성물로서 다양한 개인이 존재하게 됨은 물론이고 개인주의의 이상이나 이데올로기를 생산하는 사회도 있다. 미국 사회가 그렇다. 사회적 상호작용은 개인주의의 상징을 만들어내고 도덕화한다. 공동체를 찬양하는 사회적 상호작용의 의례주의가 사라지자 고프먼이 개인숭배라고 지적한 상황의 의례가 출현해 그 자리를 차지했다.

수없이 다양한 형태의 개인이 출현했고 그 중 다수는 외향적인 사람들일 수 있다. 그러면 어떻게 내향적 인성이 사회적으로 창조되는지 설명해야 하는 과제가 남는다. 나는 내향적 인성을 만들어낸 역사적 조건과 함께 일곱 가지 내향적

인성의 윤곽을 그려보았다. 우리는 내향성을 현대인의 인성 유형으로 보는 경향이 있지만, 어떤 유형은 전근대에도 흔했다. 현대에도 성찰과잉형이나 신경증형을 햄릿이나 현대 생활의 표지처럼 된 프로이트 환자 이미지로 생각하는 사람들이 있지만, 그 밖에 다른 종류의 인성 유형도 많다. 실상 거의 모든 내향적 유형은 사회적으로 만들어진다. 그뿐만 아니라 상황이 요구하면 내향적인 사람도 외향적인 상호작용을 한다. 가장 극단적인 인성 중에는 상호작용 사슬을 타고 끊임없이 내향성과 외향성을 오락가락하며 연기를 계속하는 이들도 있다.

제1부

급진적 미시사회학

제1장
상호작용 의례 이론의 프로그램

    상호작용 의례 이론은 미시사회학의 문을 열어주고 미시사회학은 훨씬 큰 것을 보게 해주는 열쇠이다. 소규모로 지금 여기에서 일어나는 대면 상호작용이 행위의 무대이며 사회적 행위자들의 현장이다. 사회생활의 주체를 발견하려면 대면 상호작용을 보면 된다. 움직임과 변화의 에너지도, 유대의 접착제도, 현상을 유지하려는 보수주의도 그 안에 있다. 거기서 인간 상호작용의 의도와 의식이 제자리를 찾으며 정서와 무의식이 자리 잡는다. 어떤 관용어로 표현하든, 우리의 사회심리학적 경험과 상징적·전략적 상호작용이 이루어지는 곳, 실존적 현상학이나 민속방법론의 장소, 협상·게임·교환·합리적 선택이 이루어지는 곳은 바로 미시적 상호작용의 현장이다. 이러한 이론적 입장은 지나치게 미시적이고 사사롭고 작아 보일지 모른다. 그렇지만 이론의 대부분이 그렇게 미시적이지는 않다. 일부는 미시적 상호작용 수준에서 발생하는 현상을 그저 훑어보는 정도라고 할 수도 있다. 그러나 만일 미시 수준에서 충분히 강력한 이론을 발전시킨다면 대규모 거시사회학적 변동이 지닌 비밀도 풀 수 있을 것이다.

    두 가지 지향점으로 논의를 시작해보자. 첫째, 미시사회학적 설명의 핵심을 개인에게 두지 말고 상황에 두자. 그리고 '의례(ritual)'란 용어는 혼란스러울 만큼 다양한 방식으로 사용되는데, 내가 여기서 의미하는 바는 무엇인지 그리고 왜 이런 접근방식이 설명력이 있는지를 살펴보자.

개인이 아니라 상황이 출발점

이론가에게 분석적 출발점은 전략적 선택의 문제이다. 그러나 근거 없는 취향의 문제는 아니다. 왜 개인에서 시작하기보다 상황에서 출발해 개인의 분석으로 발전시키면 얻는 바가 더 많은가. 겉보기에 개인의 것으로 보이는 행동이나 인식이 어떻게 생기는지, 그 통상적인 경로를 생략하고 상황을 완전히 간과한 채 개인에서 시작하기보다는 공감대가 더 큰 분석을 할 수 있기 때문이다.

상호작용 의례와 상호작용 의례 사슬의 이론은 무엇보다도 상황에 대한 이론이고, 일련의 만남을 거치는 동안 정서와 의식으로 채워진 인간의 몸들이 마주치는 순간적인 만남에 관한 이론이다. 인간 개인, 사회적 행위자란 시간과 공간에 따라 준영속성·준가변성을 띠는 변화하는 존재를 말한다. 비록 개인에게 값어치를 매기고 개인을 영웅화한다고 해도 그런 식으로 사물을 보는 것, 그 열쇠구멍을 통해 세계를 들여다보는 방식은 근세기의 특정한 종교적·정치적·문화적 경향의 산물임을 인식해야 한다. 우리 자신이나 다른 사람들을 파악하는 적절한 방식이라고 하는 것은 일종의 이데올로기이지 미시사회학을 하기 위해 가장 유용한 분석적 출발점은 아니다.

개인이 존재하지 않는다는 말은 아니다. 비록 몸이 개인을 구성하는 요소이지만 개인은 단순히 몸으로만 존재하지 않는다. 나의 분석적 전략(그리고 상호작용 의례 분석의 창시자인 어빙 고프먼의 전략이기도 하다)은 상황의 역학에서 시작하는 것이다. 거기서부터 상황에서 상황으로 움직이는 침전물로서의 개인에 대해 우리가 알고자 하는 바를 거의 모두 도출할 수 있다.

여기서 잠시 가능한 반론을 생각해보자. 우리는 여러 상황을 거치는 개인을 따라다녀 보고 또 주변 상황이 달라져도 나름의 고유한 행동 유형을 나타낸다는 사실을 보고서 개인이 고유함을 알지 않는가? 이러한 진술에서 무엇이 타당하고 무엇이 오도될 수 있는지 가려보자. 이 주장은 개인은 상황이 변하더라도 변함없는 상수라는 가설적 사실을 전제하고 있다. 이 전제가 어느 정도 사실과 부합하는지는 검증되어야 할 문제이다. 우리는 검증을 하지 않은 채 '누구나 알고 있는 것'으로 그냥 받아들이는 경향이 있다. 하나의 도덕적 원리로 우리에게 주입된 탓이다. 모든 사람은 고유한 존재이므로 본연의 모습일 것, 사회적 압력에 굴하지 말 것, 자신의 본래 모습에 충실할 것 따위의 구호가 목사의 설교에서 광고에 이르기까지, 대중문화에서 근대·초현대주의 예술가와 지식인의 전위 행렬에 이르기까지 어디서나 울려 퍼진다. 사회학자로서 우리의 과제는 당연시되는 믿음의 흐름에 편승하는 것이 아니라(성공한 대중작가들은 그렇게 하더라도) 역사의 한 시기에 어떤 사회적 상황 조건이 이런 도덕적 믿음과 사회적 범주의 헤게모니를 창조했는지 사회학적으로 밝히는 일이다. 고프먼의 용어를 빌린다면, 문제는 개인숭배의 사회적 원천을 발견하는 일이다.

이런 전제를 깔고서, 현대의 사회적 조건 아래서 개인은 대부분 고유한 존재라는 주장에 동의한다. 그러나 이는 변함없는 개인의 본질에서 나온 결과가 아니다. 개인의 고유성은 상호작용 의례 사슬의 이론에서 도출할 수 있는 것이다. 개인은 시간과 상황의 혼합물인 상호작용의 사슬을 통과하는 경로가 다른 사람의 경로와 다를 때 꼭 그만큼만 독특하다. 개인을 물화해버리면 만남의 사슬에서 개인의 고유성이 어떻게 형성되는지 설명할 수 있는 가능성을 가로막고, 그 대신 영구불멸의 영혼이라는 기독교 교리의 세속적 각본인 이데올로기만 얻게 된다. 아주 강력한 의미에서 개인은 상호작용 의례의 사슬이라고 말할 수 있다. 개인은 과거 상호작용 상황의 침전물이며 또 각기 새로운 상황을 구성하는 성분이다. 개인은 결정요인이 아니라 성분이다. 상황은 발현되는 것이기 때문이다. 상황은 단순히 상황에 들어오는 개인이 만든 결과물도 아니고 개인들의 조합만도 아니다(그렇기도 하지만). 상황에는 나름의 법칙과 과정이 있다. 그것이 바로 상호작용 의례 이론이 말하고자 하는 바다.

고프먼은 문제는 '사람들과 그 사람들이 마주치는 순간이 아니라 순간과 그 순간에 마주친 사람들'이라고 말한다. 젠더 중립적인 용어로 말하면, 그/그녀와 그들의 상호작용이 아니라 상호작용과 그 상호작용에 개입하고 있는 그/그녀,

그들의 열정이 아니라 열정과 그 열정이 모은 사람들이 문제이다. "쥐구멍의 쥐에게도 볕들 날이 있다"가 아니라 "어느 날 볕이 쥐구멍의 쥐를 비춘다"는 것이다. 아무리 순간적인 것이라 해도 사건이 거기에 연루된 책임자를 규정한다. 만남이 만나는 사람들을 만든다. 비록 기록 수립, 기사 작성, 시상, 연설, 과대광고의 무게가 그 과정을 이해하지 못하도록 가로막기는 하지만, 스포츠 영웅을 만드는 것은 경기이고 정치인을 카리스마적 지도자로 만드는 것은 정치이다. 일상생활의 공통된 현실을 사회학적으로 보려면 인식의 틀(gestalt)과 관점의 전환이 필요하다. 깊숙이 새겨진 통상적인 틀을 깨뜨리기는 쉽지 않다. 그러나 상황의 사회학을 통해 모든 현상을 생각하는 훈련을 하면 할수록 현상과 그 원인을 더 잘 이해할 수 있다.

좀 더 미묘한 혼란을 불러일으키는 원천에 대한 논의로 발전시켜보자. 미시 수준에서 행위자(agency)보다 구조(structure)에 우선순위를 두자는 주장인가? 상호작용의 구조가 모든 것을 결정하고 적극적 행위자는 있을 수 없다고 말하는 것인가?

전혀 그렇지 않다. 행위자·구조의 수사학은 서로 구별되는 것들을 뒤엉키게 하는 개념적 늪이며 수사학이다. 행위자·구조의 구분은 미시·거시 구분에 혼란을 초래한다. 미시·거시 구분은 지금 여기의 상황과 그 국지적 상황들이 서로 연결된 상위의 시공간을 구별하고, 활동성을 띤 것과 그렇지 않은 것을 구별하는 것이다. 미시·거시의 구분은 에너지와 행위에 대한 질문으로 안내한다. 그러나 에너지와 행위는 언제나 국지적이고 언제나 실제 인간이 주어진 상황에서 무언가를 하는 과정이다. 또한 어느 한 현장에서 일어난 행위가 다른 상황으로 흘러들어가고, 한 상황이 다른 현장과 다른 상황으로 이어질 수도 있다. 그 유출 효과의 정도가 이른바 거시 유형을 구성하는 요소이다. 그래서 다수 투자자의 행위가 주식 시장의 유동성을 만들어내고, 군 병참술의 붕괴가 혁명적 위기 상황을 촉발한다는 식으로 말할 수 있다. 그러나 이는 관찰 가능한 실재(가령, 미시사회학자의 현장 관찰 증언)를 줄여서 말하는 방식이다. 그렇게 말하면 마치 거시 수준이 행위를 하는 것처럼 들리지만, 그렇지 않다. 말에 걸려든 것이다. 굳이 행위라는 용어를 고집한다면, 행위는 언제나 미시적이라고 말할 수 있다. 구조는 미시적 행위가 거시적으로 엮인 것이다.

'미시'와 '행위자'를 한쪽 끝에 나란히 놓을 수는 있지만, 둘이 동일한 것은 아니다. 구조는 모든 수준에 다 있다. 미시 상황의 구조는 부분들 사이의 관계를 말한다. 국지적인 만남이 이루어지는 미시 상황에는 행위도 있고 구조도 있다. 미시 수준에서도 행위자를 개인과 동일시하는 오류는 피해야 한다. 나는 개인을 물화하지 않는다면 훨씬 더 진전된 설명을 할 수 있고, 개인은 상황에서 충전된 일시적인 흐름으로 보아야 한다고 주장한 바 있다. 행위를 인간의 몸과 정서에서 나타나는 에너지로, 대면 상호작용에서 생기는 인간 의식의 초점과 그 강도로 또는 상황의 사슬에서 침전된 것으로 묘사하는 편이 낫다. 물론 때로는 개인이 혼자 있을 때 하는 행위도 있다. 그러나 그들의 몸과 마음은 과거의 상황적 만남의 결과로 충전되어 있고, 그들이 홀로 하는 행위도 다른 사람과 소통하려는 목표를 가지고 상호작용 의례 사슬에 자리 잡고 있다면 사회적인 행위이다.

모든 것을 고려해볼 때 '행위자'나 '구조'라는 용어는 적절치 않다. '미시'와 '거시'만으로도 현장에서 현장으로 연결되는 연속선을 그려내는 데는 충분하다. 그러나 상호작용을 활성화시키는 행위와 관계의 양상인 구조는 밀접하게 연결되어 있다. 상호작용 상황의 구조가 상황의 에너지를 창출하고 규정한다고 말함이 아마 최선일 것이다. 그 에너지는 흔적으로 남아 다음 상황으로 이어질 수 있다. 개인은 몸으로 정서에 공명하기 때문이다. 곧 사라질 감정일 수도 있지만, 오래도록 남아 후속 만남을 충전시킴으로써 상호작용의 사슬을 형성하는 결과를 낳을 수도 있다. '행위자'라는 용어가 지닌 또 하나의 결함은 도덕적 책임의 수사학을 함축하고 있다는 점이다. 설명력 있는 미시사회학을 발전시키기 위해 깨뜨려야 할 도덕적 정신구조, 즉 행위를 하는 개인에 대한 찬양(이나 비난)으로 되돌아가게 한다. 나는 이론적 관심을 행위자에 두지 않고, 상호작용 의례의 압력솥에서 뜨거워질 수도 있고 차갑게 식을 수도 있는 감정과 정서적 에너지에 둔다.

구조를 강조하거나 구조의 배경을 이루는 다른 잡동사니를 단순히 행위에 대한 대조용으로 삼는 대신 상호작용 의례의 사슬이 작동하는 방식을 보여주는 작업을 할 것이다.

혼란스러운 용어 사용

두 번째 지향점을 보자. '의례'라는 용어를 고리로 해서 미시사회학을 포괄적인 이론으로 정리하는 일은 부담이 큰 작업이다. 내가 강조하는 용법은 일부 사회학자, 특히 에밀 뒤르켐과 미시사회학 분야에서 가장 창조적인 뒤르켐 추종자인 어빙 고프먼의 용법과 거의 동일하다. 의례는 일시적으로 공유하는 실재를 창조하는 정서와 관심사에 초점을 집중시켜 유대와 집단 소속의 상징을 창출하는 기제를 뜻한다. 그러나 이 이론적 계승이 아주 정확하지는 않다. 고프먼은 나와는 다른 지성사적 맥락과 이론적 동맹관계 안에서 의례라는 용어를 사용했기 때문에 내가 사용하는 특수한 용법이 우리의 문제를 다루기에 유용하다는 것을 보여주고 방어해야 한다. 더 곤란한 것은 '의례'가 신뒤르켐 학파의 사회학 이론보다 훨씬 제한된 의미로(형식성 또는 의전을 가리키는)[1] 사용되는 통상적 어법의 용어라는 점이다. 또 의례에 관한 일련의 구체적인 인류학적 연구들이 있고, 게다가 종교 분야의 '의례 연구'도 있어서 혼란이 가중된다. 때로는 그 용법이 뒤르켐주의 전통을 따르고, 때로는 훨씬 제한된 일상적인 용법을 따르는 식으로 혼란스럽게 뒤섞여 있기도 하다. 따라서 내가 해야 할 준비 작업 가운데 하나는 이론적 함의에서 공통점과 차이점을 밝히는 일이다.

우선, 둘 다 일관성을 보이지는 않는다는 점을 염두에 두면서 인류학적 용법과 미시사회학적 용법의 주요 차이점을 살펴보자. 인류학자는 의례를 사회구조의 일부, 즉 질서를 유지하거나 문화와 가치를 드러내는 장치로 본다. 이는 미시사회학적 접근과는 반대되는 용법이다. 의례를 미시 상황에서 이루어지는 주요 행위 형태로 보는 대신 거시 구조의 단순한 반영으로 본다. 의례를 좀 더 넓고 높은 곳에 이르는 출입문이며 기본적으로 고정되어 있다고 보는 관점이다. 상호 작용 의례 사슬이 유동적이라고 보는 관점과는 뚜렷한 차이가 있다. 어느 한 시점에서 국지적으로 이루어지는 의례는 시간을 초월해 존재하는 전체를 드러낸다는 생각이 오래된 인류학적 입장이다. 20세기 후반의 지적 흐름에서 사용되는 다양한 용법으로 말하자면 구조주의적 접근, 상징적 인류학의 관점, 기호학과 문화적 코드의 관점이다. 종교연구 분야의 용법은 의례를 행위의 국지적 원천으로 보는 급진적인 미시사회학의 용법보다는 초월로 가는 출입문으로 보는 문화인류학적 접근에 더 가깝다. 미시사회학적 관점은 상황을 설명의 분석적 출발점으로 삼는 반면에 구조주의·문화학적 접근은 정반대 지점인 규칙과 의미의 총괄적인 거시 구조에서 시작한다. 미시사회학이 도전해야 할 과제는 상황을 출발점으로 삼아, 흔히 고정된 전체 문화처럼 보이는 것이 사실은 상황에서 창출되는 규칙과 의미의 흐름임을 어떻게 설명할지 보여주는 일이다.[2]

단순한 용법상의 문제가 아니다. 사회학자들에게 가장 유용한 상황적 상호작용의 기제를 보여주는 사람은 여전히 뒤르켕이다. 그는 종교 의례의 상황에 어떤 사회적 성분이 결합되어 있는지, 무엇이 의례를 성공시키거나 실패로 이끄는지 보여주는 모델을 정립했다. 고프먼은 의례를 일상생활 전체에 확대 적용한다. 성스럽고 공식적인 영역과 마찬가지로 세속 영역에서도 개인의 성격과 계층화된 집단의 경계를 규정하는 데 의례가 핵심적인 역할을 한다는 사실을 보여주었다. 이 모델은 더 넓은 범위에도 적용할 수 있다. 몇몇 지적 흐름은 유대·정서·믿음의 차이를 발생시키는 상황적 성분의 인과 기제를 명료하게 구성하는 대신, 의례 연구의 방향을 진화론적 역사의 재구성이나 사회제도의 기능 또는 문화의 우위성을 강조하는 쪽으로 돌렸다.

나는, 우선 의례를 이론화해온 방식을 역사적으로 개관하고, 뒤르켕 모델을 활용하면 다른 이론화 방식보다 의례가 이루어지는 미시 수준의 인과 기제를 더욱 명료하게 볼 수 있다는 시각에서 출발한다. 같은 용어를 사용하지만 불행하게도 아주 다른 문제를 다루는 연구들과 혼동되지 않도록 이론적 초점을 맞출 것이다.

내 목표는 단순히 '뒤르켕과 고프먼으로 돌아가자'는 것이 아니다. 모든 위대한 지성이 그러하듯이 두 사람 모두 우리와는 다른 지적 환경에서 살았다. 이전의 지적 맥락에서 그리고 후속 세대의 지적 움직임과 재결합해 구성된 이론이라서 그들의 관점은 여러 가지로 해석될 수 있다. 후속 세대는 경전의 반열에 오른 인물과 대립되는 해석으로 지적 전략을 짠다. 그런 것이 우리가 행하는 지적 생활의 한 속성이다. 그 역사는 우리가 어디서 와서 어떤 지적 성분을 가지고 작업을 하는지 — 21세기 지식인들의 무대를 구성하는 관념의 지도 — 알려준다는 뜻에서 계몽적이다. 물론 나도 더 폭넓은 지적 제휴를 발전시키려 노력하면서 뒤르켕과 고프먼의 이론으로부터 내 나름의 지적 구성물을 만든다. 과거 지식인들의 정치가 마치 한때는 명료했던 지적 전망에 가해진 불순물에 불과한 것처럼 말하면서 내 방식이 뒤르켕과 고프먼에게서 도출할 수 있는 유일한 방식이라고 주장하는 것이 아니다. 다만 실용적인 기준에서 볼 때 강력한 한 방식이기에 제시하는 것이다. 뒤르켕과 고프먼이 구성한 상황의 인과 모델이, 어떤 일이 왜 어떤 사회적 상황에서는 발생하지만 다른 상황에서는 발생하지 않는지 그 조건을 훨씬 잘 보여준다. 상황은 자주 반복되지만 또 다양하고 변하는 것이기도 하다. 상호작용 의례 이론은 왜, 어떻게 그러한지를 보여준다.

의례 분석의 전통

나는 의례를 다룬 연구 저작물 모두를 포함한 전체 역사를 검토하지는 않을 것이다. 이에 대해서는 벨이 탁월하게 개관한 바 있다(Bell, 1992). 대신 나는 이론적 문제를 정립하는 데 가장 유용한 논점만 밝힐 것이다.

대체로 의례의 이론화는 무인지적 의례 연구(subcognitive ritualism), 기능주의 의례 연구(functionalist ritualism), 그리고 코드 탐색 연구(code-seeking program)와 비판적 검토에 집중되었다. 후자는 흔히 하나로 합쳐 '문화적 전환(cultural turn)'이라는 모호한 이름으로 불린다. 19세기 후반부터 20세기 후반까지의 연구들인데, 일부는 과거의 전통을 계승하고 일부는 다시 등장한 것도 있으며 더러 중복되는 연구들도 있다.

무인지적 의례 연구

의례 분석은 19세기 말에 크게 유행했다. 의례를 주제로 다루는 인류학과 사회학이 상당히 많이 생겨났다. 이 새로운 학문 분야는 다양한 갈래의 학문적 전통에서 출현했다. 1860년대에 역사학자 퓌스텔 드 쿨랑주(Numa Denis Fustel de Coulanges)는 그리스·로마의 재산, 법, 정치의 원천을 탐색했고, 그 속에서 경계가 뚜렷한 가문, 친족, 정치적 제휴가 참여하는 종교 전례가 계승되고 있음을 발견했다. 1880년대에 스미스(William Robertson Smith) 같은 종교학자는 셈족의 고대 종교에서 베두인족의 공동체 밥상 전례와 희생 제의와 같은 관행이 있었음을 발견했다. 1890년대와 그 이후 10년간 프레이저(James George Frazer)를 비롯한 고전학자들은 그리스 문예 전통에서 추앙받는 올림피아 신들의 배경을 둘러싸고 있던 여러 신들과 정령들을 연구하여 고대의 일상생활에서 성스러운 장소에서 이루어지던 종교적 관행의 의미를 이해하려 했다. 니체(Friedrich W. Nietzsche)도 이미 1870년대 초반에 같은 경로로 집대성된 자료를 통해 아폴로 석상과 음란한 디오니소스 석상의 차이를 대조하여 종교적 인물과 사회적 도덕성이 관련되어 있다고 지적한 바 있다. 20세기 초반 이런 연구 작업은 해리슨(Jane Ellen Harrison)과 콘포드(F. M. Cornford) 그리고 머리(Gilbert Murray)를 중심으로 한 캠브리지 고전학파에서 이루어졌는데, 이들은 모든 신화를 최초의 신봉자들이 행했던 종교적 숭배 의례의 관점에서 해석했다. 이 전통에 속한 또 다른 학자인 마렛(Robert Marrett)은 그 의례들을 "원시 종교는 생각으로 드러내기보다는 춤으로 드러냈다"(Marrett, 1914: 100)는 경구로 표현하고 있다.

고전학자와 역사인류학자들의 연구 작업은 그리 추상적이지 않았고 또 이후 학자들과 비교하면 체계적으로 이론화되지도 않았다. 그들의 착상은 특정한 신화를 종교적 숭배 관행으로 추정하고 고대 종교 현장에서 발견한 고고학적 유물과의 연관성을 찾는 데 있었다. 인기가 높았던 지적 흐름 가운데 하나(특히 페미니즘의 대중적인 조류로 재부상하여 현재까지 계속되는 지적 흐름)는 정복자들의 이주에서 기인한 것으로 추정되는 남성 중심적인 종교 의례로 대체될 때까지 존재했고, 또 모든 후속 종교에 선행하는 의례로 간주한 '위대한 어머니' 숭배, 여신 중심의 다산 제의(fertility rite)를 기술하는 작업이었다. 또 다른 갈래는 '원시인들의 정신구조' 원리를 찾아내 이후의 합리적 사고와 어떻게 다른지 비교하는 작업(대체로 탈식민지 시대부터는 거부된 지적 흐름이다), 고대 그리스 철학의 뿌리를 종교적 개념과 신화학의 발전에서 찾으려 한 작업이다. 이 모든 접근방식은 의례와 신화를 역사적 재구성물로 보고 있다. 그래서 좀 더 구체적으로 역사적 단계를 탐구하려는 이론화 경향을 보였고, 때로는 보편적 진화의 유형을 추론하려 했다. 프로이트는 『토템과 금기』에서 원시 부족 사회의 의례를 기술한 인류학적 기록을 사용해서 먼 옛날에 실제로 아들이 아버지를 살해하고 그것이 나중에 죄책감에서 나온 참회 제의(commemorative rite)로 제도화되었음을 증명하려 했다. 프로이트는 개체발생학이 계통발생학을 되풀이한다는, 즉 개인의 정신 발달이 집단의 역사와 같은 궤도를 밟는다는 발생학적 발달 이론으로 의례를 분석했다. 흔히 선교사, 의사, 여행자였던 아마추어 현장 연구 인류학자들은 호기심을 끄는 의례들을 수집하는 데 몰두했으며, 그 의례들을 인류역사에서 살아남은 먼 옛날의 잔존물이라 해석했다.

지적 흐름은 일반적으로 새로이 탐구할 만한 자료를 우연히 발견한 연구자들이 일제히 전면에 나서면서 일어난다. 새로 발견된 자료를 분석하면서 연구자들이 사용하는 개념은 선행 연구자들의 개념을 통합해 지적 도구를 구성하기 때문에 서로 닮는다. 마찬가지로 내가 다른 책(Collins, 1998)에서 밝힌 것처럼, 각 세대의 철학자들은 기존 학파의 진용 안에서 기존의 사상을 재결합하고 부정하고 추상화하는 식으로 제한된 범위의 작업을 한다. 소수의 권위를 지닌 저술가들을 격상시키고 그들을 유일한 발견자로 대우하는 것이 학파의 성원으로서 우리가 해온 관행이다. 그런 관행을 편의상 단순화와 요약으로 받아들인다면 그리 해로울 것도 없다. 인류학자와 사회학자들은 권위를 인정받는 학문 분야의 형태를 갖추면서 어떻게 사회가 작동하는지를 설명하는 이론으로서 의례 연구에 관심을 기울였다. 현장 연구를 하는 인류학자는 현대의 기준으로 보면 비합리적으로 보이는 믿음이 의례의 실행에 뿌리를 두고 있다고 해석하는 흐름을 공유하고 있다. 1909년 반 제네프(Van Gennep)는 대부분의 자료들을 한 사회적 신분에서 다른 사회적 신분으로 이행하는 통과 의례의 도식으로 정리한 바 있다.

나는 고전학자, 고대의 종교역사학자, 그리고 현장 연구 인류학자들이 이룩한 지적 성취의 상징으로서 뒤르켐의 이론화를 선택한다. 뒤르켐은 비교론자이며 통합론자의 우두머리였던 퓌스텔 드 쿨랑주의 제자였다(Lukes, 1973; Fournier, 1994; Alexander, 1982). 제자인 위베르(Henri Hubert)와 모스(Marcel Mauss)는 희생 제의(Hubert and Mauss, 1899/1968)와 기도(Mauss, 1909/1968)를 비교 분석하여 의례를 사회구조의 유지와 관련해 해석하는 '뒤르켐주의' 연구를 출범시켰다. 그들이 성취한 작업을 전체적으로 요약한 가장 좋은 원전은 일반화된 진술이 담겨 있는 『종교생활의 원초적 형태』(Durkheim, 1912)이다.

왜 이 흐름을 무인지적 의례 연구라고 부르는가? 합리성, 더 보편화하면 모든 믿음은 인간 의식의 표면이다. 우리가 맨 처음 만나는 것은 올림피아 신들의 아름다운 신화나 히브리의 구약성서에서 가져온 설교처럼 이상화된 형태이다. 의례 분석은 그 표면의 밑으로 내려간다. 진화론자 세대에게는 이런 절차가 흔히 근대적 합리성으로부터 벗어나 비합리적 토대나 역사적 뿌리를 찾는 작업으로 보였다. 만일 그 이미지가 프로이트의 본능적 자아(id)의 열정으로부터 발현되는 현실적 자아(ego)에 관한 묘사를 연상시킨다면, 프로이트도 반 제네프나 뒤르켐과 같은 세대로 동시대에 작업을 했고 동일한 자료를 사용해서 이론을 도출했음을 기억할 필요가 있다.³ 진화론적 가정은 이후 연구에서 시대에 뒤떨어진 것이 되어 21세기로 접어들면 왕자 대신 매 맞아 주는 소년처럼 지식인들이 즐겨 공격하는 대상이 되었다. 따라서 무인지적 의례 연구라고 부르는 연구 작업은 사회진화론과는 거리가 있음을 강조할 필요가 있다.

관념과 믿음을 플라톤적 본질로 보든 아니면 개인 정신의 산물로 보든, 문제는 분석적으로 관념과 믿음이 충분히 설명되지 않는다는 점이다. 무인지적 연구는 관념이 어떻게 사회적 관행에서 생기는지 이해하려는 작업이다. 뒤르켕은 1912년에 먼저 특별한 사례를 다루고, 그 후 더 일반화해 이론을 구성했다. 특별한 사례에서 뒤르켕은 종교적 관념을 언제나 의례를 행하려고 모인 집단의 소속을 드러내는 상징으로 분석할 수 있다고 주장했다. 일반화한 이론은 인간 이해의 기본적 범주에 드는 모든 것, 우리가 생각할 때 사용하는 우주론적 개념과 논리적 작용에 대한 것이다. 그것도 집단 소속감을 유지시키는 의례에서 생긴다는 주장을 제기한다. 뒤르켕은 집단의 구조와 더불어 변화하는 관념의 유형을 비교하여 증거로 제시 ─ 이것이 뒤르켕 연구 방법의 특징이다 ─ 한다.

뒤르켕 이론 구성의 또 다른 면은 퓌스텔 드 쿨랑주나 니체 같은 선행 사상가들이 어렴풋하게 얼개를 짠 논점을 일반화하고 확장한 것이다. 앞서 살펴보았듯이, 의례를 무인지적 해석으로 보는 연구들은 인지를 사회적 관행 특히 의례 관행으로 설명한다. 1912년 책에서 뒤르켕은 도덕적 신념 역시 의례의 실행에서 형성된다는 사실을 분명히 덧붙이고 있다. 논점의 요지와 논증의 근거는 역시 비교이다. 도덕성은 집단의 조직에 따라 변이를 보이며, 집단구조가 변하면 도덕도 변한다. 니체는 이를 기독교의 노예 도덕성과 그리스를 지배하던 귀족 영웅의 도덕성을 대조시켜 매우 논쟁적인 방식으로 제기한 바 있다. 실제로 모든 종류의 도덕성은 역사의 시기별로 그리고 집단별로 종류가 다른 의례를 행하고 또 그러한 의례의 차이를 구별하면서 나타났다. 뒤르켕은 스승 퓌스텔 드 쿨랑주에게서 의례 참여가 집단의 경계를 규정하고, 그에 따라 도덕적 경계도 정해진다는 사실을 배웠다. 그 후 제자 모스는 집단의 경계선을 넘나드는 일시적인 교환관계의 형성에 의례가 사용될 수 있으며, 선물교환(gift-exchange)의 의례가 실행되는 과정에서 어떻게 더 큰 구조가 정착되는지 보여주었다. 이러한 선물경제(gift-economy)의 의례는 호메로스 시대의 그리스 사회에 적절하게 적용되기도 했다(Finely, 1977). 퓌스텔 드 쿨랑주와 모스는 의례 기제는 고정되어 있지 않고, 창조적이거나 갈등적일 수도 있음을 보여주었다. 고대 도시국가의 정치적 제휴에서 이루어졌던 의례 참여의 역사를 개괄하여 보여준 바와 같이, 새로운 참여자에게 의례 참여를 확대시킴으로써 새로운 사회적 연결망이 형성될 수 있고, 의례에서 배제된 이들이 집단 의례에 참여하기 위해 투쟁할 수도 있다. 핵심은 뒤르켕의 분석이 지식사회학뿐만 아니라 도덕사회학도 제공해준다는 점이다. 이는 우리를 정의감, 징벌, 반역의 열정, 분노와 사랑을 모두 포함해서 설명할 수 있는 감정의 사회학으로 인도한다.

뒤르켕 전통은 현재까지 계속 확대되어왔다. 워너(Lloyed Warner, 1959), 에릭슨(Kai Erickson, 1966), 더글라스(Mary Douglas, 1966; 1973), 번스틴(Basil Bernstein, 1971~1975), 버지슨(Albert Bergesen, 1984), 셰프(Thomas Scheff, 1990) 같은 많은 연구자들이 뒤르켕의 뒤를 잇고 있다. 이전 세대의 의례 연구자들이 정립한 원리는 우리의 사회학적 지식창고에 저장되어 더 복잡한 이론을 형성하는 주춧돌이 되고 있다.

기능주의 의례 연구

20세기 중반에 의례를 연구한 인류학자와 사회학자 세대를 뒤르켕 학파와 구별하기 위해 기능주의 의례 연구자들로 부른다. 무인지적 모델은 기능주의 연구에 흡수되었지만, 따로 분리할 수도 있다.

기능주의 학파의 연구 목표는 사회의 모든 제도적 관행이 하나의 전체로서 사회구조를 유지시킨다는 사실을 보여주는 데 있었다. 이 접근방식은 그 후 정태적인 것으로 간주되어 퇴출되고 만다. 실제로 기능주의를 폐기하려는 움직임이 유행처럼 되어 한때는 기능주의 분석방법에 열광했던 지식인들의 동기를 재구성할 필요가 있을 정도였다(가장 좋은 참고문헌은 Goody, 1995이다). 아마추어 인류학자와 교과서적 고전학자들은 전문적인 현장 연구자들에게 자리를 넘겨주게 되는데, 말리노프스키(Bronislaw Malinowski)의 제자들은 한 시점에서 사회 전체를 연구해야 하고 사회의 모든 관행은 상호 관련된 제도의 작용으로 분석해야 한다고 강조하기 시작했다. 특히 에반스프리처드(Edward E. Evans-Pritchard)와 포르테스(Meyer Fortes)가 대표 주자였다. 그들은 경제, 정치구조, 친족 체계, 종교, 기타 제도들이 전체로서의 체계를 지탱하는 부분으로서 기능한다는 시각에서 아프리카의 여러 부족 사회를 분석했다. 어떤 제도도 고립시켜놓고서는 이해할 수 없다고 주장했다. 모든 제도는 상호 적응적이고, 어느 한 제도의 단편적인 변화도 전체 수준에서 뒤엉킨 매듭을 풀지 않거나 체계를 균형 상태로 이끄는 반작용이 없으면 가능하지 않다는 것이었다. 기능주의자들의 연구는 현장 연구자들에게 유망한 연구 과제에 문을 열어주었다. 또한 구세대 아마추어 인류학자나 도서관 자료만 보는 인류학자와는 극단적인 대조를 보였다. 기능주의자들은 당대에도 기능하는 특정한 항목을 사회적 맥락에서 떼어내, 그것을 이전 역사에서 '살아남은' 증거로 해석하는 역사학적 해석을 거부했다. 기능주의자들은 추론에 불과한 역사적 설명을 기각하기 위해 (개별적인 문화적 항목들이 당대에도 기능을 하고 있음이 틀림없으므로) 역사에서 등을 돌려 현재 작동하고 있는 구조를 보여주는 작업을 진행했다. 기능주의자들은 사회가 어떻게 작동하는가를 보여주는 일반 이론을 구성하는 데 목표를 두고 의도적으로 체계성을 강조했다. 구조가 어떻게 변화하는지에 대한 이론보다는 상호 연결된 구조의 체계를 설명하는 이론에 우선순위를 두었다. 전자는 후자를 바탕으로 해야 과학적으로 구성될 수 있기 때문이었다.[4]

기능주의 연구는 고립된 부족 사회나 아니면 적어도 자족적인 사회에 가장 쉽게 적용할 수 있다. 그들의 연구를 인도하는 이미지는 하나의 단위로 함께 기능하고, 그래서 그 경계선 밖에 있는 다른 유사한 단위와 구별되는 구조의 집합이다. 이후 비판자들은 바로 이 점도 공격한다. 기능주의자들이 지나치게 자기 재생산적인 유기체 은유로 사회를 보거나 서구의 국민국가 이데올로기를 가지고 부족 사회를 자립적 정체성을 지닌 사회 모델로 만든다고 비판한다. 나중에는 부족 사회 역시 역사를 지니고 있으며 시간이 흐름에 따라 변화할 뿐만 아니라 상당한 정도로 교역, 문화적 자긍심, 군사적 지정학, 친족동맹 따위 '국제 관계'에 의해 구성된다는 주장을 하게 된다(Chase-Dunn and Hall, 1977). 설명의 어려움은 특히 기능주의자들의 연구가 모든 사회과학 분야로 일반화하고 복잡한 현대 사회에 적용되면서 두드러지게 나타났다. 현대 기능주의 연구는 탈콧 파슨스(Talcott Parsons)와 로버트 머튼(Robert Merton)이 이끌었다.[5] 기능주의 이론은 어떤 사회든 반드시 수행되어야 하는 기본적인 기능들의 체계적인 나열, 각각의 기능을 전문화하는 구조의 분화로 사회 변화를 설명하는 모델이 되었다. 또 기능이 적절하게 수행되지 않으면 발생하는 긴장과 그 긴장에 대해 다시 균형 상태를 회복하려는 체계의 반응을 연구하는 작업이 되었다. 파슨스는 특정한 사회 체계가 지향하는 공유가치와 행위자가 그 가치를 행동으로 옮길 수 있도록 청사진을 제공하는 규범의 집합을 강조했다. 거대 이론으로서 기능주의 연구는 1940년대에서 1960년대에 사회 내부의 갈등적 이해관심을 간과하고 계층화와 불평등을 선호하는 것처럼 보이는 보수적 면모, 그리고 무엇이 기능적이고 무엇이 역기능적인지, 무엇이 어떤 기능적 대체물을 선택하게 만드는지를 둘러싼 논쟁의 늪에 빠졌다. 그리하여 결국 전체 연구 프로그램은 지지자를 상실하고 말았다. 일부는 이데올로기적 편향 때문에 기능주의를 거부했고, 일부는 어떤 조건에서 무엇이 실제로 발생하는지 경험적으로 설명할 가능성이 없어 보여서 폐기했다.

현재 기능주의는 그것과 결부된 어떤 이론도 쓸모없이 치부될 만큼 평판이 나쁘다. 뒤르켕을 보수적 진화론자로, 뒤르켕의 집합의식 개념을 파슨스의 주요 개념인 가치체계(실제로 뒤르켕의 집합의식 개념에 원천을 둔 개념이다)와 같은 수준에서 간단히 처리해버리는 경향도 있다. 그렇지만 나는 뒤르켕주의 전통의 강점은 거시 수준의 사회통합이나 진화의 이론을 제시한 데 있다기보다는 미시사회학에 대한 공헌에 있다고 주장한다. 특히 『종교의 원초적 형태』에서 뒤르켐은 작은 집단들의 상호작용에서 어떤 방식으로 유대와 상징의 공유가 이루어지는지 보여주는 모델을 제공한다. 그 연장선에서 하나의 큰 사회로 통합되기보다는 국지적, 일시적 또는 상호갈등적인 집단들로 볼 수도 있다(물론 뒤르켐은 그러지 않았고 아마도 거부감을 내보였겠지만). '집합의식'은 사회의 모든 성원을 다 포괄하는 커다란 하늘 아래 있는 것이 아니라 작은 골짜기들 안에 있을 수 있다. 또한 내가 다른 책(Collins, 1975)에서 논의한 바 있지만, 뒤르켐이 보여준 기제는 거시 수준의 기능주의와 정반대되는 갈등 이론에서도 결정적인 구성 요소이다.

의례 분석에 대한 흔한 비판 가운데 하나는 지나친 일반화에 관한 것이다. 의례 분석의 관점은 의례가 모든 곳에 편재한다고 본다. 그러나 모든 것이 의례라면, 의례가 아닌 것은 무엇이란 말인가? 벌어지는 일들의 종류를 구별하지 못한다면 개념은 무용지물이다. 의례가 적개심을 해소시키거나 공유가치를 찬양하고 사회질서를 지키고 복원함으로써 사회의 균형을 유지시켜주는 기능을 한다고 보는 관점에 대한 비판이 가장 많다. 사태가 잘못될 때도 의례가 있고 사태가 잘 돌아가지 않을 때도 의례가 있다면, 의례 분석은 그저 미시 수준에서 기능주의의 보수적 편향을 보여주는 데 불과하다. 모든 것을 사회가 자동적으로 통합을 생산하는 경향의 한 부분으로 해석하기 때문이다.

그러나 문제는 기능주의이지 의례 분석이 아니다. 의례를 기능주의라는 맥락에서 떼어내더라도, 우리는 의례를 만들어내는 사회적 성분은 무엇이며 어떤 결과가 생기는지, 유대를 발생시키는 요소가 정확히 무엇인지를 명료하게 보여주는 모델을 제시할 수 있다. 의례는 실패할 수도 있고, 성공하는 경우에도 그 정도에는 차이가 있을 수 있다. 다른 조건에서는 정확히 어떤 결과가 생기는지를 예측하고 검증할 수 있다. 그런 의례 분석은 동어반복이 아니다.

의례 이론을 활용하는 방식이라는 점에서 보면 나는 모든 곳에서 의례를 보자고 제안하는 가장 고약한 축에 들 것이다. 그러나 그저 모든 것을 별로 흥미롭지도 않은 단 하나의 평범한 설명으로 축소하는 방식은 아니다. 오히려 유대의 정도, 상징의 공유나 행위 몰입의 정도가 다양한 상황에서 발생할 수 있다는 사실을 보여줌으로써 폭넓게 적용할 수 있는 이론을 제공할 것이다. 의례 이론에 대한 편견을 완화시키는 데 도움이 되려면 초점 공유와 정서적 합류에 변이가 생기는 원인과 결과(나중에 설명하겠지만)를 제시할 수 있어야 한다. 나는 의례 이론이 보편적으로 적용될 수 있다고 주장한다. 더 이상 공허한 이론이 아니라 질량·온도·압력의 관계에 대한 보일의 법칙처럼 광범위한 상황 조건에 유용하게 적용될 수 있는 이론이다.

기능주의 의례 이론은 일반적인 기능주의 연구보다는 다소 제한된 범위에 적용되며 의례가 작동하는 기제를 보여주는 데 중요한 공헌을 했다. 기능주의 의례 연구는 래드클리프브라운(Radcliffe-Brown, 1922)에게서 그 실례를 볼 수 있다. 그는 장례식이 그 겉모습을 넘어서 한 성원을 잃은 집단을 재통합시킨다는 것을 보여주었다. 장례식은 죽은 사람이 아니라 산 사람을 위한 의례라는 사실, 그리고 의례가 영혼을 안식으로 이끄는 데 관심을 기울일수록 집단에 대한 위협과 집단을 재통합시킬 필요도 더 커진다는 사실을 보여준다.[6] 무인지적 관점의 해석이지만, 집단의 구조와 기능을 잘 이해할 수 있도록 발전시킨 연구였다. 래드클리프브라운은 미시 기능주의자이긴 하지만 다양한 결과를 초래할 수 있는 의례의 성분을 재검토할 수 있도록 경험적 자료를 제공하고 있는 셈이다.

고프먼의 상호작용 의례 연구

기능주의 의례 연구 전통에 가장 중요한 공헌을 한 사람은 어빙 고프먼이다. 고프먼은 나름의 분석 수준을 고수했고, 사회 전체의 제도적 통합이라는 문제에는 관심을 가지지 않았다. 그의 탐구는 바로 그가 고수한 분석 수준에서 작용하는 상황의 기능적 요건에 대한 것이었다.

고프먼은 기능주의자답게 의례를 사회의 도덕적 질서를 보장하는 행위 규칙을 따르는 것으로 기술하지만,[7] 즉석에서 이루어지는 미시 수준의 상호작용에 강조점을 두었다. 확인되는 '사회'란 또한 그 사회의 요구란 먼 곳에 있는 무언가 신비스러운 전체가 아니라 지금 여기에서 사회성의 요건을 실현하는 것임을 강조한다.[8] 상황에는 행위자가 적절하게 실행하지 않으면 생기지 않는 그 자체의 요건이 있다. 사회적 실재는 사회적으로 실행되는 것이다. 참여하는 사람들이 믿는 사회제도, 장치, 연출되는 역할, 그 어느 것도 그 자체로 존재하는 것이 아니라 행동으로 옮겨야 비로소 실재한다. 개인은 자신이 구성하는 대상에 대해 자유 재량권을 거의 가지고 있지 않다고 보는 점만 빼면, 고프먼은 사회구성주의자이다. 개인이 따라야만 한다고 느끼는 요구를 상황 자체가 만들어낸다는 뜻이다.

각 개인의 자아는 상황에서 실현되고 구성된다는 것이 가장 잘 알려진 그의 주장이다. 사회적 제약조건 아래서 자아가 형성된다는 뜻이다. 제약이 가장 확실히 드러나는 경우는 타인과 마주 선 자리다. 일단 행위자가 자신의 자아라고 규정한 (또 어떤 상황이라고 정의한) 노선을 택하고 나면 행위자는 그 노선을 일관되게 지켜야 한다. 상대나 청중도 마찬가지로 제약을 받는다. 행위자가 제시하는 방향을 따르도록, 연기에 동참하도록, 그리고 그들의 정체가 무엇인지, 공통으로 행하는 바가 무엇인지 규정하는 데 위협이 될 만한 위반은 간과하거나 피하라는 압력을 분명하게 느낀다. 고프먼의 분석은 기능적 요건으로 시작해서 어떻게 그 요건이 충족되는지를 보여주는 식으로 전개되고 있다는 점에서 기능적 분석이다. 그러나 고프먼은 그 시대에는 전례가 없던 아주 세부적인 미시 수준에서 연구를 진행하였기 때문에, 의례가 가하는 동조 압력이 정확히 어떻게 느껴지는지를 포착하는 방법을 제시하고, 우리로 하여금 그의 미시 기능주의를 유대와 사회 실재의 미시적 생산 기제로 전환할 수 있게 해준다.

고프먼은 "비록 사사로운 것 또는 세속적인 것이라 해도 개인에게 특별한 가치를 지닌 대상과 직접 마주하는 상황에서 자신의 행위가 지닌 상징적 의미를 설계하고 조절해야 하는 활동에 '의례'라는 용어를 쓴다"(Goffman, 1956/1967: 57)

고 말한다. 이는 뒤르켕이 종교 의례를 분석하면서 내린 정의와 같다. 그는, 종교는 세계를 성 또는 속의 두 영역으로 구별하는 것이며, "의례는 성스러운 대상을 앞에 두고 어떻게 처신해야 하는지를 규정하는 행위의 규칙"(Durkheim, 1912/1965: 56)이라고 말한다. 이는 기능주의자의 어법이다. 사회와 그 사회의 성스러운 대상이 존재하고, 개인으로 하여금 이 대상을 향해 상징이 함축된 규칙 준수 행위를 하게 한다. 그러나 이 정의는 세부적인 분석에 들어가기 위한 출발점에 불과하다. 단순히 의례가 생산되어야만 한다는 사실에 그치지 않고, 의례가 어떤 조건에서 생산되며 어떤 조건에서 효과적인지, 그리고 어떤 조건에서는 생산되지 않거나 실패하는지를 본다. 뒤르켕과 고프먼의 정의는 모두 성스러운 대상이 이미 구성되어 있다고 가정한다. 이는 미시 경험적인 수준에서 보면 사전에 이미 이루어진 구성을 되풀이함을 뜻한다. 따로 분리된 하나의 의례가 아니라 상호작용 의례의 사슬이다. 뒤르켕과 고프먼을 결합시키면 의례는 단순히 성스러운 대상을 공경하는 것일 뿐만 아니라 대상을 성스러운 존재로 만드는 것이라는 사실, 또한 의례가 한동안 계속되지 않으면 성스러움은 사라지고 만다는 사실을 일깨워준다.

이제 고프먼이 일상생활에서 발견한 의례의 주요 유형을 자세히 살펴보자. 인사하기, 칭찬하기, 정중한 관계나 친밀한 관계에서 이루어지는 유형화된 구두 상호작용 따위는 표면적으로만 보면 별 의미가 없다. "어떻게 지내십니까"는 정보를 요청하는 질문이 아니며, 만일 상대가 자신의 상태를 상세하게 보고하듯이 대답한다면 그것은 인사의 정신을 위반하는 셈이다. "안녕히 주무세요", "안녕", "잘 가" 같은 말들은 어떤 구체적인 내용을 담고 있지 않다. 그러나 이런 표현이 사용될 때와 사용되지 않을 때, 그런 표현을 기대하는데 사용되지 않는 경우를 비교하면 그 의미가 무엇인지 쉽게 드러난다. 가령, 매표구에서 일시적인 상거래를 하는 경우처럼 아주 사무적인 상황이면 아무런 사회적 결과를 걱정하지 않고 생략할 수 있다. 그러나 친밀한 사적 관계에서 생략되면 냉대로 느껴진다. 친밀한 관계를 맺고 있는 사람에게 인사를 건네지 않거나 떠나는 사람에게 의례적인 인사를 하지 않으면 사적인 관계를 무시하거나 대수롭지 않게 여긴다는 의미를 띤다(이 주제에 관해서는 제6장에서 다양한 종류의 키스를 다룰 때 논의한다).

따라서 다양한 종류의 자잘한 대화 관행은 다양한 종류의 사적 관계를 드러내고 실행하는 일이다. 상대에 대해 서로가 어떤 입장에 있는지, 우정이 얼마나 돈독한지(유대의 정도), 친밀한지, 상대를 얼마나 존중하는지 알려준다. 완전히 낯선 사람, 잠시 실리적 접촉에 그칠 사람, 조직의 역할을 수행하는 사람, 서로 이름을 알고 역할이 아니라 인간으로 아는 사이, 서로의 사건·친구·비밀·가족·연인을 알고 우정 어린 관심을 가지고 있는 사이를 구분하는 관행에는 누구나 은연중에 알고 있는 미세한 차이와 세부 사항이 담겨 있다. "어이, 밥"은 그냥 "안녕하세요"와 다르고, "어머, 안녕" 또는 "안녕하세요, 나이트 씨" 또는 "안녕하십니까, 각하"는 각각 그 인사의 의미가 다르다.[9] 제삼자가 소개해주는지 아니면 스스로 자기 소개를 하는지의 차이도 상호작용의 전체 수준을 한 제도적 영역에서 다른 제도적 영역으로 전환시키기 때문에 중요하다. 어떤 종류의 인사와 잡담을 하는지, 헤어질 때 치르는 의례에 차이가 있는지도 관계의 성격을 드러내는 분명한 수단이다.

이러한 말의 의례에는 세부적으로 분류할 수 있는 시간적인 측면도 있다. 사회생활이 상황의 흐름에서 발생한다면, 사람들이 물리적으로 대면하는 만남(또는 즉각적인 초점 공유로 연결된 상태)에서 초점을 맞추기 위해 상황을 명시적으로 주목하고 상황의 성격을 정의하는 행동에서 시작할 필요가 있다. "안녕하세요"와 "안녕히 가세요"는 상황을 여닫는 데 사용된다. 어떤 만남의 시작과 끝을 확정짓는 이행 의례이다. 확실한 매듭을 짓는 구두 의례의 측면은 관계 설정의 측면과 함께 조율된다. 친밀한 말투로 "어이, 밥"이라고 부를 때 그 말은 제도적 역할을 넘어서서 친밀한 관계로 인식하고 있으며 그 관계를 기억하고 지속한다는, 과거의 상황을 현재와 연결하는 사슬로 만드는 말이다(이것이 '상호작용 의례 사슬'이라는 용어의 구체적 의미 가운데 하나이다). "잘 가"라는 말은, 우리는 한동안 특정한 상황적 현실을 공유했다, 이제 그것이 끝난다, 서로 우정(또는 존중, 친밀성, 아니면 거리감)을 지니고 작별하자는 말이다. 따라서 작별 의례는 미래에도 관계가 여전하고 계속될 것임을 확인시키는 것이다(Goffman, 1971: 79). 부모가 자식에게, 특히 어린아이에게 잘 자라고 키스하는 의례는 한 사람은 이제 또 다른 실재인 잠 속으로 떠나가지만 다른 한 사람은 여전히 거기 있고 아이가 깨어났을 때 거기 있을 것임을 보증하는 행위이다. "이제 저는 누워 잠의 세계로 갑니다. 주께서 내 영혼을 지켜주소서"라는 아이의 오래된 밤 기도도 순수하게 사적인 관계에서 하는 밤 키스와 마찬가지로 종교적 맥락에서 더 큰 단위의 공동체라는 실재를 환기시키는 말이다.

고프먼의 아주 응축된 이론적 진술을 최대한 확장시키기 위해 그의 분석을 정교하게 정리해보았다. 초기의 주요 논문들인 「존대와 처신의 성격」(1956/1967)과 「체면 지키기: 사회적 상호작용의 의례적 요소의 분석」(1955/1967)에서 고프먼은 의례적 요소의 분류표를 제시한다. 방금 논의한 인사하기를 포함해서 상대를 정중하게 대하는 행위는 존대의 한 형태이다. 상대에 대한 존대(deference)에는 고프먼이 연출 의례(presentational rituals)라고 부르는 형태─당시 『일상생활에서 자아의 연출』(1959)이라는 책으로 발전시키고 있었다─와 상대의 권리를 침해하지 않으려고 관찰을 피하는 회피 의례(avoidance rituals)의 형태가 있다. 회피 의례 가운데서 사생활 존중 의례는 일상생활 생태학의 중요한 부분인데, 최적의 인상 관리에 흠이 될 행동을 할 수도 있는 무대 뒤─욕실, 침실, 개인 사무실, 부엌 등 상황적 연출을 위한 준비 장소 또는 쓰레기를 모아둔 집의 뒤란 따위─를 상대에게 허락하는 의례이다. 고프먼은 '무대 위 또는 무대 뒤 모델'이 될 자료를 다루면서, 이 두 종류의 일상생활 의례를 뒤르켕이 긍정적 의례와 부정적 의례로 나눈 의례 분류와 명시적으로 연결시킨다(Goffman, 1956/1967: 73).

존대는 한 개인이 다른 사람을 향해 보이는 태도이고 처신(demeanor)은 사회적 자아를 구성하는 행위로 상호작용의 서로 다른 면이다. 상징적 상호작용론의 '객관적 자아' 개념을 연상시키지만, 고프먼은 그저 단순히 상대편의 관점에서 자아를 보는 것이라고 선언한다. 존대는 그가 '체면 지키기(face work)'라고 부르는 행위 형태이다. 이는 단순히 어느 일방이 하는 행위가 아니라 서로 주고받는 행위이다. 행위자는 각각의 구체적 상황에서 상황 현실과 서로가 누구인지를 정의하고 유지하는 의례를 행하면서 협조하는 정도에 따라 체면, 즉 사회적 자아를 얻는다. 이것이 존대와 처신의 호혜성이다.[10] 이 상황적 자아는 보통 이상화되거나 적어도 특별한 인상은 줄 수 있도록 연출된다. 상황적 자아가 한 사람의 생활에서 모든 순간순간을 다 합쳤을 때의 전모를 담고 있지 않음은 물론이다. 이상화는 불가피하다. 고프먼에게는 상황을 벗어나 존재하는 특권을 지닌 실재란 없다. 오직 상황과 상황의 사슬, 상황(또는 상황 이후)을 위한 준비만 있을 뿐이다.

　고프먼이 얻은 초기의 명성은 대개 일상생활의 이면을 탐구한 데서 나온 것이다. 이것이 일반 대중에게나 많은 사회학자들에게 폭로 전문가라는 인상을 준 탓에 그의 분석에 담긴 뒤르켕주의적인 토대는 거의 간과되었다. 하지만 고프먼은 긴장과 위반의 상황과 대조해 일상생활의 보편적 의례가 어떻게 실행되는지 드러내는 연구 프로그램을 설계하고 분석했다. 자신의 신분을 숨기고 정신병동을 관찰한 현장 연구에서는 사소한 의례적 예의범절의 표준을 지속적으로 위반하는 사람이 정신병 환자로 낙인찍히는 과정에 주목했다(Goffman, 1961. 이 연구는 그의 1955년과 1956년의 의례와 체면 지키기를 기술한 연구에서도 경험적 근거로 인용되었다). 고프먼은 정신병 환자가 무대 뒤편의 사생활, 상황적 자아 표현을 위한 소품들, 그리고 사람들이 일상에서 예의범절을 잘 지키는 사람으로 자신을 보여주고 다른 사람들과 의례적 존대를 주고받을 수 있게 해주는 자원을 거의 박탈당하는 역설적 상황에 놓여 있음을 보여주었다. 뒤르켕의 자살 연구가 사회적 유대와 삶에 의미를 부여하는 정상적인 조건을 드러냈듯이 고프먼도 같은 연구 전략을 택했다.

　고프먼은 그의 전 연구 생애에 걸쳐 효과적인 의례 실행에 작용하는 장애에 관심을 기울였다. 과실, 실수, 당혹스러운 순간들, 연출되는 겉모습 벗기기, 준거 틀 파괴하기 따위는 모두 보통의 일상생활 실재가 저절로 이루어지는 것이 아니라 정교하게 연마함으로써 구성되는 것임을 논증하기 위한 연구들이었다. 같은 이유로 고프먼은 속임수가 개입되는 일탈에도 관심을 기울이며 사기꾼들도 다루었다. 사기꾼들은 깨어지기 쉬운 상황을 조절하는 전문가들이며 그들이 희생자를 속여 넘기는 데 이용하는 기법은 정상처럼 보이게 구조의 세부 사항을 꾸미는 것임을 드러내주기 때문이었다. 그는 같은 이유로 비밀요원들도 연구했다. 사소하고 세부적인 부분에서 비밀요원이 걸려 넘어질 때 정상적인 상황의 미세한 결이 좀 더 분명히 드러난다(Goffman, 1969). 고프먼의 연구 주제는 별난 모험으로 보이겠지만, 그의 결론은 자연스러운 모습을 유지해야 한다는 엄청난 압박감과 겉모습을 정상처럼 꾸미는 어려움에 관한 것이다. 첩보원은 줄곧 정상적인 겉모습을 연기하는 한편 정체가 탄로 나지 않도록 고도의 반사적 감지 능력을 유지하고 자신이 위장하고 있다는 사실에 대한 자의식을 관리하기 어려운 탓에 실패하는 경우가 흔하다. 여기서도 극단적인 사례를 통해 정상적인 모습이 형성되는 기제를 밝혀준다. 삶은 대부분 통상의 의례를 따르게 되어 있다. 그것이 가장 쉬울 뿐만 아니라 그에 따르지 않으면 부닥치는 온갖 어려움이 널려 있기 때문이다.

고프먼은 삶에 대한 마키아벨리적 관점으로 명성이 높다. 개인은 이득을 얻으려고 거짓으로 겉모습을 꾸민다고 본다. 삶은 극장이고 연기자는 다른 사람을 속이고 통제할 책략을 짜려고 무대를 이용한다는 것이다. 사실이다. 특히 『일상생활에서 자아의 연출』에서 고프먼은 바로 그런 효과를 내는 산업사회학과 직업사회학의 사례를 많이 들고 있다. 좀 더 높은 값을 받아내려고 소비자에게 아부하고 계략을 쓰는 영업사원들, 감독 앞에서는 복종하는 시늉을 하지만 감독이 없을 때는 제 버릇으로 돌아가는 노동자, 노동자의 행동을 잘 알고 있는 체하면서도 우연히 뜻밖의 당황스러운 상황과 마주칠까봐 간부용 화장실이나 식당의 닫힌 문 뒤에 숨는 관리자의 모습 등이다. 이 자료들은 갈등 이론에도 들어맞는다. 나는 명령을 내리는 사람과 명령을 받는 사람 사이의 계급 갈등에 대한 다렌도르프(Ralf Gustav Dahrendorf)의 명제에 고프먼이 묘사하는 바와 같은 미시적 토대가 어떻게 작용하는지 그 관련성을 탐구한 바 있다(Collins, 1975).

이렇게 뚜렷한 고프먼의 두 측면(마키아벨리의 측면과 뒤르켕의 기능주의 측면)을 어떻게 조화시킬 수 있을까? 고프먼에게 의례의 요건은 근본적인 것이다. 어떤 갈등도, 이득을 얻으려고 개인이 쓰는 어떤 책략도, 다 의례적 요건에 뿌리를 두어야 한다. 자기 이익을 추구하는 행위는 의례의 제약을 존중할 때만 성공할 수 있다. 일상의 삶은 사회적 실재가 되도록 행동으로 옮겨야 하는 상황의 끊임없는 연속이며 행위자와 청중은 모두 실재라는 인상을 유지하는 작업에 참여해야 한다는 압력을 느끼기 때문에 조작이 가능하다. 공장 작업 현장에서 계급 갈등의 일상적 현실(일선 감독은 노동자가 더 열심히 일하게 만들려 하고, 노동자는 관리자와 의례적으로 부딪치는 순간에만 복종하는 체하는)은 일종의 연극이다. 양쪽 다 그 상황에서 무엇이 현실적이고 무엇이 비현실적인지 잘 알고 있으며, 상황에 대한 존중의 연극이 계속되는 한 참고 견딘다.[11] 협조하는 시늉은 이해 관심의 대립을 암암리에 관리하여 이루어지는 상황극인 것이다.

고프먼은 체면 지키기를 적극적으로 활용하는 사례를 논의하면서 이 점을 분명히 한다. 개인은 상황을 지배하기 위해 상대를 모욕하고, 대가를 무릅쓰고 농담을 건네고, 그 상대를 상황이나 집단에서 제거할 수도 있다. 그러나 그런 시도를 하면서도 의례적 상호작용을 평범한 형태로 유지하는 사람에게 상황적인 명성이 돌아간다. 모욕이 성공하려면 이중적 의미를 띠는 말을 끼워 넣어 한편으로는 대화를 적절한 수준으로 유지하고 예상되는 흐름을 타도록 만들어야 한다.[12] 깎아내리기와 추켜세우기는 거기에 무난하고 적절하게 응수하지 못하고 화가 나서 대화의 틀을 파괴하고 순조로운 상호작용의 흐름을 깨버린 불명예를 상대에게 떠넘길 수 있을 때 성공한다. 이것이 고프먼의 갈등 모델이다. 개인의 이득은 유대와 존대, 상황적 예절의 평범한 의례를 능란하게 처리하는 데서 생긴다. 개인은 비록 자기 이익을 추구하는 존재이지만 오로지 사회 상황에서만 얻을 수 있는 것에 관심이 있다. 개성이나 이기주의는 사회적으로 구성된 목표를 지향한다.

‘일상생활에서 자아의 연출’ 모델은 사람이 자기중심적으로 고안해낸 사회적 처신이라 할 수 있다. 옷을 입듯이 자신을 인상적으로 보이려고 얼굴을 꾸민다. 그것이 인상 관리 모델이다. 이 분야 연구는 전체적으로 이러한 해석과 관련하여 발전해왔다. 그러나 고프먼의 논점은 처신이 주어진 상황의 실재를 구성하는 데 참여하는 모든 이들이 서로 주고받는 것이라는 데 있다. 옷차림새(어떤 경우에는 허름한 차림새가 유행한다)에 신경 쓰는 것은 남에게 그럴듯한 인상을 주기 위해서만이 아니다. 자기의 가장 좋은 모습을 보여줄 가치가 있는 사람으로 상대를 생각한다는, 상대에 대한 존중의 표시이기도 하다. 즉, 상황을 존중한다는 표현이다. 전통적인 처신을 거부하는 것이 사회운동에 동참하고 있음을, 젊음을, 또는 모두가 모방하는 탈격식(casualness)의 유행임을 나타내는 대중문화의 전환에도 이런 논리가 깔려 있다. 집단이 요구하는 특정한 차림새가 무엇이든 공적인 모임에 대해 드러내는 존중의 정도가 존대 의례에 담겨 있다. 그러니까 21세기로 접어드는 전환기의 강박적인 탈격식주의의 눈으로 보면 파티에 넥타이를 한 차림새로 나타나는 처신은 1930년대에 넥타이를 매지 않은 차림새로 파티에 참석하는 것과 다를 바 없는 위반 행위이다.

고프먼에게서 종합적인 이론적 모델을 식별해내기는 어렵다. 그가 발표한 연구 작업은 그 하나하나가 하나의 이론적 논의를 중심으로 아주 혁신적이고 독특한 미시 수준의 경험적 연구 자료를 엮어내는 식으로 구성되어 있다. 그 내용이 간혹 너무 충격적이어서 이론적 관심사가 시야에서 사라지기도 한다. 게다가 글마다 용어를 바꾸어 축적된 연구가 이론으로 발전하는 모습이 보이지 않는 면도 있다. 초기 논문에서는 뒤르켕주의 의례 이론을 명시적으로 인용하고 있지만 그 후의 연구에서는 사라지고 없다. 고프먼은 의례, 연극으로서의 삶, 폐쇄 조직 (total institution), 인간생태학, 실재 형성의 프레임(frames of reality construction) 분석가로 보이기도 한다. 그러나 고프먼의 모든 연구는 언제나 뒤르켕에 닻을 내리고 있다. 그가 어떤 연구를 하든 그 입장을 일관되게 지키고 사실상 더 발전시켰다. 또한 그는 자신의 전 연구 생애를 통해 상징적 상호작용론, 민속방법론,

마키아벨리의 갈등 이론 등과 이론적 유사성이 있다는 해석을 거부해왔다.[13]

고프먼이 우리에게 제시한 자료를 정교한 상호작용 의례 모델로서 내가 곧 논의하게 될 항목으로 나누어 살펴보자.

1. 의례는 '상황적 공현존(situational copresence)'의 조건에서 일어난다. 고프먼은 인간의 몸이 같은 장소에 모여 있을 때 서로에게 영향을 미치는 다양한 방식을 설명해온 개척자이다. 심지어 그가 초점 없는 상호작용이라고 부르는 상황에서도(Goffman, 1963) 사람들은 무언가 위협적이거나 비정상적인 사태가 생기지나 않는지 확인하려고 은연중에 상황을 살피며, 그런 일이 발생하면 곧장 주의를 집중한다. 반대로 공중 가운데 혼자 있을 때 자신이 갑자기 느닷없는 동작을 해야 하면 거기에 보이는 다른 사람들의 반응을 진정시켜야 한다는 의무감을 느낀다. 잊은 것이 있어서 자기가 온 길을 다시 되돌아가야 할 때 큰소리로 하는 혼잣말은 어수선하게 보이는 행위가 실은 정상적인 의미를 지니고 있다는 묵시적 기호이다(Goffman, 1981에 기술된 '반응 외침'을 보라). 남들을 염두에 두지 않는 체하면서도 암암리에 상호작용 작업을 한다. 응시, 눈 마주치기 따위의 사소한 조절, '시민적 무관심'에서 호의적인 깨우침, 다가가서 주의 주기, 적극적으로 공공장소 통제하기에 이르기까지 세밀하게 신호를 조율한다. 좀 더 복잡한 묵시적 상호작용 관계는 범위가 좁은 작은 집단에서 발생한다. 가령, 대중 속에 있는 연인은 서로의 관계가 확실해지면 다른 사람이 접근할 수 없다는 암시로, 손을 잡거나 몸을 바짝 붙이거나 하는 식의 다양한 결속 기호를 내보낸다(Goffman, 1971).

2. 신체적 공현존은 '초점이 맞추어진 상호작용(focused interaction)'이 되면서 온전한 만남으로 전환된다. 물론 만남의 강도나 의무감의 수준에서 차이가 있지만, 관심의 초점 공유가 이루어진다. 몰입의 정도가 얼마나 강한지는 대화를 나누는 사람들이 그 상태를 유지해야 한다고 의무감을 느끼고 공유하는 정도로 드러난다. "말하기는 대화를 나누는 상대와 함께하는 하나의 세계와 실재를 창조한다. 자발적인 공동 몰입은 일종의 신비스러운 결합, 사회화된 황홀경이다. 대

화가 고유의 삶을 지니고 있으며 나름의 요건이 있음을 볼 수 있어야 한다. 대화는 나름의 경계선을 유지하려는 하나의 작은 사회체계이다"(Goffman, 1967: 113). 대화 참여자는 한 번에 하나의 주제가 흐를 수 있도록 다른 주제로 넘어갈 때 매끄럽게 상황을 요리하도록 제약을 받는다. 주제를 진지하게, 잠깐 동안이라도 믿어 의심치 않을 실재의 지위로 받아들여야 한다는 압력을 느낀다. 어떤 의미에서는 현실적인 것이 아님이 분명한 경우에도 그렇게 한다. 농담은 익살의 틀로 받아들여야 한다. 자신의 고생담이나 다른 사람의 잔인한 이야깃거리도 적절한 방법으로 추임새를 넣거나 동참의 자세로 들어야 한다. 성공담에는 감탄을 보여야 한다. 그 상황에 들어맞기만 하면 지어낸 게 분명한 이야기라도 내놓고 동의하라는 상황적 압력이 존재한다.

『일상생활에서 자아의 연출』의 결론에서 고프먼이 스스로 밝히고 있듯이, 연극 모델은 단순한 은유에 불과하다. 그는 "이 보고서는……사회적 만남의 구조 ─ 사람들이 신체적으로 직접 마주하고 있는 상황에 존재하는 사회생활의 구조 ─ 에 관한 것이다. 이 구조에서 핵심 요소는 상황에 대한 단일한 정의를 유지하는 것"(1959: 254)이라고 말한다. 고프먼은 상징적 상호작용론자의 표어인 '상황 정의' ─ 유명한 토마스(W. I. Thomas)의 주장처럼, 참여자들이 공유하는 바를 실재로 만드는 데 효과적으로 작용하는 ─ 를 반영하고 있다. 미시 상호작용 의례라는 용어로 바꾸면서 고프먼은 상황 정의의 공유가 이루어지는 기제를 보탠다. 강조점은 상황에 대한 단일한 정의라는 데 있다. 그리고 이 정의는 적극적인 노력으로 유지될 필요가 있고, 이를 파괴하거나 대립적인 정의에 대항해 옹호할 필요가 있다. 다른 무엇보다도 상호작용 의례의 권력과 영광이 반드시 거쳐야 할 좁은 바늘귀는 바로 단일한 관심의 초점이다.

고프먼은 후기 저작, 특히 『프레임 분석』(1974)과 『말하기의 형태』(1981)에서 대단히 복잡한 상황적 실재를 기술하고 있다. 프레임을 둘러싼 프레임, 예행연습, 조목조목 따지기, 캐묻기, ~한 체하기, 가르치기, 시련을 떠들어대기, 자기 폭로하기 등이다. 공식성과 비공식성, 무대 위에서 일어나는 관계와 다양한 무대 뒤에서 벌어지는 관계의 차이를 드러내는 복잡 미묘한 것들이다. 용어는 다르지만, 고프먼은 사실상 기본 모델에 복잡성을 덧붙이고 있다. 상황은 그 순간 관심의 초점을 유지하도록 협조를 요청하고 그래서 적절하게 참여하는 사람과 진지하게 취급될 만한 가치를 지닌 상황적 실재를 존중하게 만드는 의례들이다. 상황을 형성하는 문제와 취약성에 대한 초기 연구의 내용을 유지하면서 이제 더욱 복잡한 요건과 취약성을 지닌 상황을 보여준다.

결국 이 모든 프레임은 관심의 초점을 만드는 방식이다. 이는 우리로 하여금 연극적 모델과 연결할 수 있게 해준다. 초기에는 단순한 각본, 즉 무대 위와 무대 뒤가 있었다. 무대 위는 동참하는 일부 청중을 통합시키면서 관심의 초점이 맞추어지는 상황이다. 무대 뒤는 초점 맞추기를 효과적으로 행할 수 있도록 준비 작업이 이루어지는 곳이다. 무대 위는 의례를 공연하는 곳이고, 의례─적어도 복잡한 의례라면─는 저절로 되는 것이 아니라 공을 들여야 하는 것이라서 언제나 무대 뒤가 있을 수밖에 없음을 고프먼은 일깨워준다. 후기 저작인 『프레임 분석』에서는 무대 위에 또 다른 무대 위가 있을 수 있음을 보여준다.[14] 극 중 극이 있을 때는 언제나 입장 전환의 기회가 있어서 행위자와 청중은 재빠르게 무대 뒤에서 무대 위로, 또는 무대 위에서 무대 뒤로 옮겨갈 수 있다.

3. '사회적 유대(social solidarity)'를 유지하라는 압력이 있다. 의례는 합류시키는 일이다. 의례는 동조 압력을 행사해 그 사람이 사회 성원임을 보여주는 작업이다. 고프먼은 다양한 종류의 유대를 구별한다. 예를 들면, 다양한 종류의 사회 관계는 미묘한 차이를 드러내는 존대 의례로 실행됨을 암시한다. 그 범위는 시간과 지속성에 따라 짧은 대면에서 과거의 관계를 반영하는 친숙함으로, 친밀한 정도에 따라 그에 적합한 의무를 지우는 경우까지 그 폭이 넓다. 상이한 종류의 사회적 인연에도 울타리가 있어서 사람들은 기대에 맞는 경우는 지키고, 기대한 정도보다 더 가까워지려고 침범해 들어오면 회피 의례를 행한다(Goffman, 1963: 151~190).

4. 의례는 뒤르켕이 '성스러운 대상(sacred objects)'이라고 불렀던, 사회적으로

바람직한 것에 영예를 부여한다. 고프먼은 이들이 일시적이고 상황적인 것임을 보여준다. 현대 사회에서 가장 중요한 성스러운 대상은 개인적 자아이며 사람들은 일상생활에서 이루어지는 연출 의례와 회피 의례에서 자아가 마치 작은 신이라도 되는 양 대우한다(Goffman, 1956/1967: 232).

5. 의례 예절이 망가지면 그 자리에 있던 사람은 '도덕적 불편(moral uneasiness)'을 느끼며, 농담 섞인 가벼운 질책을 하거나, 경멸을 드러내거나, 극단적인 경우에는 미친 사람으로 낙인찍기도 한다. 사과를 함으로써 의례의 평형 상태가 다시 복원될 수도 있는데, 사과는 대화에서 존대 의례의 흐름을 구성하는 한 부분이다(Scott and Lynn, 1968; Goffman, 1971). 범죄의 처벌이 (그렇게 착각하기 쉽지만) 범죄자를 교정하거나 예방하는 효과 때문에 집행되는 것이 아니라 사회질서의 감각을 복원시키는 의례라는 뒤르켕 분석(1895/1982)의 일상생활 판이라 할 수 있다. 고프먼은 규모가 큰 곳에서 작용하는 과정은 무엇이든 규모가 작은 곳에서도 발견될 수 있다고 주장한다.

코드 탐색 연구

20세기 후반 학제적 연구 집단에서 두드러졌던 프랑스 구조주의와 그 분파에 영향을 받은 의례 연구 분야에 대해서도 간략하게 훑어보자. 여기서 이 시기 문화 이론의 큰 주제 전반을 모두 다룰 수는 없다. 단지 의례를 뒷전으로 밀어낸 문화 이론을 의례 이론으로 새롭게 변형시킬 수 있는 방법만을 다룬다. 이 시기 말─아직 우리는 지적으로 이 시기에 살고 있다─로 접어들면서 이론에 상황을 복귀시키려는 움직임이 나타나고 있다. 그런 점에서 상호작용 의례 이론의 최근 연구 프로그램은 당대의 흐름과 부합하지만, 더욱 급진적으로 미시사회학을 강조한다.

뒤르켕은 관념의 구조가 집단의 구조에 따라 변이를 보인다고 주장했다. 첫 저작인 『분업론』(1893/1964)에서 종교와 법의 역사적 흐름을 폭넓게 비교하고,

단일한 조건을 가진 소규모 사회에서는 구체적이고 특수한 집합의식이 생기는 반면에 복잡한 분업이 이루어진 사회에서는 체험의 다양성을 포괄하는 좀 더 추상적인 집합의식이 형성된다고 지적한다(275~291). 『원시적 분류 체계』(1912/1965)에서 뒤르켕과 모스는 원시 부족 사회의 사회구조와 분류 체계를 기술한 민속지 자료의 증거를 인용한다. 『종교생활의 원초적 형태』(1912/1965)에서는 칸트적 의미의 이해 범주, 즉 사람들이 생각하는 개념적 수단이 사회적으로 형성된다고 주장한다. 공간은 집단의 지리적 확장이며 시간은 정기적 재소집의 양식이라고 본다. 원인으로 작용하는 힘은 사실상 집단 정서의 도덕적 압력인 마나(mana)*나 종교적 권력에서 그 원형을 볼 수 있으며, 우주를 나누는 범주 체계는 내집단과 외집단을 가르는 토템 상징물에서 나온 것이라고 본다(뒤르켕 인식론의 함의를 자세히 분석한 Anne Rawls, 2003 참조).

하지만 관념과 사회구조의 조응이 이루어지는 과정에서 영향의 방향은 어느 쪽으로든 갈 수 있다고 보았다. 이러한 이론 구성의 모호성 때문에 이후 연구 프로그램은 반대되는 두 진영으로 나뉜다. 관념의 차이를 집단 관행의 차이로 설명하는 원래 연구에 가까운 지식사회학과, 관념을 집단의 구조화에 조응하는 코드나 초월적 유형으로 보는 구조주의 연구 프로그램으로 나뉜 것이다.

뒤르켕의 의례 모델에 비춰보면, 의례는 집단 구조와 집단 관념을 이어주는 연결고리로 다룰 수 있다. 의례는 사회구조의 마디이며 집단은 의례를 통해 상징을 창조한다. 그러나 방법론상으로는 단순히 관념과 사회 유형 간의 상관관계를 보거나, 사회적 행위의 맥락에서 벗어나 관념들 사이의 상관관계를 보는 것

* 원시 부족민들이 믿었던 초자연적 힘. 그 힘은 인간의 일상적인 힘을 초월하여 모든 것에 작용하고, 언제나 그것을 행사하는 사람과 결합되어 있다고 믿는다. 1891년 영국의 성공회 주교 코드링턴(R. H. Codrington)이 멜라네시아인을 연구하면서 처음 발견하여 소개했고, 마렛(R. R. Marrett)이나 모스(M. Mauss) 같은 인류학자들도 여러 부족 사회에서 동일한 믿음이 있음을 발견했다. 오늘날에는 경험적으로 설명할 수 없는 힘이나 지위 또는 권위를 가진 사람의 특수한 힘과 능력을 나타내는 일반적인 개념으로 사용된다. — 옮긴이 주

이 더 쉽다. 그러면 더 이상 의례 행위의 미시적 민속지 연구가 필요 없다. 분석의 대상에서 상징체계를 다루지 않고 빼버리면 의례는 사라진다. 이것이 레비스트로스(Claude Lévi-Strauss)가 택한 경로이다.

구조주의적 야심이 절정에 달했을 때, 레비스트로스는 『구조주의 인류학』(1958/1963)에서 한 사회의 사회제도와 문화제도의 저변에 동일한 구조가 있다고 주장했다. 친족 체계, 거주지의 배치(가령, 친족 계보에 따라 거주지를 나누는 형태), 예술 형식, 언어, 신화, 그 모든 것에 동일한 구조가 있다는 것이다. 이를 증명하기 위해 각 구성 요소를 하나의 공식적 코드로 번역할 필요가 있었다. 레비스트로스는 방대한 친족 체계의 비교 분석으로 시작해[『친족 체계의 원초적 구조』(1949/1969)], 사촌 간 결혼의 상이한 형태처럼 다양한 결혼 규칙이 독특한 구조적 결과를 낳음을 보여주었다. 즉, 결혼이 대칭적 교환을 선택하는지 아니면 비대칭적 교환을 선택하는지, 단기적인 교환인지 장기적인 교환인지, 제한된 교환인지 보편적인 교환인지를 탐구하면 친족 형태를 분석할 수 있다는 것이다. 후기에 사용한 용어는 결혼 규칙의 연결망 구조이다. 레비스트로스의 분석은 모든 친족 체계를 다 포괄한 것은 아니었지만, 그에게 그런 작업을 수행할 수 있으리라는 자신감을 주어 수학적 공식으로 체계를 구성하려는 노력으로 이어졌다.

친족 코드는 모든 문화와 사회조직에서 형성되는 코드를 향한 출발점이 될 수 있다. 그렇지만 그의 방대한 연구 프로그램은 처음부터 곤란에 부딪쳤다. 언어의 다양성이 친족 체계의 다양성과 조응하지 않는다는 사실이 곧 드러났고, 사회제도의 많은 측면이 서로 쉽게 부합하지 않음이 밝혀졌다.[15] 레비스트로스는 바로 그 지점에서 한 사회의 다양한 제도가 결합되고 서로를 지탱해주는 방식뿐만 아니라 그 모든 것의 토대로서 동일한 코드의 작용을 밝히려는 지나치게 야심적인 구조주의 연구를 제안했다. 이런 연구 프로그램이 결실을 보기 어렵다는 사실이 명백해지자 레비스트로스는 코드 탐색이 좀 더 쉬운, 좁은 (그러나 여전히 대단히 넓은) 분야로 물러났다.

이 시기에 레비스트로스는 방대한 통합 체계가 일련의 이항대립 체계의 작용으로 이루어진 것이라는 주장을 한다. 이는 구조주의 언어학자 소쉬르(Ferdinand de Saussure)에게서 받아들인 개념이다. 소쉬르의 핵심 주장은 의미의 단위가 식별 가능한 소리 요소, 즉 한 음소와 다른 음소의 대조적인 차이를 통해 구성된다는 것이다. 각 언어는 소리 구분 또는 차이의 인위적 조합으로 형성된다. 그것들이 모여 하나의 체계가 되고, 그 체계의 맥락 안에서 비로소 특정한 어휘 항목이 의미를 얻는다는 주장이다.[16] 레비스트로스는 『친족 체계의 원초적 구조』에서 이미 언어로써 구조를 보는 쪽으로 방향을 잡았는데, 그 책에서 결혼 상대의 교환은 규칙 생성 구조일 뿐만 아니라 의사소통 체계이기도 하다고 주장한다. 한 가족에서 다른 가족의 아내로 보낸 여성은 메시지이며 거기서 태어나는 아이들은 체계를 통해 순환되는 두 가족의 결연에 대한 응답이자 기념물이라는 것이다.

레비스트로스는 이제 전체 문화권의 신화를 해독하려는 시도를 감행한다(Lévi-Strauss, 1962/1969). 개별 부족이 고유의 코드를 지니고 있음을 증명하려는 시도를 포기하면서 그는 부족 단위를 벗어나 모든 코드들의 코드를 탐색하는 길로 항해를 떠난다. 신화의 요소들과 요소들의 조합, 즉 특정한 서사 속의 대립 가운데 존재하는 형식적 동일성을 이분법으로 구성된 코드로 해석한다. 신화는 세계를 한편과 반대편의 범주로 구조화한다. 그로써 신화 체계는 사고의 틀을 만들어 허용되는 것과 추방해야 할 것, 그리고 암암리에 누가 적절한 사회 성원이며 누가 아닌지를 가리는 표지를 만든다. 여전히 뒤르켕주의와 공명하고 있지만 강조점은 사회구조에서 상징구조로 옮겨간다. 레비스트로스가 인간 정신의 근본적인 코드를 탐색하면서 해독한 메시지는 초기 인간 역사의 전환에 관한 것이었다. 남아메리카의 신화는 동물과 인간을 구분하는 상징으로서 생식과 화식, 자연과 문화를 분리한다. 더 구체적으로는 사회집단을 구성하는 토템 상징물의 역사를 말해준다. 역설적이게도 레비스트로스의 구조주의 방법은 기능주의자들이 비판했던 역사주의 인류학으로 되돌아간 것이다.

그렇지만 여기서도 레비스트로스는 현존하는 사회의 기능이라는 맥락에서 문화적 항목을 다루고 그것을 역사적 잔존물로 해석한다. 현존하는 사회체계의 통합을 중요시하는 대신 먼 옛날의 문화에서 상징의 조각들을 끌어 모아 원시인의 정신작용을 보여주는 비교 체계로 받아들인다. 진화론과 원시인의 정신이 현대인의 정신보다 합리적이지 못하다는 생각만 거부한 것일 뿐, 프레이저나 레비브륄(Lucien Lévy-Bruhl)의 명제를 더 공식적으로 표현한 셈이다. 레비스트로스는 여기서 시간성을 넘어선 인간 정신의 영구성이라는 뒤르켐의 틀을 택할 것인지 아니면 인간 사회가 탄생하던 시기에 인간의 마음이 생각했던 바를 역사적으로 읽을 것인지 사이에서 망설인다. 레비스트로스는 놀라울 정도로 과감하고 모험적인 사상가였지만 그가 작업한 방식의 이면을 들여다볼 필요가 있다. 그는 인류학자들의 경험적 현장 연구가 기록된 엄청난 문헌들을 다 수집하는 한편, 가설이 실패했다거나 생각을 바꾸었음을 명시적으로 인정하지 않은 채 하나의 구조적 해석에 어려움이 생기면 또 다른 해석으로 방향을 바꾸었다(그의 비일관성에 관해서는 Schneider, 1993 참조).

물론 레비스트로스가 1950년대와 1960년대 초반 프랑스에서 크게 두드러졌던 구조주의 흐름에서 유일한 존재는 아니었다. 문예비평 분야와 비교민속학 분야에서 러시아와 프라하의 형식주의자들은 그 적용 범위를 확대하고 분석적 도구를 정교하게 만들었다(Jameson, 1972). 슈클로프스키(Victor Shklovsky), 바흐친(Mikhail Bakhtin), 야콥슨(Roman O. Jacobson)은 반복해서 나타나는 원형적 줄거리 구조, 특히 드라마와 서사의 방향을 창조하는 줄거리 구조의 긴장과 대립을 밝혀내면서, 소쉬르를 따라 의미를 창조하는 것은 바로 그 대립이라고 보았다. 형식주의 방법은 이전의 텍스트와 그 재현 체계가 은유와 환유를 통해 새로운 의미 체계로 창조되는 방식을 보려는 입장에서 문예비평의 기법을 검토함으로써 역동적이고 생성적인 요소를 획득했다. 프랑스 구조주의자들은 그 도구를 사용해서 문화의 모든 항목을 아우르는 코드 탐색으로 범위를 확대했다. 예를 들면, 바르트(Roland Barthes)는 상류 계층의 유행에 함축된 구조적 관계와 사회적 위계의 의미를 분석했다(Barthes, 1967). 보드리야르(Jean Baudrillard, 1968/1996)는 시장 적소를 겨냥해 계절별로 또는 해마다 주기적으로 신상품을 출시하는 현대의 상업적 유통 문화를 분석하는 데 그 방법을 적용하기도 했다(Baudrillard, 1968/1996). 물질소비의 세계는 유사 텍스트로 볼 수 있다는 것이다. 그들은 언어, 신화, 문예작품의 구조를 분석하는 도구를 확대해 전체 물질세계에 대한 인간의 해석을 구조화시키는 대립항과 그 조합을 분석할 수 있다고 본다. 데리다(Jacques Derrida)를 비롯한 다른 연구자들은 구조주의 분석의 인식론적 함의를 발전시켰다. 데리다가 말하는 '해체(deconstruction)'라는 용어는 대중적으로 수용된 문화적 항목의 의미 형성에 작용하는 구조적 요소를 보여주기 위해 풀어 헤쳐 분석하는 방법을 말한다.

이 시기에 구조주의자나 코드 탐색 연구 프로그램들이 쏟아져 나왔는데, 그 후속 연구자들 가운데서 특히 데리다와 푸코(Michel Foucault)는 구조주의자의 핵심 전제를 뒤집는다. 해체주의자나 탈근대주의자는 유일한 구조적 코드가 존재한다는 주장을 비판한다. 레비스트로스는 문화가 이항대립 코드로 구성된다고 주장했지만 설득력 있게 증명하지는 못했다. 데리다와 푸코는 복수의 분화 축이 있을 수 있다고 본다. 상징은 모순되는 것들을 함축할 수 있고, 기호 체계도 복수의 의미를 내포할 수 있다고 주장한다. 모호성과 다의성이 중요하다는 점이 20세기 중반 이후의 문예 작품, 특히 시 쓰기 양식의 효과를 연구한 문예비평가들에 의해 강조되기도 했다(가령, Empson, 1930). 해체주의자들은 논점을 확대시켜 역사적으로 다른 시기에 살고 있는 사람들이나 사회적 지위가 다른 사람들 사이에서, 또한 같은 사람도 다른 시각에서 보면, 문화 체계가 대단히 달리 읽힐 수 있다는 주장(이데올로기적 의도와 무관하지 않은)을 강력히 제기했다.

따라서 넓은 의미에서 구조주의 흐름은 레비스트로스가 부딪쳤던 것과 같은 문제들과 마주치게 된다. 연구자들은 코드를 탐색하는 방법에 몰두했지만, 모든 코드의 코드라고 동의할 수 있는 근본적인 하나의 코드를 찾아내지는 못했다. 비록 스스로 의식하지는 않았겠지만, 후기 해체주의자들은 사실상 좀 더 상황에 뿌리를 두는 관점으로 돌아온 것이다. 이들은 미시사회학자와 마찬가지로 의미 구성이 이루어지는 특정한 지점에 우선순위를 둔다. 그렇지만 프랑스 지성계와 거기서 연구의 방향을 선택한 문학 분야에 미시사회학은 거의 알려져 있지 않았다. 그리고 구조주의 흐름이 뒤르켕에서 유래했다는 사실도 거의 잊은 상태였다.[17] 그 결과 코드 탐색 연구는 의례를 빼버리거나 그보다 훨씬 위쪽을 바라보았다. 인지 구조를 강조하면서 코드나 심성 또는 모든 상황을 초월하는 정신의 구조를 탐색하는 쪽으로 치달았고, 그들이 바라본 곳은 구체적인 시공간의 밖에 존재하는 미지의 장소였다. 미시사회학을 지니지 못한 탈근대주의자들은 의미 형성의 착지점을 관념의 포괄적 역사의 틀(성에 관한 책을 쓴 푸코처럼)이나 자본주의의 역사적 단계, 경제의 세계화 또는 전자 커뮤니케이션 연결망(구조적 기제를 유지하려는 이들)과 같은 폭넓은 역사적 현상에서 찾는다. 이러한 흐름은 실제로 상황에서 의미가 구성되는 방식을 볼 어떤 수단도 지니지 못한 채 단일한 포괄적인 인식 틀에 의미를 부여하는 역설적 결과를 낳았다.

문화적 전환

이와 같은 지적 흐름 전체에 '문화적 전환'이라는 꼬리표가 붙기도 한다. 이 다용도 용어는 내가 '코드 탐색'이라고 불렀던 연구와 그 수정판, 또 비평을 모두 한 덩어리로 묶어버리는 용어라서 오해의 소지가 있다. 본래의 구조주의 연구는 모든 문화적 항목 − 사실상 넓은 의미에서 모든 인간의 제도 − 을 택해 해석해야 할 하나의 텍스트로, 그 밑바탕에 있는 기호학적 구조의 반영으로 다룬다. 1960년대 후반과 1970년대에 이 연구 프로그램은 연구 집단 내부에서 코드의 다의적이고 모호한 성격을 주장하는 많은 이단자와 비판자를 낳았다. 20세기 후반 영어권 지성계에서 많은 이들이 프랑스의 지적 흐름을 수입하고 추종했다. 구조주의와 포스트구조주의에 대한 인류학과 문예이론 분야의 무비판적인 열광과는 대조적으로 사회학 분야의 문화적 전환은 이중적인 흐름을 보였다. 영어권 사회학자들은 일반적으로 프랑스 구조주의 흐름을 회의적 시각으로 보면서 거리를 두는 한편, 강한 자의식을 가지고 문화를 강조하는 '문화적 전환'을 추구했다. 이런 움직임은 문화의 생산이 어떻게 이루어지는지를 연구하는 입장(대체로 고급문화 연구)과 환원주의적 설명에서 벗어나 문화의 자율성을 주장하는 입장으로 갈라졌다.

'문화적 전환' 진영의 두드러진 성과는 사회운동 분야에서 이루어졌다. 1970년대 사회운동 연구는 자원동원 이론을 내놓으며 큰 진전을 보였다. 자원동원 이론은 사회운동이 제기하는 문제의 실질적 내용과는 별개로 운동의 활성화와 유지에 관련된 물질적 자원— 조직, 재정, 연결망— 이 운동의 성장과 운명에 영향을 미친다는 사실을 입증했다. 성공적인 패러다임은 어떤 것이든 새로운 연구 영역을 찾는 경쟁자를 낳는 경향이 있어서, 사회운동 이론의 다음 단계는 운동의 틀이나 집단 전통과 정체성, 그리고 사회운동 집단 사이의 문화적 자원의 흐름을 탐구하는 쪽으로 전환이 이루어졌다. 사회운동에서 물질적·조직적 자원의 동원과 문화적 자원의 사용은 양립 불가능한 것이 아니라 실제로 함께 가는 경향이 있다. 그렇지만 지성계의 논쟁적 성격은 문화를 맨 앞에 내놓는가 아니면 폐기하는가를 놓고 전쟁이라도 치르는 것처럼 보였다.

1980년대와 1990년대의 문화사회학자들은 문화를 자율적이며 궁극적인 설명 도구로 보는 패러다임이 지닌 제약을 완화하려는 시도를 한다. 사회학자들은 상황적 상호작용의 흐름에서 문화의 유연성을 더 강조했다. 스위들러(Ann Swidler, 1986)의 잘 알려진 이론 구성에 따르면 문화는 사회적 행위의 목적이나 전략에 따라 문화의 다른 조각들을 떼어내 사용할 수 있는 도구함이다(또한 Emirbayer and Mische, 1998; Lamont, 2000 참조). 따라서 사회학자들은 문화 분석의 정태적 편향을 극복하고 옛 문화에서 새로운 문화가 창조될 수 있음을 보여주려 했다.

어떻게 보면 이런 식의 전개는 의례 이론과는 거리가 멀다. 레비스트로스와 바르트에서 볼 수 있듯이 코드 탐색 연구는 뒤르켐 식의 의례 행위를 완전히 빼버렸다. 심지어는 종교 의례를 전문적으로 연구하는 인류학자마저 의례의 진행 방식에서 국지적 유연성을 허용하는 코드에 의해 의례가 실행되는 것으로 보았다. 특히 '문화적 전환' 진영에 속한 사회운동 이론가들의 최근 경향은 미시 상황의 행위를 더 강조하는 쪽으로 그리고 때로는 이를 의례로 언급하기도 하는 식으로 발전한 모습을 보여주고 있다. 그러나 여전히 의례의 개념화는 지금까지 검토해본 대로 용법상의 혼란을 계승하고 있다. 의례는 행위이고, 행위는 과거 문화의 제약－저변에 깔려 있는 문화적 요건의 발현과 새로운 문화를 창출하는 도구 사이에 있는－을 크게 받는다고 본다.

상호작용 의례 이론은 분명한 개념적 단절을 감행한다. 뒤르켕의 이론화에 따르면, 의례가 문화를 창조하고 때로는 기존의 문화를 재생산한다. 어느 쪽이든 의례가 성공적일 때만 사회적으로 살아 있는 문화가 된다. 즉, 의례를 정서적으로 강렬하고 인지적으로 초점을 집중하게 만드는 상황의 구성 성분이 존재할 때에만 사회적으로 살아 있는 문화가 되는 것이다. 상호작용 의례 이론은 언제 새로운 문화적 상징이 창출되는지, 어떤 경우에 옛 상징이 여전히 사회적 구속력을 지니는지, 어떤 경우에 문화가 더 이상 의미 없는 것으로 사라지는지 그 정확한 기제를 보여준다. 상호작용 의례 이론의 강조점은 두말할 것도 없이 의례적 상호작용을 분석의 중심에 놓고, 거기서부터 문화적 신념의 부침을 설명하는 데 있다. 상호작용 의례 이론을 문화적 전환의 틀 안과 밖에서 더욱 선회한 것으로 볼 수도 있다. 상호작용 의례 이론은 코드 탐색 연구에 대한 비판의 궤도를 근본적으로 바꾼다. 그러나 그 역시 사회적 형태학이 사회적 상징을 규정한다는 뒤르켕의 이론화로 되돌아가는 것이다. 최근의 상호작용 의례 이론은 주로 문제가 되는 사회적 형태학이 국지적 상황에서 미시적으로 이루어지는 상호작용의 유형임을 강조하는 미시 상황의 시각을 제공한다는 점에서 고전판 의례 이론과는 다르다.

상호작용 의례 이론이 더 보태고 있는 점은 무엇인가? 첫째로, 상호작용 의례 이론은 상황이 고유한 국지적 구조와 역동성을 지니고 있음을 보여준다는 점에서 상황 자체에 대한 이론이다. 둘째로, 상황을 인지적 형성물로 보지 않고 개인들의 의식이 흘러넘쳐 정서 공유와 상호 주관적 초점을 형성하고 개인들을 한데 휩쓸어버리는 과정으로 보며 상황에 강조점을 둔다. 식견이 있는 행위자가 행위

목록 가운데서 선택하는 것이 아니라 특정한 문화적 상징을 향하도록 만드는 상황적 특성이 있다고 본다. 셋째로, 의례가 문화적 상징을 창조한다는 점이다. 이는 여전히 문화가 사회적 카드 패 가운데 마지막 남은 으뜸 패, 그 이상 더 캐고 들어갈 데가 없는 궁극적 설명 범주라고 보는 문화적 전환 진영의 사고방식과는 상반된다. 상호작용 의례 이론은 언제 어떻게 상징이 창조되는지, 언제 흩어져 버리는지, 왜 때로는 상징을 환기시키는 사람에게 자석처럼 달라붙고 어떤 때는 경멸이나 무관심으로 사라지고 마는지 그 기제를 경험적으로 보여준다. 상호작용 의례 이론은 상징이 형성되는 과정의 모델을 제공한다. 또한 정확히 언제 얼마나 의미가 공유되고 객관화되고 강제되는지, 언제 금방 없어지는지를 모두 보여준다는 이점이 있다.

상호작용 의례 이론의 고전적 기원: 뒤르켕의 종교사회학

종교 전례를 연구하는 분야에서 코드 탐색 연구가 최고조에 이르렀던 시기에도 일부 학자들은 의례 연구를 계속하고 있었다. 그 중에서도 구조주의 인류학자와 의례를 전공하는 종교 연구자들은 주로 코드 탐색 연구의 도구를 사용해 의례를 분석하는 경향에 기울어져 있었다. 그들의 지배적 인식은 의례가 코드에 의해 결정된다는 것이다.[18] 그렇지만 코드가 알려져 있지 않고 찾아내야만 하는 것이라서 연구자들은 의례 유형을 기술하고 그것을 코드가 구조화되는 방식의 증거로 사용한다. 그리고 방향을 바꾸어 왜 의례가 그런 방식으로 수행되는지를 설명하려고 코드를 증거로 내놓는다. 코드를 증거로 의례 행위를 설명하고 의례 행위를 증거로 코드를 설명하는 식으로 연구방법에 순환론이 깔려 있다.

종교 의례는 신성한 존재의 계시이며 초월로 가는 관문으로 해석된다(Drewal, 1992; Martos, 1991). 이는 의례 참여자의 시각에 가까운 내부자적 관점이다. 종교적 신앙에 공감하는 연구자들은 종교적 헌신이라는 점에서 이미 어느 정도는 내부자이고, 그래서 구조주의적 접근이 많은 종교 연구자에게 호소력을 갖게 되는 지도 모른다. 이러한 입장의 수정판은 종교 의례란 그 밑에 깔려 있는 종교적 코드를 드러낸다고 보는 입장이다. 즉, 의례에서 절실한 것은 초월적인 텍스트 읽기라고 본다. 그와는 대조적으로, 신앙을 발생시키는 일련의 과정으로 상호작용 의례를 분석하는 것은 본질적으로 세속적 관점이다. 종교적인 사람이 행하는 것을 진지하게 다루지만, 뒤르켕처럼 그들의 행위를 세속적 방식으로 해석한다.[19] 여기서 잠시 뒤르켕으로 돌아가 그의 사회적 의례 모델을 다시 살펴볼 필요가 있다.

뒤르켕은 오스트레일리아 토착 원주민의 부족 모임을 예로 들어 종교가 어떻게 사회적으로 형성되는지 논의하면서 사회적 의례의 구성 요소 대부분을 설명한다. 그는 자신의 분석을 널리 적용하려는 의도를 갖고 있었고, 그 보편성을 근대 정치 영역의 예로 들어 여러 곳에서 언급한다. 아마도 모든 고전 사회학 저술 가운데서 가장 큰 관심을 기울일 만한 텍스트이므로 나는 상호작용 의례의 일반 모델을 구성하면서 폭넓게 인용할 것이다.[20] 물론 별로 이론적 자의식 없이 존경의 염으로 주목하는 이런 작업을 가리켜 사회학자들이라는 교단이 뒤르켕의 텍스트를 신성한 대상으로 다루는 방식이라 할 수도 있다. 맞는 말이다. 이런 작업은 단순히 사회학 전문가 집단의 성원으로서 우리의 정체성을 뒤르켕 세대와 이어줄 뿐만 아니라 갖가지 사회생활의 내적 작용을 보여주는 도구에 대한 우리의 의식을 갈고 다듬어 좀 더 나은 그리고 좀 더 예리한 사회학자로 만들어줄 것이다.

텍스트를 세 단계로 나누어 살펴보자. 세 단계는 성분이 투입되어 의례가 일어나는 단계, 집합적 열광이나 집합 의례의 조건이 형성되는 과정, 그리고 의례의 결과나 산출물이 나오는 단계이다.

첫째, 의례를 발생시키는 성분. 여기서 뒤르켕은 '집단의 물리적 집결'을 강조한다. 출발점은 같은 장소에 인간의 몸이 함께 있을 때이다.

오스트레일리아 사회의 삶은 서로 구별되는 두 차원을 왕래한다. 어떤 때는 작은 집단으로 나뉘어 돌아다닌다.……반면에 때로는 며칠이나 몇 달의 시간 간격을 두고 정해진 시간에 부족민 모두가 한자리에 집결한다. 씨족이나 부족의 한 무리가 모여 설교를 하고 종교 전례를 행하거나 성년식이라고 불리는 행사가 있을 때이다.……이 두 차원은 아주 뚜렷한 대조를 보인다. 첫째 차원은 경제적 활동에 무게가 실린 것이고 또 아주 평범하게 이루어진다.……부족민이 집결한다는 사실 자체가 엄청나게 강력한 자극제이다(Durkheim, 1912/1965: 245~247).

따라서 의례의 사회학은 모임 — 군중, 집회, 청중 — 의 사회학이다. 고프먼의 눈으로 보면 이런 모임은 아주 작은 규모일 수도 있다. 말을 나누려고 멈춰 선 친숙한 두 사람, 목례를 하며 그냥 스쳐 지나가는 사람들, 심지어 거리에서 서로 눈길을 마주치지 않으려고 피하는 낯선 사람들일 수도 있다. 아니면 그 중간쯤 되는, 한 식탁에 둘러앉아 먹고 마시는 작은 집단일 수도 있다. 단순히 사람들이 함께 있을 때 가장 상호작용을 잘한다는 식의 평범한 이야기가 아니다. 사회란 무엇보다도 구체적으로 실현되는 활동이라는 훨씬 강력한 함의가 있다.[21] 사람들이 같은 장소에서 신체적으로 함께 있을 때 신체적 조율이 이루어진다. 감정의 흐름, 조심스럽거나 흥미롭다는 감각, 감지할 수 있는 분위기의 변화 등이 있다. 처음에 자각을 하든 안 하든 몸이 서로에게 주목한다. 이 신체적 상호 지향성이 그 이후에 벌어질 사태의 출발점이다.

뒤르켐은 이어서 신체적 집결의 빈도와 강도는 다양하다고 지적한다. 신체적으로 집결한 자리에서는 집단 행위와 개인 행위에 현저한 차이가 발생한다고 말한다.

집합적 충격의 영향을 받을 때 사회적 상호작용이 대단히 잦고 활발해지는 역사적 시기가 있다. 서로를 찾아다니고 어느 때보다 더 모이려고 한다. 그런 일반적 흥분 상태의 결과가 혁명이나 창조적 전기를 만든다.……평상시에 비해 더 많이 또 다른 방식으로 서로를 본다. 단순히 명암이나 농도가 변할 뿐 아니라 사람들 자체가 달라진다.……이것이 예컨대 십자군 전쟁이나 프랑스 혁명기에 있었던 영웅적 행위와 야만적 행위 같은 수많은 사건들을 설명해준다. 대중적으로 흥분이 고조된 상태의 영향을 받아 극히 평범하고 소심한 부르주아가 영웅이나 살인자가 되는 것을 볼 수 있다(Durkheim, 1912/1965: 241~242).

일단 사람들의 몸이 함께 있으면, 뒤르켕이 집합적 열광이라고 부르는 경험의 공유가 심화되는 과정이 생기고 집합적 도덕관념이나 집합의식이 형성된다. 이를 상호 주관성 고조의 조건이라고 부를 수 있다. 어떻게 그렇게 될까? 뒤르켕은 이와 관련된 두 가지 상호 강화 기제를 지적한다.

첫째는 '행위와 인식의 공유'이다.

그냥 내버려두면 개인의 의식은 서로 비슷해진다. 내적 상태를 표현하는 기호로만 의사소통을 할 수 있다. 그들 사이에 소통이 이루어지면 진정한 교감이 생긴다. 다시 말해, 모든 개별적 감정들이 단일한 감정으로 융합되고, 그 교감을 표현하는 기호도 단일하고 독특한 결과물로 융합된다. 그들이 서로 화합하고 있음을 알아차리며 도덕적 통일성을 의식하는 것은 바로 서로의 이런 모습을 보면서이다. 함께 울음을 터뜨리고, 동일한 구호를 외치고, 성스러운 대상을 숭배하는 같은 몸짓을 하면서 그 스스로도 통일체가 되고 또 되어간다고 느낀다.……개인은 자기 자신에서 벗어나지 않고서는 서로 접촉하고 소통할 수 없다. 움직이지 않고서는 소통할 수 없는 것이다. 그래서 집단이라는 의식을 갖게 만드는 것은 바로 이러한 움직임의 동질성이다.……일단 동질성이 형성되어 전형적인 형태를 갖추면 거기에 들어맞는 표현을 상징화한다. 그러나 그 상징화는 서로 협조해서 만드는 경우에만 이루어진다(Durkheim, 1912/1965: 262~263).

둘째는 '공유 정서'이다.

(토착 원주민이) 일단 집결하면 일종의 전류가 생겨 빠른 속도로 전파되고 사람들은 엄청난 도취 상태에 빠져든다. 그 자리에서 표출되는 모든 감정이 외부의 자극에 활짝 열려 있는 사람들의 마음에 아무 저항 없이 스며든다. 서로에게 화답하고 공명한다. 초기의 일시적 충격은 모임이 진행되면서 눈사태처럼 불어난다. 그 활기찬 열정은 모든 통제에서 벗어나 폭발하는 것을 막을 수 없다. 어디를 보나 폭력적 몸짓, 울음, 울부짖음, 그들이 표출하는 마음의 상태를 더 격렬하게 만드는 온갖 종류의 소음이 귀가 먹먹할 정도로 뒤섞여 다른 아무것도 볼 수 없다(Durkheim, 1912/1965: 247).

공동으로 하는 움직임은 참여하는 사람들의 관심을 집중시키고 서로 같은 행동과 생각을 하고 있음을 알게 해준다. 집합 행동은 상호 주관성이 창조되고 있다는 신호이다. 집합적 관심은 공유하는 정서의 표출을 강화하고 공유 정서는 집합적 활동과 상호 주관성의 감각을 더 농도 짙게 만든다.

이제 의례의 결과를 살펴보자. 집합적 열광은 순간적이지만 집단적 유대감, 상징이나 성스러운 대상, 개인의 정서적 에너지로 구현되면 그 열광의 효과가 더 오래간다. 공동 인식의 고조와 정서적 각성의 체험이 집단 상징물 또는 집단 정체성의 표지를 만들어낸다.

이 부글부글 끓는 상황의 한가운데서 열광 그 자체로부터 종교적 관념이 태어나는 듯하다.……우리는 씨족이 자기네 성원에게 자신들을 지배하는 외부 세력에 대한 생각을 일깨우고 그들의 마음을 드높이는 방식을 보았다. 그러나 그런 힘이 어떻게 토템의 형태, 즉 동물이나 식물의 형태로 발생하는지는 설명할 필요가 있다.

동물이나 식물의 이름이 씨족에 붙여지고 씨족의 상징물로 작용한다.……어떤 것에서 자극을 받은 감정은 자연스럽게 거기에다 그 감정을 표현하는 상징을 부여한다.……우리는 우리가 느끼는 강력한 감정의 원천을 어렵고 애매하게 표현할 수밖에 없는 그런 추상적인 것으로는 생각할 수 없다. 실재하는 구체적인 대상과 연결시키지 않고는 우리의 생생한 느낌을 설명할 수 없다.……국기를 위해 죽는 군인은 조국을 위해 죽는 것이지만 사실 그의 의식에서 최우선의 자리를 차지하는 것은 국기이다.……하나의 개별 도덕적 표지가 적의 수중에 들어가게 되는지 아닌지에 조국의 운명이 달려 있지 않지만, 군인은 국기를 지키기 위해 스스로 죽음을 결단한다. 국기란 오직 하나의 표지, 그것이 표상하는 실재를 떠올리게 하는 것일 뿐 그 자체로는 아무 가치도 없다는 사실을 보지 못하고, 그것이 마치 실재 자체인 양 받들어 모시는 것이다.

이 경우 토템은 씨족의 깃발이다. 개인의 마음에 떠오르는 씨족의 감각 — 거기에 의지하고 그로부터 더 큰 활력을 얻는다 — 은 씨족보다는 토템에 고착되는 것이 자연스럽다. 씨족은 너무도 복잡한 실체라서 그 복합성을 모두 분명히 표상하기는 어렵기 때문이다.……(원시 부족민들은) 많은 사람이 모여 같은 삶으로 결합되면 각자를 변화시키는 새로운 에너지가 분출됨을 알지 못한다. 각자가 알고 있는 것은 그저 자신이 원래의 자신보다 더 큰 존재로 고양된다는 것과 그들이 일상적으로 살아가는 방식과는 다른 삶을 본다는 것이 전부이다. 그렇지만 이러한 감각을 그 원인으로 생각되는 외부의 어떤 대상과 연결시켜야 한다. 이제 각자 자신에게서 무엇을 볼까? 감각적으로 끌리고 상상을 자극하는 모든 사물의 모든 면에 수많은 토템의 이미지가 들어 있다.……토템이 감각의 한가운데 자리 잡으면서 대표적인 상징이 된다. 감정이 표출되는 모든 곳에서 그 감정이 토템과 결부된다. 그것만이 자신들의 감정과 결부시킬 수 있는 유일한 구체적인 대상이기 때문이다.……축제가 계속되는 동안 모든 면에서 토템은 경배의 중심이 된다 (Durkheim, 1912/1965: 250-252).

함께 집중하는 대상이 집단의 상징이 된다. 실상 집단은 고유한 상호 주관성의 느낌, 자신들이 공유하는 정서에 대한 느낌에 집중하는 것이다. 그러나 이렇게 흐르는 감정은 외부에 있는 어떤 대상에 구현된 것으로 표현하는 길 말고는 달리 표현할 방도가 없다. 집단은 집단의 체험을 물화하고 사물과 유사한 것, 즉 상징물을 만들어 고유명사처럼 영속성을 가진 것으로 다룬다. 뒤르켕이 강조하듯이, 사실상 '감정은 상징에 의해서만 연장'될 수 있다.

더욱이 상징 없이 사회적 감정이 존속할 수 있을지 불확실하다. 함께 모여 있고 서로 영향을 주고받을 때는 아주 강렬하지만, 그 모임이 끝나고 난 후에는 회상의 형태로만 존재하고 또 혼자 남겨진 다음에는 점점 희미해진다. 집단이 더 이상 눈앞에 있지도 않고 작용도 하지 않기 때문에 쉽게 개인적 기질로 되돌아온다.……그러나 집단적 감정의 표출이 무언가 지속성이 있는 것과 연결된다면 좀 더 오래간다. 마치 그들을 맨 처음 흥분시켰던 원인이 계속 작용하는 것처럼 끊임없이 기억을 불러일으키고 흥분시킨다. 따라서 사회의 존재를 의식하는 데 필요한 상징물의 체계가 사회의식의 지속성을 보장하는 데 필수적이다(Durkheim, 1912/1965: 265).

뒤르켕은 구조를 가치 체계에 의해 움직이는 기능적 체계로 보는 탓에 흔히 정태적인 사회조직의 이론가로 간주되고 있다. 그렇기 때문에 그의 개념화가 얼마나 역동적인 것인지를 강조할 필요가 있다. 사회는 상징으로 유형화된다. 더 정확하게 말하자면 상징에 대한 존중으로 유형화된다. 그러나 상징은 의례 참여에서 생기는 감정이 상징에 실릴 때에만 존중된다. 감정은 주기적으로 재생되지 않으면 지나가고 사라져버린다. 여기서 다루는 특정한 사례인 종교는 단순한 믿음 체계에 그치지 않고 믿음이 의례 관행으로 유지되어야만 하는 것이다. 관행이 멈추면 믿음은 정서적 중요성을 잃게 되고 단순한 기억 또는 내용 없는 형태가 되어 결국에는 소멸하고 무의미해진다. 마찬가지로 새로운 상징이 창조될 수도 있다. 집단이 한자리에 모이고 그들의 정서를 구현하는 대상에 관심을 집중할 때면 언제나 '새로운 성스러운 대상'이 탄생한다.

또한 과거와 마찬가지로 현재에도 우리는 사회가 끊임없이 평범한 것들 가운데서 성스러운 대상을 창조하고 있음을 본다. 만일 사회가 한 사람을 사랑하게 되고 그 사람에게서 사회를 움직이는 중요한 열망과 그 열망을 만족시킬 수단을 발견하게 되면 그 사람은 다른 모든 사람들 위에 우뚝 솟아올라 신격화된다. 신의 수호에 견줄 수 있을 만큼 장엄한 신념을 그 사람에게 쏟아 부을 것이다.……
그가 지닌 장점만으로는 그만한 자격이 없는데도 종종 그런 인물이 신성화되는 경우가 있음을 보면 다양한 신성화를 행하는 조물주는 사회일 수밖에 없다는 사실이 명백해진다. 고귀한 사회적 기능이 부여된 인물들이 사람들에게 불러일으킨 공경은 종교적 숭배와 본질에서 다르지 않다. 높은 지위에 올려놓고서 일정한 거리를 지키고, 극도의 조심성을 지니고 접근하며, 그와 대화할 때는 일상적인 유한한 인간들을 대할 때와는 다른 언어와 몸짓을 사용하는 식으로 표현방식이 같다.……

또한 사회는 사람뿐만 아니라 사물, 특히 관념도 신격화한다. 만일 모두가 신념을 한마음으로 공유하면, 우리가 이미 지적한 이유로 해서 건드리거나 부인하거나 논쟁하는 것이 금지된다. 다른 금지 명령과 마찬가지로 신념에 대한 비판도 금기시되는데, 비판을 금지함은 곧 대상이 성스러운 존재임을 증명하는 것이다. 오늘날에도 사람들에게 허용된 자유가 아무리 커졌어도, 진보를 전적으로 거부하거나 현대 사회에서 소중한 가치가 부여된 인간적 이상을 조롱하는 사람은 신성 모독의 죄를 범한 것과 같은 효과를 불러일으킨다(Durkheim, 1912/1965: 243~244).

가장 중요한 의례의 결과 가운데 하나는 상징적 대상을 의미로 충전시키거나 새로운 숭배 감정으로 대상을 재충전시키는 것이다. 더불어 개인 참여자는 자기 자신의 충전기를 얻는다. 뒤르켕이 흥분이 고조된 상태의 집단을 은유적으로 표현한 '일종의 전류'가 배터리에 저장된다. 배터리에 저장된 성분 가운데 하나는 상징이고 다른 하나는 개인이다. 의례에 참여하면 개인은 특별한 종류의 에너지를 얻게 되는데, 그것을 나는 '정서적 에너지'라고 부른다.

신에 복종하는 사람, 신이 자기와 함께한다고 믿는 사람은 자신감을 가지고 고양된 에너지를 느끼며 세상과 접촉한다.……사회는 개인의 의식을 거치지 않고서는 존재할 수 없는 것이라서 이 힘은 우리를 관통하고 또 우리 안에서 그 스스로를 조직한다. 그러니 사회는 우리의 존재를 온전히 이루는 데 없어서는 안 될 부분이며 바로 그 때문에 우리의 존재가 고양되고 확장된다(Durkheim, 1912/1965: 242).

같은 책의 다른 부분에서 뒤르켕은 다음과 같이 말한다.

그러나 사회를 느낄 수 있도록 자극하는 사회의 힘은 예외적 상황에만 있는 것이 아니다. 우리 삶의 에너지가 사회 아닌 곳에서 오는 때는 한 순간도 없다.……동지와 도덕적 조화가 있기에 더욱 행위에 자신감, 용기, 배짱이 생긴다……(178).

사회의 작용이 특별히 강력하고 활력을 띠는 때가 있다. 공통의 열정이 활기를 띠는 집회의 한가운데서 우리는 자기 혼자 힘으로는 도저히 할 수 없는 행동과 감정에 사로잡힌다. 집회가 해산하고 다시 혼자가 되어 일상적 수준으로 돌아갈 때면 우리는 스스로의 존재 이상으로 고양되었던 그 열정이 얼마나 강렬했던지 깨닫는다. 역사는 이런 종류의 예로 가득 차 있다. 1789년 8월 4일 밤을 떠올리는 것으로 충분하다. 집회는 갑자기 바로 전날에는 거부했고 그 다음 날에는 모두를 놀라게 한, 희생과 금욕으로 가득 찬 행동으로 치달았다(프랑스 혁명에서 귀족과 평민의 집회로 봉건제도가 폐지되었다). 그것이 바로 모든 정치, 경제, 신앙 공동체가 주기적으로 집회를 하고 성원들이 함께 공통의 믿음을 재생하는 데 주력하는 이유이다(241).

이렇게 사회적으로 유도된 정서적 에너지는, 뒤르켕의 말처럼 자신감, 행동을 취할 용기, 앞장서는 배짱의 감각이다. 정서적 에너지는 도덕성으로 채워진 에너지이다. 개인을 기쁘게 해줄 뿐만 아니라 가장 중요하고 소중한 가치에 대한 감각으로 드높여준다. 어느 정도 시간이 지나면 감정은 또 다른 종류의 집합적 열광의 경험으로 되살리지 않으면 사라진다는 점을 다시 한 번 강조하면서, 뒤르켕은 계속해서 집단이 이 감각을 재생시키려고 주기적인 집회를 가진다는 사실을 지적한다. 나는 여기에다 정서적 에너지의 느낌이 개인에게는 강력한 동기부여의 효과를 지니고 있어서 누구든지 이런 순간을 경험하면 그 경험을 반복하고 싶어진다는 점을 보태고 싶다.

의례가 내는 효과 목록의 마지막 항목은 '도덕성'이다. 개인은 강렬한 집단 체험에서 얻은 에너지를 지니고 행동할 때 도덕적 감정을 느낀다. 그리고 실제로 뒤르켕은 기존의 믿음이나 도덕적 기준을 가정하지 않고 현실에서부터 인간 제도의 이론을 구축하고 있으므로 의례가 집단의 도덕적 기준의 원천이라고 말한다. 도덕적 선의 관념을 창출하는 것은 바로 집단 의례에서 강렬하게 체험한 상호 주관성과 정서적 힘이다. 거기에 반대되는 것은 악이다. 상징과 성스러운 대상으로 전이된 도덕적 선의 개념이 종교적 존재와 그 세속적 대응물에 대한 믿음에 결합되는 것이다.

우리는 (자신의 소임을 다하는 데서 사회적 승인과 힘을 느끼는) 이 느낌의 원인이 우리 바깥에 있음을 알지만 그것이 무엇이며 어디에 있는지는 모른다. 그래서 우리는 보통 우리에게 내재하지만 자신이 아닌 무엇을 표현해주는 것을 도덕적 힘의 형태로 또는 도덕적 양심으로 생각한다……(1912/1965: 242).

개인적으로나 집합적으로 어떤 대상이 존경심을 불러일으키는 것은 **유용성**이나 유해성을 고려하지 않고 그 대상을 떠올리게 하는 재현물이 저절로 행위를 하게 만들거나 금지하는 것처럼 느낄 때이다. 도덕적 권위를 지녔다고 믿는 사람에게 복종할 때는 그가 현명해 보여서가 아니라 우리의 의지를 지배하고 정해진 방향으로 우리를 이끌 것이라고, 우리가 구성한 그 사람에 대한 생각 속에 내재한 모종의 육체적 에너지 때문이다. 존경심은 내면에 작용하는 정신적 압력을 느낄 때 경험하는 정서이다.……

모든 반체제 시도에 대해 그 죄를 묻거나 물질적으로 억압하는 방식으로 반응하는 사회의 폭력성이 바로 열정을 분출시키고 공동의 확신을 드러내게 함으로써 제국의 절대적 지배권을 강화하는 데 공헌한다(237~238. 고딕 강조는 원전).

뒤르켕에게 도덕성과 성스러움의 기준은 공리적 가치와 상관없이 그 자체로서의 가치이다. 성스러운 대상과 그 배후에 있는 집단적 감정에 대한 경외심은 '이로운가 해로운가'를 따지는 단순하고 세속적인 개인의 계산보다 더 높은 데 있는 가치이다. 모든 세속적인 것들은 도덕적 감정을 위해 희생된다. 여기서 뒤르켕은 『분업론』에서 주장했던 전(前)계약적 유대를 되풀이한다. 사회를 하나로 결합시키는 것은 자기 이익이 아니며, 실용적 문제에 대한 협동이 지속되는 경우는 오직 실리적 거래가 의례적 유대 속에 자리 잡고 있을 때뿐이라는 주장이다.[22]

일반 사회학 이론을 위한 상호작용 의례의 중요성

뒤르켕의 모델은 사회 이론에 중심이 되는 문제를 제기한다. 그리고 그 문제는 최근 미시사회학의 모든 영역으로 확대될 수 있는 함의를 지니고 있다. 뒤르켕은 근본적인 질문을 던진다. 무엇이 사회를 하나로 결합시키는가? 그리고 그것은 사회적 의례의 기제라고 답한다. 더 나아가 사회적 의례는 사회 결속의 강도를 변화시키는 기제라고 말한다. 의례가 효과적으로 수행되는 꼭 그 정도만큼 의례의 효과가 사람들의 마음에 아직 생생하게 남아 있고, 그들의 정서에 반향을 일으키는 기간 동안만 사회는 하나로 결합된다. 사회는 어떤 순간에 더 강하게 결속한다. 그리고 결속된 '사회'는 사회체계라는 추상적인 통일체가 아니라 의례 참여의 효과와 의례에서 충전된 상징을 통해 형성된 유대를 느끼는 사람들이 특정한 장소에 집결한 집단 안에 존재하는 실체이다. 프랑스나 미국 또는 다른 어떤 사회의 인구 전체는 정도의 차이가 있는 유대의 묶음으로 구성되어 있다고 생각할 수 있다. 때로는 민족적 유대의 흐름에 휩쓸릴 수 있지만, 이는 특정한 그리고 좀 더 특별한 의례에 뿌리를 둔 것으로, 국지적인 유대와 동일한 의례 동원 과정의 지배를 받는다.

이는 뒤르켕 모델이 계층화와 집단갈등의 관점과 전적으로 양립 가능함을 뜻한다. 실제로 계층화와 갈등이 정확히 어떻게 작용하는지 그 핵심 기제를 보여준다. 질문을 이렇게 재구성해보자. 계층화되고 갈등하는 집단들로 구성된 사회를 하나로 결합시키는 것은 무엇인가? 그 집단 내부에서 유대가 창조되고 유지되도록 작용하는 사회적 의례가 그 답이다. 좀 더 복잡하게 대답을 다듬을 수 있다. 이어지는 각 장에서 그렇게 할 것이다. 어떤 집단은 다른 집단보다 의례를 행할 수 있는 자원을 더 많이 가지고 있고, 그래서 더 강한 유대를 보이며 자원이 적고 유대가 약한 집단 위에 군림할 수 있다. 또 의례적으로 특권을 지닌 집단은 더 강렬한 상징을 갖게 되고 집단 성원에게 더 많은 정서적 에너지를 채워줄 수 있다. 좀 더 세분화된 계층화 과정을 탐구할 수도 있다. 의례에 참여한 사람들의 집단 내부를 보면 어떤 이들은 의례의 중심에 더 가깝게 있어서 남들보다 더 많은 특권을 누림을 알 수 있다. 따라서 의례는 이중으로 계층화하는 결과를 낳는다. 내부자와 외부인 사이의 계층화, 그리고 의례 내부에 존재하는 의례 지도자와 의례 추종자 사이의 계층화이다. 따라서 의례가 갈등과 지배 과정에서 핵심 기제이며 결정적인 무기라고 말할 수 있다.

뒤르켕은 삶의 실리적·경제적 차원은 근본적인 것이 아니라 전(前)계약적 유대에 의존한다고 주장한 것으로 유명하다. 의례는 경제적 교환이 이루어질 수 있게 해주는 사회적 신뢰와 상징적 의미 공유의 상황을 위한 토대를 제공한다는 것이다. 나는 사회적 갈등과 관련해서도 비슷한 주장을 할 수 있다고 본다. 갈등은 사회생활의 원초적 조건, 즉 모두가 서로의 적이라고 보는 '홉스 식 전쟁 (Hobbsian War)'이 아니라 분석적으로 보면 사회적 유대의 파생물이다. 지배에 가장 효과적인 무기와 더불어 동맹과 열혈 지지자의 에너지를 창출하는 사회적 의례의 기제가 없으면 실제로 갈등이 일어날 수 없다. 또한 사람들이 투쟁을 벌이는 갈등의 목표라는 것도 사회적 의례를 통해 형성된다. 갈등의 발화점, 표출된 투쟁을 촉발하는 사건 등에는 거의 언제나 상징과 상징이 구현하는 사회적 정서가 선행한다. 이는 결국 나를 비롯해 많은 사회학자들이 논의하는 사회적 갈등은 사회적 삶, 특히 거시 수준의 대규모 사회적 삶을 구조화시키는 주요 과정이며(Collins, 1975; Mann, 1986~93), 뒤르켕 식의 상호작용 의례에 관한 미시사회학의 설명이 필요하다는 말이다.

상호작용 의례 이론의 중심 기제는 관심의 초점 공유, 즉 상호 주관성과 정서적 합류─신체적 호응, 상호 자극 또는 참여자의 신경 체계의 감각을 통해 이루어진다─가 결합되고 거기에 인지적 상징이 결부되면서 집단 소속감을 강렬하게 탄생시키는 과정이다. 이 기제는 또한 개인 참여자에게 자신감, 열정, 도덕적으로 적절하다고 여기는 행위를 하고 싶다는 갈망을 일으키는 정서적 에너지를 낳는다. 강도 높은 의례의 순간은 절정을 경험하는 순간이다. 집합적 경험, 역사의 현장, 중요한 일이 벌어지는 순간이다. 옛 사회구조를 붕괴시키거나 뒷전으로 몰아내고 새로운 사회구조를 만들어내는 순간이다. 뒤르켕이 지적한 1789년 여름의 프랑스 혁명 같은 순간이다. 여기에 1960년대 민권운동의 결정적 사건이 일어났던 순간, 1989년과 1991년 공산체제가 붕괴되던 때를 보탤 수 있을 것이다. 또 얼마나 강렬한 것이었는지는 시간이 더 지난 다음이라야 확인되겠지만, 2001년 9월 11일부터 미국에서 일어났던 국민적 동원 현상도 있다. 이것들은 대규모 의례 동원의 사례들이지만 관심을 좁혀 더 작은 규모의 사회적 행위 사례도 첨가할 수 있다.

상호작용 의례 이론은 정태적인 모습뿐만 아니라 사회적 역동성도 설명하는 이론이다. 사회 이론가들 중에는 의례 분석을 보수적인 것으로, 과거에 형성된 전통에 대한 참배로, 이미 존재하고 있는 사회구조를 재생산하는 기제로 보는 경향이 있다. 의례 분석이 흔히 그런 식으로 이루어지고 있음도 사실이다. 심지어 뒤르켕과 마르크스를 결합시킨 부르디외(Pierre Bourdieu) 같은 이론가도 문화적·상징적 질서와 경제적 권력의 질서가 서로를 지탱해주는 관계에 있다고 본다. 부르디외에게 의례는 경제적 장을 재생산하는 문화를 뜻한다.[23] 그러나 이는 의례 동원의 전환적 힘을 간과한 것이다. 강렬한 의례 경험은 새로운 상징적 대상을 창조하고 중요한 사회 변화에 불을 지피는 에너지를 생성한다. 상호작용 의례는 변동의 기제이다. 의례로 동원할 수 있는 잠재력을 지닌 계기를 만나면 갑작스럽고 급격한 변동이 일어날 수 있다. 의례는 되풀이되는 보수적인 것일 수도 있지만 획기적인 변화의 계기를 제공할 수도 있다.

이런 점에서 상호작용 의례 이론은 의미와 정체성의 상황적 흐름이 어디에나 있다고 가정하는 탈근대주의 이론과, 고정된 각본이나 문화적 항목이 되풀이되어야 가능하다는 문화주의 관점의 차이를 중재할 수 있다. 두 입장을 대조한 라몽(Michèl Lamont)은 "개인으로 하여금 어떤 평가 기준을 사용하게 하는 문화적인 조건과 구조적 조건이 있다"(Lamont, 2000: 243~244; 271)고 한다. 그의 주장은 좀 더 미시구조적인 수준으로 논점을 밀어붙인다는 점에서 내가 상호작용 의례 이론을 활용하는 방법과 같다. 즉, 작동 중인 구조적 조건은 상호작용 의례의 성분을 구성한다는 것, 문화적 레퍼토리는 특정한 종류의 상호작용 의례에서 창조되지만 다른 종류의 상호작용 의례에서는 사라진다는 것, 그리고 의례가 어떤 방향으로 가게 될지를 결정하는 조건을 보여주는 것, 이런 것들이 이 책의 주요한 주제이다.

상호작용 의례의 강렬한 순간은 집단뿐만 아니라 개인의 삶에서도 절정의 순간이다. 그런 순간들은 우리가 기억하는 것, 우리가 살아온 삶의 이력에 의미를 부여하는 것, 그리고 때로는 집요하게 되풀이해보고 싶어 하는 것들이다. 거대한 정치적 시위 같은 집합적 행사에 참여하는 순간, 대중 연예나 스포츠처럼 이야깃거리가 되는 현장의 관객이 되는 순간, 성적 체험부터 깊은 우정을 나누거나 굴욕을 당한 경험에 이르는 사적인 만남, 술·마약·도박판의 떠들썩한 사교적 분위기, 신랄한 논쟁이나 폭력이 벌어지는 현장에 있게 된 순간들이다. 초점이 집중되고 정서가 공유되는 절정의 순간들이며 이런 사적 체험 역시 개인적 상징의 결정체를 이루어 개인 삶의 지평을 넓히기도 좁히기도 하는 상징적 재생 과정으로 생생하게 유지된다. 이런 순간들이 개인을 이루는 중요한 구성적 체험들이다. 만일 그 형태가 일관되게 유지된다면 그것을 인성이라고 부를 것이고, 좋지 않은 것이면 중독이라고 부를 것이다. 그러나 이런 용어 사용은 진행형인 상황의 흐름을 너무 쉽게 물화해버린다. 내가 상호작용 의례의 사슬이라고 부르는, 상황을 가로지르는 개인의 움직임은 상호작용 의례의 강도에 따라 기복이 있다. 행동, 느낌, 생각은 상황이 바뀜에 따라 변한다. 변치 않는 인성이란 상호작용 의례 흐름이 한 상황에서 다른 상황으로 이동해도 변함없이 안정된 평형 상태를 유지하는 것이다. 여기서도 상호작용 의례 이론은 인간 삶의 역동성과 극적인 전환의 가능성을 보여준다.

상호작용 의례 이론은 한 상황에서 다른 상황으로 옮겨 가는 행위 동기의 이론을 제공한다. 개인이 추구하는 것은 정서적 에너지이다. 상호작용 의례가 얼마나 성공적으로 개인에게 정서적 에너지를 주는지에 따라 개인은 상황에 매혹되거나 흥미를 잃거나 한다. 상호작용 의례 이론은 상황을 추적해서 상황이 개인을 끌어들이는가 밀어내는가를 탐색하는 역동적 미시사회학을 제공한다. 강조점에 주목하라. 분석적 출발점은 상황이고, 상황이 개인을 구성하는 방식이다. 상황은 개인을 충전시키는 정서와 상징을 창출·재창출하고 상황에서 상황으로 실어 나른다.

상호작용 의례는 정서와 상황적 행동뿐만 아니라 인지도 포함하는 전면적인 사회심리학이다. 의례는 상징을 만들어낸다. 의례에서 개인이 겪는 체험은 개인의 마음과 기억에 상징을 불어넣는다. 상호작용 의례는 믿음의 다양성도 설명해준다. 많은 이론가들이 주장하고 또 연구자들이 검증한 것처럼(Swider, 1986; Lamont, 2000), 믿음이 반드시 영구적이지는 않다. 상황에 따라 정도의 차이를 보인다. 상호작용 의례 이론이 최근의 문화 이론에 추가한 것이 바로 이런 면이다. 즉, 사람들이 주어진 어느 한 순간에 하는 생각은 상황에서 벌어지는 상호작용 의례의 종류에 달려 있다는 것이다. 믿음은 사람들이 그 믿음을 표현하는 바로 그 순간에 진심으로 믿는 것일 수 있다. 높은 수준의 정서적 몰입이 요구되는 상황에서는 특히 그렇다. 그러나 그렇다고 해서 사람들이 그 믿음에 근거해서 행동한다거나 의례의 초점이 다른 일상의 상호작용에서도 그 같은 진지한 감정을 지닌다는 뜻은 아니다. 상호작용 의례 이론은 정서적 에너지 충전의 정도에 따라 믿음을 뚜렷하게 만드는 조건을 제시한다. 일상생활은 어떤 상징에서는 정서적 의미를 충전하고 어떤 상징은 방전되게 내버려두면서 상호작용 의례의 사슬을 통과하는 경험으로 이루어진다. 상호작용 의례 이론은 상호 주관성뿐만 아니라 주관성과 내면의 정신적 삶의 순간적인 흐름도 설명하는 이론으로 우리를 이끈다.

뒤르켕은 개인의 의식이 집합의식의 일부라고 생각했다. 이는 개인이 외부의 힘으로 사회적 체험을 하면서 사회화된다는 말과 같다. 사회과학자 대부분이 동의하는 것처럼 유년기 사회화를 놓고 말한다면 이는 분명한 사실이다. 상호작용 의례 이론의 주장은 한 걸음 더 나아간다. 우리는 삶 전반에 걸쳐 상호작용의 경험을 통해 계속 사회화된다. 그러나 그 방향과 방식은 동일하지 않다. 가장 강렬한 정서적 에너지와 가장 생생한 상징을 창출하는 것은 강렬한 상호작용 의례이며 그런 경험들이 내면화된다. 유년기 경험을 강조하는 프로이트 이론과는 달리 어린 시절 한 차례 이루어진 사회화가 영원히 지속되지는 않는다. 정서적 에너지와 상징적 의미는 재생되지 않으면 사라지고 만다. 상호작용 의례 이론은 어린 시절에 프로그램 되어 계속 같은 길을 걷는, 태엽으로 돌아가는 인형의 모델이 아니다. 상황에서 상황으로, 순간에서 순간으로 이어지는 행위 동기에 관한 이론이다. 따라서 어떤 사람이라도 어떤 순간에라도 무엇을 느끼고 생각하며 말하는지를 설명하려는 아주 높은 이론적 야심을 갖고 있다.

추상적으로 보면, 이는 실현 불가능한 야심으로 보일 것이다. 그러나 이 과제를 다룰 때 사용할 수 있는 이론적 자원이 엄청나게 많다. 우리는 집단 소속감을 만들어주고 사회적 가치를 형성하며 생각할 수 있게 해주는 상징과 개인에게 생기를 불어넣어주는 정서적 에너지에 관한 뒤르켕주의 이론을 가지고 있다. 이 이론은 강도의 다양성이라는 조건을 제시하고 있으므로 어떤 상황이 유대를 높이고 낮추는지, 어떤 상황이 상징과 정서적 에너지를 만드는지 구별할 수 있다. 또한 적용 범위가 넓은 모델이다. 뒤르켕처럼 종교나 정치의 대규모 집합적 행사에 적용할 수 있지만, 고프먼처럼 일상생활 상황의 수준에도 적용할 수 있다. 뒤르켕주의 의례 이론을 일상생활 상황에 적용할 수 있도록 세부적인 탐구 방법이 점점 더 많아지고 있다는 점을, 내면화된 대화로 사고 과정을 보는 미드의 상징적 상호작용 이론과 최근의 대화, 정서, 일상생활의 민속지 연구를 다루는 장에서 보여줄 것이다. 사회생활의 총체성은 사람들이 일상적 삶의 과정에서 거치는 상황의 총체성이다. 우리는 그 모든 상황에서 발생하는 현상을 설명하는 강력하고 적용 범위가 넓은 모델을 가지고 있다. 이 상황적 미시사회학의 한 분파는 개인의 주관적 경험 속에 내면화된 사회적 삶을 다루는 사고와 정서의 사회학이다.

왜 이런 이론적 연구 프로그램을 따르려 하지 않을까? 어떤 지식인은 이 경로를 택하지 못하게 가로막는 철학적 소신을 지니고 있다. 그는 모든 것을 설명하는 이론을 원하지는 않는다고, 그리고 그런 이론이 성공할 가능성을 배제하는 논증을 한다고 말할 것이다. 사회과학의 영토는 의미와 인간의 자유라는 영역이며 자연과학과는 대립되는 정신과학이므로 결정론적 설명이 적용되지 않는다는 생각을 고수하는 막스 베버와 그 이전의 신칸트주의로 돌아가는 메타 이론의 노선이 있다. 그렇지만 그런 주장이 결정적인 것은 아니다. 그들은 탐구할 특정한 노선에 따라 우리가 발견할 수 있는 것과 발견할 수 없는 것을 미리 개념적 정의로 정해놓으려 한다. 사회 이론과 연구는 지성사의 실제 흐름에 따라 실용주의적으로 이루어진다. 철학자와 메타 이론가들이 우리가 미래에 설명할 수 없는 것들을 미리 정해놓을 수는 없다.

상호작용 의례 이론의 연구 프로그램은 우리가 지니고 있는 지적 도구를 가지고 모든 상황, 모든 정서, 모든 상징, 모든 사고 과정, 모든 주관성과 상호 주관성에 적용하려고 한다. 지적 삶은 우리가 할 수 있는 데까지 밀어붙여볼 때 짜릿한 모험이 될 것이다. 지적 금기로 정해진 울타리 안에서 보수적 입장을 고수하기보다 우리의 이해를 확장시킬 수 있는 길로 탐색에 나서야 정서적 에너지가 더 높을 것이다. 지적 작업으로서의 상호작용 의례 이론은 정서적 에너지 파동을 타고 있음을 보여주는 상징적인 표현이다. 뒤르켕과 그를 따르는 연구 집단, 고프먼과 그의 추종자, 그리고 일상생활의 과정과 정서를 연구하는 요즘의 사회학자들에게 생기를 불어넣어준 것은 바로 이런 지적 열광의 형태이다. 이 책에서 나는 이런 지적 흐름을 타고 미래로 갈 때 우리에게 열려 있을 전망을 보여주고 싶다.

제2장
초점 공유와 정서적 합류 모델

　상호작용 의례의 중심에는 참여자들이 관심의 초점을 공유하고 서로의 신체적 미시 리듬과 정서에 합류하게 되는 과정이 있다. 이 장은 짧은 시간 동안 발생하는 리듬과 정서 합류 과정의 명시적 모델로 그 세부적 흐름을 보여줄 것이다. 분이나 시간 또는 날 등 좀 더 긴 시간 단위로 보면 사라져버리는, 초 단위로 분할할 수 있는 미시적 사건의 미세한 흐름을 다룬다. 의례는 여러 성분의 결합으로 강도가 달라지는 구성물이며 유대, 상징화, 개인의 정서적 에너지 같은 산출물을 낳는다. 이 모델은 세부 과정의 각 부분을 주의 깊게 검토할 수 있게 해준다. 분할된 각 부분의 상황 조건과 변이, 그리고 결과를 살펴본다. 집합의식과 상호 주관성은 수없이 많다. 각기 종류가 다른 집단 소속감, 상징화, 그리고 사회적 경험의 정서적 색조가 있다. 나는 이러한 상호작용 의례의 변이가 어떻게 인간 사회생활의 다양한 형태를 산출하는가를 설명할 수 있는 이론을 제시한다.

　여러 면에서 이론적 모델을 뒷받침하는 경험적 근거를 최근의 미시사회학, 특히 대화 연구와 정서사회학 연구에서 찾아볼 수 있다. 자연 상황에서 이루어진 상호작용을 이론적으로 분석할 수 있는 사례로 2001년 9월 11일 뉴욕 시의 테러 공격 당시 소방대원과 거리 군중의 모습을 녹화한 다큐멘터리 자료를 살펴볼 것이다. 이 자료는 상호작용 의례의 어떤 조건이 그저 단순한 순간적인 효과를 내고, 어떤 조건이 장기적 효과를 내는지 생생하게 보여준다.

의례의 성분, 과정, 산출물

〈그림 2.1〉은 상호작용 의례가 인과 연쇄와 되먹임 고리로 이어지는 일련의 과정을 그린 것이다. 모델 안에 들어 있는 모든 것이 변수이다.

상호작용 의례는 네 가지 주요 성분 또는 촉발 조건으로 구성된다.

1. 두 사람 이상이 같은 장소에 물리적으로 함께 있고 그래서 그들이 의식적으로 주목하고 있든 그렇지 않든 상관없이 신체적으로 함께 존재함으로써 서로 영향을 주고받는다.
2. 외부인을 구별하는 경계선이 있어서 누가 참여자인지 누가 제외되는지를 감지할 수 있다.
3. 사람들은 공동으로 대상이나 활동에 관심을 집중하고 소통함으로써 각자 상대가 집중하는 관심의 초점을 인식하게 된다.
4. 공통되는 감정이나 정서적 경험을 공유한다.

이 성분들은 서로 영향을 주고받는다. 가장 중요한 것은 '3. 관심의 초점 공유', 그리고 '4. 공통된 정서의 공유'로, 이 둘은 서로를 강화하는 작용을 한다. 사람들이 자신들의 공동 활동에 더 팽팽하게 집중할수록 서로가 무엇을 하고 무엇을 느끼는지 더 잘 알게 되고, 서로의 인식을 더 잘 알게 될수록 그 사실이 각자의 인식을 지배하며 더욱 강렬하게 정서를 공유하게 된다. 종교전례에 참여한 사람들이 더욱 경건하고 엄숙해지는 것처럼, 장례식장에서는 슬픔이 더 커지는 것처럼, 갈채를 보내는 군중 속의 성원들은 처음보다 훨씬 더 흥분하게 된다. 작은 규모의 대화 상황에서도 마찬가지이다. 상호작용에 몰입하면 참여자들은 그 리듬과 대화의 분위기에 사로잡히게 된다. 미시 수준의 경험적 증거는 나중에 검토할 것이다. 핵심 과정은 정서적·인지적 체험을 공유하는 상태를 만들어내는 참여자의 합류 과정이다. 뒤르켐이 집합의식이라고 부르는 것은 바로 이러한 미

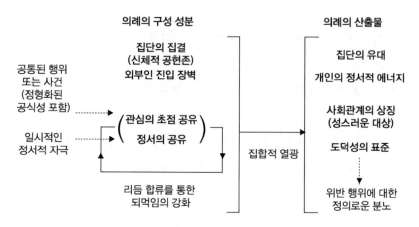

〈그림 2.1〉 상호작용 의례

의례의 구성 성분

공통된 행위 또는 사건 (정형화된 공식성 포함)

일시적인 정서적 자극

집단의 집결 (신체적 공현존) 외부인 진입 장벽

관심의 초점 공유

정서의 공유

리듬 합류를 통한 되먹임의 강화

집합적 열광

의례의 산출물

집단의 유대

개인의 정서적 에너지

사회관계의 상징 (성스러운 대상)

도덕성의 표준

위반 행위에 대한 정의로운 분노

시적 상황이 생산한 상호 주관성이다.

상호작용 의례는 네 가지 중요한 결과를 낳는다. 상호작용 의례의 성분이 성공적으로 결합되어 관심의 초점과 정서가 높은 수준으로 공유되면, 참여자는 다음과 같은 경험을 하게 된다.

1. 집단 유대, 집단 성원으로서의 소속감.
2. 개인의 정서적 에너지 생성: 자신감, 의기충천, 힘, 열정, 진취적 행위 의욕.
3. 집단을 표상하는 상징: 상징적 표지 또는 자신들이 집단 성원임을 떠올리게 해 주는 집합적 재현물(아이콘, 구호, 몸짓). 이들은 뒤르켕이 말하는 '성스러운 대상'이다. 집단 유대감으로 고양된 사람들은 크나큰 외경심으로 상징을 다루고 불경스러운 외부인이나 반역적인 내부자로부터 상징을 수호한다.
4. 도덕 감정: 집단을 신봉하고 상징을 받들어 모시며 내부자의 위반으로부터 집단을 지키려는 정의의 감각. 이와 함께 도덕적 악 또는 집단 유대와 그 상징적 표지를 거스르는 부도덕에 대한 감각.

이 네 가지가 이론을 구성하는 기본 요소이다.[1] 다음 절에서는 각 요소가 어떻게 작용하는지 검토한다.

공식적 의례와 자연적 의례

얼핏 보기에 앞의 목록에는 '의례'를 통상적으로 정의할 때 사용하는 항목들이 빠진 것처럼 보인다. 통상적 용법에서 의례는 일련의 정형화된 행위로 진행되는 형식적인 의식을 가리킨다. 판에 박힌 말을 복창하고, 노래를 부르고, 전통적인 복장을 갖추고 정해진 동작을 한다. 뒤르켐의 종교 의례 분석에서 본 바와 같이 공식성과 정형화된 활동은 의례의 결정적인 구성 성분이 아니다. 그것들은 상호 주관성과 정서의 공유라는 핵심 과정에 기여할 뿐이다. 즉, 관심의 초점을 공유할 수 있게 해준다면 집합 의식과 집합적 열광을 경험할 수 있도록 돕는 역할을 한다. 이 과정은 〈그림 2.1〉의 왼쪽에 '공통된 행위 또는 사건(정형화된 공식성 포함)'에서 가운데 있는 '관심의 초점 공유'로 가는 경로를 점선 화살표로 표시했다. 참여자가 진정으로 정서 공유를 경험하면, 그리고 서로의 의식을 강하게 인식하고 공동 참여의 감각이 계속 강화되면, 정형화된 방식이 사회적으로 성공적인 의례를 만들어낼 수 있다. 이런 과정이 없다면 의례는 단지 형태만 밟아 나가는 공허하고 생명 없는 요식 행위에 불과할 뿐이다. 관심의 초점 공유가 의례를 작동시키는 결정적인 구성 성분이다. 그러나 관심의 초점은 자연발생적으로 생길 수도 있고, 초점 공유가 이루어지고 있음을 분명하게 알아차리지 못할 수도 있다. 고프먼이 예로 들고 있는 일상생활에서 이루어지는 작은 사교적 상호작용 의례들이 보통 그런 종류에 속한다. 사람을 부를 때 성을 생략하고 이름만 부르는지 여부는 별로 관심을 끌지 못하지만, 그것도 작은 규모의 의례이다. 그리고 유대 수준이 높은 대화와 낮은 대화의 차이는 공인된 규칙이 없는 리듬의 수준에서 발생한다는 사실도 보게 될 것이다. 고프먼의 사례는 순간적인 사회적 만남이라는 작은 규모에서 나온 것이지만, 뒤르켐이 지적했던 정치적·군사적 상황처럼 규모가 큰 공적 상황에서도 종교 의례와 형태가 비슷한 의례가 자연발생적으로 일어난다. 프랑스 혁명기에 운집했던 군중은 새로운 의례를 자주 즉흥적으로 만들어내곤 했다. 관심의 초점과 정서의 공유가 높은 수준으로 형성되었기 때문에 아무런 형식화된 활동 자원이 없었던 첫 순간부터 아주 효과적이었다. 뒤르켕이 즐겨 지적하듯이, 그런 상황에서 새로운 상징이 창조된다.

공식화된 고정 절차 없이 초점 공유와 정서적 합류가 이루어지는 상호작용을 '자연적 의례'라 부르고, 상식적으로 알려진 정식 절차로 이루어지는 상호작용을 '공식적 의례'라고 부를 수 있을 것이다. 상호작용 의례가 작동하도록 만드는 것이 무엇인가 하는 관점에서 본다면 핵심적인 구성 성분, 과정, 결과는 모두 동일하다. 자연적 의례나 공식적 의례는 모두 집단 상징과 소속감을 창출하고, 그 강도가 아주 높은 수준에 이를 수 있다. 이런 공통점을 빼면, 상징적 집단 소속감은 종류가 다 다르고 의례가 소속 집단의 범주에 영향을 미치는 세부적인 방식도 다르다. 앞으로 살펴보겠지만, 형식적 절차에 따라 시작되는 의례는 자연스럽게 관심의 초점과 정서 공유가 이루어져 시작되는 의례보다 경직된 경계선이 있음을 널리 알리고 확인시키는 데 더 강력한 효력을 발휘한다. 자연적 의례의 경우 상징으로 결집되고 연장되어 후속 상호작용이 더욱 공식화되지 않으면 집단 소속감은 훨씬 유동적이다('제7장 상황적 계층화'에서 이런 유형의 증거를 검토할 것이다).

실패한 의례, 공허한 의례, 강요된 의례

모든 의례가 다 성공하지는 못한다. 어떤 의례는 참담하게 실패한다. 어떤 의례는 조용히 사라진다. 어떤 의례는 공허한 형식에 저항하며 억지로 유지되기도 하고 기꺼이 폐기될 때도 있다. 이런 다양한 변이는 우리의 이론을 정교하게 다듬고 의례가 작동하는 조건을 검증하는 데 유용하다. 성공하지 못하는 의례도 내용상으로는 중요하다. 아주 소소한 일상생활에서부터 중요한 공적 집회에 이르기까지 모든 사회적 만남이 의례의 강도에 따라 규모와 비중이 정해지는 것이라면, 모든 의례의 강도가 같지는 않을 것이다. 나는 아주 높은 수준의 정서·동기·상징으로 충전되는 사회적 자력을 지닌 성공적인 의례와 그렇지 못한 의례의 대조로 삶이 구조화된다고 주장할 것이다. 그러기 위해서는 강력한 의례와 허약한 의례의 차이를 만들어내는 조건이 무엇인지 보는 눈을 예리하게 벼릴 필요가 있다. 개인은 자신에게 가장 강렬한 정서를 충전시켜주는 의례에는 끌리고, 그렇지 못하거나 사람들이 거부하는 의례에는 관심을 갖지 않는다. 무엇이 무관심과 혐오감을 일으키는지를 검토한다면 끌어당기는 힘이 무엇인지도 잘 볼 수 있다.

공식적 의례에서는 의례가 거행된다는 사실이 공식적으로 공표되고 또 널리 알려져 있으므로 의례의 실패를 아주 쉽게 볼 수 있다. 그런 사례를 살펴본 후 실패한 자연적 의례들, 즉 불붙지 않는 정치 집회, 실패로 돌아가는 시위, 일상생활에서 제대로 작동하지 못하는 고프먼 식의 작은 의례들을 간략히 살펴보자.

의례의 성공과 실패를 가르는 기준은 무엇일까? 참여자들이 '공허한 의례', '행사에 불과한 것', '김빠진 것'이라고 말하는 공식적 의례가 있다. 〈그림 2.1〉은 공식적 의례와 마찬가지로 자연적 의례에도 적용할 수 있는 좀 더 넓은 범위의 기준을 제시한다. 가장 즉각적으로 알 수 있는 실패는 집합적 열기도 낮고, 순간적으로 쏟아지는 환호 소리도 없고, 정서적 합일을 느낄 수 없거나 실망스러울 정도로 낮은 경우이다. 의례의 산출물 쪽에서도 실패의 표지를 볼 수 있다. 집단 유대감이 거의 또는 전혀 생기지 않는다. 자신의 정체성에 대한 감각이 강화되지도 않고 변화를 일으키지도 않는다. 집단의 상징에 아무런 경외심을 느끼지 못하고 정서적 에너지도 높아지지 않는다. 의례의 영향을 받지 못하고 평범한 감정에 머물거나 더 나쁜 경우는 질질 끌려간다는 느낌, 지루하고 구속당하는 느낌, 심지어는 우울증, 피곤함, 도망가고 싶은 의례도 있다. 이는 의례의 실패가 시큰둥함에서 강한 혐오감까지 정도에 차이가 있음을 뜻한다. 강한 부정적인 결과도 아주 긍정적인 결과만큼이나 중요하다. 역사적 대사건—가령, 종교 혁명 당시의 우상 파괴 행위—뿐만 아니라 개인적 생활 체험의 사슬—가령, 두 번 다시

겪고 싶지 않을 만큼 진부한 형식에 저항을 느꼈던 순간 — 을 생각해보라.[2]

그런 의미에서는 자연적 의례도 공식적 의례와 같은 이유로 공허한 의례가 되면서 실패할 수 있다. 성원들의 관심이 연설장 밖에서 일어나는 일로 흩어져버리거나 맞서야 할 적의 상징에서 멀어져 결국 가라앉는 배에서 도망치는 쥐처럼 흩어지는 정치적 군중이 그렇고, 집합적 열광이 일어나지 않고 그저 삼삼오오 모여 피상적인 잡담이나 하게 되는 파티가 그렇다. 관심의 초점 공유, 그리고 집합적인 감각으로 전환될 수 있는 애초의 정서 공유, 이 두 가지 성분이 모두 결핍되어 있는 경우이다. 흡인력을 가진 대화와는 달리 몰입의 정도가 낮고 피상적이며 지지부진한 대화만 오고 간다. 우리는 보통 대화를 우리가 만나는 사람의 사람됨을 가리키는 지표로 여긴다. 그러나 나중에 좀 더 자세히 보겠지만, 대화는 함께 이야기를 나눌 중요한 상징 자원이 일치하는 정도와 정서적 에너지의 상호 상승 작용의 정도에 따라 달라지는 상황의 산출물이다.

성공적인 상호작용 의례와 그렇지 못한 의례의 대비는 새해맞이 축제 같은 데서 잘 볼 수 있다. 자정을 알리는 타종이 울리는 순간 순수한 열광이 절정을 이루는 축제 — 전통적인 형태와 각본 없이 자연스럽게 이루어지는 상호작용의 형태가 뒤섞여 있다 — 가 있는가 하면, 밋밋하고 피상적인 연회도 있다. 무엇이 그런 차이를 만들어낼까? 성공적인 새해맞이 축제는 자정이 되기 한두 시간 전부터 사람들이 무리지어 온갖 떠들썩한 소음 — 휘파람 소리, 딸랑이 소리, 폭죽 터트리는 소리 — 을 내면서 서로 얼굴을 마주 보고 축하를 나누는 자리이다. 그런 소란이 사람들을 하나로 합류시킨다. 소리를 지르고 서로를 향해 리본을 던지고 낯선 이들을 끌어들여 친교를 방해하는 장애물을 걷어버린다. 이런 상호작용에는 인지적 내용이 담겨 있지 않다는 점에 주목하라. 뛰어다니며 서로에게 소리를 질러대는 어린아이들과 아주 비슷하다. 새해맞이 축제라는 맥락에서는 리본이나 색종이를 던지기도 하며 가볍고 장난기 섞인 부딪침으로 남의 사적 영역에 소란스럽게 침범하는 행위가 적대적이거나 일탈로 여겨지지 않고 우호적으로 받아들여진다. 이러한 소음 만들기는 자정 초읽기에 들어가 모든 사람이 합류할 때까지 점점 고조된다. 그러다가 예상된 정점, 자정을 알리는 타종이 울리면 유대의 몸짓이 넘쳐난다. 서로 껴안고 키스를 나눈다. 심지어 낯선 이들끼리도 얼싸안는다. 좀 더 차분한 축하 파티와 비교해보자. 사람들은 피상적인 대화를 나눈다. 집단 전체를 포괄하는 넓은 범위의 상호 주관성에서 떨어져 나와 자기네 고유의 감성을 공유하는 작은 집단에 머물러 있다. 이런 모임에서는 시끌벅적한 결합이 이루어지는 새해맞이 축제처럼 아주 낮은 수준의 공통분모로 합쳐지지 않는다. 정서의 공유도 없다. 자정을 알리는 타종이 울려도 많은 참여자들이 피곤하니 이제 그만 귀가하자고 말한 다음 피상적으로 인사말을 나눌 뿐이다. 성공적인 의례는 기분을 북돋워주고 실패한 의례는 에너지를 고갈시킨다.

또 다른 유형은 강요된 의례이다. 이는 상호작용 의례에 진심으로 참여하고 있는 양 시늉을 하는 경우이다. 강요된 의례는 외부의 사회적 압력 때문이 아니라 스스로 원해서 상호작용 의례에 열정적으로 참여하고 의례를 성공적으로 이끌고자 할 때 특히 에너지 소모적이다. 다른 사람들을 활기차게 몰입하고 합류하게 만든다는 점에서 강요된 의례가 성공할 때도 있다. 그렇지만 실제로 이루어진 관심의 공유와 정서적 자극의 정도보다 집합적 열광이 더 높아 보이면 강요된 의례라는 느낌을 받는다. 합류가 자연스러운 흐름에 따라 이루어진 것이 아니라 의도되고 인위적으로 만들어진 탓이다. 유쾌한 주인, 우아한 여주인, 파티의 스타, 정치 집회의 빛나는 불꽃이 되려면 엄청난 노력을 기울여야 한다. 강요된 의례가 에너지를 고갈시키는 효과는 취업 면접 후나 학계에서 직업적 대화를 수반하는 친목을 위한 뒤풀이 자리에서 느끼는 이른바 '상호작용의 피로'로 널리 알려져 있다. 개인의 사회적 지위가 지속적으로 우호적 상호작용이어야 한다고 느끼게 되면 에너지 고갈의 누적된 효과는 상당히 심각한 수준까지 갈 수 있다.[3]

강요된 의례는 정서적 에너지를 창조하는 것이 아니라 고갈시킨다. 그리고 수많은 강요된 의례를 겪은 사람은 그런 종류의 의례 상황을 혐오하는 사람이 되거나 심지어 반사회적 인성을 지닌 사람처럼 되게도 한다. 부자연스러울 정도로 지나친 초점 공유와 정서적 합류의 요소가 있다는 점이 바로 강요된 의례와 성공적인 상호작용 의례의 차이이다. 따라서 참여자는 자연스럽게 정서적 합류로 충전되는 대신 정서적 합류가 이루어졌다는 인상을 주기 위해 에너지를 투입해야만 한다. 심지어는 강요된 의례로 인해 에너지가 고갈된 바로 그 사람이 긍정적인 정서적 에너지 생산에 성공적인 다른 종류의 상호작용 의례로 들어가는 경우도 드물지 않다. (다른 종류의 실패한 의례와 마찬가지로) 강요된 의례와 성공적인 의례의 차이가 개인으로 하여금 강요된 의례에서 성공적인 의례로 돌아서게 한다.

신체적 공현존이 꼭 필요한가

의례는 본질적으로 육체적 과정이다. 같은 공간으로 들어간 인간의 몸들이 의례의 과정을 시작한다. 인간의 몸이 서로 밀착되어 있을 때 웅성거림, 흥분이 일어난다. 아니면 적어도 조심스러움이라도 생긴다. 고프먼은 "심지어 아무런 중대한 사건이 일어나지 않을 때도 사람들이 눈앞에 함께 있으면, 서로를 따라가거나 남들이 자기를 따라오게끔 하는"(Goffman, 1981: 103) 행동에 주목한다. 진화 이론은 동물로서의 인간은 서로에게 주의를 기울이도록 신경 체계가 진화해 왔다고 본다. 언제나 싸움이나 위급한 상황이 벌어질 가능성이 있고 그래서 널리 알려야 할 필요가 있었다는 것이다. 성적 접촉과 더 보편성을 띤 사교적 몸짓과 같은 적극적인 형태도 생겼다.[4] 인간의 육체가 서로에게 그토록 민감하고 상호작용 의례를 창출하는 관심의 공유와 정서적 합류에 쉽게 사로잡히는 경향으로 미루어볼 때, 진화는 전반적으로 더 적극적인 상호작용 형태의 방향으로 진행되어 이제는 그것이 더 중심이 된 것 같다.

그러면 신체적으로 함께하지 않아도 의례가 이루어질 수는 없는 것일까? 현대 사회에서는 전화나 텔레비전 같은 영상물, 또는 컴퓨터 화면을 통해 장거리 의사소통이 이루어진다. 이런 소통 매체를 통해 초점 공유와 정서적 합류가 이루어질 수 없는가? 이는 원칙적으로는 실험으로 검증해야 할 경험적인 연구 문제이다. 다양한 상호작용 매체를 통해 형성된 관심과 정서의 공유 정도, 유대의 수준이나 상징에 대한 경외심, 개인의 정서적 에너지 수준 같은 산출물을 비교할 수 있다. 그런 체계적인 증거 대신 다음과 같은 보기를 예로 들어보자.

첫째, 결혼식이나 장례식 같은 형식적 의례가 전화로 진행될 수 있을까? 그런 생각 자체가 엉뚱해 보인다. 그리고 실제로 그런 시도가 있었는지도 알 수 없다. 무엇이 빠진 것일까? 상호 반응이 빠져 있다. 다른 사람들을 눈앞에서 볼 수 없고 그들에게 자신을 보여주지도 못하는 경우에는 자신이 경의를 표하고 있다는 감각이 덜하다. 몸으로 그 자리에 실제로 있지 않으면 집단에 참여한다는 느낌을 갖기도 어렵고 집단 성원으로서 자신의 정체성을 확인할 수도 없다. 특히 미시적인 수준에서 경험할 수 있는 미세한 것들의 결핍이 두드러진다. 장례식은 다른 참여자가 보내는 즉각적인 시각적 신호가 없으면 별로 의미 있는 것이 되지 못한다. 불편한 몸의 자세, 눈물 흘리는 얼굴을 보는 것, 분위기에 깊숙이 빠져들어 자신의 눈에서도 눈물이 흐르기 시작하는 것과 같은 전염성이 있는 정서적 행동이 없다. 어떤 종류의 의례-주로 어떤 개인을 축하하는 기념식-는 전화로 축하를 전할 수도 있고 군중이 모여 있는 자리에서 공표할 수도 있다. 그러나 이는 상대적으로 사소한 상호작용의 단편에 불과하고 오직 부분적으로만 참여한다는 느낌을 줄 것이다. 모여 있는 사람들이 증인이 되거나 집합적 반응을 보여야 하는 장례식이나 결혼식의 경우에는 아주 부적절하게 보인다. 실험 삼아 참여자들이 서로 먼 거리에서 각자 소통 매체를 장착하고 회의하는 의례를 가상해보자. 내 가설은 누구에게나 지극히 불만족스러운 느낌을 주리라는 것이다. 구두로 전하는 인사는 상호작용의 작은 단편에 불과하고 참여한다는 느낌을 불러일으키기에 아주 미흡한 것이다. 설사 전선으로 연결되어 있어도 실제로 의례를 실행하는 경우라면, 원격 참여자가 다른 참여자 전부와 연결되어 최소한 서로가 내는 소리를 들을 수 있을 때라야 효과가 있다. 그렇게 해도 여전히 실제로 참여한다는 온전한 정서적 감각은 주지 못할 것이다.

시각적 방식이 더 나을까? 아주 유명한 대중적 인물의 장례식이나 결혼식을 텔레비전으로 볼 수도 있다. 2001년 가을 9·11 사태의 희생자를 위한 감동적인 텔레비전 추도식이 있었다. 이 원격 의례는 정서, 유대, 상징적 의미를 정서적으로 공유한다는 감각을 줄 수 있었다. 이를 좀 더 주의 깊게 살펴보자. 어떤 세부 사항이 이런 효과를 일으키는 것일까? 주요 효과는 추도식의 형식 자체보다는 군중의 얼굴을 클로즈업시킨 카메라에서 나온 것으로 보인다. 여기서 텔레비전은 가장 강렬한 정서와 몰입 상태를 보여주는 추도식의 순간들을 포착함으로써 자신과 다를 바 없는 사람들을 멀리 떨어져 있는 곳에서도 볼 수 있게 해주는 효과가 있다는 점에서 신체적 반응에 가깝다. 반대로, 카메라가 지루해 하거나 먼 배경으로 물러나 무심해 보이는 군중에 초점을 맞추면 그런 모습을 보는 원거리 청중은 거리를 느끼며 실패한 의례를 지켜보는 상황이 된다.

텔레비전은 그림과 소리의 조합인데, 이를 분리해서 볼 필요가 있다. 독자들도 쉽게 실험해볼 수 있다. 운동 경기 같은 행사를 텔레비전 소리를 죽이고서 보라. 반대로 화면을 끄고 소리만 나게 해보라. 행동으로 이끌리는 더 강력한 몰입의 감각은 소리에서 나옴을 즉각 알 수 있다. 군중의 함성, 곧 축포가 터질 것 같은 예감의 분위기는 시청자를 화면 앞으로 불러들인다. 소리 없이 그림만 보는 상황과 대조해보라. 행위가 가열될 것처럼 ─ 팀의 공격이 진행되고 시계는 돌아가고 타자는 베이스에 있는 상황처럼 ─ 보이면 소리를 다시 키우고 싶은 충동을 참기 힘들 것이다. 여기서 결핍된 것은 벌어지고 있는 사건의 의미에 대한 설명이 아니라 아나운서의 목소리이다. 화면에 흐르는 자막이 소리를 대체할 수는 없다. 무엇보다도 군중의 소리를 들으면서 열광의 감각을 온전히 공유하고 싶어진다. 이것이 경기 실황이 주는 매혹의 본질이다. 자신과 같은 감정을 표현하는 군중의 함성으로 인해 자신의 감정이 더 고조되는 그 순간의 쾌락인 것이다.

사람들은 집단이 모인 자리에 몸으로 참여하기를 더 좋아한다는 사실을 확인시켜주는 관찰 사례가 더 있다. 아주 특별히 흥분되고 기분을 들뜨게 하는 참여 경험이 있은 후 사람들은 누군가와 더불어 그 이야기를 하고 싶어 한다. 운동 경

〈사진 2.1〉 서로의 몸을 부둥켜안고 승리를 기념하는 의례. 독일에서 합류한 미국과 러시아 군대 (1945. 4). Getty Images사 제공.

기, 선거, 그 밖에 흥미를 끄는 공적 사건을 혼자서 보았다면 그 흥분된 감정을 나눌 누군가를 찾는다. 아주 강렬한 흥분을 느끼면 그냥 소식을 전하는 것만으로는 부족해서 들떠서 큰 소리로 이야기를 되풀이한다. 승리의 정점에 선 순간이나 극적인 반전이 뒤따르는 사건으로 긴장과 흥분 상태가 된 사람은 아무나 붙잡고, 껴안고, 키스한다. 상호작용 의례 이론은 검증 가능한 세부 항목을 제시한다. 누군가 자신과 마찬가지로 그 사건에 대해 흥분하고 있는 사람과 함께 이야기를 나눌 때 상호작용 의례의 보상이 가장 크다. 반면에 자신의 흥분 상태를 전하려는 상대가 별로 동요하지 않고 소극적이거나 무심한 반응을 보이면 자신이 경험한 극적 사건에 대한 열광도 그에 비례해서 시들해진다.

제2차 세계대전의 승전을 선포하는 거리에서 사람들이 부둥켜안고 키스하는 유명한 사진에서 볼 수 있는 모습을 운동 경기나 비슷한 종류의 승리 축제에서

〈사진 2.2〉 2차 대전의 종전(1945. 8. 14). 필라델피아 신문사 제공.

도 흔히 볼 수 있다. 운동 경기의 승리 축제는 챔피언십 경기까지 정규적인 일정에 따라 진행되므로 그 강도를 예측할 수 있다. 경기가 진행되면서 생기는 긴장감에 비례해서 정서적 절정의 순간에는 단순한 승리의 구호를 반복해서 외치며선수들끼리 몸을 맞대는 비공식적 의례가 이루어진다. 승리가 클수록 긴장감이컸던 만큼 신체적 접촉도 더 강하고 길다. 손바닥 마주치기, 포옹, 경기장 한가운데서 헹가래치기에 이르기까지 정도가 다양하다.[5] 팬들 역시 소리로만이 아니라 될 수 있으면 몸으로도 선수들 가까이 가고 싶어 한다. 그러니까 계층화된 의례라 할 수 있다. 팬들은 보통 선수들에게 접근이 금지되어 있어서 밀도 높은 신체적 접촉의 유대 의례는 축제의 중심에 있는 엘리트들의 몫이다. 팬들은 오직경기를 보고 소리로 참여하고 자기들끼리 신체 접촉을 할 수밖에 없다.

또 하나 관찰할 수 있는 것은 운동 경기나 그밖에 대규모 청중이 모이는 행사

〈사진 2.3〉 승리의 산을 쌓는 의례. 고교 하키대회 우승(2002). 토비아(Peter Tobia), *Philadephia Inquires*.

를 텔레비전으로 볼 수 있게 된 이후에도 신체적 참여를 선호하는 의례가 줄어 들지 않았다는 사실이다. 운동 경기에서 선수들의 세세한 움직임을 텔레비전에 서 더 잘 볼 수 있는데도 직접 참여하기를 더 좋아한다. 사람들은 특히 '큰 경기' ― 경기 결과가 아주 중요해서 당당하게 흥분된 군중의 일원이 될 수 있는 그런 경기― 는 더욱더 직접 보고 싶어 한다. 텔레비전 시청은 표를 살 수 없을 때의 차선책 이다. 그런 경우에도 팬들이 집단으로 모여 흥분을 공유할 수 있을 만큼 반향― 관람하는 사람들 사이에서 생성되리라고 예상되는 정서적 강도가 얼마나 높은가에 따라 다르다― 이 있는 군중 가운데서 경기의 장관을 관람하려고 한다. 리그 순위 따 위 중요한 의미가 없는 일상적인 경기도 관람의 즐거움은 대부분 군중이 집합적 으로 경기의 흐름에 따라 기대와 열광을 공유하는 바로 그 순간에서 나온다.

경기는 극적인 긴장과 승리의 상황을 만들어내기 위해 고안된 의례이다. 득점과 득점 위치를 규정하는 규칙이 세월이 흐르면서 다듬어지는 것은 '더 나은 경기'—말하자면, 집합적 정서의 순간을 마련해주는—를 위해서이다. 그것은 스포츠 상징물이 성스러운 대상이 되고 존중되고 정중하게 다루어지는 식의 발전상과 완벽하게 일치한다. 뒤르켕이 기술한, 정치 지도자가 군중 가운데서 관심의 중심인물로서 상징되는 것(1912/1965: 243~244)과 똑같은 방식으로, 스포츠계의 명사들도 성스러운 대상이 된다(제1장 참조). 경기의 취지—경쟁의 규칙에 따라 승리를 쟁취하는 것이나 기량을 보여주는 것—는 그저 겉으로 표방하는 것일 뿐이다. 경기를 보는 사람을 부추기는 것은 일차적으로 고도로 성공적인 의례에 참여하는 경험이다. 의례의 모든 구성 성분이 아주 높은 수준으로 존재하고, 경기의 진행에 관심을 집중하는 군중의 신체적 상호작용이 증폭될 수 있는 환경에서 특히 강력한 정서가 발생하기 때문에 성공적이다. 이런 종류의 의례가 현대 사회—집안일이나 직업적 일의 제약에서 자유로운 대규모 관람자가 생긴 19세기 중반 이래—의 여가 시간을 지배하게 되었는데, 과거에 종교나 전쟁 또는 정치적 행사가 그랬던 것처럼 스포츠 행사는 의례적 유대의 순간을 제공하도록 고안된 의도적인 발명품이다.

스포츠 행사는 다른 공식적 의례와 같은 지위를 가진 것으로 인식되지 않고 오히려 진지하지 않은 놀이의 형태로 간주된다. 그러나 절정의 의례를 체험하게 만드는 데는 아주 성공적이어서 많은 사람들이 종교 의례보다 선호한다(일요일에 교회 예배와 운동 경기가 겹칠 경우 사람들이 하는 선택에서 증명된다). 운동 경기는 성공적인 의례가 될 수 있는 성분들을 일부러 만들지 않고 무의식적으로 불러일으킨다는 점에서 자연적 의례이다. 그러나 경기는 일정이 잡혀 있고 예측 가능하고 계획된 것이며(인위적으로 의례 체험을 만들어내는 기법을 동원한다), 의례적 정서의 절정을 체험하는 것 말고는 어떤 응집력도 목적도 없는 사람들을 하나로 결집시킨다.

연예 오락의 경우에도 동일한 기제가 작용한다. 연주회 관람은 음악을 듣는다는 점에서는 음반보다 더 나을 게 별로 없다. 보통 사람들은 음반으로 가장 좋은 음악을 듣는다. 대중 연예 집단이 주는 매혹은 초점이 맞추어진 집단에 소속되는 경험이다. 그 연예인은 이미 성스러운 대상의 지위를 갖고 있어서 팬들에게 더 밀착할 수 있는 특별한 도취의 경험 – 비록 거대한 공간에서 몇 백 미터씩 떨어져 있더라도 – 을 주게 된다면 매혹은 더 커진다. 팝 콘서트가 주는 체험은 주로 다른 팬들이 만들어내는 분위기이다. 신체적 반응 과정을 통해 정서 공유가 이루어지는 전형적인 교과서적 사례이다. 계급적 색채와 분위기를 띤 것이기는 하지만 고전 음악 연주회도 마찬가지이다. 같은 음악을 집에서 사적으로 듣기보다 오페라나 교향곡 연주회에 가는 것은 역시 특별한 행사가 이루어지는 곳의 현장 체험 – 공연이 시작되기 직전 소음이 잦아들면서 연주자에게 집합적 집중이 이루어지는 상황 – 이 중요한 의미를 갖고 있기 때문이다. 이는 단순히 고급문화 현장에서 남들에게 자신을 보여주는 문제 – 오페라 극장에서 서로를 알아보는 폐쇄적인 상류 계층이 있었던 이전 세기와는 대조적으로 청중이 통상 익명으로 존재하는 상황이 현대의 조건이다 – 가 아니라, 의례를 체험하며 느끼는 주관적 감정의 문제이다. 가설을 세워보자면, 청중이 연주에 대해 열광적으로 반응하면 반응이 약할 때보다 관람자는 고급문화 향수자로서의 정체성을 더 강하게 갖게 되며, 남들이 자기를 보는 시선보다 의례의 강도가 더 큰 정서적 효과를 준다는 것이다.

텔레비전이나 라디오로 방송되는 연주회에서는 그런 효과가 미미하다. 정치 집회나 종교 집회도 마찬가지이다. 정치인들의 선거 연설, 후보 지명 대회, 중요한 공식 연설 따위를 텔레비전 생중계로 먼 거리에서 볼 수 있다. 그렇지만 열성 지지자는 물리적 참여가 자신의 정체성을 보여주는 것이라 확신하며 현장에 몸으로 직접 참여하고 싶어 한다. 정치 집회의 직접 참가가 당파심을 높여준다. 연설이 '좋은' – 즉, 연사와 청중이 서로 호응하여 열기를 공유한 – 만큼, 그리고 그 정치인이나 정파와 동일시의 정도가 높을수록 참여 열망이 더 강할 것이라는 가설을 세울 수 있다. 이런 관계의 반복적 흐름이 자기 강화적 상호작용 의례 사슬이다.

종교 집회도 라디오나 텔레비전으로 방송될 수 있다. 실제로 (특히 미국에서) 목사들이 방송 복음 전도사로 명성을 날리기도 한다(Hadden and Swann, 1981).

〈사진 2.4〉 성스러운 대상으로서의 목회자. 빌리 그레이엄(Billy Graham)과 숭배자들(1962). Getty Images사 제공.

그렇지만 방송 예배는 출석 예배를 대체하기보다는 출석 예배를 보완하고 강화하는 수단이다. 성공한 방송 복음 전도사들은 설교를 하거나 성사를 집행할 뿐만 아니라 대규모 군중 예배도 주재한다. 카메라는 현장을 보는 시청자가 자신을 그곳에 투사할 수 있도록 집회를 그려 보이려고 노력한다. 방송 복음 전도사들은 미디어 스타가 된다. 청중이 더 가깝게 다가가고 싶은 성스러운 대상이 되어 흡인력을 증폭시킨다. 실제로 예배가 방송되는 바로 그 시간에, 마치 종교적 행위의 중심에 있으면 그 후광이 더 커지기라도 하는 것처럼 직접 예배에 참가하려는 인파가 밀어닥친다. 밀착된 개인적 접촉―대규모 군중에게 허락되는 만큼의 밀착―의 흡인력은 복음주의 교회뿐만 아니라 전통적인 교회에서도 작용한다. 엄청난 군중을 몰고 다니는 교황의 순례 같은 경우가 대표적이다.

　다른 의례와 마찬가지로 종교 의례도 집합적 경험의 강도에 차이가 있다. 원격 매체가 흡인력·소속감·경외심을 느끼게끔 초점과 정서 공유의 감각을 제공할 수도 있다. 그러나 가장 강력한 효과는 온전한 신체적 집결이 있을 때로 국한된다. 다시 태어나려고 앞으로 나가 종교적 헌신의 삶을 맹세하는 종교적 개종은 주로 대규모 복음 전도 집회에서 일어난다(Johnson, 1971). 강렬한 감정을 공유하고 싶어서 집합적으로 활동하는 군중 속에 실제로 참가하면 자신의 정체성을 재규정하고 싶은 충동을 느끼게 된다. 개종의 열기가 떨어지는 현상도 같은 과정을 밟는다. 개종으로 다시 태어난 사람들 상당수가 1년 안에 모임에서 떨어져 나가고 많은 사람들이 수없이 다시 태어난다(Bromley, 1988; Richardson, 1978). 정서를 불러일으키고 애착하는 소속 집단을 바꾸게 하는 것은 거대하고 강렬한 집회이다. 집합 정서가 약한 교회의 소소한 일상적 전례로 돌아가면 참석률이 낮아지고 교회와 자신을 동일시하는 정도도 약해지며 정서적 에너지 역시 떨어진다.

대규모 공식적 집회 의례의 예를 들어, 원격 커뮤니케이션도 강도는 약하지만 어느 정도 의례 참여의 감각을 느끼게 한다는 결론을 내렸다. 특히 시청자들이 자신과 비슷한 청중의 목소리를 듣고 그들에게 초점을 맞춘 영상물을 보면서 참여의 감각을 느낀다는 사실을 살펴보았다. 사교 모임과 규모가 작은 자연적 의례도 그럴까? 원리상으로는 파티도 전화로 할 수 있겠지만 그런 식으로 파티를 연다는 말을 들은 적이 없다. 기껏해야 초대받은 사람이 파티가 열리는 장소에 참석하지 못해 전화로 그 자리에 있는 사람들에게 인사를 전하는 정도가 고작일 것이다. 전화로 자신이 그 자리에 불참하고 있음을 확인하고, 전하는 내용도 대개 직접 몸으로 함께하지 못해 유감이라는 언급일 것이다. 녹화 테이프 같은 원격 시각 자료도 마찬가지이다. 화상 회의가 널리 보편화되면 목소리와 그림이 합쳐져 진행되는 의례의 강도를 검증할 기회가 있을 것이다. 그러나 나는 파티나 방문이 없어지지는 않으리라고 생각한다. 원격 연결이 아무리 생생하더라도 실제 육체적으로 현존할 때의 유대에 비해 약할 수밖에 없다[Turner(2002)도 비슷한 결론에 도달한다]. 무언가 중요한 논의가 있거나 사적인 관계를 맺고 또한 표현하고 싶을 때는 술집이나 찻집에 갈 것이다. 원격 커뮤니케이션과 직접 만남의 차이 가운데 하나는 원격 커뮤니케이션은 보통 다과를 곁들이지 않는다는 점이다. 전화로 자신이 무얼 먹고 마시는지를 말하거나 축배를 나누지 못할 이유는 없다. 그러나 그런 경우는 거의 없다. 함께 술을 마시면서 서로 술잔을 부딪치고, 술잔을 동시에 입으로 가져가는 행동을 나누지 않는 것은 음주 의례의 정신을 위반하는 것이다.[6] 물론 섭취하는 물질—술, 커피, 차, 음료수, 파티 케이크, 만찬, 또는 예전에 관행이었던 공동 흡연— 자체에 감각 신경을 자극하는 성분이 있다. 그러나 여러 사람이 전화로 연결된 상태에서 자기 식반을 들고 만찬 파티를 한다면 또 모르겠지만, 그런 물질은 자신만의 쾌락을 위한 것이 아니다. 음식과 음료수의 섭취는 신체적 공동 참여의 일부이다. 사교적 분위기에서 함께 소비하는 의례적 물질이다.[7] 전화로 그리고 원격 매체로 어느 정도 상호 주관성과 분위기의 공유가 이루어질 수 있음(쌍방향 커뮤니케이션이 없으면 효과는 반감되겠지만)을 인정한다 해도, 어쨌든 얼굴을 맞대고 하는 신체적인 만남과 비교하면 빈약하다.

전체적으로 보면, 소규모의 자연적 의례보다 대규모 공식적인 의례에 원격 커뮤니케이션이 더욱 효과적인 것 같다. 대규모 의례에는 이미 상호작용 의례 사슬에서 형성되고 되풀이 순환되어 확립된 상징이 있기 때문일 것이다. 상대적으로 비인격적인 의례는 규모가 커서 단지 한자리에 모일 수 있는 일부 성원들에게만 집단 소속감을 느끼게 할 뿐이다. 원격 커뮤니케이션을 통해 자신이 소속되어 있는 거대한 무엇에 대한 감각을 약간은 주겠지만, 그 중 일부 성원들과 사적인 접촉이 있고 주기적으로 동일한 상징에 대한 숭배가 행해져야 효과가 크다. 그리고 원격 방송은 연기자나 지도자뿐만 아니라 청중의 참여도 담아야 효과가 있다.

그러면 이메일과 인터넷을 포함하는 최근의 커뮤니케이션 형태는 어떻게 보아야 할까? 이것들의 대부분은 실시간 상호작용의 흐름이 아니다. 곧 살펴보겠지만, 전자 커뮤니케이션은 비록 몇 분 안에 일어나지만 십 분의 일초마다 반향이 이루어지는 즉각적인 음성 참여의 리듬은 없다. 이메일을 읽을 때 관심의 초점이 형성되는 일은 거의 없다. 상호 몰입을 알려 주는 기호인 준언어적 배경도 없다. 글로 쓴 메시지가 정서를 묘사하거나 정서를 일으킬 수 있다. 그러나 이메일이 그런 목적으로 사용되는 경우는 거의 없는 것 같다. 이메일의 흐름이 실제 대화 나누기와 비슷할수록 이메일이 몇 분 또는 몇 초 만에 신속하게 교환되어 집합적 합류의 감각이 높아질 가능성이 커진다는 가설을 제시할 수도 있을 것이다. 그러나 이 경우에도 강한 유대감이 형성되거나 집합적 의미를 지닌 상징으로 충전될 수 있을지는 의심스럽다.

내가 제시하는 가설은 오히려 그 반대이다. 이메일에서 격식을 차리는 형태 ─ 안부를 묻고, 구체적 상대를 이름으로 부르고, 작별 인사를 하는 따위 ─ 가 사라지는 경향은 유대가 낮아지고 있음을 보여준다. 이메일은 바로 의례적 속성이 빠져 있기 때문에 단순한 실용적 의사소통에 머물고 관계의 지위를 떨어뜨린다.

1980년대와 1990년대에 걸쳐 대량 컴퓨터화가 진행된 이래 전자 혁명이 장거리 커뮤니케이션을 더욱 발전시켰음은 확실하다. 그러나 상호작용 의례 이론은 대면 커뮤니케이션이 앞으로도 사라지지 않을 것이며 신체적 현존을 전자 커뮤니케이션으로 대체하려는 욕구가 커지지 않을 것이라는 가설을 제시한다. 사람들은 여전히 친한 사람들끼리 친교를 나누고 파티를 하기 위해 모일 것이다. 운동 경기나 연예 오락에서도 여전히 현장 참여가 가장 만족스러운 형태일 것이다. 정치 집회도 원격 이미지보다 더 강렬한 열정의 감각을 만들어낼 것이다. 성스러움을 강렬하게 느낄 수 있는 곳은 실제로 그 정신이 있는 자리에 몸으로 있고 싶은 곳이리라. 결혼식, 장례식, 고양된 종교적 체험은 직접 참가해야 얻을 수 있고 그럴 수 없으면 하찮은 형식으로 전락한다.

문화의 전수도 마찬가지이다. 대중 교육 분야에서 원격 텔레비전 수업방식이 이용되고 있지만, 학생과 교사가 한 교실에서 직접 접촉하느니만 못하다. 직접 접촉이 순간적인 관심의 교류나 말하는 사람과 듣는 사람이 서로의 기분에 적응하는 정도에 불과하더라도 사정은 같다.[8] 같은 이유로, 전자 쇼핑은 그 편의성에도 불구하고 매장이나 쇼핑몰을 없애지는 못할 것이다. 매장에 있다는 것 자체는 사람들이 법석대는 무대 한가운데서 활동하게 해주는 역할을 한다(Ritzer, 1999; Miller, 1998). 화려한 설비를 갖춘 곳에서 하는 쇼핑은 쇼와 미술관과 군중 체험의 혼합물이자 '눈부신 빛'과 도시 체험의 일부이다. 물건을 구입하는 것도 그 체험을 위해 지불하는 입장료라 할 수 있다. 구입한 물건이 지닌 실리적 가치만큼, 어쩌면 그 이상을 경험하고 치르는 대가라 할 수 있다. 어떤 경우 어떤 사람들에게 쇼핑은 실리적 행동이겠지만 사회적 의례의 측면도 무시할 수 없는 매혹이다.

원격 매체의 사용이 크게 늘어나지 않으리라는 말이 아니다. 또한 대면 접촉이 본래 골치 아프고 더 비용이 든다는 경제적이고 실용적인 이유만으로 대면 접촉이 위축되지 않으리라는 말도 아니다. 상호작용 의례 이론의 예측은, 사람들이 원격 매체로 사회적 활동을 더 많이 하게 되면 상호작용 의례의 강도가 낮아지고 사람들이 느끼는 유대의 정도도 낮아지며 정서적 에너지를 얻고자 하는 열정의 동기도 낮아진다는 것이다.

특별한 단서를 덧붙인다. 미래의 전자 매체가 인간의 생리 기능을 겨냥해 상호작용 의례가 가능하도록 설계될 수도 있을 것이다. 상호작용 의례는 높은 수준으로 관심을 집중시키고 정서적으로 합류하게 만든다. 미래에는 그런 경험을 공유할 수 있도록 신경 체계에서 신경 체계로 신호를 전달하는 커뮤니케이션 장치가 고안될지도 모른다. 그러나 그런 장치에는 위험이 도사리고 있다. 강도 높은 상호작용 의례가 인간 삶의 절정 경험이 된다면 그런 신호를 전달하는 전자 매체는 엄청난 흡인력을 지니게 될 것이다. 특히 상호작용 의례의 생산 장치가 요구하는 대로 절정의 체험을 할 수 있게 해준다면 극단적인 중독을 초래할 것이다. 또한 수용자가 아니라 외부 주체가 그 장치를 조작할 수 있게 되면 엄청나게 강력한 사회 통제 장치가 될지도 모른다. 아직은 요원한 일이지만 잘 발전시킨 상호작용 의례 이론의 함의로 그럴 가능성도 고려해볼 필요가 있다. 미시사회학을 발전시키면 이런 위험을 사전에 경고할 수 있다. 이론적 이해가 우리에게 최상의 예고 장치가 될 수 있는 것이다.

이런 비교의 주안점은 신체적 현존이 상호작용 의례의 강도에 어떤 영향을 미치는지를 보여주려는 데 있다. 사람들이 신체적으로 함께 있으면 서로 방출하는 신호와 신체적 표현을 더 쉽게 감별할 수 있다. 서로의 움직임과 정서를 따라잡는 리듬을 공유하고 공동의 관심사에 집중함으로써 상호 주관성의 상태에 이르렀음을 전하고 확인한다. 인간의 신경 체계가 서로 조율된다는 점이 핵심이다. 다양한 원격 매체를 비교하면 음성 양식의 중요성을 알 수 있고 참여하는 청중들의 모습을 볼 수 있도록 시각적 초점을 형성한다는 사실도 알 수 있다. 먼 거리에서도 직접 신경 체계의 합류에 이를 수 있다면 신체적 현존과 같은 효과가 있을 것이다.

자연적 의례에서 이루어지는 집합적 합류의 미시 과정

상호작용 의례 모델은 단지 이론적 구성물만은 아니다. 정확성에서는 다소 차이가 있겠지만 어떤 사회적 만남에서든 관찰할 수 있는 전개 과정을 보여준다. 뒤르켕은 기초 개념의 윤곽을 제시했지만, 고프먼은 일상의 상호작용 의례 과정이 정확히 어떤 것인지를 체계적으로 진술한 적이 없으며 그 원인과 결과를 제대로 검증하지 않았다. 나는 부분적으로 뒤르켕의 분석에 함축된 논리를 따르는 한편, 그 후에 이루어진 미시적 상호작용 연구의 결과를 발전시켜보려 했다. 가장 유용한 증거를 민속방법론에 속하는 미시사회학 연구, 사회언어학적 인류학 그리고 심리학자들의 연구에서 수집했다. 이 학파들은 고유의 이론적 의제를 가지고 있으므로, 나는 그 연구들이 발견한 사실들을 그들의 이론적 맥락에서 분리한 후 상호작용 의례 이론에 적합한지 수정될 수 있는지 (또는 거부할 수 있는지) 하는 관점에서 재해석하는 작업을 수행했다. 전반적으로 보면 적합성에 관한 증거는 고무적이었다. 뒤르켕주의 지향성을 지닌 셰프와 동료 연구자들의 미시사회학 연구와 감정 사회학 분야의 미시 상황 연구의 결과도 있다. 나는 이런 종류의 많은 연구들이 관심의 초점 공유와 정서적 합류의 정교한 모델로 결합될 수 있음을 논증할 것이다.

자연적 의례 상황에서 집합적 열기를 생산하는 미시적 대화 상황의 좋은 보기가 웃음의 공유 현상이다. 웃음소리는 숨도 못 쉴 만큼 저절로 터져 나오는 리듬의 반복으로 일어난다. 웃음은 기분이 최상일 때 무심결에 터져 나온다. (가장 강도 높고 유쾌한) 웃음은 대개 집단적으로 생산된다. 일단 시작된 웃음은 또 다른 웃음을 불러온다.

젊은 여성이 알몸으로 수영한 이야기를 하는 장면을 보자(Jefferson, 1973).

올리브: ……뜨거운 물이 들어오는 곳이 두 군데 있는데, 응, 그게 어떤 느낌하
　　　　고 같으냐면……으 [동시적 발성]
에드너:　　　　　　　　[흐　흐　희] 아흐 하 하=
올리브:　　**=[후 후 후 하 하** 우 하-우 하: : 하: :] 후
에드너: ……[흐흐 **후 후 하아 하 하 하 후 훗 훗!**]

꺽쇠 부호([ ])는 두 사람이 동시에 소리 냄을 표시한 것이다. 올리브가 흐흐거리는 소리를 내기 시작할 때 에드너도 키득거리기 시작한다. 발성은 소리의 세기를 가리킨다. 에드너는 이미 무언가 시작됨을 예감하고 있음을 보여준다. 등호(=)는 발화와 발화 사이에 간격 없이 정확하게 이루어지는 대화의 순서 따라 잡기를 가리킨다. 올리브는 에드너가 순간적으로 키득거림을 멈췄을 때 곧바로 웃기 시작한다. 이때 올리브는 웃음소리를 더 크게 내고(진한 색으로 표시), 에드너도 잠시 숨을 멈췄다가 올리브를 따라 한 번 더 낄낄댄다. 잠시 후 올리브는 소리를 죽이고 점차 웃음소리가 잦아들지만[콜론(:)은 음절이 잦아듦을 나타내는 표시] 에드너는 아직도 숨 가쁘게 웃는 리듬을 타고 있다. 그러나 올리브가 웃음을 다 뱉어내자 에드너는 급하게 웃음을 거둬들인다.

웃음은 유머 섞인 말이나 사소한 사건에서 시작되지만, 논평이나 몸짓으로 연장될 수 있다. 그 자체로는 우습지 않지만 리듬의 맥이 집단적 폭소를 불러온다.[9] 보기를 하나 더 들어보자(Jefferson, 1985).

조:　　　어, 저기 검사관 나리가 오시네.

캐럴:　　에 - 후 - 후 - 후 - [후　하　하　하　해] **하 하 하**

　　　　　[하 하 아!

마이크:　　　　　　　　　　　[우 - 위대하신 아빠로군]

제임스: [오 : : 어디 보자 어디 봐……

마이크의 '위대하신 아빠'라는 말은 캐럴이 키득거리다가 웃음소리가 커지는 바로 그 순간에 나오고 그것이 캐럴의 더 큰 웃음소리(진한 색으로 표시)를 연발하게 만드는 효과를 불러온다. 제임스가 또 다른 종류의 말을 꺼내는 순간 (어떻게 해야 할지 암시를 보내며) 캐럴의 웃음이 잦아들고 급하게 끝난다(느낌표).

웃음은 미시적 상호작용 의례에서 이루어지는 집합적인 리듬 합류를 보여주는 사례이다.[10] 또한 사람들이 강도 높은 상호작용 의례에 그토록 매혹되는 이유가 무엇인지 알려준다. 아마도 가장 강렬한 인간의 쾌락은 깊이 조율된 사회적 상호작용에 온전히 그리고 신체적으로 빨려 들어가는 상태에서 나올 것이다(McClelland, 1985). 이것이 왜 웃음 — 달리 보면 그저 통제 불능의 호흡일 뿐인데 — 의 공유가 그토록 즐거운지 보여준다. 또한 이는 집합적 열광의 좀 더 일반적인 유형 가운데 하나의 사례이며 왜 사람들이 강도 높은 상호작용 의례에 매혹되는지 그리고 어째서 유대의 감정을 창출하는지 설명해준다. 이러한 상호작용을 표현하는 상징도 집단 성원에게 즐거움을 준다는 함축된 의미를 지니고 있으며 성원들로 하여금 지켜야 할 성스러운 대상을 만들고, 나중에 다시 하고 싶은 집단 상호작용을 상기시켜주는 것이다.

리듬 합류 작용으로서 대화 순서 지키기

자연적 의례에서 일어나는 집합적 도취는 웃음과 같은 순간적인 분출에 국한되지 않는다. 민속방법론자들이 개척한 대화의 미시적인 세부 사항 분석에서 볼 수 있는 바와 같이 고조된 분위기가 형성되는 더 장기적인 과정도 있다. 앞으로 보겠지만, 합류는 리듬 공유로 몰입해가는 과정 – 말하는 사람의 순서 지키기에서 어조를 맞추는 준언어적인 조절, 아주 미세한 수준의 반향에 이르기까지 순차적으로 발전하는 리듬 공유의 과정 – 을 통해 이루어진다.[11]

민속방법론은 현장 – 상황적이라는 말이다 – 에서 사회구조의 감각이 생산되는 과정을 강조하는 급진적인 미시 환원주의의 이론으로 출발했다. 민속방법론은 특히 1960년대와 1970년대에 사용할 수 있게 된 새로운 녹음 장치를 이용해서 이전에는 할 수 없었던 사회적 상호작용의 세부 과정을 연구하는 초미시적 경험주의를 발전시켰다. 이론적 지향은 민속방법, 즉 행위자가 사회구조의 감각을 유지하는 장치인 상식적 사고의 묵시적 방법을 찾아내는 것이었다. 따라서 민속방법론은 뒤르켕주의 상호작용 의례 이론과는 다소 다른 각도를 취한다. 민속방법론은 구조(어떻게 보면 구조는 하나의 환상, 단순한 집합적 믿음에 불과하지만)와 인지에 관심을 두지만, 상호작용 의례 이론은 정서와 유대에 관심이 있다.[12] 그러나 민속방법론자들이 발견한 가장 중요한 연구 결과가 리듬 합류 모델의 중심 기제를 밝히려는 상호작용 의례 이론가들을 고무시켰다는 점은 쉽게 알 수 있다.

가장 보편적인 일상의 상호작용 유형은 평범한 대화이다. 대화는 1970년대 이후 녹음기를 사용하는 대화 분석가들에 의해 대단히 정밀하게 연구되어왔다. 이 연구들은 1/10초 단위에서도 아주 높은 수준의 사회적 조절이 이루어짐을 발견했다. 색스, 세글로프, 제퍼슨(Sacks, Schegloff and Jefferson, 1974)은 대화를 지배하는 것으로 보이는 일련의 순서 지키기 '규칙'을 구체적으로 보여주었다. '규칙'이 언제나 승복되는 것이 아니라 위반될 때 특정한 방식으로 상호작용을 붕

괴시키는 것이라는 사실에 주목한다면, 그것을 뒤르켕식 과정으로 재구성할 수 있을 것이다.[13]

순서 지키기 규칙의 핵심은 한 번에 한 사람씩 말하기, 그 순서가 끝나면 다른 사람이 말하기, 이 두 가지이다. 이 규칙의 구속력은 대화가 진행되는 속도의 미세한 조절을 보기 전에는 분명히 드러나지 않는다. 성공적인 대화에서 한 사람이 말을 마치고 다음 사람이 말을 시작하는 사이의 간격은 통상 0.1초를 넘지 않는다. 오히려 말하는 사람 사이에 잠깐 동안의 중복도 있다(0.1초 이내). 다음의 예를 보자(Heritage, 1984: 236).

E: = 아, **얘, 정말 좋은 점심이었어. 내가 너를 더 일찍**
　　[초대했어야:] 나:[좋았단다. 정말 재미있었[:어.]
M: [((으)) 오::::]　　[(　)　　　　　　　　　[그래]=
M: = 나도 기뻤[어　　네가 (와 주어)]
E:　　　　　　[그리고 네:]　친구들도 정말 좋더라,=
M: = 응::::[:그리고 있잖아:]
E:　　　[그　　　　　패트, 정말 인형 같지 않: [니?]
M:　　　　　　　　　　　　　　　　　[그래] 정말 예쁘더라,
　(.)
E: 오: 정말 예쁜 아가씨지.=
M: = 그래 정말 예쁜 애라고 생각[해.
　　　　　　　　　　　　　[근데 그게 뭐::
　(.)
E: 걔 죽여주:더 라.=

방금 함께 점심을 한 두 여성이 흥에 겨워 이야기하고 있는 장면이다. 독자들은 그 리듬을 맛보기 위해 여러 번 소리 내서 읽어볼 수 있다. 강조한 부분(얘, 정

말 좋은 점심이었어. 내가 너를 더 일찍)은 발음을 강조한 것이다. 콜론(:)은 긴 음절을 뜻한다. 빈 괄호( )나 알아들을 수 없는 발음을 포함한 (으)는 말하는 사람의 목소리가 너무 작아서 해독할 수 없다는 표시이다. 말을 포함하는 괄호(와 주어)는 다른 사람의 말과 겹치는 때 말하는 사람의 목소리가 낮아짐을 가리킨다.

에벌린(E)은 리듬을 타고 있고 마지(M)도 에벌린과 함께 이중창의 상대역 같은 역할을 하고 있다. 대단히 중요한 이야기를 나누고 있지는 않지만 강한 사회적 의미를 함축하고 있다. 말하는 순서가 아주 조심스럽게 지켜진다. 등호(=)는 한 사람이 말을 멈추자마자 곧바로 다른 사람이 말을 시작함을 표시한 것이다. 거의 모든 새로운 발화는 곧장 박자가 맞춰진다. 마침표가 들어 있는 괄호(.)는 1/10초 이내의 간격을 표시하고 있다. 이것이 이 대화에서 있었던 유일한 멈춤인데 너무 짧아서 실제로는 알아차리기 힘들다. 대화 분석의 관행에서는 숫자가 들어간 괄호는 발화 사이 침묵의 간격을 가리킨다. 가령 (1.0)은 1초 간격을 뜻한다. 이는 극히 미세한 차이지만 사회적으로는 의미심장한 차이이다. 1.0초는 실제 의례에서는 다섯 차례의 '밤-밤-밤-밤-밤' 박동에 해당된다. 만일 대화에서 1.0초 정도의 단절이 생기면 귀가 멍할 만큼 침묵의 느낌을 준다. 그보다 간격이 더 짧아도 순조로운 대화의 흐름이 깨진 것처럼 느껴진다.[14]

순서 지키기 규칙을 좀 더 사회학적인 방식으로 진술해보자. 성공적인 대화는 대화가 이어지는 동안 어떤 간격도 중복도 없다. 말하는 사람들 사이에서나 말과 말 사이에서나 당혹스러운 멈춤이 없고, 주어진 순간에 누가 말할 기회를 잡느냐를 둘러싼 아주 미세한 투쟁이 있다. 여기서 성공적인 대화란 대화를 나누는 사람들 사이에 유대를 창출하는 성공적인 대화 의례를 말한다. 대화의 순서 지키기는 일반적인 상호작용 의례의 유대 수준처럼 변이가 있다. 어떤 대화는 멈춤으로 가득 차서 어색하기 짝이 없고, 어떤 대화는 적대적으로 진행되어 참여자들이 서로 끼어들면서 상대의 말을 막으려고 투쟁한다. 여기서 두드러진 점은 성공적인 대화 의례는 리듬을 탄다는 것이다. 악보에 따라 연주하는 음악의 경우처럼 박자에 맞추어 정확하게, 다른 사람이 말을 마치는 순간에 초 단위 간격으로 자기 말을 시작한다.

이런 유형을 따르는 대화에서 높은 수준의 유대가 생긴다고 할 수 있다. 친밀한 수다 또는 친구들 사이의 활기찬 토론이 그런 유형이다. 그러나 모든 대화가 그렇지는 못하다. 유대는 변수이며 실제로 그 변이가 바로 우리가 설명하고자 하는 것이다. 어떤 상호작용은 다른 상호작용보다 더 높은 유대를 형성한다. 그래서 실제 삶을 구성하는 여러 사회적 만남의 영역이 분화되는 것이다. 순서 지키기 '규칙'의 위반은 두 방향에서 일어난다. 두 사람(또는 그 이상)이 동시에 말하는 경우와 한 사람이 말을 멈추었는데 다른 사람이 즉각 말을 잇지 않아 실패하는 경우이다. 유대가 붕괴되었다는 신호를 보내는 데는 실상 간격이 그렇게 길 필요도 없다. 시쳇말로 '당혹스러운 침묵'이라고 부르는 것도 1.5초나 그보다 짧다. 정상적인 수준의 유대를 보이는 대화는 말하는 순서가 1/10초 정도의 빠르기로 조율된다. 0.5초 이상이 되면 몇 박자 놓치는 것이고 그보다 길면 주관적으로 엄청난 간격처럼 느껴진다.

이런 식으로 유대가 실패하는 사례를 살펴보자(Heritage, 1984: 248).

A: 뭐 속상한 일 있어?
      (1.0)
A: 있어, 없어?
      (1.5)
A: 응?
B: 아니.

분명히 긴장된 관계이다. A와 B는 부모 자식일 수도 있고 별로 사이가 좋지 않은 부부일 수도 있다. 여기서 놀라운 것은 무엇보다도 간격이 실제로 그리 길지 않다는 점이다. 그러나 대화에서 1.5초는 영원처럼 느껴진다. 그보다 더 짧은 간격도 '당혹스러운 침묵'처럼 느껴지기 때문에 대화 연구자들의 주의를 끈다.

당혹감은 고프먼(1967)의 지적처럼 사회관계가 기대한 만큼 잘 풀리지 않는다는 신호이다.

또 다른 방식은 '간격 없고 중복 없는' 대화의 규칙을 위반해서 유대가 붕괴되는 경우이다. 두 사람이 서로 상대방을 압도하려고 목소리를 높이고, 더 빨리 말하려는 치열한 논쟁을 할 때이다. '주도권을 쥐려 함'이 바로 관심의 초점에 대한 상호간의 묵시적 동의이다. 대화는 한 번에 한 사람만 말하기라는 동의에 기초한 '규칙'에 따라 관심의 초점이 이동하는 상호작용 의례이다. 의례적 유대는 아무도 말하려 하지 않을 때 붕괴된다. 관심의 초점이 허공으로 흩어져버리는 것이다. 참여자가 관심의 초점을 유지하려고 하지만, 누가 초점의 대상인지 누구의 말이 의례적 관심과 추인을 받는 상징적 대상이 될지 합의가 이루어지지 않을 때도 역시 유대가 깨진다.[15]

다음의 사례를 보자(Schegloff, 1992: 1335).

A: ……베트남의 영토 통합에 관심이 있어서 우리가 있었던 거지만. 그러나 우리의 일차적 관심은 우리 군인들의 안녕이요, 군 지휘자라면 누구라도 그게 가장 우선하는 개치죠.

B: [아니죠? 우리는 유엔 으ー 독트린 때문에 간 거 아닌가요?

A: [아니요:::

B: [우리가 거기 갔던 건그 ( ) -

A: [대체 당신은 어디서 그따위 비뚤어진 생각을 들었소.

B: 뭐 말이:요

A: 유엔 독트린.

B: 우리는 유엔을 대표해서 거기 있었던 게 아닌가요?

A: 가서 유엔에 물어보쇼, 웃음거리나 되겠지. 아니……

B: 우리가 간 건 우리의 이익 때문ー

A: [예.

B: [유엔 깃발을 흔들려고 거기 간 건 아니라고?

A: 우리는 저- 유엔 깃발은 거기 있지도 않았고 유엔군도 아니었고. 유엔은 거
　 기에 어떤 행동도 취하지 않았지.

　 ((멈춤))

A: [나는-

B: [아니. 내 생각에는(이번에::는)- 내 생각에는 당신이 틀렸어.

A: 미안하지만요, 가서 사실을 확인해보라고 하고 싶네요.

B: 내 생각은 당- 나는 어 [( )

A: 　　　　　　　　　　　　[도대체 당신이 무슨 말을 하고 있는지 아냐고 하는
　 말은 참겠지[만

B: 　　　　　　　　[나도 그러기를 바라요.

A: 　　　　　　　　[나는 단지 당신한테 [사실을 확인해보라고 말하는-

B: 　　　　　　　　　　　　　　　[당신이 그러기를 바라요.

B: 왜냐면 이게 내가 신문에서 읽은- 신문에는
　 [우리가 대표해서

A: [아, 그렇다면, 참 나:쁜 신문을 읽은 거지.

B: [우리는 거기 유엔을 대표해서 있었다고.

A: [아, 미안해요, 나 그만 가봐야겠어요.

A: 선생, 나는 그저 당신이 보는 그 신문을 바꾸라고 말하고 싶을 뿐이요.

B: 제발 당신이 틀린 걸 고쳐주게 다:시 전화할 수 있었으면 해요.

A: 당신 꼭 확인하고 전화해야 합니다.

B: 그러 [지요.

A: 　　　[오케이?

B: 물론, 그럴 거요.

A: 음, 그럼 이만.

논쟁이 치열해질수록 서로 말을 자르고 나서며 상대가 말하는 도중에도 한참이나 자기 말을 한다. 마지막에 논쟁을 끝내고 정상적인 예절로 돌아가면서 또가시 박힌 똑같은 말을 되풀이한다. 대화 전체를 통틀어 말에 강세를 두는 방식에도 가시가 들어 있다.

이는 사회언어학의 전모를 다룬 것은 아니다. 전모를 다루려면 더 복잡한 내용을 살펴야 할 것이다.[16] 그러나 몇 가지 가능한 이론에 주목하자. '간격도 중복도 없음'은 문화적 변수일지도 모른다. 대화 연구의 자료는 미국과 영국의 영어권 발화자들의 대화 녹음에 근거해서 일반화한 것이고, 어쩌면 다른 문화권에서는 들어맞지 않을지도 모른다. (대화 모델이 제시되었던 심포지엄에서 참여자들이 논평한 바에 따르면) 한 사람과 다른 사람의 발화 간격이 꽤 긴 부족 사회도 있다. 실제로 다른 사람이 말을 한 후 너무 빨리 말을 받는 것이 일종의 위반으로 간주되는 문화권도 있다고 한다. 이는 모델이 재구성될 필요가 있음을 암시하지만, 유대 생산의 리듬 조절을 보는 대화 모델을 부정할 필요는 없다.[17] 내용이 무엇이든 대화에서 공동의 리듬을 지키는 것이 핵심이다. 리듬이 지켜지면 그 결과로 유대가 이루어진다. 말을 너무 빨리 하거나 머뭇거려 리듬 조절의 규칙을 위반하면 공격 또는 소외처럼 느껴진다.[18]

더 나은 방법은 규칙 준수의 틀을 넘어서서 시간이 지남에 따라 대화가 어떻게 형성되어 나가는지를 보는 것이다. 대화(그리고 사회관계)가 실현되거나 실현되지 않는 결정적 이행 단계가 있다. 많은 대화가 아무 바탕 없이 이루어지지는 않는다. 말머리를 열지 않거나 리듬 조절이 시작될 만큼 충분한 반응이 없으면 대화가 이루어지지 않는다. 일단 대화가 시작되면, 대화를 유지시키는 나름의 계기가 형성된다. 누구나 체험으로 분명히 알고 있는 것처럼 대화자들의 구성에 따라 엄청난 차이가 있다. 실로 이것이 사회적 균열이 실현되는 주된 방식이다. 거칠게 어림잡자면, 신분 지위가 같은 집단의 성원은 대화 의례에 합류할 수 있는 사람들이고, 반면에 신분 지위가 다른 집단의 성원은 합류하지 못하는 사람들이다. 이는 대화 의례를 형성하거나 붕괴시키는 성분의 일부를 포착한 것이다. 그러나 동일한 참여자라도 그 흐름은 어느 쪽으로든 갈 수 있다.

학자들이 관찰할 수 있는 쉬운 사례가 강의나 발표가 끝난 후의 질의 시간이다. 보통은 한참 동안 침묵이 계속된다. 그 순간 청중이 각자 주관적으로 경험하는 바는 별 할 말이 없다는 것이다. 그러다가 청중 가운데 가장 지위가 높은 사람이 질문을 해서 침묵이 깨어지면 다음 질문까지는 멈추는 시간이 짧아지고, 세 번째나 네 번째 차례가 되면 여러 사람의 손이 올라간다. 이는 청중이 상징적 자원이 없어서가 아니라 정서적 에너지, 즉 생각하고 의견을 말할 자신감이 없어서 주저한다는 사실을 보여준다. 할 말이 없는 것이 아니라 청중을 포함하는 상호작용으로 집단의 관심이 전환될 때까지는 말을 꺼낼 엄두를 낼 수 없는 것이다. 연사가 재미없어서 그런 것도 아니다. 아주 훌륭한 연사가 분위기를 망치는 주범인 경우가 종종 있다. 이는 관심의 초점을 독점하는 과정으로 이해할 수 있다. 연사가 지나친 존경의 후광에 휩싸여 접근할 수 없는 먼 영역(뒤르켐 식의 성스러움)으로 올라가버린 탓이다.[19] 일단 접근이 이루어지고(청중 가운데 지위가 높은 사람은 축적된 정서적 에너지가 있기 때문에 접근할 가능성이 높다), 관심의 초점이 주고받는 교류로 전환되면 그 여세로 질문이 마치 봇물처럼 터져 나온다.

주도권이 연사에서 다른 사람으로 가는 이 흐름 역시 대화의 순서 지키기 과정이다. 색스와 동료 연구자들의 고전적 대화 분석 모델은 이를 단순한 방식으로 표현했다. 말을 마친 사람이 누군가를 지명하거나 아니면 자신이 순서를 되차지함으로써 다음 순서를 결정한다. 깁슨(Gibson. 1999; 2001)은 대기업 경영진의 회의에서 순서 지키기 과정에 대한 연구를 바탕으로 더 정교한 모델을 제시하고 있다. 깁슨은 말의 순서가 한 사람에게서 다른 사람으로 옮겨가는 몇 가지 전형적 방식이 있으며 그 밖의 방식은 극히 드물고, 설사 있더라도 부정적 제재를 받게 된다고 한다. 가장 전형적인 방식은, 한 사람이 말하고 다른 사람은 거기에 대답하는 유형이다(깁슨은 이를 'AB:BA, 즉 A가 B에게 말하고 나서 B가 A에게 말한다'라고 표현한다). 이런 유형이 얼마간 진행되면 일종의 탁구공 주고받기 식 게임이 벌어지는데, 두 사람이 대화를 독점하고 나머지 사람들은 관람자로 남는다. 여기서 상황적 권력의 요소를 볼 수 있다. 관람자는 보통 그 역할에서 벗어나고 싶어 초조해하지만 일단 한 쌍이 대화의 기선을 잡고 나면 좀처럼 깨뜨릴 방법을 찾을 수 없다. 또 다른 전형적 유형은 한 사람이 전체 집단을 대상으로 연설하는 경우(또는 허공에 대고 방향 없는 논평을 하는 경우)이다. 깁슨은 이를 AO:XA로 표시하고, 그 다음 순서로 집단의 누군가가 일어나 좌중을 장악하고 A에게 논평을 가하는 경우를 보여준다. 말을 가로채는 경우(AB:BA 대신에 AB:XA, 여기서 X는 지명되지 않은 사람을 가리킨다)에도 대화를 가로막고 나선 사람은 통상 진행되고 있는 대화에 끼어들어 그 전에 말을 마친 사람을 향하거나(AB:XA) 마지막에 지명된 사람을 향하지(AB:XB), 전혀 새로운 사람을 향하지는 않는다. 집단 대화는 관심의 초점이라는 공을 주고받는 것과 같다. 이 관심의 초점이 사람들을 그 자리에서 진행되는 대화 과정에 합류시킨다. 거기에 끼어드는 사람은 바로 직전에 초점이 되었던 사람을 걸고 넘어간다. 탁구공 주고받기라는 은유가 아주 정확하지는 않다. 저속 촬영 화면에서 전자 조작의 흔적으로 공의 흐름을 보여주는 이미지에 더 가깝다. 여기서 우리는 또다시 대화의 상호작용 의례가 관심의 초점에 합류하는 흐름임을 확인한다. 관심의 초점을 획득하려는 투쟁이 있을 때도 마찬가지이다. 깁슨이 강조하듯(2001), 공식 조직에서도 좌중을 장악하는 데 작용하는 구조적 제약ㅡ시간상 제한된 관심 영역ㅡ이 영향력 행사의 방식을 결정하는 주요 요인이다.

　정치 집회나 시위와 같은 대규모 군중집회에서도 비슷한 과정이 전개된다. 선동적인 연사는 청중의 환호로 연설이 중단되기도 하지만, 청중은 연사가 강조하게 될 대목에 이르기 몇 초 전에 벌써 환호할 태세를 갖추기 시작한다. 녹화 자료를 보면 마치 군중이 연사에게 열렬한 환호를 불러일으킬 말을 시키는 것처럼 보인다(Atkinson, 1984; Clayman, 1993). 그 미세한 과정의 흐름을 자세히 들여다보면, 연사와 청중 모두 하나의 리듬에 빨려 들어가는 것이 보인다. 연사의 수사적 발언에는 강조점과 쉼, 반복과 점증법(이것이 대중 연설 특유의 수사학이다)의 유형이 있어서 청중은 자신들이 합류하여 최대한의 효과를 낼 수 있는 무엇이 어떤 순간에 올 것인지 안다. 청중에게도 비슷한 과정이 있다. 환호나 야유를 녹음한 것을 들으면, 청중의 소음 형성 과정에 독특한 리듬이 있음을 알게 된다. 처음에 한두 목소리나 박수가 나오면 곧 청중 전체가 합세하면서 소음이 빠르게 증폭된다. 반면에 불발로 그치는 환호는 순간적으로 신속한 증폭이 뒤따르지 않아 사라지고 만다. 합세해서 관심의 초점을 공유하는 승리를 맛보기는커녕 고립된 소수로 노출되리라는 신호가 암암리에 전해지는 것이다. 비슷한 이유로, 야유도 비판적 대중 참여를 일으키기 힘들고 환호보다 더 빨리 수그러든다. 미시적 상호작용이 흔히 그렇듯이 갈등의 실행보다 유대의 실행이 더 쉽다. 갈등은 직접적인 상호작용 상황보다 거리를 두고 눈에 보이지 않는 집단을 향해 조직하는 것이 훨씬 쉽다.

다음의 사례(Clayman, 1993: 113)에서, bbbb는 계속되는 야유, xxxx은 환호를, zzzz은 조율되지 않은 청중의 소리를 가리킨다. 대문자(XXXX, BBBB)는 커다란 환호 또는 야유를, x-x-x-x와 b-b-b-b는 약한 소리를, x x x x 또는 b b b b는 단속적인 손뼉이나 야유를 가리킨다.

DQ: …… 그리고 자질만 (.). 으. 될 것입니다. 이 선거 운동에서 이슈는 (1.0) 조지 부시가 마이클 듀카키스와 로이드 벤슨을 합친 것보다 더 낫습니다.
　　　　(0.6)
AUD: xx-xxXXXXXXXXXXXXXXXXXXXXXXXXXXXXX[XXXXXXXXX=
AUD:　　　　　　　　　　　　　　　　　　　　　　[b-b-b-b
AUD: XXXXX[XXXXXXXXXXXXXXx[xxxxxxxxxxx-x-x-x h x h x x x x (8.5)
AUD:　　　　[bbbbbbbBBBBBBBBB[BBBBBBBBBBBBBBbbb-b-b (2.9)
MOD:　　　　　　　　　　　[상원의원 벤슨은 -

환호가 드문드문 나오기 시작한 후에 성공적으로 가속화되고, 약 8초 동안 전형적인 환호 리듬 단위를 형성하면서 계속된다(대단히 강렬한 환호 반응이 8초 단위로 한두 번 더 있다). 환호가 중간쯤에 이르렀을 때 야유를 해보려는 시도가 있지만 실패한다. 두 번째 야유 시도는 환호가 끝날 즈음에 큰 소리로 터져 나오면서 성공하고 중재자가 논쟁자들에게 주의를 돌리려는 바로 그 순간에 환호를 압도한다. 이런 순간적인 승리에도 불구하고 야유는 이후 빠른 속도로 잦아드는 반면, 환호는 훨씬 느리게 잦아든다. 괄호 안의 수치로 알 수 있듯이 야유가 지속되는 시간은 훨씬 짧다(2.9초 대 8.5초).

리듬 조절 과정은 거의 언제나 무의식적으로 이루어진다. 자연적 의례의 성패는 생각이 아니라 느낌에 있다. 적어도 처음에는 그렇다. 물론 사려 깊은 사람은 남들한테나 스스로에게 언어로 해석하고 논평할 수도 있다. 대화의 내용을 구성하는 문화적 상징의 목록이 있는 것이다. 상징의 의미가 정확히 어디서 생성되는지 그리고 상호작용 의례 사슬에서 하나의 상호작용 의례가 어떻게 다른 상호작용 의례로 전달되는지는 나중에 살펴볼 것이다. 공유하는 상징 자원의 보유가 집합적 열광을 불러일으켜 상호작용 의례를 성공시키는 성분 가운데 하나이다. 우리가 여기서 분석적으로 분리해 살펴본 것은 상황적 유대가 발생하는 미시 수준의 기제이다. 이 기제가 바로 언어적 상징 자원이 계속 사회적 의미를 가질 수 있도록 충전시키거나 의미 없는 것으로 사라지게 만든다.

리듬 조율과 정서적 합류에 관한 실험과 미시 관찰의 증거

순서 지키기 외에 상호작용의 다른 측면들도 리듬에 맞추어 조율되며, 어떤 경우는 아주 미세한 수준까지 조율이 이루어진다. 대화를 찍은 영상을 보면 말하는 사람이나 듣는 사람 모두 말의 리듬에 따라 신체적 움직임을 맞추고 있음을 알 수 있다(Condon and Ogston, 1971; Kendon, 1970; 1980; Capella, 1981). 몸의 움직임은 빠르고 미묘하다. 머리를 끄덕이거나 눈을 깜빡거린다. 때로는 너무 빨라서 정상적으로는 잘 안 보일 정도여서 초당 24프레임의 필름을 프레임별로 다시 틀어보아야 보인다. 이런 연구는 대부분 높은 유대 상황의 축소판인 어머니와 아이 사이의 상호작용을 중심으로 한 것이다. 태어난 지 몇 주 또는 몇 달 밖에 되지 않은 신생아는 말을 배우기 훨씬 이전부터 어른이 내는 소리와 움직임에 맞추어 소리를 내고 움직인다(Condon and Sander, 1974a; 1974b; Contole and Over, 1981). 이는 리듬 맞추기가 말하기의 토대 — 자연스럽게 발생하는 상호작용의례의 산출물 — 일 수 있음을 시사한다. 병원 신생아실에 있는 유아들은 흔히 울음에 전염되어 동시에 울어대는 때가 있다. 그들 역시 자신들이 듣고 있는 소리의 높낮이에 맞추는 것이다(Hatfield et al., 1994: 83). 뇌파 기록기로 측정한 자료를 보면 대화를 하고 있는 어른들 사이에서와 마찬가지로 유아와 어른 사이에도 리듬을 타는 뇌파의 동조가 일어남을 알 수 있다(Condon and Sander, 1974a; 1974b). 뇌파 동조가 생기지 않는 경우는 통상 집단의 경계가 뚜렷한 경우이다. 흑인과 백인의 대화는 백인들끼리의 대화보다 뇌파 동조가 드물게 일어난다.

대화자들은 몸짓과 뇌파 동조의 시간 조절뿐만 아니라 목소리의 높낮이, 음역, 크기, 속도, 억양, 음절의 길이 등 다양한 측면에서 조율한다(Gregory, 1983; Hatfield et al., 1994: 28). 대화가 진행되는 시간 동안 대화 상대자들은 말하는 유형과 리듬에 서로 적응해가는 경향을 보인다(Gregory, 1983; Jaffe and Feldstein, 1970; Warner, 1979; Warner et al., 1983). 에릭슨과 슐츠(Erickson and Shultz)는 "사람들이 이야기를 나눌 때 메트로놈이 없어도 그들의 말이 메트로놈처럼 기능"(1982: 72)한다고 지적한다. 어떤 대화에서는 조율이 형성되기도 하고 깨지기도 한다. 그러나 긴 대화에 몰입한 연인들 사이에서는 조율이 높은 수준으로 유지된다(Capella and Planalp, 1981; Capella, 1981).

심리학자들은 여러 종류의 미시적인 행동에서 리듬 동조와 유대의 상관관계를 발견했다. 목소리의 리듬을 잘 탈 때 대화자들은 서로를 더 좋아한다(Hatfield et al., 1994: 41-44). 몸의 움직임도 마찬가지이다. 젊은 남녀 짝들을 녹화한 자료를 보면, 동시에 같은 동작을 하는 연인은 친밀한 관계에 있는 이들이었다. 가장 인상적인 경우는 단지 안면만 있는 정도의 관계에서 사귀는 사이로 발전하는 과정에 있는 이들이었는데, 상대에게 몸이 차츰차츰 밀착하면서 서로의 몸짓과 접축이 닮아가고 서로를 응시하는 상태로 빨려 들어가고 있었다. 순간적이고 부분적인 조율에서 점차로 완전한 신체적 동조로 발전해서는 몇 시간이고 그 상태를 유지하고 있었다(Perper, 1985: 77~79).

심리학 실험과 관찰 결과는 인간에게서 정교한 반사적 흉내와 조율이 대단히 폭넓게 발생한다는 것을 보여 준다. 그러나 아직까지는 한계가 있다. 조율과 정서적 전염이 흔히 일어난다는 사실을 보여 주지만 언제 더 많이 일어나고 언제 적게 일어나는지, 또 전혀 일어나지 않는 경우는 어떤 때인지 보여 주는 연구는 별로 없다. 심리학자들은 이 문제에 대해 정서적 전염성에 민감한 사람과 민감하지 않은 사람으로 개인의 성격적 특성을 비교하는 방식을 택한다(Hatfield et al., 1994). 언제 높은 수준의 조율이 형성되고 언제 실패하는지 상황 조건이 빠져 있다. 특히 실험 방법은 연구 대상이 자신의 전형적인 행동이나 감정을 묻는 질문지에 대답하는 식으로 상황의 흐름과는 상관없이 개인의 특성을 추상화시켜 사용하는 경향이 있다. 반면에, 급진적 미시사회학자는 주어진 상황의 과정(또는 그런 상황의 연쇄)이 충분히 강력하면 어떤 사람이든 무엇에든 빨려 들어간다고 생각한다. 〈그림 2.1〉에서 쓴 용어로 말하면, 심리학 실험과 미시 관찰의 분석은 모두 분위기 공유, 공동 행위, 그리고 얼마간 리듬 합류의 증거도 함께 모아놓은 것이라 할 수 있다. 빠진 부분은 관심의 초점 공유이다. 나는 정서적 전염과 리듬 합류의 모든 면이 높은 수준으로 발전되는 상황과 그저 낮은 수준에 그치거나 완전히 실패로 끝나는 상황의 차이는 관심의 초점 공유에 있다고 생각한다. 의례는 다른 무엇보다도 바로 관심의 초점을 공유하게 만든다. 모임을 만들고, 외부와 경계선을 긋고, 공간 배치를 하고, 행위의 동선을 그리고, 공통의 표적에 시선을 모아 모든 사람이 동일한 대상에 관심을 집중하고 또 관심을 공유하고 있음을 서로 인식하게 만드는 것이 의례이다.

사회학자 그레고리(Stanford Gregory)는 상호작용에서 유대의 정도를 측정하는 편리한 도구를 하나 내놓았다. 사람들이 대화 도중 내는 소리를 녹음한 자료를 분석하는 방법이다. 그레고리와 동료 연구자들은(1993; 1994) 음파 진동 분석기를 사용해서 더 깊이 대화에 몰입하면 목소리 음파의 빈도가 조율됨을 보여주었다. 이는 인간이 알아챌 수 있는 간격인 0.2초보다 훨씬 더 짧게 세분화된 수준에서 이루어지는 동조이다. 유대가 높은 대화에서 음파의 빈도는 의미 있는 정보로 지각될 수 있는 범위를 벗어난 영역에 기록된다. 만일 높은 소리의 빈도가 전자적으로 제거되면(말하고 있는 내용을 지각할 수 있게 된다), 녹음된 소리는 소음처럼 들린다. 문자 그대로 그 웅성거리는 소리가 바로 '유대의 음향'이다. 이는 상황에서 이루어지는 유대를 연구하는 비개입적·비구어적 수단이다.

신체적 움직임의 동조는 집합 행위로 조직되는 대규모 집단에서 발견된다. 거시적으로 정치적 시위를 다룬 한 연구에서 시위자들의 경우, 동조의 수준이 일반 보행자 집단보다 훨씬 높고 행진 대열보다도 높다는 것을 발견했다(Wohlstein and McPhail, 1979). 집단화된 시위자들의 정서적 열광과 유대가 최고조에 달해 공통된 행동과 관심의 초점 공유로 되먹임이 될 때 예측할 수 있는 수준까지 간 것이다.

극단적인 미시 수준의 동조는 무의식적으로 이루어지는 것임에 틀림없다. 몸짓의 동조는 0.02초밖에 되지 않는 짧은 순간에 발생한다. 인간이 확실한 반응을 보일 수 있는 시간은 보통 자극이 주어진 후 0.4초 내지 0.5초, 몇몇 육상선수는 0.00025초라고 한다(Kendon, 1980; Hatfield et al., 1994: 38). 저속 촬영한 필름 프레임을 통해서만 볼 수 있는데, 실제로 대화를 하고 있는 사람들은 필름 프레임의 중간쯤에서 동조를 보인다(0.042초). 뇌파나 목소리 음역(얼마나 좁은가 넓은가)의 동조는 특수한 도구 없이는 알아낼 수 없다. 그렇다면 사람들은 어떻게 그렇게까지 동조할 수 있는 것일까? 동일한 리듬에 빠져 들어가 다음 '박자'가 어디에서 떨어질지 미리 알기 때문일 것이다. 채플(Chapple, 1981)은 이를 '리듬 합류(rhythmic entrainment)'라고 불렀다. 상호작용의 흐름을 탄 개인들은 각자가 지니고 온 리듬에 서로 적응하는 일련의 과정을 거친다. 그래서 상대가 하는 행동에 반응한다기보다 상대가 하리라고 예상되는 행동에 '박자를 맞추는' 것이다.

바로 이러한 공유 리듬 때문에 유대 수준이 높은 대화에서 순서 지키기가 그토록 정교하게 조율되어 도구가 없으면 인지할 수 없을 정도인 0.1초 또는 그보다 더 짧은 간격을 보이는 것이다. "내가 '나중에 얘기할-게'라고, 특히 '할-게'의 억양에 기복을 주며 속도 조절에 들어가면, 상대는 곧 '할'에다 '잘 있어'라는 다음 박자를 걸쳐놓으며 통화를 마친다"(Sudnow, 1979: 114)고 한다. 민속방법론자 서드나우(David Sudnow)는 『말의 육체』(1989)에서 재즈 피아노 배우기와 타자기 자판 위에서 단어의 흐름을 만들어내는 경험을 대조하고 있다. 그는 두 가지가 단순히 기호(음표이건 문자건)를 옮겨놓는 행위가 아니라 자신을 악보나 문장의 리듬에 실어야 가능한 육체적 활동임을 지적한다. 그래서 어른이 아이에게 말을 배우게 할 때는 단어의 뜻을 설명하지 않고 말의 리듬에 아이를 동참시킨다. 처음에는 대체로 의미 없는 소리를 내거나 같은 단어를 놀이처럼 되풀이하고 또 하게 한다.

정서적 전염은 사회생리학적 사실이다. 사회생리학은 개인의 생리적 조건이 최근의 사회적 경험에 얼마나 영향을 받는지를 보여준다(Barchas and Mendoza, 1984). 얼굴을 맞대고 하는 사회적 상호작용은 단지 인지 체계나 신체적 행위자로서 개인과 개인 사이에서 일어날 뿐만 아니라 생리적 체계 사이에서도 일어난다. 인간도 다른 동물처럼 신경 회로가 서로에게 반응하도록 배선이 되어 있고 또 그런 반응을 불러일으키는 사회적 상황이 큰 보상으로 경험된다는 사실이 진화론적 관점에서 보면 놀라울 게 없다.

사교적인 대화─단지 친교 유지를 위한 말 걸기─는 상호작용 의례 가운데 가장 기초적인 것이다. 그리고 의례 과정에서 리듬의 조율을 통해 유대가 형성되고 강화된다. 대화 흐름의 유지가 핵심 과정이라면, 한 사람이 하는 말은 그 말을 꼭 믿거나 중요하다고 생각해서 또는 이야기할 가치가 있어서가 아니라 대화에 계속 참여하려는 바람이 있어서다. 그래서 대화는 이중적인 의미에서 의례적이다. 형식상으로는 상호작용 의례 모델을 따른다는 의미에서 의례적이고, 내용상으로는 겉으로 드러난 내용보다 대화 활동 자체를 위해 동작을 이어간다는 뜻에서 의례적이다. 말의 내용은 상호작용 리듬을 위해 선택된다. 예이츠(William

Bultler Yeats)에 따르면 "노래 가사는 가락을 위해 다시 쓰이는 것"이다.

공유 상징 형성의 핵심 요소, 관심의 공유

리듬 조율과 정서적 합류는 상호작용 의례의 필수 성분이지만 관심의 초점 공유를 필요로 하는 것이기도 하다. 미드(Mead, 1925; 1934)가 타자의 역할 취하기라고 부르고 인간의 의식을 구성하는 핵심 요소라고 주장한 바로 그것이다. 상당히 많은 연구 결과가 인지 발달에 미치는 관심 공유의 중요성을 입증한다. 토마셀로(Tomasello, 1999)는 아이, 침팬지를 비롯한 영장류와 포유동물의 관찰과 실험, 자폐아들의 비교 연구로 밝혀진 증거들을 정리하고 있다.

인간의 유아는 태어나자마자 자기를 돌보는 어른과 대화에 준하는 순서 지키기 상호작용을 시작한다. 그 상호작용은 유대 수준이 높은 대화처럼 미세하게 리듬이 조율되는 주고받기 순서의 흐름을 탄다. 유아 역시 감정의 조절과 조화, 정서의 형성에 관여한다. 우리의 용어로 말하면, 상호작용 의례 모델의 구성 성분인 신체적 현존, 정서적 합류, 집합적 열광이 있다. 그 결과 부모나 아이를 돌보는 어른과 애착의 형태로 유대가 생긴다. 유아도 이 상호작용에서 정서적 에너지를 얻는 것으로 보인다. 돌보는 사람과 상호작용이 별로 없이 자라는 유아에게 깊은 우울증이 있다는 부정적 사례에서 이를 추론할 수 있다(제2차 세계대전 때 고아원 연구나 생모가 아니라 전선으로 연결된 가짜 어미로부터 양육된 원숭이에 관한 연구 참조. Bowlby, 1965; Harlow and Mears, 1979). 어른과 함께 리듬 조율과 정서적 합류의 흐름을 타는 유아는 미드가 말하는 '주관적 자아', '객관적 자아', '일반화된 타자'라는 성분을 하나도 가지지 않는다고 한다. 미드가 말하는 '주관적 자아'는 행위 요소이다. 유아의 행위는 어른에게 강하게 합류해 사회적 유대 속에 자리 잡고 있는 정서적 에너지로 구성된다. 인지적으로 독립적인 '주관적 자아'는 없다.

토마셀로가 '9개월 혁명'이라고 부르는 획기적인 변화는 대략 생후 9개월에서

12개월 사이에 일어난다. 아이는 어른과 같은 곳을 가리키거나 같은 대상을 향해 공동 관심을 형성할 수 있게 된다. 두 사람과 그들이 함께 주목하는 대상을 포함하는 세 가지 구성 요소로 이루어진 상호작용을 하는 시기이다. 아이는 이제 대상물이나 타인에 대한 인식뿐만 아니라 자신이 집중하는 초점이 타인의 초점과 동일함을 인식한다. 대상을 가리키거나 대상을 향한 몸짓은 흔히 목소리를 내는 것 - 대상의 이름을 부르거나 가리키는 행동 - 으로 나타난다. 이것이 의미 공유를 위해 상징을 사용하는 언어의 시작이다(Bruner, 1983). 목소리는 단순한 '기호'가 아니라 진정한 의미를 담고 있는 상징이다. 특정한 타인을 향해 목소리를 내보는 경험을 통해 습관을 형성하고 행동의 실용적 절차를 완수한다. 목소리 내기는 정신적 참조물이다. 이 시기부터 아이는 어른과 공유하는 언어로 말을 배우기 시작한다. 이와는 대조적으로 언어 학습이 힘든 자폐아는 다른 아이들과 함께 놀고 관심을 공유하는 데도 큰 어려움을 겪는다.

토마셀로는 자신의 의도를 남에게 돌리는 감각, 즉 행동에 앞선 욕구에서 공동 관심이 발현되는 것으로 해석한다. 이는 아이가 어른에게서 볼 수 있는 바와 같은 의도적 자아가 있음을 의식적으로 표현하는 것은 아니고 - 아직 아이는 그런 표현을 할 만한 상징적 도구를 가지고 있지 않다 - 타인도 '나와 같다'고 인식하는 수준이다.

이제 온전한 상호작용 의례 모델이 완성된다. 구성 성분의 측면에서는 관심의 공유, 이미 존재하고 있던 정서적 합류에 동참하기와 증진시키기가 있다. 산출 측면에서는 공유 상징이 창조된다. 이 시기에 아이의 행동에 또 다른 변화가 일어난다. 한 살이 지나면 다른 사람이나 거울 앞에서 부끄럼을 타고 수줍어하기 시작한다. 타인의 눈으로 자아 이미지를 발전시키는 것이다. 미드의 용어로 말하면 아이는 이제 타인의 역할을 취하는 능력과 함께 '객관적 자아'를 가지게 된 것이다.

상호작용 의례 모델로 보면 공동 관심이나 초점 공유를 통해서 이루어진 '9개월 혁명'은 아이를 성숙한 상징 공유의 인간 세상으로 내보내는 결정적인 전환점이다. 상징을 향해 가는 다른 방식이 많이 남아 있다. 토마셀로가 요약한 항목을 사용해서 아동 발달을 한 단계 더 추적해보자. 3~5세의 아이는 타인을 의도적 행위 주체로 볼 뿐만 아니라 정신적인 존재로 볼 수 있게 된다. 어떤 의도를 가지고 행동하는 존재로 타인을 인식하며 행동에서도 겉으로 표현되지 않는 어떤 정신적 과정이 있음을 알아차린다. '9개월 혁명' 시기에 있는 아이는 어른과 공동 관심사를 행한다. 또 어른이 내는 소리를 단지 (손으로 하는 신체적 몸짓과 비슷하게) 입으로 만드는 신체적 움직임으로만 보지 않고 의도를 표현하는 의사소통 행위로 인식한다. 아이는 어른이 소통하고자 하는 의미를 마음으로부터 온전히 받아들이며 상징적 몸짓의 세계로 들어간다. 어른들이 하는 말이 반드시 진짜로 믿거나 실제로 행하려는 의도는 아니라는 것도 알아차린다. 아이들의 우주는 그릇된 믿음과 거짓말의 가능성을 포함한 세계로 확대된다. 좀 더 긍정적으로 말하자면 아이는 타인이 언제나 자기와 똑같이 세상을 보지 않으며 세상을 보는 관점이 다양하다는 사실을 알게 된다.

그러한 변화는 미드의 '일반화된 타자'라는 개념으로 가장 쉽게 파악할 수 있다. 일반화된 타자는 세상을 대하는 자아 표현을 추상화한 개념이다. 특정한 타인의 관점을 취하고 그들과 자기 생각의 보조를 맞출 뿐만 아니라 타인 일반의 관점 또는 모든 다양한 관점을 교차시키고 그 결과를 취할 수 있게 된다. 또한 아이의 내면적 자아도 변화한다. 규칙을 내면화하고 사회적 영향 아래 있는 자아의 방향성을 키우는 동시에 자율적인 자기 성찰적 주체로서 더 강한 자아 감각을 가질 수 있게 된다. 부모에게 제 주장을 하거나 과시하면서 단호하게 의지를 표현하는 '미운 두 살', '골치 아픈 세 살'이 되는 시기이다. 이 단계는 어른과의 공동 관심을 인식하면서 즉각 이루어지는 '9개월 혁명기'의 강력한 사회적 편입 상태에서 방향을 돌리는 시기이다.

또한 밖으로 내놓는 말이 내면화되기 시작하는 시기이다. 큰 소리로 혼잣말을 하거나 상상의 놀이 동무와 이야기하고 점차 속삭이듯 혼잣말을 하는 내면적 대화가 늘어난다. 이 지점에서 미드가 말하는 성찰성의 다음 단계가 출현한다. '주관적 자아'는 이제 의도적으로 지금 여기의 즉석에서 받는 사회적 요구와 거리를 두고 대안적 경로를 생각하는 식으로 상징적 표현을 의도적으로 조절한다. 그런 의미에서 미드의 '주관적 자아'의 개념은 어른의 '주관적 자아' 개념이다. 일반화된 타자가 내면에서 잘 정제되고 난 후 비로소 독립적 주체로서 온전한 자아라는 성찰적 감각이 출현하는 것이다.

상징에서 축적되고 연장되는 유대

높은 수준의 정서적 합류 – 집합적 열광 – 는 일시적이다. 유대와 정서적 상태는 얼마나 지속될까? 이는 단기적 감정이 장기적 정서로 전환되는 정도에 달려 있다. 즉, 일시적이었던 감정을 다시 불러일으키는 상징에 그 감정이 축적되어 있는 정도에 좌우된다. 또한 상징은 어떤 종류의 집단 유대를 불러일으키는지에 따라, 그리고 어떤 상징적·정서적 기억이나 의미가 그 후의 상황에서 집단 상호 작용과 개인의 정체성에 작용하는가에 따라 효과가 다르다.

집합적 정서가 창출되는 상황의 범위를 생각해보자. 가장 낮은 수준은 사람들이 무리 지어 있지만 함께 관심의 초점에 집중하는 정도는 낮은 상황이다. 공항의 대합실이나 표를 사려고 서 있는 줄처럼 공공의 대기 장소에 있을 때이다. 거기에는 공통의 기분이란 게 거의 없다. 목적이 다른 사람들이 뒤섞여 있기 때문에 공통된 초조함이나 불쾌감도 없을지 모른다. 이런 상황에서는 어서 일이 끝나 벗어나기를 바라는 곧 사라지는 욕구 말고는 연장될 것이 하나도 없다.

좀 더 강도가 높은 경우는 흥분으로 와글거리는 상황이다. 도시의 붐비는 거리나 북적대는 식당이나 술집에 있을 때이다. 잘 정리된 곳에 사람들이 많이 있을 때와 텅 빈 곳에 있을 때는 아주 뚜렷한 차이가 있다. 관심의 초점을 함께 나누지 않는 군중도 아주 느슨하게 흩어져 있는 무리보다는 묵시적인 상호작용을 하고 사교적 분위기도 느낀다. 그런 곳에서는 아무런 명시적인 상호작용이나 관심의 초점이 없어도 그 자리에 있고 싶은 매혹이 있다. 군중 속에 있으면 비록 개인적으로는 그렇게 잘 규정된 행위를 하지 않아도 '행위가 이루어지는 현장'에 존재한다는 감각이 있다. '도시의 빛나는 불빛'이 주는 매혹은 눈으로 볼 수 있는 조명이 아니라 다수의 인간 육체들 속에 존재한다는 최소한의 흥분이다.[20] 뒤르켕이 지적하듯이, 집합적 열광의 '전류'를 형성하는 첫 단계는 흩어져 있는 상태에서 육체적으로 밀도가 높은 상태로 이동하는 것이다. 그러나 그것만으로는 인식할 수 있는 집단으로서 유대감이 생기지 않고 소속감이 연장되지 않는다. 거기에는 자신과 동일시할 수 있고 다른 기회에라도 보기만 하면 소속감을 환기시켜줄 수단인 상징이 없다.

좀 더 유대의 수준이 높은 상황은 청중으로 행동함으로써 초점이 맞추어지는 군중 속에 있는 경우이다. 집합적인 행동 — 박수 치고 갈채를 보내고 야유를 내뱉는 — 에 참여하는 군중이라면 순간적인 유대의 감각은 아주 강할 수 있다. 앞서 보았듯이 이러한 순간적인 사건의 공유는 대단히 강한 경계선이 있어서 위반할 경우 두드러지기 때문에 미시적인 속도 조절에 신경 써야 하는 정서적 합류의 상황이다. 엉뚱한 때 박수를 치거나 아무도 합세하지 않는데 혼자서 야유를 보내게 되면 당혹감을 느낄 수밖에 없다. 집합적 유대와 정체성의 감각은 군중이 소극적 방관자를 넘어서 적극적으로 참여하는 정도만큼 강렬해진다. 이는 군중 속의 다른 사람들(무대 위나 경기장 또는 연단에 선 사람들)에게 단순히 반응하는 데서 그치지 않고 자기도 몸을 던져 다른 사람들에게 영향을 주면서 합류하는 경험이다.[21] 따라서 환호는 단순한 수동적 반응이 아니다. 공연의 즐거움은 환호할 기회가 있는 바로 그 순간에 창조된다. 청중 쪽에서 집합적 감정을 고조시키는 데 공연자나 정치연설가를 이용하는 것이다. 그런 효과는 군중이 아주 적극적일 때, 특히 파괴적이고 폭력적인 행동을 할 때 대단히 높은 수준으로 드러난다. 가령 인종 폭동에 참여하는 행위는 단순히 원래 존재하는 인종적 정체성을 행위로 드러내는 방식만이 아니라 정체성을 창조·재창조·강화하는 방식이다(Horowitz, 2001). 합류의 정도가 높을수록 유대와 정체성 효과는 더 크다. 수동성이 아니라

적극성으로 인해 훨씬 더 강하게 합류가 이루어지는 것이다.[22]

혼히 이렇게 초점이 맞추어진 군중은 그 감각을 연장할 수 있는 상징을 얻는다. 상징은 보통 청중이 의식적으로 초점을 맞추고 있는 대상 가운데서 선택된다. 스포츠팬에게는 대개 팀 자체가 상징이다. 연예인의 팬에게는 연기자 또는 음악, 연극, 영화 따위가 뒤르켐이 말하는 의미의 성스러운 대상이다. 그러나 초점이 맞추어진 군중의 유대는 장기적으로는 약한 유대이다. 상징이 집합적 열광의 순간에 충전되기는 하지만 군중 자체를 다시 불러 모으지 못한다. 참여자들은 대부분 익명의 군중으로 존재하기 때문이다.[23] 자신들이 박수갈채를 보낸 대상 말고는 서로를 알지 못하고 정체성을 확인할 수도 없다. 운동 경기장에서 열광의 순간을 함께한 사람들은 그 후에 서로를 연결할 끈이 없다. 동일한 팀의 상징물을 몸에 붙인다든지 하는 식으로 집합적 상징을 공유할지도 모르지만 그 유대는 또 다른 경기가 있거나 그 상징에 대해 대화를 나누게 되는 경우에 국한된다. 집단 성원이 개인적으로는 서로를 알지 못하는 이차 집단의 정체성만 가질 뿐이다. 앤더슨(Benedict Anderson, 1991)은 이를 '상상의 공동체'라고 불러 유명해졌지만 그리 정확한 용어는 아니다. 그들이 상상하는 이미지는 그들이 집중했던 상징이고 '공동체'는 강도 높은 의례가 있던 순간에 생겼다가 사라지기 쉬운 일회성 경험일 뿐이다.

초점이 맞추어진 군중은 수동적 방관자에 머물지 않고 적극적인 행위자가 되는 순간에 집합적 열광을 형성한다. 그러나 그들이 지닌 유대의 감정은 대개 외부에서 제시된 상징으로 연장되기 때문에 자신의 삶에서 비슷하게 몰입할 수 있는 상호작용 의례를 구성하는 성분으로서 그 상징을 사용할 기회는 그리 많지 않다. 수동적으로 받아들인 상징이어서 다음번 음악회나 경기, 정치 집회가 열려 재충전되기를 기다려야 한다. 기껏해야 일차적 의례를 언급하는 회고적 메타 의례인 이차적인 대화 의례에서 재순환시킬 수 있을 뿐이다.

익명적 군중에 의해 상징이 충전되는 상황과는 대조적으로 특정한 집단 소속 감으로 상징이 충전되는 상황이 있다. 개별적인 만남에서 되풀이할 만큼 충분히 매력적인 상호 주관성을 생산하는 상호작용 의례를 통해 사적인 연줄이 형성되고 실행되는 상황이다. 성이 아니라 이름을 부르는 관행이 어떻게 친밀한 관계임을 드러내는 의례가 되는지는 이미 지적한 바 있다. 만남에서 이름을 부르는 것은 단순히 그 사람의 이름을 알고 있음을 알리는 행위가 아니다. 사적인 호칭 의례는 거의 모든 만남에서, 심지어는 그 전에 만났을 때 이미 이름이 알려졌음이 분명한 경우에도 되풀이된다. 그 사람을 고유한 개인으로 생각하고 있음을, 그리고 이 상황은 나름의 내력이 있고 관계의 역사가 있음을, 한마디로 상호작용 의례 사슬을 지닌 개인으로 대우하는 상황이라는 점을 드러내는 소통 방식이다. 또한 사적인 호칭에는 상대도 같은 방식으로 답례해야 한다는 뜻을 전하는 집합적인 성격도 있다(적어도 사교적인 상황에서는). 즉, 개인과 개인을 연결시키는 연줄의 실행이다. 동일한 친족집단의 성원들이 서로 개인적 이름을 모르는 부족 사회와는 뚜렷하게 대비된다. 부족 사회에서는 서로를 직책이나 관계를 가리키는 용어 ─ 아내, 매형, 둘째 아들 ─ 로 부른다.[24] 서구 사회에서도 개인의 이름이 아니라 직책이나 지위로 부르는 비슷한 상황이 있다. 이런 만남은 사적인 관계로 이루어진 상호작용 의례 사슬에서 관계의 친밀성을 보여주는 연속선으로 표현하면 낮은 쪽에 속하지만, 일시적으로 초점이 맞추어진 군중의 일원으로서 익명으로 존재하는 상황처럼 연속선의 맨 밑까지 내려가지 않는다. 집단에 속한다는 인식은 있지만 서로를 한 개인으로서 인식하지는 않는 연속선의 중간쯤 되는 상황이다.

　사적인 호칭 의례는 한 상황에서 다음 상황으로 집단 소속감을 연장시키는 데 쓰이는 상징의 한 유형이다. 상징적 기억과 집단 소속감이 연장될수록 상징에 대한 사적인 동일시 수준도 높아진다. 현대 서구인들에게 자기 이름보다 더 사적인 것은 없다. 그렇지만 사회 간 비교가 보여주듯이 자신과 타인을 고유한 개인으로 보는 시각은 본질이거나 자연적으로 주어진 것이 아니라, 스스로에게나 타인에게나 정체성을 확인하는 일상의 호칭 의례에서 나온다.

　비슷한 수준으로 집단 성원의 개인적 정체성을 연장시켜주는 상황은 일상에서 사적으로 이야기를 나누는 의례이다. 이야기 내용은 그날 한 일이나 예전의 체험 같은 것들이다. 친밀한 관계에서 이루어지는 교류는 대부분 서로 번갈아 상대에게 공감하는 청중으로 행동하고 자기 차례에서 자기 이야기를 들려주는 것이다. 이는 서로 모르는 사람들로 이루어진 큰 집단에서 널리 통용되는 보편적인 문화적 자본과 비교해서 특수한 문화적 자본의 순환이라고 생각할 수도 있다. 물론 이런 종류의 이야기 내용은 대개 함께 보내는 시간을 메우기 위한 것들로 구성되는 '충전물'이다. 사적인 이야기가 반드시 진실일 필요는 없다. 활기차고 흥미로운 대화의 무대에서 공연하기에 좋은 원료는 일상생활의 사소한 불운을 모험이나 코미디로, 사소한 고난을 순교나 스캔들로 부풀릴 수 있는 극적인 것이면 된다. 고프먼이 무대 위의 공연으로 주목한 대상은 대개 대화 의례에서도 주목할 만한 것들이다. 청중은 의문을 제기하지 않고 상황의 분위기를 받아들임으로써 공연의 정신으로 들어간다. 그 순간 집합적 열기를 높일 수 있으면 무엇이건 상관없다. 이런 성공적인 대화는 사회적 연줄을 만들어내고 또 굳혀준다. 그들이 나누는 대화 내용의 개별성이 곧 그들을 특별한 사회관계로 묶어준다.

사교적인 대화는 통상 제삼자에 관한 이야기, 특히 서로가 다 알고 있는 사람에 관한 이야기이다. 이 이야기들은 대화 의례의 성공을 위해 사용될 수 있는 극적인 자료를 풍부하게 해준다. 집단 소속감을 연장시키는 구조적으로 대단히 중요한 또 다른 효과도 있다. 즉, 제삼자 이야기나 뜬소문이 이야기를 함께 나누는 이들의 연결망에서 개인의 정체성을 퍼뜨린다는 점이다(Fuchs, 1995). 개인의 이름이나 그들에 관한 이야기는 모두 대화의 순간적인 열광을 통해 의미가 충전되는 상징들이다.

따라서 직접 본 어떤 사람이 상징이 될 수도 있다. 정치인, 종교적 지도자, 스포츠계 명사가 집합적 의례의 초점이 된 것을 본 사람들이 그를 상징적 표지로 받아들이는 경우이다. 활기 띤 대화의 소재가 된 어떤 사람에게 붙어 다니는 일화나 자질에 대한 간접적인 관찰을 통해 그 사람은 상징이 될 수도 있다. 내용이 긍정적인지 부정적인지는 대화의 드라마에 등장하는 인물에 쏠리는 관심의 정도만큼 큰 문제는 아니다. 또 성공적인 대화 의례에서는 이야기의 정확성도 별 상관이 없다. 대화 연결망이 이야기 출처에서 멀어질수록 정확성은 문제 되지 않는다.

이런 대화 유형은 익명의 대중에게 명성을 날리는 유명 인사뿐만 아니라 서로 개인적 관계가 있는 사람들의 특정한 연결망에서 뒷얘기거리가 된 지역적 인물에게도 적용된다. 후자의 경우는 얼굴을 맞대는 만남에서 돌고 돈다. 자신이 이야기를 들은 적이 있는 누군가를 알거나 자기에 대해 들어서 알고 있는 상대와 만나면 한층 더 친한 느낌으로 이야기를 나누게 된다. 이야기는 단순히 각자가 상대에게 어떤 이야기를 하고 어떤 관계를 맺을지 결정하는 상징의 목록일 뿐만 아니라 각자 어떤 대화를 나누고 어떻게 해석될지 상대방의 마음을 짐작한 반영물이기도 하다.

친밀하고 격의 없는 관계에서 이루어지는 사교적 대화의 의미를 분석해보자. 사업상의 실리적 만남이나 직업적 만남을 포함하는 더 진지한 상호작용의 경우에도 동일한 종류의 집단 소속감과 정체성이 창조되고 연장된다. 일터의 만남에도 집단 소속의 의미를 띤 문화적 항목을 충전시키는 상호작용 의례의 구조가 있다. 그런 문화적 항목은 직업적 커뮤니케이션은 물론 무대 뒤편에서 이루어지는 은밀한 정보 교환이나 전략 짜기, 그리고 직업과 관련된 준사교적인 내용을 포함한다. 그렇게 주어진 문화적 상징은 일반적 의미의 직업적 전승─기술자가 장비를 다룰 때 쓰는 은어, 증권 중개인이나 금융 투자자가 사용하는 재무 용어, 특정 산업 분야의 기업 간부들 사이에서 이루어지는 협상 기법─뿐만 아니라 그 연결망에 속한 사람들이 주고받는 특별한 정보들로 구성된다. 특정한 직업적 연결망에 진입하고 또 성공하는 것은 단순히 그 집단에서 보편화된 문화적 자본을 소유하는 문제─서로 친분이 별로 없는 사람들에게도 널리 알려진 것─에 국한되지 않는다. 누가 무엇을 했고, 누가 어떤 종류의 기록을 추적하고 있는지, 누가 누구와 관계를 맺고 있는지, '시체가 묻힌 곳이 어디인지' 따위의 특정한 지식을 얻는 문제이기도 하다. 후자에 속하는 형태의 지식이나 특화된 문화적 자본 또는 상징적 목록이 가장 중요한 것일 수 있다. 가령, 시간 다툼이 핵심인 사업상의 거래를 할 때나 과학자나 지식인이 다른 누구보다 빨리 결정적인 순간에 업적을 내려 할 때처럼 아주 유동적이고 역동적 상황인 경우에는 특히 그렇다. 이런 분야에서도 상징적 명성은 사교의 세계와 마찬가지로, 일부 폐쇄된 회로를 통해 상징이 순환될 수 있을 만큼 사회적 연줄이 중복된 연결망에서 더 높은 수준으로 증폭된다. 어디서나 듣고 되풀이하는 중에 과장되기도 하면서 상징의 중요성이 강화되기 때문이다.[25] 이들은 단순히 특수화된 언어나 현장 지식일 뿐만 아니라 정서적 의미를 담아야 효력을 발휘하는 집단 소속의 상징이기도 하다는 점을 강조할 필요가 있다. 일터의 실리적 커뮤니케이션은 정서적 속성이 없어 보일지 모르지만 그렇지 않다. 특별한 흥분, 긴장, 열정을 불러일으키는 사업상의 만남이나 직업적 만남이 의사소통의 항목을 의미가 실린 상징으로 전환시킨다. 경멸조가 아닌 본래 의미에서 '전문 용어(buzzwords)', 즉 첨단 지식을 전달하는 항목이 되는 것이다.

강렬한 감정을 불러일으킨 일시적인 상황을 넘어서서 상징이 순환되고 집단 소속감이 연장되는 몇 가지 독특한 방식이 있다. 하나는 관심의 초점이 되는 대상이 익명의 군중에 불과했을 사람들을 정서적으로 합류시킴으로써 이루어진다. 둘째로, 대화자들이 나누는 이야기 속의 상징적 대상과 사적인 인연을 들어 자신들의 정체성을 확인하는 과정에서 상징이 형성되고 순환된다.[26] 이 상징들은 보통 성격이 아주 다른 사회적 관계의 회로에서 작용한다. 청중, 팬, 열혈 성원, 추종자의 상징은 보통 한 대중 집회에서 또 다른 대중 집회로 이어지며 순환되고 집회가 열리지 않는 기간에는 사라진다. 사적인 정체성과 평판의 상징은 사회적 관계(그리고 사업상의 관계)의 변화가 적고, 대개 청중의 상징에 비해 순간적인 강도는 약하지만 참여자들의 현실감각에 스며들 만큼 자주 사용되는 자기 강화적 성격을 지닌 연결망에서 순환된다.[27]

대중에게 보편화된 상징이나 사적인 연결망에서 특수하게 사용되는 상징은 둘 다 상호작용 의례에서 충전된 감정의 수명을 연장시켜준다. 연장되는 시간은 각기 다르고 주변 여건에 영향을 받는다. 대중 사이에서 통용되는 보편화된 상징은 대규모 집회가 다시 열리는지 여부에 달려 있다. 집단의 개별 성원들은 보통 대규모 집회를 성사시킬 만큼 주도권을 행사하지 못한다. 그리고 보편화된 상징은 일상의 평범한 상호작용을 통해서는 의례가 행해지던 때와 비슷한 수준으로 정서적 에너지를 재충전할 수 없기 때문에 쉽게 사라진다. 정치 집회나 종교 운동이 그런 특성을 갖고 있다. 일반적으로 경제적 상징(주식 시장 지수, 특별히 판매량이 많은 상품의 인지도)을 공유하는 경우에는 집합적 의미도 사회경제적인 가치도 변화무쌍하다.[28] 반면에 사적으로 서로 잘 알고 지내는 연결망에서 개인적 정체성과 집단 소속의 의미가 담긴 특화된 상징은 더 큰 관성을 지니고 있다. 그 상징들이 고정된 것이라는 뜻은 아니다. 정체성이나 평판은 변한다. 특히 연결망을 구성하는 사람들 사이의 관계가 변하면 쉽게 변한다. 중첩성이 큰 연결망과 느슨한 연결망 사이를 오락가락하는 사람이라면 더욱 변하기 쉽다. 집단 소속감과 평판의 변화는 직업적 관계나 사업상의 관계에서 특히 중요하다. 사실 그 변화가 바로 개인의 경력을 쌓는 과정이다.

9·11 사태에서 이루어진 유대 상징의 창조

집단 성원의 개인적 결속과 익명의 군중이 보여준 비인격적 상징의 대비를 아주 선명하게 관찰할 수 있는 사건이 있었다. 2001년 9월 11일 테러 공격으로 세계무역센터 건물이 붕괴된 사건이다. 역동적이고 발현적인 상징의 속성과 상징이 순환되는 방식, 일단 창조된 상징들이 한 차원 더 나아가 어떻게 사용될 수 있는지를 보여준 사례이다. 테러 공격 당시 소방대원과 거리의 군중을 찍은 다큐멘터리 〈9/11〉을 토대로 분석해보자(Naudet and Naudet, 2002).

상호작용 의례 이론을 적용하면, 세계무역센터 건물 주변과 건물 안에 있던 익명의 군중에게 집단 유대의 상징이 된 것은 붕괴된 건물이 아니라 소방대원들이다. 반면에 소방대원들에게는 붕괴된 건물이 상징이 되었다. 어떻게 그렇게 되었는지 살펴보자.

〈사진 2.5〉 영웅이 되어가는 과정 중의 뉴욕 시 소방대원(2001. 9. 14). 밀즈(Doug Mills), AP/World Wide Photos.

〈사진 2.6〉 세계무역센터의 첫 번째 건물이 무너지던 당시, 달아나는 주변 거리의 군중(2001. 9. 11). 호손(Paul Hawthorne), AP/World Wide Photos.

비디오는 첫 번째 비행기가 건물을 공격하고 붕괴가 진행되던 순간에 거리에 있는 사람들을 보여준다. 초점 없이 흩어진 군중—아주 밀집해 있지는 않지만 대략 10명에서 12명쯤 무리를 이루고 서 있다—이 초점이 맞추어진 군중으로 되어가는 작은 무리다. 연기가 그들의 주의를 끈다. 그들은 같은 방향을 응시하고 짧은 비명을 지르며 서로 가까이 다가서며 열을 이룬다. 초기에 그들이 표현하는 분위기는 놀람, 경악, 점차 높아지는 충격의 감각이다. 초점 공유 말고는 군중의 상호작용이나 말을 나누는 모습은 거의 보이지 않는다. 고프먼 식 결속 기호를 보이지 않는 낯선 사람들이 함께 사건을 목격하면서 군중을 이룬 것 같다. 처음에는 그저 수동적인 구경꾼에 불과하다. 파편이 하늘을 메우고 건물이 내려앉자 그 자리를 피해 뛰기 시작한다. 이 움직임은 군중을 더 흩어지게 만든다. 거리 여기저기로 흩어지는 사람들이 보인다. 건물에 가장 가까이 있던 사람들이나 건물에서 빠져나온 사람들은 대부분 얼이 빠진 모습이다.

비디오의 대부분은 정서를 강렬하게 표현하거나 소통하는 모습을 보여주지 않는다. 심지어 극심한 공포의 모습도 별로 없다. 건물 안에서 일하던 사람들이 위층 계단에서 내려오고 로비를 지나 밖으로 빠져나오는 장면도 있는데, 사람들이 공포로 질려 있거나 비명을 지르거나 밀치거나 하지 않고 조용하고 질서정연해 보인다. 아주 질서 잡힌 군중의 모습이 전염되어 공포의 체험을 차분하게 만드는 것 같다[제임스(William James)의 감정 이론에 따르면, 달아나는 행동은 사람을 두렵게 만든다. 달아나는 군중 속에 있는 사람은 두려움이 더 클 것이다].

비디오에서 보이는 유일한 공포의 표현은 거리의 군중 속에 있던 사람들이 간헐적으로 보여주는 것뿐이다. 그 장면을 좀 더 상세히 살펴보면, 공포감을 드러내는 사람들은 가까이 있거나 말을 나누는 사람들이 아니라 신체적으로 외따로 서 있는 개인들 또는 거리에 흩어져 있는 사람들이다.

소방대원들의 모습을 보자. 사건 이전 소방서에서 일상적 업무를 하는 모습, 현장으로 달리는 차 안, 무역센터 안의 로비, 마지막으로 소방서로 돌아가는 소방대원들의 모습이다. 화면에서 공포를 표현하는 소방대원은 볼 수 없다. 특별한 감정인 '용기'도 표현되지 않는다. 이는 사후에 붙여진 해석이다. 소방대원들은 자신의 직업적 일을 수행하는 정상적인 절차를 따르고 있다. 할 일이 주어졌기 때문에 도망치지도 않고 두려워하지도 않는다. 더군다나 집합적으로 그 일을 수행한다. 또한 소방대원들은 특별히 위험한 일이 벌어지고 있다는 감각이 없었다. 적어도 처음에는 그랬다. 엘리베이터가 작동하지 않는 70층이나 되는 건물에서 일어난 불을 진화하기 위해 계단을 기어 올라가야 했다. 그것은 화재를 진화하는 그들의 정상적 활동이다. 지휘본부(비디오가 보여준 많은 소방대원이 있는 곳)에서 누군가 화재가 너무 멀고 높은 곳에서 일어나 건물이 무너질 위험이 있다고 생각한다는 암시도 없다. 심지어 전기가 나가고 파편이 떨어지기 시작하고 대원들에게 철수 지시가 내려진 후에도 지휘자는 공포감을 조성하지도 않고 서두르지도 않으며 차분하게 출구를 찾고 있다.

소방대원들은 이런 종류의 일 — 큰 건물의 화재를 다루는 일 — 에 훈련이 잘 되어 있고 경험이 많다고 말할 수 있다. 가끔 붕괴 위험이 있는 건물도 있겠지만, 큰 문제라고 생각하지 않는다. 화상을 입고 질식할 수 있다는 통상적인 생각은 하겠지만 그것은 정상적인 위험일 뿐이고 세계무역센터의 건물 크기로 인해 그들의 주관적 체험이 특별히 달라질 것은 없을지도 모른다. 그러나 '훈련'이 반드시 스트레스 상황에서 적절한 행동을 보장하지는 않는다는 점은 강조할 필요가 있다. 군이나 경찰에서 훈련을 받았다고 해서 전투에서 대다수 병사들이 긴장하지 않거나 경찰관이 거칠고 무능하게 대처하지 않는다는 보장은 없다(Keegan, 1977; Collins, 근간).

'훈련'은 단순한 학습의 문제가 아니다. 훈련은 무엇보다도 집합적으로 숙련을 습득하는 과정에서 집단의 정체성을 형성한다. 집합적 정체성은 지속적 활동으로 유지된다. 상호작용 의례 사슬인 것이다. 그리고 그것이 우리가 비디오에서 본 소방대원의 모습이다. 외부인들이 해석하는 '용기'란 소방대원들에게는 챔블리스(Chambliss, 1989)가 말한 '탁월함의 일상성(mundanity of excellence)'이다. 엘리트 직업군에 속하는 성원들은 다른 어떤 것에도 주의를 뺏기지 않고 스스로가 지닌 숙련에 집중해 다른 사람들은 할 수 없는 것을 성취하는 일이 자신들이 할 일이며 그 일이 남들은 몰라도 자기네한테는 일상 업무라는 감각을 지니고 있다. 그들은 공포감에 정신을 뺏기지 않는다. 집합적 초점과 일상적인 업무 관례가 체험의 한가운데서 공포감을 제거한다. 상호작용 의례 이론은 거기에 더하여 탁월함의 일상성은 서로를 차분하게 해주고 일상적인 과제에 집중한다는 느낌을 주는 집단적 참여, 집합적 초점과 분위기에 뿌리를 두고 있다고 본다. 그 결과 스트레스 상황에서도 자신의 업무를 집합적으로 수행하며, 그런 집합적 활동은 집단 정체성과 유대를 강화하는 작용을 한다.

비디오에는 공격이 있기 이전과 이후 소방대원들의 유대를 암시하는 내용이 상당히 많이 들어 있다. 비디오는 우선 무역센터 건물로 가기 전, 한 달 동안의 소방대원들의 일상을 보여준다. 수습 과정을 밟고 있는 신참 대원들이 소방서에서 '풋내기 훈련' 같은 약한 통과 의례를 거치고, 실전에서 참 모습을 보여주리라는 고참대원들의 격려를 받으며 집단으로 형성되는 전수 과정에 초점을 맞춘다. 비디오는 또한 대원들이 테러 공격이 있었던 그날, 일을 마치고 소방서로 돌아와 서로 포옹하고 생존해 돌아올 수 있었던 이야기를 나누는 훈훈한 장면으로 집단 유대를 보여주고 있다. 후속 장면에서 우리는 소방대원들이 소방서를 가정처럼 여기고 있음을 보게 된다. 즉, 재난을 치른 후 대원들이 함께 있고 싶은 곳은 가족과 함께하는 개별 가정이 아니라 소방서라는 것을 보여준다.

소방대원과 거리 군중의 대조적인 모습은, 고도의 초점 집중으로 강한 집단 유대를 이룬 집단은 난제를 함께 푸는 과정에서 차분해지는 정서적 힘을 얻는 반면, 초점 집중의 정도가 약하고 유대 수준이 낮은 군중은 충격을, 그리고 유대가 거의 없는 군중은 공포를 느낀다는 사실을 보여준다. 소방대원들이 이미 지니고 있으며 함께 재난에 대처하는 경험을 통해 재순환되고 강화되는 유대가 거리의 군중에게는 없다. 거리의 군중은 사전에 집단 정체성을 가지고 있지 않다. 오로지 화재가 발생하고 무너지는 건물에 일시적으로 초점을 맞추었을 뿐이다. 강력한 사회적 지지도 집합적 중요성을 띤 할 일도 없었다.

그렇지만 군중 편에도 자연적 상호작용 의례의 요소는 많이 있었다. 육체적으로 모여 있음, 관심의 초점 공유, 분위기 공유라는 성분이 있었다. 왜 군중 속의 개인들은 충격과 공포를 공유하면서도 유대로 전환되지 않았을까? 의례는 정서 변압기이다. 그리고 부정적 정서를 긍정적 정서로 바꿀 수도 있다. 군중 속의 성원들은 모두 불타고 무너지는 건물에 초점을 맞추었다. 왜 그 건물은 집단 소속의 상징이 되지 못할까? 불타고 무너지는 건물은 대단히 부정적인 체험이지만 그 자체로는 집단 상징의 지렛대가 되지 못한다. 기독교의 상징인 십자가는 극도로 부정적인 사건인 십자가 처형의 상징물이다. 십자가는 의례적 정화의 형태로서, 고난을 겪고 그 고난을 통해 힘과 승리를 얻게 되었음을 상징한다. 사실상이와 비슷한 일이 재난 후 여러 날 여러 달 동안 엄청나게 솟구쳐 올라 국민적 유대로 발전된다. 불타고 무너지는 건물의 이미지는 시간상으로 보면 일시적 사건이지만, 화면에 기록되어 몇 시간씩 며칠씩 되풀이 제시되었다. 그 이미지는 하나의 상징으로 전환될 가능성이 있었지만, 적어도 그 순간 그 자리에서 목격한 증인이었던 군중은 그렇지 못했다. 가까이에서 본 사람이나 멀리서 대중 매체를 통해 목격한 사람이나 마찬가지였다.

구조적으로 거리의 군중은 재집결하여 집단이 될 길이 없다. 그들은 재난을 직접 목격한 증인이라는 점 말고는 하나의 집단으로서 정체성을 갖고 있지 못했다. 건물 안에 있던 사람들, 벌어지고 있는 사태를 경험하면서도 인식의 정도에는 차이가 있었던 주변의 거리에 있던 사람들도 집단을 구성하는 무리였지만 그 사건을 매스 미디어나 풍문을 통해서 보고 들은 사람들 속으로 흘러들어갔다. 이 집단은 하나의 정체성으로 결집되지 못했다. 결집된 것은 '뉴요커'의 이중 정체성이었다. 뉴욕 시 바깥에 살고 있는 사람들이나 다를 바 없이 재난에서 떨어져 있던 사람들이 다수였지만, 뉴욕 시에 살고 있는 모든 시민을 포괄하는 정체성이 형성되었고 또 공격의 대상이었던 국민적 단위로서 '미국인'의 정체성이 수립되었다. 사건 이후 여러 날에 걸쳐 사람들은 이 두 정체성을 결합하는 상징들을 보여주기 시작했다. 모자, 셔츠, 뉴욕을 상징하는 기념물들, 그리고 미국의 국기. 무엇보다도 이 상징들을 하나로 결합한 것은 사건에서 출현한 주요 상징, 즉 유대와 용기를 표상하는 소방대원들이었다.

그러나 소방대원들은 그들을 직접 목격한 군중이나 그 후에 생겨난 숭배자들과 똑같은 방식으로 스스로를 보지 않음을 비디오는 보여준다. 소방대원들의 자기 인식은 자신들이 실패했다는 것이다. 화재가 일어난 곳에 가 닿지도 못했고 불을 끄지도 못했으며 사람 하나 구출하지 못했다는 인식이다. 소방서로 돌아왔을 때 서로 마음을 나누며 유대를 새롭게 했지만 승리의 감정은 없다. 그들에게는 무너져 내린 건물이 강렬한 관심의 초점이다. 그들을 위축시키는 부정적 상징이다. 무너진 건물은 그들이 현장에 다시 돌아가 파편더미를 파헤치고 생존자를 구출하고 싶은 강렬한 욕구, 그래서 자신들이 무엇인가 성취했음을 느낄 필요를 자극한다. 소방대원들은 재난 속에서 함께 일했던 집단으로서 자신들의 정체성을 재난의 점유라는 상징적인 방식으로 확인하려 한다.

잔해를 파헤치는 일은 극히 의례적인 행위이다. 피해의 범위로 보면 생존자가 발견될 확률은 극히 희박하고 실제로 생존한 사람은 아무도 없었다. 그런데도 현장에 가서 무엇이라도 하려 함은 강박관념이자 희망을 가지려는 몸짓이다. 비디오는 그들이 잔해더미를 파헤치는 동안에 "조용히!" 라고 외치고 외침이 전달되는 순간에 집중력이 고조됨을 보여준다. 표면적으로는 있을지도 모르는 희생자의 소리를 듣기 위한 것이지만, 실은 집합적 에너지를 주는 집단적 관심의 초점에 자신들을 집중시키는 효과를 낸다. 처음에는 잔해더미를 쓸어 담은 양동이를 신속하게 옮기지만 다음 장면에서는 훨씬 천천히 옮긴다. 애초의 정서는 서서히 잦아든다. 7주가 지나자 뉴욕 시 쪽에서 좀 더 현실적이고 실용적으로 중장비 제거 작업을 할 수 있도록 소방대원들의 충동적이고 자발적인 행동을 금하는 현장 폐쇄조처를 선언했다(≪뉴욕 타임스≫, 2001. 11. 3). 그러자 소방대원과 현장 폐쇄 명령을 이행하려는 경찰 사이에 감정싸움이 일어난다. 소방대원들은 현장을 자신들에게 속한 하나의 성스러운 장소로 다루면서 거기서 배제되는 상황에 분노로 반응한다.

9·11 사태에서는 두 종류의 의례적 행위가 진행되었으며, 하나의 의례적 행위가 다른 의례적 행위의 상징적 자료로 작용했다. 소방대원들은 이미 의례적 유대와 집단 정체성을 지니고 있었지만 신분 지위의 상실, 어쩌면 더 크게는 직업적 자부심의 상실로 고통을 받고 있었다. 그렇기 때문에 자신들의 집합적 참여를 확인시켜주는 상징적 장소로 파괴된 건물을 장악하려 한 것이다. 그들의 의례적 행위는 붕괴 현장으로 가서 시체를 찾는 일이었다. 붕괴 현장은 자신들에게만 속한 것─현장에 들어갈 수 있는 유일한 신분이었으니까─이므로 사태의 핵심에 그리고 정서의 중심에 있음은 그들의 정체성을 강하게 확인시켜준다.

근처에 있었거나 멀리서 목격한 수동적 군중은 집단으로서 정체성을 느낄 만큼 강력하게 조직될 토대가 없었다. 그들의 관심은 애초의 초점인 건물, 소방대원들과 그들의 상징적 활동에 집중되었다. 건물 붕괴 직후 며칠 동안 발굴을 위

〈사진 2.7〉 세계무역센터 현장으로 진입하려는 뉴욕 시 소방대원들과 경찰의 몸싸움. 이전에 구출 작업이 이루어졌을 당시에는 평상 작업복을 입었던 소방대원들이 이제 상징적 효과를 내기 위해 완전무장을 한 모습(2001. 11. 2). 페리(Richard Perry), *The New York Times*.

해 현장으로 돌아온 소방대원들은 국기를 흔들며 거리에 줄지어 서 있는 군중으로부터 환영을 받는다. 이런 것들이 미디어와 방송에서 선택되고 전국적인 상징으로 채택되어 널리 퍼진 이미지이다. 비디오에서 소방대원들은 아무것도 못했고 성취한 것도 없으며 사실상 직무 수행에 실패했으니 자신들은 영웅이라는 느낌이 없다고 말한다. 그들의 주관적 체험에서 스스로가 상징이 될 수는 없다. 그들이 본 상징은 자신들 밖에 있는 무너진 건물이다.[29]

사회 실재의 또 다른 층위에는 목격자들의 체험이 있다. 군중은 가장 강한 정서적 에너지, 자신감 그리고 목적의식을 지닌 사람들에 집중하면서 소방대원들을 영웅으로 본다. 눈앞에서 재난을 보면서 소방대원들을 집합적 유대의 상징으로 만든다. 그들은 또한 몇 가지 상징물, 미국 국기와 뉴욕 시의 상징물을[30] 소방대원을 연결시킨다. 이 상징들은 이후 대규모 집회 의례를 치르면서, 몇 주씩 또는 몇 달씩 반복해서 등장한다. 정치 집회는 물론 운동 경기, 음악회에서도 나온다. 이 지점에서 상징은 자기 강화적인 상호작용 의례 사슬에서 순환된다. 정서로 충전된 기억을 생생하게 되살려주는 상징의 존재가 새로운 집회를 치르도록 촉진한다. 군중의 관심 집중으로 되살아난 정서는 다음에 다시 사용될 수 있도록 상징을 충전시킨 것이다.

사태에 대한 후속 보도와 이 비디오 기록물은 장·단기적 상호작용 의례의 흐름을 보여준다. 먼저, 재난의 광경을 본 군중의 관점과 화재 진압에 투입되었던 소방대원의 관점에서 살펴본 날것 그대로의 체험이 있다. 다음은 그 체험들이 상징으로 전환되는 단계이다. 이 단계에서 참여자들은 그들이 목격했던 각기 다른 측면을 정서적 회상물과 집단 유대의 상징물로 만든다. 첫째는 일시적이고 상황적인 상호 주관성의 측면이다. 둘째는 상호 주관성이 상징적으로 결합되는 과정에서 체험의 연장과 재생이 이루어지는 또 다른 차원이다. 시간적으로나 물리적으로 애초의 체험에서 훨씬 멀리 떨어져 있던 사람들의 연결망에서 새롭게 창조된 상징이 이차적으로 순환된다. 시간이 흐를수록 그리고 상징을 회고적으로 사용하는 경우가 많아질수록, 의례를 행하는 데 실리적인 부대 조항들이 덧붙여진다. 새로운 상징이 통상의 사회적 일상에 이미 존재하는 오래된 상징의 층위로 침전되면서 점차 자기 과시와 분파적 이득의 정치와 뒤얽힌다. 이렇게 광범한 맥락에서 상징이 사용되면 애초에 상징이 불러일으켰던 정서적 열기가 식기 시작한다. 모든 상징이 그렇듯이, 상징의 생명은 상징을 되살려줄 집회의 강렬함에 달려 있다.

상징 풀이의 규칙

세상은 상징으로 가득 차 있다. 정도의 차이는 있지만 어떤 상징은 우리에게 의미 있고 우리의 소속을 드러내는 표지이며, 어떤 상징은 다른 집단을 가리키는 표지이다. 적이나 믿을 수 없는 외부인의 진입을 가로막는 경계선을 치고, 서열이 높거나 낮아 보이는 이들을 배제시킬 때 상징이 뚜렷하게 드러난다. 그 외에는 그저 삽화처럼 흐릿하게 지각될 뿐이다. 우리는 범위가 아주 넓은 상징과 집단 정체성에 둘러싸여 있다. 어떤 상징은 생생하게 살아 있고 어떤 상징은 죽어가거나 이미 죽어버린 것들이다. 어떤 상징은 살아 있기는 하지만, 상징이 전하는 의미를 충분히 느낄 수 있을 만큼 가깝지 않은 탓에 특정한 위치에서는 보이지 않을 수도 있다.

집단의 내부자가 말하는 대로 상징을 액면 그대로 받아들이는 것은 잘못이다. "안녕?"이라는 말을 자기 건강 상태에 대한 정보를 물어보는 말로 생각하는 아이나 "어때, 잘 지내?"라는 말을 잡담이나 나누자는 뜻으로 듣지 않고 진짜 대답을 요구하는 질문으로 받아들이는 엉뚱한 청소년처럼 순진한 것이다. 종교적 상징을 종교인들이 하듯 실재로 믿는다면 우리도 그들과 다를 바 없는 셈이다.

뉴기니의 발리엠 계곡에 사는 부족민은 밤이 되면 죽음의 영혼들이 나타나기 때문에 전투를 하지 않고 자기네 막사에 머물겠다고 말한다(Garner, 1962). 그러나 이는 부족민의 일상생활 맥락에서는 적절한 설명이 되지 못한다. 전선에서 습격과 전략적 전투로 이웃 부족과 반목하고 있는 부족민들은 여러 가지 방식으로 전투를 제한한다. 사망자나 중상자가 생기면 전투를 멈추어도 좋다고 생각하고 일련의 기념 의례를 시작한다. 사상자가 한 명도 없을 때도 하루 중 휴식을 취할 시간을 묵시적으로 합의한다. 비가 오기 시작하면 전쟁의 구조를 망치지 않으려고 전투 종료를 선언한다. 적이 장례를 치르거나 승리를 기념하는 날에는 공격을 감행하지 않는다. 그들이 밤중에 싸우지 않는 이유를 설명할 때 불러내는 죽음의 영혼들이란 부족민이 특정한 시간과 장소에만 싸움을 국한시키려는, 더 큰 동의와 정당화 관례의 일부이다. 부족민들이 전투를 하려고 집결하는 일은 집단 성원 의식을 유지하는 데 가장 강렬하고 중요한 집단 의례이며, 그 속에서 다른 상징적 표현이 형성되고 유지된다. 밤중에 나타나기로 되어 있는 죽음의 영혼도 적에게 죽임을 당한 사람의 영혼과 마찬가지로 상징적 우주의 일부이다. 부족 문화에서 그 영혼들이 쉬지 못함은 곧 전사들이 복수를 위해 전쟁터로 되돌아가야 함을 뜻한다. 가장 단순하게 요약하자면 전투는 적의를 통해 집단 소속감을 재확인하는 일련의 의례를 하나로 연결시켜주는 고리다. 그들의 종교적 상징은 전투 중에 느꼈던 감정, 특히 누군가가 죽으면 절정에 달하는 감정을 상기시키는 흔적들로 다음 의례에서 그 감정을 되살리는 작용을 한다.

종교적 믿음이 사회적 상호작용에 의존한다는 사실을 확인시켜주는 현대 사회의 증거도 있다(Stark and Bainbridge, 1985). 특정 교단에 몸담은 사람들 가운데는 참여하기 전에는 그 교단의 신앙을 잘 알지도 못했고 관심을 가져본 적도 없는 사람들이 많다. 처음에는 친구나 친척, 지인들에게 이끌려 가담한다. 교단의 활동에 참여하면서 신앙이 깊어진다. 기성 교회에서 사적인 친구가 가장 많은 신자들이 교리를 가장 강력히 옹호한다. 사회적 연줄이 의례 참여와 신앙을 북돋운다. 교단이나 교회에 가까운 연줄이 없는 이들은 결국 이탈하고 신앙도 시들해진다.

어떤 문화 항목의 환기는 사회적 상황의 사슬이 지닌 인지적 측면을 보여준다. 문화적 틀이나 행위를 내부자들이 정당화하는 대로 받아들여 다루는 방식은 기껏해야 사후 설명을 낳을 뿐이다. 왜 그들은 그런 일을 할까라는 질문에 그러겠다고 말했으니 그렇게 한다, 또는 그곳에서는 누구나 그렇게 하니까 한다는 식으로 설명하는 셈이다. 이는 설명이 될 가능성은 있으나 사회학 이론이 편히 쉴 마지막 쉼터가 될 수 없다.

문화적 접근방식을 지지하는 증거로 사람은 '분별력 없는 멍청이'가 아니라는 가핀켈(Garfinkel, 1967)의 진술이 흔히 인용된다. 사람은 단순히 공유하고 있는 문화적 규칙에 휘둘리기만 하는 존재가 아니라는 진술이라면 충분히 정확하다고 할 수 있다. 그러나 한 사람이 자기 자신의 행동이나 나름의 독특한 사고와 정서의 원천을 이해할 수 있다는 주장이라면 분명히 틀린 말이다. 우리는 일상생활의 흐름에서 특정한 사고와 상황에 이끌리거나 거부감을 느끼는 정서적 자력에 끌려 움직인다. 우리는 그에 대해 성찰하는 적이 거의 없으며, 성찰할 때도 그 평가는 대체로 부정확한 경우가 많다.

사회적 행위는 무의식적으로 이루어지는 경우가 아주 많다. 집합적 행위의 대상이나 거기서 나온 상징에 집중하기 때문에, 또는 사회적 과정에 합류해서 행위를 하는 동안에는 과정 자체에 관심을 두지 못하기 때문에, 무의식적이다. 물론 특별한 계기에 관찰자 자세로 돌아갈 수도 있고, 한때 무비판적으로 끼어들었던 바로 그 사회적 행위를 관찰 대상으로 삼을 수도 있다. 그러나 그럴 경우는 전혀 다른 상황이다. 더 이상 행위자가 아니라 이차적 관찰자로 존재하는 상황에 놓이는 것이다.[31] 행위는 언제나 성찰을 위축시키고 상징과 그 순간 관심을 채우는 상징적 대상에 대한 믿음을 불러일으킨다.

따라서 상징 풀이를 위한 몇 가지 규칙으로 결론을 내린다. 사회학 연구는 상호작용 의례에서 시작해서 상호작용의 강도와 초점이 후속 상호작용에 사용될 수 있는 상징을 창출하는 방식을 증명하는 방향으로 진행되면 가장 좋다. 그러나 이미 만들어진 상징에 직면할 때도 있다. 그러면 어떻게 상징의 사회적 의미를 해석해야 할까?

우선, 그 항목이 상징적으로 얼마나 강렬한지 판단해야 한다. 일상의 삶과 구별되는 별도의 영역에서 성스러운 대상으로 경배되고 있는가? 공간적으로 분리된, 조심스럽게 접근해야 할 특별한 지대가 있는가? 접근할 수 있는 사람과 제외될 사람을 구분하는 특별한 자격 요건이 있는가? 정서적으로 열렬하게 정의감으로 수호되고 있는가? 반대로 역시 정의감으로 무장한 공격자에게 맹렬한 공격의 대상이 되고 있는가? 사적인 가치 이상으로 널리 공유되고 또 공유해야 할 가치로 다루어지는가? 단순한 실용적 가치로는 잴 수 없는 항목으로 간주되는가? 폭넓은 가치 부여는 긍정적 상징이나 부정적 상징에 똑같이 적용되는 특징이다. 특히 강도 높게 충전된 상징은 어떤 사람들에게는 긍정적이고 어떤 사람들에게는 부정적이다.

우리는 보통 그런 측면에서 높은 수준으로 충전된 상징의 분석에 더 끌린다. 그렇지만 지나간 상징들, 잊힌 성스러운 장소, 비둘기 똥과 낙서와 온갖 기념물들로 뒤덮여 알아볼 수 없게 된 공원의 기념탑처럼, 한때는 융성했지만 이제는 소멸해가는 흔적도 주목할 수 있다.

다음으로, 어떤 상호작용 의례들이 그 상징적 항목을 둘러싸고 이루어졌는지 최대한 재구성해보아야 한다. 어떤 사람들이 얼마나 많이, 얼마나 자주 또는 정기적으로 모였는가? 어떤 정서가 표현되었고, 어떤 활동이 관심을 집중시켰으며, 집합적 열기는 얼마나 강렬했는가? 개별 참여자들은 어느 정도로 정서적 에너지를 얻었으며, 무엇이 그들을 자극했는가? 참여를 가로막는 장애는 무엇이었나? 의례에서 누가 누구를 분리시켰는가? 의례를 통해 누가 누구보다 윗자리에 올라서게 되었는가?

오늘날까지 살아남은 상징을 둘러싼 의례 참여의 역사를 하나로 엮어보거나 보통 때는 밟아보지 않는 사회적 상호작용의 모래벌판을 거리를 두고 응시해보라. 그것이 때로는 이상적인 역사적 재구성이 되기도 한다. 추론의 역사가 필요한 경우도 있다. 가설일지라도 누가 어떤 의례 행위를 했는지 추리하는 것이 사회적 과정의 영향을 받지 않는 순수한 상징을 다루기보다 상징의 의미를 개념화하는 데 더 나은 안내자일 수 있다. 먼 옛날의 역사를 다루는 경우가 아니라면, 대체로 우리는 연구자로서 더 나은 상황에 있는 셈이며 상징의 의미를 푸는 규칙이 연구 프로그램의 안내자가 될 수 있다.

더 나아가 우리의 과제는 의례가 가장 강렬하고 폭발적이 되는 그 핵심적 순간을 재구성하는 데서 끝나지 않는다. 상징의 이차적 순환을 추적하는 데도 관심이 있다. 의례 참여자 집단이 실제로 모여 있던 그 상황을 벗어난 다른 상호작용 상황에서 누가 그 표지들(언어적 재현이나 상징의 상징적 표지를 포함한다)을 사용하는가? 상징이 순환되는 상황의 범위는 어느 정도나 되는가? 친지들과 이야기를 나눌 때 대화의 주제가 되는가? 가령 다른 공식 의례에 투입되거나 그런 의례를 반대하는 사람들과 논쟁거리가 되는가? 간단히 말해, 우리에게는 실제로 실행되는 의례의 일차적 영역뿐만 아니라 사회적 연결망을 구성하는 상호작용 의례들을 통해 상징이 순환되는 이차적 영역도 있다. 즉, 의미로 충전된 상징들은 무엇인지, 긍정적으로 다루어지는지 부정적으로 다루어지는지, 아니면 단지 뉴스나 뜬소문거리로 회상되는 정도에 그치는지 살펴야 한다. 이차적 영역에서 순환되는 상징들은 거리가 먼 어떤 다른 곳에 있는 집단의 재현물이다.

마지막으로, 상징이 순환되는 삼차적 과정이 하나 더 있다. 다른 사람들이 없는 곳에서 혼자 있을 때 개인들이 상징을 가지고 하는 행위이다. 성물을 지니고 성지를 방문하는 종교 신자처럼 상징을 몸에 지니고 있거나 혼자서 상징에 접근하는가? 가장 은밀한 수준은 개인의 마음속 생각을 구성하는 내면의 대화, 즉 내면의 공상에서 이루어지는 순환이다. 이 삼차적 상징의 순환 과정은 이차적 순환 과정보다 포착하기가 더 힘들다. 그렇지만 목록을 제시할 수는 있다. 현재의 연구 여건으로는 거의 불가능하지만, 의례와 상징적 삶의 사회학을 이상과 목표로 삼아 그 최대치를 설계하고 사회학이 꿈꾸는 것, 그리고 꿈에 관한 사회학을 포함한다고 감히 말할 수 있다. 꿈이 이미지에서 탄생하는 것이라면 그 이미지는 일차적인 상호작용 및 이차적인 상호작용에서 내면화된 내용의 단편들과 깨어 있을 때 일어나는 생각들이 내면화되거나 합쳐진 것이다. 우리의 야심찬 기획을 끝까지 밀어붙여보자. 완벽한 상징 순환의 사회학은 인간의 외적 삶은 물론 내적 삶을 모두 다룰 수 있는 사회학일 것이다. 충전된 상징이 공적으로 존재하는 곳에 대한 증거에서 앞으로 더 나아가 어떻게 상징이 형성되고 순환되는지 그 역사를 좀 더 충실하게 채우는 일이 우리의 연구 과제이다.

간단한 예로 논의를 끝내자. 20세기 후반 미국에서는 시민의 총기 소지가 널리 대중적 관심의 대상이 되었다. 총기 소지를 지지하는 사람들 다수가 우리가 상징적 대상으로 범주화했던 것과 똑같은 방식으로 총기를 다룬다. 즉, 총기를 숭배한다. 총기 소지 반대자들 역시 총기를 병적일 만큼 부정적인 악의 표상으로 취급한다. 어느 쪽이건 총기는 각별히 조심스럽게 다루어지고 특수한 지위를 부여받는다. 총기는 특수한 장소에 보관된다. 트럭에서는 총기걸이 선반에, 가정에서는 진열장에 보관된다. 총기의 안전장치를 잘 걸어 잠그고 자물쇠를 채워 아이들 눈에 띄지 않게 하려는 총기 소지 반대자들의 노력이 바로 총기에 접근할 수 있는 사람들이 지닌 특별한 성격과 지위를 더 강화하는 효과를 낸다. 규제와 물리적 격리가 안전을 위한 실용적 의미로 사용되고 있는 것도 사실이다. 그러나 실용적 정당화는 흔히 상징적 관행에 덧씌워지고 상징을 약화시키기보다 오히려 강화시킨다.

상당수 담론이 총기류 소지의 정당화에, 또 정당화에 대한 비판에 바쳐진다. 총기 소지는 미국인의 헌법적 권리이므로 미국인의 자유의 유산이며, 한계를 넘어서는 정부의 권력에 대한 저항을 상징하므로, 사격 경기와 사냥에 쓰이므로, 이미 무장된 악의 세력에 저항해 선의 힘을 강화시켜주는 버팀목이므로, 범죄자에 대한 방어의 무기이므로 등의 이유로 정당화된다. 의례 연구를 하는 사회학자는 이런 주장을 액면 그대로 받아들이지 않는다. 그런 주장과 관행에 들어 있는 비일관성은 제쳐두더라도[32] 이미 존재하는 관행을 공적으로 정당화하는 논쟁을 그대로 총기 소지의 이유라고 기술하는 것은 사회학적 설명이라고 할 수 없다. 그보다는 질문을 해야 한다. 왜 어떤 사람들은 그런 이유들을 믿게 되었을까? 아니면, 어떤 조건이 사람들로 하여금 그런 이유를 믿게 만들었을까? 그런 믿음이 먼저 있었고, 그 결과 그들이 믿는 바에 따라 총을 가져야겠다고 결정했을까? 아니면, 총을 먼저 갖게 된 후 ─ 만일 종교적 관행이 단서가 된다면, 이미 총을 갖고 있는 친구나 지인에게 끌려서 ─ 에 언어적 정당화를 얻은 것일까?

그 다음으로 총기 소지자들이 어떤 행동을 하는지 물어보아야 한다. 그들의 활동은 너무 의례적이므로 그들을 일러 총기 숭배 교단의 신자(사실상 상이한 종류의 총기 숭배 교단들)라고 부를 수는 없을까? 느낌을 공유하는 집단 모임에서 총이 관심의 중심이 되는가? 여기서 총기 전시회, 사격장, 총기 거래상으로 이어지는 일차적 의례를 탐구할 수 있다. 남성 전유물인 야외 탐험의 특별한 전통과 절차나 사냥의 의례적 측면을 검토할 수도 있다. 집단적 배타성과 동일시라는 양극단의 중간에는 총기를 주제로 한 공원이라든가 유사 무기를 사용하는 놀이(가령 색깔을 입힌 공으로 하는 사격 경기) 따위가 있을 것이다. 그 가운데 가장 열렬하게 숭배되는 것이 준군사집단과 전쟁 훈련이다.

또 총기 상징의 이차적 순환도 살펴야 할 것이다. 가장 평범한 수준의 질문은 이렇다. 언제 그리고 누구와 총에 관한 이야기를 하는가?[33] 총을 가지고 있는 사람(즉, 일차적 총기 의례에 참여하는 사람들)과 총을 가지고 있지 않은 사람들 사이의 대화가 분명하게 구별되는가? 상징적 순환 과정을 더 멀리까지 추적해보면 뉴스에서, 정치인들의 진술에서, 대중 매체의 연예오락물에서, 총기를 상징하는 재현물이 널리 광고되는 방식이 있다.[34] 이 모든 것들은 총을 가지고 있는 사람들의 친밀한 대화 집단으로 되돌아와 재순환되면서 자신들이 지닌 무기에 대한 정서적 반향을 불러일으키고 또 강화한다. 대체로 열정적인 대중 담론, 정치적 찬반 논쟁은 집단 사이에 경계선을 견고하게 만든다. 외부의 반대는 총기 숭배 집단 내부에서 더 강한 집단 소속감을 갖도록 부추겨, 어쩌면 그저 구식 사냥꾼에 지나지 않을 사람들이 일종의 상징적 표지로서 총기 소지를 열렬히 지지하는 숭배자로 변모할 수도 있다.[35]

끝으로, 개인이 홀로 있을 때 하는 삼차적 수준의 상징 순환 과정이 있다. 그 중에는 조작할 수 있는 실제 대상물인 총을 가지고 하는 의례적 행위가 있다. 손에 잡아보고, 분해하고, 청소하고, 다시 조합하고, 바라보고, 찬미하는 데 시간을 보낸다. 총에 깊이 몰두하는 많은 사람들이 여가 시간을 거의 탄약을 장전하느라고 보낸다. 총기 전시회에서 큰 부분을 차지하는 것이 바로 실제 탄약 장전에 쓰이는 장비와 부품들이다. 여기에는 얼마간 실용적인 요소도 있다. 자기 소유의 탄약을 재장전하면 새로 사는 것보다 싸게 먹힌다. 그러나 총기 숭배자들이 탄약을 장전하는 데 그토록 긴 시간을 보낸다는 사실은 집단 소속감을 의례로 재확인하는 것임을 시사한다. 이는 성스러운 대상에 대한 실제적인 신체 접촉이라는 점에서 종교 신자가 홀로 기도를 올리며 묵주를 손으로 굴리는 행위와 같다.

가장 은밀한 수준에서 이루어지는 상징적 순환에 대해 우리가 알고자 하는 바는 이런 것들이다. 누가 어떤 종류의 내면적 대화나 상상의 상황에서 총에 대한 생각을 하는가? 이러한 생각의 계기는 어떤 상호작용 사슬에 스며들어 있는가? 그리고 내적 생각과 공상의 각본이 어떤 결과를 초래하는가? 어떤 사람들—어떤 종류의 상호작용 의례 사슬—이 총에 대한 생각을 악의 없이 속으로만 하는가? 어떤 내적·외적 상호작용 사슬에서 행동으로 표출되는가? 극단적인 경우는 십대 청소년들이 학교로 총을 가지고 가서 자기가 받은 모욕에 대한 복수로 전에 사격장에서 해본 것을 실제로 실천에 옮기는 사례일 것이다.

이런 질문들은 연구하기가 어렵지만 상호작용 의례 이론의 관점에서 불가능한 것은 아니다. 생각은 일차적 의례와 이차적 의례의 상징들이 내면화된 것이다. 그리고 개인의 인성을 구성하는 생각의 흐름에서 각 순간에 발생하는 정서적 에너지로 충전된 상징들이다. 생각의 사회학은 상호작용 의례 사슬의 사회학에서 또 하나의 구성 요소에 관한 문제, 특별히 어려운 연구 문제일 뿐이다.

일상생활의 상징적 체험은 대부분 여기서 밑그림을 그려본 사례들처럼 그렇게 극적인 것은 아니다. 그러나 쉽게 관찰할 수 있는 것이든, 사용 가능한 단서를 일부 또는 전부를 사용해서 재구성해야 하는 것이든, 우리의 목적은 같다. 상호작용 의례 사슬의 행위를 분석의 중심에 두는 것이다. 어떻게 연구될 수 있는지는 다음 장들에서 보게 될 것이다. 제6장에서는 성 상징의 형성을, 그리고 제8장에서는 상징적 관행의 창조뿐만 아니라 그 융성과 쇠퇴도 관찰할 수 있는 담배의 상징을 다룰 것이다.

제3장
정서적 에너지와 일시적 감정

정서는 상호작용 의례의 중심 성분이자 산출물이다. 이제 정서를 자세히 살펴보자. 정서를 검토하면 무엇보다도 정서사회학이 거시사회학 이론에 기여하는 측면을 조명할 수 있다. 또 거시 구조와 그 구조 내 개인의 위치에 정서가 실린다고 보는 관점은, 우회로를 통해 개인의 상이한 인성을 설명하는 사회학 이론의 실마리가 될 수 있다는 점도 볼 것이다.

정서는 일반 사회학 이론에서 암암리에 결정적인 자리를 차지하고 있다. 우리가 좀 더 정확하고 경험적 토대를 지닌 사회학적 개념을 구성하려 하면 그 중요한 요소들은 대부분 정서적 과정에 크게 기대고 있다는 사실을 알 수 있다. 뒤르켕은 사회학의 핵심적 문제를 제기했다. 무엇이 사회를 결합시키는가? 그의 대답은 도덕적 유대를 생산하는 기제가 사회를 결합시킨다는 것이다. 나는 이 기제가 정서에 초점을 맞추고, 정서를 강화시키고, 정서를 전환시킴으로써 도덕적 유대를 생산하는 기제라고 주장한다. 뒤르켕의 이론에서 가장 물화된, 행위 주체가 없는 측면을 받아들인 파슨스 사회학도 사회는 가치에 의해 결합된다는 같은 주장을 한다. 그러나 가치는 공유하는 정도(어떤 조건 아래서 얼마나 가치의 공유가 이루어지는지는 열린 질문으로 남겨둔다)만큼 인지와 정서가 융합된 것이다. 갈등사회학 쪽도 마찬가지이다. 베버의 중심 개념에도 역시 정서가 함축되어 있다. 안정된 권력을 뒷받침하는 정당성, 계층 현상을 일상생활의 일부로 만드는 신분집단의 서열화, 경제 행위에 획기적인 전기를 마련해준 종교적 세계관에는 모두 정서가 배어 있다. 이 개념들을 관찰 가능한 개념으로 바꾸려고 할 때 우리가 특별한 종류의 정서를 다루고 있음이 분명히 드러난다. 마르크스와 엥겔스는 아마도 정서적 과정의 이론화와는 가장 먼 거리에 있을 것이다. 그들의 분석에서는 모든 것이 구조적이다(심지어 소외라는 개념조차 마르크스에게는 심리학적 개념이 아니라 존재론적 관계의 개념이다). 그렇지만 계급 동원과 계급 갈등에 관한 마르크스주의적 분석에서 정서가 한몫을 할 수밖에 없음도 분명하다. 계급결집을 가로막는 파편화된 계급들의 상호 불신이든 아니면 오직 혁명적 상황에서만 이룰 수 있는 지배 계급 또는 피억압 계급의 유대이든 모두 정서가 작용한다. 그런 측면에서는 마르크스와 엥겔스의 갈등 이론도 뒤르켕의 주제에 대한 역동적 판본에 가깝다.

따라서 정서의 사회학은 사회학의 핵심적 질문을 품고 있다. 사회를 하나로 결합시키는 유대의 '접착제'도 갈등을 유발하는 결집된 집단의 에너지도 정서이다. 정서는 계층화를 지탱해주는 작용 ─ 지배나 추종 또는 분개 따위 감정의 위계 ─ 도 한다. 사람들의 정서에 작용하는 조건을 설명할 수 있다면 그것은 사회학 이론의 핵심 구성 요소가 될 것이다. 물론 그 이론에는 구조적인 요소와 인지적인 요소도 있겠지만, 사실주의적인 이론에는 정서 그리고 그 역학이 핵심 요소가 될 것이다.[1]

고전 사회학 이론들은 묵시적으로는 정서를 고려하지만 명시적으로는 언급하지 않는다. 사회학 이론이 거시 우선주의를 택하거나 아니면 적어도 사회적 삶을 추상적 수준이나 집합적 수준에서 다루기 때문일 것이다. '정당성'이나 '가치'라고 불리는 것들은 일상적인 상황을 살아가는 실제 사람들의 머릿속을 벗어나 허공을 떠도는 개념들이다. 미시 수준으로 옮겨놓고 ─ 거시 개념을 미시 수준으로 환원하는 것이 아니라 거시 차원의 시간과 공간에 걸쳐 실제로 이루어지는 상호작용에 토대를 둔 개념으로 구성하는 것 ─ 살펴보는 사회학을 시도한다면 정서적 과정의 중요성을 볼 수 있다. 즉, 거시 개념을 미시 수준으로 옮겨놓으면 정서가 드러난다.

이는 대체로 미시 이론들이 강조해왔던 바와는 다르다. 미드와 상징적 상호작용론은 과정, 발현적 속성, 인지를 강조했다. 슈츠(Alfred Schutz)와 현상학은 일상성과 인지를, 교환이론은 행동과 보상을 각각 강조했다. 기대 이론도 인지를 강조했다. 물론 이 이론들에 정서가 포함될 수도 있지만 어떤 이론도 정서를 중심에 두지 않는다.[2] 한편에서 정서의 사회학이 싹트고 있지만 최근까지 사회학의 일반적인 쟁점과는 분리된 특수 영역으로 간주되어왔다.[3] 그러나 몇몇 탁월한 미시사회학 연구는 사회 과정 — 처음에 언급한 거시 사회학적 문제를 풀 수 있는 과정 — 으로서 정서의 미시적 역학을 밝히는 작업에 가깝게 가 있다.

그중의 하나는 가핀켈의 민속방법론이다. 얼핏 보면 가핀켈의 이론은 다른 수준의 문제처럼 보인다. 일상의 실재가 어떻게 구성되는지에 관심을 두고 있으며 현상학적 추상화에 기울어 있어 인지 이론처럼 보인다. 심지어 시쿠렐(Cicourel, 1973)은 자신의 이론을 '인지사회학'이라 부르기도 했다. 그럼에도 불구하고 나는 민속방법론의 핵심에 정서가 있다는 주장을 제기한다. 가핀켈의 공헌 중 가장 중요한 점은 인간은 본래 인지 능력에 한계가 있다는 것, 그리고 사람들은 일상적 사회질서를 구성하면서 실제로는 사회질서가 자의적 형성물이라는 인식을 회피하는 관행을 일관되게 사용하고 있음을 보여준 점이다. 우리는 믿기 때문이 아니라 의문을 제기하지 않으려고 열심히 관습을 지킨다. 가핀켈은 이를 위반 실험을 통해 극적으로 증명했다. 위반 실험은 사람들에게 지시성(indexcality. 맥락에서 사용되는 의미를 묵시적으로 받아들이는 것)과 재귀성(reflexivity. 자신이 뜻하는 바를 정당화하는 설명으로 끝없이 되돌아가는 과정)을 인식해야 하는 상황에 놓이게 만드는 것이다. 흥미진진하게도 그의 실험 대상들이 보여준 반응은 언제나 강렬한 감정의 표출이었다. 안절부절못하고, 신경질적이 되고, 동요와 불안과 충격에 휩싸인 모습을 보여주었다(Garfinkel, 1967: 44, 221~226). 더러는 자신들이 만들어낸 실재가 오류임을 발견하는 상황에 좌절·당황·분노를 드러냈다. 요컨대 사람들은 그저 객관적으로 존재하는 세계에 단순히 반응하는 것이 아니라,

자신들이 암암리에 자의적이고 통상적인 방식으로 사회 세계를 형성하고 있음을 인식해야 하는 상황이 되면 강렬한 부정적 감정으로 반응한다는 것이다.

가핀켈의 위반 실험은 뒤르켕의 세계와 아주 비슷한 실상을 드러낸다. 위반 실험의 경우 관습적인 사회 실재는 성스러운 대상이다. 위반 실험은 성스러운 대상을 훼손하는 행위로, 금기 의례의 위반이 원시 부족민에게, 성경 모독이 기독교인에게, 국기 훼손이 애국자에게 불러일으키는 것과 같은 정서적 효과를 불러일으킨다. 뒤르켕의 이론은 성스러운 대상에 도덕적 감정이 실린다고 말한다. 성스러운 대상에 불경이 행해지면, 도덕적 유대의 긍정적 감정은 부정적 감정으로 바뀌어 불경을 저지른 자에 대한 정의로운 분노로 표출된다. 가핀켈의 실험도 비슷한 결과를 보여준다. 일상의 인지적 관습을 위반하는 자를 향해 분노가 폭발한다. 가핀켈의 전략도 뒤르켕의 전략과 같다. 즉, 사회적 실재를 유지시키는 조건을, 그 조건이 파괴되었을 때 벌어지는 반대되는 현상을 드러냄으로써 보여준다. 뒤르켕은 사회적 유대를 조명하는 수단으로 유대와 대조되는 자살과 범죄를 다루었고, 가핀켈은 사회 실재의 구성 전체로 확장시켰다.

민속방법론이 정서에 명시적 초점을 맞추지 않았다는 생각은 오해이다. 일상 생활의 실재를 구성하는 것은 정서적 과정이며 실재를 유지시키는 정서는 사회적 실재가 파괴되었을 때 강렬한 형태로 표출된다고 할 수 있다. 더 나아가 가핀켈은 인간의 인지 능력은 한계가 있음을 보여주었다. 사회질서는 합리적이고 의식적인 동의에 토대를 둘 수 없다는 것이다. 뒤르켕(1893/1964)도 같은 주장을 했지만 그것은 공리주의를 비판하는 맥락에서였다. 만일 인지가 사회를 하나로 결합시키지 않는다면, 무엇이 사회를 결합시킬까? 가핀켈은 이를 인지적 실천의 수준(대체로 슈츠의 생각을 빌린 것)으로 남겨두는 것 같다. 그러나 그것은 특이한 형태의 인지, 즉 별다른 인식 없이 실행함으로써 드러나는 인지이다. 민속방법론에는 지시성이라는 개념으로 더 이상 캐묻지 못하게 함으로써 사회질서를 지탱해주는 신비스러운 제삼의 요인이 하나 더 있는 것 같다. 인지적 차원은 그냥 두고, 제삼의 요인이 정서라고 보면 어떨지 질문을 던져보자.

상호작용 의례 이론은 상호작용 과정에서 정서가 전환되는 방식을 가장 세밀하게 그려 보인다. 의례는 정서적 성분(모든 종류의 정서)에서 시작한다. 그리고 뒤르켕이 '집합적 열광'이라고 부르는 흥분의 공유로 정서를 강화시키고 그 산출물로 다른 종류의 정서(특히 도덕적 유대, 때로는 분노와 같은 공격적 정서)도 만들어낸다. 이 모델은 한 상황에서 생성되어 다른 상황으로 이어지는 정서의 흐름이 거시유형의 형상화 과정에서 미시 수준들을 이어주는 결정적인 항목임을 알게 해준다. 이러한 상호작용 의례 사슬 가운데서 가장 중요한 유형은 거시적 관점에서 보면 계층화로 나타난다. 사회질서는 미시 수준에서 생산된다. 다양한 상황에서 그리고 계급, 인종, 성, 기타 범주로 사람들이 서로를 분리하며 계층화되는 집단들에서 사회질서가 생산된다는 말이다. 상호작용 의례는 범주별로 도덕적 유대를 생산하지만 그 유대는 인구 전체에 다양하게 불연속적으로 분포되어 있다. 한 만남에서 다음 만남으로 이동하는 인간의 몸을 따라가본다면 그 상호작용 사슬—사회학자들이 통상 사회구조적 위치라고 부르는 것—의 역사는 다가올 만남의 성분이 될 정서와 정서가 실린 인지에 따라 움직이는 것을 볼 수 있을 것이다. 상호작용 의례는 정서적 성분을 강화하거나 전환하거나 줄이는 작용을 함으로써 그 상황의 정서적 산출물로 인간의 몸을 충전시켜 다음 만남에 들어갈 수 있는 상태로 만든다.[4] 뒤에서 계층 연구가 정서적 성분과 산출물이 생산되는 방식에 대한 단서를 제공하고 있음을 보여줄 것이다. 계층 이론은 다양한 정서의 분포를 설명할 수 있게 해주고, 정서의 미시사회학은 계층화 유형을 설명할 수 있는 이론화에 기여할 수 있다.

교란적 감정과 장기적 정서, 또는 극적인 감정과 정서적 에너지

첫 단계로 필요한 작업은 정서의 개념을 확장하는 일이다. 일상 용법에서 감정은 대부분 갑작스럽고 극적인 경험을 가리킨다. "너무 그렇게 감정적이 되지

마"라는 충고는 그런 개념화에 기초한 말이다. 두려움, 공포, 분노, 당혹감, 기쁨 같은 것은 가장 극적인 감정이다. 어떤 사람들은 그리고 어떤 문화는 [20세기 후반의 '앵글로색슨계 백인 개신교신자(WASP)' 문화를 비하할 때처럼] '너무 비감성적'으로 여겨지기도 한다. 그러나 고프먼과 가핀켈은 극적인 감정이 아닌 정서도 있음을 보여준다. 사회생활의 밑바닥에 깔린 색조나 심기처럼 오래 지속되는 정서이다. 예를 들면, 가핀켈이 말하는 일상적 실재란 "여기서는 특별한 일이 하나도 없어"라고 할 때의 그 느낌과 같은 것이다. 나는 그런 말이 명시적 인지를 드러낸다기보다 막연한 느낌을 말하는 것이라고 생각한다. 행위자의 입장에서는 재미없다는 뜻이다. 그러나 가핀켈이 옳다면, 그런 평상심을 가지려면 엄청난 노력을 기울여야 하고, 또한 노력을 기울인다는 사실도 느낄 수 없어야 한다. 일상적 실재는 사람들이 공들여 이루어낸 성취물이다.

고프먼과 뒤르켕의 경우에는 일상적인 삶에서 오래 지속되는 느낌이 더 분명하게 보인다. 그들의 이론은 유대와 집단 소속감을 강조한다. 고프먼의 경우에는 자신의 자아에 대한 느낌도 강조한다. 그런 느낌들은 매사가 잘 돌아간다면 원만하게 지속되는 감정이다. 어떤 상황에서는 '고조'되고 어떤 상황에서는 '침체'된다. 대체로 유대의 느낌, 도덕적 감정, 상황에 온몸을 던지거나 상황에 휩쓸리는 열광이 있는가 하면, 반대로 침울함·소외감·당혹감도 있고 이런 감정은 확실히 오래 지속된다. 가핀켈이 말하는 일상성은 높지도 않고 낮지도 않은 중간쯤 되는 포괄적인 정서이다.

내 목표는 용어 사용을 둘러싼 논쟁에 뛰어들지 않는 것이다. 극적이고 교란적인 감정만 정서로 정의하면 별다른 쓸모가 없다. 우리가 무엇이라고 부르든 장기적인 정서적 색조도 다룰 수 있어야 한다. 너무 차분하고 평탄해서 주목을 끌지 못하는 정서도 다루어야 한다. 이론적 의미에서는 내가 정서적 에너지라고 부르는, 오래 지속되는 정서가 가장 중요하다. 나는 또한 극적이고 단기적인 감정도 장기적 정서를 형성하는 배경으로 보아야 잘 설명할 수 있음을 보여주려고 한다.

거의 모든 연구자가 동의하는 네 가지 종류의 감정이 있다. 분노, 두려움, 행복, 슬픔이나 절망은 모든 사회에서 발견되는 원초적 감정이다(원초적 감정에 관한 연구를 요약한 것으로 Turner, 2002: 68~79 참조). 포유동물은 두려움과 분노·공격성을 인간과 공유한다. 인간에게 이 원초적 감정들의 생리적 토대는 뇌에서 진화가 덜 이루어진 부분인 소뇌에 있다. 그렇지만 행복은 두뇌의 특정 부분에 국한되지 않고 소뇌뿐만 아니라 나중에 진화된 내외피질 영역 전체에 고루 퍼져 있다. 다시 말해 행복은 생리적으로 인간의 상징적 기능과 관련된 뇌의 주요 영역 전체에서 작용한다. 슬픔도 마찬가지로 뇌의 특정 영역이 아니라 신경전달물질의 실패와 내분비계 호르몬 흐름의 생리적 작용으로 나타나는 감정이다.

행복은 기쁨, 의기충천, 흥분, 열광으로, 슬픔은 그와 대비되는 실망, 울적함, 침울함으로 다양하게 표현될 수 있는 감정이다. 기초적인 생리심리학적 유형과 관련 맺고 있는 이 감정들을 나는 높은 정서적 에너지와 낮은 정서적 에너지라고 부른다. 상호작용 의례 이론의 관점에서 보면 이 두 감정이 뇌의 특정 영역에서만 작용하는 것이 아니라는 사실은 놀라울 게 없다. 이 감정은 인간 특유의 것으로 감정과 인지를 조화시키는 뇌의 인지 영역 전체가 작용한 결과로 생긴다. 정서적 에너지의 높낮음은 소통하려는 몸짓과 정서적 리듬의 합류에서 발생하는, 인간의 상호 주관성에만 존재하는 고유한 것이다. 개인적 관점에서 보면 그 감정들은 단단하게 하나로 엮여 인간의 자아를 형성한다. 따라서 좁은 관점에서 기쁨의 표현으로 생각될 수 있는 감정 – 일시적인 감정 체험 – 은 지속되는 기간이나 강도에 따라 다양한 장기적 정서로 바뀐다. 정서적 에너지는 신체적 활동(가령 갑작스러운 기쁨의 순간에 터져 나오는 격한 표출)뿐만 아니라 모든 사회적 상호작용에 뛰어들어 열정을 쏟고 정서적으로 합류하고 싶은 마음도 불러일으킨다. 마찬가지로 슬픔이나 우울증도 오래 지속되는 경우에는 신체적으로 활력을 잃고 침잠시킴(극단적인 경우에는 잠에서 깨려고도 하지 않는다)은 물론이고 사회적 상호작용도 마지못해 하거나 피하게 만든다.

상호작용 의례 이론에서 정서적 에너지는 한 상황에서 충전된 상징을 통해 다른 상황으로 이어진다. 그래서 정서적 에너지는 인간이 말과 생각에 사용하는 상징의 생성 과정에서 핵심적인 구성 요소이다. 여기서도 생리학적 연구 결과가 상호작용 의례 이론의 든든한 받침대가 되어준다. 단기적 체험인 좁은 의미의 '기쁨'과 장기적인 기분인 넓은 의미의 높은 정서적 에너지는 뇌의 특정한 부분이 하는 활동이 아니라 전체적으로 인지적인 기능과 정서적 기능을 하는 뇌의 총체적 활동이다. 마찬가지로 장기적이며 낮은 정서적 에너지인 '슬픔'도 신경 내분비계 전체의 기능이 저하된 상태이다. 상징이 정서적 에너지를 실어 나른다는 진술은 단순한 은유가 아니다. 생리학이 뒷받침해주는 사회학적 사실이다.[5]

정서 변압기로서의 상호작용 의례

상호작용 의례의 기본 모델은 제2장에서 초점 공유와 정서적 합류로 정리한 모델이다. 이제 그 모델에서 정서가 발생하는 모든 지점을 검토해보자.

상호작용 의례가 시작되는 시점의 한 가지 성분은 참여자가 공동의 분위기를 공유하는 것이다. 처음의 정서가 어떤 것인지는 별로 중요하지 않다. 분노일 수도 있고 친밀감이나 열정일 수도 있으며 두려움이나 슬픔 또는 수많은 다른 어떤 감정일 수 있다. 이 모델은 그 자리에 있는 사람들 사이에서 정서적 전염이 이루어짐을 가정한다. 같은 대상에 주의를 집중하고, 서로 상대가 어디에 초점을 맞추는지 인식하고 서로의 감정에 휩쓸리는 과정이다. 그 결과 정서적 분위기가 점차 강화되고 지배적이 된다. 갈등하는 감정은 주된 집단 감정에 밀려난다. 초미시적 수준에서 보면 이는 생리적인 리듬 합류의 과정에서 조성된다. 즉, 행동과 정서가 일어나는 속도에 맞추어 나름의 미시 리듬이 생긴다. 상호작용의 초점이 조율되는 과정에서 참여자들은 서로 상대의 리듬을 예상하고 그 '흐름'에 사로잡힌다. 장례식이 진행되는 동안 조문객의 슬픔은 더욱 커지고, 민감하게 반응하는 청중 속에 있기 때문에 연극에 더 재미를 느끼고, 파티가 무르익을수록 더 즐거워지며, 대화에 리듬이 조성되면서 더욱 몰입하게 된다. 이 모든 것이

'집합적 열광'이다. 이는 행복한 흥분이라는 뜻을 함축하고 있지만, 그 감정이 어떤 것이든 더 높은 수준으로 정서적 분위기에 빨려 들어가는 일반적인 조건을 말한다.

상호작용 의례에서 정서적 조율이 성공적으로 이루어지면 그 결과로 유대의 감정이 산출된다. 상호작용 의례의 성분이 되는 감정은 일시적이지만 그 산출물은 오래 지속되는 정서이며 그 자리를 함께한 집단에 대한 애착의 감정이다. 그래서 장례식의 단기적 감정은 슬픔이지만 장례식이 '의례를 행한' 결과는 집단 유대의 생산(또는 회복)이다. 파티의 정서적 성분은 친밀감이나 유머겠지만 장기적 결과는 신분집단의 성원으로 느끼는 소속감이다.

나는 이 장기적 산출물을 '정서적 에너지'라고 부른다. 정서적 에너지 수준이 높은 쪽에는 자신감, 열광, 긍정적 자아감이, 중간 수준에는 통상적인 덤덤한 느낌이, 낮은 쪽에는 침울함, 의욕 결핍, 부정적 자아감이 있다. 정서적 에너지는 '욕망(drive)'이라는 심리학적 개념과 비슷하지만 엄밀하게 말하면 사회적 지향성이다. 높은 정서적 에너지는 사회적 상호작용에 대한 자신감과 열광이다. 개인이 집단에 대해 뒤르켕 식 의례 유대의 감각을 강하게 갖고 있다는 표시이다. 개인은 집단의 상호작용에 참여함으로써 정서적 힘을 얻는다. 그렇게 얻은 정서적 힘으로 개인은 더욱더 열광적인 집단의 지지자가 됨은 물론이고 집단을 지휘하는 인물이 되기도 한다. 집단을 좋아하며 함께 모일 때면 전염성 강한 감정을 선동하는 집단의 에너지 주동자가 될 수 있다.

정서적 에너지 수준이 낮으면 반대되는 모습으로 나타난다. 낮은 정서적 에너지는 뒤르켕 식 유대가 결핍된 상태이다. 집단에 매력을 느끼지 못하고, 지치거나 좌절감을 느끼며, 도망치고 싶은 심정이 된다. 또 집단에서 긍정적 자아감을 느끼지도 못한다. 집단의 존재이유와 상징에 결합되지 못하고 소외된다.

이런 식의 개념화는 '정서'라는 말이 일상적으로 사용되는 방식과는 다르다. 또한 상식적인 범주로 생각하면 정서적 에너지를 정서라고 보기 어렵다. 흔히 정서는 극적인 전환이나 사회적 에너지의 정상적 흐름을 교란시키는 감정을 가리킨다. 특히 모든 것이 정상적으로 진행되는 사회적 상황을 만들어주는 에너지의 흐름, 그래서 당연하게 받아들이는 중간 수준의 정서적 에너지는 간과되기 쉽다. 그러나 이러한 정서적 에너지의 흐름 없이는 사회적 상호작용이 이루어질 수 없다.

유대나 열광의 상승·하강이나 높낮이 말고 구별할 수 있는 정서적 에너지의 다른 변형들도 있다. 계층화의 두 주요 차원(권력과 신분) 역시 정서적 에너지 수준에 구체적으로 작용한다. 그러나 포괄적인 수준에서 정서적 에너지를 다룰 때는 뒤르켕주의적인 측면을 하나 더 지적할 수 있다. 정서적 에너지는 단지 어떤 사람의 기는 살려주고 어떤 사람은 위축시키는 데 그치지 않는다. 정서적 에너지는 집단의 통제를 받는 측면도 있다. 정서적 에너지는 뒤르켕(1912/1954)이 '도덕적 감정(moral sentiment)'이라고 부른 것이기도 하다. 무엇이 옳고 그른지, 무엇이 도덕적이고 비도덕적인지를 구별하는 감정이다. 정서적 에너지가 충만한 사람은 자신이 좋은 사람이라 생각하며 자신이 하는 일에 정의감을 느낀다. 정서적 에너지가 낮은 사람은 자신을 긍정적으로 생각하지 않는다. 그걸 꼭 죄책감이나 악이라고 해석하지 않더라도(자신의 느낌에 이름을 붙여주는 종교적 인식이나 문화적 인식에 달려 있을 것이다),[6] 최소한 집단 의례에 열정적으로 참여함으로써 생기는 도덕적으로 올바른 사람이라는 느낌은 없다.

도덕적 유대의 감정은 이타적인 행동과 사랑이라는 구체적 행동을 낳지만 부정적인 속성도 있다. 뒤르켕이 지적한 바와 같이 집단 유대는 개인들로 하여금 집단을 찬양하고 지키려는 갈망을 갖게 한다. 이런 유대의 감정은 보통 상징, 성스러운 대상(원시 부족의 토템 표지, 거룩한 동상, 국기, 결혼반지 따위)에 초점을 집중시킨다. 상징적 대상을 공경하는 의례에 참여함으로써 집단에 대한 충성심을 드러낸다. 반면에 상징적 대상을 존중하지 않는 모습은 곧 집단 성원이 아님을 쉽게 드러내는 표지가 된다. 의례 집단의 성원에게는 그 성스러운 상징을 계속 공경해야 한다는 강한 압박감이 있다. 성스러운 대상에 대한 공경의 예를 갖추지 않는 사람을 보면 충성스러운 집단 성원은 충격을 받고 모욕감을 느낀다. 정의감이 자동적으로 정의로운 분노로 변한다. 그리하여 의례 위반은 이단자, 희생양, 부랑자의 처형으로 이어진다. 그런 사건들이 의례를 통해 또 다른 정서의 전환을 불러온다. 애초의 특정한 정서에서 집합적 열광의 강화로, 집합적 열광에서 상징에 대한 개인의 애착이 실린 정서적 에너지로, 상징의 공경에서 정의로운 분노로 바뀌는 것이다.

정서적 전환의 상세한 과정에 대한 미시사회학의 증거는 셰프와 그 동료의 연구에서 볼 수 있다(Scheff, 1990; Scheff and Retzinger, 1991; Samson, 1997). 셰프의 이론적 모델도 뒤르켕에 뿌리를 두고 있지만, 개인이 자아의 본질을 자극한다고 느끼는 정서에 강조점을 둔다. 셰프에 따르면, 훼손되지 않은 사회적 결속(상호작용 의례 이론의 관점에서 성공적인 상호작용 의례를 행한 결과)은 참여자에게 자긍심을 준다. 사회적 결속이 깨어지면(성공하지 못한 상호작용 의례) 수치심이 생긴다. 셰프 등은 비디오와 오디오 자료(대부분 부부문제 상담과 가족의 상호작용을 담은 자료)를 통해 미세한 사회적 상호작용을 분석한다. 겉으로 드러나는 정서의 표출은 물론 신체적 배열, 눈길, 말 더듬기나 흐름, 목소리 크기에서 드러나는 자긍심과 수치심을 기록하고 있다. 이 자료들은 초점 공유와 정서적 합류의 상승과 하강을 초 단위 수준에서 보여준다.

셰프는 계속해서 수치심─사회적 조율이 깨졌다는 감각─이 즉각 표현되어 상호작용의 주제로 등장할 수 있고, 의식에서 무시되거나 억눌려 겉으로 표현되지 않을 수 있다고 지적한다. 억눌린 수치심은 분노로 전환되어 상호작용의 실패가 반복되는 순환을 보여준다. 예를 들면 부부나 부모-자식은 상호작용의 조율이 깨져 서로 수치심을 느끼면서도 그 수치심을 무시한다. 그래서 생긴 분노는 다음 만남에서 되살아난다. 조율의 붕괴가 더 큰 수치심과 분노를 일으키고 그 다음 상호작용에서 되살아나는 식으로 상호작용 의례 사슬을 통해 정서적 역학이 재순환되는 것이다.

조율이 깨져서 나타난 부정적 효과 역시 비교의 관점에서 조율의 중요성을 반증하는 것으로 읽을 수 있다. 셰프는 미시 수준의 만남에서 작용하는 뒤르켕 식 유대가 개인에게 극히 매력적이며 자신이 남에게 호감을 주는 사회적 자아라는 사실에 자긍심을 느낌을 보여준다. 대화에서 상호 참여를 조율하는 찰나에 지나지 않는 순간에도, 유대가 실패하면 셰프가 수치심이라고 부르는 불편함이나 모욕감을 느낀다. 뒤르켕의 모델에서 유대의 위반은 정의로운 분노의 반응을 불러일으킨다. 정의로운 분노는 또 하나의 고도로 의례화된 상호작용인 처벌 의례를 실행하는 결과를 불러온다. 뒤르켕의 범죄 이론(1895/1982)은 처벌이 장래의 위반 행위를 예방하는 데 성공하든 그렇지 못하든 상관없이 집단의 상징적 이상에 대한 서약을 강화하는 효과가 있다고 주장한다. 뒤르켕의 관점에서 범죄자의 처벌은 범죄자의 행동 교정을 위한 실용적 행위가 아니라 집단의 유대를 유지시켜 주는 의례이다. 셰프는 개인의 정서에도 그와 비슷한 역학이 작동함을 보여준다. 유대의 위반은 분노를 일으킨다. 그러나 분노의 표출은 소외된 관계를 유대의 관계로 되돌려주는 것이 아니라 한 차례 더 심한 수치심, 분노, 의례적 보복의 과정을 되풀이하게 만든다. 뒤르켕은 처벌 의례가 발생하는 지점에서 분석을 멈추고 범죄자의 사후 행동에 미치는 영향은 다루지 않는다. 셰프는 뒤르켕 모델을 악순환의 사슬로 확장시켰다.

정서가 전환되는 또 다른 방식이 있다. 실패한 상호작용 ─ 수치심을 일으키는 유대의 붕괴 ─ 이 다른 순서로 진행되는 경우이다. 수치심을 느낀 사람이 수치심을 촉발한 사람에게 직접 감정을 폭발하거나 표출함으로써 실패 자체가 상호작용을 위한 명시적인 관심의 초점이 될 수 있다. 만일 가해자가 그 사실을 인정하면 사회적 유대가 재형성된다. 이것이 범죄학자 브레스웨이트와 동료 연구자(Braithwaite, 1989; Strang and Braithwaite, 2000)가 시도한 '복원적 정의(restorative justice)' 모델이다. 범죄자와 희생자는 물론 양쪽 사회연결망에 속한 사람들을 불러 집단 모임을 갖게 한다. 이 만남은 간혹 아주 성공적이어서 대치 상태에 있는 양쪽이 화해하고 보복의 되풀이가 줄어든다. 상호작용 의례 이론의 관점에서 보면, 이런 식의 집단 화해는 상호작용 의례의 강도가 높기 때문에 효력이 있다. 〈그림 2.1〉에 제시된 모든 성분이 높은 수준으로 존재한다. 경찰이 가해자로 하여금 희생자의 감정 표출에 관심을 기울이도록 만드는 것이라 관심의 초점 공유는 어느 정도 강제되는 측면이 있다. 처음의 정서적 성분은 강도가 아주 높다. 강한 수치심과 분노의 감정이 있고 이 감정들이 공유되고 전환된다. 그 연결망에 있는 모든 사람들이 자신의 의견과 감정을 쏟아내면서 공동의 분위기로 휩쓸려 들어간다. 그 결과 가해자는 수치심을 느끼고 의례적 처벌을 받지만, 그 다음에는 집합적 유대의 정서에 동참하여 집단에 재통합된다. 복원적 정의 모델은 상호작용 의례가 어떤 주제 어떤 정서라도 가능하며 애초의 정서를 유대로 전환시키는 방식임을 보여주는 인상적인 예이다.

계층화된 상호작용 의례

상호작용 의례 모델은 상호작용의 일반적 과정을 제시한다. 상호작용 의례 자체는 변수이다. 실제로 초점 집중과 정서적 전염이 이루어지는 정도와 참여자가 집단 상징에 강하게 애착하는 정도에 따라 성공적일 수도 있고 그렇지 못할 수도 있다. 이런 변이 때문에 상호작용은 계층화된다. 어떤 사람들은 의례를 통해 다른 사람들을 통제할 수 있는 권력을 가지는 반면 다른 사람들은 소극적이거나 저항적이 된다. 어떤 사람은 관심의 중심에 있지만 다른 사람들은 주변으로 물러나거나 배제된다. 이것이 권력과 신분의 두 차원이다. 앞으로 보겠지만, 사람들이 상호작용 의례에서 어떤 위치에 놓여 있는지가 개인의 인성을 결정하는 주요인이다.

권력 의례

권력은 미시적 상호작용 수준에서 작동한다. 어떤 사람은 명령을 내리고 어떤 사람은 명령을 받는다. 더 일반적으로는 즉석에서 이루어지는 상호작용에서 지배력을 행사한다. 이렇게 불평등한 자원을 지닌 개인들을 한데 모으는 데는 여러 요인들이 작용한다. 동일한 활동에 관심을 집중시키고 서로의 참여를 인식하게 만드는 것이면 그것이 곧 상호작용 의례이다. 또한 의례가 성공적으로 진행되면 정서적으로 공유하는 초점이 생긴다(언제나 그렇듯 회피나 갈등으로 의례가 성공적으로 진행되지 않고 와해될 수도 있다. 그런 변이는 따로 다룬다). 권력 의례의 초점은 명령을 주고받는 과정이다. 많은 조직 연구가 보여주듯이[특히 고프먼 (1959)은 비공식 집단에 관한 고전적 연구 상당수를 경험적 근거로 사용하고 있다], 명령을 받는 이들은 상사가 내린 명령을 반드시 따르지는 않는다. 상사도 명령을 받는 이들이 늘 명령을 따르리라고 기대하지 않는다. 심지어는 원하는 것이 무엇인지 분명치 않은 경우도 있다. 그러나 결정적인 관심은 명령을 내리는 과정 자체를 존중하는 예를 갖추는 데 있다. 명령을 내리는 사람은 고프먼 식 무대 위 공연을 책임지고 있다. 그들은 주도권을 행사하며, 성공하면 조직에서 명령의 사슬을 유지·관리한다. 그 때문에 명령을 내리는 계급은 고프먼이 말하는 '무대 위의 인성'을 지니게 된다. 그들에게 무대 위의 배역이 주어진다. 뒤르켕 식으로 말하면, 명령을 내리는 사람들은 권력 의례가 행해지는 동안 지배력을 행사함으로써 정서적 에너지를 높이거나 유지한다. 그리고 의례에서 자신에게 주어진 입장에 따라 조직의 상징에 충성을 바친다. 그들의 인지는 '공적'인 성격을 띠는 것이다(Collins, 1975: 62~87에 요약된 증거를 참조).[7]

명령을 받는 사람들은 다른 방식으로 의례에 참여한다. 그들에게도 맡아야 할 배역이 있다. 명령을 받고 강제되는 상황은 그 자체로 소외적 상황이다. (군대나 감옥 또는 봉건 귀족 사회에서처럼) 물리력으로 강제되는 것이든, 아니면 봉급, 벌금, 특권, 또는 상사나 교사와 같은 권위적 지위에 있는 상사들에 의해 주어지는 승진의 기회같이 좀 더 장기적으로 강제되는 것이든 다르지 않다. 권위에 종속된 사람들이 직접적으로 그 상황을 피하기는 어렵다. 그들의 저항은 보통 명령을 내리는 사람의 직접적 감시에서 벗어날 때 일어난다. 예를 들면, 고프먼이 말하는 무대 뒤에서 상사를 비판하거나 조롱하기, 또는 일상적인 업무 상황에서 대충대충 일하기로 저항하는 식이다. 그런 의미에서 명령을 받는 계급은 '무대 뒤 인성'을 지니고 있다.

그러나 명령을 받는 이들은 명령 하달 의례에 참석해서 최소한 그 순간에는 '의례적'으로 순응해야 한다. 명령을 주고받는 상사와 부하 직원은 서로 상대의 입장과 누가 의례의 실행 주도권을 쥐고 있는지 알고 있다. 따라서 권력 의례는 뒤르켕 식 상호작용 의례가 비대칭적으로 이루어지는 형태이다. 명령을 내리는 과정에 관심의 초점이 있다. 그러나 그 자리에서는 명령을 내리는 사람에게 동의하고 존중해야 한다는 정서가 존재한다. 권력 격차가 강제적이고 극단적인 형태일수록 정서적 전염이 더 강하게 일어난다. 중세의 농노나 매 맞는 어린이는 주인이나 부모 또는 권위적 인물이 원하는 대로 따르는 복종의 상태에 자신을 내맡긴다. 관심의 초점 집중이 강제되는 것이다. 명령을 받는 사람들은 명령을 내리는 사람이 원하는 바가 무엇인지 애써 알아내야 한다. 반대로 명령을 내리는 사람은 자신의 지배적 지위를 아랫사람의 마음에 새겨넣어 아랫사람이 '자율적인 의지를 지닐 수 없도록' 강제력을 사용한다.[8] 강제성이 덜한 형태로 명령을 내리면 거기에 맞추어 의례의 효과도 약해진다.

성공적인 명령 하달 의례는 관심의 초점 공유를 강제하고 상황 지배적인 정서를 만들어낸다. 그러나 그것은 몹시 복합적인 정서이다. 양쪽에서 다 성공적인 역할 취하기(성공적인 의례라면 어떤 종류의 의례에서나 핵심 요소이다)가 이루어진다면 명령을 내리는 사람은 스스로의 지배에 대한 감각을 갖게 될 것이고, 명령을 받는 사람은 자신에 대한 부정적 감정(나약함, 좌절감, 두려움)과 지배자에 대한 분노나 강한 부정적 감정이 뒤섞인 복합적인 감정이 생길 것이다. 이는 혹독하게 억압을 당한 사람들(강제수용소의 수감자, 해병대 훈련병, 매 맞는 아이)이 왜 자신을 가해자와 동일시하는 경향을 보이는지, 그리고 나중에 자신도 그럴 수 있는 처지가 되면 가해자 역할을 하게 되는지 설명해준다. 반대로 극단적으로 강압적인 힘을 써서 명령을 내리는 사람들은 가학-피학적 인성을 습득한다. 계속된 역할 취하기로 얻어진 분노와 지배의 감정에다 자신들이 복종자에게 불러일으킨 수동성과 공포감이 전이되고 뒤섞인 탓이다. 따라서 상황에서 순간적으로 일어나는 지배적 감정이 이른바 '인성'의 큰 부분으로 자리 잡아 장기적인 인성 유형으로 발전한다.

권력 의례는 복합적 정서를 생산한다. 명령을 내리는 사람과 받는 사람은, 그 비율은 아주 다르겠지만 지배·분노·두려움·수동성이 뒤섞인 복합적 정서를 공유한다. 분석적으로 보면, 지배자에게 높은 정서적 에너지를 창출해주는 데는 권력 의례의 효과가 신분 의례의 효과보다 약하다. 반면에 복종자에게는 권력 의례가 더 심각한 정서적 영향을 미친다. 명령을 내리는 권력 행사는 정서적 합류가 뚜렷한 집합의식 수준까지 고조된 상황에서 권력자가 관심의 중심에 설 때, 즉 내가 신분 의례라고 부르는 것과 일치하는 경우에 권력자의 정서적 에너지를 높여준다. 신분 의례와 권력 의례의 일치가 강도 높게 이루어지는 경우는 전투 중인 군대의 지휘자나 경기 중의 코치가 되겠고, 좀 덜 극적인 경우는 참여자들이 어느 정도 관심을 공유하는 사업이나 직업적 활동이 포함된다. 권력 의례가 신분 의례와 일치하지 않을 때 권력자는 보통 높은 정서적 에너지를 얻지 못한다. 그러나 권력 의례는 권력자의 정서적 에너지 상실은 막아준다. 그러나 명령을 받는 사람은 언제나 특히 권력 의례가 유대 의례로 발전하지 않을 때는 정서적 에너지를 많이 상실한다.

명령을 내리는 사람과 받는 사람은 지배적인 상징에 대한 지향성을 공유한다. 하지만 감정의 뒤섞임은 서로 다르다. 명령을 내리는 사람은 조직의 성스러운 대상과 자신을 동일시한다. 그는 상징을 이상으로 존중하며 선두에 서서 다른 사람들에게 머리를 조아리라고 요구한다. 이것이 지배 계급의 보수주의이다. 그는 스스로를 전통의 수호자로, 법과 질서의 복원자로, 그리고 일탈자와 이단자를 발본색원하는 정의로운 자로 자임하는 것이다.

반면에 명령을 받는 사람은 지배적인 상징에 대해 양가감정을 느낀다. 그는 지배적 상징으로부터 소외되어 있으며, 그런 상태에서 벗어날 수 없다면 사석에서 상징에 대해 냉소를 보낸다.[9] 일반적으로 상사가 지닌 사업상의 이상에서 소외된 현대의 노동 계급은 자기네 지휘자들의 수사법을 조롱하는 병사들이라고 할 수 있다. 말하자면 이 상징들은 부정적인 의미의 성스러운 대상이다. 반란이 가능하면 명령을 받는 계급은 갑자기 해방되어 이전에 자기네가 숭배하던 상징에 복수를 한다(교육을 통한 진로에 아무 전망도 없는 상태에서 학교가 강제하는 명령을 받던 청소년들은 기물 파괴와 같은 '일탈' 행위를 저지르는데, 그들은 그 이름으로 복종이 강제되었던 '성스러운 대상'을 직접 표적으로 삼는다. Cohen, 1955 참조). 명령을 받는 사람들이 지배적 상징을 일종의 미신 숭배하듯 하는 경우도 있다. 너무도 가혹하게 억압을 당해서 스스로 거리를 둘 기회도 없고 윗사람의 감시를 피할 무대 뒤가 없으면, 그들은 의례적으로 항상 성스러운 대상을 공경하도록 강요받는다. 그래서 오래도록 종살이를 한 하인이나 농노에게는 '충성스러운 가신'의 의식구조가 생기는 것이다(또 다른 맥락에서 매우 억압적인 부모를 두었거나 반항할 기회가 없던 아이들에게서도 그런 속성이 발견된다). 명령을 받는 사람들이 보이는 두 가지 상반된 태도 - 소외와 굴종 - 는 일차적으로 생태학적 구조, 즉 강압적 통제가 지속적인가 아니면 무대 뒤의 사생활이 허용되는가에 달려 있다.

권력 의례에서 명령을 내리는 사람과 명령을 받는 사람의 두 극단적 유형을 도식적으로 그려보았다. 그러나 권력 의례는 연속선의 성격이 있어서 양 극단의 중간 위치에 자리 잡고 있는 사람들이 있다. 윗사람에게서는 명령을 받고 아랫사람에게는 명령을 내리는 자리에 있는 사람들은, 명령을 내리는 사람과 명령을 받는 사람들의 문화가 뒤섞여 편협하고 경직된 '관료적 인성'을 보인다.

양 극단의 중간에 위치한 또 다른 부류의 사람들은 명령을 내리지도 않고 받지도 않으며 다른 사람들과 평등하게 상호작용을 한다. 분석적으로는 권력 차원에서 아무 권력도 없는 자리이며, 명령을 주고받는 과정의 영향을 받지 않는다. 이런 권력의 중립 지대에 있는 대등한 사람들의 '수평적' 관계에서 무슨 일이 벌어지는지 설명하려면 신분 차원으로 옮겨 가야 한다.

신분 의례

나는 '신분'이라는 용어를 위계를 나타내는 일반적 의미로 사용하지 않고 소속감을 지니는지 여부를 보는 제한된 의미로 사용한다. 미시적 수준의 만남에서 신분은 포함과 배제의 차원이다. 이 역시 연속선 개념으로 일상생활에서는 인기의 정도로 나타난다.

집단 소속감과 비소속감은 분석적 차원의 문제이다. 개인은 누구라도 (그리고 어떤 상호작용이라도) 소속 집단에서 차지하는 신분 위치와 권력 불평등의 정도에 따라 분류할 수 있다는 뜻이다. 모든 상호작용이 신분 효과와 권력 효과를 생산하며, 모든 개인이 그 효과에 지배됨을 뜻한다. 그러나 그 상황에서 명령을 주고받는 일이 없다면 권력 효과는 없을 것이다. 한편 집단이 모여 있고 모종의 집단 소속감이 생기면, 명령을 주고받는 극단적인 상황에서도 신분 차원이 작용한다.

개인이 신분집단에 참여하는 방식은 어떻게 다를까? 네 가지 차원을 가려낼 필요가 있다. 두 가지는 미시적 상황 자체의 특성과 그 상황에서 개인이 차지하는 위치이다. 다른 두 가지는 시간이 흐름에 따라 되풀이되는 상호작용으로 형성되는 상호작용 의례 사슬이라는 중범위 수준의 특성이다.

첫째, 미시적 수준에서 해야 하는 질문은 상호작용 의례가 얼마나 성공적인가 하는 것이다. 강도 높은 집합적 열광이 발생하는가, 그저 그런 평범한 수준에 그치는가, 아니면 정서적 합류가 전혀 일어나지 않는가? 의례의 강도가 높을수록 즉각 강한 감정이 일어나고 장기적으로도 정서적 효과가 크다. 의례 강도가 나머지 세 차원에서 정서를 증식시키는 기제로 작용한다.

미시적 수준에 대한 두 번째 질문은 상호작용 의례가 진행될 때 개인이 어떤 위치에 있는가 하는 것이다. 그저 참가나 하는 정도로 성원이 될까 말까 한 주변적 위치에 있는 사람도 있고 집단의 핵심에 가까운 사람도 있다. 중심에는 언제나 상호작용 의례에 가장 열정적으로 몰두하는 스타가 있다. 이런 사람은 뒤르켐 식으로 말하면 열렬한 참여자로 가장 강렬한 의례 소속감, 정서적 에너지, 도덕적 유대, 집단 상징에 대한 애착을 체험한다. 반대쪽 끝에는 뒤르켕 식 의미에서 비성원이라 할 사람들이 있는데, 이들은 아무런 정서적 에너지나 도덕적 유대를 얻지 못하고 상징에 대한 애착도 느끼지 못한다. 즉, 중심적-주변적 참여의 차원이다.

다음으로, 상호작용 의례가 상황들을 하나로 이어주는 중범위 수준이다. 얼마나 많은 시간을 물리적으로 함께 보내는가? 이는 사회적 밀도의 차원이다. 연속선상의 한쪽 끝에는 언제나 다른 사람들의 감시의 눈길 아래 있는 개인들이 있다. 이런 상황에 놓인 사람은 스스로 높은 수준으로 동조해야 한다는 사회적 압력을 느낄 뿐더러 다른 사람들도 함께 동참시키려는 욕구를 갖는다. 연속선의 반대쪽 끝에는 사적 영역(타인이 침범할 수 없는 사회적·물리적 공간, 즉 고프먼이 말하는 무대 뒤)이나 고독을 크게 중시하는 사람들이 있다. 그런 상황에서는 동조 압력이 낮다. 사회적 밀도는 양적인 차원으로 시간의 경과에 따라 상황들의 사슬이 합쳐진 것이다. 개인은 때때로 타인과 함께 있고 싶고 아주 강렬한 상호작용 의례에 참여하고 싶은 때도 있지만 언제나 그런 상황을 경험하는 사람과는 아주 다르다. 다시 말해, 사생활이나 고독을 중시하는 사람은(전반적으로 낮은 사회적 밀도) 어쩌다가 강도 높은 의례를 경험하면 보통 때와는 아주 다른 변화로 인식한다. 경이로운 체험이나 갈망해오던 계기를 만난 것처럼 느끼거나 아니면 자신의 사생활을 침해하는 달갑지 않은 위협으로 느낀다. 개인이 어떤 반응을 보일지는 또 다른 속성(권력 차원에서 주변적 위치에 있는지 중심적 위치에 있는지)에 달려 있다.

또 하나 중범위 수준에 대한 질문이 있다. 상호작용 의례 사슬 전체를 놓고 볼 때 어떤 사람들이 모이는가? 언제나 똑같은 사람들인가 아니면 성격이 다른 사람들이 등장하는가? 이는 사회적 다양성의 차원으로 지역주의와 보편주의로 나뉜다. 뒤르켕이 『분업론』에서 한 논의를 구체화해보자. 다양성이 낮으면 지역주의적 유대, 물화된 상징에 대한 강한 애착, 완고함, 내부인과 외부인을 가르는 견고한 장벽이 있다. 외부인과 낯선 상징에 대해 강한 불신을 드러내고 집단 내부 성원끼리의 동조 수준이 높다. 이 하위 차원의 다른 한쪽 끝에는 종류가 다양한 집단과 상황으로 구성된 느슨한 연결망이 있다. 뒤르켕 이론으로 예측한다면 보편주의적 연결망 구조는 개인주의, 상징을 향한 상대주의적 태도, 구체적 사고보다는 추상적 사고와 같은 특징을 갖게 될 것이다.

정서적 측면에서 보면 보편주의적 연결망에 속한 사람들은 집단 상징에 대해 느끼는 동조의 감정이 상대적으로 약하다. 정서적 차분함, 느슨하고 넓은 범위의 상호작용에 대해 보편적인 신뢰감을 보인다. 경직된 지역주의적 집단은 상징이 훼손되거나 의례 절차가 잘 풀리지 않으면 분노와 두려움으로 반응한다(특히 의례가 권력 차원의 강제력으로 지탱되는 경우 그렇다). 열정의 농도나 동조 수준이 낮은 느슨한 보편주의적 집단에서도 의례 위반이 있을 수 있을까? 있을 수 있다. 격의 없고 사교적인 상호작용의 분위기에 적절히 맞추지 못하는 경우도 있기 때문이다.[10] 고프먼의 분석(1959; 1967)은 대부분 보편주의자들의 상호작용 상황에서 발생하는 위반과 제재에 초점을 맞춘다. 나는 고프먼에 동의한다. 그런 상황에 있는 사람들은 타인의 사소한 위반 행위에는 재미로, 좀 더 심각한 사교 질서의 방해에는 곤혹감, 치욕감, 배척 욕구로 반응한다. 고프먼 식의 신성 모독을 저지른 사람들은 불안과 당혹감을 느낀다.

뒤르켕의 선구자적 분석(1893/1964)은 이런 다양한 차원을 다 해부해 논의한 것은 아니었다. 뒤르켕은 네 차원을 합쳐 전체적 수준에서 '도덕적 밀도'라고 개념화했다. 좀 더 발전시킨 논의로 '기계적 유대'와 '유기적 유대'를 구별하고 복수의 원인을 살펴본 정도이다. 사실상 '기계적 유대'는 높은 사회적 밀도와 낮은 사회적 다양성(지역주의)이 합쳐진 개념으로, 높은 수준의 의례 강도와 성원 대부분이 비교적 의례의 중심에 참여하는 상태이다. 집단 내부의 권력 격차는 없다고 가정하는 것 같다. 두 요소가 겹치면 유일한 정서적 에너지의 원천으로서 극히 높은 수준의 유대, 동조, 집단에 대한 애착이 형성되리라는 것은 분명하다. '유기적 유대'는 사회적 다양성이 높은 (미분화된 소규모 부족 사회나 농촌 공동체와 대비되는 근대적 분업에서 볼 수 있는) 상황이다. 그러나 다른 차원에서 어떤 변이를 보일지에 대해서는 모호한 채로 남겨두었다. 뒤르켕은 비교적 강도 높은 의례를 그려보았고 그래서 유기적 유대가 근대 사회를 하나로 유지시키기에 충분한 유대, 도덕성, 동조를 제공하리라고 본 것 같다. 그러나 그(와 후속 연구자와 비판자)는 결코 유기적 유대 이론에 만족한 적이 없다. 문제는 모든 역사적 지평에서 발견된 상이한 조합을 다 인식할 수 있는 하위 차원들을 분명하게 구별하지 못했다는 점이다.

이상이 상호작용 의례의 다양한 차원이 어떻게 정서에 영향을 미치는지에 대해 내가 제시해본 일련의 가설들이다. 요약하는 의미에서 먼저 장기적 정서에 미치는 영향(정서적 에너지), 다음으로 단기적·일시적 감정에 미치는 영향에 관한 모델의 요점을 재정리해보자.

장기적 정서에 미치는 영향: 정서적 에너지

상호작용 의례 사슬의 모델은 권력과 신분의 상호작용에서 정서적 에너지를 얻거나 잃는다는 가설을 제시한다. 명령을 내리는 사람은 정서적 에너지를 유지하고 때로는 새로 얻는 반면, 명령을 받는 사람은 정서적 에너지를 잃는다. 관심의 초점이 있는 모임에 참여해서 집단 소속감을 얻는 데 성공하면 정서적 에너지가 높아지지만 주변으로 밀려나거나 배제당하면 정서적 에너지가 낮아진다. 시간이 흐르면서 한 상호작용의 결과(정서와 상징)는 다음 상호작용의 투입물이 되면서 상호작용 의례들이 연결되어 사슬을 형성한다. 그 과정에서 정서적 에너지도 (긍정적인 방향이나 부정적인 방향으로) 축적된다.

정서적 에너지는 열광에서 우울감에 이르는 '상승' 또는 '하강'의 전반적 수준을 말한다. 상호작용을 하지 않는 동안 정서적 에너지는 개인의 상징 저장소, 인지 작용이 이루어지는 뇌의 부위에 전달된다. 그곳에서 상징이 사용되거나 상징을 통해 생각할 수 있는 다양한 상호작용의 정서적 지도가 그려진다. 따라서 정서적 에너지는 상황의 종류에 따라 다르다. 정서적 에너지는 행위를 할 준비가 되어 있는 상태로서 특정한 사회관계에서 또는 특정한 사람과 상호작용을 하려 할 때 드러난다.[11] 따라서 권력 상황 – 지배하거나 지배당하리라고 예상하는 상황 – 에 특유한 정서적 에너지가 있고, 신분 상황 – 중심적인 인물이 되거나 주변인으로 머물거나 아니면 전혀 받아들여지지 않으리라고 예상되는 상황 – 에 특유한 정서적 에너지가 있다. 더욱이 이 정서적 에너지는 특정한 연결망과 집단 또는 그 종류에 따라 달라질 수 있다. 어떤 사람은 직업적 친분이 있는 모임에서는 자신감에 넘치고 주도한다는 느낌을 갖지만, 성적 관계에서는 그렇지 못하다. 어떤 사람은 사업상의 협상에는 자신만만하지만 정치적 협상에서는 그렇지 못하다. 지식인들의 모임에서 관심의 중심에 서는 사람이 파티에서는 수줍어서 뒤로 숨을지 모른다. 그런 의미에서는 성적 충동 역시 정서적 에너지의 한 형태이다.

사람들은 정서적 에너지의 상승과 하강의 흐름에 따라 일상의 삶을 구성하는 만남의 사슬을 거친다. 어떤 상황에는 더 끌리고 어떤 상황에는 싫증이 나거나 냉담하게 된다. 각각의 상황이 전개되는 과정에서 만나는 사람들의 정서적·상징적인 자원이 잘 들어맞는지 어긋나는지가 상호작용 의례의 성패를 가른다. 상호작용 의례의 성패에 따라 정서적 에너지가 높아지기도 하고 낮아지기도 한다. 그 결과로 특정한 사람과 그런 종류의 만남을 되풀이하거나 피하려는 동기가 형성된다.

정서적 에너지는 신체적으로도 나타나고 심리적으로도 나타난다. 그러나 밑바닥에 깔려 있는 토대 또는 '축적'된 형태는 신체적 에너지가 아니다. 정서적 에너지에는 인지적 요소, 즉 특정한 종류의 상황을 지배하거나 집단의 성원 노릇을 잘 할 수 있으리라는 예상이 들어 있다. 상징(특별한 기억뿐만 아니라 보편적인 관념이나 상징적 표지도 포함된다)은 그것을 사용하는 사회관계를 실현해보려는 마음을 불러일으키므로 상징에 정서적 에너지가 있다고 인식한다. 그러나 행위자가 일상적으로 "내가 이런저런 사람들과 상호작용을 하면 권력이나 신분 차원에서 기분이 좋아지리라"고 의도적으로 계산한다는 말은 아니다. 그보다는 어떤 상징이 마음에 떠오르거나 주변에서 상징을 보게 되면, 사회적 행위 성향(긍정적인 것이건 부정적인 것이건)이 자극을 받는다는 말이다. '예상'은 무의식 수준에서 작용한다. 타인의 행동에 보조를 맞추고 상호작용의 흐름에서 무난히 역할을 할 수 있으리라 예상하며, 그래서 성공적인 상호작용 의례를 이어갈 정서적 힘을 얻기를 기대하는 것이다. 성공적인 상호작용에서 발생하는 전염의 기제는 초미시적인 수준에서 이루어지는 리듬 합류의 과정이다. 따라서 특정한 부류의 사람들과 그런 미시적 조율 과정에 들어갈 수 있으리라는 장기적 예상도 하지만 주어진 상호작용 내부에서 발생하는 (초 단위 수준까지 내려가는) 초미시적 수준의 극도로 미세한 리듬도 예측한다. 정서적 에너지는 특정한 상황에서 이러한 예상들의 복합체로 존재하며 성공적인 의례 상호작용의 촉진제로 작용한다.

정서적 에너지의 낮은 쪽 끝에는 표현과 활동에서 모두 물러나는 모습으로 나타나는 우울감이 있다. 우울감은 높은 정서적 에너지보다 복잡하다.[12] 권력 차원에서 가장 낮은 쪽에 있는 사람들은 낮은 정서적 에너지, 동기의 상실 같은 우울감을 경험한다. 그러나 이는 아주 강한 통제를 받는 경우에만 발생한다. 통제당한다는 감각이 중간쯤일 때 나타나는 전형적인 반응은 분노이다. 자신들을 통제하는 상황에 격렬하게 저항하면서 일시적으로 정서적 에너지가 높아진다(Frijda, 1986: 290). 중간 수준의 부정적 상호작용을 체험하는 경우 ─ 일시적·일회적 종속 체험 ─ 에도 독특한 정서적 영향이 있다.

신분 차원의 부정적 체험도 비슷한 궤적을 밟는다. 순간적으로 분노가 치밀거나 상호작용 의례 사슬에서 예상한 정서의 흐름이 일시적으로 꺾이는 경우 정서적 에너지는 낮아진다. 나는 장기적으로 집단 의례에 소속감을 느끼지 못하면 사회적 배제에 맞먹을 만큼 좌절감이 생긴다고 생각한다. 켐퍼(Kemper, 1978)는 신분이 낮아지면 분노뿐만 아니라 수치심도 생긴다고 주장한다. 셰프(Scheff, 1990; Scheff and Retzinger, 1991)는 미시 수준의 모임에서 배제되면 조율이 깨지며 수치심이 생기고, 수치심이 분노로 이어지는 식으로 나선형 궤도를 그린다는 증거를 보여준다. 상호작용 의례 이론의 관점에서 보면, 수치심은 특정 집단 안에서 자신의 사회적 이미지(즉, 사회적 집단 소속 의식)를 인지하는 낮은 정서적 에너지 형태이다. 분노는 기대했던 집단 소속감이 갑자기 부정적으로 바뀔 때 일어난다. 기대가 어그러진 데서 오는 단기적 감정이다. 그렇지만 집단 소속감의 상실이 초래하는 장기적 효과는 좌절감이다. 권력 차원에서 반역을 일으킬 만한 구조적 기회가 있을 때는 분노가 반격으로 발전할 수 있지만, 신분 차원에서 순간적인 분노가 반격으로 이어질 만큼 장기적으로 증폭되지는 않는다.[13]

셰프의 모델은 뒤르켕 식 유대가 높을 때와 낮을 때 생기는 정서를 모두 구체화하고 있어서 의례 이론을 보완해주는 아주 유용한 모델이다. 성공적인 상호작용의 조율 또는 순수한 사회적 결속은 자긍심을 낳고 결속의 붕괴는 수치심을 일으킨다. 상호작용 의례 이론의 관점에서 보면 자긍심은 집단에서 활력을 얻은 자아에 스며든 정서이고, 수치심은 집단이 자신을 배제시킨 탓에 고갈된 정서이다.[14] 다음에 보겠지만 자긍심과 수치심을 측정하는 비언어적·준언어적 지표는 높은 정서적 에너지와 낮은 정서적 에너지를 구체화시킨 지표로도 유용하다. 자긍심은 사회적 조율의 정서, 자신의 자아가 자연스럽게 상호작용의 흐름을 타고 있다는 느낌, 실제로 자신이 집단의 분위기를 이끌어 나간다는 감각으로 요약할 수 있다. 유대 수준이 높으면 대화 상호작용에서 리듬 조율이 잘 되어 순조롭게 흐름을 탄다. 자기 행동에 자신감을 주고, 자신의 자유로운 표현이 잘 통한다고 느끼게 해주는 보상 경험은 다른 사람들이 눈앞에 있을 때 반향이 크고 또 증폭된다. 셰프가 사회적 결속이 파괴될 때 수치심이 생긴다고 말할 때, 그것은 리듬 조율에 차질이 생김, 자신의 충동적인 발언이 차단당함(그것이 불과 몇 초에 지나지 않는 것이라 해도), 자신이 이해받고 있는지 그래서 정말 분명하고 납득할 만한 말을 했는지 확신이 없어 머뭇거림 등을 뜻한다. 리듬을 공유하면 각자가 상대방이 어떻게 나올지 예상할 수 있다. 발언의 구체적 내용이 아니라 어떤 이야기 리듬이 출현하고 어떤 성격의 에너지와 정서적 흐름이 될 것인지, 리듬의 형태를 예상하는 것이다. 대화 의례는 참여하는 사람들이 같은 리듬을 택하고 과거에 종종 형성되었던 리듬에 맞추어 자신의 말을 융합하고 또 그 다음에 나올 말들을 정확히 예상하면서 흐름을 타는 정도에 상호작용의 성패가 걸려 있다. 우리는 이러한 리듬을 관찰함으로써 미시적 상황에서 모습을 드러내는 정서적 에너지의 전개 과정을 볼 수 있다.

계층화된 상호작용에서 생기는 주요한 장기적인 정서적 에너지는 자긍심이다. 권력 상황이나 신분 상황에서 상호작용을 잘 조율한 데서 생기는 높은 수준의 열광, 자신감, 주도한다는 감각이다. 낮은 수준의 정서(좌절감, 수치심)도 마찬가지로 권력의 지배를 받거나 신분상의 배제에서 생긴다. 또 하나 장기적인 정서적 성향은 타인에 대한 신뢰와 불신이다. 신뢰감이 크면 주도적으로 참여하고 싶은 의욕과 같이 높은 정서적 에너지가 생기고, 반대로 불신감이 강하면 특정한 상황에 대한 두려움이 생긴다. 불신과 두려움은 국지적 집단의 외부인에 대한 불신, 즉 집단 경계선이 뚜렷한 폐쇄적인 신분집단의 구조적 배열과 관련되어 있다.

정서 겨루기와 갈등 상황

권력 상황에서는 한 사람이 정서적 에너지를 얻으면 상대는 정서적 에너지를 상실한다. 이런 상황은 사교적 관계에서도 생길 수 있다. 어떤 사람은 상황을 지배하며 다른 사람들을 깎아내리고 그들의 에너지를 고갈시킨다. 상호작용 의례의 미시적 기제인 관심의 초점 공유, 정서를 강화하는 리듬 조율을 살펴보자. 상황을 통제하는 사람은 이 과정을 좌절시킬 수 있다. 상대가 보내는 신호를 무시함으로써 미시적 리듬을 깨뜨릴 수 있다(이야기 주제 바꾸기, 새 틀 짜기, 새로운 움직임 시작하기, 비언어적 접촉신호를 무시하거나 제압하기 따위). 이는 명령을 내리는 사람이 자신의 지배력을 형성하는 방식으로서, 아마도 자기에게 도전하려는 낌새가 보일 때 가장 흔히 쓰는 방법일 것이다. 또 사교적 대화에서 이루어지는 공격적인 신분 겨루기의 실상이기도 하다. 고프먼은 이를 '체면 차리기 겨룸'이라고 불렀다(Goffman, 1967: 24~25).

신분 겨루기는 의례의 미시적 조율의 초점을 흩뜨리고, 양편이 서로 주고받으면서 형성하는 기대의 흐름을 가로막는다. 생각하고 말할 때 상징을 사용하는 능력은 상대가 보일 반응을 예상하고 서로가 공유하는 상징을 성공적으로 사용해 집단 소속감이 높아지는 느낌에 달려 있다. 지배력 겨룸은 (한 사람이 고의로 그랬든, 좌중을 압도하는 사람이나 매력적인 사람의 정서적 에너지가 다른 데 쏠려 관심을 기울이지 않아서 그랬든) 이를 파괴한다. 그 결과 자신의 의도와 기대를 성취하지 못한 사람은 스스로의 생각·말·행동의 흐름을 순조롭게 이어 나가지 못하는 곤란을 겪게 된다. 이런 상황에서는 바로 다음에 벌어질 상황을 내다볼 수 없다. 곧 정서적 에너지를 상실한다.

상호작용 의례가 리듬 조율과 정서 형성에 실패해 한 사람이 무력해졌는데 상대방이라고 정서적 좌절감을 느끼지 않을 리 있겠는가? 상호작용 의례의 기본 모델에 따르면 정서적 흐름은 집단 과정이다. 한편에서 실패하면 상대편 역시 실패한다. 그러나 어떤 상황에서는 결과가 다를 수 있다. 좀 더 큰 집단 구조에서 일어나는 특정한 미시적 상호작용의 경우를 생각해보자. 조직의 상사가 저항적인 노동자와 부딪치는 경우나 관중 앞에서 이루어지는 운동 경기 같은 경우이다. 미시적 상황을 지배하는 사람은 더 큰 집단의 맥락에서도 인정받을 가능성이 있다(겉으로 드러날 수도 있고 단지 주관적인 느낌일 수도 있다). 반대로, 그전에 이미 더 큰 집단 구조에서 얻은 집단 소속감이나 복종적 제휴를 동원할 수 있는 (공식 조직의) 지배적인 지위 또는 (팬들로 구성된 청중 앞에서의) 대중적 인기에서 생긴 정서적 에너지를 지니고 온 사람들일 수도 있다.

챔블리스(Chamblis, 1989)는 운동 경기의 상호작용 사례를 연구한 결과, 뛰어난 성취를 이룬 사람(안정적 승자)과 그렇지 못한 사람(패자)은 겉모습에 중요한 차이가 있음을 발견했다. 차이는 세부적 행동에서 드러난다. 승자는 자신의 일상적 행위를 세심하게 고안하고 발전시켜 실행하는 데 매우 능하며, 자기의 고유한 리듬을 만들고 경쟁자를 대할 때도 자신의 리듬을 고수한다. 승자는 자신을 관심의 초점으로 만들며, 자신을 둘러싼 기대를 스스로 설정한다. 반면에 패자는 승자에게 초점을 맞추어 자신의 미시적 행동을 조절한다. 승자(운동 경기뿐

〈사진 3.1〉 승리자는 목표에, 패배자는 승리자에 집중한다. 선수 E가 승리를 위해 마지막 한 발을 내딛는 장면. 스완시(David Swansea), *Philadelphia Inquirer.*

만 아니라 더 넓은 범위의 겨룸에서 지배력을 발휘하는 사람)는 상황 전체에 대한 통제의 감각을 유지하며, 미시 리듬의 속도를 설정해 자신의 리듬을 만들고 유지한다. 반면에 패자(겨룸에서 뒤진 사람)는 자신의 행동 흐름과 예상에 상대가 제동을 걸도록 허용하며, 자신의 의지력으로 앞일을 기획하기보다 오로지 앞선 상대에게 초점을 맞추어 일어날 사태를 예견하고 대처할 수밖에 없다. 사실상 이들은 상대가 유도하는 대로 뒤따라가는 후속주자가 되어 얼마간 정서적 에너지를 보충한다.[15] 그런 상황에 저항하려 하면 할수록 그들의 정서적 에너지는 낮아진다.

상호작용 의례 모델로 말하자면, 지배자는 스스로를 상호작용의 초점으로 만드는 사람이라 할 수 있다. 어떤 면에서는 뒤르켕 식의 성스러운 대상이 되는 것이다. 미시사회학적으로 보면 그것이 바로 '성스러운 대상'이라는 말의 의미이다. 집단의 관심이 집중되는 대상이고 집단의 정서적 에너지의 상징적 저장소이다. 자신이 그런 위치에 있다고 느끼면 자신을 위해 사용할 풍부한 정서적 에너지 자원을 갖고 있는 셈이다. 그것이 그 사람을 '카리스마적' 인물로 만든다. 다른 사람들은 '성스러운 대상'이 된 사람을 주목하고 그 사람의 관객이 될 수밖에 없다. 관객으로서 취할 수 있는 태도는 다양하다. 자기를 포기하고 완전히 승복해버리면 그 사람의 숭배자가 되어 '성스러운' 사람에게서 흘러나온 정서적 에너지를 나눠 받는다(사인을 원하는 팬처럼).

다른 한쪽 끝에 잠재적 경쟁자나 패자가 된 것에 유감을 품는 사람들이 있을지도 모른다. 그러나 그들의 유감은 자신이 지니지 못한 특별한 신분이 '성스러운 대상'인 상대에게 있음을 인식한 데 바탕을 둔 감정이다. 챔블리스(1989)는 이런 차이를 '탁월함의 일상성'이라고 부른다. 승리·지배의 사회적 영역 안에 있는 사람은 단지 일상적이고 예상대로 순조롭게 상황을 통제하는 것 – 즉, 겨룸에서 사용할 수 있는 '정서적 에너지'가 많이 축적된 것 – 으로 체험할 뿐이다. 바깥에서 보는 사람들은 그것을 신비스러운 차이로, 자신들이 건널 수 없는 큰 강으로 느낀다. 물론 이런 차이는 챔블리스가 연구한 올림픽 출전 선수들처럼 고도로 대중화된 경기 상황에서 아주 과장되게 나타난 것이다. 정도는 약하지만 작은 규모의 국지적 상황에서도 지배자는 '성스러운 대상'이다. 반면에 종속적 위치에 있는 사람들은 지배자의 에너지에 관객으로 참여할지 아니면 대립함으로써 에너지 고갈을 감수할지 양자택일해야 한다.

전문대학의 상담 전문가와 학생들의 상호작용을 녹화한 자료를 분석한 에릭슨과 슈츠의 연구(Erickson and Schultz, 1982)에서도 미세하게 조율되는 미시적 상황 증거를 볼 수 있다. 상담자와 학생으로 이루어진 한 쌍은 자기 차례일 때나 상대에게 차례가 넘어가는 순서 지키기 리듬을 취할 때나 모두 목소리의 크기와 높낮이가 같은 리듬 상태로 진입한다. 미세한 몸동작에서 박자 맞추기가 이루어진다. 이는 상호작용 의례 유대의 기준선으로 해석할 수 있다. 때로는 한 사람이 리듬을 이끄는데, 상대는 몇 분의 일 초에 지나지 않을(보통 1/4초보다 짧다) 순간적인 동요가 있지만 곧 첫 번째 사람의 리듬 유형을 따라간다. 이 녹화 자료는 초 단위의 초미시적인 상황에서 이루어지는 지배 관계를 보여준다. 녹화 자료에는 두 사람의 리듬이 서로를 방해하는 장면도 있다. 마치 상대에게 일부러 대립하듯이 리듬을 달리한다. 실험 참가자에게 녹화 자료를 보여준 다음 이어진 후속 면접에서 무슨 일이 있었는지 묘사해보라는 질문에, 리듬의 조율이 잘 이루어진 경우보다 리듬의 조율이 깨진 '불편한 순간'을 언급하는 경우가 더 많았다. 실험 참가자들은 유대를 당연시하고 오직 유대가 결핍된 상황에만 주목하는 것으로 보이며, 대부분 무의식적으로 상호작용의 유형을 체험하는 것 같다. 녹화 자료를 반복해서 보고 난 후 그리고 '불편했던 순간'에 자신들이 보였던 반응에 대해 실험자와 다시 논의할 때가 되어서야 학생들은 상호작용에서 자신들이 종속적 위치에 있었음을 알아차리고 의식적으로 화를 내기 시작했다.[16]

권력은 기본적인 상호작용 의례 모델의 한 변형이라 할 수 있다. 뒤르켕의 틀에 따르면 성공적인 의례가 집단 유대를 산출한다. 그 기제와 상호작용 의례의 미세한 진행 과정을 풀어헤쳐 보아야 성공적인 상호작용 의례가 초점 공유와 신체적인 정서 합류를 강화시킨다는 사실을 알 수 있다. 권력은 상황에 대한 관심의 초점이 비대칭적이며, 그래서 모든 참여자들이 함께 생산한 에너지를 어느 한쪽이 독식하는 것이다. 권력 의례에서 사회적 배터리가 활성화되지만 그 혜택은 어느 한쪽으로 기운다.[17]

단기적인 또는 극적인 감정

정서에 관한 연구는 대부분 단기적이고 극적인 감정, '색조'보다는 '형세', 진행 중인 활동의 흐름을 교란하는 감정의 폭발에 집중하고 있다(Frijda, 1986: 2, 4, 90). 나는 단기적 감정은 정서적 에너지 토대에서 나온다고 본다. 단기적 감정은 정서적 흐름에 교란이 생길 때 일시적으로 일어나는 감정이다. 예를 들면, 경악은 현재의 활동과 관심의 흐름을 갑자기 심각하게 가로막는 어떤 것에 대한 날카로운 반응이다. 이런 형태는 더 중요한 다른 단기적 감정에서도 보편적으로 볼 수 있다.

긍정적 감정은 상호작용 의례에서 전염성을 띠고 형성되므로 대체로 강렬하다. 열광, 기쁨, 재미는 모두 사회적 상황에서 성공적인 의례의 결과로 형성된 감정이다. 심리학적 분석은 이런 감정을 개인의 관점에서 보는 경향이 있다. 예를 들어 기쁨은 어떤 활동에서 순간적인 성공을 예감하는 데서 온다고 설명한다(Frijda, 1986: 79). 물론 그럴 때도 있다. 그러나 기쁨과 열광은 한자리에 모여 (가령, 경기를 보는 팬들이나 정치집회에 참가한 지지자들이) 집합적으로 집단의 성공을 예상하거나 성취를 경험할 때 특히 강렬하다. 또한 성공적인 정서적 전염으로 집단 자체가 특유의 열광을 창출할 수 있다(파티에서 대화의 흐름이 그렇다).

이런 종류의 긍정적인 감정의 폭발은 효과가 비교적 짧고 일시적이다. 그런 감정들은 이전의 정서적 에너지 토대가 있을 때 일어난다. 한 집단이 그 정도로 친화력을 형성하려면 성원들은 사전에 긍정적 흡인력을 가진 상징으로 충전되어야 한다. 그래야 그 상징이 성공적인 의례를 치를 성분으로 사용될 수 있다. 사전에 축적된 정서적 에너지는 상황에서 긍정적 감정을 형성할 수 있는 성분의 하나이다. 흔히 긍정적 감정(기쁨, 열광, 유머)은 스스로를 관심의 초점으로 만드는 개인, 자신의 정서적 에너지 축적물로부터 그러한 감정을 퍼뜨릴 수 있는 집단의 지도자가 만들어낸다. 지도자는 집단의 정서 표출에 필요한 배터리 같은 기능을 한다. 상호작용 의례 사슬에서 지도자의 지위를 차지하는 이들은 우리가

'카리스마적'이라고 생각하는 인물들이다. 일반적으로 '인성' 특질이란 바로 특정한 종류의 상호작용 의례 사슬을 경험하여 생긴 결과이다(부정적인 감정도 마찬가지 과정을 거쳐 음울하고 분노하는 인성을 낳는다).

단기적인 부정적 감정은 정서적 에너지의 토대와 더 분명한 관계가 있다. '분노'는 다양한 방식으로 일어난다. 심리학에서는 분노를 자신의 노력을 가로막는 장애를 극복하기 위해 에너지를 활성화시키는 능력으로 간주한다(Frijda, 1986: 19, 77). 분노의 정도는 특정한 일에 기울인 노력과 정서적 에너지의 양에 비례한다는 뜻이다. 높은 정서적 에너지는 주도권을 쥐려는 강한 성향으로서 '공격성'이라고도 부를 수 있다. 분노는 다른 사람들을 지배하고, 그들의 정서적 에너지를 낮추고, 수동적인 추종자를 만드는 사회적 효과가 있다. 이는 높은 정서적 에너지—특히 권력 상황에서 생기는 정서적 에너지—의 본질적 속성과 분노라는 특정한 감정 표현이 관련되어 있음을 뜻한다.

그러나 파괴적인 형태의 분노는 더 복합적이다. 가장 강렬한 형태의 분노는 좌절에 대해 터뜨리는 반응이다. 진정으로 강한 권력을 지닌 사람은 그럴 필요가 없으니 화를 내지 않는다. 화를 내지 않고도 원하는 바를 얻을 수 있다. 분노의 표출은 어느 정도는 나약함을 드러내는 것이다. 그러나 권력이 강한 사람들이 화를 내는 경우도 있다. 그들의 권력 분노는 장애와 마주칠 때 얻고자 하는 바를 표현하는 것이다. 사회적 장애—누군가가 고의적으로 반대할 때—가 있을 경우 제휴를 동원해 반대자들을 강제로 동조자로 만들거나 저항을 진압할 수 있다는 자신감을 표현하는 것이다. 따라서 언제 어떻게 분노가 폭발할지는 이전에 축적된 정서적 에너지의 정도에 달려 있다.[18]

가장 폭력적인 분노는 좌절감을 극복하려는 강한 의지가 있을 때 표출된다. 좌절감이 압도적으로 강할 때 느끼는 감정은 분노가 아니라 두려움이다. 나약한 사람은 폭력적으로 분노를 드러내지 못한다. 저항을 이겨낼 수 있을 만큼 충분한 자원을 가지고 있을 때(그렇지 않다면 적어도 자신이 느끼는 상징적 위협에 관해 발설할 수 있는 또 다른 사회적 교제집단이 있을 때)라야 화를 낼 수 있다. 이는 분노의 핵심이 장애를 극복하기 위한 에너지의 활성화 원리에 따름을 보여준다. 좌절(지배당하는 상황)에 반응할 정서적 에너지를 얻기에 충분한 사회적 지지가 있을 때만 화를 낼 수 있다. 지나치게 나약한 사람(가령 상호작용 의례 사슬에서 정서적 에너지를 동원할 자원이나 공간, 사회적 토대가 하나도 없는 사람)은 지배에 대해 분노로 반응하지 않고 우울증에 빠진다.

이 두 상황의 중간에 선택적으로 폭발하는 분노가 있다. 어떤 특정한 사람을 겨냥한 분노로, 사회적 관계의 시장에서 구조적 경쟁자가 되는 사람들 사이에서 일어난다. 이를테면 한 남자를 놓고 두 여자가 경쟁하거나 한 청중을 대상으로 두 지식인이 경쟁하는 경우이다. 자기보다 강한 상대(반역적 분노)나 약한 상대(지배하기 위한 분노)보다 자신의 계획을 좌절시키는 사람에게 분노를 느낀다. 이 경우 분노는 사실 '사람'에게 느끼는 것이 아니다. 표적이 사람이긴 하지만 거기에는 (지배·종속 형태의 분노처럼) 역할 취하기가 없다. 그 심층 구조는 사회적인 것이다. 목표 추구에 걸림돌이 우연하게도 사람이었을 뿐이다.

뒤르켕 식 형태에 가까운 단기적 감정은 '정의로운 분노'이다. 이는 집단의 성스러운 상징을 위반하는 사람을 향해 집단이 공유하는 정서적 폭발(특정한 사람이 행위 주체가 되어 이끈다)이다. 이것은 이단자나 희생양을 향한 집단적 분노로, 이미 형성된 집단이 있을 때만 생길 수 있다. 정의로운 분노는 특정한 상징을 둘러싼 집단 소속감이 얼마나 정서적으로 충전되어 있는지 그 정도에 비례한다. 정서적 충전의 정도는 사회적 밀도가 높고 지역주의적인 초점을 가지고 있는 집단일 때 가장 높다. 반대로 집단 연결망이 느슨하게 퍼져 있고 보편주의적일 때 혼란 상태에서 느끼는 단기적 감정은, 혼란을 일으킨 사람을 대신한 당혹감으로서 상징적 질서를 복원하기 위해 폭력적인 처벌 의례를 행하기보다 그 사람과 관계 맺기를 피하는 신분 배제의 형태를 띤다.[19]

정의로운 분노는 지역 공동체의 역학(추문, 마녀사냥, 정치적 광기)에도 중요하지만 정치적 감성에도 아주 중요한 작용을 한다. 이론적 난점은 이런 종류의 분노를 정확히 어떻게 집단의 권력구조 및 신분 차원과 연결시키는가 하는 것이다. 뒤르켕 모델에서는 집단의 상징에 분개하는 사람들을 보통 집단 특히 신봉자들로 상정한다. 그러나 폭력의 사용은 권력의 궁극적 제재 수단이기 때문에 분노와 처벌 폭력(문제가 된 마녀나 이단자의 화형, 마약거래상이나 도박꾼 또는 인공 유산을 한 사람들의 수감)은 권력 차원과 관련되어 있다. 정의로운 분노를 설명하기 위해서는 권력 차원과 신분 차원의 연관 관계를 살펴볼 필요가 있다. 강한 집단 소속감과 물화된 상징에 대해 애착이 형성될 만큼 신분집단의 밀도가 높고 폐쇄적인 곳, 그리고 의례 공동체 안에 권력 위계가 있어서 질서에 복종하도록 정기적으로 강압적인 위협이 행해지는 곳에서는 의례의 위반(신분 차원에서 소속 집단의 상징을 위반하는 것)이 권력 위계에 대한 위협으로 간주된다.

정의로운 분노는 안전에 대한 감각에서 생기기 때문에 특히 강렬한 감정이다. 그저 막연한 느낌이 아니라 자신이 공동체의 지지를 받고 있음을 강하게 느끼는 감정이다. 이전에 폭력을 동원하려고 만든 조직 연결망을 상기시켜주는 감정이다. 정의로운 분노를 느끼는 사람은 자신이 그 강압적 제휴에 속한다는 감각을 환기한다.

그 증거로, 의례의 일탈에 가장 폭력적인 처벌(마녀 화형, 대중의 눈앞에서 하는 고문, 중세 세습 귀족 사회의 처형 방식, 원시 부족 사회의 금기 위반에 대한 폭력적 속죄 의례)이 가해지는 곳은 억압적인 통치자와 강압적 집단 문화가 있는 곳이라는 사실을 지적할 수 있다(Collins, 1974; Douglas, 1966). 종교적 이단자에 대한 재판과 폭력적 처벌 의례는 교회와 국가가 분리되면서 그에 상응해서 쇠퇴했다. 정의로운 분노가 가장 널리 퍼져 있는 곳은 교회와 국가의 두 영역(신분 공동체와 권력 위계)이 융합되어 있는 곳이다. 그러나 아직도 정치적 위계는 어느 정도 신분 의례의 초점 ─ 권력 행사를 위한 조직과 공동체 수호 주장을 통해 ─ 으로 남아 있다. 비교적 분화된 현대 사회에서도 신분이 정치적 영역에 침투해 일탈 사냥이 이루어지기도 한다. 현대의 일탈 사냥에서 '도덕 사업가'로서 가장 강력하게 개입하는 사람들은 바로 공동체와 정치 체제의 융합으로 돌아가자고 주장하는 사람들이다. 현대 사회에서는 지방 특히 전통적인 농촌 공동체가 남아 있는 곳에서 복고주의자들이 나온다. 또한 사회주의 체제가 동조 의례를 조직해 높은 수준의 유대를 유지하려 하는 것도 그러한 시도로 설명할 수 있을 것이다.

또 다른 단기적인 부정적 감정에는 '두려움'이 있다. 가장 강렬하고 짧은 형태의 두려움은 활동이 갑작스럽게 교란될 때 생긴다. 극단적인 두려움은 경악 반응 다음으로 강한 감정이다. 울음은 두려움을 좀 더 복잡한 의미로 표현하는 방식이며 고통에 대한 사회적 구조 요청이다. 성인은 인식의 지평이 넓기 때문에 우는 일이 별로 없다. 비교적 짧고 단순한 물리적 위협이나 불쾌감 외에 가장 중요한 두려움은 사회적 결과에 대한 두려움이다. 강압에 대한 두려움이나 사회적 배제에 대한 두려움은 더 오래 지속된다. 울음(무력감을 호소하는 소통의 형태)은 문제가 사회적 상황 자체에서 나오기 때문에 좀 더 복잡한 정서적 에너지 적응 형태에 속한다. 강압 상태에 있거나 배제된 사람은 쉽게 동정을 구할 수 없다.[20] 정서적 의사소통 형태로서 울음은 두려움과 회피를 더 직접적으로 표출하는 정서적 반응이다.

사회관계에서 두려움은 대개 타인의 분노에 대한 반응이다. 상처를 받게 되리라고 예상할 때 생기는 감정이다. 그래서 권력 차원에서 종속적 위치에 있는 이들의 장기적인 정서적 에너지와 가장 직접적으로 관련 있다. 우울감과 비슷한 조건에서 발생하지만 더 대립적인 구조를 갖고 있다. 우울감이 정서적 에너지의 퇴각(즉, 특정한 활동에서 관심을 돌리는 것)이라면 두려움은 예상되는 행위의 결과가 나타나기 전에 사회적으로 움츠러드는 것이다. 우울감은 사회적 상황이 가하는 부정적인 위협 효과 때문에 정서적 에너지가 추락하는 것이고,[21] 두려움은 앞으로 벌어질 부정적인 사태를 예상하고 거기에 대처할 만한 정서적 에너지가 있거나 아니면 적어도 잠재적으로 사회적 위협이 될 만한 상황에 대해 경계를 늦추지 않을 때 생긴다. 그렇기 때문에 권력 차원의 강압과 마찬가지로 신분의 상실(집단에서의 배제)에 대해서도 두려움을 느낄 수 있다. 권력 차원의 두려움은, 화를 낼 수는 있지만 분노를 표출해서 긍정적인 결과를 얻어낼 수 있을지 자신이 없을 때 분노와 함께 일어나는 감정이다.

장기적인 정서적 에너지로 전환되는 단기적 감정

다양한 단기적인 감정 체험의 결과는 내가 '정서적 에너지'라고 부르는 장기적 정서의 형성 과정으로 다시 흘러들어간다. 그러나 정서적 에너지가 극적인 감정에서만 생기는 것은 아니다. 도전이 없는 지배 상황 또는 참여하면 자신감을 더해주고 마음이 끌리는 상황이 있고, 종속 상태에 있거나 집단에서 인기가 없음을 느끼는 경우처럼 극적이지 않은 부정적 감정이 생기는 상황도 있다. 극적인 단기적 감정이 장기적인 정서 형성에 더 중요한 작용을 할지 아니면 일종의 예외 상황으로 치부할지는 검증되지 않은 문제이지만, 유출 효과가 있음은 틀림없다. 긍정적인 단기적 감정(기쁨, 열광, 성적인 열정)은 정서적 에너지에 축적될 것이다. 다시 말해, 상황에 따라 방식은 다르겠지만 긍정적인 단기적 감정은 장기적인 정서적 에너지(가령 특정한 상대와 특정한 상황에서 되풀이하고 싶어 하는 정서)에 축적될 것이다.

부정적 감정에 대해서는 정신적 외상을 입힌 상황이 장기적으로 개인의 사회적·심리적 기능에 영향을 미치는 주된 결정 요인이라고 보는 오래된 임상 전통이 있다. 격렬한 분노나 두려움 또는 수치심을 특별하게 체험한 사람은 그 후 전 생애에 걸쳐 제대로 기능할 수 없게 된다는 것이다. 아마도 어느 정도는 사실일 것이다. 그러나 정서적 에너지의 전반적 수준을 배경에 놓고 살펴보아야 한다. 평상시에 권력과 신분 차원의 상호작용에서 호의적인 체험을 한 사람이라면 극단적인 분노, 공포, 수치심을 느끼게 된 사건을 극복할 수 있을 것이다. 정상적으로 기능할 수 없게 되는 경우는 개인의 전반적인 상호작용의 '시장 지위'가 부정적인 면에서 특별히 강렬한 극적 체험으로 누적되어, 프로이트가 고안한 치료 방법을 통해서만 표면으로 떠오를 만큼 극도로 침전된 기억이 '정신적 외상'이 된 경우뿐일 것이다. 따라서 계층화를 시장에서 삶의 기회 불평등으로 본 베버의 개념화를 물질적·경제적 기회만이 아니라 정서적 건강의 영역에도 확대 적용할 수 있다.

셰프의 모델은 프로이트의 이론을 재구성하여 감정이 상호작용 사슬을 통해 전이된다고 주장한다. 수치스러움을 체험한 개인이 가해자에게 강한 노여움을 느끼고 노여움의 감정은 다시 갈등을 증폭시키는 수치심-격노의 순환 과정이 있다. 이는 보통 더 큰 수치심과 분노로 이어지는 불행한 결과를 낳는다. 자기 자신에 대한 분노는 그 과정을 심화시키는 자아 성찰 회로의 일부가 될 수 있다. 셰프는 분노와 같은 감정적 흥분이 무의식 수준에 남아 있는 흔적과 수치스러운 행동이 극도로 미세한 미시적 상호작용에서 무의식적으로 드러나는 흔적을 증거로 제시하고 있다. 셰프 모델의 한계는 수치심-격노의 순환 과정이 형성된 사례(결혼 문제를 상담하는 부부)를 표본으로 선택하고 그런 순환 과정이 없거나 쉽게 종료되는 사례는 고려하지 않았다는 점이다. 셰프는 권력과 신분 차원의 중간 위치에서 서로 수치심과 노여움의 순환이 오래도록 지속되는 갈등 관계에 집중했다. 권력에서 더욱 극단적인 격차가 있는 경우에는 갈등의 순환 과정이 지속되지 않는다. 만일 신분적 상호작용이 동일한 연결망에 묶여 있지 않은 (시장 기회가 더 개방적인) 사람들이라면 그 상호작용을 떠나거나 자원의 배열이 다른 연결망을 발견함으로써 수치심이 순환되는 과정을 차단할 것이다.

정서적 에너지의 계층화

상호작용 의례 사슬은 순환성과 자기 유지 속성을 가지고 있다. 의례를 지배하는 사람은 미래의 상호작용 의례를 지배하는 데 사용할 수 있는 정서적 에너지를 얻는다. 관심의 중심에 있는 사람은 거기서 얻은 정서적 에너지로 더 많은 모임을 소집하고 동원하며 다시 자기를 관심의 중심에 놓을 수 있다. 권력이 강한 사람은 이렇게 한 상황에서 다른 상황으로 옮겨가며 자신의 권력을 재창조하는 반면, 지배를 받는 사람들은 자기를 추종자나 복종자로 만드는 낮은 에너지 수준을 재생산한다. 신분집단의 지도자들은 인기를 누릴 수 있는 에너지를 재창

조한다. 숭배자, 주변적 성원, 따돌림을 받는 사람들은 낮은 정서적 에너지 흐름
이 되풀이되는 지위에 머무른다.

물론 변화도 가능하지만, 서로 만나는 사람들의 구성이 바뀌어야만 변할 수
있다. 완벽하게 폐쇄적인 회로에서는 정서적 에너지가 낮은 상황을 벗어나거나
스스로 높은 정서적 에너지를 얻을 방도를 찾을 수 없기 때문이다. 심지어 정서
적 에너지가 높은 사람들(정치 지도자나 사교계의 명사, 성적 매력을 과시하는 스타
나 영향력 있는 지식인처럼 특수 분야에서 높은 정서적 에너지를 지닌 사람들)도 강적
이 지배하는 더 높은 정서적 에너지 영역으로 이동한다(그래서 더 큰물에서 노는
중간치 잡어가 된다). 정서적 에너지가 낮은 사람도 과거의 불리한 적수를 피해
다른 영역을 찾거나 유대가 더 돈독해지는 상대를 발견할 수도 있다(가령 다니는
학교를 졸업한다든지 해서). 이는 사회의 인구 전체를 포괄하는 상호작용 의례 사
슬의 시공간적 배열과 관련된 문제이다. 따라서 미시적 분석보다 상대적으로 좀
더 넓은 중범위 수준으로 시야를 넓혀야 한다.

사회의 계층화를, 누가 어떤 물질적 자원을 소유하는지 또는 사회구조에서 어
떤 추상적 위치를 차지하고 있는지의 문제로 보지 않고, 정서적 에너지의 불평
등한 분포로 생각해볼 수 있다. 사회구조상의 위치는 거시 수준으로 추상화한
것이다. 과정의 역학에 초점을 맞추어 미시 상황에서 이루어지는 계층화를 좀
더 정확하고 사실주의적인 방법으로 살펴볼 수 있다. 물질적 '자원'은 보통 한 상
호작용 상황에서 다른 상호작용 상황으로 가면서 되풀이 사용할 수 있지만, 그
물질이 '자원'이 되는 것은 누군가에게 그 자원을 취하도록 허용하는 미시적 상
호작용에 달려 있다. 누가 앞서서 자원을 취하고 사용하는가, 그리고 누가 그런
식의 물질적 사용을 수동적으로 받아들이는가의 문제이다. 상황에서 실현되는
물질적 자산은 실제로는 특정한 사람들이 그 물질적 자산을 좇아 행동할 때 지
니고 있는 정서적 에너다.[22] 자산에 대한 권리가 인정되는 경우 정서의 분포는
비대칭적이다. 물질을 취해서 높은 정서적 에너지를 얻는 사람은 남이 취하도록
허용하거나 그저 지켜보기만 하는 사람의 낮은 정서적 에너지와 짝을 이룬다.

마찬가지로 부르디외의 '문화적 자본' 개념도 단순히 경제적 자본의 위계에 대한 대응물로서 문화의 위계를 보는 것이라면 지나치게 정태적인 개념화다.[23] 달리 말하면, 계층화의 핵심은 물질적 자산이나 문화적 차이가 아니라 정서적 에너지의 불평등에 있다. 사람들에게 물질과 문화를 스스로 사용할지 아니면 남들에게 넘겨줄지를 좌우하는 것은 정서적 에너지의 흐름이다.

가장 단순한 계층화 형태는 에너지가 충만한 상류 계급이 좌절한 하류 계급 위에 군림하며 그 사이에 고만고만한 에너지를 지닌 중간 계급 사람들이 자리 잡고 있는 모습이다. 이 유형을 하나의 이념형으로 보자. 계층화는 보통 지배자들이 다른 사람들과 만날 때 그 상황을 지배할 에너지를 가지고 있기 때문에 효과가 있다는 것이 결정적인 점이다. 승리한 장군이나 부유한 자본가는 대개 가장 정력적인 사람이다. 과학, 철학, 문학과 같은 지적인 전문 분야에서 그 세계를 지배하는 대가들은 내가 '에너지 스타'라고 부르는 사람들이다(장군들에 대한 증거는 Keegan, 1987을, 철학자들에 대한 증거는 Collins, 1998 참조). 이 말은 그런 사람들에 대한 도덕적 평가가 아니다. 왜냐하면, 첫째로, 그들이 하는 일은 술책일 수도 있고 파괴적이거나 이기적일 수도 있기 때문이다. 둘째로, 그들의 에너지는 스스로의 것이 아니기 때문이다. 그들의 정서적 에너지는 상호작용 의례 사슬에서 상호작용을 하는 과정에서 생성된다. 긍정적인 정서적 에너지를 높이고 축적할 수 있게 해주는 연결망 안의 위치에서 나온다는 뜻이다. 상류 계급만이 에너지가 풍부한 사람들이라는 주장은 더더욱 아니다. 우리 모두에게 영향을 미치는 과정, 우리 중 누구라도 교체되어 들어갈 수 있는 (가능성이 높은) 과정의 산물이다. 지배적인 에너지 스타가 될 수 있는 신의 은총(상호작용 의례 사슬의 궤도를 타게 된 행운)은 당신에게 내릴 수도 있고 나에게 내릴 수도 있다. 그들이 본래 타고난 영웅이라서가 아니라 때로 그들이 영웅처럼 보이는 것이 사회적으로 중요하기 때문에 지배적인 인물이 된다. 낮은 정서적 에너지를 지닌 사람은 정서적 에너지를 많이 축적한 사람에게 압도된다. 정서적 에너지가 높은 사람은 그 후광 효과 때문에 사람들에게 찬양을 받기 쉽다. 그들은 일이 되게 만드는 사람들이다. 성공의 기운이 그들을 감싸고 있다. 정서적 에너지가 높으면 관심의 초점으로 부상하기 때문에 동료가 됨으로써, 그들에게 명령을 받음으로써, 심지어 멀리서 보는 것만으로도 그들을 따르는 사람들의 정서적 에너지가 얼마쯤은 높아질 수 있다. 그래서 정서적 에너지가 높은 지배자는 미시적 상황에서 일종의 정당성을 얻는다. 이것은 (이데올로기가 공식적 정당성을 뒷받침할 수도 있지만) 베버가 유형화한 정당성의 이데올로기와 꼭 같은 것은 아니다. 미시적 상황에서 얻는 정당성이 가장 가치가 높다는 뜻이다.

정서적 에너지의 계층화는 다른 차원의 계층화를 더 견고하게, 제거하기 힘들게 만든다. 실제로 상위 계급이 높은 정서적 에너지를 가지고 있다면, 누구도 감히 그들을 끌어내리려는 생각을 할 수 없고 바라지도 않는다. 물론 그런 상황은 이념형이다. 결정적인 논점은 이렇다. 우리가 통상 '상위 계급'이라고 부르는 사람들 가운데 일부(아마도 꽤 큰 부분을 차지하리라)는 부를 유산으로 받고 과거의 행위에 대한 명예에 의존하고 있으며, 그런 배경이 없다면 별로 높은 정서적 에너지를 보여주지 못하는 사람들일지도 모른다. 그 경우 정서적 에너지의 실제 분포는 공식적으로 그리고 이데올로기적으로 개념화한 계층화와는 다른 모습일 것이다. 사회학자로서 우리가 보고자 하는 것은 정서적 에너지의 실제 분포, 그리고 겉모습과 다르게 정서적 에너지가 짝을 이루는 방식이다.

완벽하게 자기 재생산이 이루어지는 정서적 에너지의 계층화란 하나의 이념형이다. 이념형에 가까운 형태가 여러 역사적 시기에 존재했다. 그러나 다양한 방식으로 무너질 수 있다. 어떤 경우에는 정서적 에너지를 산출하는 기제의 휘발성이 아주 강해서 급속한 전환이 이루어질 수 있고, 갈등이 즉각적으로 나름의 정서적 에너지 형태를 만들어낼 수 있다. 사회운동에서 집합적인 정서적 에너지를 동원하는 경우가 그 좋은 보기일 것이다. 안정된 정서적 에너지의 위계는 다른 의미에서 붕괴될 수도 있다. 대규모 집합적 투쟁이 이루어지는 정치적 행위와는 달리 에너지를 활성화시키는 상황들이 파편화될 수 있는 것이다. 에너지가 넘치는 상위 계급, 억눌린 하위 계급, 덤덤한 중간 계급 대신에 거의 모든 만남이 쟁탈전을 벌이는 식의 순전히 국지적이고 유동적인 정서적 에너지의 계층화 형태가 될 수도 있다. 그 문제는 다음 장들에서 다루어질 것이다.

부록: 정서적 에너지와 선행 요인의 측정

정서적 에너지란 그저 가설적으로 구성된 개념일 뿐이라거나 심지어 순환론이라는, 상호작용 의례 이론에 대한 비판이 때때로 제기된다. 그에 대한 답으로 정서적 에너지는 경험적 변수라는 점을 강조하고 싶다. 정서적 에너지와 다른 종류의 감정 표현은 신중히 구별해야 한다.

첫째, 정서적 에너지는 단순히 엄청난 흥분, 동요, 시끄러움, 또는 신체적 움직임으로 나타나는 형태만 가리키지 않는다. 고함지르거나 분노에 찬 폭언 퍼붓기, 기쁨의 환성을 터뜨리며 춤추기, 공포에 떨며 비명 지르기 따위는 극적인 감정이나 혼란스러운 감정의 특성이다. 정서적 에너지는 그 같은 단기적 감정이 아니라 상당 기간 꾸준히 지속되는 정서이다. 미세한 미시적 상호작용에서 다른 사람들에게 지배받기보다 앞서서 상황의 방향을 설정하고 행동할 수 있는 능력을 부여하는 것이 정서적 에너지의 보편적 특성이다. 또한 개인이 혼자 있을 때 뒤죽박죽 산만한 내면의 대화를 하기보다 순조로운 사고의 흐름을 따르도록 스스로 방향을 잡아주는 정서이다(더 상세한 내용은 제5장 참조).

둘째, 정서적 에너지는 높은 수준으로 초점이 맞추어져 정서적 합류에 도달한 상호작용 의례의 장기적 결과로서 조율, 집합적 열광 또는 유대라 부를 수 있다. 그러나 조율이 정서적 에너지는 아니다. 〈그림 2.1〉에서 보면, 왼쪽과 중간에 있는 성분과 과정이 오른쪽의 결과보다 먼저 발생한다. 정서적 에너지는 개인이 상황을 떠난 후에도 남아 있는 상황의 결과물이다. 따라서 집합적 열광과는 분리해서 정서적 에너지를 측정할 수 있어야 한다. 그러나 상황에서 발생하는 집합적 열광과 유대 합류의 정도를 측정하는 것도 중요하다. 정서적 에너지를 생산하는 원인 조건이기 때문이다.

따라서 ① 상호작용이 절정에 도달했을 때 집합적 조율의 수준을 측정하고, 이 측정치가 ② 개인 참여자가 지니고 떠나는 정서적 에너지 수준을 예측할 수 있어야 한다. ②의 질 좋은 측정치를 통해 정서적 에너지가 얼마나 오래 지속되는지를 검토할 수 있고, 의례 조율이 다시 이루어질 만큼 충분히 강렬하지 않으면 시간이 경과함에 따라 정서적 에너지가 사라져버리고 만다는 뒤르켕의 명제를 검증할 수 있다.

다음은 정서적 에너지를 측정할 수 있는 언어적이고 비언어적인 형태를 간략하게 개관해본 것이다.

자술 보고서

정서적 에너지를 높은 쪽의 열광, 자신감, 진취적 의욕에서 낮은 쪽의 수동성·우울감에 이르는 연속선 개념으로 정의했다. 정서적 에너지는 경험적으로 개인의 의식 흐름과 신체적인 감각 속에 존재한다. 개인의 일상 경험에서 가장 중요한 항목이다. 서로 다른 상황에서 자신의 정서적 에너지가 올라가고 내려가는 것을 관찰하기는 어렵지 않다. 주의 깊은 자기관찰로써 특정 상황에서 초 단위로 정서적 에너지의 오르내림을 알아차릴 수 있다. 다양한 상황에서 사람들의 주관적 경험에 대한 보고서를 통해 정서적 에너지 유형을 측정할 수 있다.

정서적 에너지는 또한 외부의 관찰자가 객관적으로 측정할 수 있다. 미시적 과정의 세밀한 부분에 대한 엄밀한 관찰이 요구되기는 하지만 비개입적(unobtrusive) 방법으로 이루어진 측정치가 가장 좋다.

신체적 자세와 움직임

높은 정서적 에너지는 일반적으로 꼿꼿한 자세와 확고하고 매끄러운 움직임,

그리고 다른 사람과의 관계를 주도하는 모습으로 표현된다. 낮은 정서적 에너지는 움츠림, 소극성, 망설임, 허둥지둥하는 모습과 움직임으로 나타난다. 높은 정서적 에너지는 사회적 자신감이므로 다른 사람을 향한 움직임, 특히 주도권을 쥐고 리듬을 조성하려는 움직임으로 드러난다. 반대로 낮은 정서적 에너지는 뒤로 물러나는 움직임과 자세, 좀처럼 주도권을 행사하지 않는 모습으로 나타난다. 사회적 상황에서 정서적 에너지가 낮은 사람들은 다른 사람들의 비언어적 지휘를 따르거나 움직임이 굳어 있다. 정서적 에너지가 중간쯤 되는 갈등 상태의 정서는 상대에게 다가가거나 물러서는 움직임이 급하게 또는 변덕스럽게 바뀌는 모습에서 드러난다. 셰프와 렛진저(Scheff and Retzinger, 1991)는 이런 유형들을 기술하고, 이를 (다른 사람에게 다가가는) 자기중심적 자긍심과 (다른 사람에게서 물러나는) 수치심으로 해석한다.

정서적 에너지에 대한 신체적 측정치는 한 사회적 상황에서 집합적 합류의 과정을 보여주는 신체적 움직임과는 조심스럽게 구별해야 한다. 개인이 혼자 있을 때는 에너지가 높고 낮음이 몸의 자세와 움직임에서 드러난다. 개인이 상호작용에 들어갈 때는 합류가 높은 수준에 도달하는 순간에 (그 정도가 어떻든) 정서적 에너지가 가시적으로 드러난다. 다시 말해, 정서적 에너지가 높은 사람은 상호작용의 분위기 설정에 주도권을 쥐는 반면, 정서적 에너지가 낮은 사람은 한발 뒤처지거나 수동적으로 따른다. 정서적 에너지는 상호작용의 최종적인 결과인 합류의 정도와 분리해서 상호작용 과정에서 얼마나 주도적인 모습 또는 뒤처지는 모습인지를 관찰해야 한다. 합류가 절정에 도달했을 때의 수준은 집합적 열광의 측정 지표이다.

절정에 도달한 순간에 모든 참여자는 그 상태를 공유하는 경향을 보인다. 유대가 높아진 순간 신체적 접촉이 있고 눈길은 같은 방향을 향하고 동작은 리듬에 맞추어 조화를 이룬다. 상호작용이 실패하는 순간에는 몸은 서로 멀어지고 머리는 숙이거나 자기 몸 쪽으로 기울고 눈은 밑을 내려다보거나 먼 곳을 바라본다(그 예는 Scheff and Retzinger, 1991: 54~56 참조).

신체적 움직임은 극적인 단기적 감정도 표현하므로 더 일반적인 정서적 에너지의 높고 낮음과 구별할 필요가 있다. 구체적인 특정 감정에 대해서는 에크만(Ekman, 1984)이나 설리반 등의 연구(O'Sullivan et al., 1985)를 참조할 수 있는데, 그들은 감정을 숨기기 위해 몸을 통제한다는 것, 몸 움직임은 무심결에 나오는 경향이 있어서 여과되지 않은 감정 표출로 드러난다는 사실 등도 지적한다.

시선

유대는 직접적인 시선 접촉으로 표현된다. 셰프와 렛진저가 보여주는 바와 같이(Scheff and Retzinger, 1991), 조율이 잘되는 상황에서는 사람들이 서로를 마주 바라본다. 상대의 얼굴을 보고 섬세한 반응을 보이며 가끔씩 (뚫어지게 바라보는 것을 피하려고) 시선을 돌리기도 하면서 리듬을 탄다. 강렬한 유대의 순간(가령 집단의 승리나 성적 합일)에 상호 응시의 순간은 더 길고 안정되어 있다. 조율이 낮은 상황에서는 사람들이 눈을 내리깔고 시선을 돌리는 시간도 더 길다. 시선은 조율이나 집합적 열광의 정도를 보여 주는 지표이며 모든 참여자들에게서 비슷하게 나타난다. 몸의 자세나 동작과 마찬가지로 상황에 접근하는 과정에서 각 개인이 순간적으로 보이는 시선에서도 정서적 에너지가 관찰된다. 시선 접촉이 이루어지는 과정에서 주도적 의욕 또는 결핍을 관찰할 수 있다. 정서적 에너지의 높고 낮음은 시선을 잡으려 하거나 시선 접촉을 피하려 하는 모습에서 드러난다.

목소리

열광, 자신감, 진취적 의욕의 정도(이는 높은 정서적 에너지이다)와 냉담, 위축, 우울함(이는 낮은 정서적 에너지이다)은 준언어적으로, 즉 이야기 내용이 아니라 이야기 양식으로 측정할 수 있다(녹음된 대화의 정서적 측면의 연구는 Scherer, 1982;

1985 참조). 상호작용에서 대화의 흐름은 집합적 조율과 유대 형성의 정도를 측정하는 지표이기도 하므로, 집합적으로 도달한 조율의 정도와 구두 상호작용에 접근하는 개인의 미세한 목소리 유형은 분리해서 관찰해야 한다.

이러한 측면들을 분리해 측정한 정교한 연구로는 에릭슨과 슐츠의 연구(Erickson and Schultz, 1982. 특히 85~96, 103~117 참조)가 있다. 이 연구는 1초당 24프레임으로 나누어 목소리의 리듬을 측정했는데, 전형적인 리듬 유형이 1/4초 간격으로 뚜렷하게 나타났다. 그것은 ① 정상적인 유대로 해석될 수 있는 약 1초 간격의 박자를 공유하는 리듬 유형, ② 상대와의 관계에서 한 사람이 상호작용의 중심을 차지하거나 지배함을 보여주는 지표로, 한 사람은 이전에 설정된 공유 리듬을 따르는데 상대는 순간적으로 그 리듬을 해체하는 '개인적 리듬의 불안정성'을 보이는 유형, ③ 기준 리듬으로 되돌아가기 전에 잠시 두 사람 모두 속도를 늦추거나 높이는 유형, 즉 상호작용 의례의 일시적 실패로 유대가 낮아지는 유형, ④ 서로 상대의 리듬을 방해하는 유형, ⑤ 서로 상반된 리듬 유형 등 다섯 가지이다. ④와 ⑤는 미시적 상호작용에서 일어나는 갈등의 두 가지 형태로, ④는 갈등이 진행 중인 경우이고 ⑤는 지배를 둘러싼 투쟁에서 바로 직전에 말한 사람의 리듬을 이겨내고 새로운 리듬을 얻어내는 경우이다. ④와 ⑤의 특성에 관해 직접 인용해보자.

상호 리듬의 방해(④) 두 사람 사이에 잠깐 동안 리듬 부조화가 일어나는 경우 각자에게는 규칙적이지만 서로 다른 유형의 리듬을 유지하는 경우이다. 예를 들면 A의 행위는 1초 간격의 리듬이 유지되는데 반해, B는 0.75초의 리듬 간격을 보여주는 식이다.

상호 리듬의 대립(⑤) ……두 사람의 행위 사이에 순간적인 리듬의 와해가 일어나는 경우로, 직전에 형성된 간격에서 초당 4~5차례 4/20초의 탈루가 일어난다. 대화의 순서 바꾸기가 너무 빠르거나 너무 늦으면 토대가 되는 리듬에 '잡아채기' 효과가 생긴다. 잡아채기는 대화자들이 서로 경쟁하거나 최소한의 협력이나 통합이 이루어지지 않는 경우로 보인다. 상대가 직전에 사용한 리듬에 동조하지 않는 탓이다. 그러나 순간적인 잡아채기가 있는 직후 이전의 발화자가 새로운 간격의 리듬에 적응한다. 따라서 일시적 통합의 결핍은 계속되는 방해라기보다는 순간적인 대립이라고 할 수 있다(Erickson and Schultz, 1982: 114~115).

당혹스러운 순간(②, ③, ⑤)은 대화자들이 취하는 몸의 자세와 접근거리 또는 방향의 변화와도 일치하는 경향을 보였다.

목소리의 리듬은 유대의 정도 차이뿐만 아니라 누가 리듬을 설정하고 누가 설정된 그 리듬에 따르는지를 미세한 수준에서 보여주는 지표이다. ②와 ⑤는 주도권을 쥐고 리듬의 유형을 설정하는 정서적 에너지의 지표이다. 리듬 유형을 설정하는 사람은 높은 정서적 에너지를, 상대가 설정한 리듬을 따르는 사람은 낮은 정서적 에너지를 드러낸다. 유형 ①은 높은 유대를 보여주는 지표이고, ③과 ④는 낮은 유대를 보여주는 지표이다.

상호작용 유대는 그레고리(Gregory, 1994; Gregory et al., 1993)의 음파 진동 분석기 분석 방법을 사용하여 잠재적 수준에서 이루어지는 음파 빈도를 초미시적으로 분석할 수도 있다. 주파수 분석은 0.5킬로헤르츠(1초당 1,000회 주파수) 이하 수준, 아주 낮은 입속말로 들리는 음역에서 목소리의 조절 리듬을 찾아낸다. 참여자들은 자신이 내는 소리를 그런 수준까지는 알아채지 못하면서도 신뢰가 잘 이루어진 만족스러운 상호작용이라고 주관적으로 평가하는 목소리 리듬으로 수렴된다.

그레고리의 1초당 1,000회 수준의 측정과 에릭슨과 슐츠의 1/4초 수준의 측정 지표를 비교하면 리듬의 조절 수준이 서로 다른 시간-빈도에서 중복되는 것을 분명히 알 수 있다. 이런 서로 다른 시간-순서들 사이의 관계는, 상호작용 의례 성분과 결과의 관계와 마찬가지로 아직 탐구되어야 할 과제로 남아 있다.

대화의 조율이나 유대의 다른 측정 지표는 제2장에서 제시한 바 있다. 최소한의 간격과 중복으로 이루어지는 말의 순서 지키기 유형 그리고 웃음이나 환성을 함께하거나 그 밖에 동시 발성이 일어나는 리듬의 합류이다. 그와는 반대로, 말하는 순서 사이의 간격과 좌중을 장악하려고 겨루는 발화자들 사이에 말하기 중복이 오래 이어짐은 낮은 유대 수준을 보여주는 지표이다.

대화 유대의 지표는 정서적 에너지의 지표보다 가려내기 쉬운데, 후자는 상호작용 유형을 형성하는 데 누가 주도권을 쥐는가와 관련되기 때문이다. 목소리가 지닌 어떤 측면은 그다지 좋은 측정치가 되지 못할 수도 있다. 말하는 목소리의 크기와 속도는 분노 같은 구체적인 교란적 감정과 뒤섞이기 쉽기 때문이다. 정서적 에너지의 더 나은 지표는 유려한 흐름, 머뭇거리는 침묵, 순서에 맞추지 못하고 말을 시작하기 등이다. 좌중을 장악하는 능력과 말할 순서를 둘러싸고 일어나는 겨룸의 발생률도 지표가 될 수 있다. 깁슨의 연구(Gibson, 1999)에 그 방법들이 제시되어 있다.

호르몬 분비 수준

매저와 램은 상호작용을 지배하는 체험이 호르몬 분비 수준(특히 테스토스테론)에 지속적으로 영향을 미친다는 증거를 보여주었다(Mazur and Lamb, 1980; Kamper, 1991 참조). 이 호르몬들은 여러 상황에 걸쳐 작용하는 중장기적인 정서적 에너지 흐름의 생리학적 토대를 알려줄지도 모른다. 테스토스테론이 남성뿐만 아니라 양은 적지만 여성에게도 발견된다는 사실, 따라서 두 성에 같은 유형이 작용할 수 있음에 주목해야 할 것이다(Kemper, 1991). 개인들의 호르몬 분비 수준의 상대적인 비교뿐만 아니라 상황에 따라 한 사람의 호르몬 분비 수준이 어떻게 변화하는지 비교하는 것도 중요하다. 호르몬 분비 수준을 측정할 때 개입적인(intrusive) 방법을 쓸 수밖에 없다. 그래서 혈액 검사 같은 개입적 방법은 대개 훈련 받은 의료인 지원자들을 대상으로 사용한다. 타액 측정 방법이 사용되기도 했다. 호르몬 분비 수준의 변화와 다른 정서적 에너지 측정치에서 나타나는 변화가 어떤 관련이 있는지 살펴보아야 한다. 정서적 에너지의 변화가 테스토스테론의 절대 수준과 관련 있는지 아니면 상대적 수준과 관련 있는지, 다른 생리적 활성 물질과는 어떤 관계가 있는지 분명치 않다. 어쨌든 생리적 토대와 관련된 것은 무엇이나 특정한 상호작용 상황에 긍정적으로 또는 부정적으로 반응하는 정서적 에너지의 인지적 구성 성분과 상호작용함에 틀림없다. 또한 사회적 행위의 직접적인 과정을 구성하는 초점 공유와 정서적 합류의 수준과도 상호작용이 있을 것이다.

얼굴 표정

나는 정서적 에너지의 지표로 얼굴 표정을 강조하지는 않는다. 에크만과 프리슨의 매뉴얼(Ekman and Friesen, 1975/1984; 1978)은 기쁨, 분노, 공포, 슬픔, 혐오감 같은 특정한 감정이 얼굴의 여러 부위에서 드러나는 방식을 보여준다. 그러나 그것들은 단기적·교란적 감정의 지표들이다. 높은 정서적 에너지나 낮은 정서적 에너지를 보여주는 특징적인 표정의 지표가 있는지는 분명하지 않다. 정서적 에너지를 드러내는 표정을 측정할 수 있는 지표를 발전시킬 수도 있을 것이다. 높은 정서적 에너지는 자신감과 열정의 표정에서, 낮은 정서적 에너지는 냉담과 침울함으로 관찰될 수 있을 것이다. 그러나 이것들은 순간적인 행복감이나 슬픔의 지표와 구별되어야 한다. 높은 정서적 에너지와 낮은 정서적 에너지는 여러 상황에 걸쳐 오래 지속되는 것이기 때문이다.

표정이 정서적 에너지를 측정하는 가장 좋은 방식은 아니라 해도 미시사회학자들에게 에크만의 감정 표정을 측정하는 지표를 연구하고 상황을 관찰하는 데 사용하라고 권하고 싶다. 유용한 보완적 정보를 제공하고 여러 상황에 걸쳐 흐르는 정서적 에너지의 흐름과 다양한 방식으로 관련된 단기적 감정 표출의 유형을 보여 줄 수도 있다. 또한 에크만의 연구(1984)는 감정을 숨기려는 의도적 노력으로 가장 쉽게 통제될 수 있는 얼굴 부위는 어디인지, 반대로 자연스러운 감정을 표현하는 부위는 어디인지 보여주기 때문에 유용하다.

이 지표들을 모두 또는 그중 몇 가지를 동시에 사용해도 좋을 것이다. 특히 객관적 측정 지표 ─ 몸의 자세와 동작, 시선, 목소리 ─ 를 비교하고 자신감과 진취적 의욕이 높은지 낮은지에 대한 자술 보고서와 비교해볼 필요가 있다. 객관적 지표는 개입의 정도가 낮을 때 바람직하며, 관찰 연구에 사용하기에도 용이하다. 복수의 측정 지표를 사용한 연구의 결과는 측정치들이 중복되고 장기적 유형(여러 상황에 걸친 정서적 에너지의 흐름)과 가장 높은 상관관계를 가진 측정치들임을 보여주는 것이어야 한다.

정서적 에너지를 측정하는 두 접근방식 ─ 주관적인 자기 관찰과 다른 사람에 대한 객관적 관찰 ─ 을 함께 사용할 수도 있다. 주관적 측정 방식을 택한다면, 자기를 둘러싸고 있는 것들뿐만 아니라 자기 자신의 신체적 감각, 동작, 미세한 몸의 자세에 주의를 기울일 수 있도록 객관적 측정 훈련을 함으로써 더 나은 자기 관찰자가 될 수 있을 것이다.

주관적인 측정 방법을 사용하든 객관적인 방법을 사용하든 측정의 대상은 언제나 미시적 상호작용 상황에서 일어나는 과정이라는 점, 정서적 에너지 수준은 언제나 그 발생 순간의 상황이 어떤 종류인지와 관련해서 또한 직전의 상황과 연결된 사슬 안에서 탐구되어야 한다는 점을 강조하고 싶다. 보편적인 평가가 요구되는 경우에는 주관적 측정 방법(질문지 조사, 면접, 일지)은 쓸모가 없다. "당신은 삶에서 얼마나 많은 열정, 자신감, 에너지(또는 우울함, 냉담)를 경험하십니까?" 따위의 질문으로 얻는 정보는 상황적 결과의 전체적 경향을 보여주지만, 관찰하고 있는 그 상황의 조건이 무엇인지 보여줄 수 있어야 더 유용하다.[24]

실제 삶의 상황에서 정서적 에너지의 변화를 연구하려면 사람들이 상호작용의 사슬을 거치면서 겪는 체험을 추적하는 것이 더 바람직하다. 그러려면 중기적인 연구 설계를 해야 한다. 아마도 여러 날 계속되는 실험 상황을 구성해야 할 것이다. 자연 조건에서 하는 관찰도 바람직하다. 특히 상호작용의 정서적 효과가 얼마나 오래 지속되는지 측정하기 위해서는 자연 조건에서 하는 관찰이 좋다. 그러나 정서적 에너지는 후속 상호작용으로 다시 강화·투자되지 않는다면 시간 소멸 효과로 며칠을 넘기지 못할 것이다.

제4장

상호작용 시장과 물질 시장

개인은 일상의 삶에서 다른 이들과 만나 상호작용 의례를 행하며 살아간다. 상호작용 의례는 단순한 실리적 거래와 실패한 의례에서 열심히 참여하는 유대 의례에 이르기까지 강도가 다르다. 누구와 상호작용 할지 그리고 의례가 얼마나 강렬할지는, 각자 만나게 될 사람이 누군지 그리고 함께 상호작용 의례를 행할 만큼 매혹적인 무엇을 서로에게 줄 수 있는지에 달려 있다. 모든 사람이 누구에 게나 다 매력을 느끼지는 않을 것이고, 그래서 상호작용의 양상은 시장의 성격을 띠게 된다. 사회학자들은 오랫동안 결혼 시장과 이성교제 시장 같은 특정한 대인관계의 시장을 다루어왔다. 최근에는 이성교제 시장이 다양한 종류의 단기적·장기적 성관계 시장(또는 이성애, 동성애, 양성애로 분류할 수 있는 시장의 집합)으로 진화하고 있다(Waller, 1937; Laumann et al., 1994; Ellingson and Schroe- der, 2000). 그 연장선에서 같은 사회계급이나 문화 집단 안에서 친구를 찾는 경향을 우정의 시장으로 설명하는 것도 가능하다(Allan, 1979; McPherson and Smith-Lovin, 1987). 더 일반화시키면 시간과 공간을 넘어서서 사회적 만남 전체의 거시적 분포를 정도가 다양한 상호작용 의례 시장으로 볼 수 있다.

상호작용 의례 시장은 미시와 거시의 연결 관계를 개념화할 수 있는 방법을 제공한다. 급진적인 미시사회학 비판자들이 지적한 것처럼, 상황은 홀로 존재하지 않는다. 어떤 특별한 상황이라도 참여자들이 이미 겪어본 다른 상황들에 둘러싸여 있다. 미래의 다른 상황을 예견하기도 할 것이며, 개중에는 그 순간 앞에 있는 사람과의 상호작용에 대안이 될 만한 것이 없나 둘러보는 상황도 있다. 가령 칵테일파티에서 지루한 대화 상대의 어깨 너머로 이야기를 나눌 만한 사람이 없나 두리번거리는 경우가 그렇다. 이것이 바로 상호작용을 시장과 비슷하게 만든다. 또한 상황이 지닌 속성도 설명할 수 있다. 이전에는 일어나지 않았고 혼자서는 경험할 수 없는 일이 벌어지는 발현적인 속성이 있다. 말을 나눌 (친구가 될, 성관계를 나눌, 또는 결혼할) 사람이 몇 사람밖에 없고, 말(또는 성관계)도 특정한 방식으로밖에는 할 수 없어서 덫에 걸린 느낌을 주는 제약성, 심지어는 강제성도 있다.

그런 발현적인 속성 때문에 상황은 완전히 예측 불가능하다는 주장도 더러 나온다. 학회의 리셉션 자리에 있어본 사람, 여행 중에 지인과 마주치거나 파티에 참여하고 취업 면접을 겪어본 사람이라면 사정이 그렇지 않음을 안다. 사람들이 무슨 말을 할지 세부적인 데까지 다 알 수 있다. 그러나 이는 개인이 비슷한 사회적 상징 자원을 지니고 있어서 비교적 제한된 범위의 이야기를 나누는 상황이기 때문에 입에서 나오는 대로 하는 말 ― 직업이 무엇인지, 어느 지역 출신인지, 동부와 서부의 차이는 무엇인지, 이런저런 걸 알고 있는지 따위 ― 일 뿐이다. 만일 상황이 더 넓게 열려 있고 어떤 사람들과 만나게 될지 사전에 알지 못하는 경우 ― 즉, 그들의 이전 상호작용 의례 사슬에 관해 아무것도 모르는 상태 ― 라면 무슨 일이 생길지 오리무중일 것이다. 상황이란 참여자 한 사람의 관점에서는 대단히 예측하기 어렵다는 말이다. 개인의 상호작용 의례 사슬을 알고, 그래서 각 개인이 상호작용에 지니고 오는 정서적 에너지와 소속 집단의 상징적 자원을 알고 있는 사회학적 관찰자에게는 상황적 행위는 예측 가능하다. 거칠게 말하면, 구식 만찬장의 여주인이 누구를 누구 옆자리에 앉힐 것인지 결정하는 방식과 같다. 사회학자들은 이를 좀 더 발전시켜 개인이 축적한 의례의 성분들을 분석하고 그 성분들이 합쳐지면 어떤 결과가 될지 예측할 수 있다.

상호작용 의례 시장이라는 개념이 우리에게 주는 통찰력은 여러 가지이다. 그것은 단일한 상황뿐만 아니라 장기적인 삶의 궤적에서 개인의 행위 동기가 형성되는 방식에 관한 이론적 모델을 제공한다. 그리고 문화적 상징이 사슬을 따라 이동하는 방식, 때로는 더 큰 정서적 반향을 얻기도 하고 때로는 정서를 상실하기도 하는 방식을 보여준다. 상호작용 시장은 진지한 일터의 영역이 아니라 사생활, 여가 생활, 사교 영역에서만 작용하는 것으로 보일지도 모른다. 사회학적 시장 모델은 결혼, 데이트, 성 따위에서 출발했지만 더 주요한 영역으로 확대될 수 있다. 우리가 탐구해왔던 의미의 상호작용 시장 말고도 경제학자들이 전통적으로 연구해온 재화와 서비스의 유통을 뜻하는 물질 시장도 있다. 물질 시장을 상호작용 의례를 행하는 데 필요한 물질적 토대를 제공하는 성분으로 보면, 개념적으로 이 두 종류의 시장은 연결될 수 있다. 물론 물질은 상호작용 의례에 필요조건이지 충분조건은 아니다. 상호작용 의례의 주요 성분은 대체로 다른 상호작용 의례에서 흘러나와 재순환되는 정서와 상징이다. 그러나 물질적 조건 없이는 성공적인 상호작용 의례라 하더라도 멈추고 만다. 따라서 상호작용과 물질적 재화 및 서비스가 각기 양쪽으로 흘러들어가며 두 시장이 연결된다. 물질 시장이 상호작용 의례 시장의 성분이지만, 상호작용 의례 시장 역시 물질 시장에 결정적인 사회적 성분을 제공한다. 앞으로 상세하게 살펴보겠지만, 노동과 투자의 동기 그리고 물질 시장의 터전인 이른바 '인적 자본'이라 불리는 사회관계와 신뢰가 그러한 사회적 성분이다.

나는 동기 부여의 시장으로 분석을 시작할 터인데, 이는 정서적 에너지 시장을 말한다. 이렇게 논점을 제시하는 전략은 사회학에서 시장 모델의 적용을 둘러싼 논쟁의 결정적 측면과 경제사회학이 해온 주류 경제 분석의 토대를 직접 겨냥한다는 점에서 유용하다. 경제학적 모델을 가장 명시적으로 사회 현상에 적용한 합리적 선택 이론에 대한 논의부터 다룬다. 20세기 중반의 사회학 역사에 익숙한 사람이라면 '합리적 선택' 모델 이전에도 사회학 내에 '교환 이론'이 있었고 그 이론을 더 발전시켜 결혼 시장을 분석한 왈러(Willard Waller), 소집단의 유대를 연구한 호만스(George Homans), 그리고 관료적 조직 성원들이 조언을 교환하는 상호작용과 칵테일파티에서 이루어지는 대화 놀이를 연구한 블라우(Peter Blau) 같은 사회학자들을 기억할 것이다.[1] 사회적 상호작용에 관한 시장 모델이 몇 가지 근본적인 역설로 귀결되며, 그 역설을 해소하기 위해서는 상호작용 의례 시장의 모델을 도입할 필요가 있다는 것이 나의 주장이다.

합리적 비용–편익 모델의 문제점

미시적 상호작용을 사회학적 설명의 출발점으로 삼는 사회학 이론의 입장에서 보면 합리적 행위자 관점은 매력이 있다. 합리적 행위자 관점은 문화나 구조 같은 거시적 실체를 물화시키지 않고 동기를 지닌 행위자에서 출발한다. 문화나 구조는 개인의 행위에서 도출되는 만큼만 타당한 개념이다. 합리적 행위자 관점에는 보편적인 설명 전략이 있다. 모든 사회적 행위를 투자비용에 비례해서 기대되는 이득을 최적화하려는 개인의 시도로 설명하는 전략이다.

그러나 여러 가지 이론적 난점도 있다. 첫째, 투자비용–편익 분석을 벗어나는 것처럼 보이는 범주의 행동이 있다. 정서적 행동, 이타주의, 도덕적인 행동이나 가치 부여의 행동이 그런 범주에 든다. 사람들은 비물질적 목표가 뚜렷해지면 물질적 이해관심을 넘어선다. 합리적 자기 이익에 토대를 둔 교환에 관해서는, 교환이 이루어지기 전에 수립된 규칙에 대한 가치 합의가 없으면 교환이 성사될 수 없다는 뒤르켐의 '전(前)계약적 유대'까지 거슬러 올라가는 논의가 있다. 그래서 합리적 행위는 단지 사회적 행위의 한 부분, 그것도 하위 부분에 불과한 것으로 보인다.

둘째, 행위자가 서로 다른 행위 영역에서 비용과 편익을 비교할 수 있는 공통의 측정 규준(common metric)이 없다. 물질적 재화와 서비스 영역에서는 돈을 가치의 기준으로 삼을 수 있다. 이를 확대해서 건강이나 안전, 삶의 가치를 돈으로 측정할 수도 있다. 그러나 법적 판결이나 보험 처리 액수로 사후에 그 가치를 측정할 수는 있겠지만, 사람들이 생명이나 신체적 위험을 돈의 가치로 미리 계산하고 비교해서 행위 계획을 세우는지는 분명하지 않다. 범위를 더 넓혀 질문해 보자. 돈, 생명, 명예 가운데서 하나를 선택해야 한다면 사람들은 어떻게 할까? 권력과 다른 재화를 비교할 수 있는 공통의 측정 규준이 있는가? 얼마만 한 신분을 얻어야 들인 노력의 가치와 맞먹을까, 또는 신체적 위험이나 여가를 희생한 대가는 얼마나 되어야 할까, 그리고 그 가치는 모든 시점에 모든 사람에게 다 같을까? 그 모든 재화를 개인이 최대화하려고 하는 재화와 서비스의 추상적인 효용성 요소로 규정하려면, 개인이 실제로 어떻게 다른 재화 대신에 특정한 재화를 선택하게 되는가 하는 질문에 답할 수 있어야 한다. 실제로 이루어지는 선택을 분명히 설명할 수 없다면, 선호 목록의 제시는 단지 사후 설명이 될 뿐이다. 그리고 만일 공통분모가 없다면 각 영역에서는 개별적으로 합리적일지 모르지만, 한 영역에서 다른 영역으로 건너뛰는 행위는 예측할 수 없다.

셋째, 사람들은 자연 상황에서는 별로 계산을 하지 않는다는 증거가 매우 많다. '합리적 선택'의 개념은 실상이라기보다 은유에 가깝다. 자연적 상호작용에 관한 고프먼의 연구(1967)는 사람들이 두드러지게 의례화된 행위를 하는 때가 많다는 사실을 보여준다. 가핀켈(1967)과 미시 연구학파는 사회적 상호작용에서 가장 중요한 '민속방법'은 무한정 맥락을 설명하는 길로 들어서지 않기 위해 행위의 논리적 근거를 묻는 질문을 피하는 것임을 발견했다. 가핀켈은 사회적 상호작용의 통상적 과정이 보수적 성격을 가지고 있다고 설명한다. 행위자들은 표면에 드러난 상황의 모습이 정상 상태라 가정하고, 상호작용이 와해될 조짐을 보이는 사건이 일어나면 의례적으로 땜질하고 수선한다는 것이다. 민속방법론의 발견은 넓은 의미에서 복잡성에 마주친 행위자의 인지 능력 한계를 지적하는 '제한된 합리성' 학파의 조직 분석과 비슷하다. 마치와 사이먼(March and Simon, 1958)이 분석한 '만족화 전략(satisficing)'과 '발등의 불끄기(troubleshooting)'식 조직 행동은 일상의 상호작용에서 행위자들이 공유하는 배경이 정상 상태임을 가정하려 한다는 가핀켈의 설명과 일치한다. 이를 '사이먼과 가핀켈의 원리'라고 부를 수도 있다.

　마지막으로, 계산 문제를 받은 행위자가 비최적화 쪽의 해답으로 기우는 경향이 있음을 보여주는 심리학 실험 증거도 있다(Kahneman et al., 1982; Frey and Eichenberger, 1989). 미시적 상황에서 개인이 그리 계산을 많이 하지 않거나 계산에 서투르다는 증거가 일반적 수준에서 합리적 행위자 이론을 훼손하지는 않는다. 이론의 주요 명제는, 행동은 비용에 비해 편익이 가장 큰 행위 경로를 향해 움직인다는 것이다. 개인의 행동은 중장기적으로는 '합리적'이지만, 그 행위의 경로로 가는 방식이 반드시 미리 주어져 있지는 않다. 따라서 시행착오를 통해 이루어질 수 있다. 순전히 비용 압력 때문에 특정한 행동 경로를 유지할 수 없는 경우도 있을 수 있다. 그러나 의식적 계산 없이 행위가 무의식적으로 일어나더라도 그것은 여전히 보상과 비용의 제약을 받는다. 무의식적 행동은 의도적으로 계산된 행동을 하는 자리에서도 나올 수 있다. 이는 행동이 언제나 무의식적이라는 말이 아니다. 만일 중장기적으로 최적의 결과를 산출하게끔 이끄는 무의식적 기제가 있다면, 의도적으로 계산하는 사람들이나 무의식적으로 행동하는 사람들이나 같은 결론에 도달할 수 있다는 뜻이다.

　나는 이 세 가지 문제를 동일한 방식으로 해결할 수 있음을 논증하려고 한다.

　첫째, 정서적, 상징적, 가치 지향적 행동은 상호작용 의례의 역학으로 결정된다. 집단 유대의 경험에서 창출된 정서적 에너지는 사회적 상호작용의 일차적인 재화이고, 모든 가치 지향적 행동은 정서적 에너지라는 재화의 최적화를 지향하는 합리적 동기에서 발생한다. 상호작용 의례가 제공하는 유대와 그 상호작용 의례에 참여하는 데 드는 비용이 각기 다르므로 개인의 행동 분포에 영향을 미치는 의례 참여의 시장이 존재하는 것이다.

　둘째, 상호작용 의례는 시간이 흐름에 따라 각 개인이 얻을 정서적 에너지를 산출하며, 그 정서적 에너지 수준이 대안적 행위의 경로와 영역 가운데서 어떤 것을 선택할 것인가 결정한다는 점에서 정서적 에너지가 공통분모로 작용한다. 상호작용 의례 시장에 적합한 것이라야 돈도 일도 가치가 있다. 개인은 자신의 전반적인 정서적 에너지 흐름을 최대한으로 높여주는 다양한 활동에 시간을 할애한다. 상호작용 의례 참여의 경제는 재화와 서비스 경제의 통합적 구성 요소인 것이다.

셋째, 개인이 생각을 하는 과정도 상호작용 의례에서 창출된 정서적 에너지와 인지적 상징에 의해 결정된다는 미시 상황의 인지 모델을 제시한다. 이는 개인이 계산되지 않은 행동을 한다는 미시 상황의 연구 증거와 일치하는 것이다. 또 한편으로 미시 상황의 총합(상호작용 의례 사슬)은 중장기적 행위 흐름에 합리적 성향을 유발시키는 상호작용 시장의 지배를 받는다.

상호작용 의례 참여의 합리성

제2장의 〈그림 2.1〉은 의례의 성분과 산출물을 흐름도의 형태로 나타낸 상호작용 의례 모델이다. 이제부터 상호작용 의례 모델을 통해 정서적 에너지 산출물이 어떻게 개인의 장기적인 행위 동기의 형성에 핵심이 되는지 살펴보자. 〈그림 4.1〉은 되먹임 과정을 좀 더 자세히 그린 것이다.

두 가지의 되먹임 – 단기적·장기적 되먹임 – 과정이 있다. 단기적 되먹임 과정은 이미 살펴본 바 있다. 초점 공유와 정서적 합류로 흘러들어가는 성분(물리적 밀도와 외부인의 개입 차단)으로 시작하여 뒤르켕이 집합적 열광이라고 불렀던 상황 몰입을 형성하는 과정이다.

장기적 되먹임은 하나의 상호작용 의례 산출물이 후속 상호작용 의례를 행할 수 있는 조건으로 유입되는 과정이다. 유대의 감정을 느끼게 해주는 상호작용 의례를 체험해본 사람은 특히 유대가 희미해지기 시작한다고 느낄 때 다시 체험하고 싶어 한다. 그래서 집단 유대에서 집단 재집결로 가는 긴 되먹임의 고리(〈그림 4.1〉의 점선)가 생긴다. 정서적 에너지 역시 후속 상호작용 의례를 촉진한다. 정서적 에너지가 높은 사람(카리스마적 정치인, 복음주의 종교 지도자, 사적 영역

〈그림 4.1〉 상호작용 의례의 흐름도

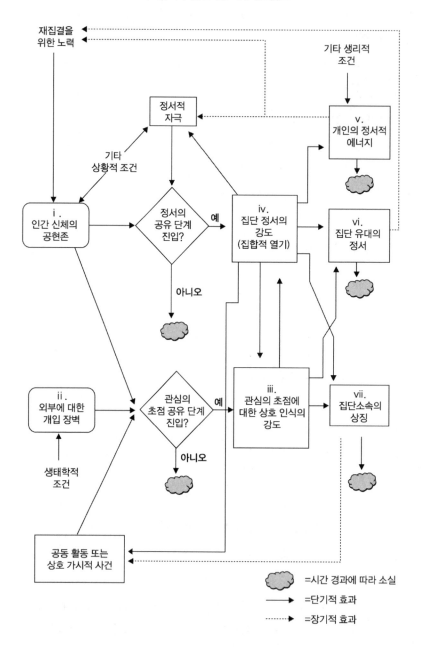

에서 대화를 이끄는 열정적인 개인이 좋은 예이다)은 다른 이들에게 새로운 정서적 자극을 주고 열정을 부추긴다. 또 정서적 에너지가 높은 이들은 새로운 집단을 모으거나 집단을 재집결시키려는 노력을 기울일 열정이 있다. 마지막으로, 과거의 의례에서 중요하게 떠오른 집단 소속의 상징이 있으면, 과거의 의례를 자신들에게 상기시키는 인지적 도구 그리고 가시적인 관심의 초점이나 공동의 활동에 사용할 수 있는 표지와 기념할 행위의 목록도 지니고 있는 셈이다. 이런 과정을 통해 하나의 상호작용 의례는 상호작용 의례들의 사슬을 형성한다.[2]

높은 수준에서 작동하는 상호작용 의례는 합리적 선택 이론이 설명할 수 없다고 생각되는 모든 가치를 생산한다. 종교적 헌신은 집회 의례에서 생기며, 집단 성원의 합류 수준이 높게 유지되는 정도에 비례해 강렬해진다. 갈등 상황이 집단 성원의 자기희생과 헌신의 의지를 불러일으키기도 한다. 애초의 두려움과 분노의 감정이 집단에서 집합적으로 경험되고 유대로 전환되면서 시위나 전투 경험이 밀도 높은 상호작용 의례가 될 때이다. 정치적 이상에 대한 투신은 집단의 대규모 집회 의례에 닻을 내리고 있는 것이다. 이타적 행동이 이루어지는 좀 더 사적인 소규모의 상호작용도 마찬가지이다. 친밀한 대화로 이루어진 성공적인 상호작용 의례를 통해 높은 수준의 유대에 도달한 우정, 진한 성적인 상호작용 의례로 생긴 사랑, 부모와 아기 모두에게 아주 포근하게 느껴지는 유희 리듬에서 나오는 부모자식 사이의 사랑 따위는 모두 개인에게 극단적인 보상을 준다고 여겨지는 체험들이다. 대규모 집단이든 친밀한 소집단이든 거기서 성공적으로 이루어진 상호작용 의례는 사람들의 삶에서 가장 중요한 사건으로 기억된다.

상호작용 의례에 토대를 둔 정서적 유대에 어떻게 합리적 모델을 적용할 수 있을까? 유대는 재화이며, 사람들은 자기가 들인 비용에 비례해 얻을 수 있는 유대의 정도를 최대화하려 한다. 그러나 유대는 집합적 재화라서 서로 협력해야만 생산될 수 있으며, 동시에 아주 단순한 유형의 집합적 구조이기도 하다. 상호작용 의례는 무임승차자 문제*에 영향을 받지 않는다. 유대 게임은 〈그림 4.2〉와 같은 구조를 가지고 있다.

〈그림 4.2〉 초점 공유 유지에 대한 보상

		개인 A	
	아니오	짧은 시간	긴 시간
개인 B 아니오	0, 0	0, 0	0, 0
짧은 시간	0, 0	1, 1	1, 1
긴 시간	0, 0	1, 1	3, 3

A와 B 모두 관심의 초점 공유를 유지하는 데 기여해야 하고 공동의 정서 형성에 스스로 몰입할 경우에만 그 보상으로 유대를 얻을 수 있다. 유대(또는 유대와 관계가 있는 정서적 에너지)를 원한다면 상호작용 의례에 참여하는 것은 아주 합리적인 행위이다.

여기에 복잡한 차원을 더 보탤 수 있다. 대규모 집단은 어떤 한 개인에 대한 의존도가 낮다. 다른 사람들이 행하는 의례에 참여하지는 않고 그저 관찰만 하는 사람은 그 의례에서 거둬들이는 유대가 훨씬 적을 것이므로 전체의 유인 구조는 2인 집단의 구조와 비슷해질 것이다. 〈그림 4.2〉에는 의례 참여에 드는 비용은 들어 있지 않다. 실제로는 어느 정도의 노력이라는 최소한의 비용은 든다. 그러나 성공적인 상호작용 의례는 정서적 에너지를 만들어내기 때문에 사람들은 생기를 얻으며 자신이 들인 비용을 벌충하고도 남는다고 느낀다. 상호작용 의례는 어떤 한 사람이나 소수의 참여자가 엄청난 노력을 들이고도 별로 성공하지 못할 때 값비싼 것이다. 그런 사태가 발생할지 여부는 의례 상황의 외부 조건,

---

* 무임승차자 문제는 공동으로 생산한 재화나 편익을 개인이 정당한 대가를 치르지 않고 취함으로써 그 토대가 침식되는 문제를 말한다. 주로 경제학, 정치학, 사회학의 합리적 선택 이론에서 다루는 문제이다. ─ 옮긴이 주

특히 각양각색의 개인이 의례 상황에 지니고 들어오는 정서적 동기와 정서가 실린 상징의 목록에 달려 있고, 또 의례 시장 전체의 기회 구조에 달려 있다. 분석을 확장시켜 한 상황에서 가능한 대안적 상황들을 다루면서 비용 조건을 논의해 보자.

유대 의례의 시장

당면한 상황의 상호작용 의례에 참여하는 행위가 항상 합리적인 것이라면, 참여하지 못하게 제약하는 조건은 무엇일까? 강도 높은 의례는 도대체 왜 끝나고, 사람들은 왜 삶의 일부를 다른 일에 소비하는 것일까? 단기적으로 보면, 상호작용 의례는 정서적 포만 탓에 종말을 고한다. 정서적 흥분이 어느 시점에 이르러 안정되면 한계효용성이 감소한다. 그 시점이 지나면 유대는 얼마간 높은 상태로 남아 있지만 정서적 흥분은 엷어진다. 이것이 정서의 생리적 특성이다.[3] 그렇지만 단기적인 포만 상태가 정서적인 보상을 주는 상황을 중장기적으로 되풀이하려는 경향을 없애지는 못한다. 이 점을 좀 더 자세히 살펴보자. 성공적인 상호작용 의례는 개인에게 정서적 에너지와 집단 소속의 상징을 제공해주는데, 이 둘은 또 다른 상호작용 의례를 행할 때 쉽게 재투자할 수 있는 자원이다. 단기적인 포만감이 사라지면 곧 종류가 같은 상호작용 의례가 간헐적으로 되풀이되는 결과로 이어지리라 예측할 수 있다.[4]

이와 같은 정기적인 집회 의례의 유형은 경험적으로 관찰할 수 있는 현실이다. 사람들은 교회 예배나 친구들과의 파티 또는 정치 집회에 대한 나름의 취향을 발전시킨다. 그렇지만 그런 성향이 생기고 사라지는 이유를 설명할 수 있는가? 개인이 여러 의례들 가운데서 어느 한 의례에 참여하게 되는 것은 무엇 때문이며, 왜 어떤 사람들은 다른 사람들보다 더 유대 의례를 좋아하는 것일까? 이 물음에 답하기 위해서는 의례 상호작용의 시장 전체에서 개인이 자리 잡고 있는 위치를 고려해야 한다.

정서적 에너지와 집단 소속 상징의 재투자

상호작용 의례는 단기적으로뿐만 아니라 중장기적으로도 누적된다. 성공적인 상호작용 의례에 참여한 적이 있는 사람들은 그런 유대 의례에 대한 취향이 생겨 상호작용 의례를 되풀이하려는 동기를 갖게 된다. 그런 취향과 동기는 정서적 에너지 생성 과정, 그리고 집단 소속을 나타내는 상징 창조의 과정을 통해서 형성된다.

개인의 정서적 에너지는 자기가 참여한 상호작용 의례의 강도에 따라 올라가기도 하고 내려가기도 한다. 정서적 에너지는 가변적으로, 상호작용 의례 자체의 강렬함이 절정에 이르렀을 때 가장 높고 강한 여운을 남기지만 시간이 흐르면 점차 줄어든다. 정서적 에너지의 소멸 시간이 측정된 적은 없다. 적당한 근사치는 몇 시간과 며칠 사이의 '중간'쯤 될 것이다. 물론 그 기간에 또 다른 상호작용 의례를 경험한다면 달라질 것이다. 정서적 에너지는 상호작용 의례로만 생기지 않는다. 낮은 정서적 에너지(우울함)는 생리적 조건에 영향을 받을 가능성을 배제할 수 없다. 술이나 마약 또는 그 비슷한 무엇을 흡입해서 잠시지만 정서적 에너지를 높일 수 있다. 이것이 〈그림 4.1〉에서 화살표로 표시한 '개인의 정서적 에너지에 작용하는 기타 생리적 조건들'이다. 그러나 그런 생리적 투입물은 상호작용 의례의 전체 과정에 흘러들어가 증폭되기도 하고 감소되기도 한다(반대 방향으로도 작용한다)는 점을 강조하고 싶다.[5] 어떤 상호작용 의례는 생리적 촉진제(파티에서 마시는 술)를 의례의 생산 수단으로 사용하기도 한다.

한 사람에게 축적된 정서적 에너지는 그 사람이 또 다른 상호작용 의례를 행할 능력을 부여하는 핵심적 자원 가운데 하나이다. 높은 수준의 정서적 에너지를 축적해놓은 개인은 자신을 중심으로 관심의 초점을 창조할 수 있고 사람들에게 공통의 정서를 불러일으키기도 한다. 그럴 만큼 정서적 에너지가 높은 사람은 소시오메트리(sociometry)의 스타이고, 극단적인 경우에는 카리스마적 지도자도 될 수 있다. 비정상적일 만큼 높지 않으면 이전의 상호작용 의례에서 생긴 정서적 에너지는 그 다음 상호작용 의례에서 평범한 수준으로 떨어진다. 이전 상호작용 의례 체험에서 그다지 정서적 에너지를 얻지 못한 다른 쪽 극단에 있는 사람들은 강도 높은 후속 상호작용의 주도자가 될 핵심 자원 하나를 지니지 못한 셈이다. 그들의 침울한 기분은 다른 사람들마저 우울하게 만들어 상호작용 시장에서 회피의 대상이 될 수도 있다.

상호작용 의례 시장에서 정서적 에너지는 핵심 자원이다. 어떤 사람들은 다른 이들에 비해 상호작용 의례에 투자할 정서적 에너지 자원을 더 많이 가지고 있다. 그들은 자신이 투자한 정서적 에너지에 대해 더 큰 보상을 원할 것이다. 자신의 정서적 에너지를 성공적으로 투자할 기회가 더 많은 사람들이 있는 반면에 참여자로 쉽게 받아들여질 기회가 별로 없는 사람들도 있다. 따라서 정서적 에너지가 풍부한 사람들은 시장의 어느 한 영역에 별로 구애받지 않겠지만, 그렇지 못한 사람들은 자신을 받아들일 집단에 목을 매게 된다.

상호작용 시장에서 또 다른 핵심 자원은 집단 소속의 상징이다. 상호작용 의례가 진행되는 동안 집단이 관심을 집중하는 항목이다. 문화의 모든 항목은 상징이 환기되는 정도에 따라 연속선상의 어느 한 지점에 놓인다. 문화적 항목에는 특정 집단과 관련해 낮은 쪽에서 높은 쪽까지 정도의 차이를 보이는 집단 소속의 의미가 담겨 있다. 고도로 충전된 집단 소속 상징의 보유는 후속 상호작용 의례를 촉진한다. 여러 사람이 동일한 집합적 상징에 가치를 둘 때 상호작용에서 그 상징을 일깨우기 쉽고 집중력도 높일 수 있다. 상징은 함께 나눌 이야기 내용과 행위에 초점을 제공한다. 집합적 상징은 밀도 높게 구성된 집단의 상호작용 의례에서 되풀이 사용되는 경향이 있고, 그래서 유대의 감정을 재충전시킬 수 있다. 상징과 상호작용은 시간이 경과하면서 사슬로 연결된다.

상징의 짝짓기와 정서의 상호 보완성

사람마다 정서적 에너지의 수준이 다르고, 이전의 상호작용 의례 체험에서 얻은 헌신적인 집단 소속감으로 충전된 집합적 상징 자원의 보유 정도에 차이가 있다. 그들의 행동은 시장 과정을 통해 예측할 수 있다. 사람들은 가장 강렬한 상호작용 의례가 될 것 같은 느낌을 주는 상호작용을 향해 움직인다. 즉, 자신들이 지닌 현재의 자원과 비교해 가장 높은 정서적 에너지 보상을 줄 가능성이 있는 의례 쪽으로 간다. 집단 소속의 상징이 특정한 집단에 국한된 것이라서 어떤 상호작용에는 그리 잘 들어맞지 않는 문화적 자본도 있다. 상호작용 의례가 강도 높은 수준에 이르지 못하고 정서적 에너지 보상도 낮은 상호작용은 멀리하게 되어 있다. 상징이 참여자들에게 잘 들어맞는 경우에는 상호작용 의례도 성공적이고 정서적 에너지 보상도 커서 사람들은 그런 상황에 끌린다.

일상생활의 미시적인 상황에서 상징의 짝짓기 과정은 대개 대화 시장에서 이루어진다. 대화 상황은 누가 누구에게 그리고 얼마나 오래 열정적으로 대화를 하는지에 따라 시장과 같은 속성을 띠고 움직인다. 대화는 참여자들이 서로 이야기를 조율하는 과정으로 이루어진다. 대화에 기꺼이 몰입하는 정도는 자기가 속한 연결망에서 나눌 수 있는 상징 자원의 보유 정도가 다른 이야기와 알게 모르게 비교되는 데 따라 달라진다. 각자 제시된 짝짓기에서 가능한 대화 주제들이 얼마나 재미있는지, 중요한지, 즐거운지 또는 문화적으로 품격이 있는지 비교한다. 모든 대화는 이용 가능한 대화 시장의 맥락에서 이루어진다. 대화 시장의 선택은 시간적으로 흩어져 있지만 상황이 두드러지게 시장의 성격을 띠는 때도 있다. 짝짓기 할 수 있는 많은 대화가 있고 새로운 대화가 시작되어 이미 하고 있던 대화가 깨지기도 하는 칵테일파티 같은 경우이다.

자원을 더 많이 지닌 사람들은 함께 상호작용하는 이들에게 더 많은 것을 기대한다. 상징과 정서적 에너지가 풍부한 사람은 대화를 지루해하고 불만스러워하기 쉽다. 지니고 있는 상징적 자원이 대등하지 못한 사람들은 서로 교환할 게

<그림 4.3> 상호작용 의례 사슬

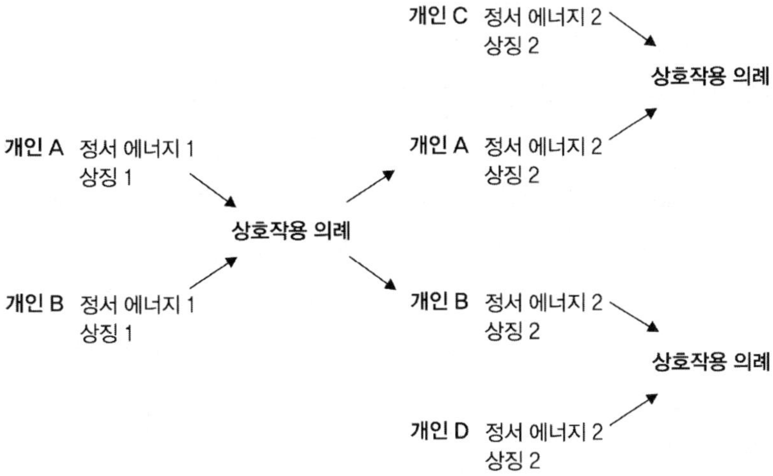

별로 없고 좀 더 평등한 짝짓기 대상을 찾아다닌다. 이런 상황의 발생 여부는 다른 상대로 옮겨갈 기회가 있는지, 어떤 상대가 있는지 하는 부가적 조건에 달려 있다. 칵테일파티에서 더불어 재미있게 이야기를 나누고 싶은 사람은 마치 무도회에서 파트너 신청 카드(과거에는 춤 신청 카드라는 게 있었다)가 꽉 차 있는 미인처럼 이미 다른 사람에게 붙들려 있다. 현재의 대화에 머무를지 옮길 것인지는 그 자리의 짝짓기뿐만 아니라 주변의 대화 시장에 산재한 짝짓기 밀도의 정도에 좌우된다. 대등하지 않은 이들 사이의 대화는 참여자의 상대적인 정서적 에너지 수준에 영향을 받는다. 그래서 때로는 상대에게 숙이고 들어갈 마음이 생기고, 상대도 대화를 깨기보다는 겸양을 받아들이는 편을 택하기도 한다.

시간의 흐름에 따른 상호작용 의례 사슬을 <그림 4.3>으로 나타내보았다. 시점 1에서 A와 B는 각자 상징 자원과 정서적 에너지를 지니고 만난다. 상호작용 의례의 성공과 실패 정도에 따라 각자의 정서적 에너지 수준과 상징 자원이 변화한다. 처음에 지니고 온 정서적 에너지의 수준은 증가하거나 감소하거나 재충전되거나 한다. 상징은 더 큰 의미로 재충전되거나, 상호작용 의례가 실패해서 고갈되거나 아니면 새로운 상징 자원을 획득할 수도 있다. A와 B는 C와 D 또는 다시 같은 상대와 다음 만남에서 사용할 수 있는 정서적 에너지 수준과 상징적 자원을 지니고 헤어진다.

만남이 진행되는 동안 한 사람이 사용할 수 있는 상징 자원은 대부분 그 이전의 상호작용 의례 사슬에서 얻은 것들이다. 상호작용 의례의 강도가 중간 정도밖에 안 되는 경우에도 대화 상대자 양쪽에게 모두 성공적인 것이면 새로운 상징이 창조된다. 상징이 창조되는 방식에는 두 가지가 있다.

하나는 한 사람이 새로운 상징을 상대에게 전달해주는 식으로 단선적 성격을 띠는 것이다. 만남이 진행되는 동안에 얻은 상징의 학습, 연결망을 통한 상징 자본의 이전으로 간주될 수 있다. 그러나 한 가지 단서가 있다. 그것은 한 사람의 기억 창고를 채우는 인지적 학습에서 그치는 것이 아니라 집단 소속감과 정서적 에너지를 충전시켜주는 상징을 얻는다는 점이다. 개인이 사회적으로 중요한 의미를 지닌 만남에서 '학습'할 수 있는 것은 특정한 집단에 소속되기 위해서 그 상징이 뜻하는 바가 무엇인지를 아는 것이다. 이는 이미 익숙하게 알고는 있었지만 중요성을 느끼지 못했던 그 상징의 사회적 용도를 경험함으로써 생긴다. 다른 사람들에게서 상징을 획득하는 과정은 시간이 흐름에 따라 집단 소속감이 주는 울림을 더 깊이 느끼면서 형성된다. 순진하다는 것은 의미 있는 무엇인가를 들어본 적이 없다는 사실에서 그치지 않는다. 더 난처한 경우는 들어본 적은 있으나 무슨 뜻인지를 모르고 그래서 거기에 부적절하게 대응하는 상황일 것이다.

두 번째 방식은 대화 상호작용 안에서 집합적으로 새로운 상징이 창조되는 것이다. 보통은 초점 공유와 정서적 합류가 높은 수준에 도달한 아주 성공적인 상호작용 의례일 때 새로운 상징이 창조된다. 여기서 대화는 새로운 생각과 식견을 내놓거나 새로운 어구와 유행어를 만들어내거나 기억할 만한 재치, 재순환할 만한 농담을 하는 것이다. 만남이 다른 사람들이나 서로를 새롭게 이해할 수 있는 성찰의 수준까지 간다면, 만남이라는 사건 자체도 상징적 자원이 될 수 있다. 가령 동맹을 강화 또는 파괴하거나 참여자 사이의 적대감에 불을 붙이는 경우처럼 관계가 극적인 변화를 겪을 때 만남은 잊지 못할 사건ㅡ 그리고 그 이상의 성찰과 상징적 재순환의 대상ㅡ 이 될 것이다. 그런 점에서는 연애 사건이나 사업 또는 직업적 관계가 다를 바 없다. 밀고 당기고 협상하는 기간에는 흥분이 고조되고 정서가 실린 상징적 자원이 활발하게 창조된다.

나는 그 과정을 대화라는 자연적 의례에서 짝짓기가 이루어지는 과정으로 예시해보았다. 다른 종류의 자연적 의례에서도 비슷한 과정이 진행된다. 운동 경기나 연예오락 행사에 집합적으로 참여하는 경우이다. 어떤 모임은 상업적이고 또 진입하는 데 문화적 자본이 필요하지 않은 것처럼 보이지만, 그것은 입장 단계에만 해당되는 말이다. 어느 정도의 상징 자원 없이는 깊이 몰입하는 참여자가 되기 어렵고, 소속감을 줄 수 있는 집합적 상징을 통해 유흥 의례의 정서적 울림을 포착하기도 어렵다. 보통은 그런 만남의 연결망 체험이 있는 사람에게서 상징을 배우거나 누군가 거기서 벌어지는 일들을 설명해주고 취해야 할 적절한 태도를 알려주는 사람을 동반해야 한다. 상징 자원의 이전은 연예오락처럼 사적으로 의례가 이루어질 경우에는 더욱더 필요하다. 전통적으로는 작곡 발표회, 연주회, 무도회, 카드놀이 따위의 사교적인 유흥이 그랬고, 현대에 와서는 연주회나 스포츠 분야가 그렇다. 여가 의례의 형태는 역사적으로 변천해왔지만 집단 소속을 나타내는 상징적 의미는 변하지 않았다(비록 20세기에는 텔레비전 시청과 대화 이외의 사교적 모임은 일반적으로 거의 사라졌지만).

그런 영역에서는 성취도가 높은 사람들과 그렇지 못한 사람들 사이에 뚜렷한 경계와 서열이 생긴다. 기량에 등급이 매겨져 그 자리에 있던 사람들에게 인정받고 그 후 대화에서 재순환되면서 사회적 평판을 얻게 된다. 어떤 사람은 춤이나 노래, 또는 브리지 게임이나 19세기 영국식 크리켓 게임, 또는 20세기 미국의 약식 야구경기에서 뛰어난 기량을 보인다. 그 경우 기량은 단순히 사물이나 인지의 상징이 아니라 집단 소속감을 소통하는 방식임을 상기시켜주는 상징 자원의 하나이다. 대화는 관심의 초점과 정서적 합류의 크고 작은 효과가 있는 언어 상징을 사용하는 과정이며, 그래서 사람들은 순수한 상징 자원 못지않게 말하는 방식이나 리듬의 효과도 기억한다. 춤은 (이전 시대에는) 품위 있는 미뉴에트를 격식에 맞게 잘 추는지, 그저 농부의 춤에 불과한 정도인지, 아니면 (19세기의 파티 여주인이라면 "사교적 소질이 없다"고 말할 법하게) 소질이 전혀 없는지 등으로 집단의 성원 자격을 행위로 가늠하는 신체적 상징이다. 시기와 장소를 록 콘서트로 옮겨도 무대 바로 앞에 자리한 관객으로서 매너를 아는지 모르는지에 따라 포함되거나 배제되는 식의 작용이 이루어짐을 볼 수 있다. 누구와 춤을 추고 게임을 하는지가 몸으로 직접 실현해보이는 집단 소속의 상징이다. 음악을 함께 들으며 적절한 순간에 갈채를 보내 연주를 향유하는지 그렇게 못하는지 하는 의례적 행동도 마찬가지이다. 그 모든 자연적 의례는 대화로 상징을 나누지 않더라도 참여자가 상호작용에 지니고 오는 상징적 자원의 성분에서 형성되며, 끝맺음도 집단 소속의 상징 자원을 연장하거나 갱신하는 참여자들의 몫으로 남는다.

상징 자원의 재투자·재순환 과정은 비공식 의례와 마찬가지로 공식 의례에서도 이루어진다. 귀족의 궁정 의례, 교회 예배, 정치 기구의 행사 따위에 성공적으로 참여하려면 이전의 상징 흐름을 알 기회나 경험이 있어야 한다. 한 개인이 지닐 수 있는 상징 자원의 총량은 대화 의례나 다른 자연적 의례와 공식 의례에서 사용되는 상징으로 구성된다. 공식 의례와 비공식 의례의 상대적 중요성은 역사적으로 변천해왔지만, 개인 삶을 구성할 상황의 사슬을 협상하는 데는 개인이 지닌 전반적인 상징 자원이 여전히 결정적이다.

가장 단순한 상호작용 의례 시장의 형태는 정태적이고 자기 재생산적인데, 이는 부르디외가 어디에나 편재한다고 가정한 모델이다. 공식 의례를 가장 잘 아는 이들은 대중적 관심의 대상이 되는 여러 엘리트 집단에 두루 적을 두고 공식 의례에 계속 참여한다. 상징적 지식이 없는 이들은 배제되어 가장 영예로운 집단 상징을 획득할 기회를 결코 얻지 못한다. 비공식 대화 의례에서도 사교계의 명사는 자신의 대화 자본을 계속 재생산하는 반면, 상징이 빈약하고 대중적 인기가 없는 이들은 배제되어 강도가 약하고 명성도 낮은 대화에 만족할 수밖에 없다.

그러나 상호작용 의례 시장에서 시장 지배력의 재생산에 관한 단순한 모델은 아직도 만남의 협상 과정에서 정서적 에너지가 작용하는 지점이 어디인지 설명하지 못한다. 상호작용 의례가 성공적으로 이루어지려면 상호작용하는 사람들의 집단 소속 상징뿐만 아니라 정서적 에너지 수준도 비슷하게 맞추어져야 한다. 물론 정서적 에너지가 높은 두 사람이 반드시 서로 잘 어울리는 것은 아니다. 이들은 각자 관심의 중심에 서서 주도권을 쥐고 대화를 지배하고 의례를 통제하는 데 익숙하다. 정치 영역에서 카리스마적 지도자들은 서로 가까운 동료가 되지 못하고 소원한 경우가 많다. 심지어 각자 자신들의 독자적인 사회적 동아리를 중심으로 경쟁 상대가 되는 경우도 있다.[6] 그리고 대중적인 여주인공, 갱두목, 파티의 생명인 재기발랄한 재담가도 마찬가지이다. 어떤 모임이라도 관심이 집중되는 공간은 제한되어 있으며, 누군가가 중심에 서면 다른 사람들은 수동적이고 주변적인 위치에 머물 수밖에 없다.

상호작용 의례 사슬의 이론은, 이미 대단히 높은 정서적 에너지를 지니고 있어서 정서적 지도자로서 모임을 띄우는 데 능한 사람들은 관심의 중심에 설 가능성이 가장 높은 모임을 선택하고, 똑같은 정서적 지배력을 지닌 다른 사람들과 각광을 나누어 받아야 하는 모임은 피한다는 사실을 함축하고 있다. 그 반대편 극단에서는 정서적 에너지가 아주 낮은 사람들끼리 각자 서로의 동반자 몫을 배당받을 것이다. 그러나 이들이 서로 상대를 찾아 나선다는 말은 아니다. 칵테일파티에서 신분이 낮고 주변적인 사람들은 독자적인 열기로 대항 모임을 형성해 파티의 중심을 차지하는 이들과 경쟁하기보다는 대개 흩어져 있다.

정서적 에너지가 높은 사람들이 보여주는 전형적인 유형은 중간 정도의 정서적 에너지를 지닌 사람과 상호작용하는 모습이다.[7] 정서적 에너지의 수준이 중간 정도면 성공할 가능성이 있는 상호작용 의례에 들어간다. 그런 사람들의 무리는 초점이 맞추어진 만남을 시작할 에너지를 지니고 있을 것이고, 또한 그들이 함께 초점에 집중할 공유 상징을 지니고 있다면 그들이 만들어내는 합류와 열광은 모두의 정서적 에너지 수준을 증가시킬 것이다. 또 다른 경로는 이전의 상호작용 의례 사슬에서 사기충천하여 에너지 스타가 된 사람이, 만남을 자신에게 집중시키는 독특한 촉매 역할을 함으로써 자신의 정서적 에너지를 더 높이는 길이다. 따라서 정서적 에너지의 특정한 조합이 상징적 자본의 분포를 변화시킬 수 있다. 문화적 자본의 재순환을 통해 이루어지는 단순한 계층화의 재생산 수준을 넘어서 더욱더 역동적인 계층화 유형이 생길 수 있다.

높은 정서적 에너지를 지닌 사람은 보통 정서적 에너지 차원에서 자신과 비슷한 사람과는 짝을 맞추려 하지 않기—상징적 차원에서는 짝짓는 경향이 있지만—때문에 상쇄 효과가 나타난다. 정서적 에너지가 높은 사람들은 일반적으로 상징적 자본을 축적할 기회가 많다. 그런데 이들이 추종자 집단, 상징이 빈약한 사람, 정서적 에너지가 낮은 사람과 상호작용을 한다면 후자는 자신이 가지지 못했던 상징을 얻을 수 있다. 관심의 중심을 놓고 겨루지 않고 기꺼이 아랫자리에 서서 존경을 보내며 지지자 대열에 합세해서 얻는 것이다. 기꺼이 그러려 함은 정서적 상호 보완성에서 나오는 결과이다. 높은 정서적 에너지를 지닌 사람은 말 그대로 자신감에 차 있고 주관적인 자긍심으로 충만한 사람이다. 만남을 지배하고 상징적 자본이 평가받기를 기대한다. 주어진 상황에서 자신의 상징 자원에 비해 정서적 에너지가 아주 높은 사람(가령 늘 상호작용을 지배하곤 했는데 현재 사용되는 집단 소속 상징에는 익숙하지 않아 압도당하고 있는 경우)은 새로운 상징을 전해줄 수 있는 사람에게서 배우려는 겸손한 처신을 할 가능성이 낮다. 따라서 정서적 에너지가 높은 사람은 자기 나름의 문화적 교류의 범위 안에 머물러 있으려는 경향을 보인다. 상호작용 의례 시장이 자신들에게서 멀어지면 적응하는 데 어려움을 겪고, 자신이 중심에 서지 못하는 상황에 비참해하고 분노를 느낄 것이다. 정서적 에너지가 아주 낮은 반대편 극단에 있는 사람들 역시 새로운 문화적 자원을 획득하는 데 그리 능숙하지 못하다. 너무도 의기소침해서 집단에 섞여 들지 못하고, 자신의 침울함으로 다른 사람마저 쫓아버리거나 더 인기 있는 사람들의 농담에서 놀림감이 되기 쉽다.

이 두 극단 사이에 있는 보통 수준의 유동적인 정서적 에너지를 지닌 사람들은 종종 자신이 압도당하는 느낌은 있지만 비참할 정도는 아닌 상호작용의 짝짓기 상황에 놓인다. 그들의 평범한 정서적 에너지 수준은 그 상황과 현장에서 다른 이들에게 정서적 겸양의 자세를 보일 수밖에 없지만, 대신에 이전의 상호작용 의례 사슬에서 더 나은 자원을 획득한 사람들에게서 새로운 상징적 자본을 얻는다. 상징 자원 분포의 변화는 이렇게 이루어진다. 그 결과 상징적 신분 이동과 확충된 상징 자원의 성공적 재투자로 정서적 에너지의 이동도 이루어진다. 정서적 에너지와 상징이 풍부한 사람은 정서적 에너지가 낮아지고, 중간 정도인 사람(아주 빈약하지만 않다면)과 부족한 사람은 정서적 에너지가 높아질 수 있다. 그래서 상호작용 의례 시장은 유동성을 가지고 있다.

요컨대, 상징의 순환은 보통 비슷한 수준으로 집단 소속감을 주입받은 사람들 사이에서 비슷한 상징들이 짝지어짐으로써 이루어진다. 또한 정서적 에너지는 순환되고 재생산되지만, 정서적 에너지 수준이 같은 사람들 사이에서 직접적인 방식으로 이루어지기보다 수준이 다른 사람들 사이에서 상호 보완적으로 이루어진다. 따라서 상호작용 의례 시장은 상황적 계층화의 성격을 띤다. 이는 관심의 중심에 있는 정서적 에너지 지도자들, 정서적 에너지 추종자들, 정서적 에너지가 빈약하거나 박탈되어 주변에 남아 있는 무리로 구성된다. 그러나 상징은 무수히 많은 다른 것들로 구성될 수 있고, 그래서 상이한 상징에 집합적 초점을 맞추는 여러 집단·모임·환경이 유지된다. 직업이나 사업상의 특정 영역에 집중하는 사람들, 질탕하게 여가를 보내는 데 뛰어난 이들, 다양한 유흥의 추종자들, 종교적 실천에 헌신하는 사람들, 정치적 열광주의자들, 지식인 동아리 따위가 생기고 유지되는 것이다.

여기에 또 하나의 이론적 문제가 제기될 수 있다. 정서적 에너지를 추구하지만 수없이 다양한 종류의 상호작용 영역이 있고, 그래서 정서적 에너지를 얻을 수 있는 방식도 많다면 선택은 어떻게 이루어질까? 그 영역들은 상징 순환의 성격이 다르고 서로 '수평적'일 경우가 많다. 높고 낮음이라는 단일 차원에서 문화적 자본의 가치를 잴 수 없다.

그 답은 개인의 '선택'이 상징을 객관적 잣대로 비교해서 하는 것이 아니라 순전히 그 상징들이 사용되는 상황의 흐름에서 행동하는 개인이 주관적으로 선택한다는 것이다. 사람들은 상황에서 상호작용 의례를 만들어내는 성분들을 조합하고 정서적 에너지 보상이 가장 높은 상황으로 가는 길을 감지한다. 여러 상징적 가치 가운데서 선택할 때 정서적 에너지는 공통분모로 작용한다. 세상은 서로 다른 의미의 보따리로 가득 찬 상징적으로 이질적인 곳이다. 그 세상이 단순하든 혼란스럽든 사람들은 정서적 에너지의 흐름에 따라 세상을 살아가는 여러 길을 가늠한다. 각기 주어진 상황에서 자신에게 정서적 에너지를 생산해주는 상호작용 의례의 상대적 성공과 실패가 참여자의 선택을 결정한다는 뜻이다.

특정한 상황을 향한 이끌림이나 거부감은 흔히 별다른 자각 없이 일어난다. 그저 어떤 상호작용에는 에너지가 쏠리고 어떤 상호작용에는 끌리지 않음을 느낄 뿐이다. 어떤 상황 조건에서는 가능한 상호작용을 미리 계획하고 의도적으로 생각해보기도 할 것이다. 그런 '상상의 예행연습'(상징적 상호작용론자의 용어로)의 핵심적인 구성 요소는 그런 생각을 할 때 떠오르는 개념에 실리는 정서적 에너지이다. 따라서 행위의 경로를 의식적으로 생각할 때 상호작용 의례 사슬이 간접적으로 영향을 미친다.

경제적 관점에서 보면 상호작용 의례 시장에는 불완전한 요소들이 많다. 생태학적인 장애나 사회적인 걸림돌이 있어서 사람들은 상호작용의 대안을 두루 시험해볼 여유가 없다. 상호작용 의례 시장에는 사회적 최적화나 시장 청산 가격(market-clearing price)을 생산한다는 뜻은 담겨 있지 않다. 사회적 상호작용의 시장은 지역의 생태학적 조건의 규제를 받는 일련의 물물교환 시장이라고 표현할 수 있다. 주어진 상호작용 상황에서 개인은 자기의 정서적 에너지에 가장 높은 보상을 주는 상호작용을 향해 움직인다는 것이 실상이다. 따라서 상호작용 의례의 측면에서 이루어지는 개인의 행동은 합리적 행위이다.

합리적 선택의 공통분모, 정서적 에너지

정서적 에너지는 다양한 상호작용 의례의 대안 중에서 개인이 무엇을 선택할지 결정하는 데 공통분모로 작용한다. 개인이 가장 매력을 느끼는 상호작용 의례가 교회 예배인지 정치 집회인지 아니면 친한 사람들과의 대화인지는 각각의 상황에서 흘러나오는 정서적 에너지가 얼마나 될지에 대한 개인의 예상으로 결정된다. 강렬한 상호작용 의례가 진행되는 도중에는 정서적 에너지가 높이 올라가지만, 의례가 끝나고 나면 시간이 흐름에 따라 소멸하므로 한 시점에서 정서적으로 강한 매력을 주는 상호작용 의례의 중요한 측면은 시간적 근접성이다.

그런데 사람들은 상호작용 의례에서 얻는 정서적 보상과 다른 종류의 재화에서 얻는 보상을 놓고서 어떤 선택을 할까? 상호작용 의례 모델은 사람들이 항상 일이나 저축보다 교회 예배나 사교 의례(가장 높은 정서적 에너지를 주는 쪽)를 선호하고 선택하는 사교적 유대의 중독자라는 뜻을 함축하고 있는가?

상호작용 의례 시장의 분석 범위를 넓혀보자. 〈그림 4.4〉가 보여주는 바와 같이, 상호작용 의례는 지금까지 고려했던 정서적 에너지와 집단 소속 상징에 재투자하는 것 말고도 부가적인 비용이 든다. 상호작용 의례 모델의 왼쪽에는 물질적 재화와 서비스 시장(줄여서 '물질 시장')이 있고, 거기서 상호작용 의례 시장으로 가는 흐름이 있다. 만일 상호작용 의례 시장을 두 시장에서 모두 재화의 가치를 결정하는 궁극적 요인으로 보고 거기서 분석을 시작한다면, 두 시장을 단일한 한 단위의 시장으로 분석할 수 있다. 즉, 정서적 에너지를 생산하는 상호작용 의례 시장은 개인이 물질적 재화와 서비스의 가치를 판단하는 데 사용될 수 있지만, 그 역은 성립하지 않는다는 말이다. 물질 시장 안에 있는 돈이나 기타 재화의 선호 목록에서 정서적 에너지를 위한 선호 목록을 얻을 수는 없다.

사람들이 언제나 물질적 재화보다 사회적 유대를 더 높게 평가한다는 주장이 아니다. 그보다는 각각의 특정 영역에서 개인이 들이는 노력의 상대적 비중을 결정하는 상황 조건을 예측할 수 있음을 보여주려는 것이다. 정서적 에너지가

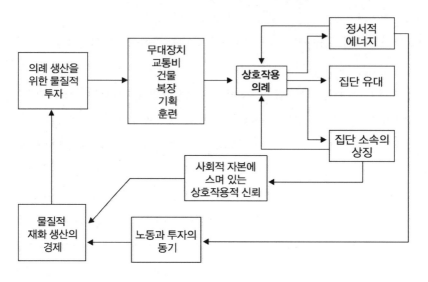

〈그림 4.4〉 상호작용 의례와 물질적 자원의 생산

선택에 공통분모로 작용함을 입증해보자.

　물질적 생산이 선택 동기를 통합하는 과정의 일부가 되는 방식에는 세 가지가 있다. ① 물질적 조건은 상호작용 의례를 행하는 데 필요한 자원의 일부이다. 개인이 정서적 에너지를 최대화하려면 상호작용 의례를 위한 물질적 조건을 생산하는 데 에너지를 투여해야 할 것이다. 상호작용 의례 시장이 더 확장되고 비용이 많이 들면 물질적 생산을 늘리려는 동기가 생긴다. 여기서 독자는 종교(더 일반적으로는 상호작용 의례)가 자본주의(물질 시장)를 촉진한다는 베버의 주제를 비틀고 있음을 눈치 챌 것이다. ② 덧붙여 물질적 생산 자체는 나름의 정서적 에너지 수준을 창출하는 상황에서 일어난다. 일터에서 자연적으로 발생하는 상호작용 의례가 있어서 어떤 사람은 일을 통해 자신의 정서적 에너지를 얻는다. 왜 어떤 사람은 '일 중독자'가 되는지 또는 일과 재화를 소중한 가치로 생각하는 금전 숭배자가 되는지에 대해 물질 시장 요인만으로 분석할 때보다 더 나은 예측을 할 수 있다. ①과 ② 모두 물질 생산을 위한 시장과 상호작용 의례 시장을 통합하는 방식이다. 두 종류의 시장을 통합하는 세 번째 경로도 논의할 것이다. 즉, ③ 물질 시장을 존재할 수 있게 하는 사회적 터전은 참여자들 사이에서 이루어지는 상호작용 의례의 흐름이 마련해준다는 것을 살펴볼 것이다.

물질적 생산의 동기는 상호작용 의례를 생산할 자원의 필요에서 나온다

사람들이 상호작용 의례에 참여해 정서적 에너지 보상을 추구하는 것이 사실이라면, 물질적 재화가 필요하고 또 물질적 재화를 얻으려고 얼마간의 시간과 노력을 기울이리라는 것도 사실이다. 그렇다면 일을 할지 아니면 높은 정서적 에너지 보상을 주는 다른 대안을 추구할지는 어떻게 결정하는 것일까? 사람들은 그럴 필요를 거의 느끼지 않는다는 것이 내 생각이다. 상호작용 의례가 성공할 수 있는 조건은 집단을 모으고, 관심을 집중시키고, 그 밖의 활동이나 비참여자를 제외시키는 것이다. 생태학적으로 또는 조직에서 사고가 생겨 자연스럽게 의례의 조건이 형성되지 않는 곳에서는 그런 조건을 조성하는 노력을 기울여야 한다. 집단 성원들은 모임을 꾸리는 수고를 한다. 관심의 초점을 유발하고 경계를 설정하는 상호작용 의례의 무대를 설치하려면 집이나 교회 또는 집회장이 필요하다. 고도로 제도화된 의례는 특별한 복장이나 소품도 있어야 한다. 의례 생산에는 교통비, 부동산, 기타 물질적 수단도 투입되어야 한다. 오랜 역사를 지닌 의례에 진입하려면 관심을 집중시키는 수단으로 참여자들이 사용하는 상징 자원에 정통해야 한다. 과학적 학술대회에서 유대를 얻어내려면 오랜 기간 교육과 연구에 투자해야 한다. 파티 같은 데서 인기몰이를 하는 일인자로 유대의 보상을 얻으려면 예복, 기량, 사교를 위한 유행 등에 대한 또 다른 투자가 필요하다. 종류가 어떤 것이든 상호작용 의례는 참여자의 문화적 자본 형성에 들어가는 물질적 투자가 있기 마련이다.

〈그림 4.4〉에서 보는 것처럼, 의례 시장은 잠재적 참여자가 지닌 물질적 자원의 제약을 받는다. 만일 그것이 사실이라면 일을 선택하는 개인의 동기는 의례

참여를 위한 시장의 영향을 받을 것이다. 가령 어떤 사람이 자기 시간을 전부 종교, 정치 또는 사교적 의례에 쓰고, 물질적 보상을 위해서는 전혀 일을 하지 않는다고 가정해보라. 사전에 충분한 재산을 축적해놓지 않은 이상 상호작용 의례에 참여하는 데 드는 물질적 자원의 결핍으로 결국에는 참여가 불가능해질 것이다. 극단적인 경우에는 먹지도 못하고 잘 곳도 없어서 신체적으로 아무 행위도 할 수 없게 된다. 그런 점에서 물질적으로 비생산적인 상호작용 의례는 자기 교정의 속성을 가지고 있다. 사람들이 물질적 자원을 고갈시키는 상호작용 의례에 너무 많은 시간을 보낸다면 또 다른 의례의 무대를 위해 충분한 자원을 축적해놓지 않은 이상 결국 의례는 와해되고 물질적 생산 노동으로 되돌아가야 한다.

이는 경험적으로도 확인할 수 있는 사실이다. 강렬한 의례(교회 예배, 정치 집회, 파티)는 일할 시간을 주기 위해 단속적으로 일정을 짠다. 상호작용 의례의 동원이 극히 높은 수준에 이를 때는 일을 중지할 수밖에 없다. 가령 정치적 권력을 둘러싼 투쟁으로 매우 강한 정서와 집합적 관심의 초점을 창출하는 혁명적 변혁기가 그런 경우이다. 그럴 만큼 높은 수준의 동원이 이루어져도 중단 없는 참여가 물질적으로 불가능하기 때문에 며칠이나 몇 주 만에 끝나고 만다.

정서적 에너지 최대화 말고는 아무 데도 관심이 없다는 가정으로 시작하면, 상호작용 의례 참여에 드는 물질적 경비를 감당할 만큼 물질적으로 생산 노동을 하리라는 결론에 도달한다. 정서적 에너지가 최우선순위를 차지한다는 가정은 극단적으로 보이겠지만, 주요 사회학적 주제와 일치한다. 즉, 인간은 사회 집단에 통합되어야만 의미 있는 삶이 된다는 것(뒤르켐의 자살 분석), 대상과 활동의 가치는 사회적으로 규정된다는 것, 집단 내 신분의 서열화가 강력한 동기부여의 힘이라는 것이다. 상호작용 의례 시장 모델은 전체 인구의 정서적 에너지 추구 행위의 변이를 예측할 수 있는 기제를 제공하고, 그 기제로써 상호작용 의례 생산에 드는 물질적 비용과 연결시킬 수 있게 해준다.

상호작용 의례 시장과 물질 생산 시장은 생산에 투자하려는 동기와 소비재 시장에 참여하려는 동기로 연결된다. 물질적 재화 추구의 동기는 노동이나 자본

투자로 나타난다. 자원의 사용 가능성과 돌아올 이익의 상대적 기회가 개인의 선택에 영향을 주는 것으로 본다는 점에서 상호작용 의례 시장 이론은 통상적인 경제학과도 부합된다. 상호작용 의례 시장 이론은 가격·생산·금융의 움직임에 대한 기존의 경제학적 분석을 대부분 그대로 두고 손대지 않는다. 상호작용 의례 이론이 추가한 것은 노동과 자본 투자에 대한 동기의 흐름이 사회적 상호작용 영역에서 경제적 계량의 영역 쪽으로 움직이게 만드는 결정 기제를 경험적으로 밝혔다는 점이다. 정서적 에너지 추구 행위는 생산뿐만 아니라 소비에도 영향을 미친다. 상호작용 의례 시장 이론은 소비재 시장도 정서적 에너지를 분배하는 상호작용 의례에 소비재가 직간접적으로 투입되는 정도에 따라 움직인다는 뜻을 함축하고 있다. 상호작용 의례 시장 이론은 이 점에 대해 광범한 경험적 연구가 필요함을 시사한다. 종교나 정치 행사의 시장은 물론이고 자동차나 기타 교통수단의 시장, 의류 시장, 연예오락 시장, 집결하고 전시되는 장소인 집과 건물의 시장, 그 모든 것들이 지탱해주는 상호작용 의례 시장의 종류와 관련해서, 또 경제적 생산의 흡인력과 관련해서 역사적 경향을 그려볼 수 있다.

나는 노동·투자·소비의 동기를 상호작용 의례 시장의 기회와 제약으로 예측할 수 있다고 주장했다. 지금 내가 제시한 정서적 에너지 시장에 대한 분석은 개인행동의 합리성을 보여주도록 고안된 미시경제학이다. 그런 시장의 거시경제학도 탐구해야 할 과제로 남아 있다. 가설을 하나 제시한다면, 높은 수준의 상호작용 의례 참여와 물질적 생산 노동 참여가 반드시 부정적 상관관계에 있다고 보면 안 된다는 것이다. 오히려 상호작용 의례에서 높은 보상을 받는 인구가 더 많으면 더불어 의례를 치르는 비용은 증가하지만, 상호작용 의례 참여에 필요한 투자 수준을 감당하기 위해 더 많은 사람들이 생산 노동에 참여할 동기도 높아질 수 있다. 원시 부족 사회의 경제에서 한 예를 찾아볼 수 있다. 모스(Mauss, 1925/1967)는 포틀래치(potlatch)*를 경쟁적으로 치르는 부족민들이 주기적으로

---

* 포틀래치(potlatch)는 미국과 캐나다의 북태평양 연안에 거주했던 부족들이 서로 선물을 교환하는 의례로 많은 인류학자들의 주목을 받았다. 인류학자들은 선물의 크기가 부족 간

집회를 열지만, 인상적인 포틀래치를 치르는 데 필요한 재화를 생산하기 위해 행사가 열리지 않는 기간에는 엄청나게 생산에 몰두한다는 사실을 보여주었다. 살린스(Sahlins, 1972)는 부족 거인 구조(tribal big-man structure)의 화려한 축제가 물질적 재화를 수집하는 계기로 작용한다는 사실을 보여준다.

전(前)자본주의 사회에서는 거의 모든 관심이 삶의 의례적 측면에 집중되기 때문에 생산 노동의 동기는 겨우 생존할 정도의 최저 수준에 그쳤으리라는 이미지를 우리는 지니고 있다. 이는 부분적으로는 베버의 유산이다. 베버는 중세 가톨릭 사회가 사회적 에너지를 종교 의례에 다 쏟아 소진시켰고, 그래서 수도원과 성직자의 과잉을 없앤 프로테스탄트 개혁이 세속적 경제 활동으로 에너지를 돌리게 만든 것으로 보았다. 유용한 분석적 통찰이 들어 있긴 하지만 경험적 사실로 보면 베버의 분석은 틀렸다. 실제로 종교적 에너지는 경제적 활동으로 전환될 수 있지만, 베버가 간과했던 점은 가톨릭이 지배했던 중세에 수도원이 자체적으로 자본 축적과 투자에 집중해 경제적 도약이 있었다는 사실이다(Gimpel, 1976; Southern, 1970; Collins, 1986: 45~76). 종교 의례가 한동안 에너지를 조직화하고 물질적 투자를 유인한 선두 부문이긴 했지만, 유일한 것은 아니었다. 르네상스와 종교개혁으로 시작되었던 유럽의 세속화는 대개 상호작용 의례 시장이 세속적 경로로 유출되는 식으로 이루어졌다. 처음에는 귀족의 궁정으로, 나중에는 유흥과 신분 과시를 위한 광대한 중간 계급의 시장으로 흘러들어갔다. 분석적 논점은 종교적인 것이건 세속적인 것이건 상호작용 의례는 경제적 생산 확대를 촉진할 수 있다는 것이다. 나는 더 정확한 명제를 제시한다. 즉, 상호작용 의례 부문의 단순한 규모보다는 상호작용 의례 시장의 확대가 정서적 에너지의 흐름을 규정하고 물질 생산의 동기를 높여주었다는 것이다.

의 겨룸에서 부족의 힘을 과시하는 요소로 작용한다는 사실을 발견했다. — 옮긴이 주

정서적 에너지는 노동 상황의 상호작용 의례에서 창출된다

지금까지 일과 여가가 상호 배타적인 조건을 분석했고, 여가 상호작용 의례의 수요가 높으면 의례를 치르기 위한 물질적 수요도 높아진다는 점을 보여주려 했다. 그러나 물질 생산의 노동과 상호작용 의례를 통한 정서적 에너지의 생산은 상호 배타적이 아닌 경우가 많다. 사회적 상황은 각기 상호작용 의례의 강도를 낮게, 중간 수준으로, 또는 높게 만드는 조건에 따라 연속선상의 어느 지점에 놓인다. 일터의 조건은 나름의 정서적 에너지와 유대를 전무한 상태부터 아주 강렬한 수준까지 창출할 수 있다. 연속선의 한쪽 끝에는 참여자에게 높은 수준의 정서적 에너지를 만들어주는 상황이 있다. 의사결정 연결망의 중심에 있는 기업의 간부, 분주한 전문직 종사자, 숙련된 장인 등은 조언을 구하려는 사람이나 도제, 호의적인 시장의 외판원 등에게 둘러싸여 있다. 비실용적인 상호작용 의례에서 카리스마적인 인물을 만들어내는 요인이 일터에서도 작용한다. 의례적 상호작용의 밀도가 높은 수준에서 이루어지는 일터의 삶을 사는 개인은 정서적 에너지가 높고, 사교적이거나 일과 관련 없는 상호작용보다는 자신의 직업적 일에서 더 큰 동기 부여를 느낀다.[8] 그런 사람들을 일러 '일 중독자'라 한다.

그런 상황에서는 물질적 보상과 정서적 에너지 유인 사이에 갈등이 없다. 그 상황에서 높은 정서적 에너지와 물질적 보상을 모두 얻는다. 우호적인 시장이나 권위 연결망의 중심에 있어서 의례 밀도가 높고 동시에 소득도 높다. 그런 조건에서는 자신의 시간과 노력에 대한 금전적 보상을 계산할 필요도 없다. 그저 정서적 에너지 흐름만 따라가도 물질적 보상이 가장 큰 (적어도 수용할 만큼 높은) 노동 상황으로 이어질 것이다.

상호작용 의례 모델은 개인이 금전적 계산에 의식적으로 가장 집중할 때가 언제인지도 예측할 수 있게 해준다. 강도 높은 의례는 상호작용 상황에서 관심의 초점인 대상이 무엇이건 거기서 집단 소속을 드러내는 성스러운 상징을 만들어낸다.[9] 어떤 노동 상황은 명시적으로 돈에 초점을 둔다. 매매 협상과 금융 거래가 그렇다. 그런 상황에서 강렬한 상호작용 의례를 경험하는 개인은 돈을 다루는 일이나 금전적 계산 과정 자체를 가장 가치가 높은 재화로 여기며 그 일에 강한 동기를 갖게 될 것이다. 재미있는 것은, 금전적 계산이 본질적으로 가장 가치가 높은 재화이기 때문이 아니라는 사실이다. 금전적 계산이 초점인 상호작용 의례는 거기에 몰입하기 때문에 돈벌이꾼으로서의 태도를 갖게 한다. 그들에게는 아주 큰돈이라도 한계효용성이 감소하지 않는다. 상호작용 의례 모델은 억만장자가 금융 거래의 상호작용 의례를 중심으로 자신의 삶이 구성되는 그만큼 더 큰 수익을 지속적으로 추구하며, 그런 상호작용 의례가 다른 대안적 의례보다 더 높은 정서적 에너지 보상을 가져다준다고 가정한다.[10]

이와 비슷한 과정이 노동인구 전반에 걸쳐 작용한다. 많은 사람들이 자신의 일에서 강도가 약하거나 평범한 수준의 상호작용 의례를 체험한다. 상호작용 의례 모델은 그런 사람들이 자신의 일에 별로 몰입하지도 않고, 일이 가져다주는 물질적 보상에도 큰 관심이 없으리라고 예측한다.

혼자서 일하는 사람들은 특별한 경우이다. 다른 부가 조건이 없다면 상호작용 의례 모델은 혼자서 일하는 사람들의 경우에는 일에 진력할 정서적 에너지 유인이 아주 약하리라고 예측한다. 살기 위해 또는 더 높은 정서적 에너지를 약속하는 상호작용 의례 참여에 물질적 자원이 필요하기 때문에 일을 계속할 것이다. 그러나 혼자 일하면서도 동기 부여의 수준이 아주 높은 상태로 일에 몰두하는 사람들은 어떻게 설명할 수 있을까?

가장 강력한 보기가 작가나 과학자 같은 지적 직업을 가진 사람들이다. 상호작용 의례 모델을 적용할 수 있는 특별한 사례로 그들의 행동을 설명해보자. 그들의 일은 상징체계를 조직하는 일로 구성되며, 그들의 작업은 지식인 세계에서 특정한 집단에 소속되어 있음을 드러내는 상징이다. 지적 창조성은 관념들의 정신적 제휴를 형성하는 것이며, 이 관념들은 함께 교류하는 지식인 집단에서 이루어지는 실제 제휴 관계를 나타낸다. 몇 가지 점에서 이를 입증해주는 증거가 있다. 창조적 과학자와 지식인들은 높은 정서적 에너지를 지니고 있다. 이는 그들의 인성에 대한 묘사와 가장 탁월한 지식인들은 생산성도 높다는 사실에서 드러난다(Simonton, 1984; 1988; Price, 1986). 그리고 창조적 개인들은 활동이 왕성한 다른 지식인들과 아주 긴밀한 연결망으로 접촉하며 지식인 세계의 사회집단에서 창조적 군집(creative cluster)을 형성한다(Collins, 1998). 따라서 창조적인 지식인들의 왕성한 정서적 에너지는 지적 상호작용 의례 사슬의 중심 또는 진행 중인 지적 활동의 핵심에 존재한다는 사실에서 나온다.[11]

사회관계에서 생기는 정서적 에너지 말고도 다른 원천에서 얻는 심리적 이득이 있다. 예컨대, 기량을 연마하는 즐거움이 있고 일이 지닌 미학적 측면도 있다. 그러나 상호작용 의례 시장의 이론은 정서적 에너지 최대화가 일하려는 동기 가운데 가장 강력한 것이며, 일터의 상호작용 의례 분포가 일에 대한 동기 유발을 보여주는 가장 좋은 근사치라고 주장한다.

모든 상호작용 상황의 의례 강도를 조사하면, 사람들이 일에서 얻는 정서적 에너지와 일과는 무관한 경험에서 얻는 정서적 에너지 보상의 분포를 계산할 수 있을 것이다. 이를 통해 시장 전체의 역학을 개인이 정서적 에너지를 최대화하려는 시도로 기술할 수 있다. 여가 상호작용 의례의 분포에 의해 자극을 받는 물질적 노동, 투자, 소비의 동기와 일터 사회관계의 상호작용 의례 조건에 따라 자연발생적으로 생기는 정서적 에너지의 분포를 종합하면 정서적 에너지가 경제 활동 영역으로 흘러들어가는 전체적인 그림을 볼 수 있다.

물질 시장은 상호작용 의례의 흐름에 깊숙이 스며들어 있다

흔히 시장(물질 시장)은 사회구조나 문화에 스며들어 있으며, 그렇지 않으면 시장은 기능할 수 없거나 애초에 생겨날 수도 없다고 지적한다(Granovetter, 1985; DiMaggio, 2002). 이른바 '사회적 자본' 논의인데, 나는 다음과 같은 점만 덧붙이고 싶다. 스며들어 있음(embeddedness)에는 두 가지 주요한 측면이 있다. 경제 활동에 참여하는 사람들이 공유하는 신뢰의 측면, 행위자가 무엇을 하는지 그리고 서로에게서 무엇을 기대할 수 있는지를 규정하는 일련의 기본 규칙이나 관습 또는 절차의 보편적 측면이다.

좁은 의미의 '사회적 자본'을 뜻하는 신뢰의 공유는 흔히 연결망 연줄(network ties)에서 나오는 것으로 해석한다. 사실이다. 미시사회학의 관점에서 보면, 연결망 연줄은 일상생활의 흐름에서 사회적 상호작용의 반복으로 형성된다. 우연한 만남은 보통 '연줄'로 간주하지 않는다. 연줄이란 반복적으로 이루어지고 참여자가 스스로 중요하다고 여겨 택하는 상호작용이다(연결망 연구자들은 일반적으로 '가장 친한 친구 세 사람', '사업상 문제로 이야기를 나누는 사람'을 묻는 질문으로 시작한다). 연결망 연줄은 비슷한 상징과 정서 — 다른 부류 사람들의 상호작용에서보다 더 높은 수준으로 이루어지는 — 가 되풀이 순환되고 때로는 증폭되기도 하는 특별한 종류의 상호작용 의례 사슬이다. 따라서 개인이 지닌 '사회적 자본'의 양은 성공적 상호작용 의례 — 가능한 다른 상호작용과 비교해 너무나 매력적이라서 깨뜨리기보다 되풀이하게 되는 상호작용 의례 — 의 요건인 미시적 상황 성분의 흐름이 지속되는 정도에 달려 있다.

달리 표현하면, 연결망 안의 각 위치는 상호작용 의례의 성공 정도에 따라 미시 수준에서 창조되고 유지된다. 연결망을 고정되고 미리 정해진 것으로 다루어 연결망 안의 서로 다른 위치가 미치는 영향을 검토할 수 있지만, 연결망은 고정된 것이 아니다. 연결망 연줄은 지금까지 내가 논의해왔던 바로 그 집단 소속을 나타내는 상징과 정서적 에너지의 짝짓기로 창조된다. 연줄의 강도는 모두 다르고, 그 차이는 연줄에 투입되는 상황적 성분의 차이와 정확하게 일치한다.[12]

'사회적 자본' 또는 신뢰관계는 상호작용 시장에 의해 결정된다. 사회적 자본은 물질 시장의 작동을 촉진한다. 신뢰라는 푹신한 침대에 구조적으로 스며들어 있기 때문이 아니라, 경제에 참여하는 인구 전체에 걸쳐 변수로 그리고 분배방식으로 작용하기 때문이다. 많은 연구자들이 지적한 것처럼 어떤 사람은 사회적 자본이 다른 사람보다 더 풍부하거나 빈약하다. 신뢰가 높은 영역은 낮은 영역과 다르고, 강한 불신 — 부정적 내용을 지닌 상호작용 의례의 토대 — 이 지배하는 곳에서는 차이가 더 극명하게 드러난다. 사회적 자본은 개인적 재화이거나 자원이다. 동시에 집합적 재화이며 시장이 더 순조롭고 효과적으로 움직일 수 있게 해주는 터전이 된다는 사실은 사회적 자본이 불가피하게 계층화된다는 뜻을 함축한다. 그리고 물질 경제에서 사회적 자본의 전체적인 수준은 시간이 흐르면서 집단 소속감이 정서의 공유를 통해 전파되는 정도와 차이에 따라 변한다. 사업의 호황은 신뢰가 높아져서 더 많은 사람들이 가담하며 사업이 확대된 상태이다. 반대로 파산은 신뢰가 떨어져서 물건을 사거나 투자하려는 사람들이 줄어든 결과이다. 공포감은 사업이 분명히 망할 것 같다는 부정적인 정서가 집합적으로 생성·공유될 때 생긴다.

신뢰의 공유는 뒤르켕이 뜻하는 집단 소속감이다. 스며들어 있음의 또 다른 형태는 문화적 이해의 공유이다. 이 역시 상호작용 의례의 산물이며 뒤르켕 식 집합적 상징이다. 여기서도 시장이 문화에 스며들어 있으며, 문화는 물질 시장에서 행위자들 사이에서 이루어지는 사회적 상호작용에 의해 상당 부분 지속적으로 창출된다고 말할 수 있다. 상징은 지역적으로 계층적으로 그 형태와 공유되는 정도가 다르다. 생산 시장, 투자자들의 연결망과 풍토, 금융 시장 그리고 특정 영역의 직업적 환경에서 형성되고 공유되는 사업 문화가 있다. 물질 시장은 유통될 수 있는 거래 화폐처럼 단순히 동의에 토대를 둔 실행과 믿음의 총괄적 문화로만 유지되지 않는다. 젤라이저(Zelizer, 1994)가 보여주는 바와 같이, 실제 거래에서 유통을 제한하는 특정한 거래의 종류나 유통 회로가 있다. 이런 종류의 거래는 유명한 남극의 해안에서 유통되는 조개처럼(Mauss, 1925), 뒤르켕이 말하는 성스러운 대상과 같은 것이다. 금융 엘리트들의 회로에서만 통하는 금융 거래 도구에서 빈민층 복지 수당의 책정에 이르기까지 오늘날 자본주의 시장의 수준을 차별화하는 여러 가지 거래 유형이 있다.

상징 공유의 유형은 보편적인 시장자본주의를 구성하는 데서 그치지 않고 특정한 생산 시장의 구조도 만들어낸다. 화이트(Harrison White, 1981; 2002)가 논의한 바와 같이 여러 생산자들이 경쟁적으로 생산하는 인증된 상품이 시장을 만든다.[13] 사업을 하는 사람이라면 자신이 어떤 사업 세계에 있는지 알 필요가 있다. 다시 말해 경쟁자들 가운데 누구를 따라잡고 모방할지 알아야 하고, 생산품의 질이나 생산량을 차별화할 수 있는 적소를 발견함으로써 치열한 경쟁을 피하려고 노심초사해야 하는 것이 사업의 세계이다. 생산자에게는 경쟁자가 필요하다. 서로를 감시함으로써 소비자가 무엇을 사려 하는지, 앞으로는 어떤 상품을 선호할지 알아내고 전략을 짜야 하기 때문이다. 소비자 수요는 단순히 외부에서 생기는 것이 아니라 생산자들이 제안하는 제품들로 구성된다. 그래서 생산자가 직접 거래를 감시하는 믿을 만한 방법은 없다. '생산자들이 서로를 볼 수 있는'(화이트의 유명한 구절) 시장이라는 거울을 들여다보아야 한다. 생산자 시장에서 변화의 동력은 생산자들이 서로를 지속적으로 감시하는 데서 나온다. 어떤 시장은 생산자 협회나 연결망 안에서 서로를 살펴보는 상호감시의 특성을 갖고 있다. 연결망 중심에서 멀리 있어서 감시하기 어려운 사람들은 보통 시장에서 호의적인 적소를 찾지 못한다. 반대로 성공적인 혁신가는 이미 그 시장 안에 있었기에 시장을 잘 아는 사람들인 경우가 많다. 성공하는 새로운 조직은 이미 잘 짜인 조직 중에서 도약을 감행한 조직인 경우가 보편적이다.

여기서 강조하고 싶은 것은 모든 상품 시장이 이렇게 서로를 감시하는 생산자들의 상호작용 의례 사슬로 구성되어 있다는 점이다. 1980년대의 개인용 컴퓨터 시장, 1990년대의 휴대전화 시장, 1900년대 초반의 자동차 시장은 모두 특정한 소비자 집단을 놓고 경쟁하는 관계에 있었다는 점에서, 또한 상품들이 유통될 수 있는 물건으로 구성되는 과정이라는 점에서, 모두 사회적 구성물이다. 특정 제품의 가치는 경쟁과 대조를 통해 존재 조건과 문화적 힘을 획득한다. 코카콜라와 펩시는 서로를 규정하며 그들이 함께 들어가 있는 시장의 사회적 존재 조건을 형성한다. 캐딜락과 메르세데스 벤츠는 (기업 역사의 어느 시점에서는) 질적으로 동일한 수준에 있는 차종으로 간주되며, 질이 낮아 보이는 차들과의 대조를 통해 독특한 이미지를 얻는다.

사회적 상호작용 의례의 두 영역 사이에서 지속적인 흐름과 상징적 순환이 이루어진다. 상호 감시 관계에 있는 생산자들의 연결망은 비교를 통해 자신의 상품을 개선하고, 소비자는 특정 상품을 열광하는 분위기에 사로잡혀 사교계에서 통용되고 자신의 신분을 높여준다고 여기는 상품을 일상생활에서 자아 연출의 기법과 대화의 소재로 과시한다. 생산자와 소비자는 둘 다 연결망 영역 안에 있으며, 따라서 상호작용 의례 사슬 안에 있는 셈이다. 생산자 연결망은 더 작고 강한 응집력을 보이는 반면, 소비자는 초점 집중의 정도가 다양한 여러 연결망과 연결된다. 소비자가 열광하거나 기피하는 움직임은 집합적 상징으로서 상품이 지닌 정서적 반향을 변화시킬 수 있고 특정 제품에 결부된 정서적 에너지 정도를 변화시킨다. 소비자 선호의 변화는 또한 생산자가 호의적인 적소를 발견하기 위해 기존의 주력 제품을 수정하게 만드는 되먹임 작용을 한다. 따라서 한 연결망―생산자 연결망 또는 소비자 연결망―에서 의미가 부여된 상징은 다른 연결망에 그 이상의 반향을 불러일으킨다. 그러나 주도권은 보통 생산자 쪽에서 쥐고 있다. 뒤르켕이 말하는 성스러운 대상으로 제품을 뽑아내서 큰 수익을 올리는 것은 가장 빠르고 결정적 행보를 할 수 있는 규모가 작고 응집력이 강한 연결망이다. 이것이 물질 시장이 상징과 상호작용 정서의 시장에 지속적으로 스며드는 역동적 과정이다. 이는 단순히 자본주의가 그 스며듦을 통해 유지된다는 뜻일 뿐만 아니라, 자본가의 혁신과 수익을 위한 투쟁의 과정 자체가 스며든다는 뜻이다.

• • •

이제 비합리적인 행동으로 추정되는 몇 가지 남아 있는 사례들도 정서적 에너지를 최대화하기 위한 것이라는 점에서 합리적 행동임을 입증해보자.

이타주의

이타주의는 누군가를 위해 소중한 무엇을 포기하는 상황을 말한다. 이타주의자들은 대체로 물질적인 재화를 포기하고 때로는 생명의 위험까지 무릅쓰는 것으로 묘사된다. 내가 보기에 모든 이타주의의 사례는 사회적 유대에 대한 이해 관심과 물질적 재화(자신의 신체도 물질적 재화로 본다)에 대한 이해 관심을 놓고 갈 등이 뚜렷해지는 상황이다. 만일 상호작용 의례 시장이 가장 중요한 정서적 에너 지의 결정 요인이라면 이타주의는 비합리적인 행동이 아니며 예측도 가능하다.

가장 단순한 형태의 이타주의는 자신이 속한 집단의 의례를 위해 물질적 재화 를 희생하는 경우이다. 상호작용 의례 이론은 집합적 활동에서 의례의 강도가 높을수록 더 많은 희생을 무릅쓸 것이라고 예측한다. 이는 정치 집회와 모임에 서 정서적 절정을 체험케 한 직후를 모금 기간으로 잡고 기부나 기부 약정 행위 의 리듬을 점차 높여 가도록 분위기를 조성하는 기금조달자에게는 잘 알려져 있 는 사실이다. 잘 통합된 집단에서는 집단적 위험이나 전투에 임해 개인의 입장 에서 보면 최상의 희생이 될 생명의 위험을 무릅쓰는 행위가 자주 일어난다. 전 투부대의 의례적 유대가 개인 병사로 하여금 목숨을 걸고 투신하려는 의지를 직 접적으로 불러일으킨다는 증거는 아주 많다(Keegan, 1977; Shils and Janowitz, 1948).

좀 더 복잡한 형태의 이타주의는 한 집단의 성원이 집단 성원이 아닌 사람에 게 선물을 기부하는 행동이다. 그런 상황에서는 언제나 자선 기부 집단이 수혜 자보다 더 많은 자원과 권력을 가지고 있다. 수혜자는 결코 권력에 위협이 되지 않는다. 기부 행위는 기부자가 지닌 물질적 소유에서의 우월함뿐만 아니라 기부 자 집단의 권력 우월성에도 관심을 집중시킨다. 자선 의례의 초점은 물질적 자 본을 남에게 주는 과정에서 상징적 자본을 창출하고 그를 축적하는 데 있는 게 분명하다. 특권을 지닌 이해집단(가령 기업인들의 모임)으로서 또는 상류 계급으 로서 사교적 기념 의례('상류 사회'의 화려한 연회)에 사람들을 끌어 모으는 집단은 자신들이 자선 활동에 참여한다는 사실을 널리 알려 지배력을 과시하는 의례와 균형을 맞춘다. 기부 행위는 물질적 재화나 시간, 노력 가운데 가장 풍족하게 공 급되는 것으로 이루어진다. 큰 기부를 하는 사람들은 보통 대중적으로 널리 알 려진 의례에 참여하는 상황에서 기부함으로써 하나의 투자 행위로 두 가지 목표를 모두 달성한다.

권력을 희생해서 이타적 행동을 하는 경우는 거의 없다. 보통은 자선 조직을 이끌거나 기부 행위가 관심의 초점이 되는 의례에서 군중 앞에 우뚝 서기 위해 대규모 기부가 이루어지는 것으로 보인다. 기부 행위는 권력의 희생이 아니라 보상이다. 전근대 사회의 종교적 맥락에서는 수도승의 신체적 고행과 금욕이 의례에서 수도승을 관심의 중심이 되게 했다. 극단적인 자기희생은 성인이라는 명성을 가져다주고, 때로는 종교 조직의 수장 자리도 가져다준다. 따라서 자기희생의 의지를 지닌 개인들을 중심으로 높은 수준의 의례적 동원이 이루어질 때 언제나 자기 몸을 희생하는 개인이 나타나는 현상은 충분히 예측 가능하다.[14]

자기 권력을 다른 사람에게 넘겨주는 권력 이타주의자들이 있을까? 강렬한 상호작용 의례의 중심에 서게 되어 권력을 얻은 사람들 가운데는 그런 사람이 없는 게 틀림없다. 있다면 그는 또 아주 이기적인 사람일 것이다. 있을 수 있는 예외는 권위를 위임한 조직의 간부쯤 되는 사람일 것이다. 그러나 그때의 권력은 전형적으로 강도가 낮은 상호작용에 토대를 둔 자원에서 나온 권력이다. 그리고 권위를 위임하는 동기도 보통 이타주의를 확산시키거나 자신이 지닌 고유의 이타주의를 보여주는 데 있는 것이 아니라 권력을 좀 더 효과적으로 행사하는 데 있다. 여기서도 역시 권력을 지닌 사람은 자신에게 도전할 권력을 내주는 경우는 거의 없음이 분명하다.

이타적 지도자는 설명하기가 쉽다. 관심과 숭배의 중심에 서는 것은 물론이고 추종자들에게 권력을 행사함으로써 엄청난 정서적 에너지를 얻는다. 이타적 추종자, 특히 낮은 지위에 있는 사람들은 설명하기가 어려워 보인다. 누군가의 권력에 예속된 사람은 정서적 에너지가 감소하기 때문이다(제3장 참조). 문제는 가능한 상황적 적소가 있는지 여부이다. 집단의 지도자로 행동할 수 있는 관심의 공간은 극히 제한되어 있다. 성령 쇄신 운동의 참여자처럼 자신의 권력을 대폭 내주는 사람들은 아마도 자신이 속한 고유의 상호작용 의례 시장에서 스스로 권력을 쟁취할 전망이 거의 없는 사람들일 것으로 추정된다. 그들은 희생을 무릅

쓸 만큼 권력에서 나오는 정서적 에너지가 없고, 의례에 전력 투신함으로써 정서적 에너지를 훨씬 많이 얻을 것이다.[15] 이타적 행동은 합리적 행위의 예외 사례가 아니다. 개인이 자신의 정서적 에너지를 끌어내는 상호작용적 상황의 분포로부터 예측할 수 있는 합리적 행동이다.

언제 개인은 물질적으로 자기 이익에 가장 집중할까

상호작용 의례 모델은 사람들이 물질적 자기 이익에는 전혀 관심이 없다고 주장하지 않는다. 사람들은 보통 정서적 에너지의 의례적 원천에 관심을 기울이며, 그것이 물질적 재화를 얻고 소비하는 대부분의 행동도 결정할 것이라고 주장한다. 그러나 모든 상황에서 강도 높은 의례는 상대적으로 작은 부분이다. 상황을 의례 강도의 차이에 따라 연속선 위에 놓을 수 있기 때문에 상호작용 의례 모델은 어떤 상황에서 개인이 물질적 자기 이익에 가장 큰 관심을 가지는지 예측할 수 있다. 바로 개인이 집단에서 가장 고립되어 있는 상황이다.

혼자 쇼핑을 하는 사람들은 자신의 정서적 에너지에 영향을 미치는 즉각적인 의례를 경험하지 못한다.[16] 자신이 구매하는 재화(식품, 생활필수품 따위)가 의례 상황의 초점이 되지 못한다면 상품에 가치를 부여할 상징적 동기가 별로 없다. 마찬가지로 정치적 선택도 어느 정도는 고립된 상태에서 이루어질 수 있다. 비밀 투표의 관행은 만일 투표 행위가 만인이 보는 곳에서 또는 더 나쁜 경우로 집합적 주장이 드높은 곳에서 이루어진다면 있을 수 있는 집단 압력에서 개인을 분리시키려는 의도로 고안된 장치이다.

최근에 집단 소속의 상징을 마음에 충전시켜준 정치 집회 같은 집합적 의례에 참여한 적이 있고, 그 경험이 현재의 사적인 행동에 영향을 준다면 고립 상황은 상대적인 것일 뿐이다. 상호작용 의례 이론은 물질적 자기 이익을 명시적으로 계산하는 것은 비물질적 선택에 초점이 맞추어진 집합적 의례에서 개인이 어느 정도 차단되어 있는지에 달려 있다고 주장한다. 이는 집합적 참여가 이루어질 때는 언제나 비물질적 문제에 집중한다는 말은 아니다. 어쩌면 명시적으로 세금이나 재산권에 주목하는 정치 집회가 있을 수도 있다. 그런 경우에는 물질적 자기 이익과 집합적 참여의 정서적 에너지가 서로 상승작용을 일으킬 수 있다. 그러나 그보다는 물질적 이해 관심 자체가 집단 유대의 상징인 상황이라고 하는 편이 더 정확할 것이다. 따라서 보험수가 인하 운동에 동참하는 사람은 집단적 열광으로 에너지가 충전되면 보험수가 인하로 얻을 수 있는 이득보다 더 큰 기여를 할 수 있다. 정서적 에너지 창출 의례의 동력을 받아서 촉발된 금전과 재산에 대한 관심은 상징적 이해 관심일 수 있다. 이 경우에도 순전히 물질적 합리성의 수준을 뛰어넘을 정도로 특정한 물질적 이해 관심에 투신할 것이다.

정서적 에너지 추구 행위는 물질적 자원의 제약을 받는다

모든 사회적 재화는 상호작용 상황(또는 상호작용 상황에 대한 상징적 기억이나 예상)에서 경험하는 것이기 때문에, 사적인 이익의 최대화가 아닌 모든 종류의 사회적 보상이 정서적 에너지를 얻는 수단이라고 말할 수 있다. 이타주의나 권력은 정서적 에너지를 생산하는 대안적 사회 의례의 형태일 뿐이다. 이런 종류의 목표 추구 행위에서 합리성의 문제는 왜 어떤 사람은 정서적 에너지 보상을 추구할 때 특정한 경로를 선택하는지의 문제로 귀결된다. 내 대답은 상호작용 의례 시장이 있어서 정서적 에너지 보상을 얻을 기회 여부에 따라 개인은 그 시점에 자신이 가지고 있는 사회적·물질적·정서적 자원을 특정한 종류의 상황에 투자한다는 것이다. 상호작용 의례 시장의 조건에 따라 어떤 사람에게는 이타적 행동이 합리적이고, 어떤 사람에게는 권력 추구가 합리적이며, 또 어떤 사람에게는 연인이 되거나 파티의 어릿광대 노릇이 합리적이다. 사람들이 추구하는 핵심적 보상이 정서적 에너지라고 보면 정서적·비물질적 행동도 합리적 행동이다. 이런 관점은 사회학적 측면에서도 이점이 있다. 다양한 사회적 목표 가운데서 개인이 어떤 조건에서 어떤 목표를 추구하는지 예측할 수 있는 도구를 제공해주기 때문이다.

이 장의 첫머리에서 제기했던 공통분모를 발견하는 어려움도 같은 방법으로 풀 수 있다. 정서적 에너지가 모든 사회적 비교와 선택의 공통분모이다. 각각의 대안이 이익일지 손해일지는 그 대안이 가져다줄 정서적 에너지의 정도로 평가한다. 권력, 이타주의, 사랑 같은 모든 사회적 목표를 관련된 상호작용 과정에서 정서적 에너지가 증가했는지 감소했는지 동일한 잣대로 평가하는 것이다. 돈이나 물질적 재화를 얻거나 잃는 상황도 마찬가지이다. 물질적 소득을 위해 일하는 상황에서도 가장 우선하는 가치는 사회적 상호작용에서 얻거나 잃게 될 정서적 에너지에 있다. 돈을 벌려는 동기가 강한 사람에게는 정서적 에너지의 주요 원천이 일터의 상호작용 시장에 있다. '일 중독자'는 높은 정서적 에너지를 얻을 수 있는 자신에게 허용된 유일한 상호작용이 일이기 때문에 그것에 집착한다. 소비, 투자, 기업가 정신, 조직 정치, 도박 등으로 돈을 다루는 일(또는 다른 금융 수단)도 마찬가지이다. 이런 일들은 다른 어떤 것보다도 정서적 에너지가 중요한 사회적 상호작용 상황이다. 소비자 노릇이 정서적 에너지 보상을 얻는 일상적인 사회적 상호작용인 사람이 있고, 투자자로서 또는 기업을 사들이는 일로 상호작용할 때 정서적 에너지가 높이 올라가는 사람도 있다. 혼자 고립된 상태에서 돈에 집중하는 경우는 복잡한 상황이긴 하지만 풀 수 없는 어려운 문제는 아니다. 그 경우 돈은 뒤르켕이 말하는 성스러운 대상이요, 애초에는 상호작용 상황에서 창출된 정서적 에너지를 상기시키는 상징적 표지이다. 금전적 상징의 내면화는 지적 사유 과정에서 강도 높은 내면의 대화로 이루어지는 지적 상징의 내면화와 같은 것이다. 주식거래의 호기를 찾아내는 데 강박증을 지닌 투자자, 끊임없는 사업 기획과 전화벨 소리에 휩싸여 지내는 기업가는 자신이 속한 사회적 연결망에서 에너지가 높은 적소에 매혹되는 것이다.

이렇게 보면 모든 물질적·금전적 목표도 정서적 에너지의 원천으로서 일상적 상호작용 상황의 성분을 구성하는 것으로 분석할 수 있다. 따라서 친구를 만날 것인지, 밤늦게까지 사무실에서 일할 것인지, 주식 시장에 뛰어들 것인지, 선거

운동에 시간과 돈을 들일 것인지 따위를 결정할 때 선택의 조건으로 작용하는 공통분모가 있다. 돈이 공통분모라면 비금전적인 사회적 재화는 들어갈 데가 없다. 정서적 에너지를 공통분모로 놓는다면, 물질적·금전적 목표도 직접적으로는 사회적인 정서적 에너지 보상으로, 간접적으로는 상징적인 정서적 에너지 보상으로 측정할 수 있다.

이상은 편익–투자비용의 비율을 계산할 때 분자를 어떻게 수식에 넣을 수 있는지를 보여준 밑그림이다. 그렇다면 이런 분자의 조합이 분모와는 어떤 관계가 있을까? 어떤 선택이나 사회적 경로도 단순히 정서적 에너지 투자만 필요한 것이 아니다. 의례를 행하는 데 드는 물질적 수단의 투자비용이 필요하다. 교회 예배나 정치 집회에 참여하면 정서적 에너지는 솟아나겠지만 교통비, 교회건물, 마이크, 기도서, 목사의 봉급 등 실제적인 물질적 비용을 들여야 한다. 만일 개인이 비용과 편익을 비교한다면, 실제로 들인 투자비용 대비 정서적 편익(투자비용에 들어간 정서적 자원)을 어떻게 계산식에 넣을까? 사람들은 보통 의식적으로 비용을 직접 계산하지는 않는다는 것이 내 생각이다. 그렇다고 해도 물질적 투자비용은 선택에 영향을 미친다. 상호작용 의례를 위한 물질적 자원이 없다면 의례는 실패하고 정서적 에너지도 별로 생기지 않기 때문이다. 집단이 모일 수도 없고, 관심이 집중될 수도 없고, 정서도 증폭될 수 없다. 상호작용 의례를 유지할 만큼 충분한 물질적 자원의 생산으로 이어지지 않는 행위 경로는 정서적 에너지도 생산할 수 없을 것이다. 따라서 개인의 행위 동기는 즉각적으로 그리고 직접적으로 정서적 에너지를 추구하는 데서 생긴다. 개인은 간접적으로 그리고 묵시적으로 자신이 선호하는 의례에 필요한 만큼 물질적 재화를 생산하는 일을 택할 것이다. 물질 경제의 생산은 상호작용 의례 시장에 의해 시작되고 형태를 부여받는다.

그 공식은

$$\frac{\text{편익(정서적 에너지)}}{\text{투자비용(정서적 에너지+물질)}} \text{의 최대화}$$

가 될 것이다. 즉, 여러 상호작용 의례 기회 가운데서 정서적 에너지를 최대화하는 의례를 찾을 것이다. 성공적으로 정서적 에너지를 창출할 상호작용 의례를 행하는 데 필요한 물질적 자원이 없으면 의례가 종료되기 때문에 의례 기회에는 한계가 있다.[17]

물질적 투자비용의 합리성은 간접적이다. 사람들은 정서적 공통분모를 직접적인 기준으로 삼아 편익을 추구한다. 종종 자신의 예상과 다르고 관심을 벗어나는 경우가 있어서 물질적 투자비용은 장기적으로만 문제가 된다. 내 주장은 사업을 하는 것이나 파티를 여는 것이나 전쟁에서 싸우는 것이나 모두 같은 방식으로 행위 동기가 유발된다는 것이다. 각 사례에서 개인은 순간적으로 끌리는 것과 과거에 정서적 에너지를 주었던 상징적 표지를 따라가며 정서적 에너지를 추구한다. 사용할 수 있는 물질적 자원의 수준에 따라 기업이 침체하거나 순항하는 경우, 참여자는 보통 사태가 곤두박질칠 때까지는 그 사실을 알아차리지 못한다. 전쟁처럼 비용이 많이 들고 물질적 소비가 많은 일은 결국 끝장이 나는데, 이는 정서가 고갈된 탓이 아니라 더 이상 감당할 수 없는 지경이 될 때까지 비용을 고려하지 않았기 때문이다.

정서의 사회학, 합리적 선택의 예외에 대한 해결책

이 장을 시작하면서 합리적 선택 이론의 걸림돌로 지적했던 예외 사례의 실험들을 살펴보자(Kahneman et al., 1982; Frey and Eichenberger, 1989). 여기에는 네 가지 유형의 예외가 있다.

첫째, 한 가지 행위 경로를 과대 추정해서 대안을 검토하는 데 실패한 유형이다. 이런 유형은 선택하지 않아서 이득을 얻을 기회를 놓쳐버린 기회비용을 간과하는 경향이 있다. 보통 개인은 정보를 완벽하게 탐색하려고 하지 않는다.[18]

둘째, 일단 선택하고 나면 사람들은 그 선택을 고수하려는 경향이 있다. 선택이 끝난 다음에는 바꾸거나 다시 생각하려고 하지 않는다. 부정적인 경험을 한 후에도 자신의 추정을 바꾸려 하지 않는다. 특히 자기가 문제를 규정했던 범주를 바꾸는 데 저항을 느낀다. 사람들은 계산하는 것을 싫어하고, 깔끔하고 단순한 것을 선호한다. 더욱이 자신의 근본적인 인지적 선택을 다시 생각하고 재적응하기는 더 싫어한다. 이는 민속방법론과 대화 분석 연구자들이 자연적 상황에서 관찰한 사실, 즉 사람들은 자신이 당연하게 여기는 일상을 바꾸려 하지 않는다는 연구 결과와 일치한다.

셋째, 사람들은 상황을 규정할 때 (어떤 사건이 발생할 확률을 추정하는 것과 같은) 통계적 성격을 가진 정보보다 문화적 고정관념에 초점을 맞추는 경향이 있다. 만일 이미 존재하는 문화적 고정관념이 없다면 자신이 관찰한 것을 기준으로 삼고 거기에 고착된다. 기존의 고정관념이 없는 경우에는 전형적 사례를 인위적으로 만들고, 그에 비추어 그 다음에 일어나는 일을 판단한다. 사람들은 처음부터 자신의 경험 세계의 틀을 규정해놓으려 한다. 벌어지는 일에 대한 모델을 재빨리 만들고, 그것을 렌즈로 삼아 다음에 다가오는 상황을 보려 한다.

넷째, 또 다른 일련의 행동은 더 직접적인 정서적인 행동이다. 사람들은 자신이 선택한 대안이 가져다줄 미래의 보상에 대해 지나치게 낙관적이다. 일단 특정한 경로에 투자하고 나면 그 위험을 분산하기보다 이미 선택한 것에 대한 투자를 늘리면서 고착되는 경향을 보인다. 매몰 원가(sunk costs)나 기부금은 이미 진입해버린 경로를 보호하고 강화하는 쪽에 정서적으로 쏠린다. 일단 투자하고 나면 위험과 비용이 뚜렷하게 드러나도 수익을 올리려 하기보다 손실을 줄일 방법을 찾으며 이전의 투자를 보호하려는 경향이 있다. 사람들이 새로운 가능성을 가늠하는 경우에도 잠재적 손실보다 잠재적 이득으로 대안을 규정하는 틀을 선호한다. 위험부담이 큰 대안도 비인격적·가설적 가능성이 제시될 때보다는 자기나 친한 사람의 사례를 보고서 피하는 경우가 더 많다.

마지막 유형은 합리적 선택의 예외 가운데서 사회적 맥락에서 하는 선택과 비사회적 맥락에서 하는 선택을 비교할 수 있게 해주는 드문 경우이다. 대부분의 예외에 대한 연구는 격리된 상태의 객관적 행위자를 다룬다. 실험이나 가설적 상황을 구성해서 물리적으로 고립된 상태로 만들고, 의사소통 경로로 유입될 수 있는 요소를 엄격하게 통제함으로써, 평소에 하는 식으로 의사결정을 하지 못하게 만든다. 즉, 주변의 사회적 상황에서 정서적 에너지와 상징을 끌어내지 못하게 한다. 현실 상황의 행위자가 명시적 초점일 때는 행위자가 의사결정과 관련해 드러내는 감정 유형을 나열한다.[19]

그런 연구는 거의 다 물질적 이득과 손실에 직접 초점을 맞추고 있으며, 실제 현실에서 목표가 협상되는 상호작용 상황은 다루지 않는다. 그렇기 때문에 현실 삶의 선택에 실제로 정서적 에너지가 얼마나 실리는지 알 방도가 없다. 사실상 예외 사례의 연구는 물질적 이득이나 손실이 유일한 정서의 대상인 상황을 구성하는 셈이다. 만일 실험 상황 자체를 상호작용 의례의 형태로 본다면, 그 상황에서 초점이 된 대상은 물질적 재화(실험자가 실험 참가자에게 나누어주고 모아보라는 지시를 한 가상 화폐)뿐이다. 자신을 실험 상황의 바깥에 있다고 생각하는 실험 연구자는 사실상 자신이 연구한다고 주장하는 사회 실재를 만들고 있는 셈이다. 처음의 선택이나 기증은 그 실험 상호작용의 성스러운 대상이 되며, 그 성스러운 대상을 지키고 늘리는 일이 개인의 모든 후속 행위를 구조화하는 소중한 가치가 된다. 실험 연구 상황은 정서적 진공관이다. 정서가 실린 유일한 대상이 물질적 목표나 매몰 원가인 상황이다. 실험 결과가 완전히 가공물이라는 뜻이 아니다. 실제 경제 활동을 하는 사람들도 사회적 진공 상태에서 하는 것과 같은 방식으로 사업결정을 내릴 수 있다.

여기서 우리는 합리적 선택 이론의 전통을 따르는 연구와 이론화가 대부분 진정으로 미시적인 연구는 아님을 알 수 있다. 개인에 대한 연구라서 미시적으로 보일 뿐이다. 그러나 개인은 상황보다 더 큰 분석 단위이다. 개인은 실제로는 상황의 긴 사슬에서 추상화시킨 존재이다. 합리적 선택 이론의 연구(교환 이론이라는 이름으로 연구가 이루어지기도 한다)는 또 다른 면에서 겉모습만 미시적으로 오인될 수 있는 연구들이다. 합리적 선택 이론의 연구가 행하는 실험은 몇 시간 남짓인 경우가 대부분이다. 자연적 상황이 아니라 짧은 시간 동안 압축되고 가속화된 교환의 흐름을 구조화한 것이다. 실제 삶에서는 수많은 상대와의 많은 거래와 협상이 몇 주씩 때로는 몇 년씩 걸린다. 합리적 선택은 미시 이론이 아니라 압축된 중범위 이론이다. 말뜻 그대로 받아들이면, '합리적 선택'은 상황에서 실제로 생각이 어떻게 이루어지는가를 보여주는 미시적 기제가 아니다. 이 장의 첫머리에서 지적한 바와 같이, 중장기적 관점의 행위 모델로서 그 유용성을 평가 절하할 필요는 없다. 우리가 실제로 다루는 미시적·중범위적 기제가 무엇인지 이해하도록 해주기 때문이다.

물질적 관심의 미시사회학

개인이 장차 일어날 상황을 생각할 때 어떤 상징이 가장 먼저 떠오를까? 정서적 에너지가 가장 많이 실린 상징일 것이다. 따라서 계획을 짜거나 대안을 비교할 때는 가장 강한 정서가 실린 생각, 자기가 내린 결정 가운데서 가장 뚜렷하게 떠오른 것을 탐색하는 데서 시작할 것이다. 어느 한 상황과 관련된 대안이 다른 상황에 연관된 대안과 비교해 압도적으로 정서적 충전 수준이 높으면 신속하게 결정을 내릴 것이다. 한 가지 대안이 압도적으로 옳게 보이고, 그래서 다른 대안을 고려할 필요가 없다는 생각이 들 것이다.

합리적 선택의 예외를 다룬 실험들이 초점을 맞춘 다소 좁은 범위의 관념을 생각해보자. 돈, 투자, 물질적 비용과 이득은 사람에 따라 대화 상호작용에서 집중을 더하고 덜하는 차이는 있겠지만, 일상의 상호작용에서 어느 정도 익숙한 개념들이다. 돈과 물질적 소유에 대해 생각하고 말하는 일상의 방식은 사회적 신분에 관심을 두는 대화 의례의 초점에서 나온다. 돈이 사교적 대화의 한 부분일 때 가장 흔한 이야기는 자신의 부나 소유물을 과시하는 것이다(흔히 자기가 산 물건이 너무 비싸다고 불평하는 식으로 간접적으로 그리고 교활하게). 이는 무대 위에서 하는 말이다. 가족이라는 무대 뒤에서는 집안싸움의 으뜸가는 주제가 돈이다.[20] 무대 위의 대화 의례에서는 돈에 실리는 정서는 아주 단순하다. 신분 정체성의 일부로 개인이 소유한 어떤 것일 뿐이다.

돈과 소유에 대한 일상적 대화는 보통 대안을 계산하거나 기회비용을 고려하는 데 초점을 두지 않는다. 돈이 정서적 반향을 일으키는 것은 돈과 관련된 이야기를 계속 나눌 수 있는 계층에 소속됨을 드러내기 때문이다. 돈은 진짜 자본일지도 모르지만 돈에 대한 이야기는 한 사람의 사회적 집단 소속을 규정하는 상징적 자본이다. 만일 사람들에게 돈이 정서적으로 상징하는 것이 이런 것이라면, 사람들을 실험 상황에 넣고 잠재적 투자비용과 편익을 계산하라고 할 때 그 맥락에서 금전적 상징을 지켜야 할 소유 재산으로 취급한다 해도 놀랍지 않다. 돈이라는 상징물에 정서적 초점을 맞추는 탓에 자신들이 내리게 될 결정이 지닌 확률과 가정의 틀을 평가하는 쪽으로 관심의 범위를 넓히지 못하는 것이다.

이 논의를 두 방향으로 확장시킬 수 있다. 돈과 상관없는 선택을 하는 경우와 일상적으로 금융 거래를 하는 사회적 만남에 훨씬 익숙한 사람들의 경우이다. 후자를 먼저 생각해보자. 잡담거리로 돈 이야기를 하는 사람들 사이에서 생기는 예외와 이유는 정반대지만, 금융 전문가 역시 합리적 선택의 예외로 기우는 성향이 있다. 보통 사람에게 돈은 계산과 무관한 상징적 범주이다. 비교적 고정된 사회적 지위 서열이나 가족 안에서 권력을 보여주는 상징적 표지일 뿐이다. 반면에, 금융 전문가에게는 돈을 다루는 상황 자체에 정서적 에너지가 실린다. 관심의 초점에 대한 집중도가 강하고 정서 공유의 정도가 아주 높은 만남의 상황에서 거래가 이루어진다. 도박사나 증권 중개인의 전형적인 일상생활 상황은 돈에 관심이 집중되는 강도 높은 상호작용 의례로 구성된다. 그런 직종에서는 돈 자체가 최상의 성스러운 대상이다(Abolafia, 1996). 그런 직종에서 일하는 사람들은 돈을 정서가 실린 상징으로 생각하는 탓에 합리적인 선택에서 벗어나기 쉽다(Slovic, Fischoff and Lichtenstein, 1977). 돈(또는 매몰 원가, 선택한 특정 전략, 채택한 금융 행위의 틀)이라는 초점에 너무 집중하는 탓에 시야가 좁아지고, 더 큰 범위의 계산은 간과하는 것이다.

논의를 다른 방향으로 확대시켜보자. 돈과 무관한 다양한 종류의 사건이 발생할 확률과 다양한 행위 경로가 가져다줄 보상을 추정토록 한 실험 사례들이다. 여기서 문제는 대부분의 실험 참가자에게 그다지 강하게 충전된 상징으로 구성된 대안이 없다는 점이다. 달리 더 나은 대안이 없으니 기준으로 삼는 가정이나 애초의 틀로 돌아가 일시적으로 인지할 수 있는 성스러운 대상을 만든다. 만일 인지적 고정관념을 갖고 있다면 생각하는 데 사용할 것이다. 고정관념에 기대는 방법이 '비합리적'이라고 생각할 수 있는 경우는 오직 '합리적'이라는 의미가 부여된 정서적인 가치 상징의 또 다른 틀에서 볼 때뿐이다. 평상시에는 그저 정서적 에너지를 최대화하는 것만 생각한다. 대화 상호작용의 과정에서 어떤 언어 상징은 상대적으로 더 높은 수준으로 정서적 에너지를 충전시켜준다. 생각이 떠오를 때 사용 가능한 상징이 있다면 그것이 무엇이든 사용한다. 만일 한 공동체에서 성원들이 제각기 자기가 사들인 물건들을 내보이며 돈이 얼마나 많은지 과시하고 있다면, 그 자리의 즉각적인 정서적 에너지 보상은 자기 자랑의 대열에 합류하는 데서 나온다. 정서적 에너지 흐름에 뿌리를 둔 생각의 경제학이 있는 것이다. 사람은 생각하는 과정에서 얻을 수 있는 정서적 에너지 수준에 비해 될 수 있으면 정서적 에너지를 적게 소비함으로써 효율적으로 그리고 경제적으로 생각을 한다. 더욱이 대개는 상황마다 그 자리의 정서적 색채가 있어서 장기적인 정서적 에너지 보상이 아니라 단기적인, 실로 즉석의 정서적 에너지 반응 효과가 더 압도적인 작용을 한다.

거의 알려져 있지 않은 대안(가령 정서적 에너지가 적게 실린 상징적 개념)을 탐색하는 일은 보상도 별로 없고 정서적 에너지도 고갈시킨다. 그래서 될 수 있으면 피하게 된다.[21] 선호하는 대안은 이미 정서적 에너지 충전이 잘 되어 쉽게 머리에 떠오르는 상징적 범주를 사용하는 것이다. 이 경우에 생각은 쉽고 충동적이다. 문화적으로 사용 가능한 고정관념 안에서 생각하는 것은 정서적 에너지 수식으로 말하자면 효율적인 생각이다.

그렇다면 어떻게 '합리성'이라는 개념이 생겨나게 되었을까? 어떤 종류의 생각을 '예외적'이라고 판단하는 것은 누구일까? 상이한 범주의 조합을 성스러운 대상으로 충전시킨 또 다른 사회적 공동체임이 분명하다. 통계학자, 수학적 지향성을 지닌 경제학자의 공동체일 것이다. 그들에게 숫자는 집단 소속의 상징적 표지이고 유대와 정서적 에너지의 원천이다. 보통 사람들이 (특히 의례적으로 수학을 혐오하는) 낯선 세계관과 이방인 집단을 상징하는 표지라고 느끼는 것이 통계학자·경제학자들에게는 당연시되는 소속 집단의 상징이다.[22] 상호작용의 배타성과 유대가 강한 모든 사회 집단이 그러하듯이, 통계학자나 그와 비슷한 전문직 종사자는 통계적 상징을 자연스럽게 받아들인다. 그들에게는 다른 상징보다 통계적 관념이 정서적 에너지를 더 높이 충전시켜준다. 통계적 관념이 쉽게 머리에 떠오르고 거기서 도출한 결론이 입에서 술술 흘러나온다. 수학적·통계적 계산과 동의어로 간주되는 '합리성'이라는 개념 자체가 바로 그 직종에 속하는 사람들의 정서적 에너지와 집단 유대를 함축한 가치의 상징적 표지이다.

일상생활에서 사람들은 대부분 사적인 집단 상호작용에서 얻은 정서적 에너지로 충전된 언어적 개념을 사용해서 생각한다. 나는 그런 생각하기가 합리적이라고 주장했다. 통계학자·수학자·경제학자 공동체의 성스러운 인지적 대상이라는 제한된 의미가 아니라, 공통분모가 정서적 에너지이며 투자비용에 비해 편익을 최대화하려 한다는 더 넓고 구체적인 의미에서이다. 그렇다고 일상생활의 생각이 다 획일적으로 이루어진다는 뜻은 아니다. 생각의 차이를 상호작용 의례와 정서적 에너지 모델로 예측할 수 있다는 점을 강조하는 것이다.

이제 두 가지 특별한 사례를 생각해보자. 첫째, 주위의 상황과 상징이 모두 개인에게 주는 정서적 에너지 수준이 낮은 경우이다. 어떤 대안도 정서적으로 그다지 끌리지 않는다. 아무 생각도 즉각적으로 떠오르지 않는다. 이런 상황은 개인의 삶에서 상호작용 의례가 메말라 있을 때일 것이다. 이럴 때가 모든 대안을 냉철하게 고려하고 어떤 편견도 없이 합리적으로 계산해서 결정할 수 있는 이상적인 상황으로 생각될지도 모르겠다. 그러나 상호작용 의례 이론은 그런 사람을 아무것도 결정할 수 없는 무관심의 늪에 빠져 있다고 여긴다. 대안을 제시하고,

초점을 맞추고, 생각을 계속할 수 있으려면 정서적 에너지가 필요하다.

둘째, 정서적 에너지 충전 수준이 대체로 비슷한 대안들이 많은 상황과 마주치는 때가 있다. 그런 상황에 놓인 사람의 상호작용 의례 시장 상황은 매우 복잡하거나 변수가 많아서, 어떤 대안이 더 강력한 정서적 에너지 보상을 가져다줄지 예측하기 어렵다. 상호작용 의례 이론은 그런 경우에 직면한 사람은 오도 가도 못하리라고 예측한다. 행동은 오락가락하고 결정을 미룬다. 비교적 높은 정서가 실려 있는 대안을 놓고 망설이고 있다면 결정 내리지 못하는 상태는 몹시 고통스러울 것이다. 그러나 그런 상황이 있다고 해서 인지를 설명하는 상호작용 의례 모델이 불완전한 것은 아니다. 오히려 설명할 수 있는 또 하나의 경험적 대안일 수도 있다.

정서적 에너지는 개인이 대안들의 무게를 달아보는 공통 수식이다. 좀 덜 은유적으로 말하면, 어떤 생각이 가장 쉽게 떠오르고 가장 매력적인지를 결정하는 것은 상징에 실린 정서적 에너지의 정도이다. 그럴 때 정서적 에너지 척도의 형태는 어떤 것일까? 서열 척도임은 분명하다. 등간 척도의 속성을 가진 경험도 있을까? 인간 행위자가 뒤로 물러나 그 가치를 읽어낼 수 있을 만큼 다양한 상황의 정서적 에너지 수준과 상징을 직접 관찰할 수 있을지는 의문이다. 그보다는 정서적 에너지 가치가 가장 높은 상징에 곧장 반응할 것이다. 정서적 에너지 수준이 다른 것보다 더 높은지 어떤지를 구별할 수 없는 비결정적인 영역이 존재할 수 있다. 이는 어찌할 바를 모르는 상태로 몰고 간다. 정서적 에너지는 일시적이고 상이한 상황적 대안이 상이한 비율로 (시점상 최근의 것인지, 그리고 되풀이되는 것인지에 따라) 소멸하기 때문이다. 어느 한 순간에는 비교가 불가능해도 이후 다른 시점에서는 불가능이 해소될 수도 있다.

지금까지의 분석에서는 확실성(발생할 결과에 대한 완벽한 지식이 있는 경우), 위험성(결과의 확률이 알려져 있는 경우), 불확실성(둘 다 없는 경우)의 조건에서 일어날 수 있는 행동들을 구별하지 않았다. 당면한 상황이 어떤 것이라도 개인은 그 상황의 정서적 에너지 흐름에 즉각 반응한다. 이는 확실성의 조건 아래서 하는 행동과 같다. 한 걸음 물러나서 더 긴 시간의 틀로 개인이 상호작용 의례 시장의 어떤 부분을 향해 움직이고 어떤 부분에서 멀어지는지를 볼 때 우리는 이미 불확실성의 영역에 들어가 있는 셈이다.[23] 마찬가지로 상호작용 체험에서 얻은 정서적 에너지로 충전된 상징을 사용해서 하는 생각은 불확실성의 조건에서 하는 생각과 비슷해진다.

확실성과 불확실성의 차이는 정서적 에너지에 토대를 두는 행동 모델에 큰 영향을 미치지 않는다. 만일 정서적 에너지 수준이 높으면 개인은 결과가 확실한 것처럼 행동한다. 정서적 에너지가 높은 자신감을 주기 때문이다. 객관적으로는 잘못된 것(미래의 성공을 지나치게 낙관적으로 추정하는 것)일지도 모르지만, 인지적 인간 행위자 모델을 복잡하게 개념화할 필요를 없애준다. 그렇지만 정서적 에너지가 중간 정도일 때는 불확실성이 더 부각될 것이다. 개인의 상호작용 의례 경험이 단지 중간 정도의 정서적 에너지만 창출할 때 개인은 결과의 불확실성을 더 크게 느끼는데, 불확실성은 주어진 대안에 분명하게 초점을 맞추기 어렵게 만든다는 가설이 적합할 것이다. 마음속에서 상징적 상호작용 의례를 구성하기가 더 어려워질 것이다. 개인이 특정한 불확실성의 원천에 초점을 맞추려고 하면 다른 사람들과 함께하는 현실의 상호작용 의례는 성공하기 힘들다. 불확실성은 정서적 에너지 수준을 낮추고 혼자 하는 생각이나 상호작용하는 집단에서 관심을 다른 데로 돌리게 만들 것이다. 이런 불확실성 영역에 대한 거부감은 사람들의 행동에서 관찰되고 발견되는 보편적인 사실이다.

의사결정 또는 상황적 생각을 다룬 연구들은 인간이 제한된 정보 처리 능력을 갖고 있으며 제한된 합리성으로 생각하고 결정한다는 주제로 집약된다. 그렇다면 결정은 어떻게 이루어지는 것일까? 제한된 인지 능력과 어느 정도 자의적 속성이 있음을 감안하면, 대안의 수를 줄이고 복잡한 계산을 피한다고 이해할 수 있다.[24] 그러나 행위자가 어떤 측면은 내버려두고 어느 한 측면만 선택하거나 어느 한 항목을 두드러지게 생각하게 만드는 것은 무엇일까?

그 해답은 다양한 대안이나 상징에 실린 정서적 에너지에 있다. 정서적 에너지 충전이 낮은 상황의 특성(또는 어떤 결정을 내릴 것인지와 관련된 가능한 상황의 범위)은 무시한다. 의사결정은 정서적 에너지가 가장 높았던 상황을 일깨워주는 측면에 집중한다. 정서적 에너지가 꽤 높은 수준이 될 만한 여러 가지 특징이 있을 때 대안을 놓고 씨름할 가능성이 가장 높다.

이는 인지적 발견과 예외를 다루는 다양한 모델과 일치한다. 마치와 사이먼(March and Simon, 1958)의 만족화 전략은 사람들이 사회적 상호작용에서 그다지 강한 정서를 자극하지 않는 일상적 영역에는 관심을 기울이지 않고, 가장 강하게 집합적인 정서를 자극하는 문제 영역에 초점이 집중된다는 뜻을 내포하고 있다.[25] 이와 비슷하게 가핀켈이 묘사한 민속방법(Garfinkel, 1967)도 정상적인 예상을 깨뜨리는 일이 생기면 참여자들이 정서적 자극을 받고 문제에 초점을 맞추면서 의례적 설명을 제시하는 방법임을 보여준다. 카네만(Daniel Kahneman)과 트버스키(Amos Tversky)가 다룬 예외 사례는 대부분 단일한 대안을 과대평가하고 전체적인 양상은 고려하지 않는 (기회비용 말고도 이미 자신이 선택한 대안이 장차 가져다줄 보상을 지나치게 낙관적으로 본다거나, 좁은 범위의 고정관념에 집중하거나, 완전한 정보의 탐색을 하려 하지 않거나, 자신의 범주를 바꾸려고 하지 않는 식으로) 사례들이다. 이 모든 사례에서 한 개념이 다른 개념보다 과잉 충전되고 있음을 볼 수 있다. 생각이 초점 집중의 기제로 이루어진다면, 그리고 초점이 집중된 특정한 상징이 최근의 사회적 상호작용에서 생기고 정서적 에너지를 충전시켰다면 이는 충분히 예상할 수 있는 행위이다.

의식적인 계산 없이 이루어지는 상황적 결정

미시 상황에서 개인이 의식적인 계산을 하지 않는다는 대다수 경험적 연구가 발견한 사실이 반드시 합리적 행위 모델과 배치되지는 않는다. 합리적 행위 모델은 사람들이 중장기적으로 투자비용 대비 편익의 균형을 최적화하는 움직임을 보여주기 때문이다. 내가 제시한 이론적 주장의 두 가닥이 그 점을 밝혀주었다고 본다. 비물질적인 이득에 동기를 둔 행동은 합리적인 행동이라는 것, 그리고 구별할 수 있는 여러 종류의 재화에서 얻는 보상의 무게를 잴 수 있는 공통분모가 있어서 사람들은 사용 가능한 가장 강력한 정서적 에너지의 원천을 향해 움직인다는 것이다.

인간이 정서적 에너지 추구자라면 의식적으로 계산할 필요가 없다. 앞서 내가 '선택'이나 '결정'이라는 용어를 사용한 것은 대부분 은유로 받아들여야 한다. 인간 행동은 정서적 향성(tropism)으로 특징지을 수 있다. 정서적 에너지의 사회적 원천이 행동을 직접적으로 활성화시킨다. 가장 강력한 활성화 상황은 즉각 강력한 흡인력을 발휘한다. 개인은 상황이 자신을 통제하는 것으로 경험하지 않는다. 주관적으로 자신이 에너지로 충만해 있고 스스로 통제한다는 느낌을 가지기 때문이다. 자신의 행동을 되돌아보며 확고한 결정 또는 강한 의지력의 표현이라고 말할 수도 있다. 다양한 대안의 편익과 투자비용을 의식적으로 계산할 필요는 없다. 정서적 에너지가 강할 때 사람들은 자신이 어떤 행동을 해야 할지 즉시 알아차린다.

인지가 정서와 불가결하게 얽혀 있다는 논점은 인지적 발견을 넘어선 다음 단계의 문제를 다룬다. 인공지능 분야에서는 인지적 구조물과 정서를 결합한 인간 행위자 모형을 만들기 위한 노력을 계속하는 중이다(Carley and Newell, 1990). 성공적인 모형이 되려면 상징에 정서적 에너지를 충전하는 상호작용 의례의 사회적 연결망과 정서적 충전으로 작동되는 인지적 과정을 통합해야 할 것이다. 만일 사회과학이 인공지능 안에 진짜 인간의 생각하는 과정이 들어 있는 모형을 만들려면 반드시 진행 중인 상황의 흐름에서 인지적 상징을 선택하도록 동기를 유발하는 정서의 상호작용적 기초를 통합해야 할 것이다. 다른 곳에서 주장한 바 있지만(Collins, 1992), 진정한 인간적 인공지능은 인간의 발화 리듬을 조율하고 실제 인간과 대화를 주고받을 수 있는 장치를 갖추어야 할 것이다. 그것은 어린아이가 말하기를 배우는 방법과 같이, 사람들과 상호작용하면서 상징을 인간처럼 사용하는 방법을 배우는 정서적 능력을 지닌 로봇이 될 것이다.

나는 합리성의 영역을 확장시켜 비물질적·정서적·상징적 행동도 투자비용에 비해 편익을 최적화하는 행동으로 분석할 수 있음을 보여주고자 했다. 이러한 이론적 전략은 아주 값비싼 대가를 치러야 할지도 모른다. 물질적 이해 관심을 비롯해 모든 것이 정서적 에너지를 중심 역학으로 해서 돌아간다고 보기 때문이다. 그러나 미시 상황에서 계산하지 않는 행동에 대한 연구 결과와 일치하는 행위자 모델을 가질 수 있다는 이점이 있다. 그 이점이 합리적 선택 이론의 전통이 지닌 개념적 편향을 바꾸는 데 드는 비용을 능가하리라고 믿는다.

　여기서 폐기된 것은 일차적으로 돈을 합리적으로 소비되는 재화의 상징물로 다루는 전통이다. 또한 추상적인 효용성 개념을 가정할 필요도 없다. 정서적 에너지는 경험에 기초를 둔 개념이고 직접 측정할 수 있으며, 정서적 에너지의 변이를 초래하는 사회적 조건을 보여줄 수 있다. 내 제안은 단기적 관점에서 사용하는 '계산'이나 '선택'이라는 용어를 버리고 개인이 여러 대안 가운데서 자신의 행동 방향을 잡을 때 진행되는 과정으로 개념을 재구성하는 이론적 전환이 필요하다는 것이다. 물질적 제약 조건 아래서 정서적 에너지를 최대화한다는 이론은 사회적 삶의 정서적 유통 가치와 그 유통 가치를 생산하는 상호작용의 구조에 적용할 때 더욱 강력한 이론이 될 수 있다.

제5장

내면화된 상징과 생각의 사회적 과정

상호작용 의례 이론에 따르면 생각은 상징의 삼차적 순환 과정이다. 강렬한 상호작용 의례에서 일차적으로 창조된 상징이 대화 연결망에서 이차로 재순환된 다음에 이어지는 과정이다. 생각은 상상의 내면 대화에 들어가는 또 하나의 순환 고리로서 그 자체가 마음 안에서 일어나는 상호작용 의례이다. 인식의 틀을 바꿔보자. 생각하고 있는 개인에게서 시작하는 대신, 전체 인구를 포괄하는 상징의 전반적 분포로 시작해보자. 상징이 색깔로 표시되어 그 흐름을 추적할 수 있고 밝기에 따라 정서적 에너지 수준을 가늠할 수 있도록 저속 촬영한 사진을 공중에서 본다면, 어떤 유형이 될까 떠올려보라. 사람에서 사람으로 이어서 영상을 클로즈업시키면 어떤 한 사람의 마음속 사슬 안에서 상징이 광선처럼 순환함을 보게 될 것이다.

앞 장들과 마찬가지로 여기서도 뒤르켕의 모델을 좀 더 역동적인 이론으로 만들어보려 한다. 뒤르켕은 추상적이고 정태적인 지식사회학을 보여주었다. 그는 사람들이 생각하는 범주가 사회적 형태학으로 결정되는 집합적 표상이라고 보았다. 내 목표는 특정한 시점에 누가 무엇을 생각하는가를 설명하는 이론으로 확장시키고 구체화하는 것이다. 생각에 대한 다른 주요한 사회학 이론도 같은 방식으로 활용할 것이다. 자아는 사회적 상호작용이 개인에게 내면화되어 형성된다는 미드의 이론은, 생각을 상대의 역할을 취해보는 상상적 예행연습이라고 본다. 이는 자아의 내면 구조에 관한 설명이고, 특정한 상황에서 어떤 생각이 이루어지는지를 설명하지는 않았다.

두 이론을 결합하면 생각의 과정에 관한 아주 급진적인 미시사회학 이론을 구성할 수 있다. 대화는 상징에 집단 소속감을 불어넣는 상호작용 의례이고, 생각은 어느 한 순간 상징이 지닌 정서적 에너지로 흘러들어가는 내면화된 대화이다. 대화의 시장에서 개인은 자신이 지닌 상징 자원과 정서적 에너지 수준에서 상호작용 의례의 열광을 가장 높이 생산해주는 대화를 향해 움직이고 정서적 에너지를 낮추는 대화는 피한다. 내면의 대화에서도 같은 현상이 벌어진다. 마음속 생각도 정서적 에너지를 높여주는 내면의 대화에 쏠린다.

까다로운 문제를 하나 더 다루어야 한다. 외부 대화에서는 상징 자원과 정서적 에너지 수준 맞추기가 당면한 상황의 제약을 받는 반면, 내면의 대화는 어디로든 펼쳐질 수 있다는 점이다. 사람들은 생각을 하면서 대화 상대편의 상상은 물론 자기 쪽의 상상도 하기 때문에 어떤 식으로든 짝짓기가 가능하다. 그러나 내면의 대화가 아무 제한 없이 무작위로 일어나지는 않는다. 나는 내면의 대화가 상호작용 의례 사슬과 닮은 형태라는 사실을 보여줄 것이다. 어떤 상황에서 그 순간 일어나는 생각은 언제나 외부의 상호작용 의례 사슬과 관계있는 것들이다. 외부의 상호작용 의례 사슬은 생각에 상징적·정서적 성분을 제공하는 출발점이다. 어떤 종류의 생각은 외부 상황과 비슷해서 사회학이 다루기 쉽다. 또 어떤 종류의 생각은 구조화된 의사소통의 사회적 연결망을 아주 강력하게 내면화함으로써 이루어진다. 생각과 관련해 사회학 이론에서 현재까지 우리가 갖고 있는 최상의 증거로서 내가 제시할 지적 사유가 바로 그런 종류의 생각이다. 연상이 꼬리에 꼬리를 물고 이어져 처음의 생각과는 동떨어져 이리저리 떠도는 생각도 있다. 이는 사회학적으로 다루기가 아주 어렵지만, 그런 생각에도 유형이 있음을 볼 것이다.

내면으로 들어가기 또는 밖으로 나오기

사회학자가 생각의 과정을 연구하는 데 사용할 수 있는 방법은 무엇일까? 항상 적용할 수 있는 정확하고 유일한 방법이 있다는 실증주의적 믿음 때문이 아니라 이론은 경험적인 관찰과 나란히 가야 발전할 수 있다는 실용적인 관심 때문에 방법상의 문제를 제기한다. 뒤르켕, 미드, 고프먼, 베버, 그리고 주요 사회학(또는 심리학) 이론가들 거의가 제기했던 문제이기도 하다. 같은 이유로 경험적인 연구 방법이 어떤 것이어야 한다고 미리 설정할 수 없다. 미시사회학을 앞서 이끌고 있는 사회학자들의 경우에는 특히 그렇다. 고프먼, 가핀켈, 색스(Harvey Sacks), 셰글로프, 캐츠(Jack Katz) 같은 주요 혁신적인 이론가들은 연구를 진행하는 과정에서 연구 방법을 개발하여, 1950년대에 출간되었던 교과서적 방법을 따랐더라면 불가능했을 연구 결과를 낼 수 있었다.

연구 방법은 제기된 질문을 신중하게 탐구할 때 마주치는 장애와 관계있다. 어떻게 사람들의 머릿속으로 들어가볼 수 있을까? 연구자로서 우리는 머릿속에 있는 것을 단순히 기술하는 데 머물러 있지 않은가? 사람은 저마다 다른 존재라서 편견이 있을 수 있다. 그리고 편견은 훨씬 깊은 수준에서 작용할 수도 있다. 심지어 자기 자신의 생각을 살펴보는 경우─ 또는 사람들에게 그들의 생각을 말하게 할 경우─ 에도 자의식적인 성찰로 인해 생각이 바뀌고, 말로 표현하는 과정에서 생각이 중단되기도 하는 문제가 있다. 비언어적 생각, 이미지, 물리적 행위, 정서에 함축된 생각, 그리고 입 밖에 내놓을 때 말로 잘 정리되지 않는 준언어적 생각의 문제도 있다. 그렇지만 장애가 반드시 연구가 불가능함을 뜻하지는 않는다. 이론의 방향과 연구 수단을 더 정교하게 발전시키는 자극제가 될 수도 있다. 생각의 과정을 설명하려는 사회학이 풀어야 할 문제가 단순히 밖으로 표현된 말에서 속생각을 알아내는 것이라면 심각한 문제일지도 모른다. 그러나 내면의 생각은 사회적 상호작용의 내면화 과정에서 형성된다는 사실을 믿을 만한 이론적 근거가 충분히 있다. 우리는 외부의 실재를 유아론(solipsism)이나 개인의 내면 정신의 작용으로 추론하려는 철학자들의 입장에 있지 않다.[1] 내적·정신적인 영역과 외적·사회적인 영역 사이에 견고한 장벽은 없다. 안과 밖, 양 방향으로 진행되는 과정으로 연결되어 있다. 그 과정을 탐구함으로써 우리는 더 나은 생각의 사회학을 발전시킬 수 있다.

생각을 연구하는 명시적 방법은 자기 자신의 생각을 관찰하고 기술하는 내면 성찰의 방법이다. 연구자 자신의 생각일 수도 있고, 자발적으로 또는 연구자의 요청에 의해서 보고된 다른 사람들의 생각일 수도 있다. 또 소설가들이 사용하는 의식의 흐름을 기술하는 방법도 있다. 방법론적인 문제를 검토해보자. 이렇게 기술된 생각들이 다 독특하고 대표성이 없는 편향된 것일까? 그런 판단은 미리 내릴 수 없다. 비교해 보아야 대표성이 있는지 없는지 알 수 있다. 그리고 비교는 언제나 이론적인 틀 안에서 이루어진다. 사회학자로서 우리는 생각의 형태에 관심이 있다. 개별 사례에는 각기 독특한 세부적인 내용들이 들어 있기도 하다. 물론 실제 생각을 얼마나 정형화해 표현하는지 살펴보기 전에는 생각의 형태를 과대평가하지 말아야 한다. 그러나 우리는 이론적 모델이 생각의 유형과 변이를 설명할 수 있는지 알고자 한다. 이론적 질문을 염두에 두지 않은 경험적 관찰은 소용없다. 생각의 흐름이 어떤 유형을 띠는지 개념화하지 않고 멍하니 관찰만 한다면 아무 유형도 없다는 허술한 결론에 도달할 것이다. 나는 생각의 과정은 외부의 사회적 상황의 사슬과 관련되어 있다는 것, 그리고 그런 외부의 사회적 상황을 탐색하지 않고서는 생각의 흐름에 유형이 존재하는지 여부도 판단할 수 없다는 사실을 보여줄 것이다. 더 나아가 생각의 사슬을 상호작용 의례 사슬의 한 종류로 고찰하려고 한다. 그러려면 의례 모델에 비추어 모든 내면 성찰의 유형을 검토해야 한다.

우리의 모든 내면 성찰은 편향될 수밖에 없을까, 또는 누군가 다른 사람의 생각일까? 명시적인 연구의 틀로 내면 성찰을 보는 방법이 더 나을까, 아니면 연구자의 추론 없이 우연히 발견할 때 가장 잘 포착할 수 있을까? 이런 질문에 결정적인 대답을 할 만큼 아직 내면 성찰에 관한 자료를 수집하고 분석하는 방향으로 연구가 진전되지는 못했다.[2] 그러나 내가 제시할 내용과 관련해 대표성과 편향의 문제는 그리 크지 않다고 생각한다. 일단 생각에는 여러 유형이 있고, 생각은 외부의 특정한 상호작용 의례 사슬을 둘러싸고 일어나며 모종의 내적 흐름을 따른다는 것을 볼 수 있다면, 잠정적인 일반화로서 내면 성찰의 보고 자료는 어떤 것이라도 타당하지 않다는 이유로 배제할 필요는 없을 것이다. 연구 과정에서 자의식과 자기 견제의 개입으로 문제를 왜곡시킨다는 주장도 마찬가지이다. 자기 견제 역시 자연스럽게 일어나는 생각의 한 형태이다. 게다가 내면 성찰의 보고에서 자의식이 끼어드는 지점도 다양하다. 종종 관찰자(자기 자신일 수도 있다)는 자기의 생각이 보고할 만한 내용인가 판단하는 자의식이 끼어들기까지 상당한 생각의 흐름이 있었음을 기억할 것이다. 그리고 자의식이 끼어들기 전에 진행된 생각의 흐름도 그 유형은 다른 방식으로 수집된 내면 성찰과 비슷하다.

생각을 연구하는 또 다른 방법은 내면화 과정에서 일어나는 생각을 포착하는 것이다. 이는 쿨리와 미드가 자아 발달에 관한 상징적 상호작용 이론을 구성하면서 사용한 고전적 방법이다. 그와 비슷한 연구는 어린아이의 언어 발달을 본 러시아의 비고츠키(Lev Vygotsky, 1934/1962) 학파에 의해서도 이루어졌다. 한 가지 예를 보자.

어머니가 밖에 있는 동안 30개월 난 어린아이 줄리아가 혼자 부엌에 있다. 식탁 위에는 계란이 담긴 그릇이 있다. 어머니가 부엌으로 들어오면서 보니 줄리아는 계란을 하나씩 바닥에 떨어뜨리며 자기에게 이렇게 말한다. "안 돼, 안 돼, 안 돼. 그러면 안 돼. 안 돼, 안 돼, 안 돼, 그러지마!"(Wiley, 1994: 63)

줄리아는 상상으로 어머니 역할을 하면서 어머니 목소리를 흉내 낸다. 이윽고 그 목소리는 안으로 잦아들면서 자기를 통제하는 형태로 발전한다. 상징적 상호작용 이론에서 일반화된 타자는 모든 외부의 대화자들과 그들의 관점을 통합하는 형태로 구성된다. 두 살 반 정도 된 어린아이는 아직은 대화 상대의 말을 흉

내 내며 반쯤은 외부적인 생각을 이어간다. 세 살에서 다섯 살쯤이 되면 대화는 침묵으로 내면화되어 성인과 같은 마음의 형태를 갖춘 생각이 된다.

이런 유년기 자료는 생각을 외부 대화의 내면화 과정으로 보는 사회학적 모델을 입증하는 증거이다. 그러나 성인의 마음속 생각의 과정을 상세하게 보여주는 것은 아니다. 성인은 대개 상대가 할 말을 내면화하기 전에 스스로 한 번 뇌어보는 중간 단계를 거치지 않는 것으로 보인다. 그러나 성인도 그렇게 할 때가 있다. 새로운 말을 배우거나 누군가의 이름을 기억하려고 할 때 또는 대화 도중이나 공적인 자리에서 특별히 충격적인 말을 듣고 놀라거나 감탄할 때 다른 사람이 들을 수 있게 소리로 표출한다. 놀람이나 감탄은 초점이 집중되고 정서적으로 합류가 이루어진 상호작용이 상징적 표현으로 농축된 것이다. 소리 내어 되풀이하는 것은 정서적 합류가 고조되었음을 드러낸다. 단어를 소리 내어 말하면 더 쉽게 기억되고 내면의 대화에서 두드러진 부분이 되는지는 검증해야 할 문제이다.

생각을 연구하는 과정에서 외부화되는 도중인 생각의 문제도 나타난다. 그럴 때가 아닌데 또는 통상의 대화 의례에서 갖추어야 할 형태가 되기도 전에 불쑥 말로 튀어나오는 경우이다. 고프먼(1981)은 이를 '반응 외침(response cries)'이라고 이름 붙였다. 반응 외침은 무심결에 나온 감탄, 투덜거림, 애를 쓰거나 고통스러울 때 내는 신음소리, 혼잣말 같은 것들이다. 사회적 상황은 언제나, 심지어 초점이 맞추어진 상호작용이 아닐 경우에도 풀어야 할 과제라는 것이 고프먼의 분석 노선이다. 동일한 지평에서 서로 경계심을 늦추지 않고 어슬렁거리는 동물처럼 인간은 서로 물리적으로 한자리에 있으면 최소한 상대가 무엇을 하는지 의식의 한쪽 통로를 열어놓고 있다. 대개는 정상적인 상태임을 드러내는 기호에만 관심을 보이고, 상대의 행동이 비정상적인 상태로 전환되어 자신을 개입시킬 낌새가 있으면 긴장한다. 그리고 자기는 자기 일에만 신경을 쓰고 있다는 듯이 자작극을 연출한다. 투덜거림이나 중얼거림은 남들과 소통하기 위해, 즉 남들을 초점이 맞추어진 상호작용에 끌어들이려 일부러 고안하는 것은 아니지만, 다른 사람이 눈앞에 있으면 저절로 하게 되는 사회적 표현이다. 고프먼은 "그런 말들은 속생각이 밖으로 흘러나온 것이 아니라 내면의 생각에 들어맞는 상황이 속으로 흘러들어가는 형태"(Goffman, 1981: 121)라고 지적한다.

고프먼은 모든 것을 사회적 상호작용의 유형으로 보는 뒤르켕 식 연구를 추구한다. 그렇다면 주변에 다른 사람이 아무도 없을 때 혼자서 하는 말은 어떻게 다룰 수 있을까? 한때 있었던 외부 상황을 내면화하는 것임에 틀림없다. 다른 사람을 위해 운 적이 있기 때문에 혼자서도 울 수 있다. 다른 사람에게 자신이 애쓰고 있음을 과시하려고 용을 쓴 적이 있기 때문에 물리적인 힘을 쓰는 순간 용쓰는 소리가 나온다. 이런 식의 분석은 경험적으로 검증해야 할 문제이다. 그리고 사람들이 혼자 있을 때 내는 불분명한 음성을 전부 분석할 수 있을지도 의문이다. 그러나 중요한 점은 혼자 있을 때나 다른 사람이 눈앞에 있을 경우에 소리로 표현되는 생각의 범주에도 사회학적 관심을 기울일 수 있다는 것이다. 내면 성찰의 보고에 기대지 않고서도 스쳐 지나가는 생각을 포착할 수 있고, 그래서 생각의 형태와 사회적 환경 조건의 관련성을 검토할 수 있다.

생각이 밖으로 가장 분명하게 드러나는 경우는 다른 사람에게 할 말을 준비하는 예행연습이다. 여기서 가장 재미있는 사례는 공식 모임에서 큰 소리로 읽을 잘 쓴 연설문을 연습하는 경우가 아니라 훨씬 비공식적이고 사교적인 상호작용(그뿐만 아니라 상사에게 질문하거나 직원에게 해고를 통지하는 식의 일터의 상호작용도 포함한다)에서 할 말을 미리 연습하는 경우이다. 잘 알려진 것처럼 중상위 계급은 노동 계급에 비해 말을 멈추고 속으로 다른 말을 생각해보며 머뭇거리는 순간이 더 많다(Labov, 1972). 이는 사회계급 간 전형적인 상호작용의 차이가 생각의 차이를 만들어낸다는 증거이다. 생각의 형태는 물론이고 내면 대화의 양에서도 차이가 있다. 노동 계급은 앞뒤 연결 없이 말을 풀어내며, 그래서 생각하느라고 멈추는 순간 없이 상투적인 발언을 더 많이 하는 편이다. 생각 예행연습의 사회적 분포가 있는 것이다.

소리 내어 하는 생각, 때로 혼잣말이라고 불리는 형태의 생각은 접근하기가 쉽다. 그중에서 혼자 있을 때 하는 혼잣말 형태의 생각에는 자술 보고로만 연구해야 하는 경우도 있다. 그런 범주에 속하는 형태 가운데 하나로 저주를 들 수 있다. 저주는 타인에게 실제로 하는 의사소통일 때도 더러 있지만, 위험한 것이니만큼 보통은 혼자이거나 거의 혼자나 다름없는 상황에서 한다. 가령 운전 중에 다른 차 운전자에게 저주를 내뱉는 것(Katz, 1999)과 같은 경우이다. 저주는 행동만큼 내용은 크게 문제되지 않는 일종의 주술로서 정서적 변압기로 작용한다는 점에서 고도로 의례화된 형태의 생각을 분석할 수 있게 해주기 때문에 특히 알려주는 바가 많다.

지식인은 자신의 생각을 출판물로 발표하기 때문에 접근하기가 훨씬 쉽다. 지식인의 생산물을 읽거나 들을 청중은 고도로 구조화되어 있어서 내적 구조와 외적 구조가 상호 조응하는 방식을 쉽게 알 수 있다. 그리고 저자는 다른 사람의 출판물이나 담론을 읽고 노트를 하고, 자신의 생각을 메모하고, 개요를 짜고, 초벌 원고를 쓰고 수정하는 일련의 단계를 거쳐 최종 출판물로 발표하기 때문에 내적인 사고가 외적으로 표현되는 과정(또는 그 역의 과정)을 연속적으로 살펴볼 수 있다. 내적 사고는 단순히 외부적인 의사소통을 반영하는 거울이라고 가정할 필요는 없지만, 차이를 발생시키는 조건은 탐구할 수 있다.

종류와 형태가 다른 생각들이 있다. 생각은 사람의 인성에 따라 다를 수 있고, 또 같은 사람이라도 순간순간 생각이 달라질 수 있다. 이러한 생각의 변이가 사회학적 접근에 장애가 되지 않는다. 우리는 그 차이를 비교하거나 서로 다른 유형의 생각이 발생하는 조건을 살펴봄으로써 분석적 이점으로 전환시킬 수 있다. 실제로 생각의 형태에 변이가 없다면 이론적 설명을 하기가 더 어려울 것이다. 어떤 이론적 모델이 가장 잘 맞는지 판별하는 데 비교 방법을 사용할 수 없기 때문이다. 생각은 말로 이루어지지만 통상적인 표현으로 구체화되는 정도에는 차이가 있다. 또한 생각은 그림이나 다른 종류의 감각적 이미지로 일어나기도 하고 더러는 신체적인 움직임으로 일어나기도 한다. 생각의 내적·외적 흐름에서 이런 사고 양식의 차이를 상황 조건의 차이와 연결시킬 수 있을까?

좋은 이론적 결과를 얻을 수 있는 차원은 생각이 일어나는 속도이다. 어떤 생각은 순식간에 스쳐 지나가고 포착하기 어렵다. 어떤 생각은 느리게 진행되고 또 일부러 천천히 하는 생각도 있다. 속도가 그 중간쯤 되는 생각도 있다. 특히 생각의 외부화 정도가 다른 글쓰기는 생각의 속도를 연구할 수 있는 좋은 대상이다. 생각의 속도는 상이한 상황 맥락과 밀접한 관련이 있어서 리듬과 정서적 에너지의 상호작용 의례 모델에 잘 들어맞는다.[3]

이제부터 그 다양한 방법을 살펴보자. 현재 이 분야 연구의 발전 단계를 감안하면 논의의 일부는 에세이 수준에 머물 수밖에 없다. 미드가 내면의 대화에 몰입하는 자아 이론을 발전시킨 이래 그 전통에서 이루어진 대표적인 연구로는 와일리(Novert Wiley)의 『기호학적 자아(Semiotic Self)』(1994)가 있다. 나는 자아의 내면 구조에 관한 미드의 논의를 고프먼 식의 급진적인 미시사회학의 방향으로 좀 더 발전시켜보고자 한다. 생각을 탐구하는 다양한 방법들을 살펴보면서 우리가 눈을 떼지 말아야 할 목표는 어떤 사회적 조건에서 다른 형태가 아닌 특정한 형태의 생각이 일어나는가를 보여주는 이론이다.[4] 어떤 상황에서 어떤 사람이 어떤 생각을 하며 그 생각은 어떤 형태를 띠는가? 그 상황들은 상호작용 의례 사슬 안에 자리 잡고 있는 공간이며, 상징이 이전의 사회적·정서적인 역사로 충전되어 곧 다가올 상황에 사용할 준비가 갖추어진 순간들이다. 먼저 우리가 가장 잘 알고 있는 종류의 생각인 지적 사유 과정부터 검토해보자.

지식인 연결망과 창조적 사유

지금부터 다룰 내용은 세계 역사에 족적을 남긴 철학자들에 관한 내 연구에서 나온 것이다(Collins, 1998). 이 연구에는 상징과 지식인의 사유 주제가 연결망의 사적인 상호작용에서 내면화된다는 증거가 제시되어 있다. 개인들을 자극하여 다른 사람들보다 더 열정적으로, 확신에 차서, 강박적으로 사유의 흐름에 따르게 만드는 정서적 에너지는 특정한 연결망 위치에서 생긴다는 것, 그리고 새로운 사상은 특정한 시기에 이미 존재하고 있는 상징들 가운데서 새로운 청중을 겨냥해 재구성된 형태로 창조된다는 것이 제시되어 있다.

성공적인 지식인은 그다지 성공적이지 못한 지식인보다 성공한 다른 지식인들과의 연결망 연줄을 더 많이 가지고 있다. 나는 연결망 연줄이 그 사상가가 이룩한 업적의 중요성에 대한 역사의 판단을 가리킨다고 본다. 일상적 용어로 말하면, 위대한 철학자는 그 아래 서열에 있는 철학자들보다 다른 위대한 철학자들과 더 밀접하게 연결되어 있다. 이류 철학자들은 지식인 공동체의 핵심과 연줄이 적고, 주변적인 철학자들은 그런 연줄이 가장 적은 사람들이다.[5]

그러한 연줄에는 여러 종류가 있고 모든 연줄은 동일한 방식으로 계층화된다. 중요한 위치에 오른 철학자일수록 높은 서열에 있는 스승의 제자였을 확률이 높다. 이런 연줄의 사슬은 세대를 넘어 스승과 제자로 이어진다. 가장 높은 위치에 오른 철학자들, 주요한 인물 중에서 으뜸가는 대가들은 (실제로 대등한 위치에서 상호작용하는) 저명한 사상가들로 형성된 밀도 높은 연결망에서 배출되는 경향을 보인다. 그래서 더 뛰어난 철학자일수록 저명한 선행 철학자와 직간접적 연줄을 가지고 있다. 이류 사상가들은 중요한 사상가들과의 직간접적 연줄이 더 적고 주변적 사상가들은 훨씬 적다.[6]

이 연줄은 시간상 앞선 세대와 후속 세대로 이어진다. 위대한 사상가들에게는 다른 철학자들보다 상대적으로 성공한 제자와 손자뻘 제자들이 더 많다. 지적 성공은 앞으로도 뒤로도 전파된다. 중요한 업적을 이룬 제자의 존재는 장기적으로 스승인 철학자가 대단히 중요한 사상을 지녔다는 역사적 명성을 얻는 요소 가운데 하나이다. 이 마지막 논점은 직관에 반하는 것으로 보인다. 미래는 과거를 발생시키는 원인이 될 수 없다. 한 사람이 죽고 난 후에 일어난 일이 그 사람이 살아 있는 동안에 한 일을 결정할 수는 없다. 여기서 우리는 다시 인식의 틀을 전환할 필요가 있다. 연결망이 하는 일을 개인이 결정하는 것이 아니라 반대로 연결망이 개인의 일에 영향을 미친다. 어떤 특정한 시기에 형성된 사상에 관심이 얼마나 집중되는가를 결정하는 것은 세대를 가로질러 이루어지는 전체 연결망의 행위이다. 그리고 관념은 언제나 다면적 상징이어서 문법적 설명의 흐름, 함축적 의미나 어감에 따라 다른 상징과 연결되기 때문에 다른 맥락에서 재해석된다. 따라서 어느 한 사상가의 조직화된 사상의 '중요성'은 후속 세대 지식인들이 그 조직화된 사상에 대한 연구를 수행하기 전에는 수립되지 않는다. 경전의 반열에 오를 만한 명성이 사상의 실제 가치와는 별개로 형성된다는 주장이 아니다. 사상의 가치는 사상 자체에 내재하거나 역사의 밖에 있는 어떤 순수한 영역에 존재하는 것이 아니라 사상을 해체하고 다양하게 조합하여 재통합하는 작업이 지속적으로 이루어지는 전체 연결망에 의해 창조된다는 뜻이다. 세상의 평범한 동료들 가운데서 산처럼 우뚝 솟아난 소수의 외로운 고립된 정신이라는 이미지는 뒤르켐 식 상징으로서는 충분히 이해할 만하다. 지식인 공동체가 집합적 관심의 초점으로 만들어서 위대한 인물들이 된다는 뜻이다. 우리는 사회학자로서 신화의 렌즈를 통해 보지 말고 그런 신화를 생산한 더 큰 구조, 즉 연결망에서 이루어지는 사상의 형성과 장기적 흐름을 보아야 한다.

세대와 세대로 이어지는 연줄의 수직적 사슬과 더불어 중요한 동년배들과의 수평적 연줄도 성공하지 못한 사상가들보다 성공적인 사상가들에게서 더 보편적으로 발견된다. 수평적 연줄은 동지와 적을 다 포함한다. 저명한 철학자들은 논쟁의 대상이 되는 경우가 더 많다. 직접적인 논쟁도 있고 얼마간 거리를 두고 다른 중요한 철학자들이 합세해서 이루어지는 논쟁도 있다. 동지는 주요 사상가들이 개인적인 친분으로 형성된 집단에 합류함으로써 형성된다. 주로 학문적 경력을 쌓는 초기에 형성되는 경우가 많다. 이미 유명해진 사람들은 단순히 모임을 조직하는 데 그치지 않고 아직 유명해질 만큼 업적을 내지 못한 잠재적 사상가들의 집단을 모으기도 한다. 여기서 우리는 다시 한 번 미래가 과거를 결정하는 순환론으로 보일 수 있는 유형을 만난다. 개인주의적인 인식의 틀에서 벗어나 집단이 학문적 경력을 함께 쌓아가며 긴밀한 상호작용을 통해 공동의 지적 창조성을 발전시키는 양상을 보아야 할 것이다.

역사적 지평을 넓혀 멀리서 조망하면 이러한 연결망 유형이 드러난다. 현미경으로 들여다보지 말고 방향을 바꾸어 연결망이 어떻게 개인의 사유에 영향을 미치는지 물어보자. 제자가 탁월한 스승에게서 무엇을 얻어 창조적인 지식인이 되는 것일까? 단순한 사상의 전수나 문화적 자본의 계승만은 아닐 것이다. 스승의 사상을 받아들이고 되풀이하면 기껏해야 추종자나 주변적 사상가가 될 뿐이다. 일반적으로 주변적 사상가가 중요한 사상가와 다른 점은 강력한 독창성의 결핍에 있다. 좀 더 중요한 사상가가 되기 위해서는 스스로 새로운 사상을 창조해야 한다. 때로는 스승의 사상과 단절해야 할 때도 있다. 단절은 아버지 지위에 저항하는 오이디푸스적 반역으로 해석되기도 하지만 프로이트 모델은 왜 그러한 단절이 일어나는지에 대해서는 아무 설명도 내놓지 못한다. 주변적 인물은 자기 스승을 떠나지 못하므로 단절이 보편적인 현상이라고 보기 어렵다. 새로운 학문적 입지가 될 수 있는 공간을 열어주는 구조적 조건이 있을 경우에만 비로소 독창적 사상이 태어난다.

미래에 위대한 인물이 될 제자가 위대한 거장에게서 얻는 것이 사상이 아니라면, 무엇일까? 거장에게서 전수받는 것 가운데 하나는 높은 정서적 에너지이다. 심지어 거장과 단절하는 경우에도 정서적 에너지를 얻는다. 저명한 사상가는 에너지 대가이기도 하다. 그들은 고도로 생산적이어서 엄청난 양의 출판물(때로는 출판되지 못한 업적도 있다)을 쏟아내는데, 그중에서 명성을 얻는 것은 극히 일부일 뿐이며 연구에 강박증을 가진 것처럼 보일 만큼 긴 시간 연구에 매진한다. 사유 자체가 그들에게 활력을 주어 마치 자석에 이끌리듯 생각의 흐름에 따라 움직인다. 이러한 사유의 마력이 절정에 달하는 결정적 순간(때로는 글쓰기로 나타나기도 한다)에 새로운 사상이 머릿속으로 찾아온다. 어떤 이는 자신이 마치 받아쓰기를 하는 것 같다고 표현하기도 한다. 연구에 매혹된 사람들에게서 볼 수 있는 이런 유형을 '영감'이라 부르는 것도 수긍이 간다. 창조적 사상가는 마치 저 높은 곳에서 오는 창조적 물결에 접신한 천재처럼 보이기 때문이다. 그러나 사회학적 진실은 그런 식의 은유는 잘못임을 보여준다. 지식인 연결망에는 소수의 개인들이 관심을 집중하고 상징의 흐름을 새로운 방식으로 통합하는 활력이 넘치는 특정한 위치가 있다. 그리고 상징은 실제로 밖에서 오지만, 창조적 영혼의 신비한 영역에서 오는 것이 아니라 그 사람의 정신에 내면화되고 이제 밖으로 다시 내보내게 될 지식인 공동체의 역학에서 온다.

모든 창조적 개인이 다 똑같은 광채에 휩싸이지 않지만(그리고 그들의 사적 행동에 똑같은 명성이 집중되지도 않지만), 그들은 모두 상대적으로 자기의 연구에 집중하는 높은 정서적 에너지를 가지고 있다. 탁월한 스승은 무엇보다도 중요한 지적 상징에 몰입하는 강한 집중력과 자신의 자장 안에 들어오는 사람들을 사로잡는 매혹이 있고 그들에게 활력을 전수한다. 내 연구에서 검증한 연결망 연줄은 개인적 접촉이다. 이러한 사유의 유형은 타인들이 물리적으로 눈앞에 있을 때 그리고 자신과 협력하는 사람들이 있을 때 발생한다. 탁월성이 탁월성을 낳는다고 요약할 수 있는 연결망 유형이다. 지적 창조성은 전염성이 있어서 목소리와 서로 돌아가며 종이 만지기로 전달되는 부족 사회의 마나처럼 작동한다. 이런 연결망 연줄의 유형은 기원전 500년경의 인도, 중국, 그리스에서 1940년대의 유럽에 이르기까지 역사의 전 시기에 걸쳐 유지된다.[7] 지식인의 삶이 대부분 직접 논쟁으로 이루어지거나 책으로 대량 출판되어 거의 어디서나 읽을 수 있게 된 시기, 또는 의사소통의 형태가 아주 다른 시기에도 모두 동일한 연결망 유형을 볼 수 있다. 소통 형식은 바뀌어도 개인적인 접촉의 중요성은 변하지 않는다. 1920년대와 1930년대의 비엔나 학파나 1930년대와 1940년대의 실존주의 철학자들도 소크라테스나 맹자 세대와 같은 연결망을 가지고 있었다. 현대의 지식인들은 책의 저자로 명성을 얻지만, 지식인들을 창조적으로 만들어주는 사회적 과정은 여전히 그렇게 얼굴을 맞대는 상호작용을 중심으로 구조화되어 있다.

감명을 주는 스승과의 접촉은 강도 높은 상호작용 의례이다. 강의를 통해서나 그 밖의 만남을 통해서 관심의 초점이 되는 것은 성스러운 대상이 된 언어·개념·사유기법으로, 지적 공동체의 중심에 속해 있음을 가리키는 표지들이다. 그 상징들은 듣는 이의 마음에 내면화되어 나중에 내가 반향을 불러일으키는 말이라고 묘사하는 모습을 띤다. 창조성은 개인의 마음에서 사상과 기법의 발전이나 재조합으로 태어난다. 그 발생에 관해서는 몇 조각의 퍼즐을 더 풀어본 다음 좀 더 충실하게 다룰 것이다.

이제 수평적 집단에서 벌어지는 상황을 살펴보자. 여기서는 다른 유형의 연결망 구조가 발견된다. 수직적인 스승-제자의 연결이 계보와 중간의 매개 고리로 이어진 동년배 집단은 강력한 집합적 정체성을 형성하며 공동 연구를 수행하는 중첩성이 높은 연결망이다. 이들은 찻집에서, 선술집에서, 기숙사에서, 때로는 살롱이나 출판사, 서점, 편집실에서 모임을 갖는다. 그런 모임에서는 지적 주제에 관심이 집중되며 평범한 사건들이 일어나는 외부 세계보다 훨씬 생생한 정신적 세계를 만드는 상호작용 의례가 되풀이된다. 공식적인 강의와 마찬가지로 비공식적인 토론을 치열하게 벌이는 과정에서 중심 사상, 주제, 논증의 기법으로부터 성스러운 대상을 만들어낸다. 일반 대중보다 전수자들에게 스승을 알리고 더 큰 명성을 부여하며 스승의 지위를 성스러운 대상으로 격상시킬 수 있다. 강의실에서는 스승에 대한 관심과 존경을 드높이는 의례를 행해 더 성공할 수 있는 계기를 확대한다. 그저 평범한 강사를 명사의 반열에 들 만큼 유명한 인물로 끌어올리는 경우도 있다. 집단은 또한 이전 세대의 저명한 인물들을 놓고 비판적 논쟁을 벌이고 지지자들을 결성하며 대가와 단절해 새로운 방향을 향하기도 한다. 이것이 칼 마르크스가 지적 궤도에 진입한 방식이다. 베를린 커피하우스에서 '프라이엔(Die Freien)'*이라 불린 집단은 헤겔뿐만 아니라 헤겔과 충분히 단절하지 않았던 사람들에 대해서도 경쟁적으로 신랄한 비판을 가하며 급진적인 관점을 발전시켰다.

---

* 프라이엔(Die Freien)은 1838~1942년 베를린 대학에 있던 젊은 철학자들의 모임으로 처음에는 Doctors' Club이라고 불렀다. 바우어(Bruno Bauer)와 루게(Arnold Ruge)가 모임을 이끌었고, 슈티르너(Max Stirner), 바쿠닌(Mikhail Bakunin), 엥겔스, 마르크스 등이 참여했다(Collins, 1998: 530~531). - 옮긴이 주

그들은 정서적 에너지를 집합적으로 동원하고 더 큰 관심이 쏠릴 공간으로 옮겨가며 자신들의 학문적 경력을 집단적으로 시작한다. 대개 이 지점에서 집단은 기존 성원과의 견해차를 첨예하게 드러내며 떨어져 나와 독립적인 위상을 확보한다. 집단이 아직 결속 상태인 초기에는 집단을 행위의 중심에 놓고 정서적 열광을 불러일으키는 수많은 토론에 참여했을 것이다. 동지애로 뭉친 논쟁이 이제 비우호적이고 때로는 적개심을 드러내는 논쟁으로 발전한다. 마르크스가 그 좋은 예인데, 마르크스는 오로지 그의 젊은 시절의 지적 동반자인 엥겔스와의 동맹만 유지하며 '프라이엔' 동료들을 공격하는 것으로 그의 첫 번째 주목할 만한 연구를 내놓는다.

우리는 지식인 연결망에서 중심 위치를 차지하고 있는 개인들의 미시적 상황을 추적하고 있다. 이제 세대를 가로지르는 장기적 연결망에서 드러나는 또 하나의 유형을 포착하기 위해 뒤로 더 멀리 물러나보자. 새로운 지위는 경쟁자들과 더불어 나타난다. 한 세대에서 지적인 작업의 활동적인 생애는 대개 35세 전후로, 철학 분야에서는 경쟁적 위치에 있는 큰 인물이 보통 세 명에서 여섯 명 정도 등장한다. 이는 세대를 잇는 지적 계보의 숫자 또는 스승에서 제자로 이어지는 학파의 숫자이기도 하다. 나는 이를 '소수자의 법칙(law of small numbers)'이라고 부른다. 중요한 사상가나 학파의 숫자는 둘 이하일 수도 있고 여섯 이상일 수도 있지만 그보다 높거나 낮으면 창조성과는 길항한다. 한 사람이 지배하는 곳에서는 창조성이 나오지 않는다. 저명한 스승 하나와 그 계보가 지배한다. 새로운 방향으로 창조적인 연구를 하는 뛰어난 제자가 없고 스승과의 단절로 새로운 터를 일구지 못하는 충신만 있을 뿐이다. 창조성은 경쟁 상황에서 생긴다. 경쟁적 지식인들의 연결 사슬은 암암리에 서로 의존하고 있으며 서로의 사유 방향을 구조화한다.

창조적 발전을 위한 최저 수준은 둘이지만, 더 전형적인 경우는 셋 이상이다. 둘은 둘 모두에게 골칫거리인 탓에 셋으로 발전하기 쉽다. 새로운 사상을 생산하는 주요 기제는 과거 사상들을 상이한 선택과 강조점으로 재조합하는 것이다.

기존의 지식인 연결망이 있어서 새로운 사상으로 재조합할 성분은 충분하다. 새로운 사상의 형성을 제약하는 성분도 부족하지 않다. 창조성은 또한 청중이 수용하는 방향을 가늠하며 그 방향으로 이루어진다. 그러한 사상의 재조합은 대략 여섯까지는 성공적으로 이루어질 수 있다. 이 상한선을 넘어서면 연결망의 역사에서 어떤 계보는 추진력을 이어갈 새로운 제자를 충원하지 못해 후속 세대로 이어지지 못하고 끊긴다. 상한선을 넘어서는 경우가 잠깐 생기기도 하지만 여섯이나 그 이하가 되지 않으면 계보가 끊기는 제재가 가해진다. 보통 수적 제약을 위반하는 세대의 지식인들은 그런 구조적 제약을 잘 인식하지 못하지만 자신의 위치가 흔들린다는 위기감, 자기 연구의 중요성이 인정받지 못하고 위축된다는 낌새는 감지한다.

소수자의 법칙은 퍼즐의 두 조각을 맞춰준다. 새로운 사상은 기존 연결망의 사상과 기법을 조합하고 발전시키는 것만으로는 부족하다. 가장 '창조적인' 사상, 가장 영향력이 큰 사상은 이목을 끄는 논쟁에서 대립적 입장을 취함으로써 형성된다. 대립하는 학파는 각기 정체성과 경계를 확정해주는 관심의 공간을 개척하여 적소로 만든다. 창조적 사유는 긍정적인 면으로나 부정적인 면으로나 정신적 제휴를 만드는 과정이다. 사상은 집단 소속의 상징이자 동시에 비소속의 상징이다. 누가 집합적 사유의 내부자인지 누가 그 울타리 밖에 있는지를 가르는 표지이다. 지식인들은 동맹자에게 의존하고, 경쟁자에게는 더욱더 의존한다. 연결망의 핵심에 가까울수록 관심의 공간에서 적소로 개척할 결정적 지점을 더 잘 알 수 있다.

연결망의 핵심에 있는 지식인들은 어떤 쟁점에 누가 줄을 서고 누가 반론을 제기하는지 직관적·즉각적 감각을 가지고 있다. 그들의 사유과정은 신속하게 터를 잡는다. 말도 꺼내지 못하는 주변적 지식인들과는 달리, 어떤 개념으로부터 어떤 주장이 뒤따를지 알고 있다. (남보다) 앞서 개념을 정리하며 어떤 주장을 더 발전시킬 수 있을지, 어느 쪽으로 문이 열려 있는지, 어떻게 응용할지 감지한다. 그들의 사유 내용을 구성하는 상징에는 정서적 에너지가 실려 있다. 상징은 단순한 참고 사항이 아니라 지식인 집단에서 이루어지는 사유와 담화 활동을 표상한다. 따라서 창조적 사유의 소용돌이에서 핵심적인 위치에 있는 지식인들에게 상징은 마치 자석의 밀고 당김처럼 새로운 조합과 반론으로 빠르게 움직인다. 사상가의 역할은 의식 속에서 그 상징들을 하나의 초점으로 관심을 집중시키고 사유의 흐름을 궤도에 올려놓는 일이다.

소수자의 법칙은 연결망 위치가 대가로서의 경력을 쌓는 데 결정적인 중요성을 갖게 되는 또 다른 이유도 보여준다. 제자는 정서적 에너지와 상징 자원 외에 저명한 스승에게서 대립적 지식인 세계의 작동 방식을 배운다.[8] 말하자면, 대가는 제자들의 역할 모델이다. 역할 모델은 많이 오염된 용어이긴 하지만 달리 포착할 방도가 없고 또 실행한 바를 놓고 판단할 수밖에 없어서 사용한다.

소수자의 법칙이 작용한 결과 개인의 지적 경력은 구조적 긴장을 밟고 넘어서야만 쌓을 수 있다. 대가인 스승은 3~6명보다 훨씬 많은 제자를 거느린다. 그중에서 창조적이고 명성을 얻을 수 있는 숫자보다 훨씬 많은 젊은이들의 집단이 있다. 각자가 걸어갈 학문적 경력의 궤도는 지적 세계에서 기회를 인식하고 포착하는 내용으로 구성된다. 그 길에서 그들은 자신을 둘러싸고 진행되는 비인격적 분류 과정을 경험한다. 어떤 이들은 이미 존재하는 지위의 추종자가 되기로 작정한다. 이론가들의 사상을 변방에 있는 학생이나 독자에게 판매하는 소매상이 되는 길이다. 가령 미국의 영문학과에서 파리의 사상을 추종하는 것처럼 사상이 형성된 핵에서 멀리 떨어진 변방의 지식인들을 위한 대변자가 된다. 추종자로서 경력을 쌓는 또 다른 길은 이론과 기법을 특정한 문제, 특히 경험적 차원에 응용하는 전문가가 되는 길이다. 이러한 움직임은 그들이 속해 있는 지역에서 지도적 위치에 섬으로써 나름의 소수자 법칙이 작용하는 작은 관심의 공간을 만들어낸다.

어떤 사람들은 대가인 스승이나 선배들을 직접 역할 모델로 삼아 젊은 시절의 야심에 머물러 있기도 한다. 이들 가운데서 정상에 오르는 이들이 있다. 누적 효과는 관심의 공간에서 비어 있는 적소, 소수자 법칙이 허용하는 한 자리를 발견하는 사람에게 간다. 그 분야에서 관심을 얻으면 정서적 에너지가 높아지고 동기유발도 커져 강박적으로 연구에 몰입할 힘을 얻으며, 자신의 생각을 진행 중인 논쟁의 전선에 내놓을 정도로 발전시킨다. 그 반대편에는 위축되는 지식인들이 있다. 그들의 연구는 초반에는 전망이 밝았지만 별로 주목을 받지 못하면서 정서적 에너지도 떨어진다. 자신감이 없어지고 연구에 진력할 에너지도 고갈된다. 활동 현장에서 점점 멀어지며 고립된다. 그들은 학문 외적 문제에 빠져든다. 학문적 경력의 길이 차단되고, 불행이 곧 찾아올 듯한 '비운의 인물', 핑계나 만들어내는 사람, 비참한 혹평가가 되기 십상이다. 지적 연결망과 개인의 사유가 순환되는 미시 과정은 부정적인 방향과 긍정적인 방향에서 다 누적적이다. 어떤 종류의 사유를 하는가는 학문적 경력의 초기나 발전 중일 때나 모두 연결망에서 개인이 어떤 위치에 있는가에 달려 있다. 역사가 찬양하는 창조적인 사유의 사회학이 있는 것처럼 성공하지 못하는 사유의 사회학도 있다.

비지적인 사고 과정

지적 사유는 생각의 작은 부분에 지나지 않는다. 비지식인과 지식인이 '지적 작업 이외'의 시간에 하는 통상적인 생각을 다루어보자. 이론적 목표는 개인이 자리 잡고 있는 상호작용 의례 사슬의 상황에서 어떻게 이들의 생각을 예측할 수 있는지 보여주는 것이다.

예상되는 말, 반향을 불러일으키는 말

가장 단순하고 예측 가능한 생각의 형태는 행위가 이루어진 상황과 시간적으로 가장 가까운 때 일어나는 생각이다. 그때의 생각은 그 상황에서 나누었던 말들이나 개인의 마음에 문자 그대로 반향을 불러일으킬 만큼 정서적으로 합류했던 말들로 구성된다. 이런 형태의 생각은 이미 지적한 바와 같이 혼잣말의 형태로 내부와 외부의 경계에서 하는 생각이다.

다음은 사무실 여직원이 하는 혼잣말이다.

비품 구매 신청서를 얻어야겠네. 아, 참! 그 양식은 이젠 사용 안 하는 거지 (Wiley, 1994: 61).

이런 혼잣말은 조지 허버트 미드의 실용주의자 모델과 아주 흡사하다. 여직원은 다음에 무얼 할지 스스로에게 지시한다. 말로 하는 생각은 미리 생각해보는 정신적 상황을 창조한다. 이 사례에서 여직원은 자신의 첫 번째 행위 계획이 들어맞지 않음(비품 구매 신청 양식은 더 이상 사용되지 않는 방법이라는 사실)을 알아차리고 그 사실을 스스로에게 말하면서 다른 행위 계획을 짜기 시작한다.[9]

평상시 생각은 대개 이런 형태를 띤다. 실용적 행위를 하면서 잇따라 중계방송을 하거나 해야 할 일을 지시하는 생각의 형태이다. 이런 생각은 실리적 상황뿐만 아니라 사교적 상황에서도, 가령 대화하는 도중에도 일어난다. 다음에 무슨 말을 해야 할지 생각하느라고 잠시 멈추는 경우이다. 여기서 실용주의자 모델이 함축하고 있는 또 다른 면도 입증된다. 미드와 그의 선배들(특히 Dewey와 James)에 따르면, 매사가 잘 돌아가고 있으면 행위는 별다른 의식적 성찰 없이 습관적으로 이루어진다. 행위가 장애에 부딪쳐야 비로소 의식적인 생각이 끼어든다. 앞으로 하게 될 행위에 대한 생각은 장애를 만나기 한참 전에 일어나므로 이는 다소 과장된 개념화라 하겠다(게다가 나중에 고찰해볼 자유연상이라든가 속으로만 하는 사교적 담화 같은 생각의 형태도 있다). 실용적 모델에 들어맞는 상황, 즉 행위가 완전히 몰입 상태에 들어가 물리적 리듬을 타게 되면 말로 하는 자기 논평은 필요 없다. 다가올 상황을 예상하는 생각의 형태는 흔히 행위로 옮기는 데 특별한 집중력이 필요하다는 느낌과 결부되어 있다.

실용적 행위로 안내할 미리 내다보는 생각은 행위를 하기 바로 직전 예행연습을 할 때 신체적 동작에서 드러난다. 타격 연습을 하는 타자, 골퍼가 공을 치기 전에 골프채를 앞뒤로 흔드는 동작 따위이다. 이들은 계획된 행동을 실제로 하면 어떻게 될까를 보여주는 압축적 표현이다. 따라서 내가 하려고 하는 행동은 바로 이것이라는 사전 생각의 형태이다. 그러나 그 신체적 동작은 스스로에게 자신감을 불어넣는 의례의 수단이기도 하다. 의례 가운데는 두드러지게 정형화된 요소를 가진 형태도 있다. 가령 십자 성호 긋기처럼 더 큰 의례적 유대를 끌어들이는 식이다(2002년 시즌에 프로 농구선수가 자유투를 하게 될 때면 언제나 골대에 키스를 보내는 행동도 여기에 속한다). 좀 더 특이한 경우이긴 하지만, 적수가 설정한 리듬에 합류하기보다 스스로의 리듬을 설정하는 예비 의례도 있다. 말로 하는 자기 지시도 마찬가지로 의례일 수 있다.

어떤 지시-생각 — "오케이, 좋아……", "맞았어!", "잘 했어!", "자, 이제 조금만 더……" 등 — 은 행위를 하는 동안 자기 감시뿐만 아니라 자기 격려의 형태를 띠며 시간적 경과와 더불어 발생한다. 여기서 우리는 순전히 실용적으로 보이는 상황에서도 혼잣말이 또 다른 측면을 지니고 있음을 본다. 말은 단지 실용적인 측면뿐만 아니라 동기 유발의 측면도 있다. 치열한 경쟁의 순간에 그런 식으로 혼잣말을 한다고 말하는 운동선수들이 있다. 한 골프 선수는 이렇게 말했다.

16번 홀을 지나면서 많은 생각이 오갔다. 이런 식으로 메이저 대회에서 지고 싶어? 챔피언십 대회에서 망가진 사람으로 기억되고 싶어?(≪샌디에이고 유니언(San Diego Union)≫, 2002. 7. 22)

테니스 선수인 세레나는 다음과 같이 말했다.

오늘은 다리가 몹시 피로하고 무거웠어요. 계속 이런 생각을 했죠. '좋아, 세레나, 5 대 1? 아니면 4 대 2? 어떤 걸 원해?' 그 생각이 나를 계속 뛰고 싸울 수 있게 해 주었답니다(≪로스앤젤레스 타임스≫, 2002. 6. 9).

이런 종류의 혼잣말은 상황이 불안할 때나 결정적 감각이 아직 찾아오지 않았을 때 가장 흔하게 일어나는 것으로 보인다. 행위가 처음 시작될 때, 특히 발화자가 움직이지 않는 상태에 있다가 행동에 나서려는 동작을 시작할 때 흔히 일어난다. "좋아, 일어나 나가보자. 내가 뭘 원하지? 오늘 할 일이 뭐지?" 이것은 아침에 일어나면서 하는 혼잣말이다. 사상가(나 자신)가 시간이 많이 걸리고 의무감을 갖고 있는 글을 쓰느라 고군분투할 때 저술가의 내심에 감춰진 감정의 목소리이다. 그런 혼잣말은 되풀이해서 하고 또 하는 말법이다. 되풀이 자체가 리듬의 작용을 하며 '자기 자신을 다시 일으켜 세우려고' 관심을 집중시키는 일종의 주문이다.

생각의 흐름과 상황의 사슬

사회학적으로 더 설명하기 어려운 생각의 형태는 당장의 상황과는 거리가 먼 요소들이 연상의 꼬리를 물고 이어지며 옆길로 빗나가는 경우이다. 여기에는 두 가지 단서가 있다. 특정한 상황에서 생각의 흐름이 시작된다는 점과 생각이 이어지면서 상황의 사슬이 구성된다는 점이다. 그 사슬은 상황이 오로지 스스로에게 위안을 주려는 '내적 사교성(inner sociability)'일 때 더 멀리 뻗어나간다. 사교 모임에서 단지 친교를 위해 하는 이야기와 흡사하다. 그러나 시작이 실용적이라도 그런 식으로 생각이 이어짐을 알 수 있다.

다음은 일터로 가기 위해 바쁘게 서두르는 젊은 여종업원의 상황이다.

"8분밖에 없네, 옷 갈아입는 데 5분 걸릴 거고. 서둘러야겠다." 떠오르는 영상: 불쾌할 정도로 불결한 탈의실. 테이블과 주방 사이를 달리는 내 모습. 소음. 포크와 나이프가 접시와 부딪치고 고객들이 서로에게 고함을 치는 소리. "난 돈을 벌어야 해. 최소한 작년 여름처럼 엉망은 아니어야지." 기억나는 영상: 볼품없는 식사. 땀 흘리는 내 모습. 더위에 허덕이는 느낌. 30명의 해병들이 먹고 마시는 장면. 소리: 시끄럽게 울려 퍼지는 뮤직 박스에서 나오는 유행가. "이봐 아가씨", "잠깐만요, 곧 갑니다." 피자 오븐에서 내 팔뚝이 불에 타는 듯 뜨거운 감각. 잔을 떨어뜨리는 장면. 소리: 잔이 깨지는 소리, 매니저가 고함치는 소리, 해병들의 떠들썩한 소리. "아, 하느님, 제발 여기서 벗어나게 해주소서." 감각: 위축감, 굴욕감. "이런 일 정말 싫다. 빨리 졸업하고 그럴듯한 일자리 얻어야지." 넓고 밝은 카펫이 깔려 있고, 벽에는 아름다운 풍경화가 걸려 있고, 싱싱한 화초가 있는 사무실. 로드 앤 테일러에서 산 15파운드짜리 날씬한 새 정장을 입은 내 모습. 잘생긴 동료가 커피를 따라주는 모습. 5시를 치는 시계 소리. "그래, 금요일 밤에는 데이트도 즐겨야지"(Wiley, 1994: 54).

생각의 흐름은 실용적 상황에서 시작한다. 여종업원은 시간이 없다는 사실을 알아채고 스스로에게 서두르라고 말한다. 생각의 흐름은 기억과 상상의 흐름으로 확대된다. 어떤 것은 실제로 있었던 일이고 어떤 것은 공상이다. 그 생각의 연쇄는 전형적인 장면과 장면 사이를 왕래한다. 어떤 부분은 영상이고, 어떤 부분은 상상의 소리(목소리, 음악, 유리잔 깨지는 소리)다. 어떤 것은 감정이고 어떤 것은 신체적 감각이다(위축감, 굴욕감. 굴욕감은 다른 사람들의 시선과 조롱 앞에서 신체적으로 움츠러드는 느낌이므로 동일한 체험의 두 측면이다). 한 사람이 다른 사람에게 대답하는 식의 단순한 내면의 대화가 아니다. 목소리는 입장의 다양성을 말해준다. 스스로에게 하는 마음속 대화("서둘러야지", "돈을 벌어야 해", "이런 일은 정말 싫다"), 과거의 대화에서 상상으로 떠올린 자신의 목소리("잠깐만요, 곧 갑니다"), 과거의 대화에서 기억된 다른 사람의 목소리("이봐, 아가씨"), 기억에 떠오르는 과거의 내면의 대화("아 하느님, 제발 여기서 벗어나게 해주소서"), 미래를 상상하는 자신의 목소리("그래, 금요일 밤에는 데이트도 즐겨야지").

이런 내적 '대화'는 단순히 자아의 여러 부분을 대변해주는 목소리들이 나누는 대화가 아니다. 그보다는 현재의 자기 목소리는 그 모든 생각의 과정과 경과를 설정하는 중심적 자아이다. 이 목소리는 다양한 종류의 전형적인 이미지로

'대답'을 듣는다. 서둘러야 한다고 스스로에게 말하고 옷을 갈아입어야 할 때 불쾌하기 짝이 없는 탈의실의 이미지로 된 대답을 듣는다. 그 불쾌감이 자신이 일하면서 겪은 온갖 측면의 불쾌한 이미지로 확대된다. 그러고는 자신에게 말이 아니라 이미지로 던져진 메시지에 대답한다. "돈을 벌어야 해. 최소한 작년 여름처럼 엉망은 아니어야지." 여기에는 두 가지 주장이 담겨 있다. 첫 번째 주장은 별로 설득력이 없으니 현재를 작년 여름과 비교하는 두 번째 주장으로 넘어간다. 영상은 이제 온갖 굴욕적인 상황들을 되풀이 펼쳐 보이는 것으로 답한다. 이는 사실상 강렬한 상호작용 의례이다. 해병들에게 자신이 초점이 되고 그들이 합세하여 자신을 추락시켰던 장면, 그 장면은 격렬한 감정의 순간에 자신에게 했던 말 "아, 하느님. 제발 여기서 벗어나게 해주소서"를 그녀의 마음에 상징적으로 각인시킨다. 그 말은 그녀의 마음에 공명을 불러일으켜, 현재의 상황이 바로 그때와 비슷하다 — 자신이 혐오하는 일터로 일하러 가야 한다는 불쾌감 — 는 생각에 예전 상황의 상징물이 자석에 이끌리듯 딸려 나온다.

그럼에도 불구하고 현재 머릿속에서 오가는 내적 생각의 흐름에서 자신을 건져내 추스르는 말을 한다. 처음에는 거리를 두고서 상황을 객관화하고 논평도 한다. "이런 일은 정말 싫다." 이는 상황을 재규정함으로써 자신을 다시 통제하기 시작하는 것이라고 블루머(Herbert Blumer)가 격찬한 바로 그 방식이다. 그리고 당장의 상황을 넘어설 수 있는 상상적 지렛대를 덧붙인다. "빨리 졸업하고 그럴듯한 일자리를 얻어야지." 이 말은 곧 영상 이미지 반응을 불러온다. 자신이 일하게 될 법한 사무실 장면을 떠올리는 것이다. 그리고 이제 생각의 방향은 긍정적인 쪽으로 흐른다. 좋아 보이는 쪽으로 상황을 장식한다. 비싼 정장에 15파운드나 쓰고 새로운 사교 모임과 연애 사건이 있는 삶, 그러지 말라는 법 있나?

생각의 흐름은 시간이 흐르면서 당장 닥쳐올 상황에서 멀어진다. 그렇지만 동일한 주제나 기분은 유지된다. 실용적 목적으로 시작된 혼잣말이 일하러 갈 준비를 갖추는 쪽으로 발전한다. 그러나 단순히 일하러 갈 시간을 맞추는 실용적인 측면뿐만 아니라 하기 싫은 일을 할 수 있도록 에너지를 불어넣어주는 동기

유발의 측면도 있다. 자신의 목소리가 목표를 향해 자신을 추스르게 하는 몫을 담당한다. 대화 '상대'는 자신에게 반응하는 상상, 기억나는 소리, 감각, 과거의 목소리, 과거의 생각들이다. 그 이미지들은 그녀의 목표 지향적인 긍정적 주제와 그리 잘 맞아들어 가지 않는다. 그리고 실제로 그녀에게 거슬리는 '주장'을 펼치기도 한다. 그러나 그녀 — 현재의 목소리 — 는 그걸 참아내고, 마침내 상상의 대화 상대는 긍정적인 기분이 되어 윤색도 한다. 현재의 목소리는 좀 더 균형이 잡혀 있다. 상상은 긍정적인 쪽으로나 부정적인 쪽으로나 더 극단적이다. 전체적인 생각의 삽화는 통상적인 용어로 말하면 의지를 다잡는 일이다. 와일리는 이를 자아의 여러 부분이 서로 유대를 만들어내는 과정, 정서적 에너지를 창출하는 내적 상호작용의 의례로 묘사하고 있다(Wiley, 1964: 67, 108~109, 121~124).

다음의 보기는 실용적 상황에서 시작된 생각이 아니라 일과 사교적 만남 사이 '틈새 시간'에 빈둥거릴 때 하는 생각의 연쇄작용을 보여준다. 교수(내 자신)가 강의실로 걸어가고 있다.

지난 주말에 아내와 함께 본 〈돈 조반니〉의 아리아가 머릿속에서 흐른다. '어떤 장면에서 나왔더라?' 오페라의 장면들이 희미하게 떠오른다. 보도를 걷고 있는 한 무리의 학생들 가운데서 나이와 복장이 전문직으로 보이는 여성이 내 앞에서 걸어가는 모습을 본다. '저거 꼴통 엘리자베스 도허티 아냐?' 가까이서 보니 내가 생각하던 그 여교수가 아니다. '망할 경제학자들.' 대학의 위원회에 있던 경제학자들의 희미한 영상이 떠오른다. '경제학자들은 참 한심한 가치관을 갖고 있단 말이야.' 그런 생각이 떠오르자 유쾌해진다.

이것 역시 상상으로 번갈아 말하고 그 다음 반응이 이어지는 '대화 참여자들'의 상호작용이다. 영상, 말, 음악은 그 자체로 연상을 하나로 엮는 정서적 색채를 띤다. 먼저, 〈돈 조반니〉의 곡조가 잠깐만이 아니라 처음부터 끝까지 내 머리에서 아주 강하게 울리고 있다. 음악은 걷는 행동과 관계있다. 둘 다 지속적인 리듬을 타는 행동이며, 이 경우 둘 다 시간을 죽이는 일이다(나는 보통 녹음된 음악을 듣지 않는다. 음악을 들으면 그 후 며칠간 마음속에서 그 음악이 생생하게 울린다). 그 다음에 따라온 생각은 무심한 호기심, 그 곡조의 이름을 묻는 내 자신과의 유쾌한 대화이다.

다음에는 겉으로 명랑한 미소를 띠고 있지만 회의 때만 되면 거의 언제나 나와 반대편에 서는 동료 교수로 보이는 여자가 눈에 띈다. 지난 주말 오페라에서 즐거운 시간을 보낸 후 아내와 잡담하면서 그 여교수에 대해 투덜거렸었다. 아내와 나눈 최근 대화와 오페라 〈돈 조반니〉(역시 사랑과 속임수를 다룬 이야기이다), 그리고 그 여교수 사이에는 연상의 연결 고리가 있다. 그녀를 알아보았다고 생각하는 그 순간의 상황에서 상호작용적 문제가 개입한다. 그녀가 내게 인사하면 나도 의례적으로 정중하게 인사해야 하나?

사람을 잘못 보았기 때문에 그 문제는 금방 없어진다. 그러나 그녀와 관련된 주제는 내 머릿속에 달라붙어 있다. '망할 경제학자들. 경제학자들은 참 한심한 가치관을 갖고 있단 말이야.' 엘리자베스 도허티는 내가 속한 사회학과에 재직하게 된 경제학자이다. 그 논평은 지난 몇 달 동안 학과 회의 때마다 불거진 또 다른 주제를 떠올리게 한다. 또 다른 동료가 신임 교수 채용에 반대했는데, 그 사람이 좋은 학자가 아니어서가 아니라 사회학자로 훈련받지 않고 경제학자로 훈련을 받았다는 이유였다. 나는 처음 문제가 제기되었을 때 그 주장에 동의하지 않았는데, 나와 학과의 경제학자들 사이에 견해차가 최근 몇 주간 더 뚜렷해졌기 때문에 그 주장이 그토록 빨리 기각된 데 대해 다소 후회스러운 마음이 있었다. 그러자 대학의 또 다른 위원회에 있었던 경제학자들의 영상이 떠올랐다. 그들과 나 사이의 이견이 그리 크지는 않았지만, 계량적인 연구 업적을 강조하는 경직된 교수 승진의 평가 방식이 우스꽝스럽다는 생각이 든다. 그 위원회(그날 오전 내 강의 직후에 회의가 예정되어 있었으니 곧 다가올 상황이다)는 중간 휴식시간에 경제학자들이 추천서에서 사용하는 용어를 콕 집어 농담거리로 만드는 재미를 공유하고 있다. 그래서 내면의 대화 말미를 경제학자들에 관한 농담성 논평으로 마무리 짓고는 기분이 좋아진다. 그런 논평을 일반화하는 것(객관적으로 볼 때)은 공평치 못한 처사임에 틀림없지만, 어쨌든 생각을 끝마치기에는 좋은 종소리이다. 성공적인 의례적 개념화는 신랄함에 자리를 내주고 정확성은 희생되기 십상이다.

전체적으로 이 생각의 일화는 중간에 도전도 있었지만, 유대에서 유대로 이동한다. 오페라의 곡조로 시작해서 (나를 만나러 먼 거리를 달려와준) 아내와 주말을 함께 보낸 유대의 기억이 떠오른다. 서로 사이가 좋은 척 대해야 하는 사람이 떠오르자, 경제학자들을 경계하는 학과의 동료들까지 포함해 상상적 제휴를 만든다. 이어서 생각의 흐름은 내가 좋아하지 않는 다른 경제학자들까지 싸잡아 적대적 제휴로 만들어서 깎아내리며 더 큰 집단의 유대로 확대시킨다.

상호작용 의례 사슬에는 정서적 에너지 향성이 있다. 우리는 만남에서 만남으로, 한 화제에서 다른 화제로, 하나의 발언에서 다른 발언으로, 바로 직전의 상징을 포착하고 거기에서 더 높은 정서적 에너지 산출을 낼 수 있는 방법을 탐색하면서 우리의 길을 만들어나간다. 비슷한 방식이 내면적 대화인 생각의 흐름에서도 나타난다. 하나의 상징이 다른 상징으로 안내한다. 유사성 때문이라기보다 비슷한 집단 소속의 의미로 충전되어 있고, 최근의 상호작용이나 특히 정서적으로 강렬했던 과거의 상호작용에서 사용했던 상징이기 때문이다. 내면에서 이루어지는 생각의 흐름 역시 정서적 에너지를 향해 움직인다. 말이든 다른 형태든 그것들은 모두 개인이 현재 사용할 수 있는 성분들을 한데 합쳐 상상할 수 있는 가장 강한 내적 유대를 함축한 이미지들에 이끌린다. 일상적 생각의 흐름도 이런 점에서 마음속에 제휴를 형성하는 지적 사유 과정과 비슷하다.

자아의 여러 부분 사이에서 이루어지는 대화의 은유

사회적 과정으로 생각을 개념화할 수 있는 이론적 틀을 살펴보자. 가장 탁월한 모델은 미드의 상징적 상호작용론의 틀이다. "생각은 이른바 개인의 '주관적 자아'와 '객관적 자아' 사이에서 대화가 이루어지는 추론 과정이다"(Mead, 1934: 335). "나는 내 자신에게 말한다. 그리고 나는 내가 말한 것과 아마도 그 말 속에 들어 있을 정서적 내용을 기억한다. 그 순간의 '주관적 자아'는 다음 순간의 '객관적 자아' 안에 존재한다.……내가 말한 것을 기억한다면 그때의 나는 '객관적 자아'가 된다.……일 초 전의 자신은 '객관적 자아'의 '주관적 자아'이다"(Mead, 1934: 174). 와일리는 퍼스(Charles S. Peirce)가 택한 대안적 개념화로 그 모델을 발전시킨다. 퍼스의 개념화는 "모든 생각은 이인칭 상대와 미래의 자아를 이인칭 상대로 삼아 이야기를 나누는 것"(Wiley, 1994: 42에서 재인용)이다. 이렇게 보면 내면의 대화는 이인칭 상대와 말을 나누는 것처럼, '주관적 자아'와 '상대' 사이에서 벌어진다. 이는 앞서 지적했던 실용적 상황과 마찬가지로 자기 지시에서 나타나는 자기에게 말 걸기의 형태이며, 따라서 다가올 상황에 대한 실질적 행위를 강조하는 실용주의적 관점과 일치한다.

그러나 표면적으로는 대화의 형태를 띠지 않는 생각도 있다. 앞서 분석한 사례들은 대부분 사람들 사이의 대화가 아니다(예외는 사무직원의 경우이다. "비품 구매신청서를 얻어야겠네. 아, 참! 그 양식은 이제 사용 안 하는 거지"). 여종업원의 경우에는 생각의 흐름이 대화 전개 과정의 기억으로 나타난다. "이봐, 아가씨," "잠깐만요, 곧 갑니다." 그러나 이는 현재의 그녀 목소리가 아니다. 그리고 대화 상대역을 맡아 생각의 전개나 내적 상호작용을 진행하는 것은 영상이다. 교수의 경우 생각의 전개는 '나' 또는 다른 어떤 사람의 목소리 진술로 시작하지 않고 '머리에 떠오른' 상상의 음악소리로 시작한다. 교수는 의식적으로 노래를 하려고 하지는 않았다. 그리고 다양한 진술을 하지만, 말로 대답하지는 않는다. 문장들을 하나의 통합된 생각으로 엮는 것은 중간에 개입된 이미지들과 과거에 있었던 대화가 지닌 함축적 의미의 기억이다.

와일리(1994: 58)는 상징적 상호작용 이론의 내면의 대화 모델을 여섯 종류의 참여자를 포함한 모델로 확장시킨다. 객관적 자아, 주관적 자아, 이인칭 상대, 일시적 방문객(특별히 떠오른 사람들), 항구적 방문자(일반화된 타자), 그리고 무의식이다. 이 모델은 생각의 전개가 드러낼 수 있는 복잡성을 다루기 위한 노력이다. 그러나 만일 상상이 '대화'에서 상대역을 계속 맡는다는 사실을 고려하면 아직 충분하지 않다. 그리고 다른 종류의 단순화가 필요한 곳에 복잡성을 더 보탠다고 말할 수도 있다. 어떤 의미에서는 생각하는 사람이 자기 자신을 '이인칭 상대', '주관적 자아', '객관적 자아' 또는 '우리'로 여기는지 또는 듣는 사람을 남겨두는지 여부는 문제가 되지 않는다. 많은 발언들이 말하는 행동 단위, 즉 생각이 전개되는 과정에서 말하는 순서 지키기의 움직임으로서 대등할 수 있다.

따라서 미드의 기본 개념인 '주관적 자아', '객관적 자아', '일반화된 타자'는 다양한 종류의 구조를 설계하는 범주로서 또는 인간의 자아를 구성하는 구조화된 과정으로서 내면의 대화에서는 그리 큰 역할을 맡지 않는다. 제2장에서 어린아이들의 말이 느는 것을 검토하면서 확인했듯이, 타자의 역할 취하기 능력을 분석할 수 있고 또한 역할 취하기가 일어나는 단계와 사회적 조건을 볼 수 있다. 역할 취득 과정은 발전 단계별로 다르고, 상황에 따라 다양하기 때문에 그 개념을 물화시키지 말아야 한다. 어린아이들은 보통 특정한 타자에서 일반화된 타자로 역할 취하기를 확장하지만 모든 이들을 똑같이 일반화하지는 않는다(제3장에서 구체적이고 추상적인 사고양식을 다룬 자료에 함축되어 있다). 그리고 매우 광범하게 일반화된 타자를 생각하는 사람들조차도 때로는 생각의 과정에서 특정한 청중을 생각한다. 다른 이들의 관점을 내면화함은 자신의 자아 개념을 구성할 수 있게 해준다. 사회학자들은 그것을 '객관적 자아'라고 정의할 것이다. 영어와 크게 다른 언어권에서는 용어가 그리 정교하게 구분되지는 않지만 그래도 사람들은 자아 개념을 형성하는 데 타자의 역할과 행위자 관점을 취한다는 사실을 보여준다.[10]

사회화되지 않은 자아, 충동적 행위로 개념화한 미드의 '주관적 자아'에 대해서도 똑같이 말할 수 있다. 미드에게 '주관적 자아'는 순수한 행동이기 때문에 아무 내용을 지니고 있지 않다. 일단 행동을 취하거나 생각 진술을 구성하고 나면 '객관적 자아'가 검토 대상으로 드러나지만, '주관적 자아'가 지닌 충동적 성질은 없어진다. "주관적 자아는 자기를 포착할 만큼 빨리 돌아보지 못하는"(Mead, 1934: 174) 것이다. 와일리는 '주관적 자아'는 성찰적 맹점이라고 말한다. 무언가 다른 것으로 변해야만 볼 수 있는 관점이라는 말이다. 그러나 이런 '주관적 자아'의 개념화 방식에는 두 가지가 뒤섞여 있다. 즉, 자아는 현재진행형의 관점으로 조직되고, 행동을 하려는 자발적인 충동이 있다. 자아가 진행 중인 의식의 관점이며 그 외의 다른 것들과 분석적으로 구별할 수 있음은 사실일 것이다. 그러나 이는 행동하려는 충동성을 지닌 자아를 그 이상으로 분석할 수 없다는 뜻은 아니다. 행동하려는 충동은 에너지, 강제력, 자신감 또는 무력감과 소심함 따위로 그 정도가 몹시 다양하다. 상호작용 의례 이론의 관점에서 보면 '주관적 자아'는 정서적 에너지이다. 그리고 사회적 상황에 있는 그 무엇으로 환원할 수 없는 자율적인 요소도 아니다. 한 사람의 '주관적 자아'는 과거가 남긴 잔여물과 현재의 상호작용에서 정도가 다른 힘을 필요로 하며, 그 힘이 어떤 상황에는 끌리고 어떤 상황에서는 물러나도록 만든다.[11] 그간 내가 강조하려고 애썼던 이런 역학이 생각의 전개를 형성하는 상황의 내적 사슬에서 작동하는 것이다.

미드의 '주관적 자아', '객관적 자아', '일반화된 타자'의 틀은 자아의 사회학 이론 발전에 유용한 한 단계였다. 또한 자아의 여러 부분 사이에서 이루어지는 내면 대화의 모델은 많은 연구, 특히 아동 발달 단계를 관찰하고 연구 결과를 축적할 수 있게 해준 모델이다. 그러나 이것들은 사회학 이론가로서 말하고 싶은 무엇인가를 담는 느슨한 언어, 은유임을 인식해야 한다. 더욱 정교한 생각의 사회학 이론으로 발전시키기 위해서는 그 은유를 좀 더 나은 것으로 다듬을 필요가 있다.

언어적 주술

이제 형태만큼 내용은 그리 중요하게 작용하지 않는 심성 표현의 범주에 속하는 것들을 살펴보자. 소리를 낼 수도 있고 내지 않을 수도 있지만, '작은 소리로' 중얼거리며 혼잣말을 하거나 실제로 듣고 있지도 않는 누군가에게 말을 걸듯 하는 말, 또는 다른 사람들이 말하는 데 끼어들기 같은 형태의 경우이다. 가장 쉽게 이해할 수 있는 것이 저주 내뱉기이다.

가장 상세한 연구는 캐츠의 「LA에서의 분노」(Katz, 1999)이다. 캐츠는 학생들에게 운전 중에 화가 난 경험이 있는 사람들을 면접하게 했다. 저주는 자동차 운전이라는 특별히 구조화된 상황, 여러 가지 짜증날 일들이 합쳐진 상황에서 생긴다. 자칫하면 다른 운전자의 끼어들기, 너무 느리게 또는 너무 바짝 붙어서 운전하기, 차선 이동 방해하기 등으로 순조로운 운전의 흐름이 차단당하기 쉬운 상황이다. 그런 낭패는 대개 운전하는 당사자와 소통할 수 없는 상황이라 증폭되기 쉽다. 캐츠는 저주나 그와 비슷한 분노의 반응은 의식을 지닌 인격체로 인정받지 못한다는 느낌에서 유발된다는 점을 강조한다. 물리적으로 대면하지 않은 채 모두 같은 방향을 향해 앞차의 뒤꽁무니를 보고 있다. 화가 난 운전자가 하는 행동은 상대를 '눈앞에' 데려다놓는 것이다. 다른 운전자의 행동 때문에 위험을 느껴서 화가 난다고 달리 해석할 수도 있다. 그러나 교통이 정체될 때나 주차장에서는 주행 속도를 늦추고, 고속도로를 달릴 때는 그와 똑같이 또는 더 위험하게 운전하기도 하는 것을 보면, 위험을 느끼는 감각 자체가 주된 이유는 아닌 것 같다.

욕구 불만인 운전자는 저주만 퍼붓지 않는다. 자기도 다른 운전자를 방해하려 끼어들기를 하거나, 뒤꽁무니에 바짝 따라붙거나 전조등을 번쩍거려 상대의 백미러에 반사시키거나 하면서 자신의 분노를 소통하고 자신의 존재를 알리려 한다. 상대 운전자가 그 신호를 무시하거나 그저 운전 버릇이 나쁜 것이려니 해버리면 더 심하게 앙갚음하고 싶은 느낌과 분노가 솟구친다. 운전할 때 열 받아 하는 행동은 거의 모든 조건이 욕구 불만을 부추기며 메시지가 오독될 수 있는 상황에서, 정상적인 의사소통을 구축하려는 시도이다. 열 받은 운전자의 관점에서 보면 운전 버릇이 고약한 친구에게 '한 수 가르쳐주는' 정의로운 의사소통 형태겠지만 당하는 사람의 관점에서는 똑같이 정의로운 분노로 되갚아주어야 할 행위이다.[12] 운전자들 사이에서 이루어지는 행위의 종합적 효과라는 시각에서 보면, 고약한 운전 버릇이 더 악화된 운전을 불러오는 악순환을, 다시 말해 부정적인 의미의 모스 식 선물 주고받기가 고속도로에서 벌어지는 것이다.

캐츠가 보기에 저주 내뱉기는 '주술적' 행동이다. 의사소통을 하려는 의도적행동이나 상황을 교정하려는 행동이 아니라 상대 운전자가 자신이 저주의 대상이 되고 있음을 아는지 모르는지에도 별 관심 없이 사적 공간인 자기 차 안에서하는 행동이다. 저주는 아무런 실용적 효과는 없지만 마치 마법처럼 상황을 정상으로 되돌려준다.[13]

내가 여기서 초점을 맞추고 싶은 측면은 운전 상황이 아니라 저주 내뱉기의미시적 역학이다. 캐츠의 개념화에서 한 발 더 나아가, 저주는 '주술적'일 뿐만아니라 완전한 의미에서 의례적인 것이라 할 수 있다. 정형화되고 반복적이며리듬을 탄다. 강하게 관심을 집중시키고, 감정을 고조시키고, 내부자와 외부인을 가르는 장벽을 강조함으로써 사회적으로 집단의 울타리를 치고 외부에 있는이들을 오염과 악으로 선포하는 행위이다. 사회적 예절에 비추어 '적절치' 못한고약한 짓이지만, 사실 저주는 도덕적 행동이다. 스스로 정의감에 불타 마치 더큰 힘이 시켜서 하는 행동인 양 의무감마저 느끼면서 저주를 내뱉는다. 고약한운전 버릇을 지녔다고 생각되는 사람들에게 저주를 내뱉는 운전자(또는 상대에게되갚는 운전자)의 사례에서 캐츠가 보여주듯이, 화난 사람은 자신이 운전자 공동체라는 더 큰 집단의 권한을 주장하며 위반자에게 한 수 가르쳐준다고 생각한다. 저주는 일종의 원시적 정의감인데, 개인적 자아에게 의례적 존중을 표하도록 요구하는 현대의 사회적 환경에 적용된 특수한 형태의 주술적 처벌이라 할수 있다.

상황의 흐름에서 발생하는 심성 행동인 저주 내뱉기로 개인이 얻는 것은 무엇일까? 두 가지이다. 도덕률을 깨뜨림으로써 얻는 에너지와 자기 합류의 리듬이다. 저주 내뱉기는 금기 언어를 표출하는 행위이다. 금기이기 때문에 그런 말에는 특별한 정서적 힘이 있다. 적절치 못하다고 여겨지는 장벽을 무너뜨리는 말이라서 관심을 불러일으킨다. 물론 어떤 형태의 저주는 아주 대중적으로 사용되어 도덕률 위반의 지위를 상실했지만, 그 힘이 여전히 살아 있음을 드러내는 특별한 억양과 어조로 내뱉는다. 자기 말에 고춧가루 뿌리듯 '제기랄', '씹할' 따위의, 예절 바른 사회에서는 극도로 부적절할 표현을 내뱉는 사람에게 그런 말들은 여전히 금기시되는 대립적 세계를 상기시킨다. 그런 효과가 없다면 수사적 의미를 상실하고 말 것이다.[14]

상호작용 의례 모델에서 중심적인 과정은 농도를 짙게 만들어 감정을 촉발하는 전환 과정이다. 금기 언어의 힘은 금지된 것이라는 함축적 의미에 있다. 충격을 받은 사람들의 정서적 무게가 실린 상호작용 의례 사슬이 만들어낸 산물이다. 금기 언어는 이전 의례의 회고적 산물이기도 하다. 극도로 격식을 갖춘 일차적 의례의 겉모습을 파괴하는 정서를 상상적 형태로 포장하여 이차적 의례를 행하는 것이다. 저주를 내뱉은 사람이 얻는 것 가운데 하나는 바로 정상적이 아닌 무엇인가를 환기시키는 도덕률 위반의 에너지이다. 저주는 관심을 집중시키고 상황을 활성화시킨다. 도덕률 위반의 에너지 추구가 바로 사람들이 자기 생각의 궤도에 저주를 끼워 넣는 데 매혹을 느끼는 이유이다.

저주를 내뱉음으로써 또 하나 더 얻는 것은 자기 합류의 리듬이다. 자신의 발성이 지닌 리듬을 강화시켜 스스로를 흐름에 싣는 방법이다. 자신에게 관심을 집중시키는 짤막한 사적 의례를 치름으로써 정서적 에너지를 충전하고 자기 통합을 이룬다.

발성 행위의 세부적인 면을 검토하면 그 기제가 분명하게 드러난다. 저주를 뱉기 시작하면 (순간적인 좌절로 확 불이 붙듯이) 완전한 구절로 완성될 때까지 계속한다. 심지어 저주를 자극한 그 사소한 문제가 완전히 해소된 후에도 계속한다. 돌아버릴 지경으로 통화가 지연되거나 전화에서 엉터리 자동 음성 녹음이 들리면 거기다 대고 "망할 놈, 씹할, 지옥에나 떨어져라. 바보 같은 개새끼" 같은 말을 내뱉는다. 그럴 때 긍정적 측면은 입을 다물고 입술과 혀로 단어를 격렬하게 만드는 몸이 연루되는 감각이다. 저주는 구강 근육을 풀어주고 자기 몸을 던지게 한다. 앞의 문장은 일련의 무거운 박자치기로 분석할 수 있다. "망할 놈, 좆같은 지옥에나 떨어져라. 바보 같은 개새끼." 이 말들은 제도화된 구절, 상투적 문구, 부적처럼 엄격한 의미에서 의례적이다. 마치 꼭 그렇게 말해야 하고 그런 식으로 말하지 않으면 효력이 없어지기라도 하듯이 내뱉는다. 저주를 중간 박자쯤에서 멈추거나 나머지 상투적 문구를 적절한 억양으로 하지 않고 평상시의 억양으로 되돌리면 말꼬리가 잘리며 발화의 에너지를 잃고 처음에 의도한 목표(즉, 주술)를 성취하지 못한 것 같은 불쾌한 감각이 남는다. 부정적 상황을 의례적으로 반전시키지 못하고 그저 일차적인 부정적 발화에다 풀죽은 의례적 실패만 덧붙이는 셈이다. "망할, 좆같은 지옥에나 떨어져라, 이 바보 같은……아이고 이런, 미안합니다. 아니, 괜찮아요"라고 말한다고 상상해보라.

저주 내뱉기는 자신의 행위 흐름과 의례 맥락을 순간적으로 방해하는 좌절에 맞서 자신을 북돋우는 정서적 에너지의 수단이다. 그 에너지는 리듬을 타는 상투적 문구에서, 그리고 에너지를 몸으로 표출함으로써 차오르는 자기 합류에서 나온다. 저주 내뱉기는 단순히 좌절을 공격으로 대체하는 것이 아니라 정서적 에너지를 추구하는 행위이다. 캐츠가 지적하듯이, 운전자들은 보통 그들의 삶에서 좌절을 겪고 기분이 상한 상태에서 그 좌절감을 다른 운전자들에게 터뜨리는 것이 아니라 오히려 열린 길에서 상쾌한 운전 흐름을 타며 기분이 좋은 상태였기에 화나는 경우가 더 많다. 순조로운 흐름과 시원하게 달린다는 느낌으로 운전자의 자기 합류가 증대되는 시점에 다른 운전자에게 방해를 받는 상황이며, 이 특별한 형태의 사회적 좌절이 발생하면 의례적 수단으로 그 흐름을 회복하려고 맞선다. 저주의 긍정적 매력은 출구가 막힌 에너지의 정화라는 프로이트 식 억압 모델로 설명되지 않는다. 그보다는 저주를 내뱉는 사람이 공식대로 저주를 뱉는 과정에서 그 리듬으로 자기 합류를 성취하고 에너지를 충전한다. 자아 통합의 의례인 것이다.

저주 내뱉기는 자아의 심층에서 나오는 것이 아니라 상황의 정서적 역학에서 나온다. 캐츠는 욕을 하는 사람들은 그 상황에 맞기만 하면 어떤 부정적 통념이든 가리지 않는다고 지적한다. 인종 비방은 심기를 거스른 상대 운전자를 인종 유형으로 인지하는 데서 나온다. 그러나 그 기제는 기회주의적이고 절제되지 않은 것이다. 고약한 운전자의 신원을 확인할 수 있는 단서가 된다면, 나이 든 사람, 젊은이, 여자, 남자, 부자, 가난한 사람 같은 모든 범주가 그를 모욕하는 데 동원된다.[15] 저주에는 상투적 공식이 있고 정형화되어 있다. 저주의 매력은 대부분 그 리듬에서 오기 때문에 반복적이다. 개인을 자기 자신에게서 끌어내고 집합적 저주를 불러들이는 강박적이고 초개인적인 행위이다. 이 모든 이유들로 해서 저주는 눈앞에 있는 구체적 대상을 향한 것이 아니다. 실제로는 비인격적이며 진정성도 없다. 인종주의나 성차별주의나 그 밖의 모든 진보적 관용의 금기 같은 개인의 심중에 있는 태도의 표출이 아니다. 그보다는 바로 이런 범주적 고정관념이 지닌 금기로서의 속성이 의례적 저주의 매력이다. 이것이 바로 저주를 '주술적'이라고 표현할 때의 의미이다. 저주는 순간적인 자아 통합에 치유책이 될 의례에 거친 자갈길을 내는 것일 뿐 실용적인 효과는 없다. 실질적인 인지적 내용은 들어 있지 않다. 저주를 뱉으면서 하는 말은 문자 그대로 진지하게 받아들일 수 없는 말들이다. 캐츠가 지적하는 것처럼, 한 순간이 지나 주술에서 벗어나면 자기가 무슨 말을 했는지 잊어버리고 부끄럼도 느끼지 않는다.

이 논지를 확대해보자. 먼저 저주 내뱉기가 발생하는 상황의 범위를 보고 그 다음에는 비슷한 주술적 구조를 지닌 다른 형태의 생각을 다룬다. 우리는 저주의 대상이나 겨냥하는 상대가 듣지도 못하는 가운데 하는 혼잣말 형태의 저주를 살펴보았다.[16] 그 외에 다음과 같은 경우도 있다.

첫째, 직접적인 대결 상황에서 갈등을 격화시키는 움직임으로서 상대에게 저주를 퍼붓는 경우이다. 이 경우는 저주의 대상을 똑같은 종류의 언어 표현에 합류시키는 경향이 있음이 잘 알려져 있다. 둘째, 저주의 대상이 없는 곳에서 사람이나 사물에 욕을 하는 경우이다. 여기서 저주는 집단이 공유하는 적의나 비웃음을 표출하는 집합적 성격(아니면 최소한 대화 상대를 자기편으로 끌어들이는)을 띤다. 셋째, 자신의 말에 방점을 찍는 형태의 저주도 있다. 누구를 공격하는 것이 아니라 그저 일반화된 반도덕주의를 보여주기 위한 말이다. 이런 형태의 말은 흔히 완곡어법 가운데서 '양념'이나 '화려한 장식'처럼 간주된다. 말하자면 금기 언어를 끼워 넣어 이야기에 특별한 리듬과 감정이 실리고, 이야기를 재미있게 꾸미는 방식이라고 너그럽게 받아들여진다.

말의 원래 뜻을 벗겨낸 비공격적인 세 번째 유형의 저주는 더 큰 범주의 언어적 주술로 우리를 안내한다. 그 경계에 있는 사례로 서약 언어를 들 수 있다. 서약 언어는 말 자체가 불경하거나 금기는 아니다. '지저스 크라이스트!' 또는 '오, 갓!' 같은 감탄사는 실제로 저 높은 곳에 계신 이의 성스러운 이름을 부르는 경우를 제외하면, 종교심이 없는 사람이 반율법주의적 에너지를 불러일으키려고 내뱉는 표현과 비슷하다. 뒤르켕이 지적한 것처럼, 성스러움은 평소의 세속적인 일들과는 구별되는 별개의 영역이다. 외경심을 가지고 접근해야 하고 심지어 은총이라 여겨질 때조차 위험한 대상이다. 금기와 긍정적 가치가 부여된 성스러운 대상은 둘 다 동일한 역학을 가지고 있다. 특별한 의례 지위를 주문으로 불러내서 약간의 충격과 정서적 에너지를 자극하는 것이다. 종교적 용어가 비종교적이고 불경스런 방식으로 사용되면 거의 반도덕적인 어조를 띤다. 단순한 외침이나 주문으로 변용된 종교적 용어는 세속화 시대에 남아 있는 역사적 잔여물로 간주될 수 있지만, 주술적으로 사용해도 성스러운 속성이 완전히 사라지지는 않았다. 그런 속성이 전혀 없으면 더 이상 강조어법으로 작용하지 않을 것이다.

이러한 상투적 표현의 역사적 배경에는 서약이 있다. 서약은 본래 누군가의 행위를 구속할 때나 진실을 주장하면서 자신의 말에 특별한 무게를 주려고 할 때 공적으로 치르던 의례였다. 현대 사회에서 쓰는 언어적 주술처럼 서약은 자신을 하나로 통합하는 기능을 한다. 리듬을 타는 상투적 문구에서 이루어진 자기 합류는 순간적인 정서적 에너지를 생산한다. 또 다른 용어로 말하자면, 정서적 에너지는 의지력이다. 서약 역시 자신의 의지를 다잡거나 창조하는 의례다. 오늘날에도 서약은 공공 조직이라는 다소 좁은 영역에서 가장 형식적인 형태로 남아 있다. 법정에서, 공직에 임하는 선서 의례에서, 또는 효력은 약해졌지만 결혼식에서 서약을 한다. 역사적으로 서약은 형식적·공적 서약에서 사적·일시적 감탄사나 저주로 바뀌어왔다.

서약은 역사적으로 상징적 대상을 환기시키는 것이었다. 그저 "저는 맹세합니다"라고 하지 않고, 신이나 다른 종교적 대상 또는 자신의 명예나 존경의 대상이 되는 무엇을 걸고서 "~의 이름으로 맹세합니다"라고 말한다. 오늘날의 감탄사는 어느 정도 역사적 서약에서 전해 내려온 어휘이다. 형식적·공적 서약에 견줄 수 있는 어휘는 증인들 앞에서 자기가 취할 행동을 스스로 구속하는, 부정적 측면의 형식적인 저주이다. 이는 개인적인 것이 아니라 공동체적 활동이었다.[17] 교황이 누군가(대개 성직 임면권을 주장하거나 교회 재산에 과세를 강요하는 세속 군주)를 파문할 때 사용했던 상투적 문구는 파문당하는 자가 지옥에 떨어지리라는 선포였다. 길고 긴 순환의 사슬에서 점차 세속화되고 부차적 의미를 띠게 된 이 상징적 표지는 "망할 자식!(Damn You!)", "이런, 제기랄(Oh, Hell)" 같은 표현으로 바뀌다가 마침내는 "물론이죠!(Hell, Yes!)" 식의 강조어법에 불과하게 되었다.

언어적 주술 중에 감탄사도 있다. 감탄사는 놀라운 일이 있거나 축하해야 할 상황에서 하겠지만 그럴 때 느껴야 할 적절한 감정이 어떤 것인지를 말해줄 뿐, 그 순간의 감정을 있는 그대로 표현하는 것은 아니다. 상투적인 언어 표현도 신체 접촉처럼 축하의 뜻을 실행하는 방식이다. "만세!" 또는 "최고야!" 같이 축하의 의미를 어느 정도 담고 있는 감탄사이든, "믿어지지 않아!" 따위의 실질적인 의미가 덜한 표현이든, 아니면 특별한 경우에 건네는 여러 가지 과장된 논평이든, 모두 상황이 요청하기에 발하는 감탄사이다. 축하 의례는 정서적 에너지 증폭기이며 정서적 에너지를 연장시켜 주는 장치이다.

이런 종류의 언어적 주술은 집단을 공동체로 만들어주고 분위기를 띠워주는 사회적 장치이다. 또한 사람들이 관심의 흐름을 유지하고 계획한 일에 스스로 몰입하려 할 때 즐겨 사용하는 데서 볼 수 있듯이, 내면화된 생각에서 한몫을 한다. 소리 없는 생각의 흐름을 사적 주술로 종결짓는 작용을 한다. 저주, 감탄사,

개인에게 특유한 표현들은 스스로의 리듬을 유지하고 또한 침체된 기분이나 옆길로 빗나갔다고 느낄 때 리듬을 되살리기 위해 사용된다.

합류가 더 강하게 느껴질수록(또는 추구할수록), 소리 내어 발성하려는 충동이 강해진다. 자기 합류의 충동이 강할 때는 내면의 대화를 겉으로 밀어내는 혼잣말이 나온다. 소리 내지 않고 하는 말은 폐나 구강 기관으로 하는 온전한 신체적 표현만큼 효과를 내지 못한다. 또한 진짜 강력한 진술은 몸짓도 동반한다.[18] 저주 내뱉기와 비슷하다. 내면의 대화에서 저주는 그다지 큰 힘이 없다. 말을 하는 근육 운동이 진짜 욕을 한다는 느낌을 주는 핵심이다. 그리고 저주를 크게 내뱉을 때 감정을 증폭시키는 신체적 행위는 제임스–랑게의 원리*가 작용해 더 강렬한 정서적 공명을 일으킨다.

비교해보면 확인할 수 있다. 소리 내어 하는 혼잣말은 행위의 흐름이 차단될 때, 자신을 부추기는 주술이 필요할 때, 또는 제자리로 돌아가려 할 때 일어난다. 행위의 흐름이 순조로울 때나 생각의 전개나 물리적 행위로 자기 합류가 이미 진행되고 있을 때는 혼잣말을 하지 않는다. 연구 과제를 생각하는 도중이나 지적인 사유에 몰두하고 있을 때는 (생각을 지연시키는 경향이 있으므로) 소리 내어 말하고 싶은 충동이 별로 생기지 않는다. 외부에서 무슨 일이 생겨 하는 일이 지연될 때(가령 컴퓨터에 일시적 문제가 생길 때) 혼잣말이 소리로 되어 나온다.

생각의 속도

생각의 종류는 엄청나게 많지만 사회학적 설명을 할 수 있을 만큼은 분류할

---

* 환경의 자극이 신체적 변화를, 신체적 변화가 구체적인 감정을 불러일으킨다는 미국의 심리학자 제임스(William James, 1890)의 이론이다. 덴마크의 심리학자 랑게(Carl Lange)도 독자적인 연구를 통해 같은 이론을 내놓았다. 그래서 심리학계에서는 제임스-랑게(James-Lange)의 원리라고 부른다. – 옮긴이 주

수 있다. 주제별로 또는 목적별로 분류하면 실용적 사고, 사교적 생각, 심각한 사유로 나눌 수 있다. 즉, 외적 삶의 제도적 영역과 함께 가는 생각의 형태가 있다. 정치 제도, 경제 활동, 종교, 지적 세계, 가족생활, 오락 같은 각기 다른 종류의 활동에 조응하는 생각이다. 이런 생각은 대부분 그 영역에서 개인이 하는 활동과 밀착되어 있어서 외부에 드러난 것으로부터 내면의 생각을 추정할 수 있다. 보통은 그 활동의 흐름에서 예상되거나 반향을 불러일으키는 것들이다. 많은 생각이 그 자체로 일상의 제도화된 상호작용과 연결되어 있어서 예측이 가능하다. 이런 일상 활동에 밀착된 생각과 거리가 있는 형태로는 지적 사유(그 유형은 이미 살펴보았다)와 사교적 생각을 들 수 있다.

사교적 생각은 스스로와 나누는 사교적 대화의 형태(목표도 없고 제약도 받지 않고 그저 시간 때우기로 한다)를 띤다. 친구와 나누는 사교적 대화와 매우 비슷해서 시간을 재미있게 보내면서 어떤 방향으로나 흘러갈 수 있다. 그러나 외적 대화가 상징 자원의 짝짓기와 정서의 상호 보완성으로 인해 극도로 제약을 받으며 상호작용 의례의 역학에 따라 결정되는 것과 같이, 내면적인 생각의 흐름에도 그와 비슷한 역학이 있다. 내면의 생각은 외적 대화보다 훨씬 느슨하다. 왜 어떻게 그러한지가 지금부터 살펴볼 것이다.

생각의 종류는 매체에 따라서도 다르다. 어떤 생각은 말로 일어난다. 어떤 생각은 영상이나 다른 감각적 이미지 또는 동작으로 일어난다. 동작으로 일어나는 생각은 사회학적 분석에서 대체로 무시해도 좋다. 인간 발달 단계에서 초기의 표현 형태 - 피아제(Jean Piaget)는 이를 '감각동작 지능(sensory-motor intelligence)'이라고, 브루너(Emil Brunner)는 '실행되는(enactive)' 표현이라 불렀다 - 이며 성인이 된 후에도 계속된다. 감각적 동작 없이는 걷지도 앉지도 차를 운전할 수도 주변을 둘러볼 수도 편안한 느낌을 가질 수도 없다. 동작으로 하는 생각은 볼링공을 던지고 골프채를 휘두르고 피아노를 배울 때와 같은 특수한 형태의 생각이다. 그러나 동작으로 하는 생각은 대개 실제 신체적인 동작과 동시에 한다. 겉으로 보이는 행동을 예상하고 잠시 준비하는 순간이 있긴 하지만 사람들은 동작의 형태로 생각의 흐름을 오래 끄는 경우는 거의 없다.[19] 동작으로서의 '생각'은 거의 대부분 미리 말할 것을 준비하는 형태와 매우 흡사해서 물리적 동작의 조건과 동일하게 설명하고 예측할 수 있다.

이미지로 하는 생각은 동작처럼 외부적 상황과 밀착된 것일까, 아니면 가끔 말로 하는 생각처럼 연상의 흐름을 타고 이리저리 떠도는 것일까? 상황 조건에 따라 다르겠지만 두 가지 다 맞을 것이다. 터너(Turner, 2002)는 동물들이 대부분 후각적 정보로 먼 곳의 위험을 감지하지만, 인간은 후각 대신 시각 정보를 먼저 식별하는 방향으로 대뇌 신경회로가 발달했다는 진화의 증거를 제시한다. 터너의 주장에 따르면, 언어적 사고는 삶의 실제적 위협에 대처하기에는 너무 느리다. 만일 대평원에서 사냥하는 인간이 내면의 대화 문장을 만들어 의사결정을 한다면 의사결정도 하기 전에 죽임을 당하고 말 것이라 한다. 내게는 이 주장이 그다지 설득력이 없다. 시각적 이미지를 신속한 동작 행위로 연결시키는 능력과 더불어 인간은 아주 정교한 말의 리듬과 청각적 어감을 연결하는 능력도 발달시켰기 때문이다. 더러 이미지로 생각하는 사람도 있겠지만(아마도 현대인 가운데 상당수가 그러리라) 보통 사람 대다수는 말을 위주로 생각한다.

나는 사람들이 이미지로만 생각할 때 그 이미지는 당장의 상황이나 곧 다가올 상황과 밀접하게 연결된 것이라고 본다. 터너가 그린 각본(그리고 신체적 행동에 대한 실용주의적 강조와 함께 미드가 제시했던 앞으로 일어날 상황을 상상해보는 예)과 같은 유형이다. 인간은 위험 신호를 보고서 대안들을 눈앞에 떠올려보고 그 가운데 하나를 향해 돌진한다(기회를 뜻하는 신호일 수도 있다. 운전자가 교통 정체 구간을 앞에 놓고 다른 길을 떠올려본다든가 자신이 보낸 성적 신호에 상대가 감응할 것 같은 희미한 낌새를 채고는 다음에 뒤따를 장면을 상상한다든지 할 수 있다). 생각의 내용을 사회학적으로 설명하는 것이 관심사라면 생각은 상황의 역학에 밀접하게 연결된 것이므로 역시 상황의 역학으로 설명할 수 있다.

시각적 이미지가 내면 대화의 전개 과정을 구성하는 한 부분일 때 시각적 이미지는 종종 훨씬 멀리 나간다. 앞에서 분석한 내면 대화의 두 가지 사례(여종업원과 교수의 사례)는 모두 속말과 속말에 대한 이미지 반응의 전개를 포함하고 있다. 이미지는 단순한 자유연상이 아니다. 말하는 소리의 대화 상대역으로 행동하며 거기에 반론을 제기하기도 하고 주장을 지지하는 자료를 끌어와 동맹을 결성하기도 한다. 어느 특정 시점에 나타나는 이미지는 자아가 상호작용을 전개하는 움직임으로서 내적 상호작용 의례 사슬을 구성하는 한 부분이다. 여기서 이미지는 내면의 목소리와 동일한 리듬 속도를 따른다.[20] 의식의 흐름에서 사건이 전개되는 동안 자아가 올라타고 있는 리듬의 한 부분으로 보인다. 이미지는 말로 하는 생각으로 불려 나온다. 그 반대 방향으로도 진행된다. 그러나 리듬(그리고 일반적으로 말하기, 주제 또는 문젯거리)은 말소리로 설정된다. 그것은 한 사람이 자신을 확인하는 목소리이다. 의식의 중심이자 내면의 대화에서 말하는 능력이다. 말로 하는 생각을 사회학적으로 설명하려면 말에 따르는 시각적 이미지 생각을 상당 부분 설명할 수 있어야 할 것이다.[21]

생각의 종류를 정리하는 데 결정적 차원은 속도이다. 예컨대 주술적 혼잣말이 상대적으로 느리다는 점은 이미 살펴보았다. 효과의 핵심은 어조의 강한 리듬에 있다. 강한 느낌의 주술은 큰 소리로 해야 하는 것이라 대부분의 내적 생각보다 속도가 늦다. 만일 주술을 소리 내지 않고 하려면 강조 리듬에 방점을 찍을 때처럼 말로 하는 생각의 과정을 늦추어야 한다(독자도 저주나 축하의 감탄사에서 이를 확인해볼 수 있다). 생각의 연속선 맨 아래쪽의 소리 없이 하는 생각은 소리 내서 하는 말의 문법을 거의 생략한 채 휙 스쳐 지나간다. 새로운 아이디어를 암중모색할 때 생각은 단순한 지각 형태로서 '말로 옮겨보려고' 고심하는 모양새를 띤다. 그러나 보통 이런 지각 형태는 그림이 아니다. 문장이나 말하려는 문장의 조합을 소리 내어 발음해보는 행동 궤도, 말할 수 있을 것 같은데 채 문장으로 구성되지 못하는 느낌과 같은 것이다. 어떤 생각은 끝내 문장이 되지 못한다. 생각이 다른 방향으로 떠내려간다. 작은 거품들은 표면으로 떠오르지 못하고 크고 공적이고 가시적인 거품과 합쳐진다. 이것들이 내면 깊숙한 곳에 있는 생각들이다. 우리는 그런 생각들을 속도의 차원에서 조망하여 연속선 위에 배열해볼 수 있다.

연속선을 검토하기 위한 특수한 사례로 글 쓰는 사람의 생각을 살펴보자. 생각이 외부화되는 정도에 차이가 있다. 한쪽 끝에는 법률가들이나 쓸 법한 낡고 상투적인 말투로 공식 문서 작성하듯이 쓰는 공식적인 글쓰기가 있다. 이것은 어떤 인간적인 관심사도 배제하고, 될 수 있으면 객관적으로, 사람이 쓴 것 같지 않게 쓰는 글이다.

다음은 출판을 염두에 두고 쓰는 글이다. 리듬은 다양하겠지만 쓰는 속도는 비교적 느리다. 자신의 노트를 출판할 논문이나 책으로 만들거나 말로 한 강의를 글로 쓰려고 자리에 앉을 때 이를 즉각적으로 느낄 수 있다. 출판될 글쓰기는 신중하고 리듬도 느리다. 글을 쓸 때 부딪치는 어려움 가운데 하나는 비공식적인 매체로 생각할 때의 양식과 속도를 상상의 독자를 향한 글쓰기 양식과 속도로 전환하면서 겪는 장애이다. 다른 어떤 형태의 글쓰기보다 훨씬 더 일반화된 타자를 염두에 두기 때문이다.

그와는 대조적으로 개인적인 편지는 정해진 대상에게 쓰는 글이다. 통상적인 어휘를 사용하며 어조도 부드럽고 흐름도 빠르다. 출판을 염두에 둔 글쓰기가 공식적 의례의 문구로 구성된 무대 위의 공연이라면, 개인적 편지 쓰기는 무대 뒤의 모습과 더 가깝다.

21세기로 접어드는 시점의 이메일은 아직은 관습으로 정착되지 않은 새로운 글쓰기 형태이다. 어떤 사람은 개인적인 편지 쓰기의 형태로 취급하지만 어떤 사람은 격의 없는 대화, 철자나 맞춤법에 신경 쓰지 않고 빠르게 전달할 수 있는 노트 또는 훨씬 격의 없는 인사와 비슷하게 받아들인다. 이렇게 사회적 해석이 분분하기 때문에 이메일은 모호한 의사소통의 형태라 할 수 있다. 때로는 따라가기 힘든 암호나 모욕처럼 느껴지는 글도 있다. 수신자는 글이나 말로 된 의사소통 형식보다 진지하거나 중요하게 받아들이지 않는다. 쓰는 사람 편에서 보면 이메일은 빠르고 편리해서 별로 고심하지 않고 즉각적으로 생각을 날려 보내기가 쉽다. 얼굴을 마주보고 말을 나누거나 전화할 때와 같은 비언어적 측면의 리듬 합류가 없어서 상상적 독자의 시선을 덜 느낀다.

남을 염두에 두지 않고 자기만 보려고 만드는 노트는 쉽고 빠르게 쓴다. 객관적으로 잘 읽힐 수 있을지에 대한 압박감이 없다. 단어나 문장, 독특한 그림, 상징, 속기 부호 따위는 생각의 흐름을 스스로 일깨우기 위한 것일 뿐이다(물론 출판된 저작의 형태에 더 가까운 노트를 할 수도 있다. 여기서는 다만 연속선 위에 배열할 수 있는 이념형을 설정한 것이다). 자기가 보려고 쓰는 노트는 형태를 갖추지 않은 내면적 사고와 비슷하다. 장차 있을 사고의 궤도, 의도, 긴장의 방향성을 보여준다. 언젠가는 다른 이들을 위한 노트, 편지, 초고, 출판물로 전환될 수도 있다. 아니면 낮은 수준에 머물러 작가나 작가 지망생의 낡은 상자 속에 유폐될지도 모른다. 우연하게 떠오른 생각이 그저 스쳐 지나갈 뿐 문장으로 형성되지 못하는 말과 같다.

전문적인 저자에게는 자기를 위한 노트와 출판된 글 사이에 또 다른 형태의 글쓰기가 있다. 노트한 것을 정리하여 얼개를 짜는 단계, 주제와 논증을 문법적으로 맞는 문장과 문단, 절과 장으로 조직하는 단계이다. 이 단계에서는 보통 논증의 전체적 구도(또는 소설의 이야기 구조, 문학적 효과 따위)를 짜는 메타 문법에 관심을 기울인다. 얼개를 짜는 과정에서 흔히 더 진전된 사고와 창조가 이루어지기도 한다. 생각의 조각들을 한 줄로 꿰려고 애쓰는 과정에서 논리가 발전한다. 대답이 필요한 난제를 만난다. 개념이 모호하기도 하고 여러 측면을 갖고 있기도 하고, 개념들이 상충되기도 하므로 이 모두를 하나의 응집된 전체적 진술로 만들어야 한다. 이때 저자는 독자에게 의미 있는 진술을 할 길이 막연한 상태에서 자기 생각의 편린들 밖으로 나와 어딘가에 있음 직한 선구자를 찾아 움직이기도 한다. 이런 작업은 저자가 상상의 독자를 더 구체적으로 대면하는 과정이다. 독자가 무슨 말을 할지 상상하고, 반론에는 어떻게 답할지 고심하고, 독자의 관심과 흥미를 끌 수 있는 방법을 생각한다. 상상의 독자가 전문 분야의 지식인이거나 과거의 업적과 현재의 관심사를 잘 알고 있는 사람들이라면 작업이 수월하다.

얼개를 짜고 글로 쓰는 일은, 안으로는 생각에 가까운 노트(또는 숨어 있는 생각들)를 향하고 밖으로는 출판될 텍스트를 가늠하는 구조화 과정의 중간 단계이다. 빠를 때도 있고 느릴 때도 있다. 어느 정도 거리를 두고 잘 조합할 방법을 미리 볼 수 있으면 빠르다. 실제로 어떤 경우에는 전체가 훤히 보여서 생각을 열어주는 갖가지 생각의 가지를 다 담을 수 없을 만큼 빠를 때도 있다. 연결이 잘 되지 않는 단편적 생각들이 너무 많고, 여러 조각을 연결하는 작업이 잘 되지 않거나 또는 전체 논지에 빈틈이 너무 많을 때는 느리다. 이 단계에서는 흔히 부지런히 이렇게 저렇게 생각의 조각들을 산더미처럼 쌓아올렸다가 청룡 열차 타듯이 뒤집어엎는 글쓰기를 하기도 한다. 얼개 작업을 마치고 나면 (최소한 얼마 동안은) 글쓰기는 빠른 통찰력으로 읽을 수 있는 속도와 온전한 문법적 문장으로 전환하는 다음 단계로 들어간다.

이제 저자의 글쓰기 전개 과정에서 각기 다른 시점에 일어나는 사고의 차이를 살펴보자. 여러 가지 조건에 따라 생각은 빨라지기도 하고 느려지기도 한다. 문법은 공적 구조의 일부이다. 단어의 선후 관계 그리고 진술을 구성하는 부분들의 관계를 적절하게 다루는 일은, 글 쓰는 사람의 개인적 정황을 알지 못하는 먼 거리에 있는 사람에게 저자의 생각을 명료하게 전달하려는 노력이다. 공적인 담론, 특히 출판되는 담론의 경우에는 관례적 규칙을 따라야 한다. 규칙은 공인된 권위(학계, 문법 교과서의 저자, 학교 교사)에 의해 지켜지는 표준이다. 독자에게는 이 규칙의 준수 여부가 저자의 인문학적 공동체 소속을 드러내는 기호로 받아들여진다. 문법은 바로 그런 의미에서 의례적 속성을 지니고 있다.

공식적인 문법에 맞는 글쓰기(자신의 생각을 문법에 맞는 형태로 바꾸기)는 비공식적·사적 생각보다 더 느리고 매끄럽게 진행되지 않는다. 그러나 문법을 내면화하고 공식적 양식으로 글쓰기가 탄력을 받으면 (비공식적인 생각만큼 빠르지는 않지만) 신속하게 그 경로를 따르게 된다. 반면에 그런 글쓰기 공동체에 익숙하지 않은 사람이나 글을 쓰는 그 순간 고군분투하고 있는 사람이라면 천천히 때로는 신경을 갉아먹을 만큼 숙고를 거듭할 것이다.

가장 공적이고 제약이 많은 언어 형태인 문법은 말로 하는 생각의 다른 측면과 대조적이다. (나의 경우에 비추어 판단하건대) 저자의 노트나 얼개는 대체로 고립된 구절로 구성된다. 대부분 명사로, 때로는 형용사나 몇 개 안 되는 동사, 대개는 동명사('글쓰기')나 부정사('설명하기') 또는 명령형('점검할 것', 가령 내 자신에게 내리는 전형적인 지시, 글의 내용 자체보다는 메타 논평 따위)이다. 이 초기 단계에서 글쓰기의 문법적 구조는 대개 구체화되지 못한 채 남겨두거나 종이에 몇 개의 문장을 나열(때로는 화살표나 숫자로 표시)하거나 개인적으로 사용하는 속기 부호(접속 부호, 등식 부호, 화살표)를 써두는 정도이다. 따라서 저자의 사고는 잠재적 형태로서, 그리고 장차 취할 행위의 방향성으로서 외부 공동체를 지향한다. 출판된 지적 저작이 좋지 못한 이유 가운데 하나는 글 쓰는 이가 자신을 위한 노트와 초고를 문법적으로 완벽한 글쓰기 형태로 전환시키지 못한 탓이다. 노트는 명사로 가득 차 있고, 그나마 몇 안 되는 동사는 하나의 문장 역할을 하기 어려운 형태라서 무겁고 단조롭고 건조할 때가 많다. 내적 사유 — 적어도 지식인들의 사유 — 는 무겁고 단조로우며 추상적인 명사들로 가득 찬 서류함 같으리라 짐작할지도 모르겠다. 그러나 반드시 그렇지는 않다. 적어도 창조적인 사상가들은 그렇지 않다. 그들의 내적 사유 과정은 유연하고 직관적이며 새롭게 조합할 수 있는 유동적인 생각들로 가득 차 있다. 그들은 그 생각들을 짜임새 있게 새로이 조합하기 위해 가장 간편한 단위인 부호를 쓰고, 문법에 맞게 질질 끄는 긴 표현을 최소화시킨 명사로 만들어놓는다. 개념적 사고는 고유의 리듬을 가지고 움직이며, 그래서 온전한 말이나 글로 된 문장의 리듬에서는 벗어나 있다.[22]

　문법적 항목과 동사 변화형이 가장 공적인 표현이라면 명사도 완전히 사적인 형태는 아니다. 가장 창조적인 지식인들의 경우에도 사정은 다르지 않다. 지식인 연결망의 분파에서 순환되고 핵심적인 주장에 주의를 집중시킨다는 점에서는 명사도 역시, 뒤르켐이 말하는 식으로 하자면, 집합적 상징이다. 지식인 집단이 세계를 어떻게 보고 있는지 보여주는, 그래서 가장 참된 존재로 간주하는 실체에 대한 집합적 표상이다. 널리 성공을 거둔 좋은 이론은 명사로 집약된다.[23] 사상가가 축약된 형태로 표현한 명사가 유동적이고, 그 의미가 아직 충분히 익지 못한 것이라면 그것은 여전히 풀어야 할 숙제로 남는다. 명사는 형성되는 도 중이거나 형성될 예정인 집합적 상징의 원료나 다름없다. 기존 학파의 사상을 반영하는 가상의 집단 소속의 표지로서 아직은 재형성되는 도중임을 드러낸다. 실제로 재형성이 이뤄지면 '창조적인' 사상가는 명성을 얻게 된다.

　그렇다면 생각이 빠르게 또는 느리게 돌아가는 이유는 부분적으로 공적 발언 이 형식성의 제약을 받기 때문이다. 글쓰기와 마찬가지로 사유도 직관적인 것, 형태를 이루지 못한 것, 그리고 단편적인 것에서 전후 문맥이 잘 정리된 것 순으로 연속선 위에 놓을 수 있다. 비공식적인 쪽에 가까운 생각은 전후 문맥과 연결이 생략되지만, 리듬이 외부로 향할 때는 사회적 형태가 더 강력하게 나타나고 강요된다. 비공식적인 쪽에 치우쳐 있을 때 생각의 흐름이 빨라지기는 하지만 연속선 위 어떤 지점에서든 속도가 느려질 수 있다. 사상을 공유하는 제휴 집단 의 사회적 요구에 타협하거나 외부의 사회적 상호작용에 어려움을 겪는다든가 해서 방해를 받을 때가 그렇다. 생각의 속도 차이가 드러나는 또 다른 면은 생각 이 얼마나 짜임새 있는지, 산만한지 하는 점이다. 어떤 생각은 방향을 잘 잡고 목표를 향해 잘 이어진다. 어떤 생각은 무질서하고 이리 갔다 저리 갔다 방향을 돌리거나 정처 없이 헤매다가 멈추고 만다. 내적 상호작용 의례에서와 같이 방 향 잡힌 사고는 자신감과 높은 정서적 에너지를 지니고 있다. 더불어 내적 리듬도 생긴다. 글이 잘 나갈 때는 문장과 문단이 마치 자판을 두드리는 손가락에서 나오는 것 같다. 침울하고 무기력한 것이든, 발작적이고 신경질적인 것이든, 아니면 은근한 만족감은 있지만 어디로 튈지 모르는 것이든, 산만한 사고는 정서적 에너지가 낮다. 짜임새 있는 사고와 산만한 사고의 차이는 마음속에서 이루어지는 상호작용의 의례가 성공적인지 그렇지 않은지 그 차이에서 비롯된다. 방향 잡힌 사고와 산만한 사고는 각기 내적·비공식적 사고에서 외적·공식적 사고에 이르는 과정의 어느 지점에서나 생길 수 있다. 내적으로 편안하게 느끼는 수준에서 더 큰 사회적 요구와 마주칠 외부적인 수준으로 바꾸어야 하는 상황이 방향 잡힌 사고나 집약된 사고를 산만한 사고로 변하게 만든다.

내면적 의례와 자아 통합

살펴보기가 수월하고 또 전문가들이 어느 정도 다루기도 했기 때문에 글 쓰는 이들의 사고 과정을 예로 들어 나의 논제를 발전시켜보았다. 적어도 현대 사회에서는 형식을 별로 따지지 않고 속내 생각에 대한 관심도 덜한 비(非)지적인 생각도 비슷하게 연속선 위에 놓을 수 있다. 비지적인 생각은 자신을 위한 노트나 글의 얼개를 짜는 일처럼 안팎으로 생각을 이동시킬 도구가 별로 없다. 그러나 속도, 문법성, 표현 형식, 생각 흐름의 교란, 방향성과 산만함의 대비 같은 변이는 평상시 생각에서도 볼 수 있다.

인간이 정서적 에너지 추구자라면, 내면의 상호작용 의례를 통해 어려움을 겪어내고 다시 생각의 흐름에 올라탄다. 이를 언어적 주술의 사례에서 살펴본 바 있다. 또한 글 쓰는 이가 장애를 다루는 방식, 표현할 수 있는 생각의 흐름을 지키기 위해 사용하는 여러 가지 처방도 있다. 멀리뛰기 선수가 뒤로 물러났다가 더 멀리 뛸 힘을 얻는 것처럼, 글 쓰는 이는 그때까지 자기가 쓴 것을 읽어보고 나서 다시 앞으로 나갈 수도 있다. 헤밍웨이는 말할 내용이 부족할 때가 아니라 잘 나갈 때 하루의 글쓰기 작업을 멈추고, 다음 날 아침 그 전날 썼던 부분을 읽고 나서 다음으로 넘어가는 식으로 글을 썼다(Cowley, 1973: 217~218).

작가는 여러 가지 장애를 겪지만, 그에 대한 처방도 여러 가지이다. 생각이 흩어졌다 모아졌다 하는 과정이 비지적인 생각에도 있고, 그에 대한 대처법도 있다. 작가가 겪는 장애에는 장기간 지속되는 것도 있다. 어떤 주제가 그래도 어디선가는 성공을 거둘지도 모른다는 기대, 정리되지 않는 이런저런 구상으로 버둥거린다는 느낌에 사로잡히면 주기적인 침체와 정서적 에너지 소진 상태에 빠진다. 이런 종류의 장애는 그런 작품들의 연결망에 잘 스며들지 못해 글이 겨냥하는 상상의 독자와 충분히 조율할 수 없는 데서 온다. 이런 식의 장기적인 장애와 어느 정도 비슷한 상황이 앞서 기술한 경력의 갈림길에서 발생한다. 지식인이 관심의 초점 공간에서 자기 자리를 발견할지, 아니면 추종하는 전문가로 머물지, 무지한 청중에게 다른 이의 사상을 판매하는 지식 소매상이 될지, 여러 대안에 직면하는 경우이다. 한 가지 처방이 있다면, 그것은 자신의 마음 안에 머물지 않고 외부의 사회적 연결망에서 한자리를 찾아내려는 노력을 하는 길이다.

아주 다른 시간의 틀에서 보면, 순간순간 생기는 문제와 씨름하는 단기적인 장애도 있다. 이 경우의 해결책은 이전의 글쓰기 흐름에서 지녔던 자기 합류의 수단을 찾는 일이다. 마찬가지로 비지적인 생각을 하는 과정에서도 한 사람이 무엇을 어느 정도 정교하게 생각할 수 있을지를 제약하는 장기적인 연결망 유형이 있다. 그 경우는 사회적 연결망에서 자신의 위치가 바뀌면 생각의 유형도 변한다. 그 결과가 자기 마음에 들든 그렇지 않든 별 도리가 없다. 단기적·초미시적인 생각의 전개 과정에서 비지적인 생각은 자신을 추스르는 작가의 기법과 아주 비슷하다. 둘 다 자기 합류의 기법이다.

우리는 집단 소속의 상징으로 가득 찬 세계에서 이전의 상호작용에서 형성된 정서적 에너지 수준을 지니고 산다. 다른 사람들과 함께 치르는 외부의 상호작용 의례들 사이의 틈새로 생각의 사슬을 구성하는 내적 상호작용 의례가 스며든다. 이 내적 사슬을 이끄는 힘은 역시 정서적 에너지 추구에서 나온다. 자신의 주관적인 내적 생각에 오래 머물수록 그 목표는 다른 사람들과의 직접적인 유대가 아니라 자기 자신과의 유대가 될 것이다. 내적인 생각에서 사용되는 상징들은 외부인들과의 제휴뿐만 아니라 자아의 여러 부분들을 상상으로 통합하기 위해 해체하고 재구성하고 새로운 목표에 맞춰보는 것들이다. 사상가들이 새로운 사상을 조합하려 애쓰는 과정과 마찬가지로 인간은 사적인 생각도 기획하고, 아직 형성되지 못한 상징적 제휴를 가늠하며 그 궤적을 즐긴다.

내면 깊은 곳에서 하는 생각이 산만하고 초점이 없음을 살펴보았다. 사람들은 나름대로 집중하는 기법, 스스로에게 합류하는 방법이 있다. 이 책의 처음부터 강조해온 상호작용 의례는 변수이다. 언제나 성공하지는 않는다는 뜻이다. 단순한 의례의 성분 수준에서 끝나고 마는 경우부터 높은 유대를 형성하는 경우에 이르기까지 범위가 넓다. 내면의 의례도 마찬가지로 변이가 있다. 어떤 내면의 의례는 자신과 높은 수준으로 통합되기도 한다. 그럴 때는 초점, 방향성, 명료한 의식을 갖게 된다. 내면의 상호작용 의례가 잘 통합되지 않는 때도 있다(그리고 사람에 따라 그런 순간이 더 많은 사람도 있다). 그럴 때 생각은 일시적이고 산만하고 명료하지 않다. 그렇지만 그런 사람들이라고 해서 꼭 삶을 뒤죽박죽으로 살라는 법은 없다. 아마 유대와 정서적 에너지를 생산할 수 있는 더 짜임새 있는 외적인 삶을 선호할 것이다. 이것이 외향적 성격과 내향적 성격의 차이를 낳는 원천이다.

내적 삶의 사적인 성격은 사람마다 다르다. 그렇다고 해서 모두 저마다 독특한 형태를 띠는 것은 아니다. 자기 생각의 흐름을 따르고 자신을 통합시키는 수단은 대개 외부적인 사회생활에 존재하는 표준적 모델에서 빌린다. 언어적 주술 — 전통적으로는 기도나 주문, 현대에서는 저주나 기운을 북돋우는 말들 — 이 바로 외부의 의례를 자아 안으로 불러들이는 수단 가운데 하나다. 물론 그 밖에 다른 내면의 의례도 발견할 수 있을 것이다.

생각의 세계는 보통 광대한 영토로 여겨진다. 사실 그렇다. 그러나 염탐이 필요할 만큼 환상적이지는 않다. 우리는, 생각은 자유롭고 족쇄가 없고 무한대로 열려 있어서 외부에서는 접근하기 힘들다는 편견을 가지고 있다. 그러나 생각이 사회생활의 의례를 내면화하고 상징적 요소들을 해체하고 재구성하여 다시 외부로 내보내려는 충동을 담는 것이라면, 생각이 얼마나 새로울 수 있을까? 한나라 시대 중국의 농촌 사람들은 사적인 생각도 겉으로 행하는 의례와 관련된 것이라 거의 비슷했을 것이고, 21세기로 접어드는 시점의 미국 중간 계급의 사적인 생각과는 아주 달랐으리라.

우리가 낯설다고 느끼는 생각은 대개 사회학적으로 널리 탐구되지 않았기 때문일 것이다. 어떤 특정한 상황에 있는 사람들의 생각의 흐름을 수집한 큰 자료가 있다면, 똑같은 요소들 심지어 똑같은 식으로 생각의 요소들을 조합한다는 판명이 날지도 모른다. 이론적으로 좀 더 추상화시켜 내면의 상호작용 의례 사슬을 구성하는 조건을 탐색한다면 그 공통점이 더 크게 나타날지도 모른다. 인간은 세부적인 면에서는 차이가 있지만 동일한 의례 과정으로 구성되는 존재라 정신적으로는 어디서나 모두 한 종족이다.

제2부

이론의 적용

제6장

성 상호작용의 이론

성은 생물학적 욕구인가 아니면 사회적으로 형성되는가? 사회학자로서 우리는 성이 생물학적 토대에 근거해서 사회적으로 형성된다고 말하곤 한다. 그러나 이런 두루뭉술한 대답은 모든 것을 어정쩡한 상태로 남겨둔다. 생물학적 요소가 얼마나 강력하고 또한 얼마나 항구적인가, 무수히 다양한 변종 성행위를 만들어 내는 기제는 무엇인가? 누가 누구와 어떤 역사적 조건에서 성행위를 하는지 이론에 토대를 두고 예측할 수 있는가?

성은 성기의 쾌락에 그 동기가 있다고, 그리고 성의 생리적 기제는 출산을 촉진하는 진화론적 선택으로 이루어진다고 말해보자. 그러나 성기 쾌락의 추구는 사람들이 인식하는 성의 모든 면을 설명하지는 못한다. 왜 어떤 문화권(모든 곳이 아니라)에서는 유방이 성적으로 여겨질까? 진화론적 생물학자는 유방이 여성의 수유 능력을 보여주는 신호라고 대답할 것이다. 그렇지만 왜 성인 남성이 여성의 유방을 움켜쥐고, 어루만지고, 빨고 하는 데서 쾌감을 얻는지 설명하지 못한다. 그리고 왜 우리는 양육을 위한 유방(보통 성적으로 여기지 않는다)과 성적인 유방을 구별하는지도 수수께끼이다.

출산과 관련된 신체기관에서 먼 부위에 대해서도 비슷한 의문이 생긴다. 왜 키스가 성적인 것으로 간주될까? 왜 어떤 사회에서만, 또 어떤 종류의 키스만 성적인 것일까? 성기 쾌감의 생물학적 기제와는 확실히 거리가 먼, 입술과 혀의 접촉이 주는 쾌감의 정체는 무엇일까? 왜 (어떤 사회적 조건에서는) 키스가 흥분을 불러일으키고 다른 성행위로 인도할까? 왜 어떤 사람들에게는 키스와 더불어 성기나 때로는 온몸을 입으로 핥는 행위에서 절정의 쾌감을 느낄까? 이른바 펠라티오와 커닐링거스의 문제이다. 상대가 자기 성기를 핥아주는 행위를 즐기는 경우는 성기 쾌감으로 설명할 수 있다. 그러나 다른 사람에게 구강 성행위를 해주는 데서 쾌감을 느끼는 사람들은 왜 그럴까?

항문 성행위도 비슷한 문제를 제기한다. 남성이 삽입하는 경우는 성기 쾌감으로 설명할 수 있을지 모르겠다. 그러나 동성애나 이성애나 성교할 때 모두 수동적 위치에 있는 사람들이 쾌감을 느낀다면, 그 쾌감의 기제는 무엇일까? 일부 개인이나 성애 지향적 하위문화에서 즐기는 항문 핥기, '손 삽입,'[1] 상대의 오물을 받거나 그런 장면의 목격자가 되는 식의 아슬아슬한 성행위는 도대체 왜 할까?

성기와는 아무 상관 없는 가볍고 그다지 흉하지 않은 성적 매혹도 많다. 얼굴, 머리(왜 사람들은 연인의 머리카락을 손으로 만지기를 좋아할까, 어떤 역사적 시기에는 왜 금발머리가 성애를 자극하는 것으로 여겨질까), 일본 같은 곳에서는 목덜미도 성적 매혹의 대상이다. 19세기에 어깨를 드러내는 가운이 여성에게 최고의 유행이었고, 남성은 여성 어깨선의 아름다움을 찬양하곤 했다. 우리는 성 상대가 매력적이기를 바라는 게 당연하다고 생각한다. 매력의 기준이 역사적으로 변화해왔다는 사실은 논외로 하더라도, 성기가 아닌 신체 부위가 성적 흥분을 불러일으키는 것은 어떤 인과적 과정으로 설명할 수 있을까? 20세기 특히 1930년대에서 1950년대까지 이상적인 곡선에 가까운 여성의 다리가 특별히 선정적으로 여겨졌고, 심지어는 복사뼈, 발등, 하이힐 구두 따위도 발기와 사정을 자극할 수 있다고 알려졌다. 합의하고 하는 사랑의 행위는 물론이고, 다양한 형태의 관음증과 적극적인 성행위에서도 그 부위들이 애무의 표적이었다. 여기서도 역시 의문이 생긴다. 어디에 쾌감이 있을까? 이 모든 성애 경험을 설명할 수 있는 기제를 발견해야 한다.

설명이 필요한 몇 가지 유형을 살펴보자. 먼저 손을 잡는 것이 왜 즐거운 성행위 전개의 한 부분이 되는 것일까? 막 사랑에 빠지기 시작한 사람들은 왜 탁자 밑에서 서로 다리를 건드리는 장난을 할까? 포옹을 주고받는 신체 접촉이 왜 어떤 사회적 상황(그렇지 않은 상황도 있다)에서는 성적 쾌감을 일으킬까? 내가 찾고자 하는 답은 "그 문화에서 그렇게 규정된 방식이라서 그렇다"는 식의 답이 아니다. 그리고 '문화'(또는 '체제')에다 '성차별주의', '가부장적', '자본주의'라는 수식어를 달아보아도 별로 큰 도움이 되지 않는다. 이런 종류의 사회적 행위에는 신체적이고 정서적인 상호작용의 중요한 성분이 들어 있다. 성행위는 단순히 하늘에 떠 있는 거대한 코드 책에서 지정한 방식을 그대로 따르는 문화적 신호에 불과한 것이 아니다. 많은 이론가들이 상상하듯, 특정한 역사적 시기에 그 하늘이 불가사의하게 무너지고 또 다른 코드 책이 나타날 때까지 계속되는 식으로 성행위가 이루어지지는 않는다. 성을 인간의 신체적 행위 성분을 포함하는 이론적 모델과 연결시켜 좀 더 강력하고 덜 자의적으로 설명할 수 있어야 한다. 짐작대로 나는 상호작용 의례 이론과 연결시킬 수 있음을 보여줄 것이다.

자위행위도 문제이다. 순전히 진화론적인 재생산 지향적 성충동으로만 자위행위를 설명하기는 어렵다. 특히 수상쩍은 사춘기를 지나 성교가 가능한 연령대(가령 결혼했거나 동거생활을 하는 사람들의 경우. Laumann et al., 1994: 82~83)에서도 자위행위가 폭넓게 이루어진다. 성기 쾌감의 기제로 보면 설명하기 쉽지만, 그러면 또 다른 질문이 생긴다. 왜 자위보다 성교를 더 선호할까? 성기의 쾌감 말고도 다른 사람의 몸에서 얻는 무언가 쾌락의 또 다른 원천이 있음이 분명하다. 만일 남성의 자위가 단순히 성기의 쾌감을 위한 행위라면, 왜 성적 환상이 따르고 때로는 포르노를 보면서 자위를 할까? 순전히 신체기관에 국한된 쾌감이라면 촉감 이상의 자극은 필요하지 않을 것이다. 그렇다면 그 같은 보조 수단이 신체적 쾌감을 강화하는 것이리라(상징적이라고 해야 할까. 그렇다면 무엇에 대한 상징일까). 더욱이 자위행위의 빈도는 성교 가능성과 정의 상관관계를 보이면서도 생물학적 성충동의 용량이 정해져 있다고 할 때 예상할 수 있는 성교 횟수와 역의 상관관계를 보이지도 않는다(Laumann et al., 1994: 137~138). 오히려 포르노와 마찬가지로 자위가 다른 종류의 성행위도 자극하는 것 같다. 성적 흥분을 일으키는 한 행위가 또 다른 종류의 성적 자극에 민감성을 높여주는 듯하다. 즉, 성은 단순히 내적 충동이 아니라 외부에서 형성되고 통제되는 정도에 따라 그 용량이 달라지는 것으로 보인다.

프로이트는 이 문제를 전반적인 성적 충동인 리비도를 가정해 해결하려 했다. 사춘기에는 성기의 쾌락으로 정착되지만 그 이전에는 다른 신체기관(입, 유방, 항문)에 쾌감을 느끼는 일련의 단계를 거치므로 이러한 다양한 종류의 성애는 이전 단계 성충동의 대체 또는 퇴행이라고 설명한다. 구두 도착증, 다리, 머리카락 등 사실상 모든 형태의 아름다움에 대해 느끼는 성적 매력은 어디로든 흘러가고 닿는 곳마다 쾌감을 일으키는 체액과도 같은 리비도의 유연성으로 설명할 수 있다. 그러나 리비도는 다양한 성적 대상과 쾌락을 통합시키는 무엇인가에 대한 은유는 될 수 있지만 설명이 되지는 못한다. 주요 난점 가운데 하나는, 프로이트가 자연적으로 주어진 성충동의 양이 있으며 사회적 과정의 주된 역할은 성충동을 억압하는 데 있다고 본 점이다. 나는 그 반대라고 생각한다. 성적 쾌락 추구의 양은 역사적으로 증가한 것이 확실해 보인다. 프로이트 그리고 이 방향으로는 프로이트의 추종자인 엘리아스(Norbert Elias)도 문명화 과정이 자연적인 성적 기능을 억압함으로써 가능했다고 본다. 나는 그런 설명이 역사적으로 오류임을 보여줄 것이다. 성적 자극에는 생물학적 기초가 있겠지만 그것은 상당한 탄력성을 지니고 있다. 인간(적어도 남성)의 이미지를 될 수 있는 대로 많은 정자 세포를 퍼뜨리는 발정기의 숫양이나 산란기의 물고기와 유사하게 보는 진화론적 심리학이나 사회생물학의 관점은 실상과는 정반대라고 나는 생각한다. 인간은 오히려 평범한 수준으로 성행위를 해야 살아갈 수 있다. 성행위 양이나 대상의 범위를 넓히려 함은 정자를 배출하려는 보편적인 성충동 때문이 아니라 성충동을 만들어내는 사회적 과정 때문이다. 또한 리비도 은유는 성을 단일한 과정으로 다루지만 나는 성행위에는 네 가지 주요한 상호작용 과정이 있다고 본다.

성행위가 쾌락 추구의 동기에서 이루어진다는 점에 동의한다고 하자. 그렇다고 하더라도 성적 쾌락을 성취하기 위한 방법은 배워야 한다. 개인의 첫 성교와 초기의 성경험은 보통 그리 대단한 쾌감을 주지 못하는 경우가 많다. 성적인 분위기를 기대했다손 치더라도 여성에게는 불쾌감이나 실망감, 또는 너무 자신을 많이 내던졌다는 느낌을 준다고 한다(흑인과 백인 십대 소녀들의 초기 성경험에 대한 연구인 Green, 2001 참조). 남성의 경우도 비슷하다. 나이 든 남성에 비해 성행위에 더 많은 시간을 들이는 젊은 층 남성도 초기 성경험은 부정적이라고 한다(Laumann et al., 1994: 94, 117). 절정을 느끼지 못했거나 불만족스러웠다는 것이다(더 열정적이라서 그럴까 아니면 무능해서 그럴까). 상당히 많은 성행위가 성공적이지도 만족스럽지도 않았다고 한다(Laumann et al., 1994: 368~371). 이러한 성경험의 변이에 대한 연구는 성적 쾌락이 어떻게 사회적으로 형성되는지를 보여주는 비교의 중요성을 간과하고, 너무 쉽게 옆길로 빠져 성적 역기능이라는 다른 범주로 옮겨 간다. 성적 쾌락은 상대와 특수하고 구체적인 상호작용에서 상당 부분 학습되기 때문에, 단순히 젊고 성경험이 없는 사람들뿐만 아니라 개별 사회관계에 구체적 경험이 없는 사람들도 쾌감을 느끼는 성행위 방식을 배워야 한다.[2] 성적 쾌감을 형성하는 행위는 학습되는 것이다. 그러나 정확히 무엇이 학습되는 것일까? 그것은 사회학 이론이 설명해야 하는 사회적 상호작용 형태이다.

나는 비교하고 변이를 설명하는 전략을 택할 것이다. 이제 잘 수집된 체계적 사회조사 자료도 있다(Laumann et al., 1994). 우리는 다양한 개별 성행위의 단순한 빈도보다 과정과 상관관계에 더 관심이 있으므로, 올바른 이론적 질문을 해야 킨제이 보고서나 그 밖의 다른 표본조사 자료의 의미도 밝힐 수 있다. 역사적 자료와 민속지 자료를 가지고 성행위의 변이를 설명하는 전략도 좋다. 여성과 남성, 게이 또는 레즈비언과 이성애자들, 장애인과 정상인의 성애를 비교하고 성교, 자위행위, 구강 성행위, 항문 성행위도 개별적인 연구 관심 분야로 분리하거나 이해집단의 몫으로 남겨두기보다는 비교하는 것이 나을 것이다. 성애는 사회 이론의 중심 과정과 직접적으로 연결시킬 필요가 있다. 성을 사회문제로 접근하는 방식은 성을 이해하는 데 걸림돌이 된다. 설명 대신 도덕적 설교로 대체하는 접근방식은 더욱 곤란하다. 그런 의미에서는 저항적 입장을 옹호하는 사람들이 저지르는 분석적 맹점의 한계가 전통주의자들보다 덜하지도 않다. 내게는 성에 대한 도덕론과 옹호론 모두 분석되고 설명되어야 할 또 하나의 주제일 뿐이다.[3]

진화론적 생물학은 최근에 유력한 이론이 되었다. 다른 이유도 있겠지만 비도덕주의적인 성애 이론이 없어서 비어 있는 자리를 진화론적 생물학이 채우고 있는 탓이다. 여기서 간략하게, 진화론적 생물학의 설명이 내게 별로 설득력이 없는 이유를 지적해둔다. 손쉬운 반론을 다루느라고 내가 계속하려는 사회학적 분석에 방해를 받고 싶지 않아서이다. 진화론적 생물학은 성관계에서 성기 기관이 정확히 어떤 기제를 통해 의미를 갖게 되는지를 보여주지 않고, 오로지 이기적 유전자의 재생산 최대화라는 포괄적인 주장만 한다. 남성은 될 수 있으면 많은 여성을 임신시키도록 (그래서 다른 남성과 경쟁할 수밖에 없도록) 프로그램 되어 있는 반면에, 여성은 어머니 역할을 하고 자식이 재생산 연령이 될 때까지 생존할 확률을 최대한으로 높일 수 있는 짝짓기 상대를 선택하게끔 프로그램 되어 있다는 관점을 지지하는 증거만 수집한다. 남성과 여성의 차이에만 초점을 둔다. 생물학적 이론은 성관계 관행의 역사적 변이와 개인적 차이를 결정하는 기제를 밝히지 못하는 어설픈 이론이다. 실제로 사람들이 어떻게 사회적으로 성적 동기유발을 경험하는지, 특히 생물학적으로 프로그램 되었다고 주장하는 성행위의 동기가 왜 변이를 보이는지 설명하지 못한다. 예를 들면, 실제 현실에서 사람들이 대부분 구별하는 모성 능력과 성적 매력의 차이도 구별하지 않는다. 실제로 남성은 아주 예리하게 그 차이를 구별하고 모성적 특성만 드러내는 여성과의 성관계는 달가워하지 않는다. (20세기 사회처럼) 성이 주 관심사가 된 사회에서 자식을 많이 (사실상 하나라도) 갖는 것은 성관계에 적극적인 사람이라면 피해야 할 상황이다.

실용적 입장에서 나는 설명력이 극히 한정된 연구 프로그램과 경쟁하거나 논쟁하는 데는 관심이 없으며, 내 자신의 이론적 연구를 지향할 뿐이다. 그러나 내가 진화론적 생물학에 반대하는 가장 중요한 이유는 생물학적으로 프로그램 된 인간의 성향에서 무엇이 가장 중요한가 하는 질문의 답을 찾는 데 진화론이 잘못된 궤도를 택했기 때문이라는 점만은 밝히고자 한다. 진화론자들은 고립된, 이기적인 개인으로서 경쟁하는 남성들을 증거로 삼아 이기적 유전자의 이미지를 제시한다. 경쟁을 강조한다는 점에서 진화론적 생물학자들은 합리적 선택 이론의 편협한 경제주의와 한편이다. 이는 다윈주의 이론의 원천이 맬서스(Thomas R. Malthus)의 경제학이었다는 점을 상기시키기도 한다. 나는 그와는 정반대로, 인간 생물학의 가장 중요한 면은 단순히 성기 쾌락이나 자신의 유전자를 퍼뜨리려는 인간의 내재적 경향보다 인간을 의례의 추구자로 만드는 정서적 합류와 리듬 조응의 쾌락에 있다고 주장한다. 인간의 신경과 내분비선 체계, 그리고 맨살 노출과 자극 감응을 포함한 다른 많은 면이 인간을 다른 동물과 차별화시켜 사회적 상호작용에 훨씬 더 잘 맞도록, 종류와 정도가 다양한 수많은 사회관계를 형성하도록, 그리고 무엇보다도 성 상호작용의 쾌락을 즐기도록 진화론적 선택이 이루어졌다고 본다. 진화론적 생물학자들은 남성은 이기적 유전자를 퍼뜨리는 반면 여성은 배우자 선택과 방어적 모성을 지니고 있기 때문에 남성과 여성은 근본적으로 다른 존재라고 본다. 반대로 나는 남성이나 여성 모두 동일한 생물학적 신경회로를 갖고 있으므로 상호작용 의례에서 서로에 대한 관심과 정서의 형성에 공통된 감수성을 지닌다고 주장한다. 이는 성적 행동의 다양성을 설명하는 인간 생물학의 측면이다. 또 사회가 어떻게 가능한가도 설명해준다. 진화론적 생물학 모델은 야생 염소와 같이 아주 비사교적인 수컷을 설명하는 데 더 적합한 모델인 것 같다.

다음에 이어지는 내용은 성 상호작용을 설명하는 세 가지 이론적 관점을 검토한 것이다. 첫째는 이기적 성기 모델(또는 개인적 성기 쾌감의 추구 모델)이다. 이미 그 결함을 중심으로 논의한 바 있다. 이어지는 논의에서도 계속 내 주장의 상대역을 맡게 될 것이다. 이기적인 성적 쾌락을 분석하는 가장 단순한 방법은 합리적 행위나 실용적 거래의 불유쾌한 모든 면을 적나라하게 드러내는 매춘의 사례를 보는 것이다. 둘째는 성 상호작용을 유대 형성의 의례로 파악하는 관점이다. 상호작용 의례의 역학은 비성기적인 성행위를 설명할 수 있게 해준다. 셋째는 성 상호작용이 성적 명성을 추구한다는 입장이다. 여기서 나는 성적 명성을 추구하는 행위가 20세기에 어떻게 그토록 사람들의 지배적인 동기가 되었는지 설명해주는 성 계층화의 역사적 변화를 추적해본다.

개인적 쾌락 추구로서의 성

이기적이고 개인적인 쾌락 추구의 성에 가장 가까운 형태는 매춘이다. 이념형으로 보면 매춘은 고객의 돈과 성적 쾌락의 단순한 거래이다.[4] 매춘에는 경험적으로 관찰할 수 있는 세 가지 특징이 있다.

첫째, 고객이 매춘부와 하는 상호작용은 흔히 높은 불신감과 속임수의 속성을 지니고 있어서 어렵고 불쾌한 경험이 되기 쉽다.[5] 매춘부는 일차적으로 돈을 벌려는 동기를 가지고 있다. 될 수 있으면 고객에게서 돈은 많이 받아내고 그 대가로 성적 노동은 대충 넘어갈 수 있을 만큼 적게 제공하려고 한다. 매춘의 경계선에 있는 변형도 있다. 고객에게 성 거래로 발전할 수도 있음을 넌지시 암시해서 터무니없이 비싼 술값을 받아내는 술집 여성 같은 경우이다. 직업적 매춘부는 가격이나 서비스의 정도를 놓고 협상을 벌인다. 가령 맨 처음의 성 행동에 가격을 정해놓고 실제 성교에 이르기까지 단계마다 더 많은 돈을 요구하며, 때로는 고객이 원하는 거래가 될 때까지 협상을 계속한다. 이동성이 높은 매춘부는 자신의 노동을 최소화하려고 될 수 있는 한 빨리 해치운다. 한마디로 매춘부는 게임 이론에서 말하는 순수한 실리적 행위자처럼 행동하는 경향이 있다. 양편 모두에게 순전히 이기적인 교환이므로 초점은 금전적 협상과 노동의 회피에 있다. 매춘부는 거의 언제나 행위를 하기 전에 먼저 돈을 요구한다. 고객은 돈을 계산하고 협상하려는 의지보다 성욕의 힘이 더 강하기 때문에 동의한다. 달리 말하면 거래는 차가운 머리를 지닌 매춘부 편이고, 그래서 매춘부가 협상에서 더 유리한 위치에 있다.[6] 같은 이유로 속임수도 고객보다는 매춘부 편이 한 수 위에 있다. 매춘에 대한 평판이 나쁜 이유는 도덕적 금욕주의자들과 부부의 배타적 성을 옹호하는 사람들이 매도하는 탓도 있지만, 매춘이 노골적인 불신과 속임수의 속성을 지니고 있기 때문이다. 성을 구매하는 고객들의 비공식 문화에서 사용되는 '우상숭배자(whore)'라는 속어에도 그런 뜻이 들어 있다. 순전히 이기적인 성적 쾌락만을 즐기는 고객이라도 가끔은 매춘부와의 실리적 상호작용이 감각적인 쾌락을 감소시킴을 경험한다고 한다.

둘째, 매춘부가 흔히 성교 도중에 흥분한 듯 소리시늉을 낸다는 점이다. 여성이 절정에 내뱉는다고 알려진 신음이나 상투적인 표현들이다. 이는 매춘부가 올바른 직무수행 방법으로 여기고 스스로 제시하는 직업적 전승의 한 부분이다. 남성이 더 빨리 사정하게 만들어 일을 빨리 끝낼 수 있다고 믿는다면 그 시늉은 도구적 수단인 셈이다. '외설스러운 말'로 고객의 자위행위를 돕는 음란 전화는 남성의 성적 흥분과 쾌락의 주성분이 흥분을 공유하는 경험이라는 사실을 보여준다. 이 모든 관찰은 동일한 결론에 이른다. 순전히 이기적인 성적 쾌락이 목적인 상황에서도 성적 흥분의 공유가 쾌락을 높여준다는 것이다. 매춘부는 정서적으로 별로 몰입하지 않기 때문에 함께 흥분한 것처럼 속임수를 쓴다. 그런데도 그런 속임수를 기대한다(또 쓸모가 있다고 느낀다)는 사실은 순전히 개인적인 쾌락 추구 모델로는 성적 동기를 설명할 수 없음을 반증한다.

셋째, 매춘 고객은 불신으로 가득 찬 상업적 거래의 모습이 두드러지지 않고 매춘이 아닌 것처럼 보이는 상호작용일 때 가장 높은 성적 만족을 느끼는 경향이 있다는 점이다. 돈을 놓고 옥신각신하지 않고, 성행위가 섬세하게 이루어지고, 상호작용은 친밀하고 우호적이며, 매춘부가 시늉만이 아니라 진짜로 흥분하는 경우이다.[7] 오래 지속되고 포괄적인 상호관계를 지향하는 관계, 즉 젤라이저(주 4를 참조)가 제시한 연속선의 한쪽 끝에 가까운 정부의 경우가 그렇다. 남성은 자신이 평소에 접촉하는 여성보다 더 아름다운 여성과 성관계를 하기 위해 매춘부를 찾는다는 것도 관찰할 수 있다. 성적 만족도와 매춘부의 미모는 역의 상관관계(상관관계가 없거나)가 있으리라는 것이 내 가설이다. 가장 아름다운 매춘부는 시장 수요가 높기 때문에 더 높은 예우를 받고 또한 고객에게 더 많은 요구(돈이나 행동)를 할 수 있다. 따라서 미모의 매춘부는 몸값을 올리고 성행위는 피하려고 고객을 더 많이 속여 넘기려 할 것이다. 반대로 그다지 미모가 덜한 매춘부는 팔리기 위해 더 많은 노력을 기울일 것이다. 자신과의 상호작용이 더 즐거울 수 있도록 흥정도 덜하고 기꺼이 성적 노동을 수행해서 고객의 만족도를 높여주려고 할 것이다. 매춘부와의 성관계에서도 성적 쾌락은 인간적 유대와 관련 있다.

상호작용 의례로서의 성

성에서 가장 중요한 특성들은 상호작용 의례 모델에 잘 들어맞는다. 인간 행위의 의례적 성격은 정도에 차이가 있음을 다시 한 번 강조하고 싶다. 초점 공유와 정서적 합류가 없을 수도, 중간 수준일 수도, 높은 수준일 수도 있다. 상호작용 의례의 강도는 시작 지점에서 구성 성분과 참여자의 감정 및 행위에 의례가 스며드는 상호작용적 과정에 달려 있다. 상호작용 의례는 그 강도에 비례해 사회적 유대나 상징적 의미와 같은 산출물을 생산한다. 이는 성적 상호작용 의례에서도 적나라하게 드러난다. 성교는 종종 강렬한 상호작용 의례가 되지 못한다. 특히 실리적이고 일방적인 쾌락 추구로 이루어지면 실패한다. 다음은 온전한 성 상호작용 의례의 형성 기제를 기술한 것이다. 아주 성공적인 성적 상호작용 의례의 이념형에서 시작해서 다양한 형태의 성이 그 이념형의 변형으로 설명될 수 있는지 검토한다.

상호작용 의례 모델은 성교는 물론 키스 같은 보조 행위를 포함한 거의 모든 성 상호작용 형태에 잘 들어맞는다(제2장의 〈그림 2.1〉을 수정·보완한 〈그림 6.1〉

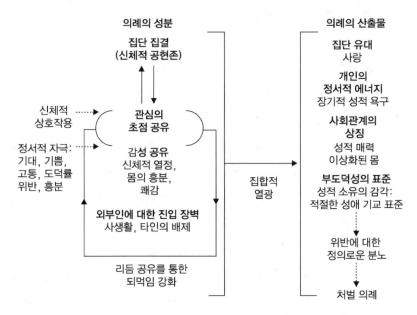

〈그림 6.1〉 상호작용 의례로서의 성교

의례의 성분

집단 집결
(신체적 공현존)

신체적 ······ **관심의**
상호작용 **초점 공유**

정서적 자극: ······ **감성 공유**
기대, 기쁨, **신체적 열정,**
고통, 도덕률 **몸의 흥분,**
위반, 흥분 **쾌감**

외부인에 대한 진입 장벽
사생활, 타인의 배제

집합적
열광

리듬 공유를 통한
되먹임 강화

의례의 산출물

집단 유대
사랑

개인의
정서적 에너지
장기적 성적 욕구

사회관계의
상징
성적 매력
이상화된 몸

부도덕성의 표준
성적 소유의 감각:
적절한 성애 기교 표준

위반에 대한
정의로운 분노

처벌 의례

참조). 성교에서 시작해보자.

첫째, 성교는 신체적 공현존 가운데서 가장 강렬한 형태이다. 보통은 두 사람(혼음에 대해서는 다음에 다룬다)으로 이루어진 아주 작은 집단이다. 둘째, 성교에는 강렬한 관심의 초점 공유, 서로의 몸이 접촉한다는 인식, 그리고 서로의 몸이 상대에게 영향을 미치고 있다는 인식이 있다. 셋째, 공유 정서나 기분은 상호작용 과정에서 형성되는 성적 흥분이다. 넷째, 성교는 보통 외부인에게 아주 높은 장벽을 설치한다. 사적인 공간에서 다른 사람들이 보지 못하도록 강력한 금기 속에서 이루어진다.

모든 문화권에서 보편적으로 성교를 사생활 영역으로 국한시킨다는 사실은 (Reiss, 1986), 문화보다는 극도로 은밀한 상호작용 의례의 역학이 금기를 강제하는 것임을 시사한다. 물리적으로 관찰자들이 눈앞에 있으면 성적 흥분을 교란시킬 수 있다. 순진한 관찰자는 전염성이 강한 성적 흥분에 사로잡힌 나머지 동참하려고 해서 두 사람의 초점 공유를 방해하기 쉽다. 반대로 관찰자가 정서적으로 차분함을 유지한다면 성적 흥분을 가라앉힌다. 이 두 유형이 합쳐질 수도 있다. 관찰자가 자신의 성적 흥분을 통제하려고 자신이 보고 있는 장면을 음탕한 짓거리라며 적의에 차서 방해할 수도 있다. 그보다 정도가 약한 형태는 자신이 개입할 수 없다고 생각되는 장면을 조롱하고 웃음거리로 만들어 사랑을 나누는 사람들이 열정에 집중하지 못하게 초점을 흐트러뜨리는 행위이다. 고프먼(1981)은 인간도 다른 동물처럼 주변에 누군가 상호작용의 상대가 될 만한 사람이 있는지를 감지하는 비밀 통로를 가동하며 암암리에 그들을 향하는 경향이 있음에 주목했다. 타인의 존재는 서로에게 깊숙하게 몰입해가는 과정을 방해한다. 남성 포르노 배우 가운데 동참하지 않는 관찰자 앞에서 발기 상태를 유지할 수 있는 사람이 드물다는 사실이 포르노 산업에서는 잘 알려져 있다.

사생활 보호의 규제를 위반하는 경우가 있지만 이는 오히려 사생활 선호현상이 작동하고 있음을 반증한다. 그 한 유형이 성행위의 공연이다. 그러나 실제 성교행위를 보여주는 경우는 드물고 대부분 금기시된다(스트립 댄서가 관중에게 다가가는 형태가 보편적이다). 성행위의 공연이 주는 매혹은 바로 위반이 주는 짜릿함에 있다. 남성 중심적 포르노를 찍는 여성 사진가 중에는 스스로 옷을 벗고 카메라로 성적 감응을 공유함으로써 여성 모델이 실제로 성적 흥분을 느끼도록 하는 데 탁월한 이들이 있다(그래서 실제로는 그다지 아름답지 않은 여성이라도 사진에서는 아주 선정적으로 보인다).

또 다른 유형의 위반은 성 향연이나 혼음이다. (대부분 고대 그리스와 로마제국에서 그러했다고 알려진) 혼음에 대한 고전 자료는 별로 없다. 상호작용 의례 이론의 가설은, 성공적인 성 향연은 그 자리에 있는 사람들 가운데 동참하지 않는 사람이 없도록 또한 흥을 깨는 사람이 없도록 흥분 상태를 공유하는 과정을 통해서 이루어진다는 것이다. 그리고 그 결과는 단지 두 사람의 결속뿐만 아니라 아마도 세련된 성적 취향을 지닌 엘리트로서 독특한 집단 자긍심과 지위를 지닌 집단 정체감의 확인일 것이다. 1960년대 성해방 이데올로기를 실천하는 행위로 혼음했던 코뮌을 다룬 문헌에 일부 증거가 있다. 그런 경우에도 대부분의 성행위는 짝을 바꾸어가며 비교적 은밀하게 이루어졌다. 그런 집단에서 성관계를 하는 이들의 숫자를 비교한 자료를 보면, 주로 배타적 성관계를 하는 코뮌은 복수의 성관계가 이루어지는 코뮌보다 와해되는 경우가 훨씬 적음을 보여준다 (Zablocki, 1980). 이는 두 사람 이상이 완전히 균형 잡힌 통합된 집단 유대를 유지할 때는 성적인 상호작용 의례를 가지기 어렵다는 사실을 암시한다. 복수의 관계를 갖는 코뮌들이 질투심으로 분노가 폭발해 와해된다는 사실이 이를 뒷받침해준다.

또 다른 증거는 배우자 교환을 다룬 문헌 자료에서도 볼 수 있다(Bartell, 1971; Gilmartin, 1978). 금기를 벗어난 성관계를 하는 집단은 독신자(배우자 없는 상대) 참여를 금지하는 경직된 규칙을 가지고 있다. 즉, 누구나 동일하게 참여하는 평등한 교환이 이루어져야 한다. 또한 집단의 모임을 벗어나 따로 성관계를 위해 만나는 것을 금지한다. 달리 말하면, 집단은 질투의 기준을 발전시켜 집단 응집력을 교란시킬 별도의 짝짓기(부부 교환을 협정한 기존의 상대 외에 다른 사람과의 관계)를 금한다. 이러한 자료들을 비교하면 2인 집단이 필수조건은 아니지만 참여자 수와는 상관없이 집단 내부에서만 결합을 허용하고 외부인은 배제한다는 사실을 알 수 있다.

짝짓기는 초점 공유와 정서 공유가 상호 재순환되는 되먹임 과정의 아주 강력한 사례이다. 짝짓기 상호작용 의례 과정에는 전형적인 리듬이 있다. 성관계에서 리듬 강화, 리듬 합류, 리듬 동조의 세 과정이 있음을 분명히 볼 수 있다. 이런 점에서 성 의례는 우리에게 상호작용 의례 모델을 더 정교하게 발전시킬 수 있는 기회를 제공한다.

리듬의 강화는 해부학적으로 성적 흥분을 고조시키는 중심 기제이다. 짝짓기는 성 기관의 지속적 마찰 과정으로 이루어진다. 속도와 압력이 증가하고 절정에 이를 만큼 흥분을 고조시키는 것이 바로 이 리듬이다. 흥분이 고조되면서 가슴박동·혈압·체온이 올라가고 호흡이 가빠지며 절정에 도달하여 사정하는 순간에 흥분이 극대화된다. 측정할 수 있는 신체적 상태를 보면 남성과 여성이 놀라울 정도로 비슷하다. 남성과 여성의 성기 혈관이 팽창하거나 정맥혈이 충혈되어 음경의 귀두와 소음순이 자줏빛으로 변한다. 남성과 여성 모두에게 2~4초 정도 절정을 예상하는 감각(여성의 경우는 긴 경련을 동반한 수축, 남성의 경우는 사정을 참지 못할 지경이 되는 느낌)이 오고 0.8초 간격으로 서너 차례 큰 경련이 이어진다(Masters and Johnson, 1966).

물론 리듬의 강화는 순전히 개별적으로 이루어질 수도 있다. 혼자 자위를 할 때 생길 수도 있고, 성교할 때 한 사람이 상대보다 훨씬 강렬하게 리듬의 강화를 체험할 수도 있다. 경험적 관찰 결과도 상호작용 의례 이론과 마찬가지로 성적 흥분과 쾌락은 리듬의 합류가 이루어질 때 더욱 강렬해짐을 보여준다. 상대의 리듬에 몰입해가는 과정에서 한 사람의 신체적 리듬은 더욱 격렬해진다. 이는 상호작용 의례 과정을 강화하는 되먹임의 성격을 보여주는 아주 강력한 보기가 될 것이다. 성적인 것은 아니지만 즐겁고 활기를 띤 유쾌한 사회적 상호작용에서 이러한 리듬 합류가 발생한다는 제2장의 증거를 상기해보라. 리듬의 조화는 상대의 신체적 리듬의 동조가 있을 때 일어난다. 성관계에서 서로 흥분이 고조되어 이루어진 리듬의 합류는 리듬의 동조로 유도된다. 그 조화가 반드시 완벽하지 않을 수 있고 실제로 상당한 변이가 있다. 가령 여성의 절정은 더 오래가고 더 반복적이며 남성의 사정보다 경련 횟수도 많다. 남성이 3~4회인 데 비해 여성은 아주 격렬할 때는 12~15회 수축이 일어난다고 한다(Masters and Jonson, 1966: 135~136). 상호작용 의례 이론은 동조가 더 잘 이루어질수록 상호작용 의례의 결과물로서 더욱 강하게 결속되며, 심지어 동조의 수준이 보통 정도만 되어도 상당한 쾌감과 결속에 이른다는 가설을 제시한다.

성 과학(sexology)에서는 이를 '쾌락의 결속'이라고 부른다. 그러나 나는 단순히 개인적인 쾌락의 실리적 교환을 넘어서 집합적 성취의 체험이라는 점을 강조하고 싶다. 동기는 상호작용의 쾌락에 있지 고립된 상태의 쾌락에 있지 않다. 실리적 모델에서는 투자비용 대비 편익의 비율이 더 높은 조건이 다른 곳에서 생길 경우 동일한 상대와 성관계를 계속하려는 동기가 들어설 자리가 없다. 실리적 교환은 강도 높은 성 의례에서 생산된 '쾌락의 결속'과는 정반대되는 결과를 낳는다.

친밀한 상호작용 의례로서의 성을 상대와 몸의 접촉이 거의 없는 통상적인 사회적 상호작용과 대조해볼 필요가 있다. 성은 정상적인 신체적 상호작용과는 동떨어진 것이기에 모든 유대의 형태 가운데서 가장 강력한 유대를 생산할 수 있음은 놀라운 일이 아니다. 사랑의 행위가 한 사람에게 타인의 몸을 만지도록 허용하는 정도는 평상시의 신체적 상호작용과는 엄청난 차이가 있다. 농밀한 사랑 행위는 상대의 몸을 구석구석 탐험하고 조종한다. 그리고 이러한 신체적 접촉은 호혜적인 효과가 있어서 상대가 자신에게 해주는 행위를 상대의 몸에 그대로 또는 더 확대해서 돌려준다. 물론 호혜성의 정도에는 차이가 있다. 사랑 행위가 아주 일방적일 때도 있다. 대개 남성이 적극적이고 여성은 비교적 수동적으로 반응한다. 상호작용 의례 이론에서 호혜성의 정도는 흥분과 쾌락의 정도를 결정하는 주요 요인이다.

다른 사람의 몸을 만지고 상대에게 조응하면서 얻는 쾌락은 상호작용 의례 기제의 작용이며, 성교보다 덜 친밀한 형태에서도 작용한다. 누드 댄서가 관객의 무릎에 앉아 추는 선정적인 춤이나 상업적인 마사지 유흥업소가 쾌락 상품이 되는 연유가 바로 이런 기제에 있다. 한때 유행했던 사교춤(남녀 한 쌍이 서로의 어깨나 허리에 팔을 두르고 추는 춤은 그 이전 시기의 집단 민속춤과도 다르고, 20세기 후반에 대중화된 몸을 맞대지 않고 추는 춤과도 다른 독특한 유형이다)은 제약된 형태로 이런 종류의 쾌감을 주는 것이라 할 수 있다. 무도장의 사교춤은 왜 쾌감을 줄까? 이를 당연하게 받아들이면 안 된다. 무도장의 사교춤은 서로의 성적 흥분을 극히 통제된 형태로 전달하는 성 상호작용 의례의 한 종류였다.[8] 상업화된 형태는 무도장에 고용된 여성들이 춤 상대를 해주며 약간의 성을 판매하는 매춘의 형태로, 1920년대에서 1950년대에 걸쳐 발견된다(Cressey, 1932; Meckel, 1995).

이 모든 것은 단순한 개인의 성기 중심적 쾌락과 상호작용이 창출하는 흥분이나 쾌락의 차이를 밝혀준다. 심지어 성교에서도 남성은 단순히 여성의 질에 자신의 성기를 삽입하는 행위만으로 쾌감을 얻지는 않는다. 상대 여성의 몸 전체와 결합한다. 그녀를 사랑하는 것이다. 반대로 여성은 상대의 몸이 자신과 함께 몸의 리듬을 맞추어줌을 느끼는 정도만큼만 쾌락을 얻는다. 상호작용 의례의 되먹임 과정(〈그림 6.1〉 참조)을 통해서 성 상호작용 의례의 성공에 따라 성기의 쾌감 자체도 영향을 받는 것이다. 가설은 이렇다. 사정의 강도(경련 횟수, 다시 발기되는 데 걸리는 시간, 사정된 정자의 양[9])는 합류와 리듬의 조응 정도에 따라 결정된다.

성 상호작용 의례의 성분과 강화 과정을 고찰해보았다. 이제 산출 측면을 간략하게 정리해보자.

첫째, 성은 아주 작은 2인 집단의 유대를 생산한다. 이 특별한 종류의 친밀한 유대는 사랑이라고 불린다. 근세기에 와서 사람들은 성과 사랑을 개념적으로 구분하기 시작했지만 여전히 밀접한 관련이 있다. 성교가 반드시 사랑을 뜻하지는 않지만, 이상적인 경우에는 사랑이다. 다른 종류의 사랑(이방인에 대한 이타적 사랑, 가족애, 추상적인 종교적 사랑)도 있지만 사랑에 대한 일차적 준거는 성적 결합이다. 뒤르켕이 말하는 유대의 힘이 온전히 발휘되는 경우는 바로 이 관계에서다. 이상적인 경우라면 성을 나누는 연인은 자신들을 서로에게 봉사하고 서로를 보호하는 한 단위로 인식할 것이다. 성 없는 사랑을 생각할 수 있지만, 현대의 연인들에게 성 없는 사랑의 관계는 가장 근본적인 기준에서 보면 불완전한 사랑의 방식으로 여겨질 것이다. 성교는 사랑의 의례이기 때문이다. 성교는 사회적인 결속을 창조하고 재창조(뒤르켕이 뜻하는 의례는 주기적으로 반복될 필요가 있다. 의례가 없는 기간에는 유대가 소진되기 때문이다)하며 그 결속을 상징한다. 즉, 서로에게나 남에게 자신들의 관계가 강력한 사적 결합 관계임을 선언하는 지표이다. 따라서 성의 허용은 핵심적인 경계선을 드러내는 지표이며, 서로의 성실성을 검증하는 으뜸가는 시험이다.

둘째, 성 상호작용 의례는 정서적 에너지를 생산한다. 다른 상호작용 의례와 마찬가지로 한 가지 종류의 정서를 다른 종류의 정서로 전환시킨다. 일반적으로 집단이 공유하고 집중하는 애초의 정서가 무엇이든 의례는 그 애초의 정서를 집단 유대와 개인적인 에너지 형태의 정서로 전환시킨다. 성 의례에서 애초의 정서는 보통 성적 흥분이나 정념이다. 산출 정서는 집합적으로 보면, 사랑 또는 2인 집단의 유대이고, 개인적 수준에서는 장기적인 성적 욕구이다. 정서적 에너지는 이전에 성공적이었던 특정한 상호작용 의례를 지향하는 경향이 있어서 성적 흥분을 느낀 개인의 정서적 에너지는 동일한 종류의 성 의례에 더 많은 자극을 받게 되어 있다.[10]

셋째, 성 의례는 관계의 기념비이자 징표로서 상징을 창출한다. 성관계는 반지나 선물, 그 밖에 사랑의 관계를 드러내는 기념물들과 비슷하게 성스러운 대상이 된다. 둘의 결속을 드러내는 신호인 동시에 관계를 존중하는지 또는 관계를 끊으려 하는지를 보여주는 기회이기도 하다. 물건뿐만 아니라 행위도 관계의 상징으로 기능할 수 있다. 뒤르켕 식의 통상적인 의례가 진행되는 과정에서 참여자들이 집중하는 대상은 집단의 상징이다. 이런 과정을 통해 성을 구성하는 보조적인 요소가 전체 성관계의 상징으로서 의미를 지니게 된다. 유방은 성적 쾌감을 주는 일차적 원천이 아니다. 항문도 마찬가지이다. 그러나 사랑의 행위가 진행되는 동안에는 친밀한 상호작용의 상징이 될 수 있다. 바로 그 때문에 외부인에게는 유방과 항문은 금기의 대상이고 내부자에게는 성적 소유관계를 드러내는 특별한 상징적 표지인 것이다. 더 자명해 보이는 설명은 아마도 유방과 항문이 입술이나 혀처럼 해부학적으로 자극에 더 민감하기 때문이라는 것이리라. 그러나 민감성은 거칠고 강압적이고 예기치 못한 성적 접촉(또는 실제로 투박한 비성적 접촉)처럼 리듬의 조응이 이루어지지 않는 경우에는 통증만 유발할 수 있다. 그 점에서는 거친 강압적 접촉을 할 때 성기 자체도 쾌감을 느끼지 못하고 불쾌하거나 심지어 통증을 느끼는 경우도 있다. 몸의 어느 부위가 되었든 쾌감은 미시적 상호작용의 사회적 맥락에서 온다. 어떤 생물학적 작용이 개재되든 그 생리작용은 사회적 유대 의례를 통해서 이루어지며, 그 결과로 상징적 지위를 부여받는다(제4장의 주 5 참조).

넷째, 성의 도덕성은 다른 모든 사람을 제외시키고 상대의 몸에 접근할 수 있는 배타적인 성적 소유권이 자신에게 있다는 감각이다. 의례가 도덕적 기준을 만들어내므로 그 기준에 대한 일차적인 위반은 외부인과의 성관계이고, 위반에 대한 반응은 도덕주의적인 정의로운 분노이다. 위반자들을 직접 겨냥하는 대단히 국지적인 도덕성이며, 이는 보통 폭력을 규탄하는 더 넓은 범위의 사회집단이 지닌 도덕적 기준을 압도한다.

뒤르켕 모델은 유대는 물론이고 의례의 다른 산출물도 의례가 되풀이되지 않으면 시간이 흐름에 따라 사라지는 시간 구속적인 성격이 있다고 본다. 성적 결속을 유지하려면 성 상호작용 의례 역시 정기적으로 되풀이되어야 한다. 안정된 관계를 가지고 있는 사람은 나이가 들어도 통상 일주일에 한 번은 성관계를 한다(Laumann et al., 1994: 88). 이는 종교 의례의 주 단위 시간표와 같다. 두 경우 모두 유대 의례가 동일한 방식으로 작용함을 시사한다. 강렬한 의례로 농밀한 집단 관계를 유지할 수 있는 기간은 대개 일주일 정도라는 뜻이다.[11] 아주 신앙심 깊은 신자나 교단처럼 열정적인 관계를 맺고 있는 연인은 의례 빈도가 더 잦다. 킨제이(Kinsey, 1953: 395)는 대다수 부부가 생애 중 하루에 한 번 이상 성관계를 가졌던 때가 있다고 보고한다(약 10%는 하루에 3~4회). 이는 아마도 관계가 형성되던 구애 기간과 관계가 절정에 이르던 시기였을 것이다. 의례적으로 이루어지는 모든 열정적인 관계에는 이런 식의 시간적 유형이 있다. 의례에 동참하는 빈도는 관계가 수립되는 기간에 가장 높고, 그 이후에는 평범한 수준으로 떨어진다.[12] 친구끼리 나누는 대화나 종교 개종자가 개종초기에 의례에 참여하는 빈도에서도 비슷하게 나타난다.

성 상호작용 의례와 그 결과를 이념형으로 기술했다. 이는 강도 높은 성 상호작용 의례의 일차적 효과이며, 좀 더 복잡한 역학을 분석하는 데 기초가 되는 것들이다. 만일 성이 유대를 생산한다면 아무런 유대의 결속이 없는 매춘이나 일회적 성관계는 어떻게 설명할 수 있을까? 사랑을 구하지 않는 성의 추구는 어떻게 설명할 수 있을까? 이념형의 변형으로 다룰 수 있다. 상호작용 의례 모델의 변수로 보면, 초점 공유와 공유 정서가 거의 없는 성행위는 충족감이 낮을 것이다. 매춘부와의 성행위는 대개 강도가 낮은 상호작용 의례이며 의례의 강도가 높아지면 사랑(장기간 지속되는 관계로 발전할 가능성은 없을지라도)과 같은 색채를 띠게 될 것이다. 일회적 성 관계도 마찬가지이다. 나는 강도 높은 성관계는 단순히 개인적인 쾌락을 위해 시작했더라도 결국 사회적으로는 사랑과 구별할 수 없게 되리라는 가설을 제시한다. 엄격하고 냉소적인 사람인데도 성관계의 덫에 걸려들어 결국에는 결혼하고 통상적인 유대의 상징과 감정을 가지게 되는 경우(문학 작품에서나 삶에서나 때때로 주제로 부상한다)가 있는 것이다. 어쩌면 이것이 개인적 쾌락 지향성이 현저한 현대 사회의 남성이 스스로의 유혹에 걸려 넘어지는 방식일지도 모른다.

사랑의 결속이 없는 일회적이고 쾌락 추구적인 성이 존재함은 분명하다. 그러나 성행위를 단순히 성기 쾌감의 추구라는 고착된 동기만으로 설명할 수는 없다. 그런 충동이 있다면 그것은 사회적 상호작용에 의해 강화되고, 놀림거리가 되고, 유도되고, 극적이 될 수 있다. 성적 흥분은 성적으로 특별한 효과가 있는 형태가 단계적으로 제시되고, 그런 내용을 토대로 하는 환상을 통해 창조된다. 그리고 심지어 남성이 사정할 때 정자를 얼마나 많이 배출하는지, 남성과 여성이 얼마나 자주 얼마나 강렬한 절정을 느끼는지 하는 데도 영향을 미친다. 그런 일들이 발생하는 기제가 성 의례이다. 만일 순수한 쾌락의 추구가 있다면, 최대한의 쾌락을 얻어낼 수 있는 길은 두 사람이 몸으로 하나가 되고 정서적 반응이 증폭되는 과정에 사로잡혀 상호작용에 몰입하는 것이다.

이런 사실들은 사회학적 질문을 바꾸어놓는다. 유대가 낮은 성을 추구하는 경우를 어떻게 설명할 수 있을까? 나는 이기적인 성기 쾌감의 동기는 그런 성행위를 하는 이들에게 높은 사회적 지위를 부여하는 사회적 상호작용의 의례에서 생긴다는 답을 내놓는다. 성에만 초점을 두는 상호작용 의례는 남녀의 짝짓기가 아니라 남성들만의 집단에서 또는 내가 성의 무대라고 부르는 사회적 평판의 공동체에서 음담패설과 성을 노출하고 놀잇거리로 삼는 관행이다. 따라서 어떤 특정한 성행위를 연출해 보임은 성 상대와의 내부적인 유대 형성보다는 소속 집단과의 유대를 확인하려는 행동이다. 이기적 성은 사회적 상징으로 남아 있지만, 이 경우에는 더 큰 집단의 눈앞에서 성적 지위를 재현해 보이는 행동이다.[13]

성 상호작용 의례의 기제가 특정한 관계에 매이지 않는 자유분방함을 뜻하는 상징과 동기를 만들어낸다고 보편적으로 설명할 수도 있다. 따라서 호혜적인 성격을 띠지 않는 성관계의 경우에도 개인은 사회적 지위와 깊숙하게 얽혀 있는 그런 종류의 성적 쾌락을 추구할 수 있다. 또 좀 더 복잡한 변형으로서 다른 맥락에서 이루어지는 낯익은 형태도 있다. 어린아이들은 정서적으로나 몸의 접촉이라는 물리적 체험으로나 어머니에게서 사랑을 받는다. 어린아이들은 아주 이기적으로 어머니의 사랑, 접촉, 관심을 요구한다. 성적 유대는 재화의 일종이다. 실로 강렬한 상호작용 의례로 생산되는 유대와 정서적 에너지의 전형이다. 성적 유대는 성 상호작용 의례에 서로 완벽하게 호응하고 참여함으로써 창조될 수도 있지만, 일방적이고 부분적인 참여로 생길 수도 있다. 더 고차원의 구상과 책략(가령, 유혹의 도식)을 세우고 술수를 부려 전략적으로 접근할 수도 있고, 거래를 할 수도 있고, 강제할 수도 있다. 조작된 유대와 강제된 유대도 있을 수 있다. 사랑과 증오가 합쳐진 관계가 있다는 사실, 사랑이 문학 작품의 줄거리 구조 뒤틀기의 흔한 소재라는 사실도 그리 놀랄 일이 아니다. 성적 사랑에는 미시 상황에서 강력하게 작용하는 은밀한 역학이 있는데, 그것이 그런 은밀한 역학이 아닌 골칫거리로 뒤덮인 복잡한 상호작용 의례 사슬이 될 수도 있다.

상징적 표적으로서 비성기적인 쾌락

이제 보조적 성 의례의 설명으로 넘어가자. 먼저 공적이고 점잖은 의례를 다루고, 그 다음으로 성기의 대체물을 설명하겠다. 쟁점은 왜 성기 쾌감과도 무관하고 재생산에 기여하지도 않는 행위에서 성적 쾌락을 느끼는지 하는 문제이다.

우선 손을 잡는 행위에서 시작해보자. 촉각적 쾌감이 거의 없는데 왜 손을 잡는 것이 성적인 의미를 띠는 것일까? 비교해보면 답이 나온다. 일상생활에서 사람들은 아주 제한된 범위에서 특정한 방식으로만 접촉한다. 사회관계의 성격에 맞는 접촉 방식이 따로 있다. 대개 사람들은 서로 몸으로 접촉하지는 않는다. 우연히 몸이 부딪치면 사과를 해야 하는데, 이는 접촉이 위반으로 간주됨을 가리킨다. 고도로 의례화(정형화·관례화)된 접촉 형태인 악수는 사회관계에 진입한다는 뜻으로 사용된다. 사람들이 처음으로 만날 때일 수도 있고, 아주 존경받는 인물이나 거물과 친분을 새롭게 하는 경우일 수도 있다. 또한 악수는 그 자리에서 상대와의 관계에 특별한 관심을 갖고 있음을 드러내는 표지로서 만남의 시작과 끝을 알리는 신호로 사용된다. 고프먼(1967)은 만남과 작별의 여러 의례들과 더불어 일상생활 상호작용 의례의 보기로 악수를 다룬다. 여기에는 복잡 미묘한 의미가 들어 있다. 친밀한 관계에서는 악수가 지나치게 형식적으로 느껴질 수 있고, 신분 지위가 다를 때는 정중하지 않은 태도로 느껴질 수 있기 때문이다. 여기서 중요한 논점은 물리적 접촉의 유형이 관계의 친밀성과 상관관계가 있다는 것이다.

손을 잡는 행위와 악수는 바로 오래 잡고 있다는 점에서 다르다. 악수를 길게 함은 특별히 강한 감정을 드러내는 것으로 여겨지고, 손을 오래 잡고 있음은 영구적인 결속을 암시한다. 따라서 손을 잡는 행위는 서로가 연인관계에 있음을 드러내는 전형적인 표지이다. 성적으로 이미 깊은 관계에 있는 사람들이 접촉을 연장하는 행위일 수도 있고, 더 친밀한 접촉을 시작하는 첫걸음으로 사용될 수도 있다. 손을 잡는 것은 자신들의 관계를 남에게 알려주는, 고프먼(1971)이 '결속 기호'라 부른 신호로 작용할 수 있다. 더욱 중요한 것은 손을 잡는 것은 서로가 상대에게 보내는 신호라는 점이다. 여기서도 얼마나 적극적으로 손을 잡는지 그리고 거기에 얼마나 호응하는지의 압력과 시간에 미묘한 정도 차이가 있다. 사회적 거리감과 친밀함의 수준을 가르는 신호의 집합이라는 점에서 손을 잡는 것은 성적인 행위이다. 그 쾌락은 구체적인 감각이라기보다 정서적인 것이다. 바로 상대의 피부가 주는 온기와 압력의 감각을 통해 상호작용의 의미가 전달되고 그래서 정서가 생기고 공유된다. 이것은 20세기 미국 문화의 경우이다.

손을 잡는 행위가 별로 성적인 의미를 내포하지 않는 문화도 있다. 전통적인 아랍 문화에서는 남성 친구들끼리 공개적으로 손을 잡는다. 그리고 여성들이 공적인 장소에서 손을 잡고 있거나 팔짱을 끼는 문화도 많다. 이 둘 가운데 한 가지 관행이 있는 사회의 사례들을 비교해보면 모델의 설명력을 확인할 수 있다. 여성과 남성을 엄격히 분리하고 여성의 공중 노출을 금하며, 여성이 모습을 드러낼 때는 장옷을 입거나 베일을 착용토록 해 어떤 접촉도 금지하는 문화이다. 이 경우 남성들끼리의 친교 유형이 아주 세분화된다. 또는 여성이 모험을 감행해 남성의 시선과 신체적 접촉 가능성에 노출되어 있는 영역, 즉 남성 성차별주의자들이 지배하는 성적 영역에 들어가는 경우이다. 이럴 때 여성은 서로 밀착하고 의지하면서 자신들이 이미 확고한 관계임을 과시하고 다른 누구의 접촉도 허락하지 않는다는 결속 기호를 내보인다. 아주 미세한 수준에서 분석하면, 이런 식의 남성-남성, 여성-여성의 손잡기에는 성적 결속의 특징이나 성교로 이어질 상호작용 의례의 축소판임을 뜻하는 압력과 리듬 조율은 없을 것이다.

손잡기에 대한 이런 설명은 껴안기나 때리기 또는 그와 비슷한 신체적 접촉에도 적용된다. 성관계를 맺으려는 의도는 식탁 밑에서 서로 발을 건드리는 식(공식적인 만찬의 관습이 있던 19세기 유럽에서 은밀히 행해지던 전술)으로 시작될 수도 있다. 우연히 접촉하게 된 것처럼 꾸며서 필요할 경우 구애 신호임을 부정할 여지를 남겨둔다. 이 모든 접촉은 호응을 기대하고, 실제 호응이 이루어지는 조율 과정에서 감정을 불러일으키는 정도에 비례해 쾌감으로 경험된다. 어떤 형태이건 모든 성적인 상호작용 의례의 핵심적인 기제는 관심의 초점과 더불어 서로의 신체적 조율임을 확인할 수 있다. 성과 무관한 상호작용 의례에도 어느 정도는 신체적 조율이 있다(가령, 종교 의례에서 외경심을 표현하는 공통의 몸짓과 집단 응원에서 표출하는 열광의 몸짓). 그 증거는 하트필드 등의 연구(Hatfield et al., 1994) 참죄. 하지만 그 경우는 뒤르켕의 분석이 보여주듯이, 집단에 참여한다는 느낌을 확인시켜주는 제3의 대상에 관심을 집중한다. 성 상호작용 의례에서는 묵시적인 신체적 조율뿐만 아니라 명시적인 대상도 관심의 초점이다. 상대의 몸이 의례의 성스러운 대상이 된다. 배타적으로 소유할 뿐만 아니라 경배하고 애무하고 수호해야 할 대상으로서 상대의 몸에 높은 가치를 부여한다. 흔히 말하는 성적 접촉의 쾌락(적어도 성기와 무관한 성적 접촉의 경우)이 촉각적 쾌감이라고 해석하는 것은 잘못이다. 리듬을 타면서 초점 공유가 강화되는 상호작용 의례의 역학에서 생기는 쾌감을 단지 신체적 쾌감으로만 보는 것이다.

다시 한 번 예외임이 명백한 경우를 다루어야겠다. 성적인 해석을 하지 않아도 설명할 수 있는 껴안기, 때리기, 긴 신체 접촉 등이다. 현대 서구 사회에서의 주된 예외에는 두 형태가 있다. 하나는 부모와 자식(또는 그에 준하는 관계)의 신체 접촉이다. 성적인 관계가 되면 엄청난 충격인 근친상간의 금기(그와 유사한)에 해당되는 경우이다. 부모와 자식의 신체 접촉은 친밀하지만 성적인 관계는 아님을 보여줄 수 있도록 정교하게 수위가 조절된다. 접촉하는 시간적 길이는 관계의 영속성에 비례한다. 부모와 비슷한 관계일 때 격려하는 뜻으로 아이를 쓰다듬을 수 있다. 그러나 오랫동안 무릎에 앉혀놓거나 껴안는 행위는 친부모나 사회적으로 부모로 규정된 사람들에게만 허락된다. 부모로서의 신체 접촉은 성적인 영역(나중에 논의하게 될 대체물을 포함하여)으로 옮아가는 것을 금지할 뿐만 아니라 아주 미세한 부분에서도 제한된다. 부모 자식 사이의 포옹이 서로 호응도가 높은 애무의 리듬을 띠고 강도를 높여가면 미심쩍어 보일 것이다.

두 번째 예외는 운동 경기에서 승리한 경우라든가 집단 축제에서 하는 격렬한 포옹이나 접촉이다. 축하의 뜻으로 하는 신체 접촉은 성적인 접촉과 구별된다. 보통 훨씬 흥분되고, 거칠고(손바닥 마주치기, 엉덩이 때리기, 팔 후려치기), 리듬을 맞추는 애무와는 달리 신체적으로 더 과격하다. 폭력적 요소가 접촉을 짧지만 성적인 접촉이 아님을 분명하게 해준다. 비슷한 신체적 접촉의 형태는 포옹이다. 미국 문화에서 신체적 접촉으로 축하의 뜻을 표현하던 시기(1970년대)에 악수처럼 거리를 두는 뻣뻣한 형태가 아니라 감정이입의 형태로 고안되고 채택된 형태이다. 포옹 역시 사회관계의 성격과 관련 있다. 정치인들이나 과장하기 일쑤인 사교들, 그리고 결혼식이나 축하연, 종교집회와 같이 유대 의례의 성격을 띤 상황에서 널리 행해진다. 포옹은 관계의 친밀성과 영속성을 표현하며 몸을 더 크게 사용한다. 진정성이 있든 아니면 그저 관행적인 행위에 불과하든 미세한 부분에서 성적 신체 접촉과 뚜렷이 구별된다. 대개 배와 허벅지를 누르지 않고 어깨를 두르는 포옹을 하며 무엇보다도 성기 주변의 접촉은 피한다. 미시 리듬이 다르다. 축하를 뜻하는 포옹은 얼굴, 머리카락, 목, 다리는 맞대지 않는다. 사회적으로 친밀함을 드러내려고 꽉 껴안을 수는 있지만 상대의 몸 곳곳을 샅샅이 탐색하는 식으로 몸에 초점을 두지 않는다. 그리고 뚜렷한 시간제한과 방향성을 지닌 의례이다. 성적 접촉처럼 상호 호응의 형성 과정이 없다.

사회관계의 성격을 드러내는 신호이자 성적 관계의 조성과 쾌락으로 작용하는 다양한 형태가 있다는 점에서 키스도 다른 신체적 접촉과 같은 의미를 띤다. 관계에서 어떤 종류의 키스가 부적절한 키스로 간주되는지를 보면 사회관계의 성격이 강하게 드러난다. 뺨에 하는 키스(또는 더 거리를 두고 뺨을 스치듯 키스하는 시늉)는 악수보다는 더 친밀한 관계를 표현하지만 성적인 관계임을 넌지시 드러낼 수도 있다. 다른 방향에서 말하면, 입술에 하는 키스는 가족관계에서는 너무 지나친 것으로, 혀 키스는 부모와 자식 사이에서는 거의 근친상간으로 간주된다.

키스나 그 밖의 결속 기호는 단순한 사적인 관계가 아니라 성적 관계임을 드러내는 표지로 사용될 수 있다. 매춘부와는 악수하지 않는다. 매춘부와는 성기에 키스하는 것은 허용되지만 뺨이나 입술에 하는 키스는 명시적 금기 사항이다. 이것이 상업적 성과 낭만적 관계를 구별하는 방식이다. 상업적 성은 사적인 관계가 없는 일회적 성적 결합이다. 얼굴과 입술에 하는 키스는 장기적 결속 관계임을 알려주는 신호이다. 이 양 극단의 중간에 있는 관계는 더 많은 결속 기호를 사용한다. 예를 들어, 정부(비교적 오래 계속되고 배타적인 관계지만 그래도 상업적인 성적 계약 관계)는 매춘부보다는 키스를 더 많이 하리라 예상할 수 있다.

왜 어떤 종류의 키스는 성적인 것이 될까? 성 상호작용 의례의 일반적 유형을 정리해보자. 성적인 키스에는 서로 상대를 흥분시키는 상호작용의 호응도가 더 높고 더 강렬한 리듬이 있다. 성적인 키스는 오래 한다. 단순한 관계를 표현하는 키스는 짧고, 더 정교하게 발전되지 않으며 리듬의 감각을 차단한다. 혀로 하는 키스는 상대의 몸에 침투하는 행동이고, 그래서 특별히 예외적이고 밀착된 관계임을 드러내기 때문에 성적인 성격을 띤다. 상대의 관심에 더 깊이 개입하고, 성애의 핵심인 상대의 반응을 요구하고, 상대에게 호응하는 상호작용으로 유도되기 때문이다. 한 사람의 혀가 상대의 혀를 움직이도록 자극할 때 거기에는 흥분을 일으키는 호응의 효과가 있다. 비록 그 둘의 구분이 어렵고 그래서 촉각의 쾌감으로 여겨지지만, 여기서도 상호작용의 성분이 촉각의 쾌감 자체보다 더 중요하다. 입술은 부드럽고 그래서 접촉의 쾌감을 더 잘 느낄 수 있다. 그리고 감각적 쾌감은 향수를 뿌려서 더 높아지기도 한다(그렇지만 또 나쁜 냄새나 향수에 대한 취향이 달라 감소하기도 한다). 그러나 서로 상대에 반응하는 움직임과 별개로 혀 자체가 특별한 감각적 쾌감을 주지는 않을 것이다.

이러한 보기들은 흥분이 조성되는 과정에서 상호작용 의례 기제가 작용함을 보여준다. 보통 사회적 장애를 뛰어넘어 행위가 허용되지 않는 영역으로 들어간다는 사실이 흥분을 배가시키고, 상징적으로 성적 친밀성을 알려주는 신호로 해석된다. 입술과 입술 또는 혀로 하는 키스가 통상적으로 성행위 전개 과정의 일부로 받아들여질 때 자극적인 것이 된다(키스가 아닌 흥분을 불러일으키는 다른 방법이 사용되는 사회와 비교해 이를 확인해볼 것이다). 그렇지만 단순한 문화적 관행이 모든 것을 설명할 수는 없다. 성적 흥분을 형성하는 키스에는 어떤 독특한 속성이 있어야 한다. 어떤 종류든 키스는 다 성적이라고 단순하게 말할 수 없다. 예를 들면 뺨에 하는 키스는 성애의 기호가 되지 않지만, 혀로 하는 깊은 키스는 시가나 처가 식구들과 하는 인사로 간주할 수 없다. 혀 키스(또 입술을 오래 빠는 키스)는 호흡을 방해한다. 호흡은 가장 명백한 리듬이 있는 활동이며 자신과 상대의 호흡을 동시에 가쁘게 한다. 여기서도 핵심 역학이 다시 한 번 드러난다. 자신의 몸을 상대의 몸에 밀착 또는 침투해서 상대의 신체적 반응을 자극하며 상호 흥분을 순환하는 역학이 작용한다. 그렇다면 성적 흥분에는 두 가지 성분이 있는 셈이다. 첫째는 관계의 친밀성을 규정하는 사회적 장애 뛰어넘기이고, 둘째는 공유 리듬을 강력하게 만드는 흥분의 자기 강화적인 순환이다.

키스가 성애에서 중심이 아니거나 사용되지 않는 문화와 비교해보면 더 확실하다. 말리노프스키(1929/1987)가 기술한 트로브리안드섬 사회에서 성적 친밀성의 표지이자 성적 흥분을 조성하는 기법은 상대 물어뜯기와 할퀴기로 구성되어 있다. 흥분이 절정에 이르면 연인은 서로의 속눈썹을 물어뜯는다(280~281). 여기서 감각적 쾌락의 성분은 보이지 않는다. 그 대신 다른 사람들에게는 닿지 않을 몸의 한 부분을 통제하고 개입하는 아주 농도 짙은 친밀한 접촉이 있다. 말리노프스키가 지적하는 것처럼, 속눈썹이 물어뜯긴 상태는 자신의 성 활동을 공개적으로 드러내고 또 스스로 확인하는 표지이다. 따라서 어떤 종류의 흥분은 부가적인 원천, 즉 자신의 성적 명성에 대한 대중의 반응을 예상하는 데서 올 수도 있다.

성애 기법이 고도로 발전한 다른 문화권에서는 중세 인도의 성 지침서에 묘사된 것과 같은 할퀴기와 물어뜯기뿐만 아니라 키스도 함께 규정하고 있다. 귀족과 그들의 정부들을 위한 지침서인 『카마수트라(Kama Sutra)』는 온갖 종류의 사랑 행위 흔적을 나열하고 있다. 팔이나 어깨처럼 겉으로 드러나는 부위에서 가슴이나 허벅지 안쪽, 성기처럼 더 은밀한 부위에 이르기까지 연인의 신체 곳곳에 남기는 이빨자국이나 손톱자국이다. 이 흔적들은 두 가지 면에서 사회적인 작용을 한다. 연인의 사적인 결속을 가리키는 소유 표지로서 과거의 사랑행위를 상기시켜주고 열정을 되살리는 구실을 한다.[14] 뒤르켕 식의 상징, 사회적 결속의 상징적 표지처럼 작용하는 것이다. 또한 외부인들에게 과시하며 관계의 경계선을 드러내는 표지, 상대와 자신에게 관계가 아직 유효함을 일깨우고 그 감정을 유지시켜주는 표지로 작용한다.

물고 할퀴는 행위는 또한 직접적으로 흥분을 고조시키는 작용을 한다. 상호작용 의례 모델(〈그림 6.1〉)에 따르면, 그런 행위는 공통의 정서가 관심의 초점을 강화하고 이어 더욱 강렬한 공유 정서를 불러일으키는 순환 과정의 일부가 된다. 상호작용 의례는 정서적 변압기로서 어떤 정서적 구성 요소든 거의 대부분 공유의 리듬을 강화하는 방향으로 전환시켜 집합적인 정서적 에너지로 만든다. 이 경우 정서는 통증에서 나온다. 통증이 상호 호응을 강화시키며 다른 신체적 상태와 정서적 유형으로 전환시킨다는 점이 핵심이다. 같은 논리로 『카마수트라』는 성적인 열정을 고조시키는 기법으로 분노와 매질을 포함해 연인들의 말다툼, 사랑의 희롱을 추천한다. 가학–피학적 성애와 그 변형들(족쇄 채우기와 노예처럼 다루기, 성적인 굴종 강요 행위 따위)도 같은 방식으로 설명할 수 있다. 그 모두가 강렬한 정서를 창조해 성적 흥분을 유발하는 기법이며, 그래서 성공적인 성 상호작용 의례를 형성한다. 이는 어린 시절 겪었던 외상의 경험에서 원인을 찾는 프로이트의 설명과는 다른 대안적 설명이다. 상호작용 의례 이론은 어린 시절에 어떤 체험을 했든 상관없이 이런 종류의 성 의례의 강도를 고조시키는 방법을 배울 수 있다고 주장한다. 상호작용 의례는 또한 남성 지배의 논리와 일치하는 사례도 일부 있지만, 남성 지배 논리에 대한 대안적 설명도 제공한다. 족쇄 채우기와 노예처럼 다루기는 주로 여성에게 지배당하고자 하는 남성의 성적 취향인 것 같다. 아마도 남성이 성적으로 더 적극적이고 그래서 성적 자극을 더 고조시킬 방안을 찾기 때문에 그런 시도를 해보는 것이리라.

성기 기관에 더 가깝지만 직접적으로 쾌감을 주지는 않는 성애 형태를 다룰 차례이다. 유방 애무, 구강 성행위 해주기, 항문 성행위 받기가 그런 형태이다. 유방은 성애와 관련해 모호한 면이 있다. 현대 (특히 서양의) 문화에서는 유방이 성 표현의 핵심이지만 다른 지역에서는 그다지 중요하게 취급되지 않는다. 성애의 형태로 두드러지게 표현되지도 성행위의 초점이 되지도 않는다. 현대 서양은 세계사에서 유방을 만지고, 움켜쥐고, 키스하고, 빠는 등, 가슴에 집중되는 성행위 문화를 지닌 가장 극단적인 사회일 것이다. 다른 어느 곳에서도 볼 수 없는 남성의 성기를 여성의 젖가슴 사이에 집어넣는 '가슴 성교(tit-fucking)'라고 불리는 변형도 포르노에서 볼 수 있다. 이를 자의적인 문화적 변이 형태라고 한다면 그다지 유용한 설명이라고 할 수 없다. 모든 성애 형태를 남성 지배로 설명하는 이론도 역사적 변화를 설명해주지는 못한다. 중세는 현대보다 훨씬 더 남성 지배적인 문화였던 반면, 현대의 유방에 대한 강조는 여성이 자신의 성생활을 관리할 자유가 비교적 높아진 시기에 발전했다. 거시적인 역사적 조건을 다루려면 또 한 권의 책을 써야 할 만큼 대규모의 역사적 비교 작업이 필요하다. 책을 쓴다면 그 내용은 현대 사회가 자신의 성적 매력을 공개적으로 과시하도록 허용하고 동기를 유발해왔다는 설명이 될 것이다. 서양에서는 성적 매력의 과시가 가슴을 두드러지게 보이도록 위로 받쳐주는 브래지어와 코르셋을 비롯해 여성의 팔과 어깨, 가슴의 골을 드러내는 일련의 옷차림새로 나타났다. 가슴 드러내기 또는 가슴 조이기는 여성이 다리를 감추던 시기에 일어나 성적 유인이 가슴에 집중되는 결과를 낳았다.[15]

물론 유방은 성별 표지이니만큼 여성의 성적 상징물이 될 수 있다. 그렇다고 해서 꽤 믿을 만한 남성성의 표지인 수염보다 여성의 유방이 그 자체로 성적인 대상이거나 자동적으로 성애의 상징이 되지는 않는다. 현재까지 제시된 논리는 유방이 가장 눈에 띄는 여성성의 표지이기 때문에 성애의 상징이 되었다는 것이다. 그러나 이런 논리는 그 밖에 다른 자의적 기호들, 가령 긴 머리에도 똑같이 적용될 수 있다. 여성의 머리카락 어루만지기가 중심인 성행위도 있지만, 포르노에서 또 실제 사랑의 행위에서는 관심이 유방에 더 집중된다. 앞서 논의한 미시 분석의 논지에 따라 다양한 유방 접촉의 성애ㅡ움켜잡기, 어루만지기, 빨기ㅡ가 만들어내는 홍분의 두 가지 형태를 살펴본다.

첫째, 문화적으로 규정된 친밀성의 단계를 뛰어넘는 홍분이다. 포옹이나 가벼운 쓰다듬기처럼 사회적으로 허용되는 접촉 의례에서는 금지되거나 조심스레 피해온 벗기와 만지기에서 오는 홍분이다. 여성적 아름다움을 과시하기 위해 가슴을 부분적으로 노출해 관심을 집중시키는 옷차림새가 기대감과 홍분을 촉발한다. 이는 성적 갈망이나 사회적 명성의 표상이 되는 무엇을 움켜잡는 데서 오는 심리적 흥분이다. 사실 유방을 만지는 감각 자체는 별로 촉각적인 쾌감이 없는데도 상호작용 의례의 기제가 몸의 가슴살에 쾌감이 있다고 해석하게 만든다. 키스할 때의 심리적 쾌감을 입술의 신체적 감각처럼 생각하는 것과 같다.

둘째, 상호작용적 흥분의 형태이다. 유방은 감각적으로 예민한 곳이고, 그래서 여성의 가슴을 어루만지는 연인은 상대를 똑같이 흥분시킨다. 그 흥분은 성적 흥분이 아닐 수도 있지만, 성 의례의 핵심이 흥분을 공유하는 데 있다면 비성적인 (그리고 비감각적인) 흥분이 성적 감흥을 유도하는 상호 반응 과정의 고리로 작용할 수 있다. 남성 연인은 상대의 사적인 공간으로 침투하는 동시에 자신을 자극시켜줄 여성의 반응을 유도하기 위해 여성의 유방을 어루만지는 것이다. 물론 다른 많은 상호작용이 그렇듯이, 강압적일 수도 있고 흥분을 공유하는 데 성공하지 못할 수도 있다. 반면에 성공적인 성 의례에서는 정서와 신체적 감응이 융합된다.

구강 성행위의 문제는 받는 사람의 쾌감이 아니라 상대의 성기를 핥고 빨고 키스하는 사람이 왜 성적 흥분을 느끼는지 하는 문제이다. 여기에도 역시 두 가지 성분이 있다. 첫째는 우리에게 익숙한 도덕률 위반의 역학이다. 금지되거나 불가능하기 때문에 자극적이다. 옷을 입고 수수함을 연출함은 무엇보다도 성기를 감추고 짝짓기를 어둠 속에 국한시키는 일이다. 보이지 않는 곳에 감춰진 마지막 성역인 성기를 바로 가까이서 본다는 사실이 흥분을 불러일으킨다. 몸의 한 부분은 감추면서(브래지어나 속옷, 수영복 따위로) 또 다른 부분을 드러내는 의상도 감추어진 부분의 모양과 위치에 시선을 집중시킨다. 특히 여성 신체의 어떤 부분을 점진적으로 드러내는 행위의 연출이 성적 흥분을 불러일으키기 쉽다. 알몸이 될 때까지 옷을 하나씩 벗기고 명시적으로 금지된 곳을 만지는 행위로 진행되는 과정이 성적 흥분을 자극하는 것이다. 고프먼(1969)의 용어를 빌리면, 감춰진 비밀과 대비해 알려진 비밀이라 부를 수 있다. 알려진 비밀은 비밀이 널리 알려졌다는 뜻이고, 감춰진 비밀은 무엇을 감추었다는 사실 자체가 감춰진 것이다.

성기에 키스하고 입이나 혀로 성기를 빨고 핥는 행위는 우리가 이미 논의한 의례와 궁극적인 무대 뒤가 결합된 형태이다. 구강 성행위는 가장 친밀한 키스의 한 유형이기도 하다. 따라서 구강 성행위를 하는 또 다른 동기는 상징적인 것, 즉 궁극적 형태의 은밀한 소유를 드러내는 데 있다. 남성 연인은 상대를 완전히 소유하려면 그녀(때로는 그)의 성기를 소유해야 한다고, 단순히 통상적인 방식의 성교가 아니라 접촉 의례의 연장선에서 상대의 가장 은밀한 부분을 소유해야 한다고 느낄 것이다. 받기를 원하는 쪽의 동기도 마찬가지로 설명할 수 있다. 받는 쪽 남성의 입장에서는 아마도 질(또는 항문) 삽입에 비해 감각적 쾌감이 덜할 것이다. 이와 입천장은 부드럽거나 쾌감을 주지 않는다. 상대가 자신의 성기를 빨아줄 때 느껴지는 감각적 쾌감은 자신이 삽입할 때보다는 떨어지지만 더 부도덕하고 상식을 벗어나는 행위라서 더욱 흥분되고, 극단적인 친밀성을 드러내는 것이라서 상징적으로 더 만족스럽게 느끼는 것이다. 동일한 논리를 확대시켜 항문 핥기(적극적인 경우나 수동적인 경우 모두)와 다양한 형태의 배설물을 즐기는 성행위에도 적용할 수 있다. 이 경우 쾌감은 완전히 심리적이고 상징적인 것이다. 강렬하고 극단적인 금기 위반에서 오는 흥분, 그리고 상대를 흥분시킴으로써 자신의 흥분이 더 고조되는 식으로 흥분의 주고받음에서 생기는 쾌감이다. '손 삽입'의 경우에는 더 분명히 보인다. 항문 삽입을 받는 사람은 쾌감을 느낄지 모르지만 삽입을 하는 사람 편에는 촉각적 쾌감이 있을 리 없다.

구강 성행위는 (키스나 성교와는 달리) 성기의 쾌감은 한쪽에서만 느끼고, 다른 한 쪽이 느끼는 흥분은 심리적인 것이라는 점에서 거의 실험에 가까운 방식으로 상호 강화의 기제를 보여준다. 상대의 성기를 빨아주는 행위는 상대가 성적 절정에 이르게 해주는 방법이다. 확실하게 그리고 가시적으로 상대의 성적 반응을 자신의 통제 아래 두는 극단적 형태이다. 빨아주는 사람 자신은 흥분을 느끼지 못하는 경우가 있지만(직업적 업무의 하나로 해주는 매춘부, 꼬임에 넘어가거나 강요당해서 하는 아내나 여자친구, 강간피해자), 구강 성행위를 적극적으로 해주는 이들은 간혹 흥분을 느끼기도 하는 것 같다. 특히 남성이 여성의 성기를 핥아주는 경우에 그런 것 같다.[16] 또 레즈비언 성행위의 주된 형태이기도 하다(Laumann et al., 1994: 318).

동성애 펠라티오도 비슷한 질문을 던져준다. 단지 상대에게서 호응을 얻으려는 경우와 비교할 때 해주는 쪽의 쾌감은 어느 정도일까? 가설은 이렇다. 상호 펠라티오('6－9' 체위)는 아주 농도 짙은 동성애 관계에서 일어난다. 펠라티오를 주고받음이 정서적·상징적으로 혼합되는 또 다른 상호작용 과정이 있을 것이다. 동성애 포르노를 보면 초점이 남성 성기에 강하게 맞춰져 있으며 펠라티오가 일종의 상호작용적 자위행위의 형태로 간주됨을 알 수 있다. 동성애 펠라티오는 혼자 하는 자위행위에서 시작해 다른 남성과 함께하는 자위행위로, 거기서 다시 혀가 손을 보조하는 상호 자위행위로, 그 다음으로 친밀성이 가장 큰 경우 입에 삽입하는 식으로 성적 행위의 경로가 구성될 것이다. 포르노의 전개도 대략 이런 식의 진행 과정을 암시한다. 일주일에 한 번 이상 자위를 하는 보통의 남성 인구가 26.7%인 데 비해, 일시적인 동성애 충동을 느꼈거나 경험을 한 남성이 자위행위를 하는 경우는 49.6%, 동성애 정체성을 지닌 남성이 자위행위를 하는 경우는 74.4%의 순으로 높아진다는 증거와도 부합한다(Laumann et al., 1994: 318).

의례의 강도라는 보편적 기제가 여기서도 작용한다. 상대를 성적으로 흥분시키고, 더 나아가 성적 절정에 이르게 해주는 것이 스스로의 흥분을 배가시키는 방법이다. 이는 상대에게 펠라티오나 커너링거스를 해주면 자신에게 절정을 가져다줄 그 이상의 성적 행동이 뒤따르기를 기대한다는 뜻이 들어 있다(이 역시 경험적으로 검증할 수 있을 것이다).

이런 논리로 흥분과 상호작용 의례의 상징적 의미를 증폭시키는 양상을 조명하는 방식은 프로이트 식 설명과는 다른 대안적 설명이다. 어린 시절의 외상이나 억압된 유년기의 욕구로 돌아갈 필요가 없다. 그 대신에 아주 높은 수준의 성적 쾌감을 얻고 통상적 수준의 흥분이나 친밀성을 넘어서려는 동기를 자극하는 기제를 보면 된다.

항문 성행위로 분석을 마치자. 남성 삽입자는 설명하기 어렵지 않다. 단순한 성기 쾌감을 얻는 방법일 수 있다. 동성애 관계에서 항문 성행위는 질 성교에 가장 가까운 형태이다. 사회적 과정에 비추어보자. 항문 성행위의 상호 교환은 강한 동성애 정체성을 가진 남성 사이에서는 보편적인 반면에, 우연히 동성애 경험을 하게 된 사람들 사이에서는 아주 드물다(Laumann et al., 1994: 318). 분명한 동성애자 정체성을 가진 남성은 보통 서로 항문 삽입을 교환한다. 이 남성들이 사랑의 관계일 가능성이 가장 높다고 보면, 이들은 몸 전체를 안고 감싸고 삽입하며, 상대에게서도 같은 형태의 성행위를 받기를 좋아할 것이다. 이들에게 항문 성행위는 온전한 사랑의 행위이며 가장 밀착된 결속관계를 드러내주는 형태일 것이다.

동성애 사례는 항문 성행위가 강도 높은 신체적 친밀성으로 작용함을 보여준다. 항문 성행위는 성기에만 배타적으로 초점을 두지 않으며 포옹에 가깝다(그리고 성적인 성격을 띠지 않는 사랑 또는 유대와 비슷하다). 이성애적 항문 성행위는 또 다른 분석적 문제를 제기하며 준실험적인 비교가 필요하다. 몸 전체의 접촉(완벽한 신체적 소유와 일반화된 사랑의 성분)이 있지만 성기의 쾌감은 한쪽에만 국한된다. 이성애자에게 항문 성행위가 주는 매력은 대개 도덕률을 위반하는 흥분, '도착적' 변형으로서의 지위이다. 도덕률을 뛰어넘는 흥분을 공유함으로써 유대를 형성하는 기제라 할 수 있다(Laumann et al., 1994: 99, 107~109a, 152~154).

남은 한 가지 주요한 형태는 자위행위이다. 겉으로 보면 처음부터 상호작용의례 기제에 배치되는 것으로 보인다. 만남도 없고 집단도 없다. 그래서 초점 공유도, 흥분을 고조시키는 상호반응의 과정도 없다. 동시에 공상물이나 포르노 영상물에서 보면 자위행위는 고도로 대상 지향성을 띠고 있다. 제2장의 용어로 말하면, 자위행위는 삼차적인 순환의 보기로서, 일차적인 성 의례에서 의미가 충전되고 이차적인 사회적 순환에서 사용된 상징을 혼자 사용하는 형태이다.[17] 이 주제는 성이 어떻게 무대에 오르며 성적 환상이 따르는지 하는 문제와 함께 다루어야 한다. 고프먼 식 과제를 수행하기에 적절한 대상이지만 별도의 책이 될 만큼 너무 광범위한 주제이니 남겨둔다.

요약하면, 성기와 무관하고 출산과 상관없이 성적 쾌감을 유발하는 기제를 이론적으로 설명할 수 있는 방식은 다음과 같다.

첫째, '친밀성의 의례'이다. 신체 접촉은 사회적 친밀도에 상응하는 상징의 사다리를 타고 한 단계에서 다음 단계로 이행하는 누진적 과정으로 이루어진다. 그와 관련해 신체의 부위를 감질나게 보여주는 옷차림새와 사회적 신분의 공개적 과시(가령, 유방)도 소유 의례의 상징적 표적이 될 수 있다.

둘째, '강렬한 상호 반응의 증폭'이다. 상대를 흥분시키기 위한 신체적 기법은 자신에게도 흥분을 불러일으켜 흥분의 공유를 강화하는 나선형적 성격을 가지고 있다. 상대가 관심을 두고 있는 중심에 들어감으로써 반사적인 리듬의 강화로 자신의 몸이 자극을 받고, 생리적 흥분 상태에 몰입하며, 더욱 농밀한 성애 상호작용이 일어난다. 생리적으로 민감한 부분의 자극이 가장 좋지만, 몸의 어떤 부분이라도 다 가능하다. 성애는 흥분과 쾌감을 불러일으키고 때로는 다른 감정의 매개체를 통해 상대의 주관적 관심에 상호 침투함으로써 상대의 몸을 교란시키는 것이다.

셋째, '성적 흥분의 조성에 투입되는 정서적 성분'이다. 짜릿한 또는 극적인 활동(아직 상대와 공유하기 전에 별도로 하는 행위)이 개인으로 하여금 성 상호작용 의례에 정서적 성분을 투입하지 않고는 못 배기게 만든다. 성 협상, 쫓아다니기, 밀고 당기기, 갈등과 고통, 그리고 금기를 깨뜨리는 도덕률 위반의 자극적 드라마들이다. 〈그림 6.1〉의 도식을 적용하면, 이는 인과 연쇄의 초반에 일어난다. 반면에 이차적인 기제는 되먹임의 강화와 리듬 조율이다. 모든 성공적인 상호작용 의례는 출발지점의 정서를 유대감과 정서적 에너지라는 산출물로 전환시킨다. 성공적인 성 상호작용 의례의 리듬 형성 과정에서 일차적으로 발생하며, 그 후에는 강도가 약해진다(〈그림 2.1〉의 오른쪽 요소들이 왼쪽의 성분 쪽으로 흘러간다). 다른 모든 상호작용 의례가 그러하듯이, 초반의 정서적 성분의 공유가 상호작용 의례를 시작하기에 충분하지 않을 수도 있다. 한 사람은 성적 흥분이 일어날 만큼 정서적 자극을 받지만 (특히 남성은) 상대는 구체적인 감정이나 호응할 만큼 흥분을 느끼지 못하는 경우가 드물지 않다. 그래서 성적 좌절과 강압의 각본이 탄생한다.

성 협상의 무대

성적 충동과 대상은 상황적으로 구성되는 것임을 살펴보았다. 성적인 정서적 에너지와 상징을 창출하는 미시적 상호작용 의례를 살펴보고, 중범위 수준과 거시 구조적인 수준에서 어떤 경로는 닫아걸고 어떤 경로는 열어주는 사회적 서열과 상호작용 기회를 통해 성에 대한 관심이 여과되는 과정을 다루었다. 이제 현대의 동성애 문화, 그리고 모든 종류의 성을 좀 더 포괄적으로 이해할 수 있게 해주는 이론적 개념으로 결론을 맺어보자. 그것은 '성의 무대'라는 개념이다.

성적인 에너지에 초점이 집중된 영역임을 드러낸다는 점에서 '게이(gay)' 무대는 잘 붙여진 이름이다.[18] 게이 무대는 성의 협상을 이성애의 '데이트'나 그 비슷한 요소들로 조합된 가족 만들기 협상과 분리할 수 있게 해준다. 바로 그 분리가 관심을 끄는 유인이고 어떤 이들에게 게이 정체성을 습득하게 만드는 구조이다. '게이'가 되는 과정은 한 사람의 인성이 아니라 그 사람이 참여하는 '무대'로 분석해야 한다. 게이는 상황적 정체성이다.

'무대'는 되풀이되고 중첩된 모임에서 자아 연출이 이루어지는 '상황'을 가리키는 고프먼의 개념이다. 다양한 사적인 구역(게이 무대의 경우 한편에는 술집이나 유흥업소가 있고, 다른 한편에는 파티 장소나 사랑을 나누는 은밀한 둥지가 있다)을 중심으로 '무리'가 모이는 전형적인 장소가 있다(모임의 성원이 아닌 사람들에게는 알려져 있지 않거나 사적인 곳이다). 지금까지 내가 상호작용 의례 사슬을 개인적 삶의 경로로 다루었다는 점만 빼면, 그 무대는 상호작용 의례 사슬과 같다. 무대는 시간의 흐름과 수평적 공간이 얽혀 있는 상호작용 의례 사슬의 그물망이다. '무대'를 상호작용과 밀도 높은 연결망으로 묘사할 수도 있겠지만, 중심이 따로 존재하는 것이 아니라 새로운 상대를 쉽게 만날 수 있는 간접적인 고리라는 점에서 참여폭이 더 포괄적인 장소의 개념이다. 이는 높은 수준의 집합적 열광이 장기간 지속되는 공동체에서는 구조적 공식과도 같은 것이다.

역사적으로 보면 다양한 성의 무대가 있어서 성적 열정을 순환하는 만남들이 중첩되기도 하고 성 상호작용의 명소가 달라지기도 했다. 성의 노출과 명성의 부침에 따라 성적 자극의 절대량도 역사적으로 변화해왔다. 도식화하면 크게 세 유형으로 나뉜다.[19]

① 일반적으로 친족 집단이 결혼동맹 정치의 수단으로 성관계를 규제하는 부족 사회. ② 귀족과 수하 가신 및 하인으로 구성된 세습 귀족 가문이 지배하던 사회. 여기서는 가문의 우두머리에게 성 통제권이 집중되었으며, 가문의 우두머리는 때로는 결혼동맹(원시 부족 사회의 친족집단 구조보다는 규칙 구속력이 유연하다)을 위해, 때로는 자기 쾌락을 위해 성 통제권을 행사했다. ③ 대체로 규제받지 않는 개인적 만남의 시장에서 성생활과 결혼을 협상하는 현대 사회.

대체로 처음의 두 유형(①, ②)에서는 성행위가 주는 흥분이나 성적 명성 따위가 널리 공표되지 않았다(특수한 역사적 사례가 지적될 수는 있겠지만). 각 유형의 사회에 또는 이행기에 성을 자극하는 무대가 존재했으며, 근세기에 와서 점차 대중적 관심의 중심이 되었다. 귀족 사회(②) 안에서도 주로 왕이 거주하는 궁정의 예법 정치가 널리 행해지던 곳과 일부 남녀가 궁정 예법의 영향력을 넘어서려는 음모의 뜨거운 침대로 성을 협상하던 장소를 구별할 수 있다(②-1). 현대 사회(③)의 개인화된 결혼 시장은 세 단계로 나눌 수 있다. 첫 단계(③-1)는 젊은이들이 가문의 특권과 상속에 관심을 가지는 부모의 영향력 아래 놓여 있으면서도 낭만적 결합을 꿈꾸던 초기 이행기(제인 오스틴 시대라고 부를 수도 있다. 그것이 오스틴 소설의 주제였으니까)이다. 둘째 단계(③-2)는 남성이 여전히 부를 통제하고 여성은 결혼생활 안에 성을 국한시켰던 '빅토리아' 시대(사실상 18세기에 이미 시작되었다)이다. 이 시기에는 성의 이중 기준이 뚜렷해, 프로이트가 명성을 날렸던 그런 자료를 제공해준 무대 뒤의 성 세계도 있었다. 셋째 단계(③-3)는 남성과 여성이 서로 독립된 자원을 지니게 된 평등주의 시대(20세기에 발전하기 시작했지만 아직 온전히 실현되지는 못했다)이다. 그래서 결혼에 국한된 성 협상은 훨씬 적어지고 이중적 성 문화는 붕괴해 성애가 대중의 직접적인 관심사로 떠오른다. 이 평등주의 시대 또는 '성 해방' 시대는 공식 교육기간이 길어져, 성별을 불문하고 젊은이들이 성 시장에서 자신의 매력에 서열을 매기고 협상할 수 있는 장소를 만들어낸 시대로 특징지을 수 있다. 성 과시의 문화는 두 성이 모두 반복적이고 중복되는 상호작용의 그물망에 밀집한 상황에서 가장 강하게 나타난다. 앞서 게이 문화를 언급하면서 특수한 열광과 높은 수준의 성적 자극을 불러일으키는 구조적 유형으로 '무대'라는 용어를 사용했다. 사람들을 불러 모으는 조건이 있는 곳이라면 그곳이 성의 '무대'라고 말할 수 있다. 그런 무대는 성 예법의 정치가 이루어지던 제인 오스틴의 소설에 나오는 배스(Bath)의 결혼 시장, 20세기 미국의 고등학교, 연극계나 영화계처럼 특정한 활동영역에 집중된 직업 중심의 사교계에서 볼 수 있다. 무대는 정서적 에너지와 관심의 초점 공유가 높은 수준으로 유지되는 중범위 수준의, 유동적인 상호작용 의례이다(또는 상호작용 의례 사슬로 연결된 그물망이다). 이런 무대에서 성이 소문나고, 보이고, 품평이 떠돌고, 반향이 일어난다. 사람들은 자신의 성적 과시가 다른 사람들에게 어떻게 받아들여지는가를 기준으로 자신에 대한 사회적 평판을 가늠한다. 성 무대의 구조가 사람들의 성적 동기를 자극하는 것이다.

지위 추구와 공개적 성애의 강화

성의 무대는 성적인 신분 위계에 관심을 집중시킨다. 위대한 연인 이상형, 무도회의 스타(19세기 후반), 사교계의 공주, 바람둥이(a big ass-man, 1950년대부터 대학가의 은어로 통용된다), 파티광(20세기 후반)이 성의 무대에 등장한다. 그네들의 행위 동기의 원천은 사회구조에 있다. 현대 사회에서는 성이 협상되는 무대와 거기에 맞는 사회화 과정을 통해 관심의 초점이 이상적 성애에 집중된다. 즉, 성의 무대에 집합적 열광이 집중되고 계층화된 참여가 이루어진다. 거의 모두가 대중 매체에서 유포하는 이미지에 둘러싸여 있을 뿐만 아니라 어항과도 같은 성 무대(학교나 때로는 그 밖의 장소)에 잠겨 삶의 한 시기를 거치게 되므로 모든 사람이 성적 서열화의 자극에 노출되어 있는 셈이다.

그렇다고 해서 그들이 모두 활발한 성생활을 함을 뜻하지는 않는다.[20] 왜 성생활을 활발히 하는 성 엘리트가 그렇게 드물까? 활발한 성생활을 위해서는 시간과 에너지가 있어야 하고, 일터를 떠나려면 상당한 재력이나 여가가 있어야 한다. 성 협상에는 시간이 들 뿐만 아니라 성애의 기술이나 기법 또는 성애에 탁월한 사람으로서의 자아 연출에 투자할 상당한 축적 자원이 있어야 한다. 성 상대자를 여럿 두면 성교 횟수는 상대적으로 적어질 수밖에 없다. 새로운 관계를 형성하는 동안 성교를 하지 않는 기간이 비교적 길어진다. 반면에 정해진 상대가 있는 사람은 탐색과 협상에 시간을 덜 들이므로 성교 횟수는 더 많아진다 (Laumann et al., 1994: 88~89, 177, 179).

실제 현실에서 성 엘리트가 되려면 상대자의 수와 성교 횟수 가운데서 선택을 해야 한다. 횟수가 가장 높은 경우는 일부일처 관계지만 이는 평범한 것일 뿐 성적 명성을 날리지는 못한다. 명성을 얻으려면 횟수가 낮아지는 대가를 치르더라도 여러 명의 성 상대를 구해야 한다. 또 다른 식의 타협을 할 수도 있다. 높은 명성은 눈에 띄는 미모의 상대를 얻는 데서 온다. 그러나 여러 명의 상대를 두려면 그리 아름답지 않은 상대를 택하는 것이 가장 쉬운 방법이다. 여러 명의 아름다운 상대를 두고 지속적인 성관계를 하는 사람이라는 이상화된 이미지가 실제 현실에서 실현되기란 정말 어렵다.

성 활동의 계층구조에서 상위에 오르기란 쉽지 않다. 인위적 조작이거나 이미지에 불과하다. 또 성생활이 아주 활발한 인구의 비율도 낮은 편이다. 그럼에도 불구하고 명성은 사람들을 서열화하는 효과가 있다. 특히 공개적인 성 협상의 무대에서 살고 있는 젊은이들 가운데서는 성 위계의 범주에 관심이 집중되며 누가 어떤 지위에 있는지가 아주 민감한 문제이다. 성 위계는 모든 사회관계에 파급되는 경향이 있다. 남성과 여성의 성적 매력이 비슷한 수준에서 짝짓기가 이루어거나 일련의 연애사건이 모두 수준이 같은 상대들로 한정되는 경향이 있다(Hatfield and Sprecher, 1986). 동성애 관계도 성적 매력이 비슷한 이들 사이에서 이루어지는 것 같다(이에 대한 연구는 보지 못했지만, 내가 관찰한 바로는 그렇다). 매력의 수준에 따른 분리는 사회적 활동이 성적인 놀이를 중심으로 조직화되기 때문에 발생한다. 성적 매력의 위계는 단순한 매력의 서열이 아니라 사교적 활동의 서열이다. 서열이 높은 사람은 더 많은 파티에 참석하고, 명성이 높고 활기찬 모임의 중심에 있다.

인기가 높은 무리가 성 엘리트다. 관심의 중심에 있음은 더 많은 유대를 얻고 집단 상징에 더 가까이 있음을 뜻한다. 반대로 집단의 주변부에 있거나 집단에서 제외된 사람들은 그 반대의 속성을 드러낸다. 사교적·성적 엘리트의 일원이 되면 거만해진다.[21] 엘리트는 누가 엘리트이며 누가 집단에 포함되는지 알고 있다. 성 무대의 구조에 대한 정보 수준이 높으면 누가 서열의 아래에 처져 있는지도 알게 된다. 가장 너그러운 이들은 낮은 지위에 있는 이들에게 무심하다. 지위가 낮은 이들은 조롱거리나 희생양이 되고, 아니면 성적으로 무능하거나 비호감이라고 집단 농담의 표적이 된다. 그들은 서열을 드러내는 은어로 '맹꽁이', '공부벌레', '촌닭' 따위로 불린다.

물론 이는 단순화한 그림이다. 일부 학생층의 경우에는 전적으로 동일한 성적 지위 서열에 국한된 사회적 연줄만 있는 것은 아니다. (이웃의 놀이집단과 같은) 아주 작은 공동체에서는 성적 지위 서열이나 사회계급, 인종·민족, 종교, 그 밖에 진지하게 받아들일 만한 범주로 나눌 만큼 젊은이가 많지 않을 수도 있다. 일반적으로 사회적 지위 서열의 범주를 중요시하는 전통적인 공동체일수록 그런 범주가 성적 매력의 범주를 압도하는 경우가 더 많다. 20세기 초반의 사회계급을 다룬 소설들을 보면 중상위 계급의 소년이 계급적 압박감에서 그다지 아름답지 않은 좋은 가문의 딸들을 사교장에 동반하는 묘사가 나오곤 한다(O'Hara,

1934). 현대 젊은 층에서는 성적 매력이 아니라 다른 범주를 기준으로 운동모임 같은 것을 만들어 성적 지위 서열과 뒤섞기도 한다. 그러나 음주 파티나 그 밖에 성적인 의미가 함축된 사교적인 놀이 모임에서는 성적 지위 서열이 분리 기준으로 전면에 나서며 다른 범주를 능가한다. 역사적 경향을 보면 미국의 젊은 층 무대에서 계급과 인종·민족의 범주는 축소되고, 성적인 지위 서열이 신분을 규정하며 비공식적 분리의 주요 기준이 되어 있다(그 예는 Moffatt, 1989 참조). 예를 들면 흑인 성 엘리트는 인종을 뛰어넘어 사교계의 스타로 진입하기 쉬운 반면, 성적 매력이 없는 사람들은 인종을 불문하고 여전히 차별받는다. 성적 매력을 기준으로 한 어울림은 역사적 보편성을 띤 것은 아니며, 아마도 극히 최근의 현대 사회에서 주로 볼 수 있는 현상일 것이다. 원시 부족 사회에서는 개인이 지닌 자질과는 관계없이 친족동맹의 의무에 성관계가 매어 있었다. 귀족 사회에서는 사회적 서열이 성의 기회를 좌우했기 때문에 성 상호작용은 성적 매력의 서열과는 상관없이 또는 매력 없는 권력자가 매력적인 젊은 여성과 관계를 맺는 식으로 이루어졌다.

20세기는 역사상 성애가 가장 강화된 시기였다. 그 이전의 역사적 시기(특히 고대 아테네나 로마 쇠퇴기)에 성애가 훨씬 강했다는 이미지는 소수 상류 계급의 남성에 국한된 이야기이다. 귀족 사회보다 현대 사회가 훨씬 더 성적인 사회이다. 귀족 사회에서 후궁을 거느리는 사람들이 있었겠지만(그래서 규제되지 않는 성이라는 인상을 준다), 성비가 불균형했다는 사실은 그 사회에서 상당수 남성 인구에게 성 상대자가 없었음을 뜻한다. 일부다처제여서 성행위의 횟수도 적었음이 분명하다. 부의 분배와 마찬가지로 성 소유권의 집중(또는 계층화의 심화)도 전체적으로 쾌락의 수준을 떨어뜨린다.

1970년대 이후 포르노의 번창, 이전에 공적 담론에서 금기였던 성의 문제가 표면화된 것, 페미니스트·레즈비언·게이 해방운동을 비롯해 성을 점점 더 적나라하게 표현하는 대중 매체의 방향 전환은 모두 젊은이들이 성적 지위 서열을 과시하는 성 무대에서 흘러나온 거대한 흐름에 편승한 것이다. 청년 문화의 성애가 폭넓은 영향을 미치고 있다. 대중 교육이 확대되면서 거의 모든 인구가 더 오랜 기간 성·사교 무대에 머물게 된 탓이다. 또한 이런 현상은 활동의 초점을 성적 매력의 서열화에 두면서 계급이나 민족적 차이를 아주 의도적으로 폄하(가령 거의 모든 상황에서 격식을 차리지 않는 옷차림새와 태도)하는 청년 문화의 평등주의를 반영하는 것이기도 하다.[22] 이상화된 성적 상징주의와 그 안에 있는 모든 사람의 서열을 알아내는 데 초점이 집중된 결과 모든 종류의 성적 활동이 증가했다. 점점 더 어린 나이에 성 활동을 시작하는 관행의 전파, 성교의 전체적 건수, 다양한 부수적인 성행위의 파급에서 그 증거를 볼 수 있다(Laumann et al., 1994). 강간도 장기적으로 증가했음은 물론이다. 포르노와 자위행위의 상관관계로 미루어볼 때 자위행위의 건수 역시 증가했으리라 짐작할 수 있다.

마지막으로, 동성애의 부상도 청년층의 성애 문화에 영향을 받은 탓이라고 본다. 젊은 층 이성애자 엘리트는 비엘리트가 그들을 모방하거나 감탄하고, 그 앞에서 수치심으로 물러날 만큼 성의 무대를 지배하지는 못했다. 성적인 파티 문화의 단순한 위계에 저항하는 사회운동도 한몫을 했다. 1960년대의 히피 문화도 그 가운데 하나로 보인다. 히피 문화는 적어도 몇 년 동안, 한편으로 정치적 저항운동과 동맹을 맺고 다른 한편으로는 과시적 성 참여와 혼음의 기법을 극적으로 연출함으로써 집합적 열광의 대안적 중심으로 기능했다. 다시 말해 한동안 히피 운동이 성뿐만 아니라 사교적 특권을 지닌 모임의 연결망으로 유지된 것이다. 그런 무대에서 진행된 활동이 이상화되고 신비주의로 채색되었음은 물론이다. 결국에는 히피 운동에 카리스마를 부여한 기법과 정체성을 드러내는 상징물(마약, 록 음악 축제, 청년 문화에 널리 퍼져 있던 성적 자아 연출을 거부하는 옷차림)이 주류 청년 문화에 흡수되고 기존의 성적·사교적 위계가 권력을 되찾게 된다.

그럼에도 불구하고 이런 사회운동의 무대(위에 강조했던 구조적 의미로)에서 여러 종류의 성 무대와 게이와 레즈비언 무대가 활기를 띠게 되었다. 이성애의 지위 서열에서 가장 낮은 지위로 낙인찍힌 이들, 음담패설의 대상이 된 이들, 이성애를 수호하기 위한 의례적 폭력의 대상이 된 이들을 끌어들였다. 동성애자들이 십대들이 모인 고등학교나 무도회, 전통적인 데이트의 밤이나 미식축구 축제, 또 성에 초점이 집중된 대학가나 성인들의 컨트리클럽 따위의 공동체에 둘러싸여 지냈다면, 그들이 꼭 '벽장 속에' 갇혔던 사람들이라고 말할 수는 없다. 동성애자들은 사적 영역이 허용되고 성원도 충분해서 자신들만의 고유한 성 무대를 발견할 수 있었다. 그런 무대는 몇몇 대도시 예술가들의 거주 공동체를 중심으로 형성되어 있었다. 1960년대와 1970년대의 반문화 운동은 더 큰 규모로 열광하는 무리의 공간적 연결망이라는 대안적 무대를 제공하였기 때문에 새로운 가능성을 열어주었다. 민권 운동, 반전 운동, 히피 반문화 운동의 전국적 모임 공간은 자의식이 강한 게이 운동은 물론이고 페미니스트들의 의식화 집단에서 처음으로 무대를 발견한 레즈비언 운동에도 문을 열어주었다. 이러한 정치적 운동이 동성애자들의 성 에너지를 형성하는 구조적 조건을 마련해주었다. 단순히 벽장에 갇혀 있던 동성애자를 공개적인 장소에 불러낸 것이 아니라, 특정한 종류의 성적 에너지를 형성해 이 시기 동성애 활동의 양을 증가시켰다는 것이 내 생각이다.

동성애에 기우는 어떤 유전적 성향이 있다 하더라도 이런 나의 주장은 여전히 유효하다고 생각한다. 복수의 인과 요인이 작용하는 세계에서는 그런 유전적 영향력이 작용할 수 있다. 그렇지만 역사를 통틀어 동성애 행위의 종류와 조건이 강하고 다양하게 존재하는 곳에서는 유전적 요인이 행동에 미치는 영향이 분명히 약할 것이다. 가령 고대 그리스에서는 제도화된 동성애가 널리 확산되어 있었고(Dover, 1978), 뉴기니 부족 사회에서는 1880년대 이래로 서양 여러 나라에서 사회적 정체성을 획득하기 시작한 동성애와는 대단히 다른 형태의 동성애자 충원, 사회관계의 형태와 성행위 관행이 있었다(Herdt, 1994). 동성애 유전자에 대한 최근의 관심은 동성애자가 법적으로 보호받아야 할 소수자집단으로 인정받기 위한 법적 전술로서 1980년대에 채택된 정치적 이데올로기이다.

내 주장의 일반적 논리에 따르면, 특정한 종류의 성적 행위 동기는 성 상호작용 의례에 참여할 수 있는 기회에 의해 형성되며, 또 성적 지위를 부여하고 이상화하는 성적 상징주의의 형성과 전파에 영향을 받는다(반대로 영향을 주기도 한다). 20세기에 성애를 강화시킨 요인은 바로 그런 성의 무대에 관심의 초점이 집중됨으로써 생성된 상황적 계층화이다. 성의 무대와 연결된 상호작용 의례의 다양성으로 설명할 수 있는 유형들은 금세기에 국한되지 않는다. 여러 형태의 성무대가 있었다. 구애 문화로 유명한 17세기 베르사유, 19세기 상류 계급의 무도회장이 있었다. 개인화된 결혼 협상 시장이 출현한 20세기 초반의 '재즈 시대'에는 일시적인 성적 매력의 순위에서 관심의 초점이 만들어지는 데이트와 파티의 무대가 등장했다.[23] 우리가 그 역사의 종착점에 와 있다고 생각할 이론적 근거는 없다. 상호작용 의례 이론은 고정된 성애의 본질은 없다고 본다. 진화 과정에서 선택된 생물학적 기질이 무엇이든 그것은 성 에너지, 성 정체성, 성의 상징을 형성하는 성분일 뿐이다. 미래에는 지금까지 생각도 하지 못했던 방향으로 성애가 전개될지도 모른다.

성애의 관행이 어떻게 역사적으로 규정되며, 누가 어떤 성애의 경로에 이끌리게 될지 이해하려면 상호작용 의례 사슬과 의례 사슬에 연결된 성의 무대를 규정하는 조건이 열쇠이다. 성적 열정은 원래부터 존재하는 것이 아니라 특정한 유형의 상호작용 의례에서 관심이 충전되어 특별한 상징적 대상을 향해 구체화되는 정서적 에너지의 형태이다. 상호작용 의례 이론과 성 상호작용은 서로를 비춰준다. 성의 경로는 다른 모든 현상과 똑같이 상호작용 의례의 사슬이다.

제7장

상황적 계층화

기존의 사회학 이론이 현대의 계층화 현상을 잘 파악하고 있을까? 우리는 계층화를 불평등의 구조화된 위계라는 의미로 생각한다. 경제적 권력의 장과 개인에게 내면화된 문화적 취향의 위계가 서로 영향을 주고받으며 재생산된다는 부르디외의 기술(Bourdieu, 1984)에서 두드러진 이미지이다. 이런 이미지는 교육의 성취 과정을 변화시켜 불평등을 극복하려는 개혁가들을 좌절시킨다. 경험적 연구자들은 소득과 부, 교육과 직업의 불평등을 인종·민족·젠더·연령별로 분배 몫이 달라지는 파이의 조각으로 제시한다. 이는 객관적으로 보이는 계량적 자료를 뼈대로 추상화한 결과이다. 이렇게 고정된 객관적 위계로 삶에서 체험하는 미시적 상황 현실을 포착할 수 있을까?

미국에서 소득과 부의 분배는 1970년대 이래로 점점 더 불평등해지고 있다(Morris and Western, 1999). 그렇지만 부자들이 돈을 쓰러 가는 미국의 고급 레스토랑에서 볼 수 있는 전형적인 장면을 떠올려보라. 웨이터는 자기와 대등한 위치의 손님을 집에 초대라도 한 것처럼 자기 이름을 말하며 인사를 건네고 스스럼없이 고객을 맞는다. 특별한 메뉴를 불러주고 무얼 주문하면 좋을지 조언하면서 고객의 선택에 끼어든다. 고프먼 식의 의례처럼, 고객은 정중한 청중으로 행동하도록 제약을 받는 반면, 자기의 역할 수행에 주목하라고 고객에게 명령하는 사람은 웨이터이다. 다른 예들도 사방에 널려 있다. 연예계의 명사들은 연회에 의도적으로 격식을 벗어난 복장을 하고 면도도 하지 않은 허름한 차림새로 나타난다. 그런 자리에 맞는 의례적인 정중한 처신에서 한참 먼 한 세대 전의 노동자나 걸인을 연상케 하는 모습을 연출한다. 젊은이들은 물론이고 상황이 허락하면 젊은이가 아니라도 그런 차림새가 널리 확산되어(가령, 직장의 '편한 옷차림의 금요일'처럼) 역사상 유례가 없는 반(反)신분적인 태도나 역(逆)속물근성의 형태로 구성되고 있다. 정부의 고위 관리, 기업의 고위직, 연예계 명사들의 경우에는 성생활이나 하인의 고용, 또는 중독물질의 사용, 심지어 사생활을 지키려는 노력도 대중적인 추문이 된다. 고위직에게 사회적 명성은 사소한 탈선에 면죄부를 주기는커녕 오히려 하위직에게 공격당할 빌미가 된다. 헐렁한 바지에 모자를 거꾸로 쓴 흑인 젊은이들은 대형 카세트 라디오를 휴대하고 시끄러운 랩을 들으며 번화가를 누비는데, 중간 계급 백인들은 눈에 띄게 위축되고 조심스러운 몸가짐을 보인다. 대중 집회에서 여성과 소수 인종은 연사의 역할을 맡아 그들에 대한 사회적 차별에 목소리를 높이는 반면에, 상위 계급의 백인 남성은 당혹스러운 침묵을 지키며 앉아 있거나 서둘러 그들을 지지하는 함성에 동참한다. 여론 조성과 정책 수립 과정에서 도덕적 권위를 지니는 것도 사회적 약자들의 목소리이다.

어떻게 이런 현상을 개념화할 수 있을까? 위에 든 예들은 미시적 수준의 보기이다. 나는 그런 사례들이 거시적 위계의 이념형과는 날카로운 대조를 보여주는 일상생활의 특징적 흐름이라고 생각한다. 계층화에 대한 보통 사람들의 생각과 마찬가지로 우리의 이론에서도 위계적 이미지가 지배적이다. 실제로 사회적 약자에 도덕적으로 우선순위를 두는 수사학적 전술은 거시적 위계를 근거로 당면한 즉석의 대화 상황에서는 사회적 약자의 지배를 묵인한다. 사회적 약자를 특별히 배려해야 한다는 권위주의적인 강요로 비칠 수도 있는, 이른바 '정치적 정석(political correctness)'의 쟁점을 둘러싼 갈등은 미시 수준과 거시 수준의 괴리를 인식하지 못해서 벌어진다. 사회과학에서 일반적으로 통계(가령, 소득, 직업, 교육의 분포)에 객관적 신뢰를 보이지만 실은 민속지적 관찰이 더 풍부하고 직접적인 경험적 자료라 할 수 있다. 문제는 민속지적 자료가 단편적이라는 점이다. 즉, 사회 전체를 포괄하는 일상생활 경험의 전반적 분포가 어떤지를 확실히 입증할 만큼 체계적으로 표본을 추출하고 광범위한 상황을 조사해서 담아내지 못하고 있다.

나는 미시적 상황의 자료에 개념적 우선순위를 두어야 한다고 주장한다. 이는 거시적 자료가 아무 의미도 없다는 말이 아니라, 통계와 사회조사 자료가 미시적 상황에 뿌리를 둔 맥락에서 해석되지 않는다면 사회 현실을 정확하게 볼 수 없다는 뜻이다. 미시적 상황의 만남이 모든 사회적 행위와 사회학적 증거의 기본 출발점이다. 상황의 어느 지점에선가는 드러나야지, 그렇지 않다면 그 어느 것도 실재라고 할 수 없다. 여러 미시적 상황에 걸쳐 두루 드러나는 포괄적 유형이거나 하나의 미시적 상황이 또 다른 미시적 상황과 이어지며 반복되는 연결망(가령, 상황의 연결이 공식 조직으로 구성되듯이)을 보여주는 것이라면 거시적 사회 구조가 실재일 수 있다. 그러나 거시적 '실재'란 미시적 상황에서 발생한 현상을 연구자가 잘못 해석해 형성될 수도 있으므로 오도되기 쉽다. 사회조사 자료는 언제나 돈을 얼마나 버는지, 어떤 직업이 가장 지위가 높다고 생각하는지, 학교 교육을 몇 년이나 받았는지, 신을 믿는지, 사회적 차별이 얼마나 많다고 생각하는지 따위를 개인에게 묻는 식으로 수집된다. 그런 질문에 대한 대답을 합하면 위계적인(또는 어떤 항목의 경우에는 합의적인) 구조의 객관적 그림처럼 보인다. 그러나 부의 분포에 대한 합계 자료는 실제 경험 상황에서 '부'가 어떤 모습인지 알지 못한다면 별 의미가 없다. 주가의 상승으로 생기는 돈은 채소 가게에서 거래되는 현금과는 다르다. 젤라이저가 돈의 실제 사용방식을 탐구한 민속지에서 보여주는 바와 같이(Zelizer, 1994), 다양한 현금거래 형태는 제한된 교환 회로에서 얻는 특정한 사회적·물질적 이득에 국한되어 있다(보석상 연결망에 속하지 않으면 '장부 가격'으로 값비싼 보석을 가지고 있다고 해서 모두 그 가치를 실현하거나 다른 종류의 금전적 권력으로 바꾸지 못한다. 기껏해야 일상의 대화에서 장부 가격을 자랑거리로 사용할 뿐이다). 그런 회로를 '젤라이저 회로'라고 부르기로 한다. 사회조사 결과를 합계해 상황에 관계없이 고정된 가격을 지닌 실재처럼 구성한 거시적 분포를 그린 다음, 그것을 상황에 적용해 실제로 얻는 이득의 분포로 바꿀 수 있는지 살펴볼 필요가 있다. 예를 들어보자.

직업 지위에 대한 사회조사는 물리학자, 의사, 교수가 아주 좋은 직업이며, 그 위로는 기업 간부, 연예인, 정치인이 있고, 그 아래로는 배관 설비공과 트럭 운전수가 있다고 사람들이 믿고 있음을 보여준다. 이런 합의가 극히 추상적이고 맥락을 벗어난 질문에 대한 응답을 보여주는 것 이상의 의미가 있을까? 사회조사는 '교수'라는 막연한 범주에 높은 서열을 매기지만, 전공 분야(경제학자, 사회학자, 화학자 등)로 구체화시키면 서열이 낮아지며(Treiman, 1977), 더 구체화(조교수, 전문대학 교수 등)시키면 서열은 더욱 낮아진다. 과학자 특히 '물리학자'는 최근의 사회조사에서 아주 서열이 높지만, 그렇다고 해서 사람들이 저녁 회식 자리에서 물리학자의 옆자리에 앉고 싶어 한다는 뜻을 담고 있지는 않다. 배관공은 사회조사에서는 서열이 낮을지 몰라도 실제 현실에서는 교육을 많이 받은 사무직 종사자보다 소득이 높고, 그 소득을 대부분 실생활에 쓰이는 물질적 자원으로 바꿀 수 있다. 배관공은 경기장의 특석에 앉을 수 있지만 사무직 노동자는 관람석 뒷자리에 앉는다. 스포츠형 밴(SUV)이 명성을 자랑하는 시대에 야외 근육질 활동을 과시하는 건설 노동자들의 실제 삶에서의 지위는 어떨까? 직업 지위는 직업적 만남의 상황을 조사하고 실제 상황에서 발생하는 계층화 현상을 판별해야 현실적으로 이해할 수 있다.

계층 위계의 주요 지표 또는 복합 지표 구성에서 핵심 구성 요인으로서 교육 정도에 대한 통상적인 이해도 미시적 상황에서 이루어지는 계층화를 보여주는 그림으로는 왜곡된 것이다. 학교 교육을 받은 햇수와 소득의 상관관계는 단순한 조사 결과의 합계일 뿐 교육 계층화가 실제로 작용하는 방식을 드러내기보다는 감춘다. 교육 연수가 모두 동일한 가치를 가지고 있지는 않다. 어떤 학교에서 교육을 몇 년 받았는지에 따라 그 사람이 진입할 수 있는 후속 교육과 직업 경로가 다르다. 예를 들면, 엘리트 예비학교나 유명한 사립대학에서 받은 교육은 한 사람의 직업 지위와 직접적인 관계가 없다. 물론 이름난 대학의 상위 교육 과정에 입학허가를 받는 데는 효과가 있을 것이다. 학부의 전공과 관련된 분야의 대학원 교육을 받고자 한다면 대학원 과정의 입학허가 담당자에게 잘 알려진 학부에 다닌 것이 중요하겠지만, 곧바로 노동 시장에 들어간다면 별로 특별한 혜택이 되지 못할 뿐더러 오히려 역효과가 날지도 모른다. 교육 자격증은 젤라이저가 말하는 특수한 종류의 가치이다. 특정한 교환 회로에서는 가치가 높지만 그 회로의 바깥에서는 별 쓸모가 없다.

학교 교육이 인증된 자격증으로 표현될 때 비로소 사회적 가치가 높아진다. 자격증 자체는 어떤 시기에 (자격증 인플레이션 현상 때문에) 자격증 보유자들의 경쟁에 따라, 그리고 특수한 직업 분야나 전문 직종에 진입하기 위한 면허의 성격이 얼마나 강한가에 따라 효과가 다르다(Collins, 2002에 인용된 연구 참조). 교육연수는 사람들이 어떤 자격을 갖추고 있는지를 보여주는 모호한 근사치이며, 삶의 미시적 상황에서 사용되는 방식에 대해서는 흐릿한 그림을 보여줄 뿐이다. 교육 계층화의 분포를 볼 수 있는 미시적인 연구가 필요하다. 초등학교부터 중·고등학교를 거쳐 상위 과정에 이르는 각 수준의 학교 경험, 그리고 성인이 된 후의 생활에서 직업과 사회적 교제로 이어지는 혜택과 불이익을 포함해야 할 것이다. 학교 체계의 공적 기준으로 성적이 좋은 학생이 미시 상황에서 자동적으로 이득을 누리리라는 보장이 없다. 빈곤 지역의 흑인 중·고등학교에서 좋은 성적을 얻는 학생은 보통 친구들로부터 '백인인 체한다'거나 잘난 체한다는 혐의를 받으며 부정적 상호작용의 대상이 된다. 직접 소속된 공동체에서는 오히려 낮은 지위를 부여받는다. 성취도가 높은 흑인 학생의 상당수가 미시적 상황에서 동급생들의 압력에 무너지거나 학교 체계에서 그 이상 높은 목표를 추구하지 않는다(Anderson, 1999: 56, 93~97).

태도 조사의 결과로부터 더 큰 사회구조를 추론하는 식의 서술에 대해서는 미시 상황의 관점에서 더 확실한 비판을 할 수 있다. 대략 95퍼센트의 미국인들이 신을 믿는다고 말하지만(Greeley, 1989: 14), 그것이 미국 사회가 얼마나 종교적인 사회인지를 알려주지는 않는다. 실제 교회 출석률을 조사한 결과를 비교해보면 사람들이 얼마나 과장하고 있는지 알 수 있다(Hardway et al., 1993; 1998). 그리고 비공식적인 대화를 통해 신앙에 대해 심층적 질문을 해보면 대단히 다양한 응답을 하고 있는데, 신학적 관점으로는 거의 이단에 가까운 믿음도 사회조사에서는 신앙심을 확인시켜주는 응답에 포함시킨다(Halle, 1984: 253~269). 마찬가지로 인종차별, 성차별이나 성희롱, 아동폭력 경험 따위에 대한 사회조사의 결과 보고서도 일방적인 사회적 상호작용의 기억이나 견해의 재구성에만 의존하지 않고 구체적인 상황을 조사해서 입증한 것이 아니라면 의심해보아야 한다. 그런 질문에 대한 응답은 이데올로기적이거나 때로는 당파성을 띠기 때문에 사회운동의 영향이나 공공매체 또는 특정한 이해집단의 관심에 초점을 두는 흐름에 좌우되기 쉽다. 그렇다고 해서 대부분의 사회문제가 사회조사로 인해 과장된다는 말은 아니다. 어떤 조건 아래서는 최소화될 수도 있고 과소평가될 수도 있다. 요컨대 거시적 통계 자료의 객관성을 그냥 수용하지 말고 미시 상황에서 그 실상을 보는 방향으로 우리의 개념적 인식 틀을 전환하지 않으면 설득력 있는 분석을 할 수 없다는 것이다. 사회적 만남의 장에서 이루어지는 계층화의 실제적 경험은 그 상황에서 겨룸이 어떻게 진행되는가에 좌우될 수 있다는 데 생각을 열어둘 필요가 있다. 무엇보다도 현재의 역사적 상황 조건을 넘어서서 계층화 현상을 이해하려면 우선 미시적 상황의 지배 기제를 설명하는 이론이 필요하다. 그 기제는 경제적·정치적·문화적 권력의 위계라는 오래된 이미지와 관련될 수도 있지만 그렇지 않을 수도 있다. 아니면 그 연결이 점점 약해지고 있을지도 모른다. 왜 이런 현상이 벌어지는가를 밝히려면 미시 상황의 조건 변화에 대한 역사적 이론이 필요하다.

정치적 좌파 성향을 지닌 교육 수준이 높은 사람들이 대체로 그러하듯이, 사회학자들도 깊숙이 각인된 위계적 이미지를 지니고 있어서 일상생활에서 공적으로 정당하지 않은 특권을 누리는 경우를 보면 냉소적으로 반응한다. 가령 상대가 엘리트이거나 뇌물을 받은 대가로 교통위반 딱지를 떼지 않는 경찰의 부패

이야기를 재담으로 삼으면서, 경찰의 세계는 '거물 정치인'과 든든한 '배경'을 가진 사람들로 구성되어 있다고 생각한다. 그런데 입증되지 않은 이런 민간의 믿음과 반대되는 경우는 얼마나 많을까? 이전에 정부의 관리였던 사람이 내게 들려준 경험담이 있다. 고속도로에서 속도위반으로 걸린 그가 교통경찰에게 "내가 누군지 압니까? 나, 당신의 상관이요"(그 관리는 고속도로 정찰대가 있는 주 정부 기관의 수장이었다) 하며 말을 건네자 그 경찰은 "제 상관은 우리 주의 시민입니다"라고 응수하며 속도위반 범칙서를 작성하더라는 것이다. 그 관리는 정치적으로 매우 진보적인 사람이었지만, 이면 세계에서 자신의 직권이 통하지 않은 데 모욕을 느낀 듯했다. 이 경험담은 미시 상황에서 작동하는 계층화의 실상을 보여준다. 조직의 상사가 저지른 위법행위를 고발하는 '내부 고발자'처럼 그 교통경찰은 관료주의적 면책사유를 내세워 자기 상관에게 상황적 권력을 행사할 수 있었다. 교통경찰들을 면접 조사한 연구를 보면 그런 상황에는 또 다른 차원이 있음을 알 수 있다. 그 주에서는 법 집행기구에 소속된 사람은 교통 위반에 걸리면 "내가 더 잘 알고 있어야 했는데"라는 암호로 자신의 소속을 밝히고 신분증을 제시하게 되어 있다. 교통경찰들은 공식 규칙의 예외를 허용하지만, 어디까지나 유대와 평등의 의례를 행하는 경우에 국한된다. 위계적 권위를 강제하려는 시도에 대해서는 단호히 거부 반응을 보인다.

계급, 신분, 권력의 거시적 양상과 미시적 양상

아직 상황적 맥락을 포함시킨 사회조사는 없다. 우리가 할 수 있는 최선은 21세기로 접어드는 전환기의 미국 사회 상황이 어떤지 대강 윤곽을 그려보는 일이다. 계급, 신분, 권력이라는 베버주의적 차원을 미시적으로 옮겨서 살펴본다.

젤라이저 회로로서 경제적 계급

물론 경제적 계급이 사라진 것은 아니다. 거시적 수준에서는 부와 소득분배가 국내적으로나 국제적으로 점점 더 불평등해지고 있다(Sanderson, 1999: 346~356). 계급을 생활 경험의 분포로 바꿔놓으면 어떤 모습일까? 이 질문을 소비 경험과 직업 경험에 대한 통제력으로 나누어 살펴보자. 극단적으로 거대한 부는 소비 경험으로 바꿀 수 없다. 마이크로소프트나 소수의 거대 기업왕국의 주식을 대량 보유하고 있는 사람들이 순자산가치로 백억 달러(주가에 따라 오르내림)가 넘는 부를 소유하고 있다고 해서 그 사람들이 먹는 음식, 사는 집, 입는 옷, 즐기는 것들이 부의 분포에서 상위 10퍼센트에 드는 수백만에 이르는 다른 사람들과 크게 다르지는 않다. 사치품 소비로 말하자면 더 많은 사람들과 비슷할 것이다. 금융 자산에서 생긴 부는 대개 자금 출처와 가까운 젤라이저 회로 안에 국한된다. 조 단위 돈을 가진 사람들은 금융 수단의 매매를 빼고는 그 돈으로 할 수 있는 것이 별로 없다는 뜻이다. 그들은 금융 세계의 한 부문에 대한 통제력을 가지고 다른 부문을 통제하는 식의 거래를 한다.

이런 규모의 부는 소비가 아니라 직업 경험으로 다루어야 할 필요가 있다. 미시적인 상황의 경험으로 말하면, 대량의 금융 자산을 보유하고 있다는 사실은 다른 금융가들과의 수시 접촉이 일상적 삶임을 뜻한다. 엄청난 부의 소유가 주는 매력은 주로 흥분을 유발하는 거래를 하는 데서 생기는 정서적 에너지와 밤낮, 시간을 가리지 않고 전화통에 매달리는 식의 집단 소속을 드러내는 상징적 표지에 있다. 단순한 소비재의 구매력으로 말하면, 엄청난 부자란 그들이 얻은 물질적 부를 최대한 소비하는 사람들이다. 하지만 그들은 대개 아주 나이 들 때까지 계속, 때로는 강박적일 정도로 오랜 시간 일한다(거물들 중에는 70대나 80대에도 세계적인 미디어 왕국을 통제하기 위해 투쟁하는 이들이 있다). 이런 수준에서는 돈의 가치가 드높은 명성을 자랑하는 교환 회로에서 돈을 굴리는 활동에 있는 것으로 보인다. 여기서 돈은 상황적 권력으로 옮겨질 뿐 그 이상도 이하도 아니다.

이 회로에서 예외는 주로 금융 회로에서 얻은 부가 기부금으로 자선 조직에 이전되어 원소유자의 통제를 벗어나는 경우일 것이다. 기부자의 관점에서 보면 이는 부를 명예와 바꾸는 일이다. 때로는 자선 조직에 기부자의 이름을 붙여 자비로운 기부자라는 개인적 평판과 도덕적 명예를 널리 알리는 구체적인 형태의 보상을 얻는다. 록펠러 재단, 카네기 재단, 밀켄(Milken) 재단, 최근의 게이츠(Gates) 재단, 소로스(Soros) 재단이 그런 예에 속한다. 그러면서도 이 두 가지 종류의 자본 회로는 그리 멀리 떨어져 있지 않다. 재단의 간부는 보통 자신의 기부금을 금융 시장에 집어넣고, 그중 극히 작은 일부만을 재단 운영과 자신들의 봉급 지불, 비영리 조직 지원비 따위로 사용한다. 비영리 부문의 인사들을 살펴보면, 처음 돈을 기부한 금융계의 거물들과는 개인적 접촉도 없고 연결망 연줄도 없는 중상위 계급 및 상위 계급에 속하는 사람들이라는 결론이 나온다 (Ostrower, 1995).

부와 소득의 위계에서 아래로 내려가면 돈이 실질적인 물질적 소비로 전환되는 비율이 높아진다. 소득 수준이 낮으면, 돈은 전적으로 물질 소비력의 문제가 된다. 그런데 젤라이저(1994)가 기술하고 있는 것처럼, 여기서도 신분을 과시하거나 아니면 적어도 실생활의 필요보다는 흥미를 자극하는 사회적 교제에 돈쓰기를 더 선호하는 경향이 있다. 출신 지역 사회의 핵심적인 기념 의례에 노출되기 때문에 호화스러운 장례식에 돈을 쓰는 20세기 초반에 미국으로 온 이민자들, 남성 전용의 술집에 가서 술 마시는 데 우선순위를 두는 남자들, 복지 수당으로 살림을 하면서도 자기네끼리는 명성이 높은 마약 파티 따위의 '활동'에 돈을 써버리는 매춘부들이 그렇다.

특정한 종류의 사회관계를 이어나가는 데 사용되는 금전 회로의 다양성으로 전체 인구의 경제적 계급 구조를 구성해보자. 내가 여기서 말하는 사회관계는 계급과 분석적으로 구별되는 사교적인 여가 공동체로서 신분집단의 사회관계가 아니라 직업, 상행위, 신용, 투자의 세계에서 경제적 계급 구조가 상호작용으로 실현되는 관계를 가리킨다. '상위 계급'은 협상의 그물망에서 소유권 행사의 한 형태로 돈을 회전시키는 일을 하는 사람들이다. 그런 사람들은 사교계 명사의 명단에 실릴 수도 있고 그렇지 않을 수도 있다. 신분집단으로 여겨지는 상위 계급의 사교적 모임이나 의례에 참여할 수도 있고 하지 않을 수도 있다. 또한 부자의 배우자나 유산을 상속받아 수동적으로 돈을 갖게 된 상위 계급 사람들과 실제 금융 거래의 회로에 참여하지 않는 사람들로 구성될 수도 있다. 따라서 문화적 활동과 경제적 지배력이 상호 강화 작용을 한다고 보는 부르디외의 모델과는 반대로, 상위 계급의 신분집단은 자본이 창출되는 회로에서 떨어져 나와 부를 창출하고 영속화하는 기지에서 점차 멀어진다고 생각한다. 돈은 물건이 아니라 과정이다. 상위 계급의 활동은 금융 활동의 회로에서 점차 뒷전으로 밀려나고 있다. '벼락부자'에 비해 '유서 깊은 부자'라 자칭하는 상위 계급의 신분집단이 보이는 속물주의는 실제 경제적 권력 면에서는 역전당하고 있다.[1]

우리는 아직 특정 역사적 시기(지금 우리가 살고 있는 시대)에 금융 거래 회로의 실제 구조를 그린 지도를 갖고 있지 않다. 다만 대략 다음과 같은 사실은 알고 있다.

① 충분한 자본을 동원해 금융 거래자 사이에서 개인적으로 명성을 날릴 만큼 금융 거래에 적극적인 금융 엘리트. 그들이 금융 회로에서 하는 경험은 개인적인 것으로, 비인격적 참여가 이루어지는 나머지 범주와는 다르다.

② 고소득 직종에 종사하거나 직접 기업을 소유하고 있어 금융 투자 게임에서 한몫을 할 만큼 돈이 많지만, 큰 거래자들로 구성된 사적인 회로에는 접근할 수 없는 익명의 참여자들로 구성된 투자 계급(더 보편적인 용어로는 중상위, 하상위 계급). 그들이 자리 잡고 있는 미시적 상황의 경제 현실은 시장 보고서를 읽고, 중개인들과 정보를 나누고, 금융계의 소문을 유포시키고, 친분이 있는 사람들과 대화 자본으로서 자랑을 늘어놓는 따위로 구성된다. 현대 사회에서 이 집단은, 자본 시장에서 작지만 한몫을 차지하는 보편적 소유권이 확산되어 무계급사회에 가깝게 되었다는 신자유주의 이데올로기의 신봉자로 묘사된다. 이데올로기는 여기서 내가 기술하는 자본의 사회적 회로들의 차이를 간과한다.

③ 직원을 고용하고 재화를 구매하고 판매하는 데 돈을 직접 사용하며 그래서 보통 지역적이거나 전문화된 영역의 거래 회로에 참여하는 기업가 계급. 이 계급이 활동하는 미시 상황은 조직이나 산업 내부의 특정한 사람들과 되풀이되는 협상의 경험으로 구성된다. 이는 이 계급에 속하는 사람들은 모두 사적인 평판의 세계에서 활동한다는 말이다.[2] 다른 계급이나 경제 회로에 속한 사람들과는 달리, 그들의 일상은 해리슨 화이트(Harrison White, 1981; 2002)의 연결망 이론이 기술하는 것처럼 시장 적소를 찾아내기 위해 경쟁자들을 감시하는 일로 구성된다. 기업가들의 회로는 보통 사람들에게는 거의 보이지 않고 아주 국지적 영역이나 전문화된 공동체에서만 드러난다. 그래서 그런 위치에 있는 개인의 사회적 지위는 직업 지위 조사가 하는 식으로 측정하면 그저 평범한 수준으로 드러날 것이다. 이 회로를 통해 유통되는 실제 금액과 이런 일을 하는 이들의 소득은 수백만 달러에서 수만 달러에 이르기까지 편차가 아주 크다. 따라서 이들은 통상적인 소득의 위계로만 구성한 계급구조에서 보면 전 범위에 걸쳐 있을 것이다.

④ 유명 인사들, 대중 연예(영화, 음악, 스포츠) 분야의 조직에서 일하는 고소득층. 이 조직들은 업계의 특성상 스타로 대우받는 소수의 개인에게 대중적 관심을 집중시키는 것을 목표로 한다(Leifer, 1995). 운동선수들은 코치의 명령을 받고 경영진에 의해 고용되고 이동한다는 점에서 명령 연쇄의 가장 밑에 있는 사실상 육체노동자들이다. 그들 중 일부(대중적인 관심 분야는 경쟁력이 있으므로 낮은 비율은 아니다)는 연예 상품 시장의 규모에 따라 엄청나게 높은 소득을 올릴 만큼 협상력을 갖기도 한다. 부유한 연예계 명사들은 자신의 부를 소비로 전환시킬 때 금융계의 상위 계급과 같은 문제에 부딪친다. 그들 중 다수가 소속 기획사나 익숙하지 않은 금융 투자 세계와 연결시켜주겠다고 제안하는 중개인들에게 사기를 당한다. 개중 나은 경우는 자신의 부를 출신 연예계에 속한 조직의 통제권으로 전환시킨 이들인 것 같다(가령 하키 팀을 구입한 하키 스타). 여기에는 규칙이 있음을 암시한다. 자신이 처음 출발했던 동일한 젤라이저 회로 안에서 자신의 부를 유지하는 사람이 금전 가치를 가장 잘 보전한다는 것, 그리고 경험에 바탕

을 둔 명성이 미시적 상황의 대가 역시 최대화한다는 것이다.

⑤ 직업 시장과 직업을 유지할 수 있게 해주는 정보와 친분의 연결망으로 구성된 다양한 형태의 중간 계급 또는 노동 계급의 회로(Tilly and Tilly, 1994). 여기서 돈은 단순한 소비자의 권리 말고는 어떤 형태로도 전환되지 않는다. 실생활에 필요한 값싼 소비재를 살 때는 안면 없는 소매상을 이용하고 값비싼 일회성 구매(집, 차 따위)는 사적으로 알고 지내는 이들의 연결망을 이용하는 형태를 보인다는 경제적 연결망에 대한 경험적인 연구 결과도 있다(DiMaggio and Louch, 1998). 일부 연결망은 다른 교환 회로에서 이윤의 형태로 얻은 돈을 인출하는 식의 위계(또는 여러 종류의 위계 관계)를 형성하기도 한다. 아직 우리는 '이윤'이 움직이는 회로의 기제를 개념화하거나 측정하지는 못하고 있다. 보통 회로의 '아래쪽'에 자리 잡은 이들은 위쪽 회로에서 어떤 일이 벌어지고 있는지 보지 못하고 사회적·금전적 진입로는 위쪽 연결망의 몫으로 내버려두는 것 같다. 예를 들면 계급 위계의 아래로 내려갈수록 자신보다 상위에 있는 사람들을 부의 회로에서 가장 주변적인 위치에 있는 유명인들로 단순화시켜 생각한다.

⑥ 공식 세금과 인허 체계 바깥에 존재하는 회색지대에서 범죄로 취급되는 상품과 서비스(마약, 성, 무기, 연령제한이 있는 술과 담배 따위)를 제공하는 시장, 그리고 장물과 절도에 이르는 음습한 불법 회로. 이런 회로들은 모두 일단 진입하면 범법자의 길을 걷게 되거나 개인을 파괴시키는 회로들이다. 이런 회로를 통해 유통되며 특정한 개인에게 흘러들어가는 돈은 액수만 해도 소득 위계에서 중간, 더러는 상위에 이를 만큼 엄청난 수준이 될 수도 있다. 일부 참여자들에게는 불법 연결망과 합법적 연결망을 넘나드는 일(돈세탁)이 아주 바람직하게 여겨지기도 하지만, 대체로 두 쪽의 사회적 조직은 모두 환전이나 거래 회로의 융합은 꺼린다. 불법 회로는 정부가 정상적으로 개입하여 수수료나 소속 성원들에게 이자를 지급토록 하부 구조를 제공하거나 규제하는 합법적 거래 회로의 구속력은 피하려고 한다. 금융 거래의 회로 가운데 일부가 불법적이라는 사실은 곧 공식 회로의 규제자 눈을 피해 거래를 숨겨야 함을 뜻한다. 그 결과 회로 안에서

이루어지는 일상적 만남의 의례와 상징의 색조가 아주 다르다. 바로 그 차이에 대한 묵시적 인식이 사람들로 하여금 계급들 사이에 존재하는 도덕적 배제를 받아들이게 하는 기제이다(Lamont, 1992; 2000). '문화'는 물화된 사물이 아니라 미시적 상황에서 이루어지는 만남의 형태를 가리키는 약어에 불과하다는 사실을 염두에 둔다면, 금전적 회로는 상이한 문화로 구성된다고 말할 수 있을 것이다.

⑦ 사회의 주변부에 있는 최하위 계급은 어떤 금전적 회로에도 속하지 못하고 그 바깥에 남겨진 사람들로 구성된 집단일 것이다. 노숙자, 걸인, 넝마주이들도 기부금·구호품을 받거나 폐기물이나 장물을 얻으면서 다양한 회로의 꼬리 부분에서 살아간다. 분석적으로 말하면 이 집단은 복지 수당이나 기타의 권리(연금 따위)를 지닌 사람들을 비롯해 좀 더 적극적인 상호 부조의 교환 회로에서 떨어지는 떡고물을 받아먹고 사는 이들을 다 포함시킬 수 있다. 그들이 그런 불명예를 받아들일 수밖에 없는 것은 단순히 물질적 소비 수준이 낮은 탓도 있겠지만, 그들이 받는 돈 정도로는 할 수 있는 거래가 극히 제한되어 있기 때문이기도 하다. 그들이 받는 화폐는 특정한 소비재뿐(식권 따위)이며, 구호품은 대개 사용가치가 이미 정해져 있는 품목들이다(Zelizer, 1994). 이 경우에도 물물교환 수준으로 다소간 거래가 이루어지기도 한다. 이 계층의 거류민들은 미시 상황에서 다른 계급과는 아주 다른 방식으로 만남을 경험한다. 물물교환 관계는 협상의 범위가 넓은 금전 소유에서 오는 상징적 명예와 자유의 감각이 결여된 극히 제한적인 것이다.

경제적 계급을 미시적 상황에서 보면, 한 계급 위에 다른 계급이 보기 좋게 층층이 쌓인 계급구조가 아니라 범위와 내용이 아주 다른 거래 회로들이 겹쳐진 모습이다. 이 회로들은 연결의 특수성이나 익명성에서, 또한 경제적 투자와 관리, 소비 행위의 조절이나 지향성에서 너무 큰 차이가 있기 때문에 멀리서는 보이지 않겠지만 사람들은 서로 다른 경제적 관계를 경험하며 아주 다른 주관적 세계에서 살게 된다.

신분집단의 경계선과 범주적 정체성

신분은 사회학적으로 가장 느슨한 용어 가운데 하나이다. '신분'을 통상의 계층화된 서열을 가리키는 의미로 쓰는 공허한 용법은 제쳐두고 문화적 지위라는 특정한 영역에 한정한다면, 신분이 지닌 여러 가지 의미를 구별할 수 있다. 가장 추상적인 것은 직업 지위 조사에서 측정된 신분이다. 맥락을 배제한 채 소속 범주를 묻는 질문은 사람들의 실제 경험과는 상관없이 외부에서 벌어지는 현상에 대한 이데올로기적 분포 말고는 보여주는 바가 별로 없다. 그렇다면 두 가지 주요 형태가 남는다. 사회적 연결망의 실제 조직으로서 베버 식 신분집단과 미시 상황에서 행동으로 보여주는 존중 예법(deference)이다.

베버(Weber, 1922/1968, 932~933)는 문화적 생활양식을 공유하고 공인된 사회적 정체성을 지니고 있으며, 공적(법적이기도 하다)으로 인정받는 명예나 사회적 위계를 지닌 공동체로 신분집단을 정의한다. 이런 이념형의 가장 명백한 보기는 중세의 신분 계층(성직자, 귀족, 부르주아지, 농민)이다. 민족 및 종교 공동체와 생활양식을 공유하는 집단에 널리 적용될 수 있는 용어이다. 베버는 경제적 계급과 대조해 신분집단을 단순한 통계적 범주가 아니라 실제로 사회 조직을 지닌 집단으로 볼 수 있게 해주었다. 신분집단은 또한 경제적 계급을 중심으로 구성될 수도 있다. 계급이 문화적 독특성을 지니고 스스로를 집단으로 규정할 수도 있다. 가령 경제적으로 상위 계급은 '상류 사회'를 형성하여 사교계 명사 인명록에 수록될 수도 있다. 계급에 토대를 둔 신분집단이 과거처럼 계속 강력한 집단의 경계선을 유지할지 아니면 단순한 통계적 범주로 되돌아갈지는 역사적으로 밝혀질 문제이다. 만일 신분집단이 추상적인 의미의 계급과는 다른 노선으로 생활 경험을 구조화한다면 그 역사적 전환은 계급 정체성, 갈등, 계급적 행동을 동원할 능력을 크게 약화시킬 것이다.

신분 공동체는 얼마나 폐쇄적일까, 즉 일상의 삶에서 신분이 얼마나 뚜렷한 경계를 드러낼까? 그리고 어느 정도로 신분집단의 서열화가 이루어질까, 즉 공인된 위계와 일치하는 경우는 언제일까? 또한 서로 이방 부족처럼 단순히 수평적 분화로 존재하는 경우는 언제일까? 역사적 변화는 어느 쪽으로든 갈 수 있다. 신분집단 간의 문화적 생활양식이 동질화될 수도 있다. 자주 모이지도 않고 성원들이 시간을 보내는 방식에서 집단 정체성이 그리 뚜렷하게 드러나지 않을 수도 있다. 사교계 인명록은 여전히 존재하지만 그 성원들이 다른 상황(가령, 연예계 명사들의 모임)과 비교해 모임에 별로 시간을 들이지도 않고, 20세기 초반과 비교해보면 별로 대중적 관심을 끌지도 않는다(Amory, 1960; 역사적 비교는 Annett and Collins, 1975; Elias 1983). 비경제적인 범주에 토대를 둔 신분집단에 대해서도 같은 말을 할 수 있다. 많은 민족, 종교 집단이 성원들의 삶을 구조화시키는 구속력을 별로 갖지 않기 때문에 생활경험과 적합성이 없는 단순한 통계적 범주에 그친다(Waters, 1990).[3]

계층화된 집단들 사이의 경계를 다룬 가장 중요한 현대의 연구로는 라몽(Lamont, 1992; 2000)의 연구가 있다. 라몽은 베버 식 의미로 직업별 계급이 신분집단으로 전환되는 방식과 인종집단의 경계가 전환되는 방식을 기술하고 있다. 라몽의 면접조사는 노동 계급과 중상위 계급 남성들이 자기네 계급의 경계를 규정하고 정당화하는 어휘 사용방식을 요약해 보여준다. 미국과 프랑스 사회는 계급과 인종의 경계를 드러내는 어휘나 이데올로기에서 차이를 보이는데, 라몽은 그 차이가 두 사회의 정치사에서 형성된 민족적 어휘나 문화적 범주가 다른 데서 온다고 주장한다. 일부 집단의 경계선과 문화적 판단은 단순히 상황에서 형성되는 것일 뿐만 아니라 상황적 영향을 받지 않는 먼 곳에서 형성된 후 널리 확산된 문화적 범주에서 나오는 것이기도 하다는 사실을 보여주려 했다.

라몽의 연구 결과를 꼼꼼히 살펴보자. 연구의 결과는 보통 일상에서 하는 대화보다 훨씬 명시적으로 집단정체성과 외부인들과의 관계를 묻는 면접조사원과 대화를 나누는 미시 상황에서 나온 것이다. 피면접자는 자신들을 정당화하기 위해 최상의 모습을 앞에 내놓는다. 미국의 백인 노동 계급 남성은 흑인과 하위 계급을 복지사기꾼이나 범죄자라는 고정관념으로 상정하고, 그와 대조해서 자신들은 열심히 일하는 성실한 사람들로 묘사한다. 백인 노동 계급은 주로 그 대조를 통해 자아 이미지를 창조하는 것으로 보인다. 작업 현장의 민속지 연구를 보면, 실제로는 노동자들이 작업 속도를 통제하려 하고 일터의 생활보다는 사적인 삶에 우선순위를 두고, 일터의 요건과는 거리를 두는 소외의 모습을 보여주고 있다(제3장의 주 9 참조). 대립 관계에 있는 집단과의 대조를 통해 소속 집단의 이데올로기를 창조하는 방식은 미국의 흑인 노동 계급에게서도 동일하게 발견된다. 그들은 자신들을 동료에 대해 연민과 배려가 깊은 사람들로 묘사한다. 이런 자기 묘사는 동정심도 없고 오만하게만 보이는 백인의 속성과는 반대로 설정된다. 인종주의의 역사적 유산에서 해방되기를 원하는 흑인의 관점에서 보면 이는 아주 정확한 것이다. 흑인 거주 지역 남성들의 상호작용 유형에 관한 앤더슨의 민속지 연구(Anderson, 1999)를 보면 이런 이데올로기적 요소가 더 분명하게 드러난다. 실제 현장에서는 연민이나 유대가 두드러진 특성이 아니라 거침, 폭력적 성향을 보이는 '거리의 코드'가 지배적임을 보여준다. 백인 노동 계급과 마찬가지로 흑인 노동 계급 남성들도 자신들의 실제 행동 유형보다는 외부인에게서 가장 두드러지게 보이는 그릇된 속성에 비추어 자신들을 좋은 이미지로 꾸미는 이데올로기를 창조하는 것이다.

마찬가지로 라몽(1992)이 면접을 한 미국의 중상위 계급 남성들도 정직성과 진실성 같은 도덕적 기준을 결여한 사람들에 대한 반감을 중심으로 경계선을 긋고, 자신들은 무엇보다도 도덕적 기준에 가치를 두는 사람들로 그려 보인다. 그런데 이들은 라몽의 백인 노동 계급 표본에서 진정성과 정직성이 없는 이들이라고 지적된 바로 그 사람들로 추정된다(두 집단 모두 뉴욕의 도심부에 자리 잡고 있다). 집단 내부에서 이데올로기를 통해 자신들을 묘사하는지 아니면 그들을 바라보는 인접 계급이 묘사하는지에 따라 동일한 사람들이 정직한 사람들이 되기도 하고 부정직한 사람들이 되기도 하며, 올바른 사람들이 되기도 하고 비뚤어진 사람들이 되기도 하는 것이다. 그렇다면 라몽의 자료가 보여주는 것은 넓은 의미의 민족 집단에서 유통되는 보편화된 문화적 어휘가 서로 다른 관계에 놓여 있는 개인들에게 똑같이 제공된다는 사실이다. 문화적 범주의 사용은 또한 스스로를 못된 사내들과 최대한 반대되는 특성을 지닌 좋은 사내들로 묘사하는 서사적 드라마를 구성함으로써 상황적으로 이데올로기를 만들어낸다.

신분집단에는 다양한 범위의 미시적 상황 현실이 있다. 어떤 집단(가령, 이탈리아계 미국인)은 아주 느슨하게 결합된 연결망으로 그중 극히 일부만 대면 접촉을 한다. 어떤 신분집단은 사교적 만남에 참여하는지 아닌지에 따라 집단 성원으로 포함 또는 배제되므로 강한 응집력을 보여주기도 한다.

여기서도 공식화되어 있고 초점이 명확한 상황에서 비교적 초점 없는 상황에 이르는 연속선 위에 상황들을 배열해보면 좋을 것이다. 모든 상호작용 상황은 상호작용 의례를 구성하는 성분의 강도로써 평가할 수 있으므로 대단히 강력한 의례에서 아주 약한 의례까지 연속선에 배열할 수 있다. 일상생활에서 이 연속선은 〈그림 7.1〉에 제시된 유형화가 바탕에 깔려 있다.

신분집단 관계는 공식 의례에서도 어느 정도는 볼 수 있겠지만, 대체로는 중간 범주인 사교적 상황에서 발생한다. 사교적 상황은 공식성의 정도가 다르다. 연속선 한쪽 끝에는 초점이 집중된 공식 의례가 있다. 미리 일정을 짜고 널리 공지되고 전통적인 각본에 따르며 예행연습을 한다. 결혼식, 전통적인 무도회, 기념 만찬 같은 경우이다. 상위 계급의 구식 예법(Goffman, 1959; 1963; Annett and Collins, 1975 참조)에서는 상당히 많은 구체적인 행동 각본이 있다. 신사가 만찬에 숙녀를 동반하는 의례, 초대 손님의 좌석을 지정하고 축배를 드는 음주 의례, 정중한 대화 예법, 카드 게임, 만찬 후의 집합적 오락 의례들이 그런 각본에 속한다. 그다지 초점이 맞추어지지 않은 '격식 없는' 상황 쪽으로 가면 대체로 즉흥적인 상호작용 의례들이 있다. 친지들과 가벼운 점심식사(때로 사업을 진척시키는 데 도움이 될 무대 뒤의 친교), 파티, 상업적인 연예 행사의 참여 의례들이다.[4]

연속선의 위쪽 끝에는 정치 연설회나 정부의 기념식, 시위행진, 학교 졸업식, 교회 예배 따위의 공식적인 의식이 있다. 어떤 의식은 다른 의식에 비해 훨씬 느슨하지만, 모든 의식에는 집단의 소속 자격에 관한 규정이 있다. 정치 연설회는

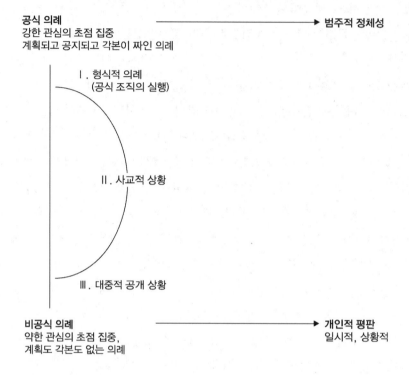

〈그림 7.1〉 공식 의례와 비공식 의례의 연속선

공식 의례
강한 관심의 초점 집중
계획되고 공지되고 각본이 짜인 의례
━━━━━━━━━━━━━━━━━▶ **범주적 정체성**

Ⅰ. 형식적 의례
(공식 조직의 실행)

Ⅱ. 사교적 상황

Ⅲ. 대중적 공개 상황

비공식 의례
약한 관심의 초점 집중,
계획도 각본도 없는 의례
━━━━━━━━━━━━━━━━━▶ **개인적 평판**
일시적, 상황적

국민이나 정당의 당원 또는 특정한 후보의 지지자들을 모으고 소속시키려 시도하지만, 그들이 규정하는 정체성은 사람들의 실생활에서 작은 부분을 차지할 뿐 정기적인 신분집단의 활동에서는 주변적인 것이다. 베버 식 신분집단은 연속선의 중간 지점에 놓을 수 있다. 좀 더 친밀하고 구속력이 행사되는 의례이다. 그보다 더 아래쪽에는 고프먼 식의 사소한 상호작용 의례 예법들이 있다. 격의 없는 대화, 인사 차리기, 농담, 뜬소문, 날씨 얘기 또는 버스를 기다린 지 얼마나 되었는지 따위의 사소한 이야기를 나누는 것이 그런 의례 예법에 속한다. 맨 밑에는 초점 없는 상호작용으로 흩어지는 관계가 있다. 거리나 공개된 너른 장소의 대규모 군중 또는 그저 물리적으로만 한자리에 있는 경우이다(Goffman, 1963;

〈사진 7.1〉 크리켓 경기를 하러 상위 계급의 복장을 하고 나타난 이튼의 소년들을 노동 계급 소년들이 빤히 쳐다보는 모습(1930년대의 영국). Getty Images사 제공.

1971; 1981). 그렇지만 고프먼은 이런 상황에서도 사람들은 암암리에 서로를 감시하고 있음에 주목한다. 이를 확대시키면 우리는 공개 장소에서도 제약·예절·경쟁에 따라 다양한 행동이 얼마나 많이 행해지는지 볼 수 있다. 극히 일시적인 것이지만 여기서도 역시 상황적 계층화의 변이를 볼 수 있다.

이 연속선은 신분집단의 포함·배제와 존대 행위를 살펴볼 수 있는 상황적인 사회조사의 배경을 보여준다. 두 개의 하위 차원을 조명해보자. ① 집단 의례가 사람들의 삶에서 얼마나 많은 시간을 차지하는지, 즉 정기적으로 의례를 행하는 공동체인지 아니면 어쩌다가 의례를 치르게 된 일회성 공동체인지의 여부. ② 의례 공동체가 활성화되는 순간의 열정과 유대가 얼마나 강렬하게 경험되는지의 정도. 정기적으로 의례를 행한다고 해서 일회성 의례보다 반드시 더 열정적인 몰입이 이루어지는 것은 아니다.[5] 따라서 나는 두 유형으로 일반화해본다.

첫째, 동일한 사람들을 포함하는 공식적이고 극히 초점이 집중된 의례(결혼식, 만찬, 축제)가 되풀이되는 경우에는 신분집단 사이의 경계가 뚜렷하다. 집단에 누가 포함되고 배제되는지가 집단 내부 성원에게나 외부인에게 모두 분명하게 보인다. 의례적 모임이 공개적으로 드러나는 정도를 보면 더 확실하다. 예를 들면 '400대 거부'들이 뉴욕 시에 있는 가장 호화스러운 호텔의 무도장에서 만찬을 하고 무도회를 여는 경우, 그리고 그들이 들어가고 나오는 모습을 인도에서 바라보는 비엘리트 계급 군중이 있을 때, 신분집단의 경계와 서열 체계가 공개리에 드러난다. 여기서 신분은 사물과 같은 속성을 지니며 의례의 집행이 공개적·기념적 성격이 짙을수록 소속 성원의 사회적 범주가 더욱 물화된다. 반대로 사전에 짜인 각본과 일정에 따라 널리 공지된 모임으로서의 성격이 적을수록 사회적 범주의 경계선이 덜 드러난다. 다른 사람들과 더 자주 교류를 가지는 사람들이 있다는 점에서 소시오메트리 서열이 여전히 존재하지만, 그런 모임들은 그저 아주 지엽적인 연줄(범주적 정체성이나 신분보다는 사적인 인연)을 인식한다는 정도의 의미만 있을 뿐이다. 사적이고 단편화된 연결망에서도 독특한 문화적 자본이 순환될 수 있으므로 문화적 차이를 유지할 수도 있다. 그렇지만 외부인에게 생활양식을 공유하는 집단으로 널리 인식될 만큼 드러나지는 않는다.

초점이 약한 사교적 의례에 뿌리를 둔 경우에는 그만큼 신분집단의 경계와 범주적 정체성이 약해진다. 가시적인 기호(한때는 사치 금지법에 걸릴 만큼 신분을 드러내는 기호가 있었다. 일본의 예는 Ikegami, 2004 참조)만으로도 식별할 수 있을 만큼 완전한 의미의 베버 식 신분집단은 일상생활에서는 매우 공식적인 경우에나 있을 뿐이다. 그런 조건에서 범주적 정체성(더 이상 법적 범주가 아닌 신사, 귀족, 시민, 농민, 평민)이 작용한다. 연속선의 반대쪽 끝으로 갈수록 정체성은 개인화된다. 크고 작은 규모의 사회적 청중 가운데서 어떤 한 사람이 이름이 알려지고 특별한 명성을 얻을 수 있다. 그렇게 널리 명성을 얻을 수 있는 사람은 스포츠 스타나 배우, 그 밖에 유명인이나 소문의 주인공들에 한정된다. 보통 판사는 알려지지 않지만 심슨(O. J Simpson) 사건을 재판한 판사는 명성을 얻는다. 개인은 대개 지역 연결망에서만 알려질 뿐 내부의 평판이 어떻든 외부에 드러나지 않는다. 이는 명예의 위계라기보다 유명세나 관심의 위계이다. 요약하면, 공식 의례는 범주적 정체성을 만들어내는 반면, 비공식 의례는 단지 개인적 평판을 만들 뿐이다.

두 번째 일반화는 공인된 신분집단의 의례와 경계가 없는 경우에도 있을 수 있는 상황적 신분에 관한 것이다. 의례가 공식적이거나 비공식적이거나 관계없이 의례는 그 강도에서 차이가 있다. 어떤 의례는 성공적인 집합적 경험을 창조하지만, 어떤 의례는 평범하고 겉치레 형식에 불과하다. 어떤 의례는 공유 정서를 형성(감상, 눈물, 외경심, 웃음, 외부인이나 희생양에 대한 분노)하고 유대의 감정을 재창조한다. 공식적 행사(결혼식, 연설회, 무도회)는 실패할 수도 있고 성공할 수도 있다. 파티는 지루할 수도 있고, 우정을 나누는 즐거움을 줄 수도 있고, 기념할 만한 술자리가 될 수도 있다. 여기에 두 번째 연속선이 있다. 즉, 관심을 집중시키는 정도에 따라 그리고 의례 실행 방식의 명성에 따라 상황에 서열이 생긴다. 공식성 또는 초점 집중의 강도가 높으면 의례의 강도는 그다지 문제되지 않는다. 그런 의례는 공식적으로 포함 또는 배제의 대상인 신분을 구분하도록 구조화되어 있어서 그 결과로 얻은 정체성은 널리 유포되고 피할 수도 없다. 그래서 지루한 의례이긴 하지만 여전히 집단 소속의 의미를 강하게 함축할 수 있다. 비교적 비공식적이고 초점이 맞추어지지 않은 의례의 수준으로 내려갈수록 신분의 감각을 강하게 경험하려면 강렬한 의례가 될 수 있도록 더 많은 노력을 기울여야 한다. 이것이 왜 현대 미국인이 가끔 스포츠 경기나 연예오락, 또는 대규모 파티나 대중적인 행사에서 법석을 떨며 '미친 놈'처럼 되는지 설명해준다.

두 번째 일반화는 이렇게 요약할 수 있다. 비공식적이고 즉흥적인 의례일수록 참여자가 강한 인상을 남기거나 명성을 얻으려면, 참여자는 보란 듯이 정서를 자극하고 튀는 소란을 벌일 필요가 있다. 제도화된 의례적 신분에 목마른 사람들(가령 흑인 하위 계급이나 십대 청소년)은 강렬한 상황적 드라마를 연출할 수단을 탐색하는 성향을 보인다.[6]

의례 강도의 차이는 그 의례에 사적으로 접근할 수 있는지 여부에 따라 사람들을 계층화한다. 파티의 총아, 익살꾼, 행사의 지휘자같이 사교적 모임에서 관심의 중심에 있는 사람들[Bales(1950; 1999)의 소집단 연구에 따르자면 감성적 지도자]은 그 상황에서, 또 대화를 통해 명성이 전파되는 연결망에서 가장 윗자리를 차지한다. 상황의 강도는 또한 위협적인 폭력의 감각이나 도전 의례의 과시로 생성될 수도 있다. 앤더슨에 따르면(Anderson, 1999: 78, 99), 도심의 '무대'는 자기 과시를 하러 가는 곳, 그곳에 있는 것만으로도 신분의 감각을 얻는 인구 밀도가 높은 곳이다. 그런 곳에서 싸움은 '공연(show time)'이라 불린다. 상황을 지배하는 기량을 과시하기 위해 위험을 자초하는 곳, 고프먼이 '행동의 현장'이라 부른 곳이다. 또 다른 보기로는 꽤 큰돈이 오가는 도박판을 들 수 있다. 고프먼의 지적처럼(Goffman, 1967), 금융 시장을 주무르는 식의 아주 그럴듯한 엘리트적 경제 행위도 비슷한 구조로 설명할 수 있다. 직업 지위의 서열처럼 추상적인 신분 위계는 미시적 상황에서 경험되는 신분 위계와는 실로 거리가 멀다. 엽기적인 물리학자나 추레한 외과의사는 추상적으로는 높은 서열을 차지할지 모르지만, 젊은 이들의 파티에서는 초라한 인물로 찍히기 십상이다. 다시 한 번 우리는 상황의 강도, 초점, 집단 소속감의 분포에 대한 새로운 사회조사의 필요성을 느낀다.

농도 짙은 사교적 의례가 이곳저곳에서 행해지겠지만 대부분의 사람들에게는 보이지 않는다. 역사적으로 누가 결투를 하는지, 누가 무도회의 여왕인지, 누가 사교계의 애송이인지를 공동체가 다 아는 사회, 즉 개인적인 평판이 제도화된 신분집단의 구조에 닻을 내리고 있는 사회의 상황과는 분명히 다르다. 오늘날 개인적인 평판은 의례가 드러나는 정도에 따라, 그리고 의례가 행해지는 특정한 연결망 안에서만 알려질 뿐이다. 그런 폐쇄적인 연결망 또는 '신분의 어항'은 주로 어린아이들에게서 볼 수 있다. 유아원에 다니는 어린아이들은 패거리를 짓고 거기에 속한다. 골목대장 노릇을 하는 작은 집단과 희생양들, 인기 있는 놀이의 지휘자와 추종자, 두려움이나 자폐적인 성격을 가진 외톨이들로 구성된다(Montagner et al., 1988). 고등학교는 아마도 가장 가시적으로 그리고 아주 구조화된 패거리(사립학교 출신, 시골 출신, 종교적 복음주의자, 마약하는 치, 반항아, 과거에는 공부벌레라 불렸던 맹꽁이들로 구성)가 있는 곳일 것이다. 그 증거는 몇 십 년 전으로 거슬러 올라간다(Coleman, 1961; Stinchombe, 1964). 최근의 고등학교는 주로 종교와 지적·예술적 반문화 패거리들이 더해져 구조가 더 복잡하다(Milner, 2004). 거기에 한 가지 경향이 있다면, 지배적인 패거리에 저항하는 하위 신분집단이나 낙오자들이 저지르는 학교 폭력에서 드러나는 것처럼 신분집단 사이의 갈등이 더욱 표면화되고 있다는 점이다.

학교는 제도화된 생활양식의 차이, 사회적 명예나 불명예, 그리고 개인적 평판을 넘어서는 범주적 정체성을 지닌 준신분집단이 형성될 수 있는 드문 영역 가운데 하나이다. 이들은 성원 자격이 영구적이 아니라는 점에서는 준신분집단이지만, 학교에 다니는 동안 그들의 삶에서는 실질적인 사회적 효과가 있다. 청소년 집단의 특정한 구조는 더 큰 사회적 배경에서 이루어지는 범주적 배제와는 반대 방향으로 형성된다. 현대 사회에서 청소년은 중세 신분 계급이 법적 규제를 받던 방식과 비슷하게 특별한 법적 규제와 금지를 당하는 드문 집단 가운데 하나이다. 이들은 음주나 흡연 같은 여가와 소비의 의례에서 배제된다. 청소년은 집단 성원이 아닌 이들과의 성관계가 공식적 금기로 격리된 유일한 집단이다. 청소년이 갈 수 없는 장소들로 세계는 분리되어 있다. 의미심장하게도 그 장소들은 사교 의례가 이루어지는 곳(술집과 파티 같은 유흥의 장소)이거나 아니면 가장 강렬하게 흥분을 유발(성과 관련된 활동)한다고 알려진 장소들이다. 그 결과로 성인에게만 허락된 의례 강도의 위계를 극적으로 만드는 효과가 있다. 공개리에 열리는 대중 집회에서 정치인들이 선언하는 공적인 성인의 세계는 청소년을 악의 세계로부터 보호한다는 명분으로 청소년의 배제를 합리화한다. 이는 공적으로 표현된 성인의 주관적 세계와 청소년의 경험 사이에 도덕적 분리를 더 뚜렷하게 만드는 태도이다. 실생활 상황에서 연령제한에 해당하거나 그보다 조금 더 나이가 든 축은 일상적으로 자신의 나이를 증명해 보이라는 요구에 직면하는 경험을 한다. 상대를 복종시키고 배제할 수 있는 관리처럼 변모한 말단 공직자, 검표원, 수위, 상점 점원 같은 이들에게 복종해야 한다. 따라서 현대 사회에서 청소년은 그 범주적 신분 때문에 공식적으로 소소한 굴욕을 겪어야 하는 거의 유일한 집단이라 하겠다. 비공식적으로 비슷한 검증에 걸려드는 흑인의 경우와 비슷하다. 이 두 집단은 아님이 증명되기 전에는 불명예스러운 존재로 치부된다. 청년 문화가 흑인 문화에 동정적이고, 또 흑인 문화 가운데 가장 반역적인 요소를 모방하는 연유가 바로 그런 점에 있다.

일상적으로 행해지는 집단 장벽이 청소년층의 반문화 형성을 지원하는 셈이다. 청소년은 성인과는 정반대로 처신한다. 모자 거꾸로 쓰기는 앞으로 쓰기가 정상적인 방식이기 때문이다. 성인의 세련된 옷차림새와 반대되는 것이라서 헐렁한 바지와 허름한 옷을 입는다(Anderson, 1999: 112). 반문화는 성인 문화와 분리된 경계선에서 출발해 반대 방향으로 발전한다. 청소년 집단에서 형성되는 신분의 위계는 성인의 반듯함과는 더욱더 멀어졌다. 최근 몇 년간 몸에 문신을 하고 색을 칠하는 이들이 늘어나고, 구멍을 뚫는 신체의 부위·양·크기도 늘어났다. 이런 행위들은 대부분 자신의 종교적 카리스마가 세속적 삶에서 얼마나 먼 거리에 있는지 증명하려고 극단까지 밀어붙였던 인도의 고행자들이 사용하던 방식과 흡사하다. 청소년의 준신분집단 안에서도 문화적 유형과 패거리 구조는 다양하다. 가장 극단적인 반(反)성인 문화 형태가 한자리를 차지하고, 그 밖의 형태(운동선수, 사립학교 출신, 모범생, 복음주의자)는 그들이 속하게 될 반듯한 성인 세계와 타협하거나 적극적으로 헌신하는 모습을 보이기도 한다. 그러나 정도의 차이를 불문하고 반성인적인 문화가 가장 널리 퍼져 있는 것 같다. 의례적으로 청소년을 천박하게 취급하는 성인 도덕군자들이 늘어난 만큼 그에 상응해 청소년 반문화에서도 양극화가 진행될 것이다.

청소년 반문화가 공개리에 십대들을 집단적 정체성으로 낙인찍고 법적으로 배제하는 과정에서 형성되었음을 살펴보았다. 그런데 청소년 반문화가 젊은 축에 드는 성인들 가운데서도 널리 확산되고 있다. 이는 몇 가지 구조적 연속성 때문이다. 젊은이들은 전체적으로 독자적인 경제적 자원이 빈약하다. 직업을 가지고 있다 해도 보통은 가장 비천한 서비스 업종에 갇혀 있다. 학력 요건의 상승이 학교 다니는 기간을 연장시킨 결과로 이들은 성인 직업 서열에서 주변적인 신분에 머물러 있다. 게다가 대중 매체 산업은 젊은이들이 가장 적극적인 연예 상품의 소비자이기 때문에 청년 문화를 주된 청중으로 삼는다. 그렇지 않았다면 대중의 의식에서 사적인 것으로 치부되었을 청소년 문화가 과장된 소외의 모습을 보이며 가장 두드러진 상징적 표지가 되었다. 개중에는 팬들의 반문화 상징을 과시하는 연예계 명사로 경제 엘리트가 된 이들도 있다. 이 연예계 유명인들은 경제적 권력의 주요 회로의 바깥에 있지만, 계급 구조에서는 가장 눈에 띄게 성공한 사람들이다. 따라서 반문화 양식은 억압받는 신분의 소외 기호일 뿐만 아니라 청년 집단 내부에서 그리고 자유로운 대중적 명성의 세계에서 긍정적 신분을 드러내는 상징적 표지로도 확산되고 있다. 현대 사회에서 가시적인 신분 경계가 거의 사라졌지만, 아직도 신분 경계선이 하나 남아 있다면 그것은 청소년 대 성인의 준신분집단의 경계일 것이다. 이 신분집단의 경계선은 일상생활을 통해 가시적인 계급과 권력의 구조를 역전시키며 대중화된 신분 위계의 표지로 작용하고 있다.

범주적 존대와 상황적 존대

가장 미시적인 상황으로 내려가면 존대 행동이 있다. 한 사람이 다른 한 사람에게 아주 잠시 존중을 표하는 몸짓이다. 역사적으로 엄격하게 조직된 사회에서 일상생활은 허리 숙여 절하기, 존칭(전하, 마마, '황송하오나 마님' 등), 존대가 담긴 어조와 별난 존대의 몸짓으로 가득 차 있었다(Chesterfield, 1774/1992. 일본의 사례는 Ikegami, 1995 참조). 이들은 모두 비대칭적인 의례들이다. 반면에 고프먼(1967)은 20세기 중반에 행해졌던 대부분 상호적·대칭적인 의례를 묘사한다. 상대를 정중하게 대하는 악수, 안부 묻기와 잡담하기, 모자 벗기, 문 잡아 주기가 그런 의례들이다. 그에 상응하는 답례를 행함은 신분이 동등함을 보여주는 몸짓이다.

그러나 고프먼은 서로 답례를 주고받는 작은 동아리에 포함되어 있다는 사실 자체가 신분 질서의 과시라는 점도 지적한다. 가장 정교하게 존대 예법을 실행에 옮기는 사람들은 신분이 더 높은 사람들이고, 적절한 존대로 답례를 하지 못하는 사람들은 배제되기 때문이다.

현대 사회에서 상황에 따라 어떤 종류의 존대가 얼마나 행해지는지 사회조사를 해볼 만하다. 존대의 예를 갖추는 행동을 상황의 유형학으로 그려볼 수 있다. 일터에서 존대의 몸짓이 얼마나 많은지(나중에 조직 권력의 형태로 살펴볼 것이다), 공식적 각본이 있는 의식에서 사용되는 존대에는 어떤 종류가 있는지에 대한 논의는 잠시 미루자.[7] 가장 흥미로운 사례는 상대적으로 구조화되지 않은 사교적 상황과 초점이 맞추어지지 않은 공개 장소에서 이루어지는 존대일 것이다.

현대인은 범주적 존대를 거의 받지 못한다. 대개 사적인 명성을 지닌 사람, 그리고 서로 개인적으로 알고 지내는 연결망 안에 있는 사람에게 행한다. 유명한 사회학자는 사회학회나 다른 사회학자들이 있는 파티에서 존대를 받지만(주로 대화에서 말할 권리를 얻는 식으로), 그 영역 밖에서는 대우를 받지 못한다. 전문직 인사들은 대개 전문 분야 내부에서 존대를 받는다. 내부에서 명예나 불명예의 서열이 생길 만큼 서로에게 충분히 관심을 기울이는 연결망이 얼마나 존재하는지 사회조사를 해보면 좋을 것이다. 존대 의례는 직업적 공동체뿐만 아니라 다양한 종류의 자발적 결사체와 이해당사자 연결망, 감식 권위자들, 과시와 경쟁이 치열한 영역에서도 볼 수 있다. 미국에는 수많은 자발적 결사체가 있고 각기 내부적으로 신분 위계가 있다. 위계가 서로에게 잘 알려져 있지 않은 경우에도 미국인 상당수, 아마도 성인 인구의 절반 이상이 삶의 어느 한 작은 영역에서는 가벼운 일시적 존대를 받아본 경험이 있을 것이다.

전문화된 조직과 연결망 밖에서 행해지는 일시적인 존대는 대부분 명사들에게 국한된다. 그런 인물들은 대중 매체에 의해 제조되는데, '스타'의 정체성을 광고하고 판매해서 소득을 얻는 연예 산업에서 특별하게 주목받는 사람들이다. 뉴스 매체 역시 저명인사(정치인, 범죄자 그리고 인간적인 이야기의 주인공)를 만들어내고 그들에 관한 정보를 판매한다. 대중 매체는 사회의 대다수 성원에게 공유되는 관심의 초점을 계속 만들어내는 유일한 공간이다. 이 공간에서는 그런 인물들을 중심으로 강렬한 의미가 생성될 뿐만 아니라 뉴스와 연예 산업 조직이 정기적으로 대중에게 전할 기사 분량을 쉽게 채워준다(이는 뉴스의 세계에서 '이야기 꾸미기'라고 불리는데, 특히 어떤 '충격적 뉴스'도 발생하지 않는 '죽은' 시기에 그렇게 한다). 명성의 위계는 몹시 가파르다. 엘리트 바깥에는 방대한 익명의 다수, 즉 자신의 직업적 모임이나 친분 관계를 벗어나 익명으로 존재하는 사람들이 있을 뿐이다. 명사들이 현대 사회의 존대를 거의 독차지하고 있지만 이전의 역사에서 상위 지배 계급이 받았던 존대의 형태보다는 훨씬 빈약하다. 사람들은 그들 앞에서 길을 비켜주거나 절하는 일이 드물다. 대신에 그들에게 다가가 접촉하려 하고 기념이 될 만한 물건(사진, 옷, 자필 서명)을 얻으려 한다. 귀족처럼 대접하지 않고 부족 사회의 종교적인 토템 동물처럼 취급한다. 토테미즘은 내부적으로 평등한 집단의 종교이고 또 현대의 대중은 평등주의자라는 점에서 토테미즘의 비유가 잘 들어맞는다. 명사와 접촉하고 그 사람의 어느 한 부분을 몸에 지니는 행위는 뒤르켐이 묘사한 성스러운 대상을 향한 행위, 집합적 마나의 마력에 이끌려 그 한 부분을 공유하려는 모습과 흡사하다. 명사는 현대 사회의 관심 공간에서 집합적인 정서적 에너지를 높은 수준으로 활성화시키는 얼마 되지 않는 관심의 초점 가운데 하나이다. 뒤르켐 식으로 해석하면 명사 숭배는 일종의 집단적 예배 행위이다. 흥분을 불러일으키고 평범한 삶에서 벗어나 초월적인 무엇으로 바꾸어주는 힘을 숭배하는 것이다. 명사에 대한 평판과 관심에는 긍정적인 것도 있고 부정적인 것도 있을 수 있음에 주목하라. 명사의 추문은 엄청나게 인기가 높다(심슨 재판을 거론할 필요가 있을까).[8] 이 역시 고도로 초점이 집중된 관심의 형태이다. 추문으로 촉발되는 정서는 그 강렬함을 공유토록 하는 데 특히 효과적이다. 명사에 대한 존대는 위계적 성격보다는 참여적인 특성을 지닌 특수한 종류의 존대이다.[9]

뒤르켐 식으로 보면, 오늘날 대중 매체를 통해 주목받게 된 명사들은 성스러

운 대상으로서 집합의식의 상징적 표지로 기능하는 거의 유일한 사람들이다. 그
렇다면 보통 사람들이 명사가 입는 옷과 비슷한 옷을 입고, 그 인물을 드러내는
표지를 몸에 지니고 다니면서 공감의 마력을 통해 스스로 이 마나의 한 부분이
되려 하거나 상징적 표지가 지닌 힘을 전유하려는 함은 그리 놀라울 것도 없다.
부족 사회의 부족민은 몸에 자기네 친족의 토템을 그려 넣었다(Lévi-Strauss, 1958/
1963). 현대인들, 특히 범주적 정체성을 부여하는 직업적 명성이 없는 사람들은
스포츠 영웅의 이름과 백넘버를 새긴 웃옷을 입고 연예계 스타의 사진을 인쇄한
티셔츠를 입는다. 가시적인 신분집단도 없고, 친족 정체성은 훨씬 적은 사회구
조에서 오로지 매체가 만든 스타만이 초점이 집중된 집단의 집합적 에너지에 참
여하고 있음을 나타내는 상징물 구실을 한다.

   지배와 종속, 존경과 무례를 겉으로 드러내는 고전적 의미의 존대에 가장 가
까운 형태는 도심의 흑인 거주 지역에서 볼 수 있다. 앤더슨은 흑인 대다수가 직
업, 교육 성취, 가족생활과 교회생활에서 사회의 보편적인 표준에 맞는 삶을 추
구하는 상황을 기술하고 있다(Anderson, 1999). 그러나 빈곤과 차별, 그리고 무엇
보다도 도심지역은 치안의 부재로 개인(특히 젊은 남성)이 거친 몸짓을 내보이며
자기를 성가시게 하면 위험하다는 암시를 보내는 '거리의 코드'가 지배하고 있
다. 그들은 상대에게 존대를 강요한다. 좀 오래 쳐다보는 식의 사소한 몸짓도
'노려보는' 적대적인 신호로 해석되어 싸움이 벌어지고, 그들의 시선에 잘못 붙
잡히면 살인으로 이어질 수도 있다(Anderson, 1999: 41, 127). 요란하게 음악을 틀
고 차도 한가운데 차를 세워두는 식의 무례한 행동은 대립을 피하려는 지역 주
민 대다수로 하여금 묵인하거나 못 본 체하게 만든다. 의례적 질서의 두 가지 코
드ー 거친 행동들이 화려하게 지배하는 '거리의 코드'와 고프먼 식의 예절바른 행동의
코드ー 가 작동하지만, 흑인 빈민가의 상황을 지배하는 것은 거리의 코드이다.

   주류 백인 사회에서 신분 질서는 드러나지 않거나 특정한 연결망 안에서만 드
러난다. 직업과 부가 존중받지도 않고 범주적 정체성이 눈에 띄게 드러나는 신
분집단을 형성하지도 않는다. 대중적 상호작용은 유대가 약한 평등, 정중한 태

도와 탈격식이 엷게 가미되어 개인적 공간을 확보하는 관행으로 이루어진다. 고프먼(1963)은 이를 일러 시민적 무관심의 질서라고 부른다. 고프먼이 지적하듯이, 이는 단순한 무관심이 아니다. 가까이 있게 되면 몸이 부딪치지 않게 하려고 횡단보도의 신호등을 조작하거나 사적인 공간을 침범하지 않으려고 눈길을 돌리고 미시적 몸짓을 조절한다. 그와는 대조적으로 흑인 빈민가 거리의 코드는 신분 질서를 공개적으로 과시하고 때로는 적개심도 표출한다. 지배자와 피지배자의 상황적 위계를 적나라하게 드러내어 널리 알린다. 여기서 평등한 만남이란 언제든 폭력적 갈등으로 번질 수 있는 적대적인 평등주의이다. 거리의 지배자들은 거리 공간의 통제권을 주장한다. 나머지 사람들은 경계심을 지니고 그들을 조심스럽게 관찰한다. 시민적 무관심에서 나오는 무언의 관찰은 점차 초점이 집중된 대중적인 긴장 상황으로 비약할 수도 있다. 시민적 무관심을 드러내는 이들은 지배를 당하는 반면, 지배자들은 시민적 무관심을 강요한다.[10]

거리의 코드는 중간 계급의 위신과 체면이라는 정상적 범주를 부정하는 것일 뿐만 아니라 전면적인 반문화이기도 하다. 중간 계급 존대 예절을 소심함의 기호로 받아들인다. 게다가 통상적인 성취(학교를 다녔다든가, 성실하게 노동을 한다든가, 합법적인 직업을 갖고 있다든가)의 노출은 신분적 권리 주장이나 성취를 이루지 못한 사람들에 대한 모욕으로 간주된다. 그 때문에 많은 '점잖은' 또는 '반듯한' 흑인 주민이 겉으로는 그와 반대되는 문화적 표지를 붙이고 다닌다. 거리 지배자들의 차림새를 본떠 깡패 같은 옷을 입고, 상징물을 몸에 붙이고, 조롱과 분노의 소리를 닮은 랩 음악을 즐긴다. 거리의 코드는 점차 대중적인 지배 문화가 되어가고 있다. 반듯한 젊은이들이 폭력의 위험에 대처하는 보호 장치로 선택하는 탓이기도 하고, 대립적 문화가 상황적 특권을 지니고 있는 탓이기도 하다. 거리의 코드는 가장 강렬한 정서를 창출하고 관심의 초점을 지배하는 의례로 구성된다. 고프먼 식의 정상적인 사회적 예절은 그 앞에서 빛이 바랜다. 그리고 관심 공간에서 경쟁을 할 수도 없다.

이것이 왜 일상 삶에서 폭력적 위협에 거의 노출되지 않는 집단에서도 폭력에 기반을 둔 흑인 하위 계급의 대결적 문화가 평판을 자랑하는 예법으로 채택되는지 설명해준다. 백인 중간 계급의 젊은이들이나 연예계 스타, 그리고 '속물주의를 전복'시키고자 하는 사회운동가들의 경우가 그렇다. 그렇지만 좀 더 세부적으로 보면 백인의 반문화는 흑인의 거리 문화와는 다르다. 흑인 건달들은 값비싼 운동복, 번쩍거리는 차, 온갖 성적인 기호를 발산하는 선정적인 여성 취향을 드러낸다. 백인의 반문화는 허름한 옷, 귓불 뚫기, 덥수룩한 수염, 지저분한 차림새, 도착적인 성 취향으로 나타난다. 거리의 흑인 무법자들은 격식을 벗어나려고 하지 않는 반면, 백인의 반문화는 격식 벗어나기를 극단까지 밀어붙인다. '거리의 코드'는 폭력적 위협으로 지배력을 과시하는 것이라면, 중간 계급 청소년과 연예계 명사들의 반문화는 물리적 지배가 아니라 순수한 상징적 반란이다.

반문화가 상호작용을 지배하는 상황의 무기는 무엇일까? 흑인의 거리 상황에서는 단순한 물리적 힘과 위협이다. 근육의 과시, 무기를 쓰기라도 할 것 같은 몸짓, 명예를 손상시킬 조짐이 보이면 아주 사소한 꼬투리를 잡아 시비를 걸려는 태도 따위이다. 여성의 경우에는 성적 매력과 미모가 특권이다. 성적 매력과 미모는 성 활동 무대에서 자극의 초점이 되고, 성적 겨룸에서 점수를 따고, 거리의 지배자와 연줄을 과시할 수 있는 비결이다. 분노와 조롱을 노래하는 솜씨도 또 하나의 상황적 무기이다. 청중의 관심 공간을 장악하기 위해 음향 증폭기로 조롱과 분노를 담은 랩 음악을 틀거나 준비된 시끄러운 소음도 곁들인다.

흑인 거리의 상황은 거시 구조적인 자원에 비해 상황 자원이 우세함을 보여주는 극단적 삽화처럼 보인다. 거시 구조와의 연결 관계가 완전히 없어진 것은 아니다. 거리의 만남은 폭력을 행사할 준비가 되어 있다거나 과거에 범법 행위로 수감된 기록 따위로 평판이 자자하다거나 하는 초상황적 요인에 영향을 받는다. 그런 (긍정적인 또는 부정적인) 초상황적 자원은 주로 공동체 성원이 개인적으로 또는 소문의 연결망을 통해 서로를 알고 있는 만남에서 작용한다. 거리의 만남은 또 친척관계나 그 밖의 동맹관계, 갱단의 상징적 표지, 그리고 지역의 범주적 신분집단의 표지를 통해서도 영향을 받는다. 이런 거리의 만남들은 연속선의 한 극단에 가깝지만 역사적으로 특이한 유형은 아니다. 똑같은 '자질'이 전면에 나서는 경우도 많이 있었다. 가령 싸움 솜씨, 물리적 힘, 명예나 윗자리를 차지하기 위해 목숨을 걸고 도전자를 탐색하는 의례, 자랑을 떠벌이거나 모욕하는 언어문화 따위가 있었다. 기록으로 가장 잘 알려진 사례는 호메로스 시절의 그리스, 영웅적인 해적들이 활거하던 시기의 스웨덴이다. 모두 국가가 대단히 약하거나 아직 국가가 채 생기기 전 권력이 친족으로 계승되지 못하고 전사 무리가 장악하던 시기였다.[11]

이런 경우에도 순전히 폭력이 존대의 토대였다고 결론을 내린다면 너무 단순한 생각이다. 언제나 실제 싸움보다는 잠재적 위협이 효과가 더 크고, 가장 힘센 자에게도 제휴는 필요하다. 따라서 일상적으로 위협이 존재하는 상황에서 이루어지는 상호작용은 협박과 명예를 과시하는 의례의 형태를 띤다. 앤더슨의 연구는 심지어 가장 거친 '범죄적 인물'조차도 지역 사회에서 가장 약한 이들만을 먹이로 삼지는 않음을 보여준다. 그 방면에서 명성을 쌓으려면 그만큼 힘센 누군가에게 도전을 해야 한다. 문학적으로 이상화한 것이지만, 호메로스가 그린 영웅들끼리의 투쟁에서도 같은 구조를 볼 수 있다. 폭력이 상황을 지배하는 효과적인 무기가 되려면 의례화의 여과 과정을 거쳐야 한다.

미국의 주류 사회에서 일반 대중의 마주침은 조심스럽게 조절된다. 빈민가 거리의 마주침에서 대체로 상황을 지배하는 쪽은 대결적 자세를, 지배를 받는 쪽은 회피의 자세를 보인다. 앤더슨은 흑인 청소년들이 백인 또래들을 위협하기 위해 때때로 거리의 코드를 사용해 중간 계급 영역으로 침투하는 모험을 감행한다고 지적한다(Anderson, 1999: 20). 주류 백인의 상호작용 유형은 강력한 국가, 경찰, 교육 기관, 기타 규제 기관 등 일상생활에 깊숙이 침투해 있는 거시 구조적 조건에 뿌리를 두고 있다. 백인 중간 계급 성원들은 비인격적인 관료적 통제가 마주침의 조건을 규제하는 장거리 조직 연결망에 익숙하다. 폭력은 거의 국가 기관이 독점하고 있어서 일상적인 마주침에 영향을 미치지 못한다. 백인이 흑인의 거리 유형을 만나면, 거의 가핑켈의 위반 실험에서 볼 수 있는 것과 같은 극도의 불편함을 느끼게 되어 있다.

그런데도 백인이 흑인의 거리의 코드를 단순한 범법 행위로 취급하기는 쉽지 않다. 거리의 코드는 고도로 양식화된 의례의 모습으로 위장해 위험을 가하기 때문이다. 게다가 1960년대 인권 운동이 대중적으로 성공한 이래 백인 사회의 공식 매체, 특히 교육과 연예계의 문화 매체는 인종 평등을 강조하고 범주적 차별을 반대해왔다. 공식 기구가 선언하고 법정에서 의례적으로 진술하는 평등주의는 의례적 거리를 지키는 한 어떤 행동이나 처신도 묵인하는 형태의 격식을 차리지 않는 중간 계급의 행위 유형을 강화시켰다. 고프먼(1967)의 지적처럼, 의례주의는 각자 강한 연줄이 있는 소속 집단은 없어도 침범을 당하지 않을 만큼은 안전을 지켜주는 사생활과 관용의 껍질을 쓰고 일상의 삶을 살아갈 수 있게 해준다. 그러나 이런 의례 형태로는 상황에서 약자를 압도하는 강자의 대결적 거리 유형과 노골적인 불평등을 감당하기 어렵다. 고프먼 식 코드를 따르는 백인 중간 계급은 안전을 위해 흑인 거리의 코드를 따르는 '점잖은' 빈민 지역 주민보다 더 공손하게 대결적 자세의 흑인을 대한다. 따라서 거리의 코드를 행하는 흑인에게 백인과의 마주침은 백인 중심의 사회질서를 더 경멸하게 만드는 경향이 있다(Anderson, 1999). 동시에 백인의 불편한 감정은 표출되지는 않지만 인종 장벽을 유지시키는 인종 분리적 상호작용을 강화한다.

범주적 정체성은 이제 거의 사라지고 순전히 국지적인 연결망 안의 개인적 평판으로 바뀌어 외부로 알려지지 않는다. 상호작용에서 범주적 정체성이 아직도 의례의 장벽으로 남아 있는 곳이 있다면, 그 가운데 하나는 거리의 코드와 고프먼이 말하는 공적 코드로 나뉠 수 있는 흑백 분리 의례일 것이다.

명령 권력과 효능 권력

권력은 상투화되고 물화된 또 다른 개념 가운데 하나이다. 권력이란 타인의 저항에도 불구하고 자신의 의지를 관철하는 것이라는 베버의 정의는 미시 상황에서 권력이 어떤 의미인지 아직 충분히 검토되지 못하고 있다. 즉석에서 사람들을 복종케 만드는 권력과 효과를 발생시키는 권력을 구별해야 할 것이다. 후자가 반드시 전자를 함축하는지 여부에 대해서는 오래된 논쟁이 있다. 파슨스(Parsons, 1969)는 권력이 일차적으로 제로섬 게임(한 사람이 이기면 상대는 굴복해야 하는)의 문제가 아니라, 전체 집합체가 이전에 가지지 못했던 바를 성취하는 사회적 효능의 문제라고 주장했다. 전자를 명령 권력(deference power)이라 하고, 후자를 효능 권력(efficacy power)이라고 부르기로 하자. 미시 상황에서 더러 효능 권력이 생길 수도 있지만 명령을 내린 사람의 눈에 원했던 결과가 바로 나타날 때뿐이다.[12] 그럴 때는 경험적으로 명령 권력과 효능 권력이 일치한다. 그러나 대개 명령 권력은 형식적이거나 의례적이다. 극단적인 경우 한 사람은 오만한 어조와 태도로 명령을 내리고 상대는 그 명령을 받아들인다는 듯이 말과 몸짓을 해 보인다. 그러나 실제로 그 명령이 수행될지 또한 명령이 수행된다고 할지라도 명령을 내린 사람이 원하는 결과가 나타날지는 미지수이다. 효능 권력과 완전히 별개라 하더라도 명령 권력은 언제나 개인적 관계의 '문화'를 규정하는 의미심장한 사회적 경험이다. 명령 권력은 제3장에서 기술한 권력 의례에서 행사된다. 명령 권력의 불평등이 큰 사회는 사람들의 사회적 정체성에서도 차이가 아주 극명하게 나타나며 억압된 갈등과 분노가 들끓는 사회일 것이다(그 증거로는 Collins, 1975: chaps. 2와 6 참조). 효능 권력은 집중되더라도 아마도 그런 효과를 내지는 못할 것이다. 물론 이는 가설이고 경험적으로 증명되어야 할 문제이다. 20세기 후반의 역사적 경향은 가설에 부합하는 것 같다. 계급 범주의 정체성이 사라짐으로써 명령 권력이 빠르게 소멸하고 평등주의라는 피상적 감각이 태어난 것이다.

효능 권력은 보통 상황을 넘어선 먼 거리에서 실현된다. 효능 권력이 실질적 효과를 보려면, 명령과 의도가 사회적 연결망을 통해 확산되고 실행에 옮겨져야 한다. 효능 권력은 보편적으로 많은 사람들의 행동과 여러 상황을 포괄하는 거시적인 권력이다. 대규모 조직을 움직이는 권력은 약한 형태의 효능 권력이다.

〈사진 7.2〉 명령 권력이 실행되는 장면. 상위 계급 크리켓 선수들에게 다과를 제공하는 모습(1920년대 영국). Getty Images사 제공.

조직이 의도한 성과를 얻으면 더 많은 효능 권력이 생긴다. 효능 권력이 가장 큰 경우에는 전체 사회구조가 바뀌고 사람들을 이어주는 연결망의 유형도 궁극적으로는 다른 유형으로 변화할 것이다.

　명령 권력과 효능 권력 가운데 어느 쪽으로도 권력 분포를 측정하려는 노력은 별로 없었다. 블라우(Blau, 1977)는 조직의 통제 범위로 권력을 측정했다. 조직에서 상사의 명령을 받는 부하 직원의 수와 상사로부터 받은 명령을 다시 자기의 부하 직원에게 명령을 내리는 식으로 이어지는 명령 연쇄의 총수를 곱해서 개인이 보유한 권력을 측정하는 방법이다. 그러나 그 측정 지표는 너무 포괄적이어서 명령이 무엇을 뜻하는지 모호하다. 만일 조직에서 명령의 연쇄를 표본으로 추출해 미시 상황에서 측정할 수 있다면 상사와 부하 직원 사이의 상호작용에서 각각 얼마만큼의 명령 권력이 행사되고 있는지 그 변이를 알 수 있을 것이다. 아마도 블라우가 염두에 둔 권력은 명령이 실제로 수행되고 명령의 연쇄는 '윗사람'의 의지가 '아랫사람'에 의해 수행된다고 가정하는 효능 권력일 것이다.

그러나 이는 조사해서 밝혀야 알 수 있다. 여러 가지 방법으로 명령불이행이 일어날 수 있다. 조직 연구 문헌들은 노동자가 자기의 직속 상사(그리고 또 더 상위에 있는 상사)에게 저항하는 수단으로 작업 속도를 조절하고 있음을 보여준다(Burawoy, 1979; Willis, 1977; Etzioni, 1975). 노동자는 감독이 눈앞에 있을 때는 명령 권력의 상징에 공손한 태도를 보이지만, 감독이 없을 때는 원래의 자기네 방식으로 되돌아간다(효능 권력에 순종하지 않는다는 사실을 은폐하기 위해 겉으로만 명령 권력에 순종하는 방법을 이용한다). 명령 권력과 효능 권력의 균열은 관료적 조직에서 여비서가 직속 상사(보통 남성)에게 복종하는 체하고는 일을 되게도 하고 막기도 하며 비가시적인 권력을 행사하는 경우 뚜렷이 드러난다. 마르시아 마르크스(Marcia Marx, 1993)는 이를 '그림자 위계'라고 부른다. 작업 과정이 얼마나 가시적인지, 작업 결과가 표준화될 수 있고 계산 가능한지, 그리고 예상할 수 있는 불확실성이 얼마나 큰지를 분석함으로써 실질적인 통제력의 행사를 탐구한 연구 문헌은 상당히 많다(연구 결과를 요약한 것으로 Collins, 1988: chap. 13; Etzioni, 1975 참조). 경영진은 명령의 연쇄에서 아래쪽에 있는 사람들이 사용할 수 있는 대안적 기회를 통제하기 위해 간접적 통제 방법(물리적 환경의 배열, 의사소통과 정보의 조절)에서 해답을 찾을 수도 있다. 그런 간접적 통제로 전환하면 명령 권력은 감소한다. 물론 경영진은 그 대신 효능 권력이 높아지리라 기대할 것이다. 그런데 이런 경우에도 효능 권력은 여전히 모호하거나 다차원적이다. 어떤 조직은 직원들이 작업을 수행하는 방식을 제약함으로써 통제할 수도 있겠지만, 수익성을 높이거나 경쟁조직을 능가하는 결과를 낼 수 있을지는 알 수 없다. 군 장성들은 큰 명령 권력을 가지고 있고, 군 명령 체계로 차렷 자세를 받는 부하의 수에 따라 상관들이 지닌 명령 권력의 차이를 쉽게 계산할 수도 있다. 그러나 명령 이행의 정도와 속도를 저해하는 상황 조건이 있다. 실제로 전투의 승리를 좌우하는 그 밖의 상황 조건들도 있음은 잘 알려져 있다.

조직 연구 문헌에는 역사적으로 물리적·경제적 환경과 기술에 따라 조직의 통제 유형이 변화해왔음을 보여주는 연구들이 풍부하다(Chandler, 1962; 1977). 1500년대 이후 진행된 군사적 혁명과 국가의 팽창에서 1800년대와 1900년대 초반 자본주의 기업에 이르기까지 조직 규모와 집중화가 엄청나게 증가했다(Mann, 1993). 이는 명령 권력의 집중화가 증가했음을, 또한 미시적 마주침 상황에서 고위직의 효능 권력도 얼마간 증가했음을 뜻한다. 20세기에 들어와서는 통제가 분권화되는 보편적 경향을 보인다. 최고위층에서는 주식 소유권과 금융 제휴로 경영자의 통제권이 약화되었다. 중간층에서는 과업의 복잡성과 불확실성이 증가하면서 간부들의 묵시적인 효능 권력 또는 적어도 전복 권력(일종의 부정적인 효능 권력)이 증가했다. 하위직에서는 저항 조직인 노동조합(한 세기 동안 부침을 거듭했다)과 비공식 작업 집단의 도전이 있었고, 최근에는 전자 감시 체계 수단을 통해 노동자의 일거수일투족을 통제하려는 흐름도 있다(Fligstein, 1990; Leidner, 1993). 인수 합병의 흐름도 있었다. 그러나 사업부제, 수익 다변화 구조, 가맹점 구조(franchising), 외주화(out-sourcing) 같은 반대되는 흐름도 있다. 그리고 최근에는 '시장도 아니고 위계도 아닌' 형태로 전문성과 인적 자원을 교환하는 기업들의 느슨한 연결망 형태의 흐름도 나타난다(Powell, 1989). 명령 권력과 효능 권력이 모든 형태의 조직에서 고정된 상수라면, 명령의 연쇄를 통해서 직·간접적 통제의 범위를 합산할 수 있고, 또 권력 집중의 부침을 추적할 수도 있다. 그러나 명령 권력과 효능 권력은 당연히 상수가 아니다. 그런 측정을 할 수 없다는 말이 아니라 측정은 다차원적이어야 하고, 또 역사적으로 아주 복합적인 역사적 경향을 보여줄 수 있어야 한다는 뜻이다.

전체적으로 볼 때 명령 권력이 행사되는 곳에서도 그 성격은 약화되었다. 그리고 미시 상황에서 무조건 복종을 강제하는 명령 권력도 특정한 영역에만 국한되는 형태로 파편화되었다. 효능 권력은 이야기가 다르다. 규모가 아주 큰 위계 조직도 있고 금융 자원 및 다른 형태의 영향력이 넓고 먼 곳까지 미치는 막강한 사회적 연결망의 사슬에 자리 잡고 있는 조직이 있다. 그런 곳에서는 소수의 개인이 수백만의 삶에 영향을 미칠 수 있다. 21세기로 접어들면서 출판, 텔레비전, 위성통신과 원격통신, 케이블통신, 영화 산업에서 초대형 기업으로 조직을 재편하고 합병하는 움직임을 보이며 점차 효능 권력이 집중화되고 있다. 그렇지만 그런 대형 조직·연결망의 효능 권력이 20세기 초반의 자본주의적 거대 독과점기업을 넘어설 만큼 커지고 있는지는 아직 분명치 않다. 조직이 과연 스스로의 운명이나 행동을 통제할 수 있는지도 의문이다. 그런 점에서 거대 조직은 거대 환상이기 쉽다. 20세기 중반 이전의 이른바 전체주의 체제는 서류상으로는 완벽하게 중앙 집권적 구조였다. 그러나 공산주의적 조직은 최고위 수준의 정책을 현장에서 실행에 옮기는 데 엄청난 곤란을 겪었다(Kornai, 1992). 공포 수단에 기대는 해결책은 체계의 효능 권력을 증가시키지 못한다. 공포 수단은 효능 권력보다는 명령 권력을 중앙에서 아주 멀리까지 확대시키려는 시도였다고 봐야 할 것이다.

이런 이론적 검토에서 경험적 결론을 도출하려 하는 것은 성급한 일이다. 오늘날 대부분의 주요 산업에서 일어나고 있는 초대형 합병도 그 조직에서 명령 권력 상황의 표본을 추출하고 다양한 종류의 효능 권력을 모델로 만들기 전에는 권력의 집중이 어떤 결과를 초래할지 알 수 없다. 머독(Rupert Murdock)의 상속자 부류가 미래에 오웰 식 우주의 독재자가 될지, 효능 권력이 의도하지 않은 결과나 페로(Perrow, 1984)가 '정상적 재난(normal accident)'이라고 묘사한 수준에 그칠지, 조직 성원들이 점차 제약을 받지 않거나 조작적 은폐의 늪에 빠질지, 그 모든 문제는 여전히 미시적 상황 권력의 실제 차원을 탐구해야만 알 수 있다.

효능 권력의 집중에는 또 다른 역설이 있다. 강직한 행정 수반으로 권력의 정점에 올랐던 베이컨(Francis Bacon)은 평생토록 시민의 공복으로, 엘리자베스 시대의 국가를 통합한 조직 정치인으로 일했던 경험을 회고하면서 권력을 행사하는 사람들에게는 권력 그 자체가 덫이라고 선언했다.

최고위직에 오른 사람은 삼중의 의미에서 종이다. 주권자 또는 국가의 종이고,

명성의 종이며, 업무의 종이다. 개인사에서도, 행동에서도, 시간에서도 자유가 전혀 없는 사람이다. 권력이란 참으로 기묘한 욕망이다. 권력을 추구함으로써 자유를 상실하고, 다른 사람에게 행할 권력은 추구하면서 스스로의 자유에 대한 권력은 상실한다(1625/1965: 70).

베이컨은 두 종류의 권력을 구분하지 않았다. 대다수 사람들처럼 그도 아마 효능 권력과 명령 권력이 같다고 생각한 것 같다. 하지만 그의 풍자는 효능 권력을 행사하고자 하는 이들에게 교훈을 준다. 자신이 지배하는 조직의 의사소통 그물에 걸려 자신의 통제력을 상실하지 않고서는 그 그물에서 한 발짝도 벗어날 수 없다. 명령 권력이 감소하면서 최고위층뿐만 아니라 중간층도, 그리고 현대의 수평적인 조직 연결망의 구조에서도 효능 권력이 증가했을 것이다. 우리는 그런 지위에 사로잡힌 사람들을 일러 '일 중독자'라고 부른다. 효능 권력은 대체로 환상이지만 중독이기도 하다.

상황적 계층화의 역사적 변천

미시는 거시 구조의 반영이라는 암묵적 가정을 바탕으로 계층화를 고정된 구조로 보는 위계적 이미지는 역사적 유산이다. 문화적 자본이 개인의 아비투스(habitus)*에 스며들어 경제적 권력의 장을 재생산한다는 부르디외의 기계적 순환론은 상황적 상호작용을 간과한 것이다. 연구자가 개인에 대한 자료를 수집하고, 그 자료를 일치계수(요인 분석의 요인과 같은 의미)에 따라 추상적인 위계적 공간에 배치함으로써 조성된 위계적 이미지이니 놀랄 것도 없다(이는 특히

---

* 아비투스(habitus)는 개인이 사회구조에서 내면화하고 체화한 정신적·인지적 구조를 뜻하는 부르디외의 개념이다. 부르디외는 사회구조와 개인의 실천 행위의 변증법적 관계는 아비투스에 의해 매개된다고 본다(제1장의 주 23을 참조). - 옮긴이 주

Bourdieu, 1984: 128~129, 261~263에서 분명하게 드러난다). 구태의연한 이미지이다. 우리가 계층화에 대해 지니고 있는 이미지가 대개 그렇듯이 그 이미지는 마르크스 시대까지 거슬러 올라간다. 당시는 미시적 상황 현실이 재산과 권력의 분포와 밀착된 시대였다. 베버에 따르면, 계급이 신분집단으로 조직되고 소속 계급의 범주적 정체성이 실로 가장 두드러진 사회적 정체성이었던 역사적 시기였다. 나는 단순히 역사적으로 한때는 거시 구조가 지배적이었으나 이제는 미시적 상황 질서가 거시 질서와 연결이 느슨해졌다고 보지 않는다. 어떤 역사적 시기에도 거시 구조는 언제나 미시 상황들로 형성된다. 내 주장은 오늘날의 미시적 상황은 20세기 초반이나 그 이전과는 대단히 다른 조건으로 계층화되어 있다는 것이다.

역사적 차이의 핵심은 이전의 사회가 세습 귀족 가문을 중심으로 조직화되어 있었다는 데 있다. 베버가 말하는 세습 귀족 가문은 주요 정치·경제 단위가 하인, 문지기, 가신, 도제, 손님들로 북적이는 가족 거주 공간의 구조를 가지고 있었다. 경제적 생산은 가문에서 가문이 통제하는 자산에 대해 이루어진다. 정치적·군사적 관계는 가문들의 동맹이며, 병력을 대거 동원할 수 있는 가장 큰 제휴 동맹이 지배권을 장악한다. 상위 계급은 가장 큰 가문의 우두머리들로 구성된다. 이런 구조에서는 경제적 계급, 정치적 권력, 그리고 신분집단을 분리하기 어렵다. 가장 큰 가문은 보통 상당한 자산을 보유하고, 병력을 소집할 수 있었고, 정치적 식솔들을 거의 다 통제했다. 그보다 작은 가문들이 나머지를 비슷한 비율로 보유하고 있었다. 귀족·평민이라는 법적 범주로 규정되거나 때로는 귀족의 등급에 따라 하위 범주로 규정되었다. 신분집단의 명칭은 공용어였다. 마르크스는 경제적 계급이 근본적 뿌리지만, 마음에 계급이 뚜렷해지는 연유는 바로 일상생활이 자산을 보유하고 권력을 행사하며 명예를 누리는 가문의 지배를 중심으로 구성되기 때문임을 최초로 주장한 사람 가운데 하나였다.

신분집단의 경계선은 일상생활에서 항상 재확인되고 공표되었다. 개인은 언제나 자신이 속한 가문과 가문이 속한 내적·외적 서열 체계를 염두에 두고 살았다. 어느 가문에도 속하지 못하거나 가문의 경제적 통제와 정치적 보호 아래에 있지 못한 사람들은 아무 데도 갈 곳이 없었기 때문에 신분집단은 벗어날 도리가 없는 범주였다. 신분집단에서 벗어난 사람들은 거의 인간취급을 받지 못하는 낙오자였다. 가문 내부의 상호작용은 불평등했다. 하인인지 가신인지 또는 가문 우두머리의 친지인지, 그 서열에 따라 명령을 내리거나 받고, 존대를 바치거나 받았다. 개인은 계층 위계에서 이동할 수도 있지만, 오직 한 가문에서 다른 가문으로 이동하거나 가문의 우두머리와 신뢰와 종속으로 밀착된 관계를 맺고 가문 내부에서 상위로 이동하는 경우에 국한되었다. 심지어 비교적 높은 서열에 있는 사람들조차도 자기보다 높은 서열에 있는 사람에게는 충성을 바치고 복종해야 하는 상황에 놓이곤 했다.[13] 높은 서열에 있는 사람들은 수행원들에게 둘러싸여 있고 한 사람의 서열은 대개 수행원들의 규모로 표현되었다.[14] 이는 서열이 높은 사람들(그리고 그들을 수행하는 이들)이 항상 의례가 행해지는 상황에 놓여 있었음을 뜻한다(루이 14세에 대한 아주 생생한 기록이 있다. Lewis, 1975; Elias, 1983 참조). 집단이 언제나 모여 있었고 서열이 높은 사람에게 초점을 집중시킴으로써 의례적 상호작용의 밀도를 높여주었다. 그 결과, 실제로 물화된 사회적 범주에 초점이 집중되고 개인의 사회적 서열의식과 상위 서열에 있는 사람과의 친밀성에 민감한 사회 실재가 형성된 것이다. 나날의 상호작용은 극도로 의례화되었는데, 의례는 대체로 비대칭적이어서 특정한 사람에게만 존대를 바쳐야 했다.

일상의 사회적 상호작용의 성격은 무엇보다도 세습 귀족 가문이 줄어들고 교체됨에 따라 변화해왔다. 이러한 변화는 지난 몇 세기에 걸쳐 몇 가지 거시적 수준의 발전과 함께 점진적으로 이루어졌다. 중앙 집권적 국가의 성장이 세습 귀족 가문의 군사적 권력을 제거했다. 세금을 거두고 사회를 규제하는 정부 관료 기구가 확대되어 특별한 목적이 있을 때와 제한된 시간에만 상호작용을 하는 새로운 형태의 조직 공간인 관청이 탄생했다. 범주적인 정체성은 과세, 사회보험, 교육, 징병, 선거를 위한 정부 기록상의 개인 시민으로 바뀌었다. 노동도 가족과 물리적으로 분리되어 조직됨에 따라 관료제가 경제 영역으로 확산되었다.

삶이 사적인 장소와 일터, 그리고 그 둘 사이에 있는 공적인 장소로 조직된 것은 역사적으로 최근의 현상이다. 이 새로운 상호작용의 사회적 생태학은 일상생활의 만남에서 의례의 밀도와 함께 범주적 정체성의 틀을 획기적으로 바꾸어놓았다. 소비 영역은 이제 생산이 이루어지는 장소, 그리고 정치·경제에 뿌리를 둔 권력 관계가 행해지는 장소와 분리되어 있다. 소비는 사적으로 이루어지거나 최소한 사회적으로 눈에 보이는 서열로 표시되는 상황에서는 벗어나 있다. 일상생활의 무게 중심은 소비 영역으로 기울었다. 연예 오락 분야와 이를 전달하는 기자재를 생산하는 소비 산업이 경제에서 가장 크고 두드러진 부분으로 성장한 것도 소비 중심의 생활을 강화하고 있다(Ritzer, 1999). 그 부수효과로 연예계 스타가 양산되고 그들의 소득도 증가했다. 반면에 세습 귀족 사회의 연예인들은 큰 가문의 후견에 의존하는 하인에 지나지 않았다. 연예계 스타는 현대판 성스러운 대상이다. 관계에서 격식을 차리지도 않고(말하자면, 탈의례화되고), 일이나 권력 관계로부터 자유로운 사적인 영역에서 광범한 관심을 모으는 유일한 지점이기 때문이다. 격식을 차리지 않는 반형식주의를 표현하는 연예계 스타가 현대 사회에서 소비 경험의 특성을 대표하는 적절한 상징이라 할 수 있을 것이다.[15]

개인은 이제 자신이 정서적으로 몰입할 상황을 선택할 수 있다. 자신의 일터 상황에서 사적인 삶의 소비영역으로 관심을 돌릴 수도 있다. 이런 점은 종속적 지위에 있는 노동자에게서 특징적으로 드러난다. 할리(Halle, 1984)는 노동자들이 직업 현장에 있을 때는 자신을 노동 계급으로 생각하지만 가정에서는 중간 계급으로 인식하는 경향이 있다고 지적한다. 지위가 높은 전문직과 관리직 종사자들은 일터에서의 지위로 자신을 정의하려 하지만, 일터를 떠나면 그들 역시 익명의 존재로 소비 세계에 들어간다.

개인의 사생활 영역은 넓어졌다. 사적인 소비 영역이 분리된 탓이기도 하고 부분적으로는 부가 증가하면서 주택 자체가 분리된 공간으로 나뉜 때문이기도 하다. 예전에는 심지어 귀족의 궁정에서도 침실, 변소, 세면실을 따로 두지 않았다. 아주 사적인 신체적 활동도 하인이나 추종자들의 눈앞에서 했다. 부유한 이들이 사적인 침실과 탈의실을 따로 두기 시작한 것은 1700년대의 일이고 1800년 대에 와서야 널리 확산되었다. 그 즈음에 와서야 집을 건축할 때 복도를 두어 주 인이 있는 방들을 거치지 않고도 집 안으로 들어갈 수 있게 되었다(Girouard, 1978). 20세기 중반에는 집 안에 욕실을 두는 것이 보편화되었다. 일상적 삶의 물질적 장치가 대다수 사람들에게 고프먼 식 무대 위와 무대 뒤를 가질 수 있게 해주었다. 이것이 왜 개인적 평판이 범주적 정체성보다 더 중요해졌는지를 밝혀 주는 한 가지 단서이다.

'생활세계의 식민화'라는 하버마스의 표현(Habermas, 1984)은 현대사의 주요 경향을 보여주는 그림으로는 부정확하다. 하버마스의 표현은 세습 귀족 가문을 둘러싼 장벽이 무너지고 개인의 의무 범위가 국가의 관료적 기구와 직접 관련을 맺도록 확대되는 국가의 행위 경향을 보여주는 개념으로는 적합할 수 있다. 그 러나 실생활에서 이루어지는 상호작용의 유형을 보여주지는 못한다. 세습 귀족 가문은 대체로 억압적이고 구체적인 방식으로 일상의 경험 전반에 걸쳐 경제적· 정치적 관계를 규정했다. 국가가 세습 구조를 파괴하고 그 자리를 차지했지만 보통 사람들이 실생활에서 정부 기구와 마주치는 경험은 대체로 단편적이지 지 속적인 압력으로 경험되지 않는다. 그리고 비인격적인 관료적 관계로 이루어지 는 접촉은 사회적 범주 또는 존대 예절을 강요해 수치심과 자부심을 유발하는 의례주의적 성격이 거의 없다. 대다수 개인들이 최소한 가끔씩, 더러는 아주 오 래도록 거시 구조와는 상관없이 살 수 있는 생활체험의 상황이 현대의 사회구조 이다.

루만(Luhmann, 1984/1995)은 사회의 구조 변동을 계층으로 조직된 사회에서 기능적 전문화의 사회로 전환되는 과정으로 본다. 루만의 관찰은 세습 귀족 가 문의 쇠퇴, 그리고 일상의 상호작용이 재산 및 정치·군사적 권력과 단절되는 방 향으로 전환되었다는 점에서 현실과 부합한다. 그러나 계층화가 모든 면에서 사 라진 것은 아니다. 거시 수준에서 경제적 불평등은 어느 때보다 더욱 심화되고 있다. 그리고 미시 수준의 상황적 권력은 정부 조직과 경제 조직 내부는 물론이고 대중적 영역에도 여전히 존재한다. 이런 종류의 경험 가운데 가장 보편적인 것이 경비대, 비행승무원, 매표원, 교통경찰 같은 말단 관리와의 대면이다. 이들은 제한된 범위의 상황적 권력 수행자들로 적극적 통제력을 행사하기보다는 사람들을 성가시게 하고 일을 지연시키는 힘을 가지고 있다. 말단 관리는 대단히 국지적이고 소극적인 효능 권력을 보유하고 있지만 존경심이나 존대를 받는 명령 권력은 거의 가지고 있지 않다. 이전의 역사적 경험과는 대비된다. 세습 귀족 가문에서는 무장한 경비대조차 극도로 서열에 민감해서, 신분이 높은 사람들을 감히 가로막을 엄두를 내지 못했다. 세습 귀족 가문이 해체되고 계급을 근거로 한 신분 정체성이 널리 공인된 범주가 된 과도기에도 역시 경찰은 낮은 신분의 처지인 것처럼 행동하고 '상류 계급'으로 알려진 사람들에게 정중한 존대를 바치곤 했다. 경찰관은 다른 하인들의 '윗자리'에 있는 사람이 아니라 함께 '아랫자리'에 있는 사람이었다. 경찰이나 그 밖의 전문화된 분야에서 일하는 말단 관리들이 더 이상 범주적 정체성에 존대를 바쳐야 한다는 압력을 받지 않게 되자 비로소 상황적 권력을 갖게 된 것이다.

현대적 상호작용의 이미지

위계적 이미지 대신 그 자리에 오늘날의 상황적 경험을 보여주는 수평적 공간 이미지를 그릴 필요가 있다. 현대의 삶은 고대나 중세의 악한 소설에 나오는 줄거리와 비슷하다. 영웅들이 자신이 속한 세습 귀족 가문을 벗어나 바깥세상으로 나가 모험을 감행하며 벌어지는 이야기이다. 오디세우스나 아르고호의 선원이 고향을 떠나거나, 맬러리(T. Malory)나 스펜서(E. Spenser)*의 글에 나오는 기사들은 성을 떠날 때 자신들의 경제적·정치적 지위가 아무 쓸모가 없는 세계로 발을 내

---

* 맬러리(Thomas Malory, 1400~1471)는 『아서왕의 죽음(Le Morte d'Arthur)』을 쓴 영국의 기사이자 작가이고, 스펜서(Edmund Spenser, 1552~1599)는 『선녀 여왕(The Faerie Queen)』을 쓴 영국의 시인이다. ─ 옮긴이 주

딛는다. 가장 극단적인 모험은 신분 질서를 벗어나는 위험을 무릅쓰는 것이다. 그들은 마주치는 승려나 이방인 앞에서 어떤 범주적 정체성도 지닐 수 없게 된 상황에 내던져진다. 기껏해야 싸움에서 보여주는 기량이나 잔꾀로 얻은 명성이 그 지역의 일부 사람들 사이에 떠도는 정도에 불과하다.

현대인의 일상적 경험도 아주 비슷하다. 악한 소설의 주인공인 남성뿐만 아니라 이제는 여성도 마찬가지이다. 우리에게는 가정이라는 기지가 있고, 높은 서열에 있는 사람들에게 존대의 예절을 지키는 직업 세계나 숙련을 연마하는 공동체를 비롯해 그 안에서 사적으로 알고 지내는 연결망이 있다. 그러나 이들은 극히 국지적인 영역이고 거기서 획득한 것들이 다른 사회적 접촉으로 옮겨지지 않는다. 거시적 연줄을 지닌 연결망은 더 이상 쓸모가 없다. 우리가 대면하는 사람들과 유대를 생산할 건더기가 거의 없는 상황, 그저 자신이 내보일 수 있는 가장 뚜렷한 모습 말고는 권력도 존대도 필요 없는 상황이 펼쳐지는 광대한 영역을 여행하고 있는 셈이다. 특별히 힘이 세거나, 운동을 잘하거나, 험상궂게 생겼거나, 잘생겼거나, 성적 매력이 있거나, 말을 빨리 하거나, 재담을 잘하거나 그것도 아니라면 목소리라도 큰[16] 사람은 관심을 끌 수 있고, 아마도 순간적으로 그 상황에서는 지배력을 행사할 수 있을 것이다. 그런 유별난 속성이 없는 사람들은 그 상황에서 일시적으로는 지배를 당할 것이다. 오디세우스가 외눈박이를 속여 넘기거나,* 공주가 이아손과 사랑에 빠진 덕분에 그가 황금 양털을 얻는 데 성공하는 경우**와 구조가 같다. 사회계급이라는 배경 자원이 상황을 요리하는 데

---

* 오디세우스는 트로이 전쟁이 끝나고 이타카의 고향집으로 돌아오는 험난한 과정에서 사람을 잡아먹는 외눈박이 거인 폴리페모스에게 잡혔으나 술을 먹여 취하게 해놓고 그의 외눈을 불로 지진 다음 탈출한다. ─ 옮긴이 주

** 빼앗긴 이올코스의 왕권을 되찾으려는 이아손의 모험과 성공을 그린 그리스 신화. 그리스 각지의 영웅들을 불러 모아 거대한 배 아르고호를 타고 신성이 깃든 보물 황금 양털을 찾아 떠나며 겪는 갖가지 고난과 시련을 그린다. 이아손은 사랑에 빠진 아이에테스 왕의 딸 메데아의 도움으로 황금 양털을 얻는다. ─ 옮긴이 주

〈사진 7.3〉 에너지와 섹슈얼리티에 의한 상황지배력. 반문화 집회 도중 즉흥적인 춤을 추는 이들(1960년대). Getty Images사 제공.

도움이 되지 않는다는 뜻은 아니다. 그러나 자원은 즉석에서 인상적인 무엇을 만들어내는 데 쓸 수 있어야 한다. 거액을 지니고 다니면 고급 레스토랑에서 서비스를 받을 수도 있지만(그렇다고 언제나 정중한 대접을 받는 것은 아니다) 소매치기를 당할 수도 있다. 어떤 직업에서 중요한 인물이 되거나 어떤 조직에서 권력자가 된다고 해도 또 다른 사회적 무대를 향해하는 과정에서는 아무것도 얻지 못할 수도 있다(어쩌면 모욕을 당할 수도 있다). 제임스 조이스(James Joyce)는 1904년의 더블린이라는 도시의 연결망을 유랑하는 현대판 율리시스(오디세우스)를 평판과 유대와 적개심의 작은 주머니들의 엮어 짜기라는 비유로 묘사한다. 조이스의 묘사는 평판의 연결망이 여전히 널리 퍼져 있는 과도기의 소도시 묘사로는 너무나도 많은 것을 담고 있다. 그 연결망을 소규모 가족이나 직업적 소집단으로 축소하고, 제조된 스타 이미지로 사이비 명성을 누리는 연예계의 대중 매체로 확장하면, 그것은 바로 우리가 살고 있는 현대 사회가 될 것이다.

어쩌면 고속도로가 더 잘 들어맞는 비유일지도 모르겠다. 고속도로는 공식적 평등이 존재하는 곳이다. 모든 차가 평등하고, 모두가 동일한 법의 구속을 받으며, 대단히 느슨한 예절의 코드(다른 차들을 기다리게 하지 않는다거나 한쪽으로 차를 뺀다든가)가 유지되는 상황이 있는 곳이다. 고프먼의 보도 통행 모델에서 볼 수 있는 것처럼, 운전자들은 일정한 거리를 두고 서로 상대를 감별한다. 시선 접촉이 가능한데도(신호등 앞에서, 그리고 차선에 나란히 서 있을 때), 시선을 피하고 몸짓도 거의 하지 않는다. 시민적 무관심이 지배적인 관습이다.

　고속도로의 상황적 평등성은 일반적으로 의도적 무관심에서 오는 평등이지 유대나 적개심이 담긴 평등이 아니다. 명백한 예외는 모든 사람이 존대를 표하는 경찰차이다. 경적을 울리거나 전조등으로 신호를 보내 모든 이를 복종시키고 모든 사람에게 강제되는 규칙(속도위반, 중앙선 가로지르기 따위)을 깬다. 단순한 행동 기준으로 보면 누가 운전하는 어떤 차라도 멈추게 할 수 있다는 점에서 경찰차는 거리의 황제이다. 그러나 고속도로는 순전히 상황적인 지배력이 존재하는 곳이기도 해서, 정도는 약하지만 단순한 물질적 재산이 효력을 발휘한다. 쾌속 질주하는 값비싼 차는 평범한 차를 추월하며 군림한다. 고속도로에서 그런 차가 흐름을 지배하면, 다른 차들은 길을 비켜줌으로써 명백하게 존대를 드러낸다.[17] 이 경우 초상황적 자원은 주로 돈이고, 그 돈은 고속도로에서 상황적 만남을 지배하게 해주는 물질적 소유물로 바꿀 수 있다. 작고 오래된 차나 관리가 부실한 차는 가난한 사람들 소유일 경우가 십상이라 크고 빠른 차들에 대한 존대의 표시로 길 한편으로 물러난다. 여기서 우리는 경제적 권력은 어느 정도 상황적 지배력으로 옮길 수 있는 반면, 정치적 권력은 고속도로에서 어떤 종류의 권력으로도 옮겨질 수 없음을 알 수 있다(경찰차의 호위를 받는 정부의 고위 관리나 경찰이 아니라면). 그러나 엄격하게 말하면 이는 경제적 계급의 문제가 아니다. 트럭 운전사는 때때로 상황적 지배력을 행사한다. 특히 경찰차가 거의 보이지 않는 지방 도로에서는 그 큰 덩치만으로도 차선을 마음대로 휘젓는다. 다른 차들을 추월하고 복종케 하는 전면적인 상황적 질서가 출현하는 것이다(때로는 앞차와 뒤차가 도로의 영웅 자리를 놓고 추월 경쟁을 하기도 하지만). 대략 비슷한 속도를 낼 수 있는 힘을 가진 차종 가운데서 아주 공격적인 운전으로 다른 차들을 위협해 비켜서게 하는 경우도 있다. 어떤 이들(또는 십대 청소년)은 '도로의 엘리트' 자리를 장악할 수도 있고, 거의 '인성'이라 할 만큼 상황을 넘나들며 그런 짓을 되풀이하는 사람도 있다. 상호작용 의례 사슬의 관점에서 보면, 그들은 운전이라는 영역에서 정서적 에너지를 높인 것이다. 그러나 누가 지배자가 될지 지배를 당하게 될지를 가르는 분명한 범주적 정체성은 없다. 도로의 장악은 특정한 시간에 특정한 심리 상태에서 나온 특정한 정서적 에너지의 형성과 상실로 야기된 일회적이고 순간적인 지배이다.

공개적인 의례를 행함으로써 사회적 공동체를 되풀이 규정하는 범주적 정체성은 거의 사라졌다. 남아 있는 범주적 정체성이 있다 해도 그것은 개인적 평판일 뿐 대부분 접촉 욕구를 자극하거나 존대를 바치게 만드는 사회적 카리스마도 사회적 정서의 초월적 힘도 별로 없다. 또한 평판은 공공 영역 전체와 비교하면 보통은 아주 좁은 연결망 안에 한정되어 있다. 인종이 사회적 범주로서 평등주의적인 시민적 무관심의 영역으로 녹아들지 못하고 완강하게 남아 있는 것은 인종이 아직도 신분집단의 정체성을 드러내는 드문 표지 가운데 하나이기 때문이다. 계급에 기초한 신분집단으로 규정될 수 있는 상황은 대부분 사라졌고, 남아 있는 것도 더 이상 공개적으로 그 표지가 드러나지 않는 사생활 영역으로 들어갔다. 미국의 흑인이 계급별로 분화되는 시기에 계급 구분이 공적으로 인식되지 않게 되자 역설적으로 모든 흑인이 단일한 범주로 묶여 의례적으로 배제되는 결과를 초래했다. 사회이동으로 물질적 소비와 삶의 조건에서는 보상을 받지만, 신분 대우나 존대를 받지는 못한다. 미국 사회에 계급의식이 더 강했다면 흑인은 아마 더 나은 상태로 살 수 있었으리라. 계급 범주가 인종적 범주를 분해시키고 인종을 근거로 한 범주적 배제와 차별적 의례의 역학이 일상생활에서 작용하기가 더 어려웠을 것이다.

거시 제도의 탄력을 받은 현대적 삶의 경향은 다른 방향에서도 발견된다. 권력은 점차 특정한 조직 안에서만 작용하고 그 밖에는 후광효과가 별로 없는 세계가 되어간다. 대체로 경제적 계급은 돈을 만들어내는 교환 회로 안에 있을 때만 중요하고, 대면 상황을 지배하는 데 도움이 될 만한 물질적 소비에 투자해서 얼마간 미시적 상황의 이득을 볼 뿐이다. 또한 범주적 평판은 대부분 사라졌고 인위적으로 조작된 연예계 스타를 빼면 개인적 평판은 한정된 연결망 안에서만 유통된다. 가장 큰 예외는 아마도 인종일 것이다. 하위 계급 흑인이 행하는 거리의 상황 의례는 사회 일반의 공중 의례와는 너무도 다르다. 신분집단의 구조와 공동체를 둘러싸고 이루어지던 의례적 장벽이 거의 드러나지 않는 세계에서 흑인의 거리 문화는 가장 눈에 띄는 의례적 장벽이다. 흑인 거리 문화에 대한 뉴스와 연예 매체의 평판은, 부정적인 것이든 긍정적인 것이든 모두 전근대 사회의 신분집단 구조의 흔적이다. 비인격적 관료제와 개인적 평판의 사적 연결망으로 구성된 세계의 한가운데서 살아남은, 세습 관계가 지배하던 세계의 구조적 등가물이다. 이런 식의 악의적이고 양가감정이 담긴 탄식은 상황적 계층화의 세계에서 살면서 우리가 느끼는 불안한 동요를 반영한다.

제8장

흡연 의례와 반의례
사회적 경계선의 역사로서 기호식품의 섭취

의례는 포함과 배제의 경계선을 드러낸다. 어떤 때는 그 경계선과 다양한 관계에 놓인 사람들 사이에서 겨룸이 벌어지기도 한다. 때로는 의례가 의례적 특성을 인식하지 못하는 개인이나 집단의 공격을 받는 경우도 종종 있는데, 관행으로 남아 있는 힘을 납득할 수 없거나 의례가 비합리적이고 병리적으로 보이기 때문이다. 어떤 때는 의례가 아니라 경계선을 놓고 겨루기도 하며, 그 경계선을 뚫고 들어가기도 하고 반대편 의례로 돌아서기도 한다. 반의례로 돌아서는 경우에도 기존의 집단에 들어가기보다 새로운 집단과 사회적 정체성을 만들며 경계를 긋는다. 특히 생활양식의 의례, 〈그림 7.1〉에서 위쪽의 공식 의례와 맨 아래쪽의 초점 집중이 약한 사회적 마주침의 중간에 있는 자연적 의례의 경우가 그렇다. 현대 사회에서는 여가와 사교 영역의 생활양식 의례가 특히 중요해졌다. 현대인의 의식에서 계급, 종교, 민족의 오래된 경계선은 새로운 차원의 경계선에 자리를 내주며 상황적 계층화의 의례로 바뀌고 있다.

연구해볼 만한 사례가 담배와 관련된 의례이다. 담배의 섭취는 대단히 다양한 사회적 집단에서 여러 형태로 생겼다 사라진 상당히 긴 역사를 가지고 있다. 그 역사와 더불어 반의례 운동과 의례의 경계선을 전환시키는 운동들이 다양한 방식으로 겨루었다. 담배 섭취가 처음 시작된 부족 사회를 벗어나 전 세계로 퍼진 이래 흡연과 금연 운동은 지난 400년 이상 줄곧 계속되었다. 담배의 섭취―피우기, 코로 들이마시기, 씹기─는 일련의 상호작용 의례를 만들어냈다. 이 의례들은 담배가 흡연자와 흡연 공동체에게 준 강렬한 매혹은 물론 흡연을 통제하려는 사람들의 격렬한 저항을 모두 설명해준다. 사교 의례의 힘을 좌우하는 역사적 조건이 달라짐에 따라 담배의 흡인력도 변화해 최근에는 흡연율이 급격히 감소하는 현상도 나타나고 있다. 신체적으로 섭취하는 기호식품이 끌림의 대상인지 기피의 대상인지, 어떤 식으로 체험하는지, 기호식품 섭취의 의례 과정을 살펴본다.[1]

흡연에 관한 연구를 시도한 사회학자나 인류학자가 있었는지 잘 모르겠지만, 1920년대에서 1950년대라면 담배를 순전히 의례주의의 관점에서 보려 한 연구는 이론적으로 단순 명료했을 것이다. 1980년대부터 담배 연구에 아주 다른 준거 틀이 등장한다. 건강 관련 쟁점이 실로 자연스럽고 불가피한 주제가 되었다. 흡연을 일탈 범주에 속하는 행위로 보는 관점이 보편화되고, 마약·술과 함께 담배도 기호식품의 오남용으로 규정되고 있다. '식품의 오남용'이라는 아주 괴상한 용어는 규제기관과 전문가들이 일탈적 소비로 규정 또는 금지하는 모든 식품에 적용할 수 있는 공통분모가 무엇인지 탐색해온 최근 역사를 일부 밝혀준다.

'식품'이라는 단어는 통상 '물질' 또는 '물건'을 가리키는 어설프기 짝이 없는 용어로, 그 사전적 의미는 우주에 존재하는 물질적 요소를 다 포함한다. 식품 오남용이란 인간의 신체가 섭취할 수는 있지만 섭취하면 안 된다는 뜻인 듯하다. 그렇다면 음식이 공공 통제기관의 규제를 받는 오남용 '식품'이 되지는 않는지 의문을 제기할 수 있다. 반어법이 아니라 사회학적 주제로서 장차 음식의 섭취가 식품 오남용의 형태로 확대되어 공식·비공식적 통제의 대상이 될 수 있다는 가설이 가능하고, 아마 실제로도 그럴 공산이 크다.[2]

21세기에 접어들면서 떠오른 몸무게의 표준과 비만에 대한 관심, 그리고 학교에서 이른바 '유해 식품'을 규제하려는 움직임이 등장했다. 이는 현대의 '식품 오남용 규제' 운동을 사회학적 관점에서 볼 필요가 있음을 시사한다. 공공기관과 전문가 운동단체의 대대적인 활동은 건강, 중독, 그리고 청소년 통제를 중심으로 한 해석적 범주를 만들어냈다. 이러한 해석적 범주는 생활양식의 광고와 겨룸으로 나타나고 있다. 우리는 사회학자로서 그런 움직임이 단순한 개인적 생활양식의 문제가 아니라 의례이며 집단의 경계선을 드러내는 표지라는 사실을 알아차려야 한다. 특정한 의례와 반의례 운동 중에서 어느 쪽에 더 공감하든 사회학자로서 해야 할 일은 그 논쟁들 위에 서서 전체적인 윤곽을 그리는 것이다.

이 장에서는 먼저 건강과 중독 모델을 검토한다. 보통 사람들의 상식적인 범주 틀을 벗어나 좀 더 사회학적인 관점으로 발전시킬 것이다. 담배를 중심으로 논의하겠지만 다른 형태의 중독(마약, 술, 과식, 도박과 같은 중독)에도 적용할 수 있는 논의이다. 이어서 다양한 형태의 흡연 의례와 금연 운동의 역사를 살펴본다. 건강 지향적인 금연 운동은 오래되었지만 20세기 후반에야 그 힘을 발휘하게 되었다. 흡연이 건강에 미치는 영향에 대한 경험적 증거의 제시가 곧 금연 운동의 부상과 금연 운동이 거둔 승리를 사회학적으로 적절하게 설명한다고는 볼 수 없다. 흡연 의례의 부침은 사회학적으로 설명할 수 있다. 흡연 의례의 사회적 과정은 제2차 세계대전 동안 최고조에 이르고 20세기 초·중반까지 널리 확산되었다. 흡연을 확산시킨 바로 그 사회적 과정이, 금연 운동이 힘을 발휘한 20세기 후반에 흡연 의례를 지탱해주던 토대도 허물었다. 흡연 의례가 주는 매력이 거의 사라지고 나서야 금연 운동은 상대하기 쉬운 대상과 겨루게 된 것이다.

건강과 중독 모델의 부적합성

20세기 후반의 금연 운동은 공중 보건의 관점을 택했다. 무엇보다도 흡연과 암, 기타 치명적 질병의 인과관계에 대한 통계적 증거를 주장의 토대로 삼았다. 만일 담배가 그토록 건강에 해로운 것이라면, 담배의 강한 흡인력에는 무언가 비합리적인 과정이 개재되어 있다는 설명이 있어야 한다. 그래서 담배는 중독성을 지니고 있으며 사람들이 담배에 중독된 것은 담배 회사의 광고 때문이라고 설명한다.[3] 암, 중독, 광고, 이 세 가지가 금연 운동의 논거이다.

역사적 흐름을 보면 이 세 가지 논거는 다 빈약한 것으로 드러난다. 금연 운동은 흡연이 건강에 해로운 효과가 있다는 통계적 증거가 나오기 훨씬 오래전부터 있었다. 흡연과 암의 관련성에 대한 증거는 1930년대에 독일에서 공중보건에 관심을 기울였던 나치 민족주의자의 후원 아래 축적되기 시작했다(Proctor, 1999). 그러나 서구 민주주의 사회에서 담배가 가장 유행했을 때에는 그런 통계적 사실이 거의 알려지지 않았다. 영국은 1940년대 후반부터 건강 관련 통계에 더 큰 관심을 기울였다. 1964년에 미국 공중위생국의 보고서가 나오기 전까지는 건강 문제를 근거로 한 금연 운동이 그리 활발하지 않았다. 초기 금연 운동의 토대는 다른 데 있었다.

담배가 처음 영국에 들어와 유행하기 시작했을 때 요란한 반응이 일어났다. 1604년에는 제임스 1세의 강력한 경고가 있었고, 17세기에는 러시아, 터키, 페르시아, 일본에서 폭력적인 금지 조치가 있었다.[4] 그리고 1850년대에서 20세기 초반까지 영국과 미국에서 성직자와 정치인 그리고 의학계가 줄곧 흡연의 폐해를 경고했다. 미국에서는 1890년대에서 1920년대까지 12개 주에서 궐련 흡연을 금지했다. 금주 운동이 절정에 이르렀던 바로 그 시기였다. 이 시기의 금연 운동은 흡연이 더러움, 고약한 냄새, 도덕적 경박성, 성격 파탄을 일으킬 위험 따위의 결함을 비롯해 다양한 건강상의 문제를 일으킨다고 공격했다. 그중에는 흡연이 비겁함, 게으름, 편집증은 물론 실명, 청각상실, 마비, 뇌졸중을 일으킨다는 식의 왜곡된 주장도 있었다(Walton, 2000: 65~68). 역사적으로 보면 흡연에 대한 격렬한 거부 반응이 건강에 해롭다는 증거가 사회적으로 널리 알려진 시점과는 무관함을 알 수 있다. 또 금연 운동을 치열하게 펼치기 위해 담배가 건강에 해롭다는 믿음이 꼭 필요한 것도 아니다.

중독도 마찬가지이다. 다른 형태의 담배 섭취에 비해 궐련 흡연이 중독 모델에 가장 잘 들어맞는다. 많은 흡연자들은 금연에 엄청난 어려움을 겪는다. 담배를 끊으면 강렬한 흡연 욕구, 신경과민, 강박적 과식 따위의 금단 증상이 일어난다. 또한 골초는 담배를 점진적으로 끊기 위해 금연용 반창고를 붙이는 따위의 방법을 사용하기도 한다. 이런 모습을 보면 흡연이 단순히 생리적 과정처럼 보인다. 그러나 중독 모델은 흡연과 관련된 사회적 과정의 전모를 보여주지 못한다. 궐련 흡연에 국한해서 보더라도 중독의 형태가 다 같지 않고 자동적인 것도 아니라는 데 주목해야 한다. 간간이 담배를 피우다가 중독이 되고 만다는 식의 단순한 문제가 아니다. 담배를 피우고 싶다는 감각을 느끼기 전에 자신의 몸에서 진행되는 과정에 대한 주관적인 의식의 변용이 일어나야 한다.

이는 베커(Becker, 1953)가 분석한 마리화나 흡연에서 '도취감(high)'을 얻는 과정과 비슷하다. 마리화나는 담배 같은 중독성은 없는데도 마리화나를 피우며 강렬한 도취감을 느끼고 싶다는 갈증을 유발할 수 있다. 담배와 마리화나의 주된 차이는 마리화나에 대한 내성이 훨씬 가파르게 형성된다는 점이다. 대량으로 마리화나를 피우면 얼마 동안은 '도취감'을 얻지만 점차 그 효과가 약해진다. 그래서 기대한 효과가 더 이상 나타나지 않으니 많은 마리화나 흡연자들은 마리화나를 포기한다. 도취감에 대한 향수나 심리적인 갈망은 있겠지만 생리적 금단 증상은 없다. 담배와 마리화나를 비교하면, 흡연에서 얻게 될 독특한 감각을 기대하고 상습 흡연자가 되는 초기의 감각화 과정이 물질에 따라 장기적 효과가 아주 다르다는 점을 알 수 있다. '중독'처럼 보이는 과정(특히 강렬한 집착이나 갈증)은 사회적 정의에 따라, 또는 기대하는 경험의 분위기에 따라 대단히 다르다는 추론이 가능하다.

이런 점이 금연 운동이 생략하곤 하는 사실을 설명하는 데 도움이 된다. 일부 흡연자는 가벼운 흡연자나 가끔 한 번씩 피우는 사람들이다. 평소에는 피우지 않지만 파티나 축제가 벌어지는 자리에서는 피우는 '사교적 흡연자'이다. 따라서 '중독'은 단순히 자동적인 생리 반응의 과정이라 할 수 없다. 담배를 피우는 동안 자신의 몸과 다른 사람들의 몸이 어울리며 사교적 분위기에 취하게 만드는 행동과 절차 — 미시 사회학적 연구 영역 — 가 있다.

흡연을 불쾌한 경험으로 느끼는 사람도 있다. 담배를 처음 피우는 사람들 대부분이 불쾌감을 경험한다. 흡연에 다른 면이 있나 확인하려고 계속 담배를 피우다가 흡연자가 되는 사람이 있는가 하면, 어떤 사람들은 그런 부정적인 경험을 넘어서는 단계까지 결코 가지 않고, 더러는 피워볼수록 불쾌감이 더 심해지는 경우도 있다. 연속선을 그려보자. 한쪽 끝에는 흡연에 부정적이거나 불쾌감을 느끼는 사람들이 있다. 그 다음에는 덤덤한 반응, 조금은 매력적으로 느끼는 사람들이 있고, 맨 끝에는 흡연 욕구와 충동에 강하게 이끌리는 이들이 있다. 그 연속선의 각 지점에 있는 사람들의 경험은 흡연 당시의 사회적 맥락에 의해 결정된다는 것이 미시 사회학적 가설이다.

그 연속선에서 흡연 행태가 어떤 분포를 보이는지, 그리고 시간이 흐르면서 어떻게 바뀌는지, 수세기에 걸친 흡연의 역사에서 흡연 행태의 전개 양상을 체계적으로 밝혀주는 증거는 없다. 흡연의 유형과 흡연이 이루어지던 자리의 사회적 상호작용을 볼 수 있다면 흡연에 대한 미시 사회학 이론의 경험적 근거가 될 수 있을 것이다. 흡연의 미시 사회학 이론은 일도양단의 절대적인 중독 이론이 아니라 흡연 행위의 다양성을 보여주는 이론이어야 한다(Marlatt et al., 1988 참조). 연속선에서 부정적인 쪽 끝에 있는 사람들은 금연 운동의 성원이 될 잠재력을 지니고 있다. 그러나 그들이 실제로 운동 참여자가 되려면 연속선의 반대편에 있는 이들과의 상호작용을 포함해 좀 더 복잡한 사회적 과정을 밟아야 할 것이다.

역사적 자료에서 한 가지 결론을 내릴 수 있다면 그것은 '중독'이라 할 만한 유형이 꼭 생리적 과정에 의해서만 생겨나지는 않는다는 사실이다. 역사적으로 처음 담배가 확산되던 시기에는 파이프 담배가 주된 사용 형태였다. 18세기에는 코로 들이마시는 형태가 대중적인 인기를 모았다. 19세기에는 시가와 씹는담배(특히 미국에서)가 유행했다. 이 모든 형태에 열렬한 실천가들이 있었다. 체계적으로 정리된 통계는 없지만, 하루 종일 파이프나 시가를 물고 있거나, 코나 입으로 들이마시고, 씹는 식의 다양한 형태로 담배를 섭취하는 사람들을 묘사하는 전기는 더러 있다. 달리 말하면, 오늘날 '중독'이라 불릴 만한 사람들이 상당수 있었다는 말이다. 담배를 섭취한 사람들 가운데 얼마나 많은 수가 담배에 대한 갈증과 금단 증상을 겪는지에 대한 체계적인 증거는 별로 없지만, 그런 증상을 실제로 느낄 수도 있다. 그러나 문제는 그런 형태의 담배 섭취가 연기를 폐까지 빨아들이지는 않는다는 점이다. 우선 담배 연기가 너무 거칠었다. 담배 연기를 빨아들이게 된 것은 미국에서 1800년대 중반에 연기를 부드럽게 만드는 필터가 발명되고, 1880년대에 담배를 마는 기계가 도입되어 대량생산된 궐련을 사용할 수 있게 되면서부터였다. 파이프와 시가 연기는 알칼리성인데 궐련은 산성이다 (Walton, 2000: 76~77). 당시까지는 희귀 질병이었던 폐암이 증가한 것은 20세기 에 와서 궐련 흡연이 확산된 이후였다.

이런 비교가 보여주는 바는 연속선상에서 볼 때 흡연에 깊이 빠져 '중독'에 가까운 사람들이 실제로는 혈류에 니코틴이 직접 흘러들어갈 만큼 연기를 깊이 빨아들일 수 없었다는 점이다. 또한 역사적 근거로 보면 담배 섭취는 연속선의 중간에서 낮은 쪽에 속하는 사람들이 많았던 것으로 보인다. 그들 가운데 상당수가 지속적으로 담배를 섭취했지만 '중독'이라고 사회적 낙인이 찍힐 수준까지 가지는 않았을 가능성이 상당히 높다. 요컨대 역사적으로 '중독'의 기제로 설명할 수 없는 담배 섭취의 형태가 대단히 많았고, 그 가운데 일부(어쩌면 아주 많은 이들이)는 생리적 근거가 없는 사회적인 '중독'의 형태였다.

또 하나 중독과 관련해 내릴 수 있는 결론은, 중독의 이미지가 스스로 행동을 통제할 수 없는 흡연자들의 모습을 보여주기 때문에 금연 운동에 유용하다는 점이다. 흡연자들은 정상적인 인간이 아니라 자신의 신체에 대한 통제력을 잃은 사람들이라는 것이다. 이러한 중독자의 이미지는 외부 기관에 통제권을 양도할 근거를 제공한다. 중독은 또한 충족되지 않고 계속 확장되는 과정이라는 의미를 함축하고 있다. 궐련이 무심한 비상용자(특히 청소년)들을 끌어들여 담배를 피우게 하고 중독에 빠지게 만든다는 식으로 흡연의 확산을 수사학적으로 설명한다. 인과 연쇄의 마지막 단계에 대한 주장은 분명히 틀린 것이다. 그러나 중독의 수사학은 그럴듯한 설명을 내놓거나 아니면 적어도 흡연이 전염병처럼 쉽사리 확산될 수 있다는 듯이 분위기를 조성한다. 실제 현실은 관심의 초점, 정서적 에너지, 집단 소속의 감정이 흡연에 결합되어 생활양식의 의례로 전파되면서 사회적 흐름으로 확대된다. 이런 식의 사회적 전염이 어떻게 발생하고 힘을 발휘하는지에 대한 미시 사회학적 분석이 없으면, 금연 운동의 십자군이 무엇에 저항하는지 그 정서적 의미를 보여주는 데는 충분하겠지만, 한 세포에서 다른 세포로 전이되는 일종의 사회적 신체의 암처럼 흡연 중독을 기술하게 될 것이다.

마지막 논점은 광고이다. 담배 광고는 20세기의 현상이다. 초기의 담배 확산은 광고의 영향으로 설명할 수 없다. 영국과 네덜란드에서 담배가 널리 대중화된 시기는 16세기 후반이었다. 17세기에는 유럽 전역(특히 독일에서는 대단했다)뿐만 아니라 중동 지역, 인도, 중국, 일본까지 확산되었다. 광고는 담배의 확산에 아무 상관이 없다. 업계가 말하는 것처럼 담배는 '입에서 입으로' 전해지거나, 더 정확하게 말하면 시범과 집합적 참여, 사회 관습으로 명성을 얻으면서 확산되었다. 전쟁은 특히 흡연 관습에 아주 중요한 계기로 작용했다(스페인에서 나폴레옹 전쟁 당시에는 시가가, 크리미아 전쟁 때는 궐련 흡연이 확산되었다). 이 관습은 한 부대에서 다른 부대로 전해졌다. 따라서 대중 광고(다른 어떤 곳보다 미국과 서유럽에서)가 번창하던 20세기에도 궐련 흡연은 상당 부분 광고와는 상관없이 확산되었음을 알 수 있다. 아시아에서도 광고와는 무관하게 궐련이 빠른 속도로 파이프 담배를 대체했다.

이는 광고를 하는 나라의 한가운데서도 흡연에 대한 광고의 영향이란 단지 부분적이거나 미미하다는 뜻이다. 일반적으로 광고 연구를 보면 소비자는 광고주의 주장을 미심쩍게 생각한다는 것을 알 수 있다(Schudson, 1986). 따라서 금연 운동의 주장은 광고들 가운데서 담배 광고가 예외적으로 성공했다는 가정에 기대는 셈이다. 궐련 광고의 효과는 대중의 기억 속에 자사 상표를 각인시킴으로써 시장점유율을 안정적으로 확보하는 데 있다는 설명이 더 그럴듯해 보인다. 미국에서 담배 광고가 법으로 금지된 후 흡연율은 떨어졌지만, 성인 남성의 26퍼센트, 여성의 22퍼센트, 그리고 십대에서 약간 증가(30~35퍼센트)한 정도로 흡연율이 안정되었다(≪로스앤젤레스 타임스≫, 2001. 3. 29). 이는 핵심 흡연자 집단에서는 흡연을 지지하는 사회적 과정이 어느 정도 효과가 있음을 시사한다.[5]

다음으로 흡연이 편안함을 준다든지, 술자리의 자극제라든지, 일에 대한 집중력을 높여준다든지, 성적 흥분을 유발한다든지 하는 여러 가지 대단히 독특한 방식으로 흡연자가 흡연의 효과를 해석하는 증거를 살펴본다. 비교를 위해 커피나 차의 신체적 효과, 그리고 마리화나 연구에서 잘 알려진 해석을 소개할 것이다. 이 모든 기호식품들은 어떻게 해석되느냐뿐만 아니라 어떻게 느껴지느냐의 문제이기도 하다. 몸으로 느끼는 경험 자체가 사회적 의례에 따라 다르다.[6] 생리적 과정이 작용하지 않는다거나 니코틴, 카페인 또는 기타 마약에 들어 있는 성분 따위의 화학적 성분이 아무 효과가 없다는 말이 아니다. 니코틴, 카페인, 알코올, 마리화나, 코카인, 아편 따위에 들어 있는 독특한 화학적 성분은 모두 사회적 과정과 영향을 주고받는다. 그런 기호식품들은 일정량 이상 섭취하면 다른 사회적 요소를 능가하는 독특한 신체적 효과가 있을 수 있다. 사용되는 맥락과는 상관없이 아편의 대량 복용과 카페인의 대량 섭취는 효과가 다르다. 적어도 니코틴과 카페인처럼 효과를 뚜렷하게 구분할 수 없고 사회적 해석의 범위도 아주 넓은 경우에는 특정한 사회적 정서와 더불어 미분화된 자극이 융합되어 신체적 경험을 하게 된다.

니코틴이나 카페인 또는 그 밖의 다양한 기호식품의 섭취가 일으키는 생리적 자극은 뚜렷하게 식별할 수 있는 것이 아니라 상호작용 의례를 통해 신체적·정서적 경험으로 구체화된다. 단순히 생리적 과정에 이름을 붙이는 문제가 아니다. 사람들의 신체적 조율을 강화하는 상호작용 의례에서 생기는 것이다.[7]

흡연 의례는 집단에서 특별한 종류의 정서적 에너지를 생성한다. 이것이 바로 신체적으로 경험되는 흡연의 효과이다. 그리고 시간이 지나면서 강렬한 상호작용 의례로 충전된 상징적 대상은 정서적 에너지 감각을 담고 있어서, 홀로 담배를 피우는 흡연자는 일시적으로 고립된 신체에다 이전의 사회적 경험을 일깨울 수 있다. 내가 주장하는 바는 사회적 의례를 통해 습득하지 않았다면, 담배나 커피·차에 대한 안정된 기호를 지닐 수 없었으리라는 것이다. 내가 보기에, 완벽하게 고립된 로빈슨 크루소는 결코 흡연자나 커피 애호가가 되지 못한다. 앞으로 보겠지만 커피와 차는 둘 다 비슷한 양의 카페인 성분을 함유하고 있지만 유럽의 역사에서는 대단히 다르게 해석되었다. 커피는 즐거운 행위로, 차는 격조 높은 고요함으로 해석한다. 20세기의 미국과 유럽(특히 프랑스나 이탈리아)의 전형적인 사회적 해석에는 더 큰 차이가 있다. 미국에서 커피는 일과 관련된다(아침에 업무 시작을 준비하는 절차의 하나로, 또 일과시간에는 일을 계속하기 위해 잠시 휴식하는 수단으로). 반면에 유럽에서 커피는 훨씬 강한 카페인이 들어 있는데도 음주의 등가물로 취급되어, 일하는 행위와는 엄격하게 분리하며 유흥과 세련된 사교의 형태로 해석한다. 이런 배경과는 반대되는 경향으로 20세기 후반에는 카페인을 제거한 커피(정통 차를 대체하는 허브 차와 같이)가 등장했다. 유럽에서는 만찬을 마칠 때 (음주를 보완하거나 균형을 맞춰준다고 생각하며) 의례로 진한 커피를 마시며, 미국에서는 중상위 계급 사람들이 비슷한 상황에서 진짜 커피를 마시면 잠을 못 잔다며 카페인이 제거된 커피를 마시곤 한다. 국제적으로 비교(또한 미국인들의 개인적 차이의 비교)해보면 커피 마시기가 사회적 구성물임이 드러난다. 저녁 시간에 커피를 마시면 잠들기 어렵다는 사실을 부인하는 것이 아니다. 그런 효과는 자동적으로 나타나는 생리적 효과가 아니라 커피를 마시면 깨어 있는 상태라고 생각하는 인지적 습관과 더불어 신체적 효과도 사회적으로 구성된다고 주장하는 것이다. 카페인이 제거된 커피 숭배가 미국에서 금연 운동이 승리하기 시작한 때와 같은 시기, 같은 곳(아마도 같은 사람들일 가능성이 상당히 높다)에서 등장했다는 사실도 놀랍다. 앞으로 보겠지만, 둘 다 반유흥 운동의 형태이며 또 건강 이데올로기로 합리화된다. 허브 차는 건강식품 운동에서 처음 등장했고, 1980년대까지는 종교 교단을 연상시키는 건강식품 가게에나 있는 품목이었다.

사회적 의례에 뿌리를 둔 사회적 해석이 신체적 경험을 상당 부분 규정한다. 섭취한 화학 물질로 인해 자연스럽게 발생하는 신체의 단순한 생리적 반응이 아니다. 흡연의 미시 사회학에 관한 나의 명제는, 성적 '욕망'을 자동적으로 유발하는 생물학적 과정과 성기의 쾌감만으로는 이해할 수 없다는 제6장의 성 상호작용의 미시 사회학적 명제와 궤를 같이한다. 여기서도 나는, 흡연의 쾌감과 흡연에 대한 혐오는 강렬한 욕구에서 신체적 경련에 이르기까지 전 범위에 걸쳐 상호작용 의례의 변이에 깊이 뿌리내리고 있다는 명제를 제시한다.

흡연 의례: 휴식·물러남의 의례, 유흥의 의례, 고상한 취향의 의례

담배는 파이프·시가·궐련 피우기, 코 흡입, 씹기의 다섯 가지 방법으로 섭취된다. 섭취 방법의 사회적 의미는 섭취하는 집단의 구성에 따라, 또 누가 포함되고 배제되는지, 어떤 생활양식이 칭송되거나 옹호되는지에 따라 변화해왔다. 똑같은 물질이 사용되는데도 의례의 종류에 따라 의미가 달라질 수 있다는 사실은 담배의 의미가 물리적 특성에 들어 있는 것이 아님을 보여준다. 미시 사회학적 상호작용 의례 사슬의 수준에서 보면 마리화나 흡연자에게 도취감을 높여주는 것과 같은 종류의 감각과 속성이 담배 흡연자에게서도 형성된다는 것을 알 수 있다.

흡연 의례에는 세 가지 종류가 있다. 첫째는 휴식과 물러남의 의례로서, 일과 사회생활의 압력과 자극에서 벗어나 고요함과 편안함을 추구한다는 의미를 담고 있다. 둘째는 유흥 의례로서, 담배가 흥분을 고조시키고 놀이를 더욱 유쾌하게 만드는 속성이 있다고 보고 그 수단으로 사용된다. 셋째는 고상한 취향의 의례이다. 사교적 상황에서 흡연을 한다는 점에서는 유흥 의례와 비슷하다. 그러나 유흥 의례가 즉각적인 자극과 순간적인 관심의 집중을 뜻하는 상황적 계층화의 의미를 드러낸다면, 고상한 취향의 의례는 흡연이 행위자의 신분을 드러내는 심리적 취향으로 간주된다. 이들은 상이한 계층화 형태를 조직할 뿐만 아니라 정서적 함의도 아주 다르다. 사회적 의례의 종류가 담배에 부여하는 속성을 결정하는 것이다.

우선, 본격적인 비교에 앞서 또 다른 의례를 하나 살펴보자. 미국을 탐험한 유럽인들은 원주민 부족들이 치르는 '평화의 파이프'라는 독창적인 외교적 의례를 관찰할 수 있었다. 미 동북부에서 파이프는 거대한 의례적 상징물로 길이가 약 120센티미터나 되고 원정할 때 휴대하여 휴전 의지를 전하는 깃발 노릇을 했다. 동맹 관계에 있는 다양한 부족들의 표지를 새겨 넣고 추장과 선봉장들이 집결하여 정교한 예법에 따라 파이프를 돌려가며 피웠다. 거기에는 성스러운 대상을 향한 금기가 있었다. 입술을 대는 이외의 방법으로는 파이프를 접촉하지 못하게 했다. 담배 연기는 기도문을 외며 하늘이나 땅을 향해 내뿜었다(Goodman, 1993; Walton, 2000: 280~283).

여기서는 담배에 또 다른 속성, 즉 영적이고 종교적 의미가 부여되었다. 집단의 정치 구조와 친족 구조가 대체로 일치하고 종교가 대중적 참여로 조직되는 사회에서는 뒤르켕 식 의미의 흡연 의례가 최대한의 집합적 힘을 상징하면서 대규모로 치러졌다. 유럽인이나 흡연이 널리 확산된 다른 상업주의적인 복합 문명권에서는 이런 종류의 흡연 의례는 드물다. 부족의 의례는 일상생활에 속하지 않는다. 또한 집단 안에서만 행하도록 조직되어 사생활 공간으로 물러나 자발적으로 선택한 친한 친구들과 흡연을 즐기지 않으며, 공식 의례의 울타리를 벗어나 친족이 아닌 사람들이 모여서 유흥을 즐기지도 않는다. 한마디로, 부족 사회에는 유럽과 같은 흡연의 사회적 조직이 없었다. 부족 사회의 이런 구조에서는 금연 운동은 물론 담배에 대한 어떤 비판도 있을 수 없다. 우리가 아는 한 실제로도 그랬다.

반대로 유럽과 아시아에서는 흡연이 언제나 비공식적이고 사적인 공무 외의 행위였다. 이런 구조에서는 담배를 피우다가 발각되면 공무나 의례상의 무례를 저질렀다고 질책을 받는다. 기독교 성직자들은 흡연을 다른 비도덕적인 행실과 마찬가지로 악행이라고 공격했다. 1600년대 중반 러시아의 차르, 인도 무굴 제국의 지배자, 터키의 술탄, 페르시아의 샤 등과 같은 전제 군주들은 흡연자의 입술을 도려내고, 끓는 물을 목에 들이붓고, 공개적으로 매질이나 고문을 가하는 처벌을 함으로써 흡연을 근절하려 했다(Kierman, 1991; Walton, 2000: 39~46). 그런 사회에서 흡연자는 공적인 의례 준칙의 위반자로 취급되었다. 그보다 덜 전제적이고 다원적인 사회에서는 윗사람이 아니라 동년배의 공격을 받았다. 흡연과 경쟁하는 다른 행동 기준에 위배된다는 것, 그리고 흡연 여부가 집단을 내부자와 외부인으로 가르고 서열화한다는 것이 공격의 근거였다. 포함과 배제의 경계선에 따라 생활양식의 의례가 형성되었으므로 생활양식의 쟁점과 사회적 경계선의 쟁점이 결부되었다.

담배는 처음에는 파이프로 피웠다. 파이프 흡연은 18세기에 코로 들이마시는 형태가 유행할 때도 남아 있었고, 궐련의 시대가 된 20세기 이전에는 줄곧 하위 계급의 주된 소비 형태였다. 파이프 흡연이 거의 유일한 담배 섭취 방법이었던 초기에는 그 효과를 놓고 이런저런 해석이 무차별적으로 퍼져 있었다. 유럽에 담배가 처음 도입되던 시기에는 약용으로 알려졌다. 담배가 배고픔, 피로, 고역을 해소시켜준다는 것이 장기간 계속된 정설이었다. 음식의 대용품으로 섭취되었다는 추정은 17세기에 흔히 담배를 '마신다'거나 '맛본다'는 말로 표현한 데서도 알 수 있다(Walton, 2000: 230). 하지만 언제나 남성만 담배를 피웠다는 점에서 사회적으로 제한된 해석이었다. 여성과 어린아이에게는 '음식'이 아니었다. 담배가 처음에는 탐험가나 식민지 개척자들에게서, 그리고 군대에서 확산되면서 고역을 치러야 하는 남성에게서 시작되었기 때문에 나온 해석이다.[8]

파이프 흡연이 일상적인 사회생활로 확산되자 두 가지 함축적 의미를 얻는다. 한편으로 휴식과 평온함을 뜻하고, 다른 한편으로는 유흥을 뜻하게 되었다. 이 두 가지 대안적 의미는 점차 흡연을 행하는 구체적인 사회적 상황에 따라 나뉘어 제도화되었다. 한편에서는 흡연이 휴식 시간의 활동이 되었다. 저녁 시간 또는 일과 중의 휴식 시간에 피로에 지쳤을 때 행하거나 은퇴한 노인들이 하는 활동이라는 뜻을 내포했다. 이런 의례적 특성은 소소한 잡담을 나누거나 조용히 대화를 나눌 때 남성들이 함께 앉아 파이프를 피우는 곳에서 가장 강하게 드러났다. 파이프를 준비하고 관리하는 활동(나중에 더 자세하게 분석할 것이다)은 대화의 대체물이었다. 남성들은 대개 무언의 의사소통을 즐기면서 함께 동일한 대상에 집중한다. 퇴직자들이나 활동이 별로 없어서 할 말이 거의 없고 문화적 자본도 많지 않은 남성들에게 특히 쓸모가 있었음이 틀림없다. 또한 말을 하지 않고도 정당하고 의미 있는 활동을 할 수 있다는 점에서 활달한 외향적인 재담가와 스스로를 차별화하는 내향적 인성을 만들어내기도 했다. 곧 살펴보겠지만, 활달한 사람들(나는 일부러 외향적인 '인성'이라고 부르지 않는다)이 상호작용 연결망에서 농담, 이야기 꾸미기, 오락 게임의 기교 퍼뜨리기 같은 독특한 생활양식을 퍼뜨렸던 시기인 현대 사회로 접어드는 초반에 파이프 흡연이 출현했다. 더불어 흡연 의례에 대한 또 다른 해석도 등장했다.

다른 흡연자와 함께 피우지 않고 홀로 담배를 피우는 사람들도 분명히 있었다. 그러나 16세기와 17세기 주택의 조건으로 볼 때 '나 홀로' 흡연자들도 거의 언제나 다른 사람들이 곁에 있거나 적어도 다른 사람들이 보는 곳에서 담배를 피웠을 가능성이 높다. 따라서 흡연은 또 다른 의미의 경계선을 드러내는 표지였다. 흡연을 남들이 이해하고 또 존중(또는 비난, 비판)할 만한 활동으로 주변에 엷은 막을 치고 혼자서 하는 행위라고 사회적으로 정의하게 된 것이다. 벽난로 앞에서 또는 현관에서 마을의 거리를 바라보며 홀로 담배를 피우는 사람은 비슷한 상황에서 침묵을 지키는 사람들과 마찬가지로 조용하게 휴식을 취하는 사람으로 간주되었다. 이전에 종교적 명상이나 아니면 단순히 무력감, 지루함, 노쇠함으로 여겨지던 해석과는 대조적이다. 따라서 종교 영역 밖에서 활동을 그만둔 나이에 또는 소일거리가 없는 사람들에게 파이프 흡연의 의례가 조금쯤은 신분을 상승시켜주었다.

파이프 흡연의 또 다른 현장은 유흥의 무대였다. 흡연은 술집에서 음주와 함께 즐기는 활동이었다. 자유분방한 행동, 술주정, 시끄러운 음악, 도박이나 내기 게임, 매춘과 결부된다. 흡연이 남성의 전유물이었던 시기에 매춘부는 서구 사회에서 공개적으로 담배를 피우는 거의 유일한 여성이었다. 그들은 아마도 유흥의 장에서만 담배를 피웠을 것이다. 흡연이 매춘부들과 더불어 하는 행위로 연결되자 조신한 여성은 담배를 피우지 못하는 의례적 장벽이 생겼다.[9]

오랫동안 여행자를 위한 숙박시설이었던 선술집이 세습 귀족 가문 우두머리의 권위 아래서 중세의 일상을 구성하고 있던 종교 의례를 대체해 도시화를 보여주는 표지가 되었다(Wuthnow, 1989). 17세기, 특히 18세기에 선술집은 더 품격을 갖춘 커피하우스로 발전했다. 국제 교역과 관련된 상업의 명소로서 런던뿐만 아니라 네덜란드와 독일의 상업 도시에서도 번창했다. 커피하우스는 커피와 담배를 위한 이중 의례의 중심지였다. 파이프 흡연과 연관된 고요함과 물러남의 문화와는 대조적으로 커피하우스는 자극과 흥분이 특색인 장소였다.

파이프 흡연이 어느 정도 남아 있기는 했지만, 커피하우스가 번창하던 시기에 담배를 코로 들이마시는 용법이 사회적 명성을 얻었다. 코담배의 확산과 관련된 조건은 여러 가지이다. 1600년대 후반이 되면 파이프 흡연이 거의 모든 계급의 남성들에 널리 퍼진 탓에 그보다 더 엘리트적인 용법으로 코담배가 명성을 누리게 된 것이다. 특히 조신한 계급의 여성이 지저분하고 냄새난다고 해서 흡연을 비판하게 되자 코담배가 더욱 확산되었다. 성냥이 없거나 파이프에 불을 붙이는 게 번거로울 때는 코 흡입 방식이 더 편리하다. 그러나 코담배는 옷, 얼굴, 가구에 엄청난 분말을 남긴다. 그러니까 실은 흡연에 대한 심미적 거부감이 단지 다른 영역으로 옮겨갔을 뿐이다. 이것이 담배가 커피하우스 같은 남성 전용의 폐쇄된 장소에 남게 된 연유 가운데 하나였다. 물론 코담배는 정중한 의례와 갖가지 보조기구를 발전시켰고 응접실 예법의 일부가 되기도 했다. 적어도 당시에는 다른 용법과 경쟁 상태에 있었다.

커피와 마찬가지로 담배도 활기를 연상시켰다. 언론인, 정치인, 연극인, '재담가', 지식인들, 또 투기사업을 하는 사람들의 모임에서 커피와 담배는 둘 다 소규모의 신체적 활동이었다.[10] 그들은 각기 단골로 가는 커피하우스가 있었다. 그런 직업들 가운데 다수는 처음으로 출현했거나 제도화되는 중이었다. 18세기 초반은 영국 의회가 정기적으로 회합을 가지기 시작하고 정치인들이 군주로부터 권력을 접수한 시기였다. 뉴스의 수요와 취향을 자극한 정기 간행물도 나오기 시작했다. 연극계와 그 밖의 전문화된 문화적 생산이 이루어지는 영역에서도 비슷한 발전상을 보였다. 이런 제도들은 새로운 형태의 '행위'를 만들어내 그들이 하는 상업적 활동 분야를 선전하고 반영하는 자극으로 삼았다. 그 '행위' 형태에 대해 이야기를 나누고 글을 쓰는 것이 이 모임 장소를 중심으로 진행되는 활동 가운데 하나였다.

이런 활동들이 물질 섭취와 무슨 관계가 있을까? 사업가, 언론인, 정치인 들의 모임은 순수하게 도구적인 방식으로 전략을 짜고 소문을 나누는 식으로 대화에만 집중할 수도 있었을 법하다. 그랬다면 전문가들의 학술회의와 비슷하게 되었으리라. 그런데 그런 모임은 학술회의가 아니었다. 그리고 학술회의와는 대조적인 그 모임의 특성이 바로 커피하우스에서 이루어지는 사교 의례의 성격을 보여준다. 오늘날도 전문 분야의 동료와 무대 뒤라 할 수 있는 곳에서 공식적이 아닌 이야기를 나누고 싶을 때는 "차나 한잔 하시지요"라거나 좀 더 거리가 있는 관계일 때는 "술자리 한번 만들지요"라거나 한다. 모종의 거래를 제안하거나 협상의 낌새를 암시하면서도 결정적 언급은 의도적으로 피함으로써 만남의 목적이 공개적으로 진술될 만한 것이 아님을 은연중에 드러낸다. 무대 뒤의 만남이 지닌 유연성은 정보를 얻고 친분을 만드는 데 좀 더 개방적일 뿐만 아니라 협상을 요리할 수 있는 여지가 더 많다. 비록 표면상의 목적은 전문 분야의 일과 어느 정도 관련 있지만, 직접적인 목적은 순수하게 사교적이고 비공식적인 것, 일이 아니라 기분 전환이나 유흥으로 정의할 수 있게 만들 필요가 있다.

전문가들의 만남에 이런 종류의 무대 뒤를 제공하는 또 다른 방법은 사교클럽의 회원이 되는 길이다. 클럽은 18세기 후반에서 19세기 초반에 런던에서 출현했는데 커피하우스에서 쉽게 볼 수 있는 모임과는 어느 정도 차이가 있었다. 클럽은 참여자들 입장에서 보면 오래전에 계획하고 일정한 고정 투자가 필요하기 때문에 커피하우스보다는 번거로운 방법이었다. 또 가입 절차가 까다롭고 시간이 걸려 빠르게 돌아가는 정보를 나누고 명성을 얻기에는 그다지 적절치 못했다. 그래서 클럽은 사업이나 문화 생산 작업이 이루어지는 곳이 되지 못했고, 그보다는 그 분야의 성공을 인정하고 공식적으로 인가를 하는 장소가 되었다.

담배와 커피의 '활기'찬 문화와 좋은 대조를 보이는 곳이, 거의 같은 시대에 같은 물질이 섭취되던 터키와 레반트의 커피하우스이다. 그런 지역에서는 정당들의 공개 토론을 위한 장소도 없고 연예계와 같은 문화 생산을 위한 활발한 시장도 발전하지 못했다. 터키와 이슬람 사회에서 커피 마시기와 담배 피우기는 알렉산더 포프* 시대 런던에서와 같이 자극적인 '활동'의 중심이라는 함축적 의미를 얻지 못했다. 그 대신 커피와 담배는 여가의 한가함, 고요함을 숭배하는 의례였다. 여기서 우리는 다시 한 번 사회적 맥락에 따라 같은 물질이라도 정서적 효과가 달리 인식된다는 사실을 알 수 있다.

북유럽의 커피하우스에서 흡연은 가벼운 수준의 유흥이라는 사회적 의미를 지니고 있었다. 선술집, 음주, 도박, 매춘과 관련된 방종이 아니라 사회의 상위 계급(별로 호사 취향을 갖고 있지 않은 상위 계급)의 신분을 드러내는 행위였다. 그리고 그럴듯한 진지한 업무, 실제로 엘리트에 속함 직한 직업에 수반되는 보조 수단의 성격을 띠었다. 중세 귀족의 신분 서열화나 종교 의례에서 행해지던 것보다 더 정교한 형태로 신분을 차별화하는 표지였다.

중세 사회에서는 사회적 관심이 집중된 장은 주로 고위 귀족층과 교회 성직자의 궁정 의례였다. 평범한 가문에서 가장의 일상생활은 훨씬 덜 엄숙했다. 사회적으로 정당한 사생활의 주된 영역은 수도승이나 성직자들이 행하고 독실한 평신도들이 모방하던 사적 기도와 종교적 수련 정도였다. 점차 사적인 사교 모임이 허용되기 시작한 시기에 담배가 아메리카 부족 사회로부터 초기 현대 사회의 세계로 들어왔다. 담배는 두 부류의 영역으로 나뉜다. 남성이 혼자 또는 친지들과 함께 조용하게 물러나 파이프를 피우는 작은 모임의 영역과, 그 반대로 난잡한 유흥(밑바닥 생활을 하는 사람들과 상위 계급 출신의 모험을 즐기는 남성들을 포함

---

* 포프(Alexander Pope, 1688~1744). 영국의 시인, 비평가. ─ 옮긴이 주

하는)의 무대였던 선술집으로 나뉘었다. 이런 유흥 형태는 공적인 사업과 관련된 무대 뒤의 풍경과도 대조를 보이는데, 이런 곳에서는 전문직 활동을 촉진하는 동시에 흡연 자체가 흡인력 강한 사회적 매혹이었다.

남성 지배적인 영역의 울타리 밖 대립적인 영역에서 사적인 사교 무대가 경쟁적으로 발전했는데, 그 경계를 뚜렷하게 그은 것이 담배였다. 개인의 사랑과 짝짓기의 협상 범위를 넓혀준 전국적인 결혼 시장이 출현하고 결혼동맹에 대한 부모의 개입이 더 복잡한 모습을 보이면서 새로운 사교 영역과 의례가 발전한다(Stone, 1979). 이런 변화는 또한 여성을 중심에 두는 사교 영역도 확장시켰다. 런던 사교계의 '성수기', 농촌 가문의 무도회와 사냥 모임, 사교적 방문 예법, 손님맞이 예절, 사회적 신분이 어울리는 사람들끼리 나누는 적절한 소개 예법, 명함을 전하는 기술 따위가 그런 보기들이다. 도시에서 그리고 나중에는 농촌 지역에서도 집에서 만찬을 열게 되고 방문객의 범위도 넓어짐에 따라 오락의 범위도 확대되었다. 정중한 대화의 진행, 카드놀이, 실내 연주회, 차 마시기 같은 정교한 여성 중심적 의례가 형성되었다(Burke, 1993). 여성적 '활동' 영역이 결혼 시장을 넘어서서 독자적인 생명을 얻은 것이다. 의례의 한계를 놓고 얼마나 유연하고 세련된 협상 솜씨를 보이는가에 따라 사회적 서열이 이루어져 중세의 귀족 신분 서열화를 넘어설 정도가 되었다. 그리고 이러한 신분의 획득이 일상의 행동반경에 커다란 정서적 의미를 띠게 된다. 말하자면 이제 현대사에서 고프먼의 시대를 맞이한 것이다.

차 마시기 의례가 남성 세계의 커피와 담배 의례와 경쟁하는 상황이 되었다. 물리적으로 대단히 비슷한 물질이 사회적으로는 구별되었다. 차 역시 식민지 팽창 초기에 세계 무역을 통해 유입되었다. 차의 카페인 함유량은 커피와 비슷하다. 그렇지만 차는 가족 식사, 이성이 함께하는 모임, 여성의 사교 모임과 관련된 가정적인 음료가 되었다. 차를 마시는 사람들은 '활동'의 의미를 함축한 커피 마시기와는 대조적으로 차분함으로 규정되었다. 일상적인 가족 식사의 의례나 숙녀들의 가장 고상한 취향으로서 차 마시기 의례의 사회적 위상은 커피하우스의 유흥 의례와 어깨를 나란히 하게 되었다.

생활양식의 유행을 따르는 열풍과 더불어 파이프 피우기, 커피 마시기, 코담배 들이마시기가 확산되었다. 담배, 커피, 차의 효능을 이야기하는 방식과 정서도 달라졌다. 가장 안전한 경로는 그 물질들을 심리적으로 분화되지 않은 생리적 자극으로 간주하고, 그 물질들을 중심으로 형성되는 의례가 창출하는 특정한 정서로써 상황을 정의하는 방식이다. 파이프, 코담배, 커피, 차는 사회 집단의 상징, 집단 경계선의 상징이 되었다. 그러한 상징적 의미는 자신의 몸과 감정 — 고요함, 떠들썩한 잔치, 세련된 행동, 고상한 취향 따위 — 에 결부된 것이라 친숙했다. 자신의 한 부분으로 느끼는 동시에 미시적 만남에서 사회관계와 더 너른 세계의 사회 질서에서 자신이 차지하는 지위의 실행으로 경험하는 것이다.

고상한 취향을 자랑하는 여성이 가장 큰 통제력을 발휘하는 영역인 응접실에서 시도하는 관행이기는 했지만, 코담배는 관록을 자랑하는 엘리트들의 의례라는 사회적 정의에 가장 가까웠다. 19세기 초반에 들어서면서 그런 시도는 실패로 돌아가 상류 사회에서는 거의 사라지고, 농촌에서나 하위 계급이 하는 주변적인 관행으로 위축되었다. 코담배는 남성들이 조신한 여성들과 사교할 때 사용하는 형태였지만 젠더 경계선을 넘어서지는 못했다. 아마도 코담배의 지저분함이 이 시기에 여성들이 화장품, 보석, 장신구 따위로 몸을 가꾸며 우아하게 자신을 연출하는 방식과 잘 맞지 않았을 것이다. 남성들은 수건으로 분말을 씻어내는 코담배 의례의 마지막 단계를 치를 수 있었지만, 상류 계급 여성들은 스스로를 움직이지 않는 조각상처럼 우아한 존재로 연출하고 있었으니 코담배는 적절치 않았을 것이다.

씹는담배는 가볍게 다루고 지나가도 될 것 같다. 담배 용법 가운데 가장 보기 나쁘고 지저분한 찌꺼기를 남기는 섭취 방법이다. 담뱃불을 붙일 필요가 없고 그래서 야외에서 신체적 활동을 하면서 또한 실내에서도 타구만 있으면 섭취할 수 있는 실용적인 장점이 있었다. 씹는담배는 19세기에 주로 미국에서 유행했다. 그리고 일시적으로 사회적 명성을 누렸다. 여기에는 분명한 정치적 상징의 의미가 있다. 씹는담배는 1830년대 잭슨 시대의 정당 정치가 이루어지던 시기에 유행했다. 당시 농업에 종사하거나 토지 투기를 하며 미국 경제를 지배하던 농촌의 지주 계급임을 드러내는 신호였다. 1900년까지 씹는담배가 미국 담배 시장의 44퍼센트를 점유하고 있었다. 미국 의회와 관공서 어디나 타구가 비치되어 있었는데, 타구는 1950년까지도 없어지지 않았다(Brooks, 1952).

담배를 씹고 침을 뱉는 고상하지 못한 모습은 공격적인 자기주장의 한 형태인데, 남성 공동체에서 집단적으로 공유되며 조금쯤 중화되는 모습을 보이기도 했다. 그들은 고상한 응접실 예법에 맞고 좀 더 절제된 흡연 행태와는 선명하게 대비된다는 사실을 분명히 느꼈을 것이다. 그것이 바로 그들이 담고 싶었던 메시지였음이 틀림없다. 이 시기에 씹는담배가 인기와 명성을 누렸던 것은 "신사나 귀족이라는 작자들에 못지않게 나도 잘난 사내야"라는 식의, 농촌 사람들의 고집스런 민주주의 태도를 드러내는 형태였기 때문이다. 적수의 눈에 침 뱉기라는 현대의 농담(즉, 담뱃진 뱉기)은 씹는담배를 하는 사람들이 의도했던 자아 이미지의 투사였다. 비교해보면 이런 해석이 옳음을 확인할 수 있다. 씹는담배는 미국 말고는 다른 지역에서 널리 대중화되지 않았다. 씹는담배의 쇠퇴는 19세기 후반에 경제적으로나 정치적으로 다른 이해집단이 중규모의 농촌 지주들을 추월한 시기였다. 아직도 씹는담배 형태가 남아 있는 곳은 주로 농촌 지역과 지방색을 띤 유흥의 장소이다(가령, 백인 야구선수들).

파이프 흡연과 코담배는 주요한 의례들을 만들어냈다. 한편에서는 세상 잡사로부터 물러남과 평온함을 누리는 의례를, 다른 한편으로는 도덕률을 위반하는 유흥과 상류 계급의 세련된 행위 양식에서 모두 자극적인 의례를 만들어냈다. 19세기와 20세기에 코담배가 사라지고 파이프 흡연도 점차 줄어들면서 이런 의례들이 처음에는 시가 흡연으로, 나중에는 궐련 흡연으로 넘어간다. 그렇게 되자 파이프 흡연은 유흥이라는 함축적 의미를 상실하고 고요한 자기 몰입이라는 의미만 남게 되었다. 1848년 독일 혁명기에 베를린과 같은 도시의 거리에서는 공공장소에서 시가 흡연을 금하는 정부의 규제에 대항하는 대규모 시위도 있었다. 시가 흡연은 젊고 활동적이고 남성적인 군중이라는 의미를 담고 있었으며 현대성과 진보주의를 연상시켰다. 파이프 흡연은 부르주아, 먹물, 점잖음, 보수주의, 집안에서 사적으로 행하는 습관이라는 의미를 띠게 되었다(Walton, 2000: 163). 궐련 흡연이 모든 사회계급으로 확산된 20세기 중반의 미국 사회에서는 놀기 좋아하고 충동적인 이미지의 궐련 흡연자와 대조적으로 파이프 흡연이 점잖은 신사, 정중함, 자족함과 같은 이미지를 얻는다. 또한 궐련으로 촉진된 가장 대중적인 흡연 형태를 양성이 공유함으로써 성적 놀이의 이미지가 제거된 시기에 남성의 전유물로 남아 있다는 점에서 파이프 흡연은 보수적인 이미지를 띠게 된다.

시가 흡연이 코담배를 대체한 시기는 19세기로 접어들던 무렵, 프랑스 혁명으로 귀족주의가 몰락하고 예법이 혁명적으로 변화하는 과정에서 다소 갑작스럽게 이루어졌다. 시가는 코담배와 동일한 사회적인 지위를 차지하고 있었다. 상대적으로 상위 계급 사람들의 공적 활동의 무대 뒤, 그리고 고상한 응접실에 대한 남성적인 대립물로 등장했다. 시가는 값이 비싸서 가난한 사람들(20세기까지 노동 계급 대부분)은 피울 수 없었지만, 아주 부유하지는 않아도 행동 중심 성향을 보이는 사회계급에서는 열심히 상위 계급의 시가 흡연을 추종했다.[11] 코담배는 남성과 여성의 거리를 좁혔던 — 남성이 여성의 면전에서 흡입을 했다는 점에서 — 반면, 시가는 담배에 대한 심미적 거부감을 다시 불러일으켜 그 간격을 더 넓혔다. 빅토리아 시대라고 불리던 19세기 중·후반에 시가 흡연은 영역 간 분리를 더 뚜렷하게 만들었다. 남성이 담배를 피우려면 마구간으로 가는 것이 당연한 예절로 여겨졌다(그래서 점차 실내에 앉아서 일을 하기 시작한 바로 그 시기에 실외 스포츠가 남성적 영역으로 강조된다). 정중한 사교 모임에서 여성은 남성이 시가를 피울 수 있도록 식당으로 물러나는 관습이 발전했다. 이런 관습의 부수적 효과로 시가 흡연의 양이 더 늘어났다. 손님을 초대한 주인이 아내에게 건배 제의를 한 후에 "신사 여러분 이제 담배를 피우셔도 됩니다" 하고 선언하는 관례는 단지 그 자리의 정신을 위해서라도 흡연에 동참할 수밖에 없도록 했을 것이다.

〈사진 8.1〉 계급의 표지로서 시가 흡연. 노동 계급 숭배자가 윈스턴 처칠과 공손하게 접촉하면서도 담뱃불을 권하며 의례적 유대의 몸짓을 하는 장면. Getty Images사 제공.

19세기의 주택은 그전보다 물리적으로 그리고 상호작용상 훨씬 복잡해졌다 (Girouard, 1978; 1979). 중세 귀족들의 가옥은 사생활이 거의 없는 구조로, 활동 대부분이 큰 홀에서 이루어졌으며 가신과 하인들이 둘러싸고 있었다. 18세기와 19세기에는 점차 분리된 방들이 생겨나 좀 더 사사로운 공간과 드나들 수 있는 사람을 구별하기 시작했다. 여성도 자신만의 행동 영역과 공간을 얻어 나름의 인상적인 의례를 행할 수 있었다. 빅토리아 시대의 좀 더 부유한 계급의 저택은 역사상 가장 극단적으로 공간을 세분화시키는 사회적 분화가 이루어진 시대였다. 가족과 손님의 사생활을 방해하지 않는다는 인상을 주면서 눈에 띄지 않게 접대할 수 있도록, 복도를 지나 집 뒤편으로 이어지는 곳에 집안일을 하는 하인들의 별채를 두는 정교한 구조의 주택이 유행했다. 서재, 집무실, 어린이 보육실, 학습실, 음악 연주실, 숙녀들의 주간용 거실을 두었을 뿐만 아니라 공식적인 손님 접대용 응접실과 연회용 홀 따위를 따로 나누었다. 이렇게 하루에 이루어지는 다양한 활동을 공간적으로 분리하고 그 활동에 참여하는 집단도 분리했다. 빅토리아 시대의 주택에는 보통 남성의 영역인 당구장을 갖춰놓고 그곳에서 시가 흡연을 했다. 사냥 도구를 보관하는 방도 흡연실로 사용했다. 이런 방들의 주역은 주로 총각들이었다. 부유한 계급 미혼 남성의 동성 친구들을 위한 공간이었고, 거실, 살롱, 서재는 이성 친구들과 즐기는 곳이었다.

시가 흡연은 고상한 놀이, 그리고 총각 시절이라는 의미를 담고 있었다. 19세기에는 총각생활의 즐거움과 결혼생활의 따분함을 대조하는 관행이 보편화되었다. 비록 독립성의 내용이란 여성의 고상한 의례와 공간을 달리하는 정도가 고작이었지만(결혼한 남성이 막강한 권력을 가지고 있었으니까), 총각생활은 '독립적'인 생활로 정의되었다. 총각생활의 구체적 내용은 무엇보다도 담배를 피울 수 있는 자유였다(실제 현실에서는 남성 사회의 흡연을 권하는 압력 의례에 불과했지만). 흡연은 음주나 도박, 매춘보다는 낫다고 옹호할 수 있는 점잖은 놀이였으며, 실제로는 가장 널리 행해졌을 것이다(음주, 도박, 매춘 따위는 비용이 많이 들고 또 때로는 실행에 옮기기도 어려웠으니까). 총각 시절과 흡연에 대한 옹호는 우정 말고는 어떤 의무도 부과되지 않는 사교 의례의 구체적 형태, 남성 친구를 동반하는 즐거움으로 제시되었다. 또한 지식인과 예술가는 창조적 과정이나 분위기를 구성하는 요소로 보며 흡연을 신봉했다. 글을 쓰고, 그림을 그리고, 작곡하는 일은 일상사와는 별개로 보헤미안적 분위기에서 이루어진다는 의미를 공유하며 흡연 의례로 상징화했다. 키플링(1988)이 「약혼자」라는 시에서 토로한 바가 바로 그런 의미였을 것이다. "여성은 단지 여성일 뿐, 좋은 시가는 연기를 창조하나니."

이런 식의 구별은 19세기 후반과 20세기 초반에 궐련 흡연이 대중적으로 확산되면서 또 다시 바뀐다. 성냥과 라이터로 불을 붙이기가 쉬워지면서 궐련 흡연은 아주 간편하고 개인화되었으며, 그전의 담배 섭취 방법과 비교하면 상대적으로 깨끗해졌다. 모든 계급에서 부가 증가하던 시기에 궐련이 출현했다. 대량생산과 마케팅으로 전례 없이 담배 사기가 쉬워졌다. 남성과 여성의 영역을 분리하는 젠더 장벽도 무너졌다. 궐련의 광범한 확산, 특히 여성의 궐련 흡연으로 다른 형태의 담배 용법은 퇴조했다. 이는 흡연 의례가 점차 궐련 흡연으로 전환되었음을 뜻한다. 파이프 흡연은 여전히 조용한 물러남이라는 의미를 간직하고 있지만 궐련도 같은 목적으로 피우게 되었다(남성적 전유물이라는 신호가 아님은 물론이다). 시가는 여전히 '큰 사업, 중요한 인물'이라는 함축적 의미가 있지만, 궐련 흡연 역시 상류 계급이나 하류 계급 모두에게 활동의 공간에 존재한다는 의미를 띠게 되었다.

다른 흡연 의례를 누르고 궐련 흡연이 승리한 데는 여성의 흡연 확산이 한몫했다. 또 여성과 함께하고자 하는 남성들에게도 중요해졌다. 처음에는 여성 흡연이 '재즈의 시대'로 알려진 1920년대에 성 해방, 성관계 협상 방식의 전환과 더불어 등장했다. 남성적인 옷을 걸치고, 담배를 피우고 건들거리는 아가씨는 충격적이었다. 현대의 보수주의자는 이 셋을 모두 변화의 징표로 여겼지만, 그중에서도 담배가 가장 강력한 문화적 전환을 드러내는 상징적 표지였다. 이 과정은 20세기의 흡연과 금연 운동의 부침과 관련해서 나중에 다시 다룬다.

의례의 도구: 사회적 과시와 고독 숭배

의례는 물리적 대상에 관심을 집중시킨다. 그때의 물리적 대상은 집단 소속을 드러내며, 의례가 이루어지던 때의 농축되고 강렬했던 느낌을 상기시키는 상징적 표지가 된다. 담배 '중독'은 마리화나나 다른 마약에 대한 욕구와 마찬가지로 흡연에 결부된 감각과 사회적 해석에 강한 애착이 형성된 상태이다. 애착은 그 상징이 되는 물리적 대상으로 전이된다. 상호작용 의례 사슬의 관점에서 보면 애착은 자신을 특정한 정서적 에너지의 원천에 지향하도록 만드는 방식이다. 어떤 종류의 사회적 의례이든 동일한 방식으로 '중독'이 될 수 있으며 특정 물질의

〈사진 8.2〉 중간 계급 관습의 두 가지 상징물. 파이프와 한 잔의 차(1924년 영국). Getty Images사 제공.

섭취와는 아무 상관이 없다. 그런 뜻에서 사람은 도박에 중독될 수도 있고, 일 중독자나 스포츠 광이 될 수도 있다.

담배의 경우 뒤르켕이 말하는 성스러운 대상 또는 흡연자가 애착하게 되는 물리적 대상은 담배 자체(가령 혈류 속의 니코틴 함유량)가 아니라 연기, 냄새, 맛, 그리고 섭취하는 도구일 때가 더 ─ 아마도 압도적으로 ─ 많다. 그래서 어떤 흡연자는 흡연 채비를 갖추는 데 더 몰두한다. 담배와 흡연 도구를 보기 좋게 진열하고 보관하는 일에 공을 들인다. 이런 활동에 주목하는 데는 또 다른 사회학적 이유가 있다. 흡연 효과는 사회적으로 구성되는데, 왜 때로는 흡연이 나 홀로 활동이 되는지를 설명해준다. 그런 측면에서 담배의 도구와 관련된 의례를 간략하게 검토해보자.

파이프는 처음에는 단순한 흙으로 빚은 사기였으나, 수세기 동안 모양과 장식이 점점 더 정교해졌다. 특히 파이프 흡연이 아주 대중적이었던 독일과 네덜란드에서는 (18세기에 도입된) 해포석을 깎아서 만든 파이프가 자랑스러운 전시품으로 다루어졌다. 높은 신분을 과시하는 거대 귀족이 비교적 적었고 그 대신 자유 도시와 상공 지역의 부르주아가 지역을 지배하는 특유의 계급구조를 가지고 있었기 때문에 파이프 흡연을 숭배하는 사람들이 지역 사회에서 가장 두드러져 보였다. 독일과 네덜란드에서 파이프 흡연은 지역 사회 모임에서 다소 지위가 상승한 대학생 집단의 일원임을 과시하는 방법이었다. 또한 독일에서는 집단적 파이프 흡연이 소탈한 평등주의자로서 명성을 누렸던 대학생이 선호하는 의례였다. 이 한계연령 집단이 도덕률을 가볍게 위반할 수 있는 장소에서 촛불(촛불이 선술집 실내의 자욱한 담배연기를 가시게 해주었다)을 켜고 흡연하면서 가벼운 유흥의 의미를 띠게 된다(Walton, 2000: 256).

다른 흡연 방식이 경쟁적으로 등장하자 파이프 흡연은 고적한 휴식의 의례가 되었다. 파이프는 화려함과 과시적 성격이 약해졌다. 파이프 흡연자들은 이제 파이프를 수집하고 관리하고, 담배를 준비하는 사적인 의례를 발전시키는 데 더 공을 들이곤 했다. 1850년경 사기 파이프와 석기 파이프가 나무 파이프, 특히 찔레나무 뿌리를 가공한 목공 파이프로 바뀌었다(Dunhill, 1924). 담배 맛은 피우고 난 후 남는 찌꺼기에 영향을 받기 때문에 파이프를 청결하게 관리하려면 공이 많이 든다. 속에 들어 있는 재를 닦아내는 데 시간이 많이 걸리고, 대가 너무 얇아지고 뜨거워지면 새 파이프로 갈아야 한다. 이런 이유들로 해서 상습적인 파이프 흡연자는 파이프를 다수 소장하게 된다. 더불어 다양한 맛과 향을 지닌 담배도 수집해서 모셔놓고 신줏단지처럼 다루었다. 파이프 흡연은 섬세하고 세련된 취향과 심미적 안목을 드러내는 형태로 여겨지며 수집 풍조를 낳았다.

20세기에 와서는 파이프 흡연자들이 함께 모여 집합적으로 피우지는 않게 되었지만,[12] 대신 기품 있는 취향을 드러내는 사회적 허세가 되었다. 가장 큰 관심의 초점과 정서적 에너지는 아마도 흡연 자체보다는 흡연을 위한 준비 의례에 있을 것이다. 종교 의례에 빗대어 말하면, 집합 의례에 참석하는 대신 홀로 기도하고 명상하는 신비주의 실천으로 종교적인 절정을 체험하는 것과 비슷하다. 베버의 용어로 말하면, 20세기의 파이프 흡연자는 일종의 '내면세계를 지향하는 신비주의자', 특히 서구적 형태의 정적주의자(즉, 수도원으로 물러나지 않고 '세속에서' 영적 수행을 하는)라 할 수 있다(Weber, 1922/1963: 177). 당시의 역사적 배경으로 인해 종교적 신비주의자나 고독한 파이프 숭배자에게 사회적으로 공인된 정의가 부여되었다. 사람들에게서 멀리 떨어져 초연하게 영적인 탁월성을 추구하는 사람, 그래서 존경을 받을 자격이 있는 사람으로 인정받았다.

코담배는 철저하게 사회적이고 과시적인 활동이었다. 모든 담배 용법 가운데서 가장 극적인 구조를 가지고 있었다. 준비 단계, 흡입 단계, 긴장 단계, 이완 단계, 사후처리 단계, 이 모두가 소리와 신체적 경련을 드러내는 형태였다.[13] 코담배를 하는 사람들은 아담하고 휴대하기 간편하면서도 우아한 용구를 소지했다. 엘리트 응접실 사교에 적합한 남성의 의상이 과시되던 시기에 보석함 모양의 코담배 상자는 으뜸가는 유행이었다. 금빛 찬란한 담배 상자를 내놓으며 다른 이들에게 권하고, 담배 상자의 특징을 강조하기 위해 톡톡 두드리는 따위의 모든 행동이 사교장의 춤과도 같은 동작으로 구성되었다. 또한 커피하우스에서 극적인 행위를 연출하는 데도 잘 들어맞았다. 나중에는 이국적인 도자기와 똑같이 코담배 상자도 응접실 탁자 위나 유리 장식장에 진열하는 수집가들의 애장품이 되었다. 코담배가 사용에서 전시로 바뀐 것은 지체 높은 신분에서 새로운 형태의 담배 용법이 등장해서 코담배를 대체한 시기였다.

시가 용구는 어떤 점에서는 파이프나 코담배보다 정교하지 못했다. 그러나 시가 자체는 크기와 모양, 맛과 질에서 다양한 차이가 있었다. 큰 것, 긴 것, 비싼 것으로 나뉘고 또한 상대적 부를 드러냈다. 19세기에 상업적 부로 계급 분화가 가장 빠르게 진행된 나라들(영국, 미국, 독일)에서 시가 흡연이 유행했다. 시가는 의례적 선물이었다. 어디에나 지니고 다니면서 신분을 드러내는 항목이었던 파이프나 코담배 상자와는 달리, 시가는 보통 환대 의례의 표지였다. 상류 계급에

〈사진 8.3〉 점잖은 계급의 첫 번째 여성 흡연자 가운데 한 사람. 남성적 전통을 모방, 특별한 흡연 복장을 하고 있다(1922, 영국). Getty Images사 제공.

서는 주인이 손님들에게 만찬 후의 의례로 시가를 권하는 것이 의무였다. 시가는 사업상의 동의를 뜻하는 우정의 표시이기도 했다. 경의를 표하는 선물로서 시가를 권유하는 의례는 20세기에 궐련 의례가 등장하면서 퇴조한다. 그러나 특별히 축하할 일이 생기는 경우, 가령 아기의 탄생을 자축하는 아버지가 시가를 돌리는 관습에서 그 특별한 지위를 간직하고 있다.

시가는 흡연실이 별도로 있었다는 점에 특징이 있다. 물론 부유층에 한정되었고 시가를 피울 수 있는 사회적 서열의 의미를 함축하고 있었다. 시가 흡연을 하던 시기는 담배를 피울 때 남성들이 입는 특수한 복장이 있던 시기이기도 했다. 흡연용 상의를 입고, 때로는 무늬를 넣어 짜거나 끈이나 술이 달린, 벨벳처럼 아주 사치스러운 소재로 만든 흡연 모자를 썼다. 남성의 의상이 점차 수수해지던 19세기의 유행으로 보면 충격적일 만큼 기발해서 호사스러운 경축 행사에서 흡연자들이 극적인 자기 연출을 하는 기법으로 유명했다(Laver, 1995).

다른 종류의 담배 용법과 마찬가지로 시가 흡연의 즐거움은 대체로 흡연이 이루어지는 분위기와 소지품으로 구성되었을 것이다. 시가 흡연의 의례에서 제일 중요한 부분은 흡연을 시작하는 시기이다. 담배를 고르고, 보여주고, 권유하고, 냄새를 맡고, 불붙이지 않은 시가를 손가락 사이에 넣고 굴린다. 때로는 불을 붙이는 정교한 의례를 행한다(상위 계급의 하인은 흡연자가 불을 붙이기 전에 5분 이상 불이 붙은 시가를 돌린다). 처음 몇 모금을 피우는 대열에 누가 포함되고 제외되는지에 따라 집단 소속의 묵시적 의미가 전해진다. 여기서부터는 모든 것이 하강 곡선을 그린다. 시가를 피우는 동작은 연기의 거친 부분을 쌓는 여과 기능을 하기 때문에 피울수록 냄새가 나빠지고, 마지막에는 젖어서 끈적끈적한 꽁초가 된다. 시가 흡연은 고프먼 식 무대 위의 속성을 아주 강하게 지니고 있다. 겉모습이 실제 현실보다 흡인력이 더 크다. 시가는 빨아들이지 않고 비교적 적은 양의 니코틴을 몸속에 남긴다는 점에서 물리적 경험 자체보다는 의례적 속성이 훨씬 더 강력한 매력이라는 증거일 것이다.[14]

20세기 초반의 궐련 흡연은 젠더 장벽을 무너뜨렸고, 어떤 의미에서는 18세기의 코담배가 지녔던 고상한 취향의 의례로 되돌아가는 형태였다. 미국에서 궐련 흡연은 처음에는 상위 계급 '멋쟁이'와 결부되었지만, 나중에는 노동 계급으로 확산되었다(Klein, 1993). 궐련은 빠르게 대량생산·대량소비의 항목이 되었으며 시가처럼 가격차가 크지 않아 더 싸고 쉽게 살 수 있었다. 궐련 담뱃대가 한동안 사회적 평준화에 저항하며 우아함을 유지했다. 그중 어떤 것은 고가의 보석과도 같은 형태를 띠었다. 또 어떤 담뱃대는 궐련을 더 잘 보이게 높은 각도로 물고 다양한 동작을 할 수 있게 만들어 극적인 매혹을 노리기도 했다. 프랭클린 루스벨트 대통령의 궐련과 담뱃대는 끝을 이빨 사이에 물고 고각도로 치켜드는 모양새로, 그의 단호한 낙관주의를 보여주는 상표와도 같았다. 담뱃대는 근엄한 몸짓으로 거만하게 물 수도 있고 '경쾌하게' 보이는 각도로 물 수도 있었다. 또한 담뱃재를 터는 몸짓으로 세상을 향한 자신의 태도를 드러내는 신호나 상징으로

〈사진 8.4〉 루스벨트의 특허가 된 궐련 담뱃대(1930년대). AP/World Wild Photos.

삼을 수도 있었다. 1940년대에는 담배 개비를 입가에 느슨하게 물고서 거친 사내의 이미지, 냉소적 지성미를 드러냈다. 담배 개비를 입에 물고 빼는 우아한 손동작으로 대조 효과를 얻기도 했음은 물론이다. 그런 몸짓은 손을 과시하는 효과도 있었다. 보통 상류 계급 숙녀들이 보석 자랑을 하는 모습과 비슷해서, 담뱃대로 피우거나 담뱃대 없이 피워도 길고 우아한 손과 손가락을 극적으로 연출할수 있었다.

상류 계급은 재력가를 모방해 대량 소비 제품에서 은이나 금으로 된 담배 케이스로 옮겨 갔다. 이름을 새겨 넣어 선물용 귀중품으로 다루기도 했다. 담배 케이스에 담배를 쟁여 넣는 일은 파티나 사교적 연회에 나가기 전에 무대 뒤에서 하는 준비 의례였다. 담배 케이스 주인의 눈에 우아하게 보일 뿐만 아니라 인사나 친교를 맺기 위한 예법의 하나로 담배를 권하는 보조적 의례를 위한 것이기도 했다.

거의 모든 계층에서 흡연자들이 담배를 선물로 주고받는 의례가 행해졌다. 선물을 주는 사람의 사회적 지위를 전달하는 수단으로 담배 케이스 같은 보조 용구를 정교하게 장식하는 데다 큰 의미를 부여했다. 적어도 그 자리에서 이만한 신분을 지니고 있다고 뽐낼 수 있게 해주었다. 조지 오웰(George Orwell, 1936)은 신분이 낮은 사람 쪽에서 무대를 준비해 주는 고프먼 식 사례를 묘사하고 있다. 그 사람이 얼마나 가난한지와는 상관없이 상대에게 담배 한 개비 정도는 권할 수 있고, 또한 자기도 상대에게서 동일한 대접을 받을 수 있을 만큼의 명예는 유지하려고 담배 케이스를 지니고 다녔다는 것이다. 더 가난한 계급에서는 심지어 꽁초라도 나누어 피우는 것이 우정을 맺는 방식이자 적어도 그 순간의 의무였다. 감옥의 죄수, 전쟁 포로 또는 전투 지역의 생존자들─특히 제2차 세계대전 직후─처럼 역경에 처한 집단에서 담배는 돈의 대용품으로도 사용되었다. 이런 거래는 선물 주고받기 의례의 속성도 있었다. 돈처럼 쓸 때도 그들은 담배를 연기로 날려 보낸다. 힘겨운 상황에서 벗어나는 호사스러운 휴식으로 흡연 의례를 경험하기 때문이다. 따라서 담배 한 개비를 주거나 빌려주는 행위는 강력한 답례 의무를 규정하는 것이었다. 금전적 빚과 명예의 표지 중간쯤 되는 것이지만, 갚지 못하면 치명적인 싸움을 초래할 수도 있었다(오늘날에도 감옥에서 벌어지는 싸움에서 볼 수 있다. O'Donnell and Edgar, 1998). 그러나 정상적인 시민으로서 체면을 유지한다는 의미가 있는 것이라 담배를 빌린 사람이 갚기까지는 상당한 시간이 걸렸으리라.

불을 붙여주거나 불을 청하는 것도 보편적 예의에 속했다. 공개리에 친분을

〈사진 8.5〉 2차 대전기에 남성적 직종으로 진입한 여성 노동자가 휴식시간에 담배를 나눠 피우고 있는 모습. Getty Images사 제공.

과시하는 방법으로도 유행했다. 단순한 성냥에서 신분이 높은 이들의 은이나 기타 보석류로 장식한 라이터에 이르기까지 정교한 보조 용구가 발전했다. 집 안의 비품으로 재떨이, 라이터, 담배상자 따위가 부와 취향을 과시할 기회이자 일상적인 환대의 장치였다. 담배를 권하고 대접받는 것이 유희와 예의범절의 표준이었다. 담배가 성적인 관계를 상징하는 데 사용되는 할리우드 영화에만 있는 이야기가 아니다. 1934년 이후 영화를 만드는 사람들이 검열을 피하려고 이런 상징주의를 사용한 것은 기존의 관습이 있었기 때문이지 영화가 관습을 만들어 낸 것은 아니다.

요컨대, 궐련 흡연에 다양한 의례가 사용되었다는 것이다. 상류 계급(인 체하는)의 극적인 연기, 성적 술책과 협상의 수단, 주고받는 선물로 사회적 연줄 맺기와 같이 신분을 암시하는 기법으로 사용되었다. 그런 의례들 가운데는 위계의 의미를 담는 형태도 있었고 동지적 관계라는 의미를 띠는 형태도 있었다. 궐련은 20세기 중반쯤에는 전화로 잡담을 나눈다거나 친구들과 긴장을 풀고 쉴 때처럼 무대 뒤의 사교에서 점차 중요한 의미를 띠게 된다. 금연자들과 금연을 시도해본 사람들은 흡연의 유혹을 느끼게 되는 상황이 있다고 말한다. 흡연을 동성 친구들과 수다 떨기와 동일시하는 여성에게서 볼 수 있는 보편적인 현상이다.[15]

궐련 흡연이 모든 사회 계급으로 확산되면서 출현한 사회적 용법과 주관적 해석이 하나 더 있다. 시가와 씹는담배는 업무 중에 특히 실외에서 직업적 일을 하면서 담배를 섭취할 수 있게 해주었다. 궐련은 화이트컬러 직종을 포함해 어떤 일터에서나 피울 수 있었다. 이런 점에서 20세기의 궐련 흡연은 거의 언제나 사교 의례의 영역에 한정시키고 실용적인 일터 세계와는 담을 쌓고 있었던 흡연의 경계를 무너뜨렸다. 흡연을 하는 노동자는 니코틴 섭취에 또 하나의 사회적 해석을 보탰다. 담배가 일에 집중하는 데 도움이 된다는 것이다. 담배가 마지막으로 정복한 사회적 공간은 20세기 후반의 금연 운동이 최초로 성공한 영역이기도 하다. 금연 운동의 성공은 사회 운동의 동원 이론으로 이해할 수 있다. 의례에서 집단 정체성이 정의되는 사교 영역의 흡연자와 비교해 일터에서 흡연하는 노동자는 완전히 다른 관점에서 사적이고 주관적인 해석을 보탠 것이다. 일터에서 흡연을 추방하려는 움직임은 담배가 지닌 그럴듯한 사회적 해석 가운데 하나를 약화시켰다. 다른 해석도 그 뒤를 따르게 된다.

궐련과 관련된 흡연 의례의 절정은 1920년대에서 1950년대 초반까지였다. 전 영역에 걸쳐 신분적 속성을 드러내는 엘리트주의를 약화시키고 평등성을 자극하는 여러 종류의 의례가 다양하게 행해졌다. 남성적 영역으로 여성이 진출한 해방의 시대는 궐련을 성적 유희의 중심 의례로 만들었고 흡연의 오락 문화를 강화시켰다. 궐련의 대량생산으로 이전 세기 수십 년간 상류 계급의 몫이었던 유행이 널리 모방되기에 이르렀다. 전시에는 동지애와 남성적 힘을 표현하는 의례가 강조되었다. 1940년대에 담배를 입술에 물고 있는 거친 남성 흡연자로 표현된 반엘리트주의가 고상한 취향의 의례에 도전하고 파괴하는 방향으로 한 걸음 앞으로 더 나갔다. 전쟁 후에는 공개적으로 의례를 행해 신분 정체성을 표현하던 풍조는 급격히 퇴조했다. 상황적 계층화의 시대로 진입한 것이다. 1960년대의 반체제 문화 운동을 통해 의례를 거부하는 반형식주의가 그 어느 때보다도 상황적 특권을 지니게 되자 형식적 의례를 형성하던 바로 그 공적 질서의 이상이 훼손되기에 이르렀다.

1960년대에는 흡연의 복잡한 공개적 의례주의가 대부분 이미 쇠락의 길로 접어들고 있었다. 대중 민주주의가 의례 엘리트주의와 그에 수반되던 유흥의 의례를 잠식했다. 흡연 의례의 흡인력은 대부분 금연 운동의 지배적인 흐름이 시작되기 전에 벌써 사라지는 중이었다. 20세기 중반에 흡연이 양적으로는 최고조에 달했지만 더 넓은 사회적 신분 질서 영역에서는 더 이상 지지받지 못하는 사적인 행위가 되었다. 건조한 건강 관련 통계가 점차 받아들여질 수 있는 계기를 만든 것은 사라져가는 의례의 취약성이었다.

금연 운동의 실패와 성공

금연 운동은 흡연 의례에 대한 저항으로 일어났다. 역사적으로 다양한 흡연 의례가 시기별로 등장하고 사라졌다. 그에 따라 흡연을 반대하는 사람들의 저항이 쉬워지거나 어려워지거나 했다. 흡연 의례가 어떤 사회집단과 사회적 지위를 가진 사람들을 동원할 수 있었는지, 흡연에 대한 저항에 지지자들을 동원하기 위해 채택한 전술은 무엇인지, 흡연에 대한 공격의 성패를 좌우한 요인은 무엇인지를 살펴본다.

앞에서 기술한 흡연 의례는 조용한 물러남의 의례, 유흥 의례, 고상한 취향의 의례, 그리고 일과 관련된 긴장의 완화와 일에 대한 집중력 강화 의례라는 네 가지이다. 첫 번째와 네 번째 의례는 개인적으로 또는 소리 없이 행하는 것이고 사회적 관심의 초점을 지배하려는 어떤 주장도 담고 있지 않기 때문에 상대적으로 공격에 저항할 힘도 약하고 방어력도 없다. 또한 의례의 지배권을 둘러싼 투쟁을 촉발하지 않기 때문에 반대자들에게 그다지 강력한 저항의 동기를 유발시키지도 않는다. 20세기 중반의 일과 관련된 흡연 의례는 역사적으로 비교적 최근의 형태로, 금연 운동이 활성화되자마자 금지 시비에 휘말렸다. 그러나 이 운동의 원천은 성격이 다른 의례의 전투장에 있었고 다만 가장 손쉬운 표적을 작업 현장에서 발견했을 뿐이다. 담배 연기에 대한 호불호는 대부분 사회적으로 구성된다는 것이 내 주장이다. 그래서 취향을 그런 식으로 정의하는 사회 운동이 있기 전에는 사람들은 일터에서 담배연기를 그다지 의식하지 못했다고 본다. 한편 수세기 동안 파이프 흡연자는 금연 운동의 주 대상이 아니었기 때문에 그다지 괴롭힘을 당하지 않았다.

금연 운동을 자극한 의례는 두 가지 유형, 즉 유흥 의례와 고상한 취향의 의례였다. 이들은 사회적 지배를 명시적으로 드러낸다. 유흥 의례는 유흥 현장에서 관심의 중심과 관련된 것이고, 고상한 취향의 의례는 장기간에 걸친 계층구조상의 신분 우월성과 관련된 것이다. 유흥 의례는 상황적 계층화를 촉진한다. 고상한 취향의 의례는 계층구조와 계층구조의 범주적 정체성을 담고 있다. 두 의례 모두 경쟁이 벌어지기 쉬운 속성을 가지고 있다. 갑자기 새로 출현한 의례에 저항하여 기존의 지배 의례를 방어하려는 구엘리트의 저항이 있었고, 담배가 도입되던 초기에 전통적 전제 군주와 종교 엘리트들의 적대적인 대결도 있었다. 저항은 주로 유흥 의례가 벌어지는 현장에서 종속적 지위로 전락하는 사람들, 고상한 인상보다는 다른 자원으로 구조적 신분을 주장하는 사람들에게서 일어났다. 유흥은 유흥을 즐기지 않는 사람들을 적으로 만들고, 고상한 취향은 도덕성과 진지함의 추구를 신분적 관심의 중심에 두려는 사람들의 영역이다. 고상한 취향의 의례에서 이루어지는 배제 형태는 20세기까지는 젠더와 결부되었다. 그리고 흡연 의례가 젠더의 경계를 무너뜨리자 비로소 효과적인 금연 운동이 활짝 개화한다.

이런 종류의 저항은 명시적인 사회 운동의 활성화 조건이 발생하기 전까지 느껴지기는 했으나 효과적으로 표현되지 못한 채 잠복 상태에 머물러 있었다. 금연 의례에 대한 저항의 원천이 서로 달랐고 저항의 힘에도 기복이 있었다. 금연 운동이 마침내 광범한 성공을 거둔 최근까지 흡연 의례와 반의례 운동 사이에 있었던 주요 갈등 유형을, 연대기적으로 서술하기보다는 분석적으로 살펴본다.

심미적 비판과 신분 과시의 표준을 둘러싼 투쟁

담배에 대한 오래된 비난은 냄새나고, 더럽고, 담뱃재나 파이프 긁어낸 찌꺼기, 코담배 분말, 시가 꽁초 등 불쾌감을 주는 잔류물에 대한 불평이었다. 주로 여성이 담배에 대한 심미적 비판의 선두주자였다. 흡연에 대한 초기의 혐오감은 주택 건축과 집안 가구가 변화하던 시기에 일어났다. 엘리트의 성채였으나 가난한 사람들의 동물농장에 더 가까웠던 중세의 거친 건물이 사라지고 그 자리에 우아한 외양을 갖춘 더욱 안락한 공간이 들어섰다. 점차 연기도 적게 나고, 요강이나 부엌, 발 냄새가 덜 나는 집이 되었다. 창에 나무 덧문 대신 커튼을 달기 시작했던 바로 그 시기에 여성은 담배 연기가 커튼에 밴다고 불평하기 시작했다. 담배에 대한 심미적 비판은 부티 나고 냄새 나지 않는 실내 장식을 더 높은 표준으로 삼게 된 19세기에 최고조에 달했다. 흡연(이때는 대체로 시가 흡연이 주를 이루었다)은 가정의 장식으로 사회적 체면을 과시하려는 흐름과 경쟁하게 된다. 담배는 고프먼 식 가정 예절의 새로운 무대 위와는 배치되는 것이었다. 그 결과 담배를 허용하느냐 거부하느냐에 따라 남성과 여성이 각기 자신이 엘리트임을 과시하는 독자적 영역을 만들면서 담배가 젠더를 축으로 새롭게 분리되었다.

미시적 상황에서 계급적 지위의 정의를 둘러싼 투쟁이 특히 19세기에, 아직 맨 위로는 귀족적 과시가 남아 있고 아래쪽으로는 불결한 환경 조건에서 노동자들이 살고 있는 그 중간에 점차 사회적 체면을 중시하는 중간 계급이 성장하면서 널리 퍼졌다. 반면에 20세기 초반 집 안의 청결함이라는 초보적인 기준이 더 이상 신분 차별화의 기준이 되지 못하자 담배에 대한 심미적 비판도 거의 사라졌다.

전체적으로 보면 심미적 비판은 담배를 추방하는 데 썩 효과적인 방법은 되지 못했다. 19세기의 시가 흡연과 초기의 파이프 흡연은 모두 남성 전용의 영역으로 분리되어 있었기 때문에 심미적 비판에서 제외되었다. 씹는담배는 모든 면에서 추했다. 심미적으로 포장되는 모든 것을 비민주적인 도시 엘리트의 속성이라고 비웃으면서 선구적인 민주주의를 표출하려 한 정치적 주장에 씹는담배의 매력이 있었다. 연속선상의 반대편 극단에 있던 코담배와 궐련은 젠더를 가리지 않는 흡연 동반자들에게, 그리고 고상한 취향과 사회적 신분을 과시하는 사교 의례에서 대중적 인기를 모으게 되었다. 여기서 심미적으로 유쾌하지 않은 측면은 고상한 형태로 개발한 의례의 장치로 포장되었다. 결국 담배의 미학이 담배의 비심미적 측면을 누르고 승리를 거두었던 것이다.

반유흥 운동

담배의 유흥 의례에 대한 반대 운동은 더 강력한 동기에 뿌리를 두고 있다. 그것은 도덕적 저항을 불러일으킴으로써 도덕적 이상을 수호하고 정의로운 분노를 통해 경계선을 긋는 가장 자의식이 강한 뒤르켐 식 공동체임을 드러내는 움직임이다. 반유흥 운동은 여러 종류의 집단에 토대를 두고 형성되었으며 역사적으로 실패한 때도 성공한 때도 있었다.

새로운 유흥 형태가 등장하면 도덕적 질서의 수호자이자 그 도덕적 질서의 의례에서 지배적 신분을 자처하는 엘리트들에 의해 거부된다. 담배에 대한 초기의 반응은 기독교 유럽과 이슬람 세계에서 그 생생한 사례를 볼 수 있다. 영국에서 1604년에 발표된 국왕 제임스 1세의 담배에 대한 공격은 조정 중신들 사이에서 담배가 유행한 때였다. 또 중신들의 행동은 다른 측면에서도 왕실의 우려를 자아냈다. 당시 국가는 군사력을 집중하고 봉건 제후의 독자적인 군사를 제거하려 했으며, 그 방편으로 궁정에서 열리는 의례에 그들을 참석시켰다(Stone, 1967). 궁정에 드나드는 남성과 여성, 미혼이거나 일시적으로 배우자와 떨어져 있는 사람들이 모이자 성적으로 문란해졌다. 또한 정략결혼, 불안정한 왕권과 더불어 무대 뒤에서 왕실의 총애를 둘러싼 음모가 이루어지던 시대여서 중신들의 패거리에서 대중적 인기를 한 몸에 받는다는 것은 유행이 될 수도 있고 위험이 될 수도 있었다. 담배를 유행시킨 선구자로 유명한 월터 롤리(Walter Raleigh, 담배를 영국에 도입한 사람으로 추앙받았지만 그 사실은 부정확하다)의 수감과 처형이 이루어진 것도 제임스 1세 친위대의 당파 싸움과 담배를 폐지하려는 움직임이 벌어지던 와중이었다. 새로운 유흥 의례를 억압하려는 시도는 근대화되던 사회 구조의 흐름을 거스르는 것이었기 때문에 곧 실패하고 만다. 사회 조직의 복합성이 증가하면서, 귀족 신분의 서열 과시와 종교 전례로 구성되던 지배적인 의례가 거대 세습 귀족 가문의 통제권에서 벗어나 밖에서 사교와 신분 과시를 할 수 있는 통로가 확대되었다. 흡연 의례는 새로운 사적 영역과 순수하게 상황적 계층화가 이루어질 수 있는 기회와 장소를 성장시켰고, 유흥 무대에서 일시적으로 엘리트가 된 사람들이 정치·경제·종교 분야 위계에서 구조화된 엘리트를 압도하게 되었다.[16] 그 이후 유흥 의례는 고상한 취향의 의례와 합쳐져 분화된 사교 영역으

로 자리 잡고 유흥의 고상한 형태가 구조적 위계에 진입하기에 충분한 통로가
될 수 있었다.

폐쇄적인 집단 배제의 종말: 조신한 여성들이 유흥 의례에 합세하다

흡연 의례에서 여성 배제는 두 가지 종류의 긴장을 조성했다. 한편으로는 여
성이 흡연에 공격을 가할 동기를 자극했고, 다른 한편으로는 여성 쪽에서 배제
를 극복하고 합세하려는 동기를 유발했다. 모든 배타적 의례에서 볼 수 있는 전
형적인 딜레마이다. 외부인에게 낮은 신분을 부여하는 의례를 파괴하는 시도를
할지 의례에 동참할 힘을 획득하는 길을 택할지 하는 선택의 딜레마이다. 1920
년대 이전에는 조신한 여성들은 담배를 피우지 않았다. 가끔씩 담배를 피워보는
식으로 모험을 감행하는 유별난 사람들이 있어서 애매한 점은 있지만 대체로 흡
연자는 낮은 계급으로 간주되었다.

20세기 초반의 궐련 흡연은 열풍이라 부를 만큼 아주 빠르게 확산되었다. 배
제의 장벽을 무너뜨리는 느낌을 주었기 때문이다. 장벽은 사실상 두 가지였다.
하나는 유흥 문화에 여성의 동참을 가로막는 장벽이었고, 다른 하나는 상류 계
급의 흡연 의례가 흡연실, 흡연복, 값비싼 시가 따위로 중하위 계급의 참여를 막
는 장벽이었다. 상호작용 의례 모델(〈그림 2.1〉)에 따르면 정서적 구성 성분 가운
데 어떤 것이라도 보편화된 흥분을 누적시키는 과정에 공급될 수 있다. 여성 흡
연자와 벼락부자들의 열광이 축제적 분위기에 덧붙여져 상위층 남성의 기분도
아울러 고조시켰다. 궐련 담뱃대, 담배 케이스 따위의 다양한 궐련 보조 용구도
새로운 형태의 서열화와 상위 서열의 사람들을 모방하는 흐름으로 확산되었다.
이런 분위기는 1930년대 할리우드 영화가 자극적인 사교적 유흥을 즐기는 이상
화된 상류 계급을 묘사하고 궐련 흡연을 흑백영화의 미학으로 표현하면서 상징
화(원인으로 작용한 것이 아니라)되었다. 1940년대의 느와르 영화는 주인공이 내
뿜은 담배 연기가 둥글게 원을 그리며 올라가는 그림자로 주인공의 강하고 거칠

〈사진 8.6〉 동요의 시대. 대담한 여성들이 자의식을 가지고 담뱃불을 나눠 붙이는 의례를 행하고 있다(1928). Getty Images사 제공.

고 냉소적인 성격을 표현했다.

영화 화면에서나 일상적인 상황에서 행하는 사소한 연기에서나 제시된 이미지에는 언제나 강렬한 환상이 개입된다. 그럼에도 불구하고 유흥의 배경이 혼성 모임 중심의 사교가 되었다는 점에서는 사회의 현실적 면모가 담겨 있다. (부모가 자녀의 배우자를 선택하기 때문이라기보다 가족 의례의 성원 자격을 협상할 필요성 때문에) 가족적 배경에서 이루어지던 19세기 식 결혼 시장이 이제는 파티와 유흥 문화의 장으로 이동했다. '재즈 시대'라 불리던 1920년대의 이러한 현상을 흔히 금주령 때문에 지하에서 유대를 형성할 수밖에 없었던 음주 문화의 탓으로 돌린다. 그러나 아마 더 중요한 측면은 혼성의 흡연 문화와 거기에 수반되는 성적 유희였을 것이다. 여성이 흡연 세계에 동참하게 되자 전보다 더 많은 남성을 끌어들였다. 여성 흡연율이 급상승 곡선을 그리기 직전인 1945년경에 영국과 미국에서 남성 흡연은 80퍼센트에 이를 정도로 높아졌다.[17]

여성을 배제하는 흡연 의례를 놓고 흡연 금지 전략을 택하는지, 흡연 의례 진입 전략을 취하는지에 따라 여성은 두 집단으로 나뉘었다. 반배제 전략의 흡연 의례가 승리했으나 여성이 두 부류로 나뉘자 더 직접적인 공격 노선에 문을 열어주는 결과가 되었다. 흡연 의례는 더 이상 남성 전유물이 아니었으므로 흡연이 남성적 정체성을 드러내는 형태로 지지받을 수 없게 되었다. 흡연을 지지하는 한 가지 원천이 사라진 것이다. 성별 범주로 정체성을 규정하는 의례도 그 지위를 잃게 되었다. 젠더 분리로 인한 갈등은 이제 더 이상 문젯거리가 되지 못하고 갈등은 흡연자와 비흡연자 사이의 단순한 대립으로 정착된다.

건강을 쟁점으로 한 20세기 후반의 금연 운동

1980년대에 부상한 금연 운동은 처음에는 주로 미국에서 건강 관련 통계에 초점을 두는 쪽으로 돌아섰다. 흡연과 치명적 질병이 상관관계가 있음을 널리 알리는 전략이었다. 처음에는 흡연자의 경우에, 이어서 간접흡연에 노출된 비흡연자에게까지 확대 적용되었다. 20세기 후반 금연 운동은 과학 분야 전문가들의 운동으로 자리 잡았으며, 공중보건 당국의 운동, 소비자 보호 운동, 입법기관의 운동 같은 다른 요인들도 합쳐졌다. 개인과 선출직 공직자들의 흡연 피해 제소를 포함한 소송 운동과 특히 법무장관이 국가예산으로 보상비용을 감당하는 동시에 흡연을 억제하려고 벌인 캠페인이 아마도 가장 주효했을 것이다.

건강 관련 통계의 존재가 그 자체로 정치적·법적 금연 운동이 성공적으로 동원되고 미국 사회의 여론에 널리 수용될 수 있었던 이유를 설명하지는 못한다. 왜 1980년대에 사람들이 일터에서, 호텔 라운지에서, 대기실에서, 레스토랑에서 그리고 개인 집에서 흡연자를 추방하려는 현장 운동을 조직하기 시작했는지, 왜 종종 흡연자와 격렬한 충돌이 발생하곤 했는지를 통계 하나만으로 설명할 수는 없다. 정서적 응집력, 적을 향한 반감의 확산, 승리자 편에 동참하는 시류의 확산 과정을 거치면서 활성화되는 것이 사회 운동의 전형적인 특성이다. 문제를 통계로 작성한다고 해서 사회 운동의 힘이 설명되지는 않는다. 통계는 언제나 사회적으로 다르게 해석될 수 있다. 위험을 정의할 때는 언제나 그 위험이 얼마나 심각하게 다루어져야 하는지에 대한 집합적 평가가 있는 법이다. 성공적인 사회 운동은 위험이 엄청나게 크게 보일 때 일어나지만, 사회적인 구성에 따라 바뀌는 것이라서 순수하게 위험이 되는 사안의 사실적 성격보다는 운동이 적수와 펼치는 대립의 역학과 더 큰 관련이 있다.[18] 운동의 동원 과정이 위험에 대한 인식의 변화를 불러일으키지만, 인식이 운동을 활성화시키는 것은 아니다. 일단 운동이 시작되면 두 구성 요소가 영향을 주고받으면서 강한 상승 작용을 일으켜 강한 시류 편승 효과가 일어난다. 건강 관련 금연 운동의 성공을 이해하기 위해서는 전모를 보는 사회학적 관점이 필요하다. 동원 과정을 생략하면, 전문가들의 선언이 자동적으로 사람들의 반응을 불러일으킨다는 단순한 기계적 이론에 불과하게 된다.

흡연의 첫 번째 위험으로 가장 잘 입증된 사례는 폐암이었다.

폐암으로 발전할 위험은 흡연을 해온 기간과 하루 흡연량에 따라 증가하며 금연을 하면 감소한다. 비흡연자와 비교하면 평균적인 남성 흡연자의 경우 폐암으로 발전할 위험이 9배에서 10배 정도 높고, 골초의 경우 최소 20배 이상 높다. 파이프 흡연자와 시가 흡연자를 합쳐보면, 폐암이 발생할 확률은 파이프와 시가 흡연자가 궐련 흡연자보다는 낮고 비흡연자에 비해서는 높다(『흡연과 건강: 미 공중위생청 장관 자문위원회 보고서』, 1964).

35세의 골초 남성이 65세 이전에 어떤 이유로든 사망할 확률이 33퍼센트인데 반해 흡연을 하지 않는 남성은 15퍼센트이다(즉, 흡연으로 사망할 확률이 2배 이상 높다). 관상동맥성 심장질환의 경우 연간 사망 위험은 비흡연자의 경우 10만 명에 7명 정도에 불과하지만 흡연자의 경우는 10만 명에 104명, 즉 1:15의 비율로 나타난다. 그러나 백분율로 보면 이야기는 달라진다. 둘 다 사망 확률이 대단히 낮다(우리에게 더 익숙한 절대백분율로 표현하면 비흡연자는 0.007퍼센트, 흡연자는 0.104퍼센트이다). 따라서 흡연자가 관상동맥성 질병으로 사망할 위험을 피할 확률은 비흡연자의 98.9퍼센트나 된다(Walton, 2000: 99~100; 103~104). 비율을 널리 알리는 것은 통계를 수사학적으로 사용하는 한 가지 방법이다. 백분율도 같은 수사학적 용법이다.

폐암은 1920년대에는 비교적 드문 질병이었으나 20세기에 증가하여 1990년에는 사망자의 6.6퍼센트, 인구 10만 명에 57.3명이 폐암으로 사망했다(≪통계개요(Statistical Abstracts)≫, no.114, 1992). 역사적으로 폐암의 증가는 여러 가지 조건에 원인을 돌릴 수 있다. 그 하나는 폐까지 담배 연기를 들이마시지 않는 담배에서 연기를 들이마시는 궐련 담배로 바뀐 것이다. 그런데 20세기에는 건강과 관련된 환경이 개선되어 수명도 연장되었고 전세기에 치명적이었던 질병 대부분이 감소했거나 사라졌다.[19] 이제 더 많은 사람들이 훨씬 더 오래 살기 때문에 20세기 후반에는 암이 사망의 주원인으로 등장했다.[20] 오늘날에는 어떤 암이든 암으로 사망하는 인구가 전체 사망 인구의 23.4퍼센트에 이르지만 그 대부분은 담배와 관련된 것이 아니다. 흡연을 암과 관련짓는 캠페인은 사람들이 일반적으로 암에 대해 가지고 있는 인식과 실제 숫자에 대한 무지를 요리하면서 그 구분을 흐리게 만든다.

1970년대 이후 금연 운동이 성공하면서 정상적인 수명을 재규정하는 데 편승했다. 이전에는 60대(심지어는 50대)가 노령화가 시작되는 연령이라고 여겼는데, 이제는 '중년기'로 재규정된다. 또 나이 든 사람들을 여러 범주로 나누는 구분도 행해졌다. 60대 후반과 70대 초반이면 '젊은 노인'으로, 80세 이상은 '늙은 노인'으로 구분한다. 노령이 되면 삶의 마지막 단계로 생각하고 무슨 이유로든 죽는 것은 여전히 정상으로 인식한다. 그러나 의학적 관습은 '노령'에 사망해도 그 원인을 특별하게 규정한다.

암은 기록으로 남길 수 있는 사망 원인의 한 범주가 되었다는 점에서 사회적으로 출현한 질병이다. '암'이 특정한 원인으로 인해 발병하는 병리적 상태라는 생각이 틀렸다는 것이 내 주장이다. 만일 원인이 제거될 수 있다면 어떤 병증도 없을 것이고 사람들은 죽지도 않을 것이다. 이런 식의 논리를 따르면, 암이 제거되면 암 때문에 죽을 사람들이 계속 살 것이고 사람들은 영원히 살 수도 있다. 이렇게 보면 금연 운동의 주장에 들어 있는 결함이 분명하게 보인다. 금연 운동은 사람이 영원히 살 수 있으리라고 보는 셈이다. 사실상 사람들은 80세나 90세를 넘겨 훨씬 오래 살리라 기대하지 않는다. 80대 후반이 되면 몸의 체계가 조만간에 닳아 없어지고 죽는 시점까지 망가지는 것이 사실이다. 그러나 죽음에 이르는 마지막 과정은 더 상세하게 분석될 수 있고 그래서 언제나 직접 원인을 찾아낼 수 있다.

노령의 신체는 면역력이 떨어지는 탓에 암은 노령 인구에 더 많이 퍼져 있다.[21] 초년 흡연은 특정한 방식으로 신체적 면역력을 파괴하는 작용 — 폐암이나 심장질환에 취약해진다든지 하는 식으로 — 을 할 것이고, 80대가 아니라 60대나 70대에 암 발병의 원인이 될 수도 있다. 그러나 보통 그 연령대가 되면 건강이 나빠져 이런저런 질병이 죽음을 초래함이 거의 확실한데 죽음의 원인을 단순히 흡연 탓으로 돌리는 것(그래서 흡연을 하지 않았다면 무한정 살 수 있으리라는 생각)은 과장이다. 그것은 극단적 대립의 수사법이다. 비흡연은 선이고 흡연은 악이라는 말이다. 그러고는 선행과 악행의 결과에 대해서는 아무 조건도 달지 않는다.

결론적으로 말하면, 증거는 모든 흡연자 또는 다수의 흡연자가 담배가 유발한 질병 때문에 죽는다는 사실을 보여주지 않는다. 골초는 평균 수명보다는 일찍 죽을 위험이 있다. 그러나 금연 운동은 일도양단의 수사학을 가지고 있어서 어느 정도의 흡연이 상대적으로 위험하지 않은지를 밝히는 데는 관심이 없다. 그리고 덜 위험한 형태의 흡연(가령 담배 연기를 빨아들이지 않는)으로 전환하라는 주장도 하지 않는다. 금연 운동의 입장은 담배를 총체적으로 제거하라는 위협으로 갈등을 양극화시키는 운동이다.

간접흡연의 효과에 대한 증거도 마찬가지이다. 금연 운동은 최대한 극적인 형태로 통계를 제시한다. "간접흡연으로 미국에서 금년에 5만 2,000명이 사망했다"고 선언한다. 이는 사망하게 될 인구의 백분율로 나타내면 그렇게까지 극적으로 들리지는 않을 것이다.[22] 이런 종류의 진술은 수사학적 효과를 내기 위해 통계를 제시한다. 약한 상관관계도 통계적 중요도는 유의미하게 나타난다. 즉, 인과적 효과가 작지만 그 숫자는 신뢰할 만한 것으로 보일 수 있다. 신뢰도 수준은 표본의 크기에 달려 있기 때문이다. 표본이 충분히 크면(이 경우 수백만 명의 건강상태 기록), 아주 약한 상관관계라도 통계적으로 유의미하게 나타날 수 있다. 통계적 방법에 익숙하지 않은 대중은 실제로 그 숫자가 정확히 무엇을 뜻하는지도 모른 채 강한 인상을 받는다.

통계가 보여주는 또 다른 수사학적 조작은 분석의 토대를 간접흡연에 극단적으로 노출되는 사람들, 가령 담배 연기가 자욱한 술집에서 일하는 사람들에게 둔다. 하루에 몇 갑씩이나 담배를 피우는 사람들에게서 수집한 증거를 토대로 해서 가벼운 흡연자를 비롯한 모든 흡연자가 담배와 관련된 질병으로 죽는다는 무서운 예측을 하는 셈이다. 증거가 보여주는 것은 어쩌다 담배 연기를 맡는 경우는 위험 수준이 상대적으로 낮거나 극히 미약하다는 사실이다. 담배 연기에 노출된 사람은 누구나 죽을 확률이 있다고 추론하게 만드는 이미지는 비흡연자로 하여금 흡연자를 향해 적대적인 공격을 가하도록 부추긴다. 그렇지만 통계적으로 담배 연기가 있는 환경에 어쩌다 노출되었다고 해서 건강을 해칠 가능성은 거의 없다고 할 만큼 적다.

1980년대 금연 운동은 모든 인구가 흡연자들 때문에 위험에 처하게 된다고, 극적인 표현을 위한 지렛대로 간접흡연에 대한 자료를 잘 활용했다. 그래서 흡연자는 단순히 비합리적인 자기 파괴적 중독자일 뿐만 아니라 살인자로까지 묘사될 수 있었다. 또한 비흡연자가 지난 400년 이상 성공도 하고 실패도 하면서 개인적으로 흡연자 면전에서 시도해왔던 공격에 정당성을 부여해주었다. 앞에서 지적한 통계적 쟁점에는 주목하지 않고 흡연의 해로운 효과가 대중적으로 신속하게 확산되고 수용됨에 따라 흡연자도 자신을 위험분자로 몰아붙이는 상황을 받아들이게 되었다. 흡연 의례가 대부분 약화되었고 흡연자는 흡연을 방어할 자신감과 정서적 에너지를 상실하게 되었다. 금연 주장의 통계적 적절성을 비판한 사람들은 미국의 뉴스 매체나 심지어 과학적 출판물에서도 거의 독자를 얻지 못했다. 간접흡연의 통계는 약한 것이기는 해도 이미 강력해진 금연 운동에게 정당한 기폭제 또는 전환점을 제공해주었다. 따라서 개인적 공간을 둘러싼 국지적 투쟁에서 금연주의자와 흡연자 사이의 논쟁도 담배 회사와 그들의 수익 지향적 시장 조작에만 배타적으로 초점을 맞추는 쪽으로 방향을 돌리게 된다. 상황적 계층화가 실질적으로 역전되면서 상습 흡연자는 과거의 지위를 상실하고 말았다. 한때는 의례적 관심의 중심이었던 흡연자가 천민으로 전락한 것이다.

1970년대와 1980년대에 점차 지배적 위치에 올라선 금연 운동의 활성화와 더불어 비흡연자는 자기 앞에서 담배를 피우지 말라며 흡연자와 직접 충돌하는 경우가 잦아졌다. 금연주의자들은 개인적 만남에서 공격 주도권을 잡는 데서 정서적 에너지를 충전해왔다. 그들이 던지는 메시지의 표면적 내용은 순전히 의학적인 것이다. 개인적 충돌에서 금연주의자들은 담배 연기가 심각한 신체적 반응을 일으키고 병을 유발한다고 선언한다. 어떤 사람은 천식을 일으킨다고 주장한다. 흡연자를 위험한 병리 현상으로 규정하는 대중적 압력의 무게 때문에 이런 주장들은 보통 문자 그대로 받아들여진다. 흡연자의 굴복은 금연 운동이 가장 강력한 미국 사회에서 가장 쉽게 이루어졌다. 미국인은 다른 국가에서 비슷한 전술을 시도하다가 간혹 분노의 역습을 당하기도 한다.

사회학적으로 두 가지 논점을 검토해야 한다. 하나는 사회 운동의 수준에 관한 것이다. 실제로 일정한 비율의 흡연이 이루어졌던 기간 전체에 걸쳐 담배 연기 때문에 천식의 공격을 받거나 그 밖의 다른 병중을 얻었다는 것이 확실한 사실인가? 이 점에 대한 연구는 없다. 그러나 금연 운동이 최고조에 이르렀던 기간에 담배 연기 때문에 병이 생겼다고 주장하는 사람들의 숫자가 늘어난 것 같다.

내가 살면서 보았거나 널리 알려진 사례로 판단하건대, 공개적 흡연자의 숫자가 줄어들던 바로 그 시기에 담배 연기 때문에 병이 났다고 주장하는 사람들의 숫자가 증가한 것이다.

두 번째는 미시적 수준의 신체적 상호작용에 관한 것이다. 금연주의자의 인식이 단순히 흡연자를 위험하고 병적인 사람이라는 꼬리표를 붙일 수 있게 되었기 때문에, 이데올로기적으로 구성된 것 — 즉, 단지 해석상의 인지적 변화 — 이라는 입장을 취할 필요는 없다. 레스토랑이나 버스에서 흡연자와 맞닥뜨려 화가 난 금연주의자는 신체적으로 불쾌한 감각을 느낄 수 있다. 흡연자는 의례적 상호작용의 맥락에서 신체적 느낌을 해석한다는, 앞서 제기했던 주장은 여기에도 적용될 수 있다. 금연 운동이 활성화되고 담배 연기가 해롭다는 데 초점을 맞추자 참여자들의 신체가 담배 연기를 참을 수 없는 것으로 체험하게 되었다. 이와는 대조적으로 1940년대 전시에는 연기가 자욱한 환경에서 어떤 징후가 있더라도 비흡연자는 대개 담배 연기를 그저 일상적인 배경으로 받아들였고, 가장 나쁜 경우에는 그저 성가시다는 정도로 받아들였다. 오늘날 보란 듯이 하는 발작적인 기침과 분노의 표출은 특정한 역사적 환경 조건의 산물이다. 마음뿐만 아니라 신체도 사회적으로 구성되기 때문이다.

금연 운동이 정점에 이르렀을 때 금연주의자의 주장이나 느낌과 같은 현상을 설명할 수 있는 군중 히스테리를 다룬 고전 사회학이 있다. 의학적으로는 존재하지 않는 질병이 아주 꽉 짜인 연결망으로 구성된 곳, 즉 작은 마을이나 공장, 학교 기숙사 등과 같이 비교적 제한된 또는 폐쇄된 공동체에서 확산되는 유사 전염 현상에 관한 사례 연구들이다(Kerckhoff and Back, 1968; Lofland, 1981: 424~426). 그 같은 정서적 전염병은 몇 주 동안이나 계속되는 폭소의 전염처럼 비의학적일 수 있다(Provine, 1992). 이런 종류의 사회적 히스테리는 사회적 위험을 불러일으키는 조건과 부합되는 측면이 있다. 담배 연기도 그런 사례에 속한다. 즉 각적인 신체적 반응의 격렬함과 비교하면, 간접흡연에 노출되었을 때 있을 수 있는 실제 위험은 가볍다. 최근 몇 십 년 동안 흡연에 대한 의학적 판단의 이데올로기적 분위기에서 이런 신체적 반응을 형성시킨 더 중요한 사회적 동원 성분을 보려는 사람은 거의 없다.

수사학적으로 과장된 금연 운동의 주장은 급격히 고조된 갈등에서 발생하는 이데올로기적 양극화의 한 형태이다. 의례를 공격할 수 있으려면 의례 때문에 고통을 받아야 한다. 의례는 집단 소속감을 생산하고 매혹적인 사회적 관심 집단에 속한 사람들에게 신분적 후광 효과를 주며 그 바깥에 있는 사람들을 낮은 신분으로 밀어낸다. 그렇기 때문에 의례와 관련된 사회 운동은 상황 공간에서 집단 경계선의 규정과 서열화를 둘러싼 투쟁으로 볼 수 있다. 흡연은 더 많은 사람들을 의례에 끌어들이는 운동으로 확산되었고, 20세기 중반에 최고의 대중적 인기를 자랑했다. 신분 체계의 핵심적 특성이 최신 유행이 되어 유흥에 참여하는 사람들과 유행에 뒤처진 사람들, 심지어는 조롱감이나 구경꾼으로 세상을 나누는 상황적 계층화가 이루어지는 때였다. 금연주의자는 흡연 운동 가담자들이 지배력을 행사하는 데 대한 반사작용으로 촉발된 저항운동의 대열이다.

통계 자체는 왜 그토록 많은 사람들이 그토록 격렬하게 흡연을 거부하는 쪽으로 돌아섰는지 설명할 수 있을 만큼 흡연이 건강에 위험하다는 뚜렷한 결과를 담고 있지 않다. 통계는 비교적 소수가 암에 걸린다는 것, 비교적 노령에 암에 걸린다는 것, 그들 중 많은 사람이 거의 비슷한 나이에 암이 아니라도 어쨌든 사망한다는 것, 그리고 간접흡연에 아주 진하게 오랫동안 노출되었던 사람 말고는 담배 연기로 해를 입을 가능성은 아주 낮다는 것을 보여준다고 해석될 수도 있었다. 실로 위험이 몹시 크고 사회적으로 관용할 수 없는 수준이라고 자료에 덧붙여진 해석은 금연 운동의 부상을 빼고는 설명할 수 없다. 또한 거의 모든 종류의 흡연 의례의 감소로 생긴 기회와 관련해서 보아야 한다. 사회학적 관점에서는 1920년대, 1930년대, 1940년대의 건강 관련 자료의 공개와 접근 가능성이 금연 운동의 성공을 불러오지는 않았다는 것이 나의 주장이다.[23]

상황적 의례의 취약성과 반유흥 운동의 활성화

상황적 계층화의 순수한 형태로서 유흥을 둘러싼 대립 구조를 살펴보자. 어떤 의례에서나 관심의 중심에 있는 사람, 추종자, 단순한 관찰자, 그리고 마지막으로 완전히 배제된 사람들의 서열이 생긴다. 수세기 동안 순수한 사교 의례에서 유행하는 은어는 변했지만 구조는 동일하다. 인기 있는 사람과 인기 없는 사람, 미모를 갖춘 사교계의 여왕과 꿔다놓은 보릿자루같이 초라한 여성, 멋쟁이와 촌스러운 사람, 파티의 스타와 모범생 따위로 서열화된다(Milner, 2004; Coleman, 1961). 이는 그동안 사회학이 민감하게 보지 못했던 사회생활의 차원이다. 사회학은 계급, 인종, 젠더의 구조적 계층화에만 너무 좁게 초점을 집중해서 일상생활에서 가장 확연하게 드러나는 상황적 계층화를 간과했다.

20세기 초반 궐련 흡연의 확산(그전에 있었던 다른 담배 관련 유행의 확산과 마찬가지로)은 사교계의 회로에서 유통되었고 담배를 피우는 엘리트와 담배를 피우지 않는 주변인 사이의 계층화를 강화시켰다. 사교 모임의 중심에 있는 이들은 상황을 지배하는 말솜씨, 농담, 뒷얘기, 성적 유희의 유행에 가담할 가능성이 가장 높다. 연결망에서 그들이 차지하고 있는 중심적 위치는 유행을 재빨리 따르는 동시에 명성이 자자한 행위의 국지적 본보기가 됨으로써 정서적 에너지를 얻고 상황을 지배한다. 흡연 보조 용구가 크게 유행했을 때 흡연 의례는 중앙에 가장 우아한 흡연자가 있고 그를 숭배하고 추종하는 사람들이 주변을 둘러싸고, 덜 사교적인 흡연자는 외곽에 자리 잡으며, 비흡연자는 존재감이 없는 식으로 위계가 정해졌다.[24] 성적 유희를 위해 담배를 활용하고 대중적인 성 풍조에 합세함으로써 흡연 위계가 강화된 것이다.

상황적으로 종속적 위치에 있는 사람들은 특히 그들을 지배하는 의례에 저항하는 공격자 편에 가담하기 쉬운 위치에 있다. 의례 모임의 성격상 종속적 위치에 있는 사람들은 사회 조직도, 명예도, 정서적 에너지도 없다. 그들은 집합적 정체성을 위한 토대로 배제나 불명예를 잘 활용할 수도 없다. 유흥을 즐기지 않

〈사진 8.7〉 사회적으로 정당화된 유흥의 장면(2차 대전 중의 런던). Getty Images사 제공.

는 사람으로서 '계급의식'이나 집단의식을 갖게 되면 불명예를 더 높이는 결과 (꿔다놓은 보릿자루, 촌뜨기, 모범생)가 되기 때문이다. 따라서 그들을 종속적 위치로 전락시키는 유흥 의례의 단순한 잠재적 반대자로 남을 수밖에 없다. 그들이 동원될 수 있는 계기는 오로지 구조적 위치나 다른 형태의 상황적 명예, 또는 계층화의 대안적 기준이 부상하여 변화가 일어날 때뿐이다. 그들은 사교 영역보다는 '진지한' 영역, 즉 직업이나 교육 경력, 정치, 종교, 도덕주의적 사회 운동의 입장에 설 수밖에 없다. 이들은 유흥 문화에서 균형추 역할을 할 수 있지만 승리를 보장해주지는 못한다. 이러한 운동을 진지하게 흡수하는 분야는 흔히 유흥 문화에서 빠져나온 찌꺼기일 경우가 많다. 일, 공부, 종교 따위는 대중적 유흥에서 실패한 사람들의 지루한 소일거리에 불과하다.

20세기 중반까지는 유흥 의례의 문화에 가장 강력한 저항을 벌인 부류는 사회적 정당성의 주장을 도덕적 기준으로 제시하고 강제하는 데서 우월성을 뽐내는 전문직과 신분집단이었다. 담배는 보통 종교 지도자 특히 복음주의 운동가들, 그리고 도덕적 개혁의 정치 지향성을 지닌 정치인들이 택한 표적이었다. 반유흥 운동은 페미니즘 정치와 종교적 부흥 운동이 고조되던 시기에 활성화되었다. 미국의 금주 운동은 도시 이민자들의 술집 중심의 의례에 대한 농촌 개신교 집단의 저항 및 자신의 신분 지위에 대한 우려에 뿌리를 둔 것이었다는 거스필드 (Gusfield, 1963)의 해석처럼, 때로는 인종적 정치와 결합되었다. 금연 운동도 그와 관련된 운동의 한 갈래였다.[25] 그러나 이런 운동들은 일반적으로 당시 사회생활의 현대적 성격과는 어긋났다. 작은 마을의 구식 신분위계에 뿌리를 두고 있었기 때문에 의도적으로 도시적 생활양식, 대중적 연예, 상업적 사업 등과 같은 '현대적' 또는 '진보적' 세계의 정당성을 부정하려 했다. 게다가 상황적 지배력을 지닌 유흥 엘리트는 구조적 동맹자를 확보하고 있었다. 19세기의 열렬한 시가 흡연 추종자들은 상류 계급과 상류 계급을 모방하는 사람들의 신분 의례를 통해 지지를 받고 있었다. 1920년대에 대규모로 확산된 궐련 보조 용구가 발 빠른 유행이 지배하는 상류 사회와 연결된 현상과 같다.

20세기 후반에 상황이 역전된 것은 무엇 때문일까? 간단히 말하면 구조적 계층의 의미를 담고 있던 고상한 취향의 의례가 소멸했기 때문이다. 유흥의 세계에서 종속적 지위에 있던 사람들과 연대하는 세력의 구조적 지위가 높아졌다. 또한 도덕주의적인 반유흥 운동에 청소년층을 동원한 사회 운동의 힘도 일시적으로나마 작용했다. 달리 말하면, 고상한 취향 의례의 소멸과 기술관료형이나 모범생 같은 '신흥 계급'의 부상, 그리고 1960년대의 반체제 문화 운동의 파급 효과가 상황을 역전시킨 것이다.

20세기 중반이 되자 복잡했던 흡연자와 금연자의 대립 노선이 단순해졌다. 다른 형태의 흡연 의례를 누르고 궐련 흡연이 압도했다. 코담배와 씹는담배는 명성을 잃고 구습으로 밀려났다. 파이프 흡연은 관습의 후광을 지닌 채 고독하고 내향적인 사람들의 파편화된 세계로 물러나 현대적이라는 의미를 내포한 궐련 흡연자와 분리된다.[26] 20세기가 되면서 흡연은 남녀 공용의 세계가 되었다. 금연 운동은 역사상 처음으로 담배를 타도하기 위해 오직 한 가지 과제에만 집중할 수 있게 된 것이다. 여러 종류의 흡연 의례를 상대할 필요가 없어졌다. 신분 상승의 표지로 흡연 의례를 지향하는 집단— 성별 배제를 이유로 흡연을 반대했거나 흡연 집단에 진입함으로써 반대를 약화시킨 집단— 과 유흥 문화에 대항하는 이들의 분리는 이제 더 이상 존재하지 않는다. 심미적 공격을 시도했지만 실패했다. 20세기 후반의 공격은 건강의 관점에서 제기되고 성공을 거두었다. 그러나 그 성공은 일상생활에서 의례의 정치가 사회 운동의 동원에 불을 붙여준 결과였다.

1930년대까지 흡연을 지탱해주었던 고상한 취향의 의례는 1940년대와 1950년대가 되면서 쇠퇴한다. 제2차 세계대전 동안 군사적 유대로 사회적 장벽이 낮아지는 한편, 전후에 거주 지역이 도시 외곽으로 옮겨가는 과정과 더불어 나타난 미국식 탈격식주의의 유행도 고상한 취향의 의례가 쇠퇴하는 데 한몫했다. 이는 구조적 계층화가 사라졌다는 말이 아니다(1970년대에 다시 역전되기 전까지 몇 십 년간 경제적 차이가 줄어들기는 했다). 구조적 계층화의 대중적 표현이 적절치 않게 되었다는 말이다. 이제는 우월성이 순전히 상황적 계층화의 측면에서 이루어진다.[27] 이는 유흥 의례가 관심의 초점이 되었다는 말이지만 동시에 상황적 계층화가 구조적 계층화와는 상관없이 독자적 의미를 가지게 되었다는 뜻이기도 하다. 흡연에서 고상한 취향의 의례는 증발해버렸다.[28] 그 결과 흡연은 어떤 문화적 반향이나 사회적 지지도 없이 노동의 부속물이나 고독한 물러남과 같이, 순전히 사적인 형태로 남게 되었다.

흡연 의례의 입지가 좁아지면서, 때로는 모범생이라 불리는 이들이 떠올라 반유흥 세력이 탄력을 받았다. 20세기 후반에는 교육 단계가 길어지고 엘리트 직업을 위한 공식 자격 요건이 높아짐에 따라 점차 구조적 계층화의 영향이 걸러졌다. 학교 성적, 공부, 기술적 지식을 둘러싼 경쟁에 더 큰 구조적 중요성이 부여되었다. 이를 전부 전문직 '신흥 계급'으로 보는 것(따라서 실용적 능력이 아닌, 문화적 수용의 지속성과 조직 정치의 중요성을 빠트리는 것)은 지나친 과장이다. 그러나 현대의 전문직 자격증, 관료적 경력, 금융 관리 능력의 세계가 20세기 초반의 고상한 유흥 문화를 받쳐주던 탄탄한 사업체와 엘리트 직업의 직업적 경력 문화를 바꾸어버렸다. 와그너(Wagner, 1977)는 금연 운동을 20세기 후반의 다른 신금욕주의 형태와 함께 자신들의 개신교 윤리를 상위 계급과 하위 계급에게 강요하는 새로운 중간 계급의 부상으로 본다. 그것도 어느 정도 사실이지만 좀 더 발전시킬 수 있다. 거시 구조적 수준에서는 새롭게 부상한 반유흥 '모범생' 세력은 단순히 중간 계급 현상이 아니라 모든 계급에서 발견되는 경력 추구 유형으로 볼 수 있다. 그리고 미시 상황에서 보면 흡연에 대한 공격은 유한계급에 대한 공격일 뿐만 아니라 유흥 의례의 상황 지배력에 대한 공격이기도 하다.

고도로 정치화된 저항 운동은 모두 자기만족을 추구하는 유흥 관습과 대조적인 명분과 헌신을 칭송한다는 점에서 도덕주의적 경향이 있다. 역사적으로 보면 급진적 운동에는 흔히 기존 엘리트의 부패에 저항하는 금욕적 의미가 담겨 있다. 1960년대의 민권 운동과 반전 운동은 교회(흑인 교회와 백인 교회 모두)와 오래된 '선행 집단'을 중심으로 활성화되었고, 남학생 사교 클럽의 유흥 문화를 거부하는 '지식인들'이 강력한 힘을 발휘하는 명문대학 캠퍼스까지 그 조직적 토대를 넓혔다. 따라서 1960년대의 운동은 종교적 성분에다 모범생들의 반동까지 결합한 운동이었다.

그러나 금연 운동은 단순히 한 가지 생활양식을 다른 종류의 생활양식으로 바꾸는 운동이 아니라 적과 직접 대치를 벌이는 행위 전술에다 국가 권력도 동원한 정치화된 사회 운동이었다. 이 운동은 1960년대와 1970년대 초반의 민권 운동과 반전 운동의 결과로 대중적 지지를 얻는다. 여성해방 운동 제2의 물결, 동성애자 인권 운동, 생태환경 운동, 동물애호 운동 등은 보통 민권 운동의 연결망, 전술, 이데올로기를 준거로 해서 대중적 관심을 모으고 입법 및 생활양식 영역에서 승리한 성공 사례를 모방했다. 현대의 금연 운동도 이 목록에 첨가해야 할 것이다. 또한 1960년대의 운동은 기존의 계층화에 저항하는 청년운동으로서도 명예를 누려 고도로 도덕주의적 운동의 전형을 수립했다.

이런 정치적 운동은 성해방과 환각제 이데올로기를 지녔던 '히피'와 이른바

〈사진 8.8〉 "히피" 반문화. 이전 세대의 궐련 흡연과 음주와는 극명한 대조를 보이는 의례가 마리화나를 피우는 것이었다. Getty Images사 제공.

'반체제 문화' 운동과 겹치면서 더 복잡해졌다(Berger, 1981; Carey, 1968). 반체제 문화 운동은 도덕주의적이면서 동시에 대결적인 성격을 적나라하게 드러냈지만, 고유의 유흥 문화를 지니고 있었다. 마리화나 흡연과 환각제(LSD) 복용은 종교적인 신비주의를 모델로 한 종교 체험이라는 이데올로기의 맥락에서 해석되었다. 급진 좌파와 코뮌 성원은 특히 환각을 불러일으키는 마약을 자주 했다(Zablocki, 1980). 그들은 환각제 복용을 '운동선수와 치어리더들'의 음주와는 분명히 다르다고 생각하고, 술을 마시지 않음을 금욕주의적 자부심으로 삼았다. 히피 반의례주의는 주말이면 술 파티를 열고 밤 데이트를 즐기는 유흥 패거리, 유행이나 인기 순위 따위의 위계를 거부했다. '반체제 문화'는 고유한 복장과 몸차림(긴 머리, 수염 기른 남성, 화장하지 않은 맨 얼굴의 여성)으로 차별성을 드러내며 사회적인 존대 예절과 젠더 예법을 전복시키려 했다. 성해방(또는 일회적 성관계)과 어디서나 환각제 마약을 하는 풍조는 실제적이라기보다 상징적인 것이었지만, 공식화된 절차를 따르지 않고 인기 순위의 제약이 있는 유흥 의례의 압력을 받지 않고도 사교적 쾌락을 즐길 수 있다는 저항 이데올로기를 극적으로 표출했다.

1960년대의 반체제 문화는 단명했지만 장기적 전환을 불러올 추진력을 함축하고 있었다. 고상한 취향의 의례는 거의 소멸되기에 이르렀고, 존대 예절과 처신의 낡아 빠진 기준도 사라졌다. 상황적 계층화 현상이 두드러지면서 구조적 계층화의 진부한 상징에 대한 저항이 문화적으로 지배적인 지위를 누리게 되었다. 1960년대의 운동은 이후 청년 문화에 하나의 전형을 보여주었다. 의도하지는 않았지만 흡연 의례에 저항하는 큰 힘이 작용할 수 있는 길을 열어준 셈이다. 파티를 즐기는 문화와 1920년대의 궐련 흡연과 함께 시작된 유흥 행태의 지위를 떨어뜨림으로써 저항적 청년 문화와 흡연의 연관성을 뒤집고 혐오스러운 기성세대의 초상을 폭로할 길을 열어주었다.

1960년대 반체제 문화로 시작된 흐름은 그 후 수십 년간 금연 운동과 결합했다. 급진적 평등주의의 이름으로 관습적인 사교 의례와 고상한 취향 의례의 지위를 떨어뜨린 반체제 문화의 공격, 도덕주의적 담론, 정부 관리 및 분리주의자들과 직접 행동으로 맞서는 전술, 기업에 대한 좌파의 수사학적 공격과 결합되었다. 때로는 운동의 흐름 가운데 일부 성공한 쪽에서 운동 내 다른 분파에 도전하는 이상한 비틀림도 있었다. 그 가운데는 반체제 문화의 특성인 마약 문화를 거부하는 운동에 합세하는 경우도 있었다. 마리화나 흡연을 일소하려는 운동은 흡연 금지를 향한 입법화의 길을 열어주었고, 마약 밀매꾼들이 마약 문화에 책임이 있다는 주장과 똑같이 담배 회사가 흡연 취향을 유발했다는 비난을 가하기도 했다. 1970년대와 그 후의 금연 운동은 1960년대 운동의 이데올로기적·전술적 틀을 빌려 담배 산업을 주공격 대상으로 삼았고, 흡연자를 속임수에 넘어간 희생양으로 묘사했다. 또한 베트남 전쟁을 둘러싼 대립을 상기시킬 정도로 수사학을 동원한 활동가들에 의해 상습 흡연자가 살인자로 고발당하는 처지에 놓이게 되었다. 금연 운동은 좌파와 우파 양쪽의 지지를 결합시켰기 때문에 그 시기의 다른 대다수 개혁 운동과 비교할 때 비정상적일 정도로 성공적이었다. 반기업적 입장에 선 좌파와 그들의 정부 규제 선호, 그리고 수세기 동안 유흥 물질을 금지하려고 시도해온 종교와 생활양식 분야의 보수 우파를 결합시킨 것이다.

흡연 의례를 공격할 수 있도록 길을 터준 사교 의례의 변화와 연결되어, 수세기 동안 실패를 거듭하던 금연 운동은 진보적인 운동이라는 도덕적 명성을 대중적으로 누리면서 마침내 성공을 거두었다. 특정한 의례나 반의례 운동이 역사적 종말을 고하든 그렇지 않든 이런 종류의 운동은 모두 의례의 내용과 미래의 관행을 중심으로 발전할 것이 틀림없다.

제9장

사회적 산물인 개인주의와 내면 지향성

상호작용 의례 사슬의 관점 속에 개인이 차지할 공간이 남아 있을까? 상호작용 의례 이론은 개인을, 특히 개인이 지닌 자율성·독특성·개별성을 공평하게 다루지 않는 것처럼 보일지도 모르겠다. 상호작용 의례 이론이 보여주는 개인의 전형적 성격은 언제나 혼자 있기 싫어하고, 관심을 얻으려 하고, 사람들로 둘러싸인 분위기나 수다스러운 대화에 사로잡힌, 사교적인 외향성을 지닌 존재처럼 보인다.

그렇다면 독자적으로 살아가는 개인주의자, 비순응형, 비표준적 인성은 어떻게 봐야 할까? 파티 같은 소란스러움이나 군중을 싫어하고, 다른 사람과 대화를 나누기보다는 혼자서 생각하기를 더 좋아하는 내향적인 사람도 상호작용 의례 사슬의 관점에서 설명할 수 있을까? 왜 사람은 지겨워하면서 책은 재미있어 하는 사람이 있을까? 구름이 온갖 모양을 만들어내는 하늘을 홀로 바라보고 싶은 순간이 있음은 왜일까? 한마디로 얄팍하기보다는 깊이가 있고, 인정받으려고 애쓰기보다는 독립적인 사람들을 상호작용 의례 이론이 설명할 수 있을까?

이런 책을 읽는 독자나 지식인들은 대개 개인주의적이고 내향적 성향인 사람들이 많기 때문에 상호작용 의례 이론이 보편적 타당성을 주장하려면 이들을 더 잘 설명할 수 있어야 할 것이다.

뒤르켕주의 전통에 따르면 개인은 집합적 에너지와 그 재현에서 제 몫을 할당

받아 출현하는 존재이다. 한 인간 신체가 사회적 만남의 장을 떠날 때는 정서와 상징의 잔여물을 지니고 나오며, 혼자가 된 순간에 하는 일은 과거를 회상하고 미래의 만남을 상상하거나, 내면 공간에서 생각·마음·주관성들이 상호 영향을 주고받는다. 자아는 상호작용의 내면화로 형성된다고 본 미드의 상징적 상호작용론은 같은 내용을 다른 방식으로 설명한 이론이다. 이것이 20세기를 통틀어 견지된 핵심적인 사회학적 입장이었고 이를 지지하는 증거를 무수히 축적해왔다. 우리가 그 입장을 끝까지 밀고 나가, 고프먼이 말하듯이, 개인을 성스러운 대상으로 만들고 자아 이미지를 숭배하는 현대 문화의 편향성에 과감하게 직면할 수 있을지가 유일한 쟁점으로 보인다. 이미지라는 사실에 주목해야 한다. 고프먼 식 상호작용 의례에서 자아는 자아가 어떤 모습이어야 하는지를 드러내는 사회적 표상이지 진정한 내면적 자율성이 아니기 때문이다. 고프먼은 『자아의 연출(Presentation of Self)』(1959: 252)에서, 자아는 성공적 상호작용의 산물로 "무대에서 생기는 것이지, 무대를 만들어내는 원인이 아니다"라고 결론을 내린다.

물론 이런 사회학적 전통과는 반대로 경청할 만한 대안적 관점도 있다. 경제학 이론과 현대 정치철학에서 받들어 모시고 사회학에서도 한편에 교두보를 확보하고 있는 입장으로, 자아를 합리적인 계산을 하는 이기적 개인으로 보는 공리주의적 전통이다. 사회화되지 않은 인간 욕구의 본성이라는 프로이트의 본능적 자아(id)의 개념도 있다. 자신을 지식인이라고 생각하는 사람들 가운데는 스스로를 야성적·열정적·창조적인 영혼의 소리에 따라 인습에 도전하고 사회적 성공을 경멸하는 자유로운 사고의 예술가나 반역자로 보는 전통이 있다. 나는 일부러 19세기 바이런 식 수사학을 써보았다. 개인 자아를 표현하는 방식이 역사적으로 형성된 전통임을 상기시키기 위해서이다. 사회적 순응을 거부하고 맞서는 개인의 독자적인 특질을 찬미할 때, 우리는 우리의 저항과 독자성을 표현하는 것이 아니라 오히려 널리 확산된 현대의 개인숭배 대열에 가담하고 있음을 드러내는 셈이다.

마지막으로, 역사적 배경이 있기는 하지만 현대 지식인들 가운데서 별로 인기는 없는 또 다른 관점도 지적할 수 있다. 사회나 그 밖의 무엇으로도 환원할 수 없는 내면의 진정한 자아가 있다는 종교적 관점이다. 세속적 용어로 표현하면, 자신의 의식 속에 세상과 그 세상에서 겪는 경험을 보는 독특한 시각이 생기고, 그 내면의 생각이 궁극적으로 가장 소중하며, 그것이 한 사람을 그 사람답게 만들어준다고 본다. 즉, "그들이 내 몸을 통제할 수 있을지는 몰라도 내 정신만은 통제할 수 없으리. 나는 내 운명의 주인, 나는 내 영혼의 지휘자이다." 이런 사고 방식의 사회적 뿌리가 어디에 있는지 역사적으로 성찰할 수는 있지만, 그렇게 하더라도 그러한 주장의 실질적 내용은 무효화되지 않는다. 어쨌든 내면적 개인이 중요하다.

대안적 이론들이 지닌 약점은 앞 장들에서 다루었다. 여기서는 그 이론들이 상상하는 모든 현상을 상호작용 의례 이론이 다룰 수 있음을 논증하려고 한다. 상호작용 의례 이론은 개념적으로 개인이 차지하는 자리가 있을 뿐만 아니라 다양한 개인성과 개인성에 관한 이데올로기가 발생하는 사회적 조건을 보여 줄 수 있어야 한다.

몇 가지 구별해야 할 하위 쟁점이 있다. 첫째는 개인성의 문제로, 아주 넓은 범위의 다양한 인성이 있다는 점이다. 사실 상호작용 의례 이론의 입장에서 이는 별로 감당키 어려운 문제가 아니다. 앞장에서 이미 제시한 바 있는 상이한 인성 유형을 발생시키는 사회적 조건을 요약할 것이다. 사회적 인과관계가 작용하는 여러 차원이 있고 그 차원들은 서로 교차한다. 그래서 각 개인이 다른 사람들과 공통적으로 지니고 있는 요소들이 뒤섞이기는 하지만, 그들은 모두 각기 독특할 수 있다(적어도 복잡한 현대 사회에서는).

둘째는, 20세기의 용어로 내향성을 지닌 사람이라 불리는 특유의 비사교적인 사람들을 설명하는 문제이다. 사실 여러 종류의 내향성이 있고 아마 우리도 그 가운데 어느 한 유형에 들 것이다. 이 모든 유형이 상호작용 의례 사슬의 유형에서 생긴다는 사실을 보여 줄 수 있다. 내향성 가운데 가장 두드러진 유형은 현대사에서 비교적 최근에 등장했다. 다음 절은 그 역사적 발전상을 다룰 것이다. 내향적 인성 유형이 역사적으로 창조된 그 시기에 개인주의에 대한 이데올로기가 현대 세계의 근본적 원리로 자리 잡게 되었다. 따라서 우리는 비사회학적인, 아니 어쩌면 반사회학적이라고도 할 수 있는 이데올로기가 어떻게 생겨났는지를 다루면서 끝낼 것이다. 이 쟁점들을 검토함으로써 책 전체를 하나로 종합할 수 있는 기회로 삼는다.

개인성의 사회적 생산

개인 인성에 대한 상호작용 의례 사슬의 효과를 요약하는 가장 쉬운 방법은 계층화된 상호작용의 주요 차원을 살펴보는 것이다. 제3장에서 이것을 신분 의례와 권력 의례의 차원에서 다루었다.

신분 의례의 차원에서 보면, 사람들이 관심의 중심에 얼마나 가까운지, 얼마나 정서적으로 합류하고 있는지가 다 다르다. 언제나 중심에 있는 사람, 때로는 중심에 있고 때로는 중심 가까이에 있는 사람, 좀 더 멀리 떨어져 있는 사람, 주변적인 성원, 그리고 소속되지 못한 외부인이 있다. 연결망 분석의 구식 용어로는 소시오메트리 서열, 일상적 용어로는 인기 순위 같은 것이다. 사회학적으로 우리는 (적어도 원리상으로는) 좀 더 복잡한 그림을 그린다. 개인이 속한 상황을 검토하고 그 상호작용에서 중심과의 거리뿐만 아니라 의례의 강도(집합적 열광이 얼마나 강렬한지, 상호작용 의례가 얼마나 성공하는지 또는 실패하는지)도 살펴본다. 그리고 이들 상호작용 의례가 얼마나 구속력(언제나 같은 사람들인지 아니면 인물이 달라지는지 여부. 제3장에서 상호작용의 사회적 밀도라고 표현했다)이 있는지도 고려한다. 마지막으로 개인이 동일한 종류의 상호작용 의례에 동일한 위치에서 얼마나 반복적으로 참여하는지(상호작용 의례의 반복성)에 따라 중범위 수준으로 이동하여 상호작용 의례 사슬의 경로를 요약할 수 있다.

개인적 차이가 사회적으로 생산됨을 입증하기 위해, 단순화된 요약 모델로서 뒤르켕이 말하는 개인이 경험하는 기계적 유대의 정도를 사용한다. 상호작용 의례의 강도와 사회적 밀도가 높고, 상호작용 의례의 반복성과 연결망 중첩성도 높은 곳의 중심에 더 가까울수록,[1] 집단과 집단의 상징에 더 강렬한 유대의 감정을 느끼며 다른 이들도 동조하기를 기대한다. 또한 집단의 상징을 구체적이고 물화된 방식으로, 의문을 가지거나 비판할 것도 없고 나무랄 데도 없는 불변의 실제로 받아들인다.[2] 집단 상징을 불경하게 대하는 태도는 정의로운 분노의 정서적 폭발과 의례적 처벌을 불러온다.

이는 사회학에서 익숙한 집단 역학 또는 집단 문화의 유형이다(Homans, 1950). 그 유형을 개인의 인성 특성으로 볼 수도 있다. 뒤르켕 식 의미에서 전형적인 기계적 유대의 인성이 있다. 구체적인 개인에 대해 그리고 집단에 전해져 내려오는 것들을 특별하게 생각하고 말하는 순응적·전통주의적 유형으로, 소문을 좋아하고 지역주의적 태도를 보이며, 친숙한 사람들에 대해서는 다정하지만 외부인들에 대해서는 의심의 눈초리를 보내고, 위반자에 대해서는 복수심에 불타는 사람들이다. 기계적 유대가 낮은 쪽 극단에서는 사람들이 주변에 머물러 있고 의례의 강도와 사회적 밀도가 낮다. 또 상호작용의 다양성이 높고 상호작용 의례의 반복성과 연결망 중첩성도 낮다.[3] 그런 경우에 나타나는 전형적인 인성은 비순응적이고 상대주의적이며, 매사를 추상적으로 생각하고 말하는 유형이다. 사회적 헌신에 대해 냉소적이고, 차이에는 관용적 태도를 취하며, 위반자에 대해서도 너그러운 태도를 보인다. 두 극단 사이에 별로 두드러진 특성을 보이지 않는 사람들도 있다.

다음으로, 권력 위계의 차원을 보자. 한쪽 끝에는 사람들에게 무엇을 하라고 명령을 내리고, 눈앞에서는 최소한 명령을 받아들이는 체하는 이들(가령 그 상황에서 자발적인 복종자로 자아를 연출하는 사람들)에게서 존대를 받는 사람들이 있다. 명령을 내리는 일은 자긍심과 자기 만족감을 주고 자기가 내리는 명령에 함축된 상징과 자신을 동일시하게 한다. 권력 의례를 실행하는 사람들은 무대 위의 인성을 지니고 있다. 자신을 공적인 자아와 동일시하며 공적 자아를 사적 자아보다 더 중요하게 생각한다. 반대쪽 끝에는 명령을 받아들이는 것 말고는 아무 대안이 없고 명령을 내린 사람에게 존대를 바쳐야 하는 명령 수용자들이 있다. 명령을 받는 경험은 무대 뒤의 인성을 만들어낸다. 그들은 자신을 통제하는 무대 위의 공연에 저항하는 존재로서 자아 정체성을 지니게 된다. 공적인 형식에서 자유로운 사적인 무대 뒤가 얼마나 있는지에 따라 권위에 대해 냉소적인 태도를 보이든가 아니면 소외된다.

이런 극단적 특성이 별로 드러나지 않는 사람들도 있다. 권력 위계의 연속선에서 중간에 있는 이들이다. 그중 일부는 위로 치고 올라갈 수 있는 특별한 상황과 개인적 자질을 가지고 있다. 권력 위계에서 중간에 자리 잡게 되는 두 가지 방식이 있다. 하나는 명령을 내리지도 받지도 않는 수평적 상호작용을 하는 평등주의적 상황이다. 이런 자리는 권력 효과를 중화한다. 이들에게는 수직적 위계와 동일시할 무대 위도 없고, 뒤로 물러나 냉소를 보낼 무대 뒤도 없다. 다만 주어진 상황에서 국지적 집단의 상징적 문화를 구현할 뿐이다. 다른 하나는 위로부터는 명령을 받고 아래로는 명령을 내리는 명령의 연쇄에서 중간에 있는 개인들이다. 이들은 명령을 받기만 하는 위치의 사람들에게 명령을 내리는 일선 감독자들로서 독특한 성격을 드러낸다. 군대의 교육 담당 하사관, 공장의 작업반장, 사무실의 하급 관리자, 시민 규제를 담당하는 하급 관리들이다. 이른바 관료적 인성을 지닌 소심한 규칙 추종자들인데, 이들은 정신이 아닌 문자 그대로의 규칙을 강제하며 권위가 무엇인지에 대한 식견도 없이 순전히 권위를 위한 권위를 행사한다. 이런 소심한 명령 하달자 밑에서 명령을 받아야 하는 사람들에게서 특히 소외적인 태도가 강하게 나타난다. 그들의 만남은 거시적 수준의 계급 갈등이 구체적으로 일어나는 최전선이다.

〈그림 9.1〉을 통해 두 차원을 결합시킨 단순화된 형태를 살펴보자. 신분 차원을 두 극단적 유형으로 나누고 권력 차원을 넷으로 나누면 여덟 가지 인성 유형이 나온다. 신분과 권력 차원은 각기 연속적인 것이므로 그 범주를 더 늘릴 수도 있다. 각각을 10개씩 나누면 〈그림 9.2〉처럼 조합을 그릴 수 있다. 합쳐서 100개

〈그림 9.1〉 신분과 권력 차원에서 형성되는 인성의 이념형

	높은 수준의 기계적 유대	낮은 수준의 기계적 유대
명령 하달자	전통주의자 권위주의적 인성	세련된 보편주의자: 무대 위 지향성
평등주의자	국지적 집단에 대한 순응주의자	비공식적, 소탈함, 친절한 인성
일선 감독자	관료적	사무적
명령 수용자	무대 뒤 인성: 비굴/소외	무대 뒤 인성: 사생활 지향성

〈그림 9.2〉 신분과 권력 차원에서 생기는 복수의 인성 유형

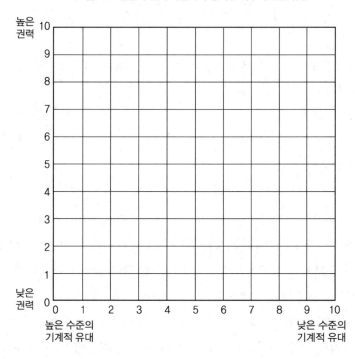

의 독특한 인성 유형이 생기는 셈이다. 〈그림 9.2〉에서 일부 칸은 그 수가 아주 적을 수도 있고 어떤 사회에서는 어떤 칸들은 존재하지 않을 수도 있지만, 그래도 대부분의 사회에서는 수십여 개의 독특한 개인 유형이 있으리라 예상할 수 있다.

이것도 어림잡은 것이다. 여기에 그려본 신분과 권력 차원은 실상 여러 하위 차원을 합친 것이다. 만일 '기계적 유대'의 차원을 개인이 경험하는 의례의 중심성, 의례의 강도, 사회적 밀도, 연결의 다양성, 상호작용 의례의 반복성, 연결망 중첩성의 정도에 따라 나눈다면, 엄청나게 많은 수의 독특한 조합이 생기고 복수의 차원을 지닌 '인성 공간'이 될 것이다. 그 연속선은 얼마든지 세분화해서 쪼갤 수 있고 또 하위 차원으로 조합할 수도 있다. 그렇게 되면 각기 이런저런 방식으로 독특한 개인이 수백만을 넘을 수도 있다. 몇 개 안 되는 일반적 사회 과정으로 나누어도 사회적으로 각기 독특한 개인이 탄생하는 것이다. 유형은 같지만 내용은 다를 수도 있는 삶의 자의적이고 특수한 세부 사항(가령 농촌 출신인지 소도시 출신인지 따위)은 남겨둔다. 이러한 개인성의 설명은 사회의 총체적 현상을 깊이 있게 통찰하고 설명하는 사회학 이론을 부정하는 것이 아니라 바로 그 이론에서 나온다.

내향성의 일곱 가지 유형

얼핏 보면, 내향성은 인간이 정서적 에너지 추구자이며 정서적 에너지는 사회적 상호작용에서 생긴 유대의 파생물이라는 상호작용 의례 이론의 전제에 도전하는 것처럼 보인다. 실제로 사교를 싫어하는 개인들이 많다. 심지어 어떤 사람은 지나칠 정도로 반사교적이다(나를 사교적인 사람이라 짐작하는 사람을 위해 사실 나는 비사교적인 편에 속한다는 것을 밝혀둔다). 비사교적인 사람들을 설명하기 위해서는 비사교성을 갖게 되는 경로를 인식해야 한다. 다음에 기술하는 내향성의 여러 유형은 이념형이며 따라서 중복될 수 있다.

강박적으로 일에 몰두하는 사람들

어떤 사람은 사람과 사귀기보다 일하기를 더 좋아한다. 어떤 형태의 집합적 의례—정치나 종교 또는 연예—보다 일하기를 더 즐긴다. 그러나 제4장에서 논의한 것처럼, 직업 현장에서 발생하는 상호작용 의례들도 있기 때문에 사실은 경계선에 있는 사람이라 할 수 있다. 사람들과 사귀기보다 업무적 상호작용에서 더 많은 정서적 에너지를 얻는 전형적 사례이다. 분주한 증권 중개사나 사업상의 거래에서 중심에 있는 사람들, 교실에서만 존대를 받는 강사, 정력적으로 전투를 지휘하느라고 하루에 몇 시간밖에 자지 않는 나폴레옹 같은 이들이 이 유형에 속한다.

더 어려운 사례는 혼자서 일하는 사람들이다.[4] 현대의 속어처럼 두루뭉술한 용어로는 상호작용적 업무에 강박적인 사람과 단독형 일에 사로잡힌 사람의 차이를 구별할 수 없다. '일 중독자'는 그 둘을 모두 지칭하고, 반면에 '공부벌레'와 '모범생'은 단독형 일 중독자들을 가리킨다. 단독형 일 중독자를 은근히 비하하는 이런 말에는 사람 사귀기를 좋아하는 사교가들의 관점이 함축되어 있다. '모범생'이란 말에는 기술적 세목을 꿰고 있거나 사람보다는 기계를 더 잘 알고 세상 물정을 모르는 사람이라는 의미가 들어 있다(Eble, 1996).

그런 사람을 상호작용 의례 사슬의 렌즈로 살펴보자. 기술적 기능은 혼자서 습득할 수 있는 것이 아니라 만남의 사슬을 통해 얻는 것이다. 기능적 학습은 대부분 공식 학교 교육을 통해서가 아니라(Collins, 1979: 16~17), 직업 현장에서 특히 초기에는 숙련된 다른 사람과의 비공식적 상호작용을 통해 이루어진다. 무엇보다도 이런 종류의 기량은 대개 남성이 독점한다. 특히 노동 계급과 중하위 계급 남성의 연결망 안에서 십대 소년 시절(더 어린 나이일 수도 있다)에 아버지, 남성 친척들 그리고 친구들과 지내며 기술적 세계로 들어간다. 소년들은 집 앞 차도에서 자동차를 수리하면서 자동차 정비를 배우고, 그 직종에서 일하는 친척들의 비공식 조수 노릇을 하며 중장비 운전을 배운다. 그와 비슷한 유형은 20세기 후반의 컴퓨터 문화(세대 간 연결망보다는 동년배들 사이의 좀 더 수평적 연결망이라는 점만 다르다)에서도 나타난다.

테크놀로지 지향성 또는 테크놀로지에 강박적인 성향을 보이는 사람들의 사회적 성격에서 두 가지 점이 드러난다.

첫째는 테크놀로지를 다루는 기량과 흥미가 특정한 종류의 사회적 상호작용에서 생긴다는 점이다. 상호작용에서 내면화된 솜씨를 혼자 있을 때 수련함은 집단 소속 상징이 이차적·삼차적으로 재순환되는 과정이다. 신앙인이 홀로 하는 기도가 종교적 집단 소속 상징의 삼차적 순환 과정인 것과 마찬가지로, 기술적 숙련 자체가 주관적 정체성의 초점·상징·표지가 된다. 기술적 전문성의 경우에는, 일을 어떻게 해야 하는지를 꿰고 있는 사람과 쩔쩔매는 사람, 중간쯤 되는 사람, 수습 과정에 있는 사람을 엄격하게 구별하는 표지가 있다. 불량학생이 모범생을 우습게 보는 것과 마찬가지로 모범생도 나름대로 자기네만의 매혹적인 동아리 바깥에 있는 이들을 하찮게 본다.

둘째는 사람들의 연결망이 아닌 또 다른 연결망이 작동한다는 점이다. 기계와 기계, 기법과 기법의 연결망이다. 나는 이를 과학자들의 공동체를 다룬 연구에서 제시한 바 있는데, 이른바 '과학 혁명'(더 정확히 말하자면 '급속한 과학적 발견')의 시기에서 현재에 이르는 실험실 장비 계통의 연결망이다(Collins, 1998: 535~538). 새로운 과학 발전은 보통 과학자들이 이론화하고자 하는 새로운 현상을 생산할 수 있도록 이전에 사용되던 실험 장치를 수정하고 여러 계통의 실험 장치를 교차시켜 새로운 연구 장비를 만들어내며 이루어진다. 새로운 실험 상황으로 전환시킨 것은 오직 이전 세대의 장비를 손보고 성공적으로 작동하게 만든 사람들이기 때문에 인간 과학자들과 기계적 계통의 두 연결망이 결합된다(그 예는 Shapin and Schaffer, 1985 참조). 나는 기술적 전문성의 영역 대부분에서 그 같은 유형이 작동한다고 생각한다. 자동차광들이 차고에 모여 자동차 엔진 속을 들여

다볼 때 그들은 자기네가 알고 있는 동력장치의 친족관계로 그 기계류를 본다. 그들이 나누는 대화는 대부분 기계류에 이름을 붙이는 따위의 내용이다. 그들이 이전에 보았거나 들은 적이 있는 다른 모형과 어떤 관계가 있고 어떻게 다른지 등 외부인에게는 아무 의미가 없거나 지루한 기술적인 대화를 나눈다. 자기네만의 고유 영역에서는 그런 이야기가 친지에 대한 소문이나 친구의 근황, 친밀한 가족 연결망의 모임에서 있었던 일을 회상하는 것과 하등 다를 바 없다(Gans, 1962: 77 참조). 그래노베터(Granovetter, 2002: 56~57)는 20세기 후반의 컴퓨터 해커들, 그리고 기계 장비를 조작해서 이루어낸 성취를 가지고 서로 상대를 감동시키려고 돌아다니는 19세기 미국의 기술발명가들에게서 공통으로 발견되는 '모범생 문화' 현상을 논의하고 있다(또한 Wright, 1998 참조).

테크놀로지 지향성을 지닌 사람들은 보통 모임에서 활기도 없고 농담이나 뜬소문을 나누지도 않으니 비사교적으로 보인다. 실제로 그들은 그런 식의 상호작용이 진을 뺀다고 싫어한다. 그래서 수줍은 사람이라는 인상을 준다. 그들이 더 좋아하는 상호작용은 그들에게 정서적 에너지를 주는 특수한 상호작용 의례의 사슬이며, 그들이 공유하는 정서와 상징은 다른 이들이 나누는 것들과 잘 맞지 않는다. 기술 전문가가 다른 기술 전문가들과 만날 때는 정말로 상호작용 의례의 리듬에 합류하며 몰입한다. 이런 상호작용 의례의 일차적 초점은 사교가 아니라 기술적 장비에 있다는 점에서 일상적인 사교와 다르다. 서로 대화를 나누기보다 물리적 대상을 응시하고 조작하는 데 몰두하는 것처럼 보인다. 그들은 비트겐슈타인(세상에 딱 한 사람, 아주 까다로운 모범생이 있다면 그가 바로 비트겐슈타인이리라)이 지적한 방식, 즉 완결된 언어적 묘사가 아니라 보여주고 행하고 가리키는 방식으로 의미를 나눈다(Wittgenstein, 1953; 1956). 그들은 기계적 장비를 매개로 상호작용하면서 은연중에 눈앞에 있는 것과 관련된 전체 기계류의 연결망을 떠올린다. 기계류를 통해 전문가들의 공동체가 유지되는 것이다. 그들에게 기계류는 성스러운 대상이다. 그들의 숭배 대상은 테크놀로지 자체가 아니라 뒤르켕이 말하는 성스러운 대상의 뒤에서 함께 초점을 맞추고 있는 공동체이다.

사회적으로 배제된 사람들

내향성의 경계에 있는 두 번째 유형은 나름의 욕구를 가지고 참여하지 못하고 사교적 모임의 중심에서 바깥으로 밀려난 사람들이다. 상호작용 의례는 묵시적으로 (때로는 명시적으로) 계층화된다. 관심의 중심에 있고 그래서 의례에 가장 깊이 몰입하는 사회적 지향성을 지닌 사람들이 중심을 차지하고, 관심을 모으려고 경쟁하는 사람들, 그들을 따르는 사람들, 집단의 주변부에 있는 사람들, 마지막으로 거기서 완전히 배제된 사람들이 각 층위에 자리 잡는다. 주변부로 밀려나고 배제된 사람들은 집단 중심에 밀착해 있는 사람들에 비해 정서적 에너지가 낮고,[5] 집단 상징에 몰입하는 정도도 낮다는 점(이를 입증하는 예는 Homans, 1950 참조)에서 일종의 비순응주의자들이다. 그렇지만 그들이 반드시 내면의 정신적 체험으로 물러난다는 의미의 내향적 성향을 지녔다고 할 수 없다. 아마도 좌절감을 느끼거나 막연한 동경이나 슬픔에 빠지거나 할 것이다. 또 다른 내향적 유형으로 몰아가는 구조적 조건이 없다면 언젠가는 받아들여질 수도 있지 않을까 하는 희망으로 계속 집단 지향성을 지니고 있을지도 모른다. 어쩌면 무관심보다는 부정적인 관심이라도 받으려고 바보나 희생양 노릇을 감수하는 식으로 병적인 타협을 할 수도 있다.

상황적 내향성

어떤 종류의 사교는 피하지만 또 어떤 종류의 사교에는 자신을 던지는 사람들이 있다. 이들은 자신이 지닌 상징 자원과 정서적 에너지 수준이 그 자리에 있는 다른 사람들과 조화를 잘 이루지 못하는 상황에서는 수줍어하거나 자신감도 없어 보이고 움츠러드는 인상을 준다. 그러나 서로 잘 융화되는 상황에서는 개방적이고 거침없는 적극적 참여자가 된다. 정신분열적 속성을 가진 사람들이라서가 아니다. 단지 정서적 에너지를 생산해주는 상호작용 의례에는 끌리고 정서적 에너지를 소진시키는 상호작용 의례는 피하는 식으로 상호작용 의례 시장의 원리에 따르고 있을 뿐이다. 구조적으로 아주 다른 분위기의 상호작용 기회가 간헐적으로 존재하는 복합적인 다중심 연결망(multi-centered network)에서 볼 수 있는 유형이다. 분열된 것은 연결망이지 개인이 아니다.

이 하위 유형의 하나로 말 그대로 '친구가 없는 사람들'이 있다. 자신과 수준이 맞는 동료가 없고 뚜렷한 추종자도 없는 엘리트들이다. 이런 유형은 18세기와 19세기의 전기와 소설에 흔히 등장한다.[6] 농촌에 사는 상류 계급, 특히 남성 가장은 시간을 대부분 혼자 서재에 틀어박혀 보낸다. 가족끼리 식사할 때도 식탁에 함께 앉아 있는 배우자나 자식들과 거의 말을 주고받지 않는다. 이들은 내향적이라는 인상을 주지만 그렇게 되는 동기는 자기 수준에 맞는 동반자가 없다는 데 있다. 그런 사람도 큰 파티가 열리거나 사냥 따위의 모임이 있을 때는 관습에 맞는 세련된 취향을 과시하고, 의회가 열리고 사교가 활발한 성수기에는 도시로 가서 참여하며, 그럴 때는 완전히 딴 사람으로 변모한다.[7] 상황적 내향성은 이념형의 하나로, 이런 사회적 상황에 놓인 개인이라면 더 강력한 의미에서 내향적 성격이 될 가능성이 크다.

스스로 소외되는 사람들

이제 좀 더 현대적 전형에 들어맞는 내향적 성격을 다룰 차례이다. 군중을 경멸하고 순응하지 않는 데서 자부심을 느끼는 반항적 개인주의자이다. 이런 유형이 되는 몇 가지 경로가 있다. 상호작용 의례 이론에 따르면 그 경로는 모두 자신이 할 수 있는 사회적 상호작용이 대부분 대안에 비해 정서적 에너지 매력도 낮고 부정적이어서 정서적 에너지가 소진된다는 공통점이 있다. 소외된 사람은 언제나 상황을 도식적으로 보는 관점을 어느 정도 지니고 있다. 지배적으로 보이는 군중·장면·집단과 자신을 대조해보고 피하려 하는 경향이 있다. 그러나 상호작용 의례에 가담할지 아니면 거들떠보지 않을지 하는 선택지를 놓고 어느 한

길을 택한다고 해서 반드시 고독해지라는 법은 없다. 대안 가운데는 더 높고 고상하다고 평가하는 또 다른 사회적 환경을 염두에 두면서 참여를 유보하는 것일 수도 있다. 예술가와 장삿속에 휘둘리는 어리석은 무리, 감수성이 예민한 사람들과 피상적인 환희에 들뜬 대중, 현재로서는 자기도 어쩔 수 없이 갇혀 있는 열등한 계급과 거기서 벗어나게 해줄 우월한 사회계급이 그런 대안적 선택지이다. 또 다른 종류의 대안은 내면화된 상징적 대상의 삼차적 순환에 몰입하는 길이다. 자신이 선호하는 집단과의 모임은 아마도 거의 없거나 너무 멀고, 대부분 만족스럽지 못한 상호작용 의례를 선택할 수밖에 없거나 아예 선택 자체를 하지 않는 경우이다. 소외적 내향성은 후자를 택한 경우이다.

어떤 면에서 이런 반항적인 성격은 사회적으로 배제된 사람들과 비슷한 단계를 거친다. 그러나 사회적으로 배제된 사람들은 대부분 반항을 하기보다는 운이 오면 그 집단에 진입하려는 희망을 품고 순응하는 이들이라 이미 주장했었다. 그 차이는 무엇 때문에 생길까? 원리상으로 보면, 두 가지 조건의 조합이 집단과 집단에 대한 순응을 자의식을 가지고 의도적으로 거부하게 만든다. 한 가지 조건은 상호작용 의례 시장에 존재하는 대안적 기회이다. 대안적 기회가 생길 수 있는 몇 가지 방식은 이미 간략히 살펴보았다.

첫 번째 조건을 보완하는 또 다른 조건이 있다. 이 조건은 단순한 물러남에서 그치지 않고 반항의 길로 들어서게 하기 때문에 특히 중요하다. 관심의 초점을 가장 많이 통제하는 지배집단의 상호작용 의례가 순수하게 상황적 계층화의 측면에서 그다지 강한 인상을 주지 못할 때 소외 유형이 나타난다. 집단이 공허하고 강제적인 의례, 내용보다는 형식에 치중하는 의례를 행하는 경우이다. 집단의 모임에 소속 성원과 비성원을 뚜렷하게 분리하는 진입 장벽과 상징적 표지가 있고, 의례적 관심의 중심에 있는 이들과 그 아래 서열을 차지하는 사람들을 구분한다. 정서적으로는 진부하고, 얼굴을 내민 참여자들도 집합적 열광이 별로 없는 움직임에 열정을 느끼지 못하고 그저 따라갈 뿐인 그런 의례이다. 빅토리아 시대와 에드워드 시대의 비제도권 반항아들과 대비되는 19세기 말과 20세기

초 영국 귀족의 모임에서 그 예를 볼 수 있다.[8] 1960년대의 저항 문화에게 냉대 받고 경멸당하던 상위·중상위 계급의 관습적인 사교 의례도 그와 비슷하다.

그 과정은 종교개혁 시기에 가톨릭 종교 의례가 평가 절하되었던 상황과 아주 비슷하다. 옛 의례는 공허했을 뿐만 아니라 강요된 것이기도 했다. 신분 위계, 세습 귀족 가문의 압력과 폭력적 처벌이라는 노골적 위협 아래서 계속되기는 했지만 정서적으로는 껍질뿐인 의례였다. 그런 의례는 정서적 에너지를 거의 생산하지 못하며, 참여자들에게 강한 정서적 에너지를 충전시켜주는 제도권 바깥의 비공식적인 대안 의례에 자리를 뺏기고 만다. 개인에게 기존 제도에 도전할 용기를 주는 것은 바로 정서적 에너지의 충전이다. 부정적인 결과를 무릅쓰면서 도전한다면 용감한 행위가 된다. 그렇지만 보통은 저울추가 균형을 이루는 임계 상황이 있고, 이어서 시류 편승 효과가 나타나기 시작한다. 평범한 의례는 정서적 흐름을 단순히 따라가기만 하면 되지만, 활기가 넘치는 의례에서는 군중이 어느 방향으로 움직이는지 알아야 한다.

소외 유형이 과도기 현상임은 바로 이런 이유 때문이다. 소외 유형이 수적으로 많아짐은 바로 사회적 조건이 바뀌어 옛 의례와 옛 의례에서 형성된 계층화 형태가 쇠퇴하기 때문이다. 거시적인 역사적 변화(〈그림 7.1〉이 〈그림 2.1〉로 유입되는 상황)가 새로운 의례 무대가 될 성분을 공급해주는 것이다. 이에 관해서는 곧 더 논의하겠지만, 여기서는 범주적 정체성에서 상황적 계층화로 전환이 이루어지는 동안 옛 의례에 엄청난 긴장이 있었다는 사실, 그와 더불어 상당수가 침몰하는 배를 버리고 떠났다는 사실만 지적해둔다.

고독 숭배자

집단 소속감의 의미로 충전된 대상이나 절차를 중심에 두고 독자적 활동을 하는 내향성 유형이 있다. 그 원형은 종교에 사적인 삶을 던지는 은둔자 유형이다. 그 세속적 형태가 최근세기에 두드러지게 나타났음은 이미 지적했다. 혼자서 파이프를 피우는 사람, 취미광, 테크놀로지 강박증을 보이는 사람 등이다. 이런 활동은 상징이 이차적으로 또는 삼차적으로 순환되는 상황에서 이루어지는지 여부에 따라 몇 가지 종류나 수준으로 구분할 수 있다. 이차적 순환은 일차적 의례 모임에서 충전된 상징을 얻고 그 상징을 계속되는 활동에 사용할 대용 화폐로 다룬다. 이차적 순환은 주로 의례가 끝난 후 다른 곳에서 대화로 상징을 순환시키는 형태가 대종을 이루지만, 대중 매체를 보며 상징을 순환하는 외톨이 유형도 있다. 혼자서 쉴 때 TV를 보거나 뉴스를 듣는 사람을 우리는 내향적 인성이라고 부를 수 있을까? 피상적인 사회적 상호작용을 피하는 사람들, 내향적이지만 사교성도 있는 사람, 물리적으로는 혼자이지만 강박적일 정도로 사교에 관심을 두는 중간 유형들도 있다.[9]

자기 혼자 내면의 대화를 하는 과정에서 이루어지는 상징의 삼차적 순환도 있다. 그런 내면적 상징의 순환은 때로 불쑥 떠오르거나 혁신적이고 독창적이며 관습을 뛰어넘는 독특한 상징이라서 개인적으로만 사용될 것이다. 사람들이 행하는 내면의 대화에 관한 연구가 없기 때문에 사회학자로서 우리가 체계적으로 알고 있는 바는 별로 없다. 이런저런 상징적 숭배의 형태—종교, 연예, 기술, 성—에 빠지는 것(한때 자신을 나폴레옹이라고 상상하는 미친 사람들이 유행했던 적이 있다)이 아마도 가장 전형적으로 널리 되풀이되는 형태일 것이다. 독자적인 경로를 가는 사적인 생각도 그 출발점은 사회적인 것이고, 그 동기도 상호작용 의례 시장에서 정서적 에너지를 얻는 데 필요한 자원과 기회에 좌우된다. 홀로 하는 내적인 체험도 외부에서 프로그램이 되는 것이다. 고독한 숭배자 유형의 분포는 그 사회적 각본의 분포와 적어도 대략적인 상관관계는 있음이 틀림없다.

내향적 지식인들

어떤 의미에서 지식인들은 고독 숭배자 부류에 속한다. 그렇지만 역사를 길게 보면, 반드시 그렇지만도 않다. 현대의 지식인들은 사적인 독서와 저술에 아주 많은 시간을 보내지만 과거에는 사생활이 별로 없었다. 고대와 중세의 지식인들은 일반적으로 대면 토론에서 명성을 쌓았고, 전 역사를 통틀어 지식인들은 텍스트에 대한 자신의 전문성을 감동적인 강의와 토론으로 보완해왔다. 텍스트는 언제나 다른 텍스트뿐만 아니라 텍스트 지향성을 가지고 있는 지식인들의 연결망으로 매개된다. 물론 얼마나 많은 시간을 혼자서 텍스트를 읽고 새로운 텍스트를 창조하는 데 보내는지는 지식인마다 차이가 있고 또 그런 의미에서 현대의 지식인들은 전통적인 지식인들보다 더 내향적이라 할 수 있다.[10]

지식인들은 자신을 지식인으로 만들어주는 힘이 지식인들로 구성된 연결망이라는 사실, 그리고 자신의 사고 내용이 관심 공간에서 자기 자리를 탐색하는 과정에서 다른 지식인들과 대립적 입장을 취함으로써 이루어진다는 사실을 체험으로 알고 있다. 일부 지식인들이 의도적으로 상호작용에서 물러나 장시간 때로는 몇 년씩 원고에 몰두하는 동기는 바로 지식인 영역의 관행을 자신의 사고 틀로 깊이 내면화한 결과이다. 관심 공간의 중심에 진입할 수 있는 창조적 활동에 집중하기 위해 잠시 물러나는 것이다. 그리고 자신이 내면화해서 알고 있는 지식인 영역의 표준을 준거로 삼아 자신의 움직임을 살피고 문장 하나하나를 다듬고 보완하는 과정에서 정서적 에너지를 얻는다.

지식인 세계(더 정확하게는 각 전공 분야)는 계층화된 연결망으로 구성되어 있으며, 내향적 지식인 유형은 그 연결망 안의 상호작용 의례 사슬에서 형성된다. 중심에는 위대한 창조적 사상가로 명성을 쌓아 광범한 관심을 얻고 있는 개인들이 있다. 셰익스피어, 헬름홀츠,* 막스 베버 같은 이들이다. 철학자들과 그들의 연결망에 관한 내 연구(Collins, 1998)에서 기술한 바 있는 자료를 다시 한 번 인용하면, 주요 사상가는 다른 중요한 지식인들과 가장 밀접하게 연결된 사람들이

---

* 헬름홀츠(Hermann von Helmholtz, 1821~1994)는 독일의 생리학자이자 물리학자로, 칸트의 선험적 인식 범주가 인간의 신경체계에 새겨져 있으므로 과학과 철학이 조화를 이룰 수 있다고 선언하며, 1850년대의 신칸트주의 철학적 논쟁에 개입했다(Collins, 1998: 691). ― 옮긴이 주

다. 저명한 스승과 그 제자들로 이루어진 세대 간의 수직적 사슬, 그리고 반대편 선두주자들과 논쟁을 통해 자신의 독특한 위상을 정립함으로써 새로운 세대로서 명성을 함께 쌓아 올리는 수평적 사슬을 모두 포함한다. 지식인 대가들의 연결망 유형과 지적으로 그다지 성공하지 못했거나 실패한 사람들의 연결망 유형을 비교해보면 연결망 안에서 차지하는 위치의 중요성을 확인할 수 있다. 특히 지적 경력을 시작하는 초기에, 그리고 선배·동료들과 맞서 자신의 입장을 정립하는 과정에서 결정적으로 중요한 연결망 연줄의 유무가 남들을 물리치고 위대한 창조적 성공을 거둘 수 있을지를 좌우한다. 성공적인 지식인들은 내향성 유형 가운데서 사회관계에 가장 깊숙하게 스며든 이들이다.

중심에 선 지식인들의 성공은 지식인들의 연결망에서 자신이 차지하고 있는 위치 덕분이다. 그들은 지식인 세계에서 어떤 세력의 어떤 상징이 집단 소속의 의미를 함축하는지, 그리고 어떤 주장과 증거의 연쇄가 저변에 흐르고 있는지 감지하는 강한 실용주의적 감각을 지니고 있다(꼭 의식하고 성찰해서 안다기보다 행위 중에 거의 무의식적으로 감지한다). 상징의 새로운 조합을 통해 함께 묶일 수 있는 정신적 동맹 관계에 예리한 감수성을 지니고 있다. 새로운 사상을 생각해내고 다른 사람들이 비슷한 결론을 내기 전에 출판하는 그 재빠름은 어떤 지식인 동맹이 지평에 떠오를지 감지하는 그들의 예민한 감각 덕분이다. 별로 뛰어나지도 성공하지도 못한 지식인들은 연결망에서 유리한 위치를 차지하지 못한 탓에 불운을 겪는다. 그들은 치열한 행위의 중심에서 너무 멀리 떨어져 있어서 많은 이들의 대화와 정신을 통해서 순환되고 난 다음에야 비로소 새로운 사고를 할 수 있는 성분을 얻는다. 학문적 경력의 체험을 통해 자신이 연결망에서 어떤 위치에 있는지를 확실하게 인식하고 있는 일부 지식인은 전공 분야에서 잘 알려진 이론과 기법을 적용하는 평범한 자리에 만족하는 데서 그치거나 다른 곳에서 창조적인 사고로 알려진 내용들을 재순환시키는 교사나 교과서의 저자가 되거나 한다.

지식인 연결망의 중심을 차지하고 있는 사람이나 평범한 추종자 위치에 확고하게 자리 잡고 있는 이들도 홀로 학문적 탐구를 하는 데 많은 시간을 보낸다는 점에서는 내향적 유형이라 할 수 있다. 그러나 대가와 추종자는 모두 지식인 공동체에서 사회화가 잘된 사람들이다. 소외되지도 않고 반항적이지도 않으며 특이한 개성을 보이지도 않는다.[11] 진실로 특이한 지식인들은 다른 연결망 위치에서 발견된다. 지식인 연결망의 바깥쪽 주변에 있는 많은 사람들이 포함되는데, 특히 해당 분야에서 문화적 자본의 정규적인 전수 과정과는 멀리 떨어져 당대의 앞서 나가는 지식의 중심과는 거리가 있는 가르침들을 엮고 수집하는 독학자들이 있다. 이들은 무엇이 나올지 알지 못한 채 다소 우연히 책을 읽고 광범위한 분야와 역사적 시기의 지적 입장들을 나름대로 조합하는 수도 있다. 그들 가운데 상당수가 그저 과거에 전성기를 구가했던 지식인을 단순히 추종하는 데 그치지만(현대의 신비주의자들이 그 전형이다), 더러는 그들의 사고가 실로 독창적인 경우도 있다. 이런 식으로 문화적 자본에 우연하게 접근해서 지식인으로서의 정체성을 확립한 사람들은 지식인 세계를 구성하는 계층화된 연결망에서 큰 성공을 거두기는 어렵다. 이런 경험은 그들을 독자적으로 만들기도 하지만 소외시키기도 한다. 이들은 때로는 호전적일 정도로 개인주의적이며 자만심을 가지고 있다. 이런 내향적 지식인 유형은 사회적 조건의 작용에 따라 다른 유형과 결합될 수도 있다. 자신의 독자성에 만족하는 고독한 숭배자가 될 수도 있고 정치적 운동에 자극을 받아 테러리스트나 연쇄살인자가 될 수도 있다.[12]

이들의 지적 탁월성이 어떤 것이든 평균적 지식인들과는 아주 다른 별종인데, 독학자들 중에서도 이런 사람들은 드물다. 지식인들의 초상을 완성한다는 뜻에서 아주 중요한 연결망 위치에서 등장하는 내향적 지식인 유형을 하나만 더 보태기로 하자. 각 전공 분야의 관심 공간은 제한되어 있어서 지식인 세계는 그에 따라 구조화된다. 명성에 관한 역사적 증거를 보면 어느 한 세대에 주목을 받을 수 있는 위치는 셋에서 여섯 정도임을 알 수 있다. 이전 세대 대가의 제자로서 새로운 지식 활동의 선두주자로 진입하여 순조롭게 출발한 많은 지식인들 가운데서 자신의 독자적 공헌으로 관심을 획득하는 데 실패하는 비율이 아주 높다.

지식인들 대다수는 학문적 경력이 중반기에 이르면 자신의 위치를 인식하고 그저 평범한 자리에 머무른다. 그래서 자신의 학문 분야에서 우뚝 서서 중요 인물이 되려고 고투를 벌이는 이들 상당수가 좌절할 수밖에 없다. 그들의 사유가 빈약한 탓이 아니다. 사실은 우수한 지적 자본에서 관념과 사고를 도출하고 성공적으로 결합·발전시켜야 중요한 인물로 인정받을 만하다. 그러나 그들은 구조적으로 '소수자의 법칙'에 따라 밀려난다. 이것이 쓰라린 유감을 품고 물러나는 내향적 지식인이 생기는 경로이다.

이를 쇼펜하우어 증후군이라고 부르자. 쇼펜하우어는 독일 이상주의 사조의 대가로서 같은 대학을 나오고 유명 인사들과 동일한 연결망에서 출발한 똑똑한 젊은이였다. 헤겔과 몇몇 대가들이 주요 대학에 자리 잡고 학생과 선구적 대중을 모으던 그 시기에 쇼펜하우어는 그들보다 약간 어린 나이에 출발했다. 아무도 쇼펜하우어의 강의에 오지 않았고, 그는 고독하게 염세적인 삶으로 물러난다. 쇼펜하우어가 부활한 것은 헤겔 세대 이상주의자들의 지배에 저항하는 독일 제3세대 지식인들이 그를 재발견할 때까지 오래 살았기 때문이다. 모두가 다 쇼펜하우어처럼 집주인 여자를 계단 아래로 떠밀어버리거나, 플루트를 불고, 아무도 읽을 법하지 않은 책을 쓰기 위해 노트를 만들고, 프랑크푸르트의 창녀를 찾아가는 고독한 삶을 살면서 친구를 피하지는 않는다. 그러나 오늘날의 지식인 세계에서 충분히 발견할 수 있는 유형이기도 하다. 자세히 살펴보면, 그들에게서 몇 세대 전에 지적 성공을 누린 사람의 그늘에 가려졌던 쇼펜하우어의 그림자를 볼 수 있다.[13]

쓰라린 유감을 품고 사는 지식인은 소외 유형에 속하지만 특수한 분야에서 소외된 사람들이다. 비지식인 세계의 반대편에 있다는 통상적 의미에서는 소외된 사람들일 수도 있지만, 그렇지 않을 수도 있다. 그러나 관심 공간이 제한되어 있는 탓에 인정받지 못하고 밀려난 지식인들은 특정 지식인 세계에서는 소외된 사람들이다. 그들이 마음으로부터 지식인 세계의 사회 구조를 깊이 내면화하고 활동한다는 사실을 감안하면 이들은 마음의 상처로 고통 받는 내향성의 유형일 것이다.

신경증적인 또는 성찰과잉인 사람들

마지막으로, 내향성의 유형 전체를 통틀어 가장 상징적인 표상이 되는 사람들을 다룰 차례이다. 햄릿에서 우디 앨런에 이르기까지 연예계 문화에서 낯익은, 분열되고 갈등하며, 우유부단하고 자기 파괴적인 유형이다. 20세기의 정신분석학과 정신치료의 명성은 이 유형에 대한 방대한 문헌을 쏟아냈고 대중적으로도 널리 알려져 있다. 상호작용 의례 이론의 관점에서 두 가지 점만 보태겠다.

그 하나는 이전 논의에서 함축된 결론을 강조하는 셈인데, 내향적인 사람은 스스로는 만족할 수도 있고 불만에 찬 사람일 수도 있다는 점이다. 내가 열거한 다양한 내향적 유형들이 자리 잡고 있는 수많은 사회적 위치가 있다. 일 강박적 내향성, 상황적 내향성, 고독 숭배자들, 그리고 대다수 지식인들은 사회적으로 갈등을 일으키지도 않고 개인적으로 불만에 차 있지도 않다. 그 가운데 일부 특히 일 지향적인 사람들과 내향적 지식인들은 아주 높은 수준의 정서적 에너지를 지니고 있을 뿐만 아니라 그 에너지를 고독한 탐구에 쏟아 부으며 기쁨을 얻는다. 반면에 사회적으로 배제된 사람들은 보통 행복하지도 않고, 이념형적으로 보면 그다지 내면 지향적인 사람들도 아니며 내적으로 갈등을 겪지도 않는다. 소외 유형은 겉으로는 갈등하는 것처럼 보이지만 주로 지배적인 사회 세력에 저항하는 사람들이다. 저항하는 경우에도 사회 운동의 일부가 되거나 자신과 비슷하게 소외된 사람들의 무리에 소속된다. 다시 한 번 이념형으로 말하면, 특유의 사회적 조건에서 형성된 소외 유형이라고 해서 반드시 내적으로 분열된 사람들은 아니다.

이제 남은 유형은 순수하게 신경증적인 내향성이다. 좀 더 기술적인 용어로, 성찰과잉의 내향성이라고 부를 수 있겠다. 그런 사람들은 다른 유형의 내향성과 합쳐져 생기거나 더 복잡 미묘한 유형임이 틀림없다. 성찰과잉의 내향성은 사회적 위치가 불안정한 사람들에게서 볼 수 있다. 그들의 내면 대화는 비정상적일 정도로 다차원적이고 갈등적이다. 어느 쪽으로도 마음을 잡지 못하는 햄릿형,

언제나 부정적인 추측을 하고, 스스로를 비하하고, 일을 시작하기도 전에 전망을 불투명하게 보는 우디 앨런형이다. 그런 사람은 복잡한 연결망 유형을 내면화하고 있음이 틀림없다.[14]

이런 유형은 형태를 달리하는 여러 연결망에 속하거나 형태가 급격하게 바뀌는 연결망에 자리 잡고 있다. 성찰과잉형 인성은 아주 조밀하게 중첩된, 뒤르켕식의 기계적 유대를 지닌 연결망에서는 생겨나리라고 상상할 수 없다. 그런 연결망에서는 개인의 평판은 낮을 수도 있지만(그들이 희생양이거나 집단에서 추방된 자라면), 단순하고 분명하게 알아차릴 수 있고 따로 내면화할 내용도 없다. 성찰과잉형 자아가 생겨나려면 고독을 체험할 기회와 자유가 상당한 수준으로 허용되는 연결망이 있어야 한다. 그러면 정서적 에너지가 한꺼번에 여러 방향으로 이끌리게 된다. 만일 집단에 대한 매력이 별로 없거나 부정적인 정서적 에너지밖에 없는 경우에 나타나는 진정한 내향적 유형이라면, 그리고 혼자서 할 수 있는 상징의 삼차적 순환에서 긍정적인 정서적 에너지를 얻을 수 있다면, 그것은 내적 갈등이 아니라 정서적 에너지 시장에 존재하는 대안을 놓고 이루어지는 단순 명료한 선택의 문제이다. 신경과민이거나 성찰과잉인 사람은 정서적 에너지가 주는 매력과 혐오 사이의 균형이 모호하거나 갈등적인 연결망 안에 갇혀 있는 셈이다. 우디 앨런은 이리 끌리고 저리 끌리는 성격이다. 우디 앨런이 생각할 때 사용하는 상징은 이쪽과도 저쪽과도 적극적으로 대화를 나누고 이모저모를 다 고려하며 정서적 에너지를 충전한 것들이다. 성찰과잉형은 분명히 개인주의적이고 독특한 인성을 지니고 있다. 그런 사람은 그 어떤 바깥 세계보다 내면에 훨씬 많은 세계를 지니고 있다. 그러나 이렇게 복잡 미묘한 내향적 인성도 사회적 성분으로 이루어진다.

내향성의 미시사

일곱 가지 내향성 가운데 몇몇 유형은 아마도 언제나 존재했을 것이다. 원시 부족 사회와 농경 사회에서도 사회적으로 배제된 사람들, 주변인들, 부랑자들, 희생양들이 항상 있었다. 그리고 혼자서 일하는 사람들 — 사냥꾼, 목동, 넓디넓은 들에서 일하던 농부들, 변경의 보초병들 — 도 언제나 있었다. 그렇지만 그 가운데 어느 누구도 현대적 의미의 내면 지향성을 지니고 있지는 않았다. 계급으로 계층화된 사회는 상황적 내향성 유형이 등장할 수 있는 조건을 갖추고 있었다. 그러나 용도가 다양한 커다란 방들, 하인들, 가신들이 늘 함께 있던 세습 귀족 가문의 조직적 조건 아래서 귀족 신분은 그들을 물리적으로 눈앞에서 제거하기보다는 무시해버리는 식으로 사생활을 영위했다. 19세기경 저택에 (방들이 죽 연결되는 대신) 별도의 출입구와 하인들을 위한 뒤편 계단을 따로 두게 된 후(Girouard, 1978)에야 비로소 동반자 없이 완전하게 사적인 내향적 성격이 보편화되었다. 그러나 나는 이 모든 유형은 경계선상에 있는 내향성일 뿐 고유한 내향적 문화나 이데올로기를 가지고 있지는 않았다고 주장한 바 있다.[15]

지식인들도 역시 오랫동안 존재해왔다. 저술 활동이 발전한 이래로 책을 읽고 글을 쓰는 데 많은 시간을 보낼 수밖에 없고, 그 시간에는 거의 혼자서 작업해야 하는 텍스트 전문가가 존재하기 시작했다. 학자의 독방이나 서재는 개인적 사생활을 위해 특별히 설계된 구조로서는 최초의 것이었다. 그러나 이는 수도원, 교회, 교회가 설립한 대학, 귀족들의 궁정이라는 집합적 주거 조건으로 볼 때 지식인들의 삶에서 주요한 부분을 차지하지는 않았을 것이다. 19세기 초반까지 세상과 담을 쌓고 골방으로 물러나는 지식인에 관한 독특한 이데올로기가 없었다. 공자나 아리스토텔레스 또는 윌리엄 오컴* 같은 이들에게서는 현대적 의미의 내향성은 찾아볼 수 없다.[16] 독특한 인성을 지닌 지식인이라는 이데올로기는 지

---

* 윌리엄 오컴(William of Ockham, 1285?~1349)은 영국의 스콜라 철학자. — 옮긴이 주

적 작업의 물질적 토대가 교회의 지원과 귀족들의 후견 제도에서 서적 판매 시장으로 넘어가던 시기에 확립되었다. 유럽에서 일부 지식인들이 혼자서 일하고 또 성공하면 순수하게 자신의 저작물을 판매함으로써 생계를 유지할 수 있게 된 것은 1800년경이었다(Collins, 1998: 623~628, 754~774). 물론 그런 시도를 한 사람들이 모두 성공한 것은 아니어서 다락방에서 굶주리며 살아가는 예술가, 어리석은 사회와 담을 쌓고 사회에서 인정도 받지 못한 숨은 천재 등과 같은 문화적 이미지가 생겨났다.

시장에 토대를 둔 지식인의 시대가 시작된 것은 바로 이렇게 감수성이 풍부한 반항적 유랑아의 이미지를 즐겨 문학의 소재로 삼았던 낭만주의 시대였다. 고급 문화 생산의 토대가 후견인이나 제도적 지원으로부터 상업적 시장으로 전환되면서 문학과 음악 분야에서 거의 동시에 낭만주의자, 반항아, 내성적 인성과 이데올로기가 모습을 드러낸다.[17] 미술 분야에서의 전환은 더 나중에, 화가가 되는 경로가 공식적인 미술학교에서 전위 화가들을 키워주는 상업화된 화랑으로 바뀌던 인상주의 시대에 일어났다(White and White, 1965). 그로부터 그전에는 거의 알려지지 않았던 예술 지식인들과 상업적 시장의 불편한 관계도 시작되었다. 문화 생산물 시장이 경쟁과 주기적인 양식의 변화를 강제하면서 혁신에 가치를 부여하는 풍조가 더욱 확산되고, 작가·음악가·화가들의 독특한 인성에 관심이 집중되었다. 창조적인 인성이 이제 한 예술가의 전 작품을 관통하는 특성으로 간주되기에 이르러, 유파를 구별하고 광고하는 상품가치로 작용하게 되었다. 지식인들의 개성을 칭송하고 반항적 태도를 조장하는 한편, 실패의 위험은 더 분명해졌다. 문화 생산 시장에서 그런 길을 걸으려는 이들의 숫자가 늘어나 그들 중 상당수가 실패할 수밖에 없는 상황이 된 것이다. 그 결과 지식인들이 의존하고 있는 바로 그 시장에서 상업주의와 대중의 저급한 취향을 비난하는 이데올로기가 생겨났다.

낭만주의자 이미지는 현대 사회가 내향성을 숭배하게 된 원천 가운데 하나인데, 1789년 프랑스 혁명 이래 잦은 정치적 반란에서 생겨난 이데올로기와 결합된 것이라 할 수 있다(Charle, 1990 참조). 근대성은 구조적으로 자본주의 시장의 팽창뿐만 아니라 혁명을 위한 마당을 제공하는 중앙 집중적 국가 조직의 발전을 보여주는 것이기도 하다. 정치 드라마의 위대한 순간은 제쳐두더라도 근대의 정치는 전통 세력, 반동 세력, 진보 세력 간의 권력 투쟁으로 점철되었다. 개인적 자유의 정치 이데올로기 ─ 권력에서 물러나기보다는 권력 속에 들어가 귀족의 권력 독점을 파괴하는 데 주로 관심을 두었던 운동에서 생겨났다 ─ 는 독립성의 쟁취와 경쟁에서 뒤처질 위험이라는 두 얼굴을 지니고서, 상업적 시장에 대한 프리랜서 작가·음악가·화가의 이데올로기와 뒤섞이곤 했다. 특히 낭만주의 유파는 19세기와 20세기의 다른 지적 흐름에도 길을 터주었지만, 거의 모든 분야에서 현대의 문화적 정체성을 형성했고 정도의 차이는 있지만 아직도 남아 있다.

반항하는 고립된 개인이라는 이데올로기를 액면 그대로 받아들여서는 안 된다. 그것은 지식인의 연결망에서 생겨났고 또한 집합적 산물이다. 반항적 지식인이 곧 문자 그대로 고립된 개인은 아니다. 바이런의 차일드 해럴드(1812년에 바이런의 첫 번째 베스트셀러로 국제적으로 대량 출판되어 처음으로 큰 명성을 누린 시 "Childe Harold's Pilgrimage"의 주인공)는 고향과 인연을 끊고 충동적으로 여행을 떠나면서 두 명의 하인과 동행한다. 다른 낭만주의 시인들과 마찬가지로 바이런도 반항적인 패거리와 어울렸다. 스위스의 성에서 셸리 부부 ─ 퍼시 셸리(Percy Bysshe Shelley)와 메리 셸리(Mary Shelly) ─ 와 함께 살면서 누가 현대 세계를 부정하는 공포소설을 가장 잘 쓸 수 있는지 겨루기도 했다(메리 셸리가 『프랑켄슈타인』으로 이겼다).

역사적으로 지적 생산의 물질적 토대가 바뀌면서 정서로 충전된 문화적 이미지가 나타났다. 이 문화적 이미지는 바이런과 베토벤 시대 지식인들의 독창성을 반영하는 동시에 그 이미지가 환기될 때면 언제나 지식인들의 정서적 성향도 규정하곤 한다. 소외, 반항, 내향적이고 자율적인 자아, 주류 사회를 적으로 삼는 대립적 자아의 찬양이 여러 수준에서 되풀이 순환되는 지식인 담론의 일부가 되었다. 고등학교, 좌파, 예술 패거리, 정치적인 반체제 문화 운동에서 반항적 집단을 조직하는 데 필요한 문화적 자본이 된 것이다. 일상적인 대화의 주된 소재, 소설적 인물을 구성하는 재료, 문학의 서사구조, 오페라의 대본, 그리고 개인이 자아를 성찰하고 의식적인 정체성을 형성하는 내면적 대화의 내용이 되었다. 주류 사회에서 평가받지 못한 반항적 지식인의 이미지가 애초의 의미와는 동떨어져 순환되는 숭배 대상이 된 것이다. 상업적 문화 시장이 팽창하던 시기에도 많은 지식인들은 상업적 시장 밖에서 작업을 계속하고 있었으니, 아마도 전문직 지식인들 다수의 생활환경이 그 모델에 딱 들어맞지는 않을 것이다. 지식인들의 가장 큰 고용주인 현대의 연구 중심 대학의 확산도 낭만주의 사조가 번성하던 시기에 시작되었다. 많은 지식인들이 바이런 식 이미지와는 아주 거리가 먼데도 대학 생활의 조건이 그 이데올로기의 적합성을 유지시켰다. 일시적인 빈곤 상태에 놓인 대학원 학생들의 유랑자적 삶의 조건, 급진적 사회 운동의 토양이 될 수 있는 잠재력을 지닌 대학 공동체, 비록 단조로운 전공 분야에 있다고 할지라도 논문을 출간하지 않으면 도태되고 마는 긴장의 조건들이다. 전체적으로 볼 때 현대의 지식인들은 전통적 지식인들보다 훨씬 더 고독한 내향적 유형으로서 행위하고 소외된 반항이라는 상징적 이미지를 순환시킬 수밖에 없는 일상적 삶의 조건을 구조적 토대로 지니고 있다.

내향성의 다른 주요 유형 역시 대개 현대적 조건 때문에 생겨난다. 신경증적이고 성찰과잉형은 다른 유형에서 파생되었지만 무엇보다도 복잡한 현대의 사회적 연결망으로 인해 출현했다. 말하자면, 개인적 현상이 아니라 현대 사회의 연결망 안에 배열된 신경증적 생태 영역으로 볼 수 있다는 뜻이다. 고독 숭배자들은 사생활을 허용하는 현대의 삶의 조건, 사적으로 소비하기에 적절한 상징물들의 대량생산 시장, 그리고 현대의 고독 숭배자들을 확산시킬 여지를 남긴 전근대적인 종교적 관행의 쇠퇴 따위의 요소들이 결합됨으로써 널리 확대되었다.[18]

사적으로 실행될 수 있었던 전근대적 형태는 말할 것도 없이 종교이다. '내향성', '외향성'이라는 용어는 처음에는 영적인 활동을 지칭하는 의미로 사용되었다. 영어에서 '내향성'이라는 말은 1664년의 「단식, 기도, 내향성, 고행, 금욕」이라는 종교 수련 지침서의 구절에서 처음으로 발견된다. 1669년에는 "영혼은……자신의 내면을 들여다보고 신의 의지에 순응한다"는 식으로 '내면을 향하다(introvert)'라는 동사로 사용되었다. 1788년에도 여전히 종교적 의미가 지배적이어서 "당신 내면에 있는 그리스도의 목소리에 귀를 기울인다는 것은 그리스도 신비가 내향적인 것이라는 말"이라 쓰고 있다. 그러다가 1870년경 심리학적인 자아 성찰이라는 세속적 의미로 사용되기 시작하며, 융의 정신분석학 덕분에 1910년 이후에야 비로소 '내향성'과 짝을 이루는 '외향성'이라는 말이 인성 유형을 가리키는 명사가 되었다.[19]

명상이나 내적 기도에 몰입하는 종교적 신비주의는 내향성의 초기 원형으로 생각할 수 있고, 그런 점에서는 기원전 500년이나 그 이전의 불교와 인도의 여러 종교, 기독교 이전의 일부 그리스 신비주의 종파까지 거슬러 올라간다고 볼 수 있다. 그러나 현대의 개인주의자 개념을 그렇게까지 거슬러 올라가 투사할 수는 없다. 수도승은 보통 선방에서 집단적으로 명상 수련을 했다. 기독교 수도원에서는 개인 독방도 있었지만, 생활은 공동체의 일과표에 맞춰 이루어졌고 명상과 기도 시간을 규칙으로 정했다. 종교적 신비주의는 집단 성원으로 하여금 내면 성찰의 순간을 경험할 수 있도록 사회적으로 조직되고 강한 사회적 지배력이 행사되었다. 내면 성찰의 경험은 개인 자아가 아니라 종교적 상징의 집합적 표상으로 해석되었다.[20] 종교적 명상 수련의 목적은 '세상으로부터 물러남'이었지만 그때 '세상'이라는 의미는 수도원 울타리 안이나 수도승들의 삶의 방식과는 다른 바깥세상의 방식을 뜻했다. 명상 수련의 울타리와 삶의 방식은 공동생활의 특성을 뚜렷하게 지니고 있었다.

산꼭대기 동굴이나 메마른 사막으로 물러나 더 철저하게 수행하는 수도승과 금욕주의자들도 있었다. 그러나 이 역시 사회적으로 연결된 피정이었다. 성 안토니우스나 성 시메온 같은 유명한 기독교 고행주의자들은 숭배 대상이 되어 그 거룩한 명성에 매혹된 방문객들의 순례지가 되었다. 기독교의 레반트와 마찬가지로 인도와 일본의 유명한 은둔 수도승들도 득도 기법을 전수받는 학승들의 사슬로 연결되어 있고 금욕 고행의 실적을 놓고 암투를 벌이기도 했다. 그들의 극단적인 은둔과 내적 체험은 모두 사회집단에서 시작되고 순환되다가 다시 그 집단으로 되돌아온다.

모스는 원시 부족 사회까지 더 거슬러 올라가 개인적 자아의 기원을 추적했다(Mauss, 1938/1985; Hubert and Mauss, 1902/1972). 주술사나 무당은 최초로 내면을 향하는 개인화된 인물이었다. 주술을 행하거나 몰아 경험을 추구함은 의도적으로 혼자가 되어 자신의 의식을 내면으로 향할 수 있도록 은둔하는 형태였기 때문이다.[21] 모스가 초점을 둔 주제는 주술이 지닌 사회적 성격이었다. 주술은 흔히 집단 의례의 요소를 사적으로 사용하는 것으로 집단에서 보유하고 있는 사회적 명성의 효능에 뿌리를 두고 있다. 여기에 무당은 혼자 있을 때가 아니라 부족 집회가 열리는 중에 몰아의 경지에 들어가는 경우가 아주 흔하다는 사실을 덧붙일 수 있다. 무당이 개인성과 내향성에 몰입한 상태라면 그것은 극히 비인격적이고 집합적 힘만을 보는 집합적 표상의 맥락에서 이루어진 것이다.

종교적 내면 지향성에서 현대의 내향적 인성으로 이행되는 과정은 개신교의 종교개혁과 함께 시작되었다. 집합적 일과표도 표준화된 해석도 없는 평신도의 일상생활 과정으로 종교적 실천을 넘겨준 개신교 지역에서는 수도원이 문을 닫았다. 기도와 성서 읽기 같은 가장 보편적인 종교 예배는 흔히 집단적으로 소리 내어 행하기 때문에 지나친 대조는 피해야 한다. 거대 세습 귀족 가문이 쇠퇴하고 나중에는 정치적 이유로 학교나 대중 집회에서 종교적 예배가 사라지고 나서야 비로소 종교적 실행이 내면 지향성, 사적인 성격을 띠게 되었을 것이다.[22] 종교개혁이 세속적으로 힘을 발휘하는 데는 300년 이상이 걸렸지만, 종교적 체험을 만들어내는 의례 수단의 사회적 조직은 결정적으로 바꿔 놓았다. 가톨릭 내의 반동 종교개혁도 한몫했다. 의례주의를 줄이고 종교적 주술을 인정하지 않는 급진적 개신교와 마찬가지로 예수회 운동도 개인성과 내면을 지향하는 종교적 실천을 촉진했다. 무엇보다도 예수회는 정기적으로 자주 고백성사―교회의 표준

성사의 하나이지만 중세 교회에서는 별로 강조되지 않았다 – 를 하도록 장려하고 일상생활의 모든 행동에 대해 양심 성찰을 하도록 권장함으로써 개인 신자들이 내적 압력을 느끼게끔 했다.[23] 종교적 관행이 대중적 관심에서 멀어진 후 과거의 종교적 관행과 경쟁하는 세속적 의례가 확대되면서 내향적인 인성이 본격적으로 현대적 의미를 띠게 되었다. 이런 경향이 내향성뿐만 아니라 외향성도 창조했다. 그전에는 두 종류의 사회적 지향성 사이의 대조가 발전할 수 없었다는 점에서 보면 그렇다. 현대적 조건(집합적 거주 조건이 더 작은 단위로 나뉘어져 복잡한 사회적 연결망으로 분화된다)이 발생하기 전에 사람들은 대부분 외향적 성격이었다고 확대 해석할 수도 있다. 이것이 바로 뒤르켐이 전통 사회는 모든 사람이 집단에 편입되어 서로 아주 비슷하고 고도로 순응적인 기계적 유대의 특성을 지닌 사회라고 주장할 때 함축한 의미이다.[24] 자아 성찰을 별로 하지 않고 사람 사귀기를 좋아하는 사람들이 있다는 관념은 그와는 반대되는 성향이라는 범주가 생기기 전에는 그다지 뚜렷한 차이로 드러날 수 없다.

현대적 의미의 내향적 성격과 외향적 성격은 동일한 과정에 의해 점차 극단적 유형으로 창조되기에 이르렀다. 의례 생산 수단이 확대되면서 세속적 의례는 두 가지 다른 방식으로 사용할 수 있게 되었다. 한편으로는 집합적 활동에 참여하고, 다른 한편으로는 상징적 대상을 사적으로 전유하여 혼자서 행하는 방식으로 사용한다. 외향적 성격은 개인의 인성 유형이 되었다. 전통 사회에서 사람들은 (중세의 가문이나 원시 부족 공동체에서 그랬듯이) 대부분 그저 정상적인 집합적 삶에 참여했던 반면에, 현대적 삶의 조건에서는 외향성이라는 차별화된 대안이 떠올라 선택의 문제가 되었다. 어떤 종류의 외향적인 활동에 참여할지, 자신과는 다른 선택을 하는 사람이 있음을 알고 있는지에 따라 더 많은 성찰과 자의식이 필요해졌다. 중세의 농부들이 마을 축제에 참여할 때, 현대 사교 클럽의 소년이나 파티광들이 자기네들을 맹꽁이 모범생과는 다른 존재로 인식(Moffatt, 1989 참조)하는 식으로 자신의 정체성을 선택하지 않았다. 범주적 정체성을 촉진하는 조건이 쇠퇴하고 상황적 계층화 조건이 더 두드러지게 되자, 사람들은 이제 개인적 정체성에 더 초점을 맞추게 되었다. 외향성과 내향성에 각기 어떤 평판이 따르는지를 보고서 선택한다. 내향적 유형과 외향적 유형은 이제 각기 나름의 신분 이데올로기를 구성하고 상대를 낮춰 보는 대립적인 성격을 지니게 된 것이다.[25] 이는 계급이나 젠더, 인종 같은 범주로 환원될 수 없는 훨씬 더 개인적인 수준에서 작용하는 현대의 독특한 상황적 계층화의 형태이다.

　의례 생산 수단의 확대는 자본주의 시장에서 상업적 영역을 대규모로 확장시켜, 심지어 일차적 수준의 의례를 생산하는 다양한 성분과 상징적 성물까지 판매하기에 이르렀다.[26] 세속적 숭배자들의 일차적 의례의 실행과 의례 실행에 관한 이차적 대화는 물론 일차적 의례 행사를 상업적으로 방송하고 재방송도 하게 되었다. 또 이들 상징적 대상을 홀로 숭배하는 삼차적인 순환도 많아졌다. 현대의 외향성이 작동하는 영역은 수없이 많다. 대규모 행사에 참석하고 사후 대화에 열정적으로 참여하려고 최근의 소문들도 열심히 챙긴다. 이 과정에서 한 갈래로 태어난 내향성은 이제 고독을 채워줄 더 많은 상징을 더 잘 조합해 독특한 개인의 내적 경험을 형성한다. 상징적 대상의 분포는 겉으로 드러나는 대중 집회의 집합적 열광에서 연결망의 이차적 순환, 그리고 내적 경험의 삼차적 순환으로 이어지는 정서적 에너지의 분포이기도 하다.

　이미 본 바와 같이, 세속적 의례와 그 숭배 대상은 대중 연예와 스포츠, 기계류, 취미생활의 재료들, 텍스트와 예술품, 신체적으로 섭취하는 기호식품, 몸 가꾸기에 이르기까지 그 범위가 매우 넓다. 이 시장들은 현대의 팬, 모범생, 취미광, 지식인과 전문가, 중독자, 운동이나 체중 조절 광신도 — 중세나 고대 사회에서는 거의 볼 수 없는 유형 — 들을 만들어내고 있다.

　상업적 시장이 이들 세속적 숭배 관행에서 형성될 수 있는 성분을 제공했다. 이 관행들의 실제 발전상과 대중적 인기는 사회적 만남의 생태계 전환이 좌우한다. 전통적 사회를 특징짓는 공동체와 가문의 집회에 비자발적으로 참여하던 형태가 일시적이고 자발적인 모임으로 대체되었다. 전근대 사회에서 하루 일정과 연중 일정은 의례로 가득 차 있었으며 공식성 때문에 그것들이 의례임을 쉽게 알 수 있었다. (원시 부족 사회의 삶까지 언급하지는 않더라도) 중세 공동체에서 세습 귀족 가문의 삶은 오늘날의 성탄절이나 추수감사절 같은 축일이 한 달에 몇 차례나 되고, 그보다 적은 규모의 수많은 의례로 하루를 다 보내는 삶이었을 것이다. 이런 집합적 삶의 구조가 붕괴하고 연결망이 분화되면서 현대의 삶은 관심의 초점과 정서적 합류가 가능한 영역을 각자 스스로 선택하는 삶이 되었으며, 비공식적인 형태로 이루어져서 그 모두가 사실은 의례임을 사회학자가 지적하기에 이르렀다.

두 가지 상호 관련된 변화가 전개되었다. 사회적 참여를 촉진하는 개인적 조직의 증가로 의례 생산 수단의 소비 시장이 확대되었고, 현대판 의례의 성공을 뜻하는 기성품 성물 시장이 생겨났다. 〈그림 4.4〉에서 제시한 상호작용 시장과 물질 시장의 상호 교류의 흐름이다. 두 시장은 지난 5세기 이상 장기간에 걸쳐 확대되었고 지난 세기에 엄청나게 가속화되었다.

자발적으로 무대에 올리는 비공식적 의례가 확대된 결과, 외향성으로 가는 경로와 내향성으로 가는 경로가 상호보완성을 띠게 되었다. 그 보기가 유흥과 성 과시의 무대이다. 이는 가족의 통제에서 벗어나 개인들이 스스로 만들어낸 자율적인 결혼 시장이 커지면서 파생된 상황적 계층화의 한 형태이다. 1920년대에는 결혼 상대를 찾기 위해서가 아니라 집합적 열광의 중심에 있고자 하는 욕구와 단지 상황적인 지위 획득을 위해 무대를 찾게 되었다. 술 마시고, 담배 피우고, 노출이 심한 옷으로 성적 매력을 과시하고, 춤을 추고, 속어를 쓰고, 별난 유행을 따르는 관행들이 사회적으로 특권적 지위를 차지하게 되었다. 즉, 그 무대에 물리적으로 존재함으로써 이루어지는 경계가 불분명한 공동체에 소속됨을 드러내는 상징적 표지가 된 것이다. 얼마나 집합적 열광이 강하게 형성되었는지 그리고 그 흥분의 중심과 얼마나 가까운지에 따라 서열이 결정되는 자리에 있는 것만으로도 성원 자격을 얻었다. 상황적 계층화 현상은 상황적 계급투쟁이라 부를 수도 있는 상태를 초래했다. 한편에서는 중심에 들어가고자 하는 사람들이 스스로를 더 열렬하게 외향적인 성격으로 만들었다. 다른 한편에서는 유흥의 무대와 반대편에 서는 이들도 생겼다. 자산, 계급, 종교에 기반한 전통적인 도덕 공동체에 속한 사람들, 내향적 지식인들, 테크놀로지에 강박증을 보이는 이들, 소외 유형, 여러 부류의 고독 숭배자 유형이 등장해 유흥의 무대와 대결한다. 이렇듯 다양한 의례적 위치에 선 사람들은 자신들이 관심을 집중하고 있는 관점뿐만 아니라 그와 대조되는 유형의 관점을 통해서도 자신의 정체성을 확인한다. 모범생과 파티광은 각기 상대편의 자기 정의에 따라 정체성을 갖게 되는 것이다.

　그 가운데 가장 가시적인 유형은 대립 유형을 만들어내고 동시에 사적으로 모방하는 유형도 만들어낸다. 대중적 관심의 중심을 차지하고 있는 일차적 참여자들은 그 상징을 사적인 삶으로도 확산시키는 경향이 있다. 궐련 흡연은 1920년대의 파티와 거의 보편성을 띠게 된 제2차 세계대전 기간 중 의례화된 유대에서 낭만적으로 미화되었고, 대중적 무대에서 그 특권적 지위가 쇠퇴한 이후까지도 담배를 피우는 외톨이 흡연자들도 양산했다. 성적 영역에서도 성 과시의 무대(1920년대, 1960년대)가 여러 단계를 거치면서 성적인 문화를 더욱 촉진했다. 성적인 암시를 담고 있는 의상과 광고의 확산, 점점 더 노골화되는 포르노도 현대적인 성행위에 대한 욕구를 부추겼다. 여기서도 내향성과 외향성은 상호 지탱하며 확대된다. 이미 살펴본 바 있지만(제6장 참조), 포르노의 소비와 상관관계를 보이는 자위행위는 성교의 횟수와도 정의 상관관계가 있다. 20세기에는 성행위를 시작하는 나이도 더 낮아지고 성행위의 범위도 넓어졌다. 내밀한 성의 영역도 고프먼 식 사회학의 유형을 따르고 있다. 무대 위의 이미지를 엄청나게 과시하는 몸짓 ─ 사실 사람들의 성생활은 겉으로 드러나는 것만큼 활발하지는 않다 ─ 을 하지만, 무대 위로 올라간 성이 단순한 환영에 불과한 것은 아니다. 사회는 프로이트가 생각한 것처럼 그렇게 원초적 성 충동을 억압하는 것이 아니라 관심의 초점과 정서적 합류를 통해 욕구를 창조하고 규정한다. 다른 분야와 마찬가지로 성욕도 외부에서 기획되어 인간에게 부과되는 것이다.

현대의 개인숭배

세속적 세계는 우리가 생각하는 것만큼 비종교적이지 않다. 수많은 신들이 소임을 다하고 사라졌지만, 개인 자신의 신성은 엄청나게 중요해졌고 견고하게 남아 있다. 그는 위엄을 띠고 걸으며 수많은 작은 봉헌 제물을 받는다. 그가 숭배를 바쳐야 하는 사람들에게는 질투심을 느끼지만, 그들이 제대로만 그를 대한다면 그들의 무례를 용서해줄 채비가 되어 있다. 신분이 달라서 어떤 이들은 그를 불경한 사람으로 보지만, 다른 사람들이 그에게 불경을 저지르기도 한다. 어느 쪽이든 그들은 의례적 조심성을 지니고 그를 대해야 한다. ─ 어빙 고프먼 (1957/1967: 95).

자신의 의도와는 달리 고프먼은 역사적 현상의 관찰자 노릇을 했다. 그는 일상생활의 세부 항목을 직접 관찰하는 전공 분야를 개척했다. 고프먼은 분석 수준을 상황적 상호작용에 국한했기 때문에 역사적 배경은 괄호 속에 넣어버렸다. 그런 점에서 그는 기능주의 인류학의 노선을 지킨 셈이다. 고프먼은 '예법'에 관한 저술을 남겼던 기존의 저자들과 차별성을 드러내며 상호작용의 내용도 상당 부분 생략했다. 상호작용 의례의 사회학은 도덕화도, 반어법도, 우스개나 풍자도 아니다.[27] 고프먼은 자신의 관점에 따라 대단히 큰 변화가 이루어지는 역사의 현장 한가운데서 연구를 했지만, 한 시대에서 다른 시대로 이행하면서 변화하는 예법의 연대기를 기록하는 데는 관심을 두지 않았다.

1950년대에서 1970년대 사이에 일어난 역사적 변화를 '고프먼 식 혁명'이라고 부를 수 있다.[28] 이는 탈격식의 방향으로 전개된 상호작용의 변화를 뜻한다. 고프먼이 즐겨 분석한 현상은 공식적 예법이 지닌 미묘한 의미 ─ 모자 벗기, 문 열어주기, 정중한 소개 따위는 사회적으로 공인된 자격을 갖추지 못한 사람들을 정중하게 제외시키는 행태이기도 하다 ─ 가 소멸해가는 과정에서 나타난 관행이었다. 남성은 모자를 쓰지 않게 되었다. 실내에서 모자를 벗지 않고 쓰고 있음으로써 숙녀에게 예의를 표하는 모자 벗기와 단지 사업상의 예절임을 거칠게 드러내는 모자 벗기의 미묘한 차이를 구별할 수 없게 된 것이다. 담뱃불을 서로 붙여주는 일이 없어졌을 뿐만 아니라 담배가 오염의 주범이라 해서 마침내 거부하기에 이르렀다. 여성에게 문 열어주기는 존대를 갖춘다는 구실로 사실상 의존 관계를 강화하는 기호라 여겨져 거부되었다. 공식적으로는 금기시되는 언어 표현이 배타적 취향을 지닌 패거리에서는 표준이 되었으며 정장 차림이나 특별한 행사에만 입는 예복도 평상복에 자리를 내주게 되었다. 직책으로 사람을 소개하는 전통적인 인사법도 바뀌어 점차 친분의 정도와 상관없이 모든 사람을 이름이나 별명으로 부르는 것이 일종의 의무처럼 되었다.

고프먼은 모든 상호작용 의례에서 공유되는 보편적 속성을 밝혀보려고 했기 때문에 이 모든 변화를 다루지 않았다. 나는 상호작용 의례 사슬 이론의 관점에서 보편적 특성들의 변화를 밝혀보려 했다. 상호작용 의례 사슬의 분석적 도구를 가지고 의례 내용의 역사적 변화도 볼 수 있다. 고프먼이 연구 자료로 택했던 예전의 의례가 다른 부류의 의례로 바뀌기는 했지만, 우리가 살고 있는 고프먼식 혁명에 가까운 탈격식의 시대에도 의례는 여전히 남아 있다. 고프먼이 말하는 존대 의례 — 숙녀를 위해 문을 열어주거나 담뱃불을 붙여주는 예를 갖춤으로써 자신의 신분을 신사로 드러내는 의례 — 는 대부분 범주적 형태의 존대 의례이다. 숙녀와 신사의 구분은 물론 비신사와 비숙녀의 구분도 거의 사라졌다. 그런 구분은, 즐겨 찾는 사회적 행위의 무대에서 공공연하게 오직 개인의 평판으로써만 그 자리에 속할 만한 사람인지 아닌지를 구별하는 상황적 계층화로 대체되었다.

이런 역사적 전환의 전 과정에서 고프먼이 강조한 '개인숭배'는 여전히 유효하다. 일종의 유행처럼 보이기도 한다. 개인성 숭배는 더욱더 강조되고 그 숭배를 가능한 한 포괄적으로 만들려는 관심도 커지고 있다. 20세기 후반에 표현되는 지나친 예절은 '정치적 정석'이라는 꼬리표가 붙어 풍자되기까지 한다. 이는 일상생활의 표준을 둘러싼 갈등이며, 우리 대부분이 어느 한쪽에 가담하고 있기 때문에 분석적으로 다루기가 어렵다. 사회학적으로 보면 정치적 정석이란 사회적 의례주의의 두 가지 고전적 속성을 보여준다. 첫째는 도덕적 강제의 형태를 지니고 있다. 공동체의 올바른 성원 자격을 규정하여 경계를 드러내는 표지이며, 그 무기는 표준을 위반하는 사람들에 대한 도덕적 경멸이다(법적 강제가 뒤따를 수도 있다). 둘째는 개인성의 지위를 모든 사람에게, 역사적으로 권리가 박탈되었던 사람들까지 포함하는 형태로 확대하려는 관심사이다. 일상생활에서 이는 타인의 입장을 배려하는 극도의 민감성으로 나타난다. 아랫사람으로 또는 인간이 아닌 것처럼 취급받아온 사람들의 감정을 상하지 않게 하려고 갖가지 방법을 다 쓴다. 계급적 계층화가 사라지지 않았고, 상황적 평등이 있는 만큼 상황적 계층화도 존재함은 틀림없다. 그렇기 때문에 상황적 관심의 초점이 된 사람들에게 특별히 평등성을 부여하는 의례에는 얼마간 허위의식이 있다. 그러나 이것이 상황의 흐름을 유지하고 더불어 구조적 불균형을 수습하는 의례의 속성이다. 이 모든 현상을 통해 우리는 더욱더 내면 지향성을 지닌 자아를 가정하고 타인에게 투사함으로써 내면 지향성이 탄생하는 장기적 흐름을 뚜렷하게 알 수 있다. 심지어 사회적 행위의 무대에서 떠들썩한 합류로 현대적 의미의 외향성이 조장되는 경우에도, 그러지 못하는 사람에게 최소한 내향적 성격이라는 명예는 부여할 수 있게끔 내향성 영역을 확장시킨 것이다.

급진적 미시사회학의 관점이 스스로를 보는 우리의 시각에 어떤 의미를 주는지 성찰하는 것으로 결론을 맺자. 우리는 모두 사회적으로 구성되고 역사적으로 형성된 존재이다. 우리의 자아에 '천성'으로 주어진 내면 지향성이란 없다. 지난 몇 세기 동안 우리가 살았던 역사적 궤도에 어떤 불가피성이 있었던 것도 아니다. 상호작용 의례 이론은 어떤 역사적 시기에도 적용될 수 있고 어떤 특정한 순간에 의례 실행의 성분이 어떤 형태를 갖추게 될지를 검토할 수 있는 분석적 모델이다. 그 성분과 결과가 어떤 흐름으로 펼쳐질지에 대해서는 아무런 함축적 의미도 담고 있지 않다. 시기마다 복잡성에 차이가 있을 수 있고, 더 길게 보면 역사적 유형이 언제나 한 방향으로만 간다는 보장도 없다. 몇 백 년 후에 자연스럽게 받아들여질 자아의 종류는 우리가 지금 당연하게 생각하는 자아와는 아주 다를 수 있다. 그 흐름이 이 장에서 내가 윤곽을 그려본 흐름과 같은 방향으로 더 진행되리라는 법도 없다. 인간 존재의 순수한 본질이 개인성과 내면 지향성임을 드러낼 헤겔 식 진화란 없다.

그렇다면 우리는 우리를 어떤 존재로 만들어야 할까? 우리는 개인성 숭배가 널리 퍼지고 더 깊이 확산되는 방향으로 발전해온 시대의 역사적 산물이다. 그래서 우리 스스로를 자율적이고 내면 지향적인 개인으로 생각하는 한계를 지니고 있다. 우리를 지식인으로, 소외된 내향적 인성으로 이름을 붙이는 사회적 구성 과정을 거치며 살아와서 그럴 것이다. 그러나 동시에 뒤르켕과 미드로 상징되는 주류 사회학 이론은 자아가 사회적으로 구성되는 기제에 대해 넘칠 만큼 풍부한 증거를 제공해준다.

사회학화된 개인의 관점은 20세기와 21세기 초의 의례에서 창출된 상징들의 흐름과는 반대되는 관점이다. 나는 그 중심 공식을 '인간은 정서적 에너지 추구자이고, 그 때문에 각자가 속한 사회적 연결망이 제시하는 기회 가운데서 정서적 에너지를 가장 크게 주는 상호작용과 거기서 나온 상징에 결합된다'고 정리한다. 만일 인간이 정서적 에너지 추구자가 아니라면 달리 어떤 존재일 수 있을까? 옛 이론이 말하는 것처럼 습관적 행동에 장애가 생기거나 좌절에 빠지면 행동하는 고통 회피자이기만 할까? 그런 이미지는 너무 무기력하고 소극적이다. 인간은 적극적이고 자극을 추구하고 사건이 벌어지는 곳에 자석처럼 이끌린다. 공리주의적 전통이 길을 열고 경제학의 제도적 성공으로 널리 명성을 누리고 있는 편리한 단순화가 규정한 것처럼 우리는 물질적 보상 추구자일까? 오늘날의 경제사회학은 반대되는 증거를 보여준다. 물질적 재화는 비물질적 매혹에 비해 부차적일 뿐만 아니라 물질적 재화가 정서적 에너지가 실린 상징이 되거나 의례 생산을 위한 수단이 될 때 가장 강렬한 욕구의 대상이 된다. 우리는 권력 추구자일까? 때로는 그렇다. 그렇지만 권력은 한정된 일부 사람들만 정서적 에너지를 얻는 특수한 종류의 상황적 상호작용이다. 우리는 사랑을 추구하는 존재일까? 답은 같다. 우리는 사상 추구자인가? 그렇다. 그렇지만 사상에 자신의 삶을 던지는 지식인이나 예술에 헌신하는 예술가들은 모두 전문가 연결망의 한 분파에 가장 깊이 스며들어가 있으며, 정서적 에너지가 실린 상징으로 사고를 하는 사람들이다.

사회와 관계없이 순수한 개인적인 체험은 없는 것일까? 혼자서 체험하는 것들─새로 깎은 잔디의 냄새, 늦은 오후 긴 노을빛으로 물든 세상, 달리기를 끝내고 스트레칭을 할 때 느끼는 자기 근육의 감각, 미묘한 감상, 환상의 나래를 펼칠 때의 화려함 등─은 다른 사람들과 의사소통을 할 수 없고 자신만 제일 잘 맛볼 수 있다. 그런 순간에는 누군가 함께 있다면 방해가 되고, 진부한 표현으로 그 경험을 말하면 경험이 확장되기보다 오히려 파괴되기 쉽다. 그래서 우리는 자신만의 고유한 감수성의 심미적 영역이 있으며 사적인 자아가 머물 요새가 적어도 하나는 있다고 주장한다. 그렇지만 여전히 이런 순간들을 경험할 준비가 된 사람들이 있는가 하면 무심한 사람들도 있는 것이 우리 삶의 전모이다. 우리가 지닌 사회적 상징 자원이 우리에게 문을 열어준다. 부모 앞에서 리듬에 맞추어 알 수 없는 소리와 몸짓을 하기 시작하는 유아기부터 우리를 이끄는 성인의 연결망을 통해 내적 삶을 발전시키는 경험을 숭배하게 되기까지 우리는 뿌리 깊이 사회적으로 구성된 존재이다. 상징이 우리의 의식구조를 만든다. 우리는 상징이라는 렌즈를 통해 세상을 본다.

우리는 상징을 통해 무언가를 본다. 그 경험은 현실이고 구체적이고 특별하고 개인적이다. 때로 우리 스스로가 가장 높은 가치를 지니기도 한다. 그런 경험의 경로는 철저히 사회적인 것이어서 사회에서 벗어나서는 아무것도 얻을 수 없다.

주

제1장 상호작용 의례 이론의 프로그램

1. 더욱 오도되기 쉬운 용법은 아무 생각 없이 따르는 동작이나 주술에 대한 맹목적 고착이라는 경멸적인 의미로 사용되는 경우이다.

2. 때로 아동 발달 심리학이 빌려 쓰는 행동생물학 분야의 용법은 또 다르다. 여기서 '의례화'는 공유 의미를 지칭하는 관례적 용법인 '상징'과는 대조적으로 습관적 행위 과정에서 다른 유기체에게 보내는 '신호'로 작용하는 축약된 소통의 몸짓이라는 의미로 사용된다(Tomasello, 1999: 87). 여기서 의례화는 상징적 상호 주관성의 원천이 아니라 실용적 행위를 조절하는 데 사용되는 단순한 약호일 뿐이다. 사회학적 상호작용 의례 이론의 용법과는 다소 상반됨에도 불구하고 토마셀로의 연구를 비롯한 이 분야의 연구가 사실상 상호작용 의례 이론의 중요한 부분을 확인시켜준다.

3. 프로이트의 『토템과 타부(Totem and Taboo)』는 이러한 현상에 대한 관심이 고조되던 1913년에 나왔다. 반 제네프(Van Gennep)의 『통과의례(Rites de Passage)』는 1909년에, 프레이저(James G. Frazer)의 『토테미즘과 족외혼(Totemism and Exogamy)』, 레비브륄(Lucien Lévy-Bruhl)의 『미개인의 사고(Les fonctions mentales dans les Sociétés Inférieures)』는 1910년에, 뒤르켕의 『종교생활의 원초적 형태(Les formes élémentaires de la vie religieuse)』는 1912년에 출판되었으며, 같은 해에 해리슨(Jane E. Harrison)의 『테미스(Themis)』, 콘포드(Francis M. Cornford)의 『종교에서 철학으로(From Religion to Philosophy)』, 그리고 머리(Gilbert Murray)의 『그리스 종교의 네 단계(Four Stages of Greek Religion)』가 나왔다. 논쟁을 불러일으킨 스트라빈스키(Igor Stravinsky)의 원시 의례에 대한 발레 음악 〈봄의 제전(Le sacre du printemps)〉이 파리에서 초연된 것도 1912년이었다.

4. 기능주의 흐름이 선행 연구자들에게 대항해서 취했던 비판의 노선에서 뒤르켕 학파는 예외로 취급되었다. 뒤르켕이 사회에 대한 일반 과학을 강력하게 고수했기 때문이다. 뒤르켕과 모스는 기능주의 인류학보다는 사회 변화에 대한 진화론적인 관심을 가지고 있었지만, 의례와 믿음을 과거 역사에서 고립된 채 살아남은 잔존물로 보기보다 당대의 사회적 행위의 맥락에서 연구하는 기능주의 연구의 길을 닦았다. 뒤르켕은 오스트레일리아의 원주민 사회를 이해할 수 있는 진화론적 입장을 취했다. 그 '원초적 형태'가 더 복잡한 사회로 가는 진화론적

출발점이자 사회 유대와 상징주의의 핵심적 과정을 분석적으로 드러내는 것으로 명료한 단순성을 지니고 있었기 때문이다. 따라서 말리노프스키는 영국의 사회인류학파로 알려진 집단의 우두머리였지만 학파 성원들은 뒤르켕주의 이론화를 택하는 경향을 보였다. 런던경제대학의 말리노프스키 세미나에서 형성된 연구 집단(Evans-Pritched, Fortes 등)과는 독자적으로 남아프리카와 오스트레일리아에서 가르쳤던 래드클리프브라운(Alfred R. Radcliffe-Brown)은 1920년대 중반 이후 모스를 통해 뒤르켕 학파와 접촉하며 명시적으로 의례 이론을 발전시켰다(Goody, 1995).

5. 직접적인 연결망으로 전수가 이루어졌다. 파슨스는 아직 그의 체계적 구조기능주의 이론 연구를 시작하기 전인 1930년대 초반에 런던경제대학에서 개설된 말리노프스키 세미나의 일원이었다(Goody, 1995: 27). 머튼은 1930년대 중반 파슨스가 하버드 대학에 있을 때 그의 학생이었다.

6. 뒤르켕(1912/1965)은 애도 의례도 분석했는데 그의 관심은 애도가 자발적이 아니라 집단이 부과하는 의무였음을 보여주는 데 있었다. 장례식에 모인 집단에서 부정적인 정서이지만 어쨌든 집합적 흥분이 나타나는 점에 주목했다. 이 집합적 흥분의 정서가 바로 래드클리프브라운(1922)이 말하는 기능적 통합이 이루어지는 기제이다. 슬픔을 나누면서 생기는 집합적 정서가 개인을 집단으로 되돌아오게 하고 집단의 힘을 되살린다.

7. "행위자와 수용자를 하나로 묶어주는 행동 규칙이 사회를 결속시킨다.……도덕적 질서와 사회의 존재를 확인시켜주는 기회는 드물다. 기념 의례의 규칙이 사회적 기능을 수행하는 곳은 바로 여기이다.……의무와 기대를 규정하는 의례의 규칙을 준수함으로써 변함없이 그에 영합하는 행위의 흐름이 사회 전체에 확산된다. 눈앞에 있는 타인들이 언제나 예절바른 사람으로 잘 처신해야 한다는 사실을 상기시켜주고 타인이 지닌 성스러운 속성을 확인시켜주는 것이다. 우리가 때때로 공허한 몸짓이라고 부르는 것이 실은 내용이며 매사에 다 들어 있다"(Goffman, 1956/1967: 90).

8. 옛 용법이 상호작용 의례 이론에서 말하는 '사회'의 의미를 가장 잘 전해준다. 사회는 멀리 있는 추상적인 실체가 아니다. 20세기로 접어들던 시기에 상류 계급 부인들이 딸들이 '사회로 나간다'(가령 집안사람들의 모임에서 벗어나 바깥 세계의 정중한 사교 모임에 참여하는 것)고 말할 때와 같은 의미이다. 상호작용 의례 이론은 '정중한 사회'라는 제한된 의미의 용법을 의례의 측면에서 모든 사회적 상호작용을 일컫는 것으로 일반화한다. 그 의미는 소로(Henry David Thoreau)의 경구, "내 집에는 의자가 세 개 있다. 하나는 나 홀로 의자, 또 하나는 친구용, 나머지 하나는 사회를 위한 것이다"와 비슷한 뜻이다.

9. 신문 보도에 따르면, 논란을 불러일으킨 농구 코치 나이트(Bobby Knight)는 1990년대 후반에 학생이 그를 "안녕, 나이트"라고 부른다고 화 낸 일로 대학에서 해고되었다.

10. "개인이 타인의 눈으로 스스로를 본다는 미드 식 개념화는 지나친 단순화로 보인다. 그보

다는 개인이 특정한 부분만을 치장해서 자아상을 완성시키려면 타인에 의존해야 한다는 뜻으로 보아야 할 것이다. 자신에 대해서는 존중의 이미지로, 남에 대해서는 비하하는 이미지로 보기 때문에 각자 온전한 존재로 표현되려면 의례 사슬에서 서로 손을 잡아야만 한다.……개인에게 나름의 고유한 특성이 있음은 사실일지도 모르지만 그 증거는 전적으로 함께 협조해서 의례를 행하는 노동에서 얻을 수 있는 결과이다"(Goffman, 1956/1967: 84-85).

11. 고프먼은 여기까지 들어가지 않았지만, 정상적으로 받아들여지는 의례적 협조가 깨졌을 때 갈등이 겉으로 드러난다. 새 경영자가 노동자들의 무대 뒤까지 침범해서 비정상적으로 공격하는 경우가 그렇다. 경험적 사례로는 Gouldner, *Wildcat Strike*(1954) 참조.

12. 나중에 보게 될 상호작용 의례의 세부 모델에 따르면, 이는 보통 대화 주제의 흐름에서 정상적인 리듬과 관심의 초점을 유지함으로써 이루어진다. 공감을 드러내거나 상대의 정중한 태도에 비언어적·준언어적 몸짓으로 도전하듯 자신의 유능함을 내보이면서도 상대에 대한 적의는 드러내지 않고 상호작용에 적합한 정서적 어조를 택한다.

13. 이런 해석에 대한 고프먼의 비판은 체계적으로 진술되지 않고 지나가는 말과 각주에서 대수롭지 않게 취급하는 정도였다. 다른 입장들과 대조되는 고프먼의 지적 입장은 Winkin(1988), Burns(1992), Rawls(1987) 참조.

14. 고프먼은 초기 저작에서 어떤 연기도 하지 않는 궁극적인 무대 뒤가 있는지 질문하며 이 주제를 제기했다. 그러나 통상 은밀한 사생활의 영역으로 간주되는 성교의 경우조차 연기의 일종으로 볼 수 있다고 단언한다(1959: 193~194). 나는 성교가 얼마나 상호작용 의례 모델에 딱 들어맞는 것인지를 보게 될 제6장에서 이 주제를 확대시킬 것이다.

15. 비슷한 시기(1950년대 후반과 1960년대 초반)에 촘스키(Noam Chomsky)는 소쉬르처럼 음성학(phonetics)에 집중하지 않고, 구문론(syntax)에 초점을 두고 언어의 심층 구조에 대한 준수학적 분석을 했다. 언어의 표면 구조가 밑바탕에 있는 요소와 그 변형으로 생성된다고 주장하며 공식 체계의 윤곽을 그렸다는 점에서 변형생성문법이라고 불렸다. 촘스키의 방법은 자연언어에 존재하는 문장에서 시작해 '저변의 흐름'이라고 불리는 근본적 요소의 해체로 들어갔다. 그리고 다시 반대 방향으로 돌려 이 요소들을 다시 우리가 식별할 수 있는 문장이 될 때까지 일련의 조작(구문구조 규칙, 변형 규칙, 형태음소 규칙)을 통해 재구성한다. 따라서 그 조작 과정이 한 문장을 생성하는 것이라고 말한다. 촘스키의 설명 전략은 그 내용은 다르지만 레비스트로스의 전략과 비슷하다. 그러나 촘스키의 변형생성문법은 레비스트로스가 제시한 친족 체계 유형이나 사회 구조의 다른 요소들과 잘 들어맞는 상이한 언어들의 코드를 만들어내지는 못했고, 따라서 레비스트로스의 거대 체계를 지지할 수도 없었다.

16. 20세기로 접어드는 시기에 글을 썼던 소쉬르는 뒤르켐의 연구에 공감하고 있었다. 음성 의미를 구성하는 자의적 차이가 집합적 산물이지 개인의 심리학으로는 설명할 수 없다고 본 점에서 어느 정도 이론적 유사성이 있다(Saussure, 1915/1966, 15~16; 뒤르켐이 소쉬르에 미친

영향에 관한 상세한 참고문헌은 Jameson: 1972: 27 참조). 레비스트로스는 모스의 제자이고 뒤르켕의 손자뻘 되는 제자로 뒤르켕 학파의 여러 분파들을 한데 불러 모으는 역할을 했다.

17. 정치적 이유가 상당히 크게 작용했다. 1920년대 프랑스 정치에서 민족주의 옹호자로 보였던 뒤르켕 학파에 대해 1930년대와 1940년대 실존주의 세대가 저항한 것이다(Heilbron, 1985; Collins, 2003).

18. 의례에 관한 이런 관점을 흔히 뒤르켕의 영향으로 돌린다. 벨(Catherine Bell, 1992)은 이런 해석을 바로잡고, 의례는 상징적 코드를 생산하고 재생산하는 사회적 행위이지 그 역이 아니라고 볼 때 가능한 설명을 한다. 다른 학자들은 코드나 코드의 목록을 잠정적으로 선행하고 분석적으로는 우선하는 것으로 보면서도 코드가 특정한 상황에서 환기되는 방식에는 상당한 융통성을 허용하는 중간 입장에 서 있다.

19. 그렇지만 의미가 세속적인 활동으로 구성된다고 보는 관점을 종교적 초월성의 측면과 조화시킬 수 있는 방법이 적어도 한 가지는 있다. 프레스턴(David Preston, 1998)은 선불교의 기법을 분석하면서 불교의 명상법은 초월적인 종교적 의미를 사회적으로 구성하는 것이 아니라 이미 형성된 의미에서 벗어나게 해주는 것이라고 주장한다. 그래서 명상의 목표는 기존의 모든 것을 초월해 해방되는 것이며 그래도 남은 것이 있다면(초월적 실재?) 그것을 밝혀준다는 데 있다고 말한다.

20. 가장 중요한 부분은 『종교생활의 원초적 형태』 제2권 7장이다. 번역의 문체나 페이지가 다른 영역본이 여러 권 있다.

21. 최근 사회학에서 몸의 중요성이 강조되고 있다. 특히 Bryan Turner(1996) 참조.

22. 이쯤에서 뒤르켕의 논증 양식에 대한 몇 가지 오해나 편견을 벗겨낼 필요가 있을 것 같다. 『종교생활의 원초적 형태』에서 뒤르켕이 분석한 대규모 집회에서 생기는 정서는 때로 르 봉 (Gustave Le Bon)의 『군중(The Crowd)』(1908)에서 볼 수 있는 '군중심리'의 20세기 판으로 간주되곤 한다. 그래서 뒤르켕은 그저 군중의 단순성과 야수성이 더 높은 인간의 합리성을 압도한 결과라는 통념을 되풀이한 것에 지나지 않는다고 생각하는 이들도 있다. 맥파일 (Clark McPhail)의 『성난 군중의 신화(The Myth of the Madding Crowd)』(1991)처럼, 집합 행동과 사회 운동에 관한 상당수의 사회학 연구들은 개인이 고립된 존재로 군중에 참여하는 것이 아니라 함께 다니는 친구들과 소집단을 이루어 참여한다는 증거를 인용하면서 뒤르켕의 모델을 대조용으로 사용한다. 이 비판들에 대해서는 세 가지 점을 지적할 필요가 있다.

첫째, 군중에 관한 최근의 연결망 연구들은 개인에 대한 집단 영향력의 중요성을 부정하지 않는다는 점이다. 단지 한 가지 집단행동의 모델을 다른 모델로 대체하고 있을 뿐이다. 군중 속에 있는 일차 집단이 관심의 초점 집중과 정서적 합류를 이루어 군중 전체가 만들어내는 효과를 촉진하고 증폭시킨다는 것이 자료를 해석하는 더 나은 방법이다. 이 작은 집단의 성원들에게 거대 군중의 갈채나 활기찬 정서는 군중 속에서 서로 정서를 주고받으며 북돋우기 때문에 특별히 중요한 의미를 갖게 된다. 따라서 이 작은 집단들은 서로 더 큰 집단에 합류한다고 말할 수 있다.

둘째, 뒤르켕은 집단의 집회가 개인을 인간 이하의 야수처럼 만든다고 보지 않는다. 오히려 집회는 도덕적 이상을 창조하고 실행에 옮기는 계기로 작용한다는 점을 지적한다. 그런 계기를 체험함으로써 영웅적이고 자기희생적이며 아주 도덕적인 개인이 창조된다고 한다.

셋째, 우리는 모든 사회적 경험 이전에 존재하는 로빈슨 크루소와 같은 합리적 개인을 가정할 수 없다. 따라서 원래부터 개인이 지니고 있는 합리성이 군중 가운데서 낮아지거나 하는 그런 개인들로 구성된다고 할 수는 없다. 뒤르켕이 보여주고자 했던 사실은 개인이 집단에 의해 형성되고 사회화되는 방식과 개인의 합리성이라는 개념이 형성되고 주입되는 방식이었다.

사소한 오해를 하나 더 지적할 수 있다. 뒤르켕이 오스트레일리아 토착 원주민이 현대인보다 합리성이 낮은 미개인으로 보려 했다는 오해이다. 그러나 뒤르켕은 오히려 우리와 같은 인간성을 보여주기 때문에 토착 원주민의 집회에 초점을 맞추었다. 그가 설명하는 과정은 역사 전체를 통틀어 작용해왔고 오늘날에도 동일한 기준으로 작용하고 있는 집합적 열광을 창출하는 관심의 초점 집중과 정서 공유의 과정이다.

23. 이런 관점에서 부르디외는 내가 '코드 탐색'이라고 부르는 레비스트로스 식의 구조주의 연구를 계속하고 있다. 부르디외(1972/1977)가 상징적 자본은 언제나 일상생활의 상황 조건에서 실용적인 방식으로 사용된다는 사실을 강조하기 위해 레비스트로스를 대조용으로 삼아 이론적 명성을 얻었다고 해도 사정은 다르지 않다. 부르디외는 코드라는 용어를 피하고 개인에게 내면화된 그 구성 성분을 아비투스(habitus)라는 용어로, 총괄적인 거시 유형을 '논리(logic)', '원리(principle)', '장(field)'으로 대체한다. 후기 연구에서는 고프먼과 민속방법론자들의 미시사회학적 통찰력을 빌려 '실천(practice)'의 논리를 강조하고 전체 구조는 인간 행위자와 분리된 채로는 아무것도 할 수 없다고 본다. 그러나 그 결과는 구조적으로 이미 결정되어 있다. 부르디외에게는 동일한 계층화된 사회 질서 또는 '권력의 장(field of power)'을 효과적으로 재생산하는 것은 언제나 개인의 문화적 실천(언어 사용을 포함한다. Bourdieu, 1991)이다. 따라서 그는 거시적 지배가 미시 수준에서 구체화되는 성격을 강조하여 개인의 문화적 실천을 '상징적 폭력'이라고 부른다. 또 레비스트로스의 구조주의에서 빌려 온 개념임을 드러내는 '장들 사이의 상동관계(homology among fields)'라는 용어도 사용한다(이에 관해서는 Bourdieu, 2001 참조). 거기서 그는 젠더 지배의 심층적 구조의 논리가 고대 지중해 연안 부족들의 극단적인 남성 지배에서 20세기 후반의 개방된 서구 사회에 이르기까지 동일하다고 주장한다. 부르디외에 대한 비판은 Lamont and Lareau(1988) 참조. 또한 부르디외를 따르는 Wacquant(2002)와 Anderson(2002) 사이의 논쟁은 Dunier(2002)와 Newman(2002) 참조.

제2장 초점 공유와 정서적 합류 모델

1. 또 다른 형태의 공식적 의례의 모델화는 Marshall(2002) 참조.

2. 공식적 의례에 대한 개인적이고 집합적인 저항이 결합된 것이 1960년대의 '반체제 문화'의 특성이었고, 심지어 고프먼 식 예절의 수준에서도 그런 특성이 드러난다. 상호작용에서 계층화 양태의 결과는 제7장과 제8장에서 검토할 것이다.

3. 1990년대에 교수진, 학생, 방문객, 잠재적 기부자들과 아주 사교적이고 붙임성 있게 관계를 맺고 상호작용하는 것으로 유명했던 미국의 한 주요 대학의 총장이 신경쇠약으로 총장직을 사임한 적이 있다. 나도 어린 시절, 현지 외교관들을 이끄는 해외 총영사의 아내였던 어머니가 계속되는 사교적 의전에 엄청난 정서적 열정을 쏟아 붓는 것을 보았다. 그러나 그것은 연출된 것이었다. 마지막 손님을 보내고 문을 닫자마자 어머니의 안색이 변하는 것도 보았고 또 호텔에 들어가 소설책을 읽으며 몇 주간씩 아무도 만나지 않고 휴식을 취하시던 모습을 기억한다. 터너(Turner, 2002)는 인간이 비사교적이었던 영장류의 후손으로 사실 태생적으로는 별로 사교적인 존재가 아니며 의례를 유지하려면 엄청난 노력을 해야 한다고 주장한다. 나는 그가 인간의 비사교적인 생물학적 유산에 대한 증거를 과장하고 있다고 본다. 또 의례에 엄청난 노력을 투여해야 한다는 주장도 강요된 의례만을 관찰한 결과라고 생각한다.

4. 그럴듯한 진화적 경로의 재구성은 고생물학과 개체발생학, 영장류 행동연구와 두뇌생리학의 증거를 이용한 터너(2002: chaps.3 and 4)에게서 볼 수 있다. 터너는 인간 동물이 다른 동물보다 정교한 감정 표현을 발전시키고 그 정서를 두뇌의 인지적 중심부분과 연결시킴으로써 훨씬 더 세련된 사회적 조절을 할 수 있는 독특한 존재가 되었다는 점을 강조한다.

5. 운동 경기의 축제 사례를 보면 역사적 차이가 있다. 미국에서는 1970년 이전에 승리를 기리는 행동이 극히 제한적이어서 팀 선수들끼리 악수하거나 어깨를 안는 정도에 불과했다. 20세기 초반의 전형적인 의례는 코치나 영웅적인 경기를 펼친 선수를 들어 올리거나 어깨를 거는 정도－어느 한 상징적인 부위로 신체적 접촉을 제한하는 형태－였다. 20세기 후반(21세기 초반에도 여전한)에는 온몸으로 껴안고 서로의 몸 위에 올라타고 뒤엉키는 모습을 보여준다. 따라서 비공식적인 의례도 축적된 전통의 영향을 받는다. 어떤 조건이 몸으로 표현하는 축제의 형태를 변화시키는지 분석한 연구는 별로 없다. 그렇기는 하지만 그 모든 표현양식은 하나의 근본적인 유형의 변형으로 볼 수 있다. 즉, 집단 체험에서 생기는 강렬한 감정의 폭발이 신체적 접촉 욕구를 불러일으키며 절정의 감각을 높여주고 오래가게 한다. 사실 그 감각은 그다지 길게 가지 않는다. 만일 신체적인 결합의 의례가 없다면, 겨우 10여 초에서 최대 10분 정도밖에 지속되지 않는다. 매리스(Roger Maris)가 1961년에 최다 홈런을 기록했을 때(40초간의 환호)와 맥과이어(Mark McGwire)가 1998년에 그 기록을 깼을 때(9분간의 환성)의 축제 분위기를 담은 영화와 녹화 자료를 보면 알 수 있다. 초반에는 신체적 접촉이 악수

정도였지만, 나중에는 선수들을 비롯해 많은 이들이 온몸으로 서로 껴안는 장면이 이어진다.

6. 스웨덴의 전통적 축배 의례에서는 지위가 높은 친지에게 축배를 올리며 잔이 비는 순간까지 서로의 눈을 응시한다.

7. 사람들과 더불어 술 마시기가 지닌 의례적 성격은 왜 혼자서 술을 마실 때 약하게나마 부끄러움과 금기를 위반한다는 느낌이 드는지를 설명해준다. 물론 알코올 중독의 조짐이라는 느낌도 있겠지만 의례 물질을 남용한다는 감각이 더 크다. 혼자 있을 때보다 모임에서 술을 더 많이 마시게 되지만 보통은 유대를 위한다는 구실로 포장되어 긍정적 느낌을 준다. 제8장에서 보겠지만 20세기 후반에 흡연이 부적절한 것이 되는 과정에서도 이와 비슷한 기제가 작용한다.

8. 원격 수업을 듣는 학생 쪽에서만 박탈감을 느끼는 것이 아니라 가르치는 강사 편에서도 청중의 즉각적인 반응이 없으면 결핍감을 예민하게 느낀다. 일반적으로 초대형 강의실에서 하는 강의가 더 힘들다. 멀리 있는 학생들의 반응을 감지할 수 없는 탓이다.

9. 이를 설명해주는 심리학 실험 결과가 있다. 코미디물에 웃음소리가 들어 있는 때, 웃음을 터뜨리는 청중을 피험자가 볼 수 있을 때, 또 집단이 클 때 더 많이 웃는다고 한다(Leventhal and Mace, 1970; Provine, 1992; Yong and Frye, 1966; Bush et al., 1989).

10. 캐츠(Katz, 1999)는 행복한 웃음이 터지려면 참여와 관심의 초점 공유가 중요함을 증명해 보인다. 놀이 공원에 있는 유령의 집 거울에 비친 관람객을 녹화한 자료는 개인은 우스꽝스러운 모습을 보고 저절로 웃음을 터뜨리지 않음을 보여준다. 대신에 함께 온 사람들을 불러서 그 모습을 보여주고 서로의 신체적인 움직임과 목소리 리듬을 맞추면서 함께 웃음을 터뜨린다. 관계없는 사람들은 거울에 비친 똑같은 모습을 보고도 웃음에 동참하지 않는다. 웃음을 유발하는 것은 내용물이 아니라 사회적 합류다. 이것이 웃음이 터지는 집합적 경험을 드러내주고 또 집단의 포함과 배제의 경계선이 재창조됨을 예리하게 보여주는 사례들이다.

11. 여기서도 역시 뒤르켕이 선구적 역할을 한다. 집합적 열광의 조건 형성에 공유 리듬이 가진 중요성을 강조한다. "협동과 일치된 동작을 만들어내는 모종의 질서라는 조건이 없으면 집합적 정서가 표현될 수 없으므로, 자연스럽게 몸짓과 외침은 리듬을 띠며 규칙적이 된다. 그리고 노래와 춤이 뒤따른다.……인간의 목소리만으로는 충분치 않다. 인위적인 강화수단이 있어야 한다. 부메랑 던지기(오스트레일리아의 원시 부족민들처럼), 소리울림판자를 돌리며 소리내기 따위이다. 이런 도구들은……일차적으로 흥분 상태를 더 적절한 방식으로 표출하는 데 사용된다. 흥분을 표출하면서 흥분이 더 고조된다"(Durkheim, 1912/1965: 247).

12. 개인은 이미 문화의 일부임을 당연시하며 연구대상을 'members'라고 부르는 민속방법론자들의 성향과 부합된다. 그런 점에서 민속방법론자들은 인지인류학자들의 가정을 따르고 있다(D'Andrade, 1995). 반면에 상호작용 의례 이론의 전통에서는 상호작용하는 인간의 몸에서 시작해 서로 관심을 조율하는 방식에서 문화를 도출하는 접근을 선호한다. 그래서 고프

먼에게 더러 인간 동물의 행동학자라는 딱지가 붙기도 한다.

13. 그런 '규칙'은 관찰자가 그 규칙성을 규정하는 방식일 뿐이다. 행위자의 이야기 방식에 정해진 문화적 청사진이 있다고 가정하는 것은 잘못이다. 반대로 리듬 조율은 모든 인류에게 (어쩌면 다른 많은 동물들에게도) 천성으로 주어진 것이며, 어긋나는 경우 유대의 붕괴로 느끼는 보편성이 있다고 본다. 색스 등(Sacks et al., 1974)은 구조주의 코드 탐색 학파와 비슷한 주장을 했다. 아마도 주된 청중인 언어인류학자들을 염두에 둔 탓일 것이다.

14. 이 대화는 알아차릴 수 있을 만한 간격이 없다. 두 사람이 동시에 말하고 있음을 표시하는 격쇠 부호가 보여주듯이 약간씩 중복된다. 이것이 정상적인 상태이다. 한 사람이 말을 마칠 바로 그 순간에 다른 사람이 말을 시작해서 빈틈이 없도록 하는 것이다. 그러나 동시에 말하게 된 상황을 알아차리자마자 한 사람은 말을 멈추고 상대에게 말할 순서를 양보한다.

15. 이 예는 갈등도 사회성의 한 형태라는 짐멜(Georg Simmel)의 지적을 상기시킨다. 몰입하지 못하거나 관심이 멀어지면 사회적 결속이 붕괴되는 경우와 대비된다. 갈등은 상대의 저항을 누르고 초점 공유 내지 정서적 합류를 자기에게 유리하게 조절하여 상황을 지배하려는 투쟁이라고 말할 수 있다. 나는 폭력적 갈등에 관한 연구에서 이러한 설명노선이 지닌 함의를 도출할 것이다(Collins, 2008).

16. 민속방법론에 뿌리를 두고 있는 대화 분석은 앞에서 제시한 바와 같은 순서로 이어지는 발화의 맥락 의미에 관심을 둔다. 그리고 매 순간 사회 구조를 실행하는 진행형 성과물에 주목한다(Heritage, 1984; Schegloff, 1992). 민속방법론과 마찬가지로 대화 분석은 한 사회적 상황에서 다른 상황으로 이어지는 다양성의 기제보다 사회 구조에서 보편적으로 일어나는 감각에 초점을 둔다.

17. 계급별로도 문화적 차이가 있다. 교육을 많이 받은 중상위 계급은 노동 계급보다 더 많이 머뭇거린다(Labov, 1972). 말을 받는 순서에서 발생하는 멈춤이 아니라 자신이 말하는 도중에 생기는 멈춤이다. 추정컨대(주관적 경험으로 확인하건대) 다음에 할 적절한 말을 찾는 경우일 것이다. 문화적 자본이 더 많고 성찰적 사고를 하는 사람들이 머뭇거림이 더 많다. 번스타인(Bernstein, 1971~75)도 비슷한 현상을 중간 계급의 '세련된 언어 코드'와 노동 계급의 '제한적인 언어 코드'로 비교·기술한다. 노동 계급의 제한적인 언어 코드는 대개 공식화된 말로 구성되어 있어서 직선적이다. 상호작용 의례 이론이 제시하는 가설은 이런 부류의 머뭇거림은 사회 계급 사이에서 일어날 때는 대화의 유대를 망친다는 것이다. 즉, 한쪽은 리듬이 교란되지 않는 말을 쓰는데 상대방은 반응이 없는 식이다. 반대로 중상위 계급은 두 사람 사이의 머뭇거림이 더 쉽게 조절된다(물론 세련된 언어 코드 안에서 매끄럽게 이어지는 리듬이 유대를 더 잘 만들어냄은 물론이다).

18. 두 번째 문화 차이를 보여주는 것으로 보통 여러 사람이 한꺼번에 말하는 문화도 있다. 이탈리아에서 사교성이란 만찬 식탁에서 떠들썩한 대화가 진행되며, 여럿이 서로 다투어 대화

를 따라잡는 것으로 묘사되곤 한다. 이는 좀 더 진전된 분석이 필요한 복잡한 사례이다. 그렇지만 동시에 여러 무리가 따로 대화를 나누는지, 어느 한 개인이 여러 대화 무리에 동시에 참여하려고 하는지는 분명하지 않다. 어느 한 대화 무리 안에서는 중복 금지의 규칙을 위반하지는 않을 것이다. 반대로 말하는 사람과 듣는 사람이 동시에 말하는 경우는 주의를 분산시키고 판을 뒤엎는 공격적 시도라는 의미를 함축한다(그 증거는 Corsaro and Rizzo, 1990 참조). 이런 경우는 미시적 세부 과정을 주의 깊게 볼 필요가 있다.

19. 뒤르켐은 대중 연설가의 고양된 언어를 논의하는 과정에서 한 가지 설명을 제시한다. "적어도 군중과 소통하는 과정에 진입하는 데 성공한다면 군중 앞에서 연설을 하는 사람이 갖게 되는 특정적인 태도이다. 일상적인 상황이라면 우스꽝스러울 거창한 언어를 사용한다. 좌중을 압도하는 모습도 보여준다. 그의 생각 자체가 모든 규칙을 벗어나 극단으로 치닫기 쉽다. 자신 안에서 비정상적일 정도로 강한 힘이 흘러넘쳐 자신을 불태우는 느낌이 있기 때문이다. 때로는 자신보다 훨씬 큰 도덕적 힘의 지배를 받고 있으며 자신은 그저 그 힘의 통역자인 것처럼 느끼기도 한다. 바로 이런 특성이 신령에 홀린 웅변이라고 인식하게 만든다. 이 특별한 힘은 아주 실제적인 것이다. 그 힘은 그가 연설을 행하고 있는 바로 그 집단에서 나온다. 자신의 말이 불러일으킨 감정이 스스로에게 훨씬 크게 증폭되어 돌아오면 감정이 더 강렬해진다. 그가 불러일으킨 열정적 에너지가 자신 안에서 반향을 일으켜 목소리도 격해진다. 그렇게 되면 더 이상 연설을 하는 단순한 한 개인이 아니다. 그것은 인격화인 집단의 화신이다"(Durkheim, 1912/1965: 241).

20. 또 다른 비교도 도움이 된다. 거리에서 인간 몸들이 모여 이룬 군중은 약간의 흥분을 불러일으키지만, 고속도로를 꽉 메운 자동차의 군집은 단순한 교통 체증일 뿐이다. 둘 다 초점 없는 군집이지만 자동차 군집은 보도를 걸어가는 사람들이 몸으로 나누는 최소한의 교환조차 없다. Katz(1999)는 운전 중의 짜증은 바로 눈에 보이는 상호반응이 없는 상황에서 온다고 지적한다.

21. 운동 경기장에서 파도타기에 휩쓸리는 경험에서는 다른 성분이 드러난다. 처음에는 군중의 행위가 자신을 덮치는 듯한 감각이 있고 파도가 자기 차례로 다가오는 바로 그 순간 옆자리에 있는 사람들과 함께 일으켜 세워지는 느낌을 받고 그 다음에는 자신이 다른 사람을 동참하라고 일으켜 세우는 것 같은 느낌을 받는다.

22. 살인적인 폭력이 일어나는 폭동과 운동 경기 중의 관중 응원과 야유, 그 중간에 파괴적인 승리의 축제나 때로 경기를 망치는 시위가 있다. 영국의 축구 홀리건들은 미리 일정을 잡고 실행에 옮기게끔 조직되는 사례로, 폭력적 참여의 격렬한 집합적 경험이 얼마나 매혹적인지 잘 드러낸다.

23. 군중은 보통 소규모 친구나 친지로 구성된 하위 집단으로 이루어지지만, 이 하위 집단은 서로에게 익명으로 존재한다.

24. 1990년대 후반 토고와 말라위 사회를 관찰하고 인터뷰를 한 레드스턴(Ilana Redstone)과 스미스(Kirsten Smith)의 보고서에서 정보를 얻었다. 사회 간 광범위한 비교는 Mauss(1938/1985) 참조.

25. 이것이 버트(Burt, 1992)가 연결망의 구멍(structural hole)에 다리를 놓아주는 연줄을 지나치게 강조하는 연유이다. 중첩되는 연결망은 연줄을 걸쳐놓는 데 아주 중요한 보완책이다. 눈앞에 놓인 정치적 과제가 제휴를 형성하는 것일 때는 흩어져 있는 정보보다는 더욱더 중요한 자원일 수 있는 명성을 높여주기 때문이다.

26. 상징이 순환되어 집단 소속감을 연장시킬 수 있는 제3의 방식이 있다. 상징이 개인의 마음속 생각을 구성하는 내면의 대화에서 재순환되는 것이다. 이 상징은 앞의 두 방식을 내면화하면서 생긴다. 물론 내면의 대화를 통해 상징이 수정되고 발전될 수도 있다. 이런 복잡성은 제5장에서 다룰 것이다.

27. 상징이 한 회로에서 다른 회로로 이어지는 방식들은 다루지 않고 남겨둔다. 원리상으로는 청중이 공유하는 상징이 사적인 대화 연결망에서 사용될 수도 있다. 그러나 이 상징들은 널리 퍼져 있는 것이라서 사적 관계에 큰 의미를 주지는 못한다. 따라서 사교적 대화에서 상징이 교환되더라도 강한 집단 유대에 이를 만큼 관계를 결속시키지는 못한다. 지역의 스포츠팀에 대한 이야기는 누구나 나눌 수 있는 것이라 친한 친구, 가까운 직업적 동료, 사업 동지를 구별하는 대화가 되지 못한다. 사회관계의 차별성은 대화 소재라기보다 대화를 나누는 시간의 길이에 있다. 특히 (직업 경험에서 오는 상징적 집단의 자원을 거의 가지고 있지 않은) 청소년에게 친한 친구 관계란 이야기의 내용이 아니라 그들이 함께 우러러보는 연예계의 영웅이나 성스러운 대상에 관한 이야기를 별나게 오래 나누고 싶어 하는 관계를 말한다. 상징이 여러 회로를 넘나드는 또 다른 방식은 정치, 종교, 연예오락 분야의 무대에 서는 전문가들에게서 볼 수 있다. 그들의 공적 상징은 보편화된 것이 아니라 특수한 것이다. 청중의 비위를 맞추지 않는 무대 뒤에서 서로의 일상사를 나누는 사교적 대화에서 주로 사용된다.

28. 제4장에서 좀 더 논의할 것이다.

29. 세계무역센터 건물을 상징으로 삼는 또 다른 집단의 관점이 있다. 공격을 감행한 이들에게 무역센터건물은 펜타곤과 함께 뉴욕 스카이라인의 상징, 즉 세계를 주름잡는 미국의 금융과 군사력의 상징물이었다. 외부에 있는 적의 눈에는 집단 정체성의 상징이 집단 내 성원들보다 더욱 민감하게 규정될 것이다. 또한 9·11 이후 미국인의 유대에서는 펜타곤도, 비행기 납치범들과 투쟁을 벌이고 그래서 또 다른 공격을 막아내 영웅적인 일을 한 것이 분명한 승객들도, 결코 상징적 지위를 차지하지 못했다. 그 어느 경우도 소방대원이 미국인의 유대와 용기의 상징물이 된 것과 같은 방식으로는 상징적 지위를 형성하지 못했다.

30. 이 가운데서 가장 사적인 상징은 뉴욕 시장이었다. 여기서 강렬한 상호작용 의례가 지닌 전환적 힘은 가히 충격적이다. 9·11 이전에 뉴욕 시장 루돌프 줄리아니는 공격적인 경찰 정책

때문에 상당수 뉴욕 시민에게 혐오의 대상이었고 거의 정치적 생명이 끝난 것으로 여겨졌다.

31. 달리 말하면 우리는 더 이상 일차적 행위자가 아니다. 의식적으로 관찰하는 것이기에 행위가 가시적으로 드러난다. 동시에 이차적 관찰자로서 지적 행위를 하는 스스로에 대해서는 거리를 둘 수 있어야 한다. 물론 우리는 지적 관찰자의 관점에서 사회적 활동을 분석하는 생각의 사회학을 할 수도 있다. 즉, 우리는 인간이 하는 어떤 것도 성찰적으로 의식할 수 있다는 말이다. 그러나 동시에 모든 것을 의식할 수는 없다. 사회적 연결망에서 관찰자가 차지하는 위치에 대한 설명은 Fuchs(2001) 참조.

32. 총기 소지자 대다수는 많은 사람들이 총을 스포츠와 사냥에 사용하는 것이 사실이다. 그러나 그들이 소유하고 있는 자동권총이나 기관총 따위의 총기류는 너무 강력해서 사냥에 적절치 않다. 다양한 담론과 증거는 Wright and Rossi(1994), Cook and Ludwig(2000) 참조.

33. 총기 판매상이 고객에게 총기에 관한 이야기를 나누는 방식을 관찰하는 것이 제일 쉽다. 위험한 상황에서 어떤 종류의 무기가 필요한지, 도전자나 주거 침입자를 위협하려면 어떤 무기가 좋은가 따위의 이야깃거리를 꺼내는 방식을 보는 것이다. 총기 판매점에서 전형적으로 나누는 이야기는 총기 숭배자들의 일상과는 거리가 먼 극적인 상황에서 총을 사용하는 상상을 불러일으키는 것들이다. 이런 극적인 내용은 영업 전략에 속하는 상담의 한 형태이다. 고객도, 어쩌면 상인도 모두 진지하게 말할 수도 있지만 실제로 그들이 매매하는 것은 환상이다. 음란물과 마찬가지로 총을 사는 것도 주로 환상을 경험할 기회를 갖기 위해서이다.

34. 영화나 텔레비전 드라마에 등장하는 총은 대행 의례의 초점으로 간주될 수 있을 것이다. 총의 사용은 액션 모험물이나 미스터리 공포물의 줄거리 구성에서 감정 형성을 좌우하는 결정적 요소이다. 강렬한 관심의 초점을 제공하며 무기를 가진 자와 단순한 목격자를 구별 짓는 상징적 표지로 작용한다. 텔레비전의 무기 노출 정도가 폭력에 영향을 미치는지 여부에 관한 연구는 상당히 많다. 상호작용 의례 이론은 연예오락 매체를 통한 의례적 체험이 직접 폭력적 행동을 하도록 유도하는지에 대해 문제를 제기한다. 아마도 사람들이 그에 관련된 이야기를 나누거나 아이들이 진실 게임처럼 놀이로 실행해보는 상징의 이차적 순환 과정이 문제일 것이다. 이차적 상징 순환이 정말 일차적 총기 숭배자를 만드는지, 그렇다면 어떻게 그렇게 되는지 탐구해야 한다. 더 나아가 총기 숭배자가 되면 총기 숭배자들의 관행을 넘어서 일상에서 다른 인간을 향해 총을 발사하게 되는지도 연구해봐야 한다. 범죄자를 향해서 쏘는지, 범죄자가 쏘는지, 가족이나 친지를 우발적으로 쏘는지 의도적으로 쏘는지, 싸우다 화가 나서인지 아니면 다른 갈등이 확대되어 총을 쏘게 되는지 알아야 한다. 이런 '실제 삶'의 상황에서 이루어지는 총기 사용은 의심할 나위 없이 총기 숭배자의 정상적 의례보다 훨씬 더 무질서할 것이다. 그 모든 총기 사용방식은 상호 관련성이 별로 없는 별개의 문제일 것이다.

35. 19세기 후반과 20세기 초반 미국에서는 금주 운동이 같은 방식으로 사회적 정체성과 경계선을 강화시켰다. 거스필드(Gusfield, 1963)의 분석에 따르면 금주 운동은 특히 농촌 WASP

들과 중상위 계급 여성이 도시 이주민 남성의 의례적 모임 장소인 살롱을 공격한 것이었다. 금주법의 제정은 광범한 저항을 불러일으켜 음주 파티가 현대인, 젊은 층, 성적으로 해방되었다고 자처하는 사람들의 표지가 되었다. 따라서 상징적 표지는 그 참여자뿐만 아니라 대립하는 이들에 의해서도 규정되는 역사적 과정을 밟는다.

제3장 정서적 에너지와 일시적 감정

1. 최근의 사회 운동 이론은 정서를 포함하며 이 방향으로 두드러진 진전을 보여주고 있다 (Jasper, 1997; Goodwin, Jasper and Polletta, 2001).

2. 정서가 어떻게 합리적 교환 이론에 포함될 수 있는지를 보여준 모델도 있다(Lawler and Thye, 1999 참조). 감정 통제 이론(Affect Control Theory)도 정서를 중심 요소로 다루지만, 미시사회학적인 일반 행위 이론보다 정서의 사회학에 속하는 이론으로 간주된다(Mac-Kinnon, 1994; 주 4 참조).

3. 정서 연구가 일련의 사회학적 질문에 적용되면서 변화의 조짐도 보인다(예를 들면, Barbalet, 1998). 정서사회학에 관한 연구 프로그램에 관해서는 Kemper(1999) 참조. 사회과학의 고전적 전통에서는 프로이트의 이론이 가장 직접적으로 정서를 다루었다. 그러나 사회학을 발전시키는 데는 그다지 도움이 되지 못했다. 프로이트가 정서를 욕구의 파생물로 다룬 탓이다. 나는 제6장에서, 프로이트의 고유 영토라 할 성의 영역에서 그 반대 방향으로 작용한다고 보는 것이 더 타당한 가설이라고 주장할 것이다. 프로이트가 미시사회학자라면 그는 유년기 가족 상황을 다룬 미시사회학자라 할 수 있다. 나는 유년기라는 렌즈를 통해 성인기를 보기보다 성인의 일상적인 상호작용이라는 렌즈를 통해 더 많은 것을 배울 수 있다는 입장이다.

4. 이런 점에서 상호작용 의례 이론은 헤이즈(Heise, 1979; 1987)와 스미스로빈(Smith-Lovin, 1990)의 감정 통제 이론과 궤를 같이한다. 상호작용 의례 이론은 상황적 과정 그 자체를 좀 더 발전시킨 모델이다. 감정 통제 이론은 독특한 형태의 자료를 통해 구성된다. 행위자나 행위를 옳고 그름의 평가(evaluation), 효능(potency), 활동성(activeness)의 차원에서 순위를 매기도록 하고 그 행위자와 행위를 새롭게 조합했을 때 순위 매김에 어떤 변화가 생기는지를 예측하는 방식을 사용한다. 컴퓨터 시뮬레이션으로 모델을 구축한다.

5. 의미로 충만한 해석적 인간 행위에 생리학을 개입시키는 (자연과학을 정신과학에 개입시키는) 것을 우려하는 사회학자들에게 인간 행위의 일차적 원동력은 여전히 사회적 의사소통의 수준에 달려 있음을 확인시켜준다는 점을 덧붙일 수 있겠다. 사회적 정서는 생리학으로 환원될 수 있는 것이 아니다. 오히려 그 반대로, 인간 뇌의 생리학은 상호작용 의례 사슬에서 이루어지는 상호작용의 흐름에 따라 특정한 순간의 상황 조건에서 활성화된다. 생리학에 뿌

리를 두지만 인과의 흐름은 사회적 상호 작용에서 시작된다. 인간의 뇌는 대체로 외부에서 내부로 프로그램 되는 것이다.

6. 스타크(Rodney Stark, 2002)가 종교 의례를 비교 분석하면서 강조한 점이다.

7. 명령 하달은 다양한 맥락에서 이루어지고 개인은 삶 전반에서 뒤섞인 감정을 체험한다. 복잡한 현대 사회에서는 다반사지만(모든 사람에게 그런 것은 아니지만), 전통 사회에서는 모든 활동이 세습 귀족 가문을 중심으로 한자리에서 이루어지도록 조직되어 있어서 그런 감정의 뒤섞임은 일어나지 않는다. 라몽(Lamont, 2000)에 따르면 현대 사회에서 명령을 받는 노동 계급은 계급 구조에서 자신들의 전반적인 위치를 반영하면서 평가기준을 바꾸고 주관적으로 신분 정체성을 형성한다. 이런 복잡성은 장기적인 상호작용 의례의 유형과 관련된다. 여기서는 각각의 미시적 상황에서 권력이 구체적으로 행사되어 형태를 취하는 역학을 다룬다. 제7장에서는 명령 권력(직접 명령을 내리는 상황의 권력)과 효능 권력(그 상황을 넘어서 성과를 올리는 권력)을 구별할 것이다. 지금 여기서 하는 논의는 명령 권력의 정서적 결과에 관한 것이다.

8. 이런 현상이 가장 뚜렷하게 드러나는 것은 교도관, 노예감독관, 게릴라 전사들을 다루는 군인, 다루기 힘든 범법자를 취조하는 경찰, 골목대장들이 고문을 가하는 경우이다(Collins, 1974; Montagner et al., 1988). 고문은 즉석에서 피지배자에 대한 정서적 지배력을 확보하는 한편, 집단의 지배와 복종의 상징적 메시지를 선포하기 위해 고안된 의례로서, 고도로 초점이 집중되고 피할 길도 없다.

9. 이를 입증하는 증거로 갠즈(Gans, 1962: 229~262)가 요약한 내용, 노동 계급의 풍토를 기술한 루빈(Rubin, 1976)과 할(Halle, 1984)의 연구, 노동 계급이 상위 계급을 보는 방식을 연구한 라몽(Lamont, 2000) 참조.

10. 가장 명백한 사례는 21세기 전환기의 미국 사회이다. 격식 벗어나기가 사회적으로 선호되고 또 지나치게 형식을 갖추는 사람이나 너무 도덕적인 사람은 제재를 받는다. 제7장에서 더 논의할 것이다.

11. 프리즈다(Frijda, 1986: 13, 71)는 정서를 잠재된 행위 성향으로 본다. 높으면 환경과 접촉할 준비 태세를 갖춘 것이고, 낮으면 무관심과 냉담의 상태를 보여주는 것이다.

12. 생리적 수준의 복합성은 남겨두겠다. 호르몬과 신경계에 다른 여러 부분들이 관련되어 있음은 분명하다. 일반적으로 이 수준에서 특수한 상태의 정서적 흥분을 좌우하는 것은 일부 체계의 활성화보다 다양한 체계들 사이의 균형이다. 단순한 우울감과 복잡한 양상을 보이는 우울감에 대해서는 Frijda(1986: 39) 참조. 또 우울감은 특수한 화학적 과정과 관련이 있을 수 있다. 유전적 요소도 있으며 약물로 치료도 가능하다. 그러나 상호작용 의례 이론은 생리적 과정은 단순히 화학이나 유전자로만 결정되지 않으며 일부 중요한 생리적 과정은 일상생활의 상호작용 의례의 성공과 실패의 흐름으로 발생한다는 입장이다.

13. 켐퍼(Theodore Kemper)의 이론은 분노(와 수치심)는 행위자가 타인과 비교해 신분이 처진다고 느끼는 상황에서 나온다고 가정하고 복잡성을 추가한다. 즉, 켐퍼는 타인과 비교해서 자신에게 마땅하다고 생각하는 신분과 실제 신분을 비교하는 좀 더 복잡한 상황을 다룬다. 나는 좀 더 단순한 형태의 설명을 선호한다. 그리고 지배력을 행사하는 위치에 있는지 아니면 지배를 받는 위치인지, 집단 소속감의 유무에 따라 생기는 정서가 더 근본적인 과정이라고 믿는다. 켐퍼의 이론은 과거의 경험에서 형성된 예상뿐만 아니라 결과도 그들이 소중하게 여기는 이상과 비교하여 타당한지 도덕적으로 판단한다는 점을 추가한다. 두 이론은 다음과 같은 점에서 일치한다. 권력 상황과 신분 상황의 체험이 정서적 에너지를 증가시키거나 감소시킨다. 정서적 에너지 자체는 미래 상황에 대한 기대와 관련된 것이다. 그렇지만 정서적 에너지를 생산하는 상호작용 의례의 기제는 맨 처음에 생긴다. 말하자면, 상호작용 의례가 정서를 유발하는 일차적 기제이다. 정서적 에너지는 미래에 발생할 상황과 정서적 산출물을 결정하는 구성 성분이다. 켐퍼의 모델에서 중요하게 다루는 기대는 상황에서 발생하는 특정한 정서적 에너지로 간주할 수 있다. 켐퍼의 이론은 그 기대와 일치하거나 그에 배치되는 결과에서 나오는 이차적 정서의 속성을 설명하는 것으로 보인다. 두 기제는 모두 같은 상황에서 작동할 수 있다. 가령 신분집단에 받아들여지지 않는 데서 오는 좌절감(내 가설에 따르면 일차적 효과)과 자신이 받아들여지지 않는 상황이 부당하다는 개인의 평가(켐퍼의 이차적 효과)에서 나온 분노일 수 있다.

켐퍼는 그 경험을 누구의 탓(자신, 타인, 비인격적 힘)으로 돌리는가 하는 귀인 요인을 포함하는 복잡성도 추가한다. 나는 그런 인지 작용 자체도 뒤르켕의 사회적 밀도로 설명할 수 있다고 본다. 스스로의 탓으로 돌림은 오직 개인 행위자와 책임의 범주를 만들어내는 분화된 집단 구조가 있을 때이다. 내적으로 미분화되고 응집력이 강한 집단의 경우에는 비인격적 힘(가령, 마술 따위)이나 금기 위반에 원인을 돌린다. 더글러스(Mary Douglas, 1973)는 전자를 강도 높은 '격자망(grid)', 후자를 응집력이 높은 '집단'이라 부르고, 그 구조와 위험이나 책임을 전가하는 서로 다른 양식과 상관관계를 보여주는 인류학적 비교 자료를 제시한다(Douglas, 1966). 블랙(Black, 1998)은 응집력이 강한 미분화된 집단이 내부 갈등을 신속하게 덮어버리고 위반에 대한 앙갚음이 일어나지 않도록 만드는 보편적 유형을 뒷받침하는 자료를 체계화한다. 개인적 책임과 처벌은 사회적 불평등, 관계 거리, 이질성의 구조에서 발생한다는 것이다. 따라서 특정한 연결망 구조 안에서 살아가는 개인의 이전 경험이 개인으로 하여금 그 순간의 상황에 대한 책임이 누구에게 있다고 보는지에 영향을 미치며 켐퍼가 제안하는 형태의 정서를 산출할 것이다.

14. 터너(Turner, 2002: 72~78)는 분노, 두려움, 행복, 슬픔의 네 가지 원초적 감정의 토대를 이론화하면서, 수치심을 원초적 감정이 한데 섞여서 나오는 이차적 감정으로 분류한다. 수치심에서 가장 강렬한 요소는 자신에 대한 약간의 분노와 자신에게 미칠 결과에 대한 두려움이

합쳐진 실망(슬픔)이다. 터너는 자긍심은 밑바닥에 깔려 있는 타인을 향한 분노와 자신을 향한 행복의 감정이 섞인 것이라고 주장한다.

15. 이것이 육상 경기에서 선두주자의 바로 뒤에서 달리는 전략이 종종 승리로 끝나게 되는 연유이다. 2위로 달리는 선수는 선두주자의 힘에 심리적으로 탄력을 받는다. 결승선이 눈앞에 보이면 선두주자를 이전의 리듬 — 그 지점까지는 그 뒤에서 달리는 사람들이 모두 공유하기 때문에 적절한 속도라는 느낌을 가질 수밖에 없다 — 에 묶어두고 자신은 선두주자의 리듬을 깨면서 앞서서 치고 나간다. 선두주자는 앞서 달리던 리듬에서 뒤따르던 사람들의 리듬으로 갑자기 바꾸기 어렵고 또 자기를 앞지른 경쟁자의 리듬을 재차 깨뜨리기도 어렵다. 똑같은 역학이 경마에서도 발견된다.

16. 더 자세한 내용은 이 장의 부록 참조. 인상적인 기법을 제시한 에릭슨과 슐츠의 연구(Erickson and Schultz, 1982)와 그와 비슷한 종류의 사회언어학 연구들이 지닌 약점은 큰 틀의 이론적 장치에 있다. 이들은 연구 결과를 문화적 차이로 해석한다. 즉, 상담자와 학생이 서로 다른 민족 집단의 준언어적 코드를 사용한 탓에 서로를 오해하는 것이라고 본다. 그래서 오해는 묵시적 소통의 다문화를 학습함으로써 극복할 수 있다는 뜻을 내비친다. 그런 경우도 있을 수 있지만 이는 미시적인 상호작용 상황, 즉 상호작용 의례 과정에서 유대와 변이의 핵심 원천을 놓치는 것이다. 상호작용 의례 사슬에서 형성되는 개인의 정서적 에너지의 정도와 상징적 행위목록이 다를 것이고 다양한 종류의 대화 가운데 끌리는 것들이 있고 끌리지 않는 것들이 있을 수 있다. 그리고 미시적 상황 자체에 리듬 조율의 수준을 결정하는 나름의 원칙이 있다. 모든 양자 관계에서, 심지어 민족적 배경이 같은 경우에도 유대가 저절로 생기지는 않는다. 요컨대 이 연구자들은 투입 측면의 거시 변수로 연구를 국한시키고 있는데 이를 산출 측면의 기술적 지표에도 적용해야 할 것이다.

17. 갈등 상황에는 더 복잡한 측면이 있지만 여기서 더 다루지는 않겠다. 갈등의 단기적 역학은 처음에는 서로 적대적인 집단 내부에서 정서적 에너지를 불러일으켜 갈등의 정서로 심화시킨다. 승리나 패배로 감정의 기복이 있을 것이고 장기적으로는 궁지에 몰릴 것이다. 이 주제에 대해서는 Collins(2008) 참조.

18. 집단을 지배하는 개인은 고의적으로 집단의 주변부에 있는 약한 사람들의 분노를 자극할 수 있다. 청소년 패거리에서 볼 수 있는 모욕 주고받기 게임이 그러한 예이다. 약한 친구에게 창피를 주어 화를 돋우고는 물리적 힘을 과시해 반격할 수 없도록 만드는 게임이다. 냉정을 유지하는 자가 강자가 된다는 원리를 깔고 있는 놀이다. 실제로 화를 내게 만들면 누가 되었든 희생자를 철저히 처벌하는 식으로 힘을 드러낸다. 물론 친구끼리의 놀림처럼 약한 형태의 도발도 있다. 이런 경우 집합적 열광을 일으키는 수준까지 이르면 유대가 창출되지만, 분노를 일으키는 수준까지는 결코 밀어붙이지 않는다. 그런 점에서 놀림은 따돌림과는 다르다. 물론 놀림과 따돌림은 각기 그 함축적 의미에 따라 정도가 달라지는 것은 사실이다.

19. 사회적 연결망이 느슨하게 짜인 사회에서는 모욕을 당하면 회피 반응을 보인다는 증거가 있다. Black(1998) 참조.

20. 따라서 울음은 분노와 마찬가지로 비교적 '현실적'인 방식이다. 목표를 달성할 가망이 있는 상황에서 나오는 경우가 가장 흔하다. 이는 두려움과 관련된 울음에 국한된 분석이다. 기념 비적 승리를 거두는 순간에 터져 나오는 울음이나 감상적인 영화에서 사람들의 화해가 이루 어지는 장면에 대한 반응으로 나오는 울음은 진한 유대 감정과 관련된 것으로 정서적 역학이 다르다. 울음과 흐느낌의 신체적 리듬과 발성의 굴곡에 대한 상세한 분석은 캐츠(Katz, 1999) 참조. 캐츠가 기술한 사례에서 흐느낌은 두려움의 표현이 아니라 자아를 관리하고 상호작용 에 통제력을 행사하는 방식이다.

21. 이것이 최소한 우울감이 단순히 유전적·화학적 조건이 아니라 사회적으로 유발되는 방식 이다.

22. 가족의 자동차는 법적으로는 아버지의 소유지만 만일 십대의 딸이 원할 때 언제든지 쓸 수 있다면, 상황적으로 볼 때 아버지의 물질적 자원이 아니라 딸의 물질적 자원이다. 높은 정서 적 에너지를 지닌 투자자가 정서적 에너지 수준이 낮은 사람의 돈을 사용하는 사례처럼 그와 비슷한 관계가 금융 세계에서도 중요하다. 이러한 경제적 계층화의 모델은 제7장에서 다룰 것이다. 공격적인 대출에서 절도에 이르기까지 상호작용의 범위에 따라 법적 소유관계는 상 황적으로 도전받을 수 있다. 블랙(Black, 1998)은 상당수 재산 범죄가 범법자의 눈에는 소유 권을 둘러싼 투쟁의 사슬에서 자신의 개인적 의무와 고충을 관리하는 자립의 형태로 보인다 는 증거를 제시하고 있다.

23. 나는 부르디외의 '문화적 자본'이라는 용어를 집단 소속의 상징이라는 의미로 쓴다. 약어 'CC(cultural capital)'와 'EE(emotional energy)'가 대칭적이라는 이유도 있다. 어떤 용어를 쓰 든지 그것들은 미래의 상호작용에 투자할 수 있는 상징적 소유물이며 더 많이 유통될수록 가 치가 떨어지는 식으로 시장의 제약을 받는다(또한 Lamont and Lareau, 1988 참조). 두 이론 적 틀의 차이는 미시적 상황 과정에 강조점을 두는지 아니면 추상적인 거시 구조에 강조점을 두는지에 있다. 내가 사용하는 '문화적 자본' 또는 '집단 소속의 상징'이라는 개념은 상호작 용 의례에서 충전되고 시간이 흐르면서 상황의 전개에 따라 그 국지적 중요성이 달라지는 모 든 문화적 항목을 지칭한다.

24. 정서적 에너지와 다소 느슨하게 관련된 개념인 행복에 관한 조사 연구가 지닌 문제 가운데 하나는 응답자가 자신이 불행하다고 대답하려 하지 않는다는 점이다. 따라서 질문지는 긍정 적 측면의 대답을 '대단히 행복하다'에서 '그다지 행복하지 않다'에 이르는 일련의 세분화된 응답지로 구성한다(Bradburn, 1969). 미시적 상황을 분석하는 관점에서 보면 면접 상황이 긍 정적인 상호작용 의례일 수 있고 그래서 그 순간 응답자의 정서적 에너지 수준을 높여줄 수 있다. 따라서 응답자가 자기 보고를 하는 측면과는 거리를 두고, 한 상황에서 다음 상황으로

흘러가는 정서적 에너지의 흐름을 관찰하고 그 추이를 추적해서 정서적 에너지 변이의 상황적 원천을 포착할 수 있어야 할 것이다.

제4장 상호작용 시장과 물질 시장

1. Waller(1937), Homans(1950; 1961), Blau(1960) 참조. 전공을 심리학에서 사회학으로 바꾼 젊은 대학원 학생이었을 때 나는 블라우의 후기 논문을 읽고 자극을 받았다.

2. 〈그림 4.1〉은 시작 시점의 성분들이 집합적 과정을 점화시키는 문턱을 넘어설 만큼 높아져야 하고, 그렇지 않으면 상호작용 의례는 이륙하지 못한다는 세부 과정에 주목하게 한다. 여기서 또 하나 의례의 산출물이 단지 한정된 기간만 지속된다는 시간 역학의 측면을 강조한다. 〈그림 4.1〉의 맨 오른쪽에 소실되어 가라앉는 모양(흐름도의 관행에 따라 그린)으로 나타냈다. 집단 유대, 정서적 에너지, 집단 소속을 나타내는 상징의 중요성에 대한 느낌은 의례가 끝나면 서서히 빛이 바래고 또다시 다른 상호작용 의례가 실행되지 않으면 결국 사라져버림을 뜻한다. 이 모델을 컴퓨터로 시뮬레이션하면 시간의 흐름에 따른 소실 비율을 집어넣을 수 있고, 또 흐름의 강도에 따라 유대의 수준이 어떻게 형성되고 쇠퇴하는지, 그리고 전체 과정이 얼마나 자주 반복되는지를 관찰할 수 있다. 컴퓨터 시뮬레이션의 예는 Hanneman and Collins(1998) 참조.

3. Frijda(1986) 참조. 〈그림 4.2〉에 그런 포화 상태는 들어 있지 않지만 극히 장기간 관심이 유지되는 경우로 확대해서 표를 작성한다면 보상이 감소함을 보여줄 수 있을 것이다. 〈그림 4.1〉의 되먹임 회로를 보면 모든 변수가 지속적으로 상승하는 결과가 될 것이다. 더 정교한 흐름도를 만들면 정서적 포화 상태가 발생하는 지점을 그려볼 수도 있을 것이다.

4. 〈그림 4.1〉의 오른쪽에 있는 산출물 – 유대, 정서적 에너지, 집단 소속의 상징 – 에서 왼쪽에 있는 상호작용 의례를 촉진하는 조건으로 가는 장기적 되먹임 고리에서 이를 볼 수 있다. 그 순환의 흐름이 깨진다면 그것은 집단의 집결과 초점에 영향을 미치는 외부적 조건의 변화 때문일 것이다.

5. 이는 상호작용 의례 기제가 상호작용의 모든 상황을 결정짓는다는 말이다. 모임은 초점 공유와 정서적 합류가 전혀 이루어지지 않는 경우에서 아주 강렬하게 이루어지는 경우까지 그 정도에 차이가 있고, 그래서 의례 산출물에 영향을 미친다. 개인의 신체에 다른 투입물이 있을 때도 이 과정은 반드시 들어간다. 만일 굶거나 질병이 있어서 개인의 정서적 에너지가 낮은 경우라면 생리적 상태로 제약을 받기는 하겠지만, 그래도 다른 사람들과의 신체적인 상호작용에 초점 공유와 정서적 합류의 정도가 영향을 미칠 것이다. 생리적으로 영향을 받지 않는 연결망 안의 다른 사람들에게 정서와 상징적 의미의 사슬을 따라 그 사실이 알려지게 될

것이다. 투입의 정도가 달라져도 상호작용 의례 기제는 결코 멈추지 않는다. 유전적 요인으로 행동에 영향을 받는 경우라 할지라도 그 사실이 상호작용 의례를 통해 전파될 것이고, 따라서 사회적 상황에서 유전적 요인의 영향이 경험되는 방식은 언제나 사회적 상호작용이 규정한다. 상황의 역학과 상관없이 유전자 치료나 기타 의학적 진료가 자동적으로 사람들의 사회적 행동을 변화시킬 것이라는 생각은 지지할 수 없다.

6. 제2차 세계대전 중 드골 장군이 영국에 거주하는 동안 처칠과 잘 어울리지 못했던 것을 그의 비정상적인 인성 탓으로만 돌릴 수 없다. 그것은 그저 수많은 상황 가운데 한 사례일 뿐이다. 헤밍웨이(Hemingway, 1964: 28)는 1920년대 파리에서 거투르드 스타인(Gertrude Stein)의 살롱에 드나들 때 다른 곳에서는 명사로 칭송되던 제임스 조이스를 언급하는 사람이 그곳에서는 하나도 없었다고 말한다. "한 사람의 명장 앞에서 다른 명장을 칭송하는 것이나 다름없었기" 때문이다.

7. 정서적 에너지가 가장 높은 사람들이 '중상위의 정서적 에너지'를 지닌 사람과 상호작용할 것인지 아니면 '중하위의 정서적 에너지'를 지닌 사람과 상호작용할 것인지는 분명하지 않다. 예를 들면, '파티광'이나 '나서기 좋아하는 사람'처럼 자기네들 한가운데다 에너지 스타를 놓고 그를 중심으로 모이는 유형이 있을 수 있고, '중상위 수준의 정서적 에너지'를 지닌 사람들끼리 무리를 짓는 유형도 생긴다. 반면에, 에너지 스타들은 자신들을 노예처럼 따르고 찬양해 마지않는 '중하위 수준의 정서적 에너지'를 가진 안정적인 사람들을 주변에 끌어모은다.

8. 상위 직종에 종사하는 사람들이나 자율적 힘을 행사하는 직종에서 일하는 사람들은 일에 더 강하게 몰입하여 장시간 일하며 일이 사적인 삶에 끼어듦을 개의치 않는다는 경험적 연구 결과가 이를 입증한다(Kanter, 1977; Rubin, 1976; Kohn and Schooler, 1983; Gans, 1962). 직종별 노동 상황에 대한 연구는 명시적으로 상호작용 의례의 밀도에 초점을 맞추고 있지는 않지만 연구 결과는 이 유형과 일치한다. 또 이와 관련하여 현대 일본의 기업 조직에서는 밀도 높은 상호작용을 하는 집단이 휴가도 없이 장시간 일하는 경향을 보여준다는 연구(Nakane, 1970)도 있다. 이를 일본 조직의 밀도 높은 상호작용 의례로 기술할 수 있을 것이다.

9. 더 넓게 보자면, 노동 상황이 집단 소속의 상징 자원을 조성해준다는 사실을 강조할 필요가 있겠다. 증권중개인, 금융거래 종사자, 산업조직체의 경영자, 전업 정치인들의 직업 현장의 문화는 이런 요소들로 구성된다. 집단 소속을 표상하는 상징은 노동의 다양한 영역에서 국지적으로 형성된다. 그래서 부르디외는 학교나 박물관 같은 공식적인 문화 생산 기관에서 창조·전파되고 가족의 계급 '아비투스(habitus)'로 계승되는 '문화적 자본'의 중요성을 지나치게 강조한다. 경험적 연구가 보여주는 것(Lamont, 1992; Kanter, 1977; Dalton, 1951; 1959)과 같이 기업 간부나 상위직은 다른 사람들과 집단 소속을 협상하는 능력을 '배양'하는 데 공식적으로 생산된 문화적 상징보다는 자기네 직업 현장의 상징을 사용한다. 금융 전문가는

문학이나 오페라에 대한 지식 때문이 아니라 금융 언어를 설득력 있게 이야기할 수 있기 때문에 금융 제휴를 성사시킨다. 이른바 보편화된 문화적 자본을 강조했던 부르디외의 주장과는 반대로, 엘리트 직종을 가진 사람은 특화된 문화적 자본 또는 자신들의 직접적 연결망에서 순환되는 상징 자원 때문에 성공한다.

10. 통상적인 경제학 이론에 따르면 일하는 데 들이는 노력과 벌어들이는 돈의 교환 효과가 감소하기 때문에 벌어들이는 돈에 주관적으로 부여하는 상대적인 가치는 소득이 정점일 때 감소한다고 한다. 그러나 에너지를 창출하는 밀도 높은 상호작용 의례로 일이 구성되는 경우에는 여가 선호 취향이 생기지 않는다. 여가와 노동시간의 분포는 Jacobs and Gerson(2001) 참조.

11. 나는 위에서 정서적 에너지가 높은 사람끼리는 서로를 멀리한다고 주장했다. 그러면 정서적 에너지가 높은 지식인들이 서로 군집을 형성한다는 말은 모순되지 않는가? 시간적 차원에서 살펴보면 모순되지 않는다. 아주 생산적인 (자신의 작업에서 높은 정서적 에너지를 보여주는) 지식인들은 보통 이전에 생산성이 높은 지식인의 학생으로, 또 함께 창조적 활동을 하는 집단의 성원으로 경력을 시작한다. 한 개인이 사회적 관심의 영역에서 독립적인 명성을 얻을 만큼 도약하면 스승이나, 이제는 경쟁자가 된 과거의 동료들과 결별한다. 철학자의 연결망에 관한 내 연구에서 이를 상세하게 기술했다(Collins, 1998).

12. 이 관점에서 보면, 그래노베터(Grannovetter, 1973)가 '약한 연줄의 강한 힘'이라고 불러서 유명해진 개념에는 두 가지 다른 측면이 있다. 하나는 규모가 큰 연결망 안에서 멀리 있는 사람들과 '약한 연줄'로 연결되어 국지적으로는 정보 전달이 가능하지 않은 형태이다. 버트(Burt, 1992)는 동일한 사람들이 상호 중복되는 연줄과 비교해 이런 부류의 약한 연줄을 연결망의 구조적 구멍(structural hole)을 이어주는 다리 개념으로 재구성한다. 다른 하나는 사람들이 만나게 되는 상호작용 의례의 종류가 '약한' 또는 '강한' 경우이다. 약한 연줄은 유대와 정서적 에너지를 거의 생산하지 못하는 피상적인 의례를 가리킨다. 반면에 강한 연줄은 만남이 강한 유대와 높은 정서적 에너지를 산출하는 경우로 이런 만남에서 사람들은 친구, 지기, 소중한 동료가 된다. 이 두 가지 종류 연줄의 강약은 여러 형태로 조합될 수 있다. 그래노베터의 '약한 연줄'과 버트의 개념(다리 역할을 하는 연줄)이 지닌 이점은 적어도 상호작용 의례가 최저 수준의 성공이라도 거두어야 생긴다. 그렇지 않다면 그들은 서로 아무것도 주고받지 못하게 될 것이다. 또한 (상호작용이 강렬해서) 구조적 구멍에 다리를 놓아줄 강한 연줄을 가지고 있기 때문에 그런 연줄이 효과를 보는 것일지도 모른다. 반대로 상호작용을 하는 여러 집단이 중복되어 군집을 형성할 수 있는 연줄을 갖고 있지만 집단 자체는 정서적으로 평범하고 피상적인 상징의 순환이 이루어지는 것일 수도 있다.

13. 조직 정체성을 경쟁과 분리해서 볼 수 없는 조직들이 경쟁을 완화시키는 집합적 활동으로 시장을 창조하는 인상적인 예는 Leifer(1995) 참조.

14. 금욕적 성인의 현대판 근사치로 운동선수를 생각해볼 수 있다. 운동선수는 때로 엄청난 신체적 고통을 겪고 그에 대한 보상으로 감탄해 마지않는 군중에게서 커다란 정서적 지지를 얻는다. 현대 사회의 뛰어난 운동선수들은 보통 돈을 많이 버는데다가 (즉시 또는 장기간) 경기장을 벗어나면 매우 이기적이고 성질이 더러워 그들의 행동을 이타주의로 보기 어렵다. 수도승들은 평생토록 금욕 수행에 정진하기 때문에 일상적 삶에서 벗어난 존재로 추앙받는다. 운동선수는 한순간의 신체적 고통을 감내하며 상황적으로 몰입하는 것일 뿐이다. 전통 사회에서 수도승의 삶이 관심의 초점으로 부각되어 추앙받지만 현대 사회에서는 그렇지 못하게 된 사회 구조의 변화에 대한 설명은 Collins(1998: 206~208) 참조.

15. 상호작용 의례 이론은 이타적인 조직의 지도자가 대단히 이기적인 사람일 수 있다고 예측한다. 만일 여러 명의 지도자가 아부를 받아 활기를 얻는다면 이타적인 조직의 내부에서 권력 지위를 놓고 투쟁이 일어날 것이다. 그 상황을 해소할 수 있는 한 가지 방식은 야심에 찬 젊은 추종자가 일단 도제로 봉사하고 대중 동원의 기법을 익힌 다음, 거기서 떨어져 나와 독자적인 조직을 꾸리는 것이다. 종교적 교단 형성의 전형적 유형이다(Stark and Bainbridge, 1986). 자신의 이타주의를 과시하면서 적수의 이타주의적 동기를 문제 삼는 식으로 이루어지는 고전적인 이타적 조직의 권력 투쟁의 사례는 『아빌라의 성녀 테레사의 일생(The Life of St. Teresa of Avila)』(1565/1957) 참조.

16. Miller(1998) 참조. 리처(Ritzer, 1999)는 현대의 쇼핑몰과 연예오락의 복합 공간은 쇼핑 경험을 의례화함으로써 홀로 쇼핑하는 경험을 의도적으로 반전시키는 사례를 보여준다고 지적한다.

17. 개인이 분모 대 분자의 비율을 비교해서 이런 식의 결정을 하게 될지는 의문이다. 정서보다는 인지적인 성격을 띤 추상적 개념화이기 때문이다. 나는 그 대신에 정서적 에너지 이득에서 정서적 에너지 손실을 뺀 단순한 차이를 비교한다고 본다. 기억하고 있는 과거나 곧 닥쳐올 장래에 대해 마음에 신선하게 떠오르는 것들을, 상황을 환기시키는 상징이 가져다줄 정서적 에너지 강도와 비교해 결정할 것이다. 실제로는 의식적인 말로 하는 생각의 형태를 띠거나, 토론거리로 내놓을 수도 있고, 또는 그보다 막연한 정서적 이끌림이나 거부감의 형태를 띨 수도 있다. 어떤 형태든 선택을 표현하는 상징은 다양한 빛의 후광으로 둘러싸여 있다.

18. 선택의 예외에 대한 연구의 실험적 성격이 그런 행위를 실제보다 더 비합리적으로 만들지도 모른다. 실제 삶의 상황에서는 정보를 탐색하는 비용이 커서 깔끔하게 고안된 실험적 대안과는 달리 적합한 정보가 엄청나게 많아 한도 끝도 없는 문제가 잠재되어 있을 수 있다. 그런 조건에서는 정보 탐색을 확대시키지 않고 사이먼과 마치(Simon and March, 1958)가 말하는 만족화 수준에서 멈추는 것이 이치에 맞다. 에서(Esser, 1993)도 비슷한 주장을 한다.

19. 상호작용 의례 이론은 상황에서 타인과 맺고 있는 정서적 결속의 정도에 비례해 무임승차자 상황이 되는 것을 피하리라고 예측한다. 그래서 대체로 사람들은 순전히 물질적 이익을

계산하는 실험 상황에서 예측하는 무임승차는 하지 않는다(Marwell and Ames, 1979; 1980).

20. Blood and Wolfe(1960: 241) 참조. 자연적 상황에서 돈에 관한 이야기를 하는 상황과 태도는 별로 연구되지 않는다. 더 많은 탐구가 필요한 주제이다. 젤라이저(1994)는 차별적 특성을 지닌 사회적 교환 회로에서 작용하는 수많은 상이한 종류의 돈을 기술하고 있다. 상호작용 의례 사슬의 관점에서 보면 돈의 가치는 사람들이 돈을 주제로 삼는 대화 의례에서 결정된다. 그리고 그 대화의 연결망이 경제적 행위자 정체성과 유대감을 갖게 하는 공동체를 구성한다.

21. 이와 같은 상황은 다른 이론적 맥락에서 가핀켈(1967)이 평상시의 예상을 뒤집는 유명한 위반 실험에서 발견한 바 있다.

22. 일반 대중의 수학 혐오증과 특정 학계의 수학 동일시의 원천은 둘 다 학교 시절의 의례화된 경험으로 거슬러 올라갈 수 있다. 수학적 훈련은 문제를 푸는 통과 의례에 초점이 맞추어져 있다. 날마다 수학과 과학 공부를 몇 시간씩 하는 학생들의 삶은 다른 학생들이 하는 다른 사회적 활동과는 거리가 멀다. 엘리트 지위를 누리는 직업에 자신을 정서적으로 동일시하는 교사들이 만든 수학 문제는 보통 학생들이 수학 문제 풀이 과정과 상징주의를 내면화하도록 설계된다. 학교의 수학 시험은 단계적으로 난이도의 장애를 쳐 놓고 그 장애를 통과하려는 학생들의 정서적 긴장 수준을 유지하도록 고안된다. 수학 문제 풀이에 몰입하는 활동은 내부인과 외부인 사이에 집단 특유의 정서, 상징, 사회적 장애를 설치하는 상당히 강도 높은 의례다.

23. 실제 삶에서 개인이 결과의 양적 확률을 알고 있는지는 의문이다. 그래서 엄격한 의미의 위험부담은 무시해도 될 것 같다.

24. 이 점에 관해서는 가핀켈의 민속방법론과 사이먼(1957)의 분석이 일치한다. 가핀켈(1967)은 인간 행위자가 집합적으로 현실 상황을 정의할 때 치유할 수 없는 모호성의 원천을 지적함으로써 인지적인 인간 행위자가 마주치는 더 깊숙한 문제로 논의를 확장시킨다. 따라서 가핀켈의 행위자는 사이먼의 행위자보다 더 보수적이다. 대안이나 정당성을 고려하기보다 당연시되는 것을 선호한다는 뜻이다.

25. 상호작용 의례 모델에서 행위자는 전반적으로 정서적 에너지 수준을 최대화하려 한다고 본다. 만족화는 여러 영역에서 동시에 일어나는 행위를 다루는 절차적인 문제이다. 그렇지만 만족화의 목표는 전반적인 정서적 에너지 수준을 최대화하는 것이다. 사이먼의 만족화 모델에는 공통분모가 결핍되어 있기 때문에 여러 상황을 다 포괄하는 최대화 방법은 보여 주지 못한다.

제5장 내면화된 상징과 생각의 사회적 과정

1. 유아론과 "나는 생각한다. 고로 존재한다"고 주장한 데카르트의 철학적 전통이 왜 사회학적으로나 철학적으로 비현실적인지에 관한 논의는 Collins(1998: 858~862) 참조.

2. 20세기로 접어들던 시기에 내면 성찰과 관련해 상당한 양의 자료를 수집한 심리학 연구 학파가 여럿 있었다(Kusch, 1999의 요약 참조). 그 대부분은 생각의 자연스러운 흐름에 관심을 두지 않고 단어와 이미지 사이의 연상을 고립적으로 다루었다. 흔히 일상적인 대화의 흐름에 오염되는 것을 피하기 위해 실험용으로 구성된 인위적 단어를 사용했기 때문에 사회학적 모델로는 적합하지 않다. 내면 성찰의 심리학은 우리가 여기서 관심을 두는 바로 그 사회적 상호작용 맥락을 제거하는 실험 설계 방법이다. 최근의 인지과학 연구에서는 사회학적 문제의식과 겹치는 부분도 상당수 있지만 여기서는 검토하지 않겠다.

3. 진행 중인 상호작용의 사회적 맥락을 포함하는 모델로 한정한 것은 사실이지만, 여기서 생각을 연구하는 방법을 다 망라하지는 않았다. 컴퓨터 시뮬레이션, 자유연상의 고전적인 정신분석학, 꿈을 해석하는 방법도 있다. 여기서는 그 방법들에 관한 논의는 생략한다. 방대한 연구 문헌을 다 논의해야 하는 과중한 부담을 피하려는 뜻도 있고, 다른 방향의 이론적 관점들과 뒤섞기보다 이론적 초점을 상호작용 의례의 관점에 맞추려는 생각도 있어서이다.

4. 가능한 한 많은 경험적 사례를 수집할 필요가 있음은 말할 것도 없다. 독자에게도 각자의 사고 상황을 수집·분석해보라고 권한다. 아울러 반쯤은 내면화되고 또 반쯤은 외부화된 말을 관찰해 이론적 틀을 개선할 수도 있다. 아처(Margaret Archer)는 영국에서 이와 유사한 연구를 발전시켰다.

5. 주류, 이류, 주변으로 나뉘는 서열은 후속 연구에서 그들을 인용하는 정도로 결정된다. 이 연구는 중국, 인도, 일본, 고대 그리스, 이슬람 세계, 그리고 중세와 근대 유럽의 철학자 2,670명을 포함했다.

6. 연결망에서는 누구나 다 서로 연결되어 있다는 비판이 제기될 수 있다. 미국에서는 모든 개인이 여섯 다리만 걸치면 다 아는 이들로 연결된다는 연구 결과도 있다(Travers and Milgram, 1969). 그래서 저명한 지식인들이 서로 연결되어 있음은 놀라울 것도 없다는 것이다. 이런 식의 비판은 바로 내가 여기서 보여주려는 내용에 주목하게 한다. 즉, 내 연구는 지적 관념과 명성을 전파시키지 않는 보통 사람들의 경우가 아니라 지식인들의 연줄을 다루었다. 고대 아테네의 철학자 한 사람이 영주 한 사람과 연줄을 갖고 있고 그 영주는 두 다리 건너 또 한 사람의 철학자를 수발하는 푸줏간 주인과 연결되어 있다고 해서 그 연줄이 철학자들을 연결시켜주지는 않는다. 연결망 분석은 연줄을 구성하는 내용에 대해서는 너무 피상적으로 다루는 경향이 있다. 대개 그 연줄에 모종의 동질성이 있음을 당연시한다. 현대 미국 사회에서 임의로 선택한 개인들이 모르는 사람에게 발송한 엽서가 여섯 단계를 거쳐 아는 사람과 연결됨

을 보여주는 연구는 효과적인 사회적 연결망의 존재를 밝혀주지 못한다. 어떤 의미에서는 단순한 연구의 가공물일 뿐이다.

　내가 여기서 강조하고 싶은 또 하나의 논점은 주요 지식인들은 다른 주요 지식인들과 밀접한 관계를 맺고 있다는 점이다. 그 연결 관계는 대부분 하나의 연결 사슬이며 이 사슬이 더 긴 사슬을 형성하기도 한다. 가령 가장 중요한 고대 그리스 철학자들은 2단계 이내에서 평균 5.9명의 중요한 인물 및 이류 철학자들과 연결되어 있고, 4단계 이내에서는 12.1명과 연결되어 있다. 이류 철학자들은 그 숫자가 각각 2.2명과 4.5명이다. 뜬소문의 전달에 관한 연구들은 여러 단계를 거친 메시지는 심하게 왜곡됨을 보여준다(Bartlett, 1932). 6단계를 거쳐 전달받은 내용('작은 세계' 연구에서 보여주는 것처럼)은 그저 진부한 내용이기 쉽다. 지식인들의 연결망은 이런 식으로 작동하지 않는다. 관념 상징이 사용되는 방식을 통해 소속 성원과 비성원을 구별하는 데 강조점을 두며 극도로 밀착된 상호작용을 하기 때문이다. 상이한 지식인들의 연결망 사슬의 길이는 체계적으로 차이를 보인다. 모든 사람이 다른 모든 이들과 연결되어 있다는 주장은 이 경우에는 들어맞지 않는다.

7. 이 유형은 나의 연결망 연구가 검토한 마지막 세대까지 유지된다. 나는 가까운 과거에서 분석을 멈추었다. 지식인들의 역사적 명성이 저명한 것으로, 주변적인 것으로 또는 잊힌 것으로 안정되는 데는 수세대가 걸리기 때문이다. 우리는 우리 당대의 철학자나 스승들의 창조성을 어떻게 평가해야 할지 아직 모른다. 후속 세대가 그들의 관념을 가지고 무엇을 하게 될지 알기에는 아직 시간이 충분히 무르익지 않았다.

8. 1960년대 초반 하버드 대학에서 학부학생으로서 탈콧 파슨스의 강의를 들었던 내 경험을 예로 들어보자. 거기서 얻어 나중에 쓸모 있었던 것은 그의 이론적 체계의 세부적 내용이 아니라 현대 이론의 선두주자로서 과거의 고전 이론가, 특히 베버와 뒤르켐을 동맹자로 만드는 방식이었다. 파슨스는 (그리고 그의 조교나 추종자 무리에게는 더욱더) 그의 고상한 전통을 '쓰레기통 같은 미국식 경험주의'라고 불렀던 연구들과 대조하는 데 집중했다. 또한 묵시적으로 상징적 상호작용론과도 차별화했다. 파슨스는 대안으로 미시 수준의 이론적 성분으로 프로이트를 끌어들였지만 미시환원주의가 아니라 완전한 거시 이론으로 변형시켰다. 파슨스는 사회학 이론가로서 나의 학문적 경력의 출발점이 되었지만 버클리에서 대학원 공부를 하면서 나는 다른 이론적 성분들을 보태 파슨스 식의 베버 해석을 마르크스주의자와 역사사회학자들의 해석으로 전환시키는 작업을 하며 학문적 경력을 쌓았다. 또 다른 성분은 고프먼과 접촉하고 그의 제자들과는 더 긴밀하게 접촉한 데서 나왔다. 그들에게는 고프먼이 대화의 주요 소재였고 바로 우리 주변의 상호작용에서 존대와 처신의 의례와 자아 연출이 얼마나 두드러진 현상인가를 토론하곤 했다. 이들 고프먼의 추종자들은 대부분 그의 생각을 상징적 상호작용론의 방향으로 발전시켰다. 버클리 대학 사회학과에 블루머(Herbert Blumer)라는 또 하나의 뛰어난 학자가 있었기 때문이다. 블루머는 개인적으로 미드(George Herbert

Mead)의 사상에서 영향을 받았음을 상기시키곤 했고, 사회학의 다른 학파와 상징적 상호작용론 학파를 극단적으로 대조시키곤 했다. 고프먼의 제자들 가운데 한 무리는 고프먼의 일상생활의 사회학과 당시에는 여전히 비제도권에 머물렀던 가핀켈(Harold Garfinkel)의 생각을 결합하여 다소 이단적이고 우상 파괴적으로 보이기도 하는 하위 학파를 형성했다. 이들이 민속방법론을 창조하여 가핀켈의 연구 결과를 널리 알리고 출판함으로써(연구는 훨씬 일찍 이루어졌지만 책으로 나온 것은 1967년이었다), 비로소 이 학파가 열린 광장으로 나오게 되었다. 나는 파슨스가 그랬던 것처럼, 베버와 뒤르켕에게 이론적 중요성을 크게 부여하면서도 고프먼과 블루머의 통찰을 결합해 베버와 뒤르켕을 해석하는 데서 내 자리를 찾았다. 나의 경험을 하나의 구체적 사례로 그리고 상호작용 의례 사슬이 자아 성찰을 통해 검증될 수 있음을 보여주기 위해 여기에 제시한다.

9. 1930년대에 시카고 대학에서 미드의 강의 조교였던 블루머는 1964년 버클리 대학에서 한 강의에서 미드의 사고 모델을 다음과 같은 방식으로 사용했다. "'I'는 'me'를 상상의 세계로 보내는 리허설을 한다. 'me'가 장애를 만나면 'I'는 목표를 달성할 수 있는 다른 길을 상상한다. 객관적 세계를 가시화하는 성인 자아의 능력과 그 자아를 보는 관점은 'Generalized Other'의 관점이다. 이것이 자아를 상호작용하는 두 부분으로 나누며 즉각적인 상황의 압력에서 개인을 자유롭게 해주고 거리를 두고 상황을 성찰적으로 보고, 계획을 짜고, 상황을 재정의하게 한다. 그것이 인간됨의 핵심이다"(Blumer, 1969).

10. 보르케나우(Borkenau, 1981)의 'I-form 말하기의 탄생'을 역사적으로 비교한 연구를 참조. 가령, 라틴어는 'I'를 구별하지는 않지만 동사 변형에서 보여준다. 일본어는 비인격적 형태를 사용한다. 영어권에서 "나는 이것을 원한다"라는 말을 일본에서는 "이것이 (나에 의해서) 원해지는 것이다"라는 식으로 말한다.

11. 제2장에서 우리가 보았던 바와 같이, 독립적인 행위자의 관점으로서 'I'는 가장 나중에 자아로 형성되는 부분이다. 내면화된 혼잣말은 아이에게 당장의 상황적 압력에서 벗어나 내적 자기방향성과 자율성을 가질 능력을 준다.

12. 캐츠의 면접 대상은 모두 그런 경험을 한 것 같다. 다른 운전자의 못된 운전 버릇에 화가 나지 않는 사람은 없다. 고약한 운전 버릇을 갖고 있는 운전자도 연구 표본에 들어가야 한다. 반대편에서 보면 동일한 행동이기 때문이다.

13. 캐츠가 묘사한 또 다른 형태의 '주술적' 몸짓은 보통 저주와 함께 불쾌감을 유발한 상대 운전자에게 '가운뎃손가락 세우기'로 모욕 주기이다. 여기서 '저주의 주술'은 특히 전염성이 강하다. 모욕을 당한 사람이 알아채고 같은 손짓이나 그보다 더 심한 짓으로 되갚아주기 때문이다. 이는 모두를 동일한 (반칙의) 분위기, 리듬, 관심의 집중으로 몰고 갈 뿐만 아니라 동일한 손짓과 저주를 되비추는 의례적 합류이다.

14. 금기 언어는 존대와 처신의 전통을 거부하는 1960년대와 1970년대 '반문화' 운동이 활발하

던 시기에 젊은 세대에서 특히 두드러지게 사용되었다. 금기 언어를 사용하려는 충동이 확산된 데는 남성과 여성 사이의 사회적 장벽을 무너뜨린다는 의미도 한몫했다. 여성은 관례적으로 '거친 말'과는 단절되어 있었던 탓이다. 외설스런 말은 이제 자신들을 히피, 젊은이, 물정에 밝은 취향이 세련된 인물로 생각하는 사람들에게 널리 퍼져 있다. 그렇지만 외설스러운 말 내뱉기는 상황의 산물이다. 문자로 쓰거나 공적 기록물에는 사용하지 않고 신문에서는 검열의 대상이 된다. 격의 없는 대화에서 그런 말을 쓰는 사람도 공적인 자리일 경우는 하지 않으며 학교에서는 금지하고 벌을 내린다.

15. 캐츠는 아시아계 운전자가 아시아 여성들은 느려터진 운전자라는 통념에 모욕을 느꼈다고 말하는 사례를 인용하고 있다. 느린 운전자를 뒤에서 보고 있다가 운전자가 아시아 여성임을 알게 되자 범주적 통념을 사용해서 그녀에게 저주를 내뱉는다는 것이다.

16. 차에 동행이 타고 있을 때 저주 내뱉기는 그 동승자를 향한 의사소통이 아니다. 저주 내뱉기가 운전 흐름이 방해를 받았다는 사실과 의식적인 행위 주체로서 인정받지 못한다는 운전자의 감각에서 나온다는 캐츠의 모델을 입증할 수 있는 사례가 바로 동승자의 경우이다. 동승자는 객관적으로는 운전자와 똑같이 위험을 느끼거나 방해를 받지만, 다른 운전자를 향해 내뱉는 저주에는 가담하지 않는다. 대신 자기가 탄 차 운전자의 행동이 비합리적이라고 생각하는 경향이 있다. 차와 함께 교통 흐름의 리듬 감각을 경험하는 것은 운전자이고, 따라서 주술적 행위로 갚아줄 필요를 느끼는 사람은 좌절감을 경험한 운전자이다.

17. 예를 들면, 스피노자가 1656년 암스테르담 교당에서 파문당할 때 회중들이 출입문에서 그를 밟고 지나가는 의례를 행함으로써 공식적으로 저주를 받았다.

18. 가령, 비디오로 〈니노치카(Ninotchika)〉를 보면서 잘못 캐스팅된 듯한 멜빈 더글러스의 연기가 싫어서 나는 큰 소리로 말한다. "아이고 하느님, 감사합니다. 개리 쿠퍼가 아니라서!" 소리 내지 않으며 하는 생각은 강한 진술을 하는 데는 부적절하게 느껴진다. 말을 나눌 사람이 없을 때에도 혼자서 큰 소리로 말을 한다(아니면 글로 쓰기도 한다. 신문의 편집자에게 편지를 쓰고 싶은 충동이 생길 때는).

19. 음악가가 작곡을 할 때 거치는 과정처럼 특별한 예외도 있다. 그러나 이 과정이 외부인들에게는 시쳇말로 '천재'나 '영감'이라는 말을 떠올릴 만큼 신비스럽게 보일지도 모르지만, 지적 창조와 마찬가지로 구성 성분을 재구성해서 청중에게 다시 내보내는 전문가들의 연결망에서 기법을 내면화하는 과정과 비슷해 보인다. Denora(1995) 참조.

20. 적어도 아주 가까운 근사치로는 보인다. 이미지는 내면의 말하기보다 그리 길게 가지도 않고 말로 다루는 주제보다 시각적 이미지가 그렇게 훨씬 빠르지도 않다.

21. 그 경계선에 있는 사례는 꿈이다. 가장 생생한 꿈은 대부분 말이 지닌 의미를 함축하는 이미지로 일어나고 말은 간헐적으로만 한다. 그리고 그 목소리는 자기 것일 수도 있고 아닐 수도 있다. 그렇지만 아주 규모가 큰 꿈이나 잠자는 동안의 정신적 활동은 완전히 말로 하는 사

고로 이루어진다. 이에 대해서는 잠자는 동안 아주 빠른 속도로 안구 운동이 일어날 때 피험자를 깨워 행한 연구가 있다(Kryger, Roth and Dement, 2000). 잠자는 동안의 생각도 대개는 혼잣말로 구성되며 때로는 강박적일 정도로 반복되거나 어수선하다. 혼잣말 형태의 꿈꾸기는 보통 그 전날 있었던 말들을 반영하고 발전시키거나 곧 다가올 상황을 예상하는 말들로, 낮 동안의 의식과 매우 밀착되어 숙면을 방해한다. 말이 주가 되는 꿈은 멀리 나간다. 여기에도 역시 사회학적 차원이 있는 것 같다. 시각적 꿈은 구체적 이미지 생각의 형태이다. 말로 하는 생각은 미미하기 때문에 모든 생각이 그림으로 나타나지만, 책에 실린 그림이나 알파벳 기호처럼 고립된 이미지가 아니라 마치 물리적으로 어떤 세계에 존재하는 것처럼 전경이 다 나오는 그림의 이미지이다. 꿈속의 생각은 이미지에서 이미지로 이어진다. 꿈에서 자신이 존재하는 세계는 깨어 있을 때의 현실과는 맞지 않는 이상한 형상들이 나타나는 장면으로 펼쳐진다. 꿈을 언어로 해석하려 한 프로이트의 노력이 길을 잘못 잡은 것 같다. 꿈은 서투르고 그다지 성공적이 되지 못한 생각의 형태이다. 생각을 구성하는 성분의 일부를 드러내지만 보통 응집된 언어적 사고나 욕구를 표현하는 생각으로 번역되지는 않는다.

꿈속의 생각은 말로 하는 생각의 속도에 비해 매우 느리다. 상황을 파악하고 재빨리 행동을 취하는 방식으로 시각적 사고가 빛의 속도로 움직인다는 터너의 모델과는 정반대이다. 자는 동안 몸이 움직이지 못할 때(이미지로 된 꿈은 아주 깊은 잠에 빠졌을 때 일어나며 동작이 불가능하다), 연속적인 시각적 이미지라는 수단으로 이루어지는 생각의 흐름은 모든 종류의 생각 가운데서 아마도 가장 속도가 느릴 것이다. 구체적인 이미지 요건에서 자유로운, 말로 하는 생각이 광범위한 생각의 흐름에는 가장 효과적인 매체라는 간접적 증거가 될 수 있을 것이다.

22. 물론 시나 독특한 유형을 갖춘 문학적 산문을 창조하는 지식인들의 경우에는 다를 것이다.

23. 이론적 입장을 가장 손쉽게 전달할 수 있도록 세계관이라고 표현하는 어휘가 그 대표적인 보기가 될 것이다. 가령 '정당화', '세계 체계', '정체성의 정치', '텍스트성' 같은 어휘들이다. 물론 '상호작용 의례'도 그런 어휘에 속한다.

제6장 성 상호작용의 이론

1. 손을 항문에 삽입하는 것. 동성애 운동을 하는 한 작가는 이를 "금세기에 발명된 유일한 성 행위"라고 자랑스레 공표하기도 했다(Rubin, 1994; 1995).

2. 단일한 상대와 성관계를 가지는 사람들이 상대가 여럿인 경우보다 신체적 쾌감과 정서적 만족감이 더 높다는 증거와 일치한다(Laumann et al., 1994: 375).

3. 이성애를 남성 지배로 해석하는 이론들은 역사적으로 보면 정확하다. 많은 곳에서 성은 사

실상 소유 형태였다. 그러나 성을 단순히 상수로 취급하기보다 친족 동맹, 결혼 시장, 개인적 신분 지위 협상의 역사적 변화와 관련해 분석할 필요가 있다. 이데올로기적으로 구성된 남성 지배 이론은 타당한 상호작용의 미시 이론을 지니고 있지 않은 탓에 기발한 프로이트의 억측을 대체할 뿐 성 상호작용의 주요 측면은 놓치고 있다.

4. 젤라이저(2000)는 매춘의 경계가 그리 뚜렷하지 않다는 데 주목한다. 물질적 대가가 얼마나 직접 구체적으로 지불되는지에 따라 다양한 성관계 형태가 있으며, 좀 더 장기적인 관계에서는 사회적으로 존중되는 정도도 높고 더 포괄적인 신용 거래가 이루어진다고 한다.

5. 매춘에 대한 자료의 출처는 다음과 같다. Sanchez(1997), Hoigard and Finstad(1992), Chapkis(1997), Stinchcombe(1994), Monto(2001). worldsex.com에 매춘 고객이 털어놓는 경험담은 흔히 유혹에 사기당한 이야기가 대종을 이룬다. 매춘 남성을 경험한 여성 쪽의 자료를 얻을 수 있다면 밝혀주는 바가 많을 것이다. 여성의 매춘 남성 경험은 일회성 거래보다는 좀 더 장기적이지만, 성을 제공하는 남성 쪽의 냉담과 착취로 악명이 높다. 동성애 매춘에 관한 자료(Kulick, 1998)는 고객의 착취나 거래 협상의 어려움이 젠더보다는 구매자와 판매자 사이의 관계에 달려 있음을 보여준다.

6. 달리 말하면, 고객은 한정된 가격을 지불하는 반면, 매춘부는 쉽게 측정할 수도 없고 해석하기 나름인 쾌락을 제공한다. 마찬가지로 매춘부가 고객에게 만족을 주리라는 보장이 없다. 일부 페미니즘 이론가들(가령 Barry, 1995)은 남성이 매춘부를 착취한다는 점을 강조하지만 이는 거시 구조적 담론이다. 즉, 매춘의 존재가 바로 성차별적인 사회의 결과라는 주장이다. 미시 수준에 국한시켜볼 때 성적 쾌락과 돈을 거래하는 상황에서는 고객이 매춘부를 착취한다기보다 매춘부가 고객을 착취하는 편이다. 매춘이 법적으로 허용되는 현대 사회의 네덜란드나 독일처럼 매춘이 정당화되거나 공적 규제를 받는 경우에도 다르지 않다.

7. 남성 고객이 worldsexguide.com 같은 웹사이트 게시판에 올리는 주된 주제이다.

8. 역사적으로 남녀가 한 쌍이 되어 추는 춤은 19세기에 대중화되었다. 이 시기에는 개인화된 결혼 시장이 존재하기 시작하고, 혼외 성행위를 강하게 규제하고, 결혼 상대의 선택에 여론이 지대한 몫을 했다. 이는 사회적 위신이라는 감각이 널리 공유되고 있었음을 뜻한다. 무도장의 춤은 공개리에 성적 매력의 인기 순위를 검증할 수 있는 구조적 조건에 알맞은 미시적 상호작용의 형태로서 번성했다. 이전 시기의 집단 민속춤의 형태는 성 협상의 요소가 아니었고, 전원이 남성 또는 여성으로 이루어진 집단의 춤이었다. 이런 논리의 연장선에서 보면 신체를 접촉하며 추는 사교춤이 1950년대 이후 신체 접촉을 하지 않는 춤으로 바뀌는 변화는 성관계가 협상되는 방식에 모종의 변화가 일어났음을 알려준다. 구애 형태로서 무도장의 춤은 더 이상 중요하지 않게 된 것이다.

9. 생물학자들은 남성의 정자 배출량은 성 상대와 떨어져 지낸 기간에 따라 달라짐을 보여주면서 이를 다른 남성과의 잠재적 경쟁에서 승리하려는 진화론적 기제라고 해석한다(Baker and

514

Bellis, 1995; Thornhill and Palmer, 2000: 44~45, 74). 정자 배출량은 상호작용 의례의 강도에 달려 있다는 대안적 설명이 가능하다. 상징적 초점 집중과 성 상호작용 의례가 더 강렬하면 신체적 절정감도 더 강하게 느낀다. 부재하는 연인의 사진을 보며 꿈꾸는 환상을 통해 절정을 경험할 수 있다. 또 포르노를 접하면서 상대와 성행위를 할 때나 자위행위에서나 절정에서 정자 배출량이 더 많아질 수도 있다. 정자 배출량을 증가시키는 생래적인 생리 기제는 출산과는 무관하게 상호작용 의례기제의 강도에 따라 결정된다.

10. 물론 즉각적으로 흥분이 다시 일어나지는 않는다. 절정 후에는 신체적으로 성적 흥분이 떨어지고 회복되는 데 시간이 걸리기 때문이다. 포만감을 느낀 후 어느 정도 회복에 시간이 걸리는 것은 모든 상호작용 의례가 다 비슷하다. 함께 웃음을 터뜨리는 사교적인 합류의 절정이나 몰입하여 나누는 대화도 결국에는 동기 수준이 낮아진다. 그렇지 않다면 끝나는 상호작용 의례란 없을 것이고, 개인은 의례에서 물러나 일상의 실질적인 생활을 해나갈 수도 없다. 뒤르켕 이론은 의례가 반복되는 것이지 한없이 계속되는 것은 아니라고 말한다. 시뮬레이션 모델이 상승에서 무한대로 이어지지 않도록 포만감을 느끼는 지점이 제4장의 흐름도(〈그림 4.1〉)에 들어가야 할 것이다.

11. 안식년이나 7일 단위의 의례 주기를 갖고 있는 유대교 전통에서는 성교도 주 단위로 규정하고 있다.

12. 막 연인 관계가 된 이들의 성교 횟수가 높다는 사실은 정해진 상대와 성교할 때 정자 배출량이 많아진다는 주 9의 해석을 뒷받침한다. 모든 면에서 성적 자극의 강도를 결정하는 것은 흥분의 수준이며, 흥분의 수준은 극적인 감정이 투입되는 초기의 성 협상 과정에서 가장 높고, 관계가 일상화된 후에는 낮아진다.

13. 역사적으로 이런 집단의 존재는 부침을 거듭했다. 남성들만의 집단에서 성적 명성의 영향력은 20세기 초반 서구 사회에서 세습 귀족 가문이 쇠퇴하고 비슷한 연령대 사람들의 자율적 사교 모임이 활성화되면서 최고조에 이르렀다. 아마도 남성이 페미니즘 문화에 사회화되는 중상층 계급에 국한된 현상일지도 모르지만, 그 영향력은 20세기 후반에는 시들해진다. 성 사회학의 다른 많은 측면에 대해서도 체계적인 역사학적 민속지가 쓰여야 할 것이다.

14. 『카마수트라』에는 "비록 늙고 기력이 소진된 여성이라 해도 자기 몸 은밀한 곳에 있는 손톱자국을 보면 사랑이 새롭게 돋아나 신선한 활력을 얻는다. 사랑의 흔적을 상기시켜주는 손톱자국이 없으면 오랫동안 관계가 없을 때와 같이 사랑이 식는다. 심지어는 낯선 사람이라도 가슴에 손톱자국이 있는 젊은 여성을 보면 사랑과 존경심을 느낀다. 몸에 손톱자국이나 이빨자국이 나 있는 남성 역시 여성의 마음을 움직인다. 한마디로 손톱이나 물어뜯은 자국처럼 사랑의 감정을 드높이는 것은 달리 없다"(Vatsyayana, 1964: 106~107)라고 쓰여 있다. 20세기 중반의 미국 사회에서도 정도는 약하지만 십대들에게서 같은 경향을 볼 수 있다. 말리노프스키(1929/1987: 281)는 그런 명예로운 표지가 지배의 기호라는 해석에 반하는 내용

을 기술하고 있다. "전반적으로 보면, 열정을 거칠게 표현하는 데는 여성이 더 적극성을 보인다고 생각한다. 여성보다 남성에게서 생채기나 자국들을 더 많이 보았다.……트로브리안드에서는 연애생활의 성공을 증명하는 표지로서 남성이나 소녀의 등을 보는 것이 큰 재미이다.……사랑 자국은 가장 즐겨 하는 놀림감이지만 또 자신이 사랑 자국을 지니고 있음에 은밀한 자부심을 갖는다."

15. 나는 유방이 아이를 낳고 키우는 여성의 수유 능력을 가리키는 지표라는 진화론적 생물학의 주장을 거부한다. 역사적으로 거의 모든 문화권에서, 유방이 성애의 대상이 아닌 문화에서도 유방은 일차적으로 수유 능력을 상징화해왔다. 더군다나 20세기에 큰 가슴이 작은 가슴보다는 성적 매력이 더하다고 여겨지기는 하지만 지나치게 큰 가슴(모성을 드러내주는 가장 명백한 보기)은 그다지 매력적이라고 보지 않는다. 특히 젖이 흐르는 유방은 성적인 매력이 전혀 없다(Patzer, 1985: 144~145의 여론조사 결과)는 사실이 가장 좋은 증거일 것이다. 이와 관련해서 성적인 유방 애무는 유아의 성행위라는 설명도 있다. 그러나 그 경우 여성은 남성과 마찬가지로 유방에 강한 매혹을 느껴야 한다. 여성은 어머니와의 관계 분리의 정도가 약하다는 초더로의 이론(Chodorow, 1978)이 옳다면, 실제로 더 그래야 하리라. 그러나 여성은 대부분 가슴에는 별로 성적인 매력을 느끼지 못하는 것 같다. 커너링거스를 주로 하는 레즈비언의 경우에도 성기가 압도적인 성애의 상징이다.

16. 남성은 여성보다 상대의 성기를 빨아주려는 동기가 강한 것 같다. 구강 성행위에 끌리는 남성은 35.5%인 데 반해 여성은 16.5%인데, 여성은 대개 남성이 유도하기 때문에 하는 것으로 보인다. 남성의 45%, 여성의 29% 정도가 구강 성행위 받기를 좋아한다고 한다. 실제로 여성의 67%가 해본 적이 있고, 18.8%는 가장 최근에 해보았다고 하는데, 두 경우 모두 자신의 성적 취향보다 높은 비율이다(Laumann et al., 1994: 98~99, 152). 그 차이는 성적 활동에서 명성을 추구하는 남성의 성적인 대화 연결망의 존재로 설명할 수 있다.

17. 자위행위는 상징적인 자기 상호작용의 형태로 대중적인 종교 의례와 사적인 기도의 관계와 구조적으로 유사하다. 둘 다 내면화된 생각의 사회적 과정과 닮았다.

18. 이 무대의 출현을 역사적으로 다룬 문헌인 Chauncey, 1994; Weeks, 1977; D'Emilio 1983 참조. 19세기에 'gay'는 매춘부들의 이성애적 유흥, 특히 파리에서 상류 계급의 정부들이 행하던 값비싼 오락을 가리키는 용어로 쓰였다(Griffin, 2000). 오늘날처럼 동성애를 함축하는 의미를 띠게 된 것은 그 이후의 일이다.

19. 일반적 유형에 관해서 Collins(1986: chaps. 10 and 11), Collins(1999: chap. 6 and reference) 참조.

20. 1990년대 중반에는 남성의 35.2%, 여성의 34%가 매주 1회 이상 성관계를 가진다고 보고한다. 매주 4회 이상 성관계를 한다는 경우는 남성의 8%, 여성의 7% 정도이다. 반면에 연중 몇 차례밖에 안하거나 전혀 성관계를 하지 않았다는 경우는 남성의 27.4%, 여성의 29.4%나 되

었다(Laumann et al., 1994: 88).

21. 셰프(Scheff, 1990)는 좀 더 느슨하게 다룬다. 훼손되지 않은 사회적 결속이 자긍심을 생산한다고 말한다.

22. 물론 계급과 인종 차이, 청년층 연결망의 경계선이 없어지지 않았다. 성 시장은 계급과 인종별로 구성되는 경향이 있다. 그렇지만 성 엘리트의 이상적인 이미지 과시는 계급과 인종을 초월하는 경향을 보인다.

23. 제8장에서 성 무대와 관련된 보조 의례로 궐련 흡연을 검토할 것이다.

제7장 상황적 계층화

1. 사회학자가 이런 전통적인 개념을 계급 위계의 모델에 통합하려고 하면, 상위 유한계급의 신분집단 이데올로기에 사로잡히게 된다. 아마도 이들이 적극적으로 돈을 버는 일을 하는 사람들보다 말이 많고 또 면접 조사를 하기가 더 수월하기 때문이리라. 그런 점에서 발트젤 (Baltzell, 1958)의 연구는 상위 계급의 사업상의 활동보다는 문화와 여가 활동에 관해서 알려 주는 바가 훨씬 더 많다.

2. 고전·신고전 경제학의 주제인 노동 시장과 재화 시장에는 물론 익명적 측면도 있다. 그렇지만 최근의 경제사회학이 강조하는 것처럼, 연결망으로 이루어진 시장의 사회적 구조화는 기업인들의 생활에서 특별한 개인적 연줄을 가장 중요한 측면으로 만든다(Smelser and Swedberg, 1994). 거래의 익명적 측면과 특수한 측면의 관계에 대한 탐구는 이제 막 시작된 참이다.

3. 주요 예외는 복음주의 기독교와 같은 종교 집단에서 볼 수 있는데, 그들은 소속 교단에서 개인적으로 친구가 되는 비율이 높다는 증거가 있다. 사교적 모임은 내집단으로 제한되고 경쟁적인 집단과의 사교적 만남은 피한다. 이를테면 아이를 학교에 보내지 않고 집에서 가르친다. '신우파 기독교'인들은 신분집단의 도덕적 위계를 재구성하려는 움직임의 일부가 되고 있다. 그래서 순수한 상황적 계층화 말고는 그 어떤 것에도 저항하는 많은 미국인이 그들에게 의심의 눈초리를 보내는 것이다.

4. 21세기로 넘어가는 시기에도 이 연속선 위에 놓을 수 있는 분명한 차이는 여전히 존재한다. 강박적일 정도로 격식을 차리지 않는 미국의 학계(중상위 계급의 사교 의례도 마찬가지이다)와 옥스퍼드 대학과 캠브리지 대학 같은 데서 볼 수 있는 영국 학계의 형식적 엄숙주의가 날카로운 대조를 보인다.

5. 하위 차원 ①은 제3장에서 기술한 바 있는 '사회적 밀도'에다 다른 요소를 추가한 것이다. 단순히 신체적인 공현존의 밀도뿐만 아니라 의례 실행의 밀도에도 관심을 둔다. 하위 차원 ②

는 제3장에서 '의례의 강도'라고 불렀던 것이다.

6. 반대쪽 극단의 경우와 비교하면 이 원리가 더 확실해진다. 옥스퍼드 대학과 캠브리지 대학의 사교 의례는 겉치레나 개인적 자랑 따위는 대수롭지 않게 여긴다. 경비원들의 삼엄한 감시 아래 공식적으로 조직된 행사장(최고급 만찬장, 상급생들의 담화실)에 입장할 수 있다는 사실 자체가 조용하게 그러나 오인할 여지가 없을 만큼 신분을 드러내기 때문이다.

7. 후자는 역사적으로 보면 어떤 범주적 신분을 가진 사람에게 머리 숙여 절하고 경청을 쓰는지 하는 형태에서, 누가 발언권을 갖고 있는지 누가 발언 순서를 통제할 수 있는지 하는 좀더 복잡 미묘한 형태로 변화했다. 후자에 대한 미시적 상황 자료는 Gibson(1999) 참조. 더 장기적인 경향은 Annett and Collins(1975) 참조.

8. 대통령은 물론 미국 의회도 1995년 심슨 재판에서 공적인 변론 절차를 중지시켰다는 보도가 있었다.

9. 종교 영역에서 성스러운 대상으로 대우받는 사람들의 경우에서 그 선례를 볼 수 있다. 가령 중세에 무아지경에 빠져 있는 성녀를 보고, 사람들이 더욱 강렬한 경이의 감각을 느끼려고 그녀를 칼로 찌르고 불에 태우는 충동적인 행동을 보여주었다는 사례가 있다(Kleinberg, 1992).

10. 상대적으로 초점이 맞추어지지 않은 상황에서 고도로 초점이 집중된 공적 상호작용에 이르는 움직임의 범위를 연속선 위에 놓을 수 있다. 역사적으로 가장 극단적인 경우는 중국의 사례로, 무장경비대에 둘러싸인 중국의 벼슬아치들이 거리에 나서면 평민은 시선을 피해 땅에 엎드리도록 강요되었다.

11. 역사적으로 보면, 이런 상황은 흔히 한 무리 남성들이 여성들을 사로잡기 위해 장거리 여행을 하거나 기습공격을 하는 경우였다. 그럴 때는 가공의 친족 집단을 꾸렸다. 보호와 지원을 제공하는 동맹자들 가운데서 가공의 아버지, 어머니, 형제들을 꾸며내는 사례는 앤더슨(Anderson, 1999)의 자료에서, 그리고 부족 사회의 질서가 유동적인 전사들의 질서로 나뉘는 형태가 보편적이었다는 문헌 자료(Finley, 1977; Borkenau, 1981; *Njal's Saga*: 1280/1960; Searle, 1988)에서 볼 수 있다.

12. 만(Michael Mann, 1986)은 이를 일러 '머리통까지 날려버리는' 권력이라 부르고 전통적인 전제 체제에서 실제로 그런 권력을 성취하는 경우는 매우 드물었다고 한다. 그는 이를 '집중된' 권력과 '확산된' 권력의 차이라고 보았다.

13. 예를 들면, 베이컨(Francis Bacon)은 튜더 왕조에서 고위 공직자의 아들이자 조카였고 본인도 고위 공직자요 귀족 집단의 일원이었지만, 자신의 보호자에게는 그 역시 의례적 존대를 바쳐야 했다. 세습 귀족 가문에서 행하는 존대 예법은 셰익스피어의 희곡, 청조 시대나 그 이전의 중국 소설, 사실상 20세기 이전 세계의 거의 모든 서사문학에 두루 나타난다.

14. 이 주제는 셰익스피어의 희곡 『리어왕』의 왕이 얼마나 많은 호위무사를 거느릴 수 있는지

를 다룬 줄거리에서 강하게 드러난다. 스턴(Stone, 1967)은 그 문제가 셰익스피어가 글을 쓰던 시기인 1600년대에 계속되던 투쟁이었다고 말한다. 당시 국가는 세습 귀족 가문이 둘 수 있는 사병의 규모를 가문의 경비병으로 제한함으로써 점차 중앙 집권화하던 국가가 군 통제권을 독점하려 시도한 '군 혁명'에 문을 열어주는 단계 가운데 하나였다.

15. 연예계 스타는 경제적 계급과 조직 권력 회로의 바깥에 있고 범주적 신분집단의 연결망과도 떨어져 있다. 돈은 많지만 상위 계급의 금융 회로를 구성하는 활동에 참여하지 않는다. 그들은 효능 권력도 없고 엄격한 의미에서 명령 권력도 별로 없다.

16. 소란을 일으켜서 상황을 지배함은 큰 목소리와 거슬리는 말투 덕분일 수도 있다. 또는 대형 녹음기나 휴대전화, 자동차 경적 같은 장치에서 생길 수도 있는데, 이들은 실용적인 용도로 팔리지만 일시적으로 상황의 지배력을 행사하려는 투쟁에서 효과가 가장 큰 수단이다.

17. 이는 필자가 50만 마일 이상 고속도로를 주행하면서 양쪽을 다 관찰한 결과이다. 운전자들이 자율적 행위 주체로서 자신을 방해하는 다른 운전자와 소통을 못하기에 생기는 좌절감을 강조한 캐츠의 운전자를 대상으로 행한 면접 조사와 분석(Katz, 1999) 참조.

제8장 흡연 의례와 반의례

1. 편의상 '흡연 의례' 또는 '반흡연 운동'이라는 용어를 쓴다. 흡연이란 용어가 꼭 들어맞지는 않는다. 담배 섭취의 방법이 다양하고(코로 들이마시기, 씹기 등), 금연 운동은 시가나 파이프 담배가 아니라 궐련 담배를 주된 표적으로 삼기 때문이다. 논의를 전개하는 동안 다양한 담배 섭취 방법을 비교할 것이다. 문맥에 따라 협의의 의미인지 광의의 의미인지 분명하게 드러날 것이다.

2. 1975년에 출판된 내 책에서 마약과 도박 행위를 금지한 역사적 사례의 맥락을 논의하며 예측한 것과 비교해보라. "흡연의 금지는 장차 거대한 일탈 문화를 제조할 가능성이 있는 후보감이다. 일반적으로 지속적인 테크놀로지 혁신과 더불어 마약에 관련된 정치가 전면에 부상할 것으로 보인다(20세기에 이미 안정제·각성제·진통제뿐만 아니라 강력한 최음제와 환각제가 일탈의 범주를 생산해냈다). 불법 마약의 범주 규정은 이익집단들 사이에서 이루어지는 상호작용의 산물이 될 것이다. 마약 사용권을 독점하려는 경제적·신분적 동기를 지닌 약사와 의사, 경력 관리에 이해관심을 갖고 있는 규제 기관의 관리, 올바른 행위 예법을 유지하려는 신분적 이해관심을 지닌 다양한 직업집단과 공동체, 그리고 이들 다양한 이해관심을 잘 조정하여 보편적 소비자의 이해관심을 억제하는 방식으로 다원적 무지 현상의 거간꾼 노릇을 하는 정치인들의 상호작용에 따라 범주가 규정될 것이다"(Collins, 1975: 469).

3. 1980년대의 금연 운동은 국가가 담배 회사들에게 부과한 부담금에서 운동자금을 확보하기

시작했다. 이 시기에 "흡연자는 중독자, 담배 회사는 중독의 후원자"와 같은 구호가 담긴 광고판도 보인다. 마약을 규제하는 법적 집행과 엄중한 처벌(마약 사용 3범이나 마약 판매 초범은 종신형을 받도록 한 법 등)이 흡연자나 담배 판매자에게도 적용되어야 한다는 의미를 함축한 것이다. 흡연자를 살인자로 묘사하는 광고도 있다. 크게 유행했던 광고 가운데는 "담배 좀 피워도 될까요?"라고 묻는 남자에게 여성이 "제가 죽어도 괜찮겠어요?"라고 응대하는 내용도 있었다.

4. 역사적 자료의 출처는 다음과 같다. Brooks(1952), Glantz(1996), Goodman(1993), Kiernan(1991), Klein(1993), Kluger(1996), Sobel(1978), Troyer and Markle(1983), Wagner(1971), Walton(2000).

5. 담배 광고가 사라지자 흡연율이 감소한 사실은 광고가 주는 자극이 없어진 데 원인을 돌릴 수도 있다. 그러나 주의 깊은 연구라면 광고의 부재뿐만 아니라 공격적인 금연 운동 광고의 증가도 고려해야 한다. 금연 운동의 메시지가 훨씬 큰 효과가 있는지 ― 부정적 광고가 긍정적 광고보다 더 효과가 큰지― 는 의문이다. 이 시기 금연 운동은 뉴스, 정치인들의 선언, 그리고 공적·사적 공간에서 개인이 흡연자와 직접 대결하는 데 집중했다. 대면 상황이 가장 강한 효과가 있다고 가정하면 흡연율을 줄이는 데 광고의 효과는 별로 없다는 결론을 내릴 수 있다. 광고는 확실히 눈에 보이는 것이라서 금연 운동이 다루기 쉬운 표적이고 또 컬런 담배 광고의 법적 금지가 확실한 승리의 감각을 느낄 수 있게 해준다. 이것이 바로 사회 운동이 도덕적 가치를 유지하는 연유이다. 그러나 이 승리는 실질적인 내용상의 승리라기보다 대체로 상징적인 승리이다.

6. 여기서는 와인버그(Darrin Weinberg)가 캠브리지 대학에서 2000년에 발표한 중독 사회학의 논거를 따른다.

7. 제2장의 상호작용 의례 모델(〈그림 2.1〉)에 집어넣는다면 니코틴, 카페인 따위의 섭취는 왼쪽에 있는 구성 성분에 속한다. 즉, 공유 감정으로 고조될 가능성이 있는 일시적인 감정 자극의 요소이다. 그러나 이 공유 감정에는 사회적 상호작용 자체의 성격에서 나오는 다른 성분 ― 고요한 휴식, 유흥, 성관계에 대한 지향성 따위― 도 들어 있다. 집단의 리듬 합류로 강화되는 되먹임 과정을 통해 니코틴 등이 주는 신체적 감각이 주변 상황의 정서적 색조와 합쳐진다. 더욱이 흥분의 공유가 높은 수준으로 형성되는 성공적인 상호작용 의례는 집합적 열광을 불러일으키고 동참한 개인들의 활기를 북돋운다. 그럴 때 참여자들은 외부의 사회 경험과 결부된 에너지임에도 불구하고 자기 내부에서 흡연의 동기를 찾는다.

8. 음식의 대용품이란 관점은 일상적 식사가 지닌 의례적 성격을 강조한다. 고난의 상황에서 음식에 대한 욕구는 정기적인 식사를 위해 당연한 것일 수도 있고, 노동이나 기타 힘든 임무에서 잠시 집단적으로 휴식을 취한다는 사회적 성격도 있다. 음식을 박탈당한다는 것은 곧 정상적인 사회의 집단에서 박탈당한다는 뜻을 내포한다. 하나의 의례가 유대와 의미 공유를

불러올 수 있다면 기존의 다른 의례를 대체할 수 있다는 점에서, 어떻게 담배가 음식의 대용품이 될 수 있는지 설명할 수 있다. '마약 중독'이나 '일 중독'도 똑같은 종류의 대체물이다. 특히 고급문화 영역의 '일 중독자'들은 엘리트들의 상징적 활동에 참여한다는 강한 주관적인 감각을 갖게 된다. 예를 들면, 베토벤이나 뉴턴은 창조적 작업에 몰입하고 있는 동안에는 식사를 거르기 일쑤였다고 한다.

9. 도쿠가와 시대 게이샤 구역의 유흥 문화를 그린 목판화에서 볼 수 있는 것처럼 흡연은 일본에서도 매춘과 결부되었다. 그렇지만 현대 회화를 보면 19세기 중국에서는 조신한 가정에서 일부 여성들이 파이프 담배를 피우는 모습이 나온다. 18세기와 19세기에 이슬람 사회(터키, 페르시아, 북아프리카)의 여성들은 남성들과 함께 또는 자기네들끼리 물파이프를 피우는 모습이 종종 그려졌다(Lemaires, 2001). 아마도 중국과 이슬람 사회에서는 여성들의 폐쇄적인 규방 구조가 흡연을 사적으로 용인하게 한 반면, 유럽에서는 상위 계급 여성들이 공적인 사교계에 노출된 탓에 조신한 태도를 유지하는 데 더 큰 관심을 기울였을 것이다.

10. "정치인들을 지혜롭게 해주는 커피, 눈을 반쯤 감고 사물을 보게 해주는 커피" – 알렉산더 포프(Alexander Pope), 「머리카락을 훔친 자(The Rape of the Lock)」.
  1714년에 처음 출판된 이 시는 1710년대 런던 상류 사회의 다양한 사교 의례의 장면들을 대조적으로 보여주고 있다.

11. 1900년 영국에서는 궐련 흡연은 1/8에 불과했고, 파이프 흡연이 4/5, 나머지는 시가 흡연이 차지했다(Walton, 2000: 75).

12. 유별난 예외도 있다. 가령 1950년대 옥스퍼드 대학의 오스틴(John Austin)을 중심으로 토론 모임을 가지던 '일상언어' 철학자들은 모임에서 모두 파이프를 피우는 조롱조 행위를 연출함으로써 자신들의 지적 운동의 표지로 삼았다.

13. "찌푸린 얼굴 표정이 어떤지, 몸이 어떤 식으로 경련을 일으키는지, 리듬에 맞춰 담뱃갑에 얼마나 깊이 머리를 숙이는지, 코를 쳐드는지, 입, 눈, 그 밖의 모든 몸짓이 호기로운지, 그리고 흡입 의례를 엄숙하게 행하면서 세상 전체를 조롱하는 듯, 마치 '세상 전체를 흔들어놓고야 말겠다!'고 말하는 것처럼 보이는지를 볼 것!"
  "코로 담배를 흡입하고 냄새를 맡는 순간, 위대한 왕이나 왕자가 된 듯한, 또는 적어도 마음으로는 막강한 권력과 기품을 드러낸다고 생각한다는 사실을 모종의 실험으로 발견했다"(독일어 원저, 1720; Walton, 2000: 51에서 재인용).

14. 처칠은 어디서나 (아주 값비싼) 대형 시가를 물고 있는 모습으로 유명하다. 그러나 처칠은 대개 시가에 불을 붙이지 않은 채 물고 있다(Gilbert, 1988). 그가 혼자서 일하는 동안에도 시가를 물고 있었다는 사실은 물리적 효과와는 상관없이 시가가 그에게 자신의 사회적 지위, 주체성의 감각을 주는 것이었음을 시사한다.

15. 흡연 습관을 이야기하는 사람들은 담배를 피우고 싶은 유혹이 제일 강하고 담배를 끊기가

어려운 때는 친한 친구들과 친교를 나눌 때라고 말하곤 한다. 이는 마약 중독자였던 사람들이 처음에 함께 도취감을 느꼈던 상황을 상기시키는 상호작용에 노출될 때 다시 되돌아가고 싶은 유혹을 느끼는 상황과 같다. 이런 경험은 물질적 섭취가 일으키는 감각이 아니라 마약이 상징하는 상호작용 의례의 정서적 분위기의 문제임을 보여준다(와인버그[Darrin Weinberg]와 나눈 개인적 대화에서).

16. 1597년에 처음 공연된 셰익스피어의 『헨리 4세』 1막과 2막에 나오는 기사 팔스타프와 왕자 할이라는 인물도 이러한 갈등의 표현으로 해석할 수 있을 것이다. 극 중에서 유흥을 즐기는 귀족이 신분의 경계선을 넘어 일시적인 재미와 자극이 난무하는 저급한 세계에 들어가서 논다. 실제로도 1670년대의 방탕했던 로체스터 경의 시들에 그 같은 당시의 현실이 묘사되어 있다.

17. 이 숫자는 분명히 제2차 세계대전 동안 군대 내 유대 의례의 중심이던 흡연이 바깥세상으로 나오게 된 분위기를 반영한다. 이를 고비로 이후 1973년 영국에서는 남성의 65%, 여성의 42%가 흡연자로 기록된다. 미국에서는 1965년 남성 52%, 여성 34%의 흡연율을 보인다(Walton, 2000: 94 106; *Los Angeles Times*, March 29, 2001).

18. 호로비츠(Horowitz, 2001)는 치명적인 폭동을 불러일으키는 적대적 인종 운동의 성장과 쇠퇴에 작용하는 핵심 동력은 적이 유발한 위협을 평가하는 사회적 과정이라는 사실을 보여준다. 암 유발 요인에 대한 일반적 논의는 Stirling et al.(1993) 참조. 질병 위험에 접근하는 방식에 대한 국가별 차이는 Nathanson(1996) 참조.

19. 유행성 감기와 폐렴(1900년 인구 10만 명당 202명), 결핵(인구 10만 명당 198명)으로 인한 사망은 현저하게 줄었다. 1956년경 이 숫자가 각각 8명, 28명으로 줄어든다. 유아사망률은 여전히 높다. 20세기로 접어드는 시점에도 신생아 1,000명당 100명, 즉 10퍼센트가 사망했다. 유아사망 이외의 사망 원인으로 가장 흔한 질병은 1900년이나 1990년이나 모두 심혈관 질환이다. 1900년 심혈관 질환으로 인구 10만 명당 345명이 사망했는데, 1950년 510명으로 가장 높은 사망률을 기록했고, 1990년 365명으로 줄어든다. 암으로 인한 사망률은 1900년 10만 명당 64명이었는데 1950년 140명으로 늘어나고, 1980년 184명, 1990년 202명을 기록한다(*Historical Statistics of the US*: Series B-107, B-114~128; *Statistical Abstracts*, no.114, 1992). 이 숫자들을 쉽게 이해하기 위해 백분율로 바꾸어보면 1990년 암으로 인한 사망은 1,000명당 2명, 즉 0.2퍼센트이다(인구 1퍼센트 가운데 1/5이 매년 암으로 죽는 셈이다). (담배와 관련된) 폐암으로는 매년 0.057퍼센트, 즉 인구 1퍼센트 가운데 1/20이 죽는 셈이다.

20. 기대수명은 1900년 남성 46.3세, 여성 48.3세에서 1990년 남성 72세, 여성 78.8세로 증가했다(*Historical Statistics of the US*: Series B-93~94; *Statistical Abstracts*, no.103, 1992).

21. 1990년의 통계를 제시한 다음의 표에서 첫 번째 칸은 각 연령대에서 인구 10만 명당 암(어떤 종류든)으로 인한 사망률을, 두 번째 칸은 이 숫자를 백분율로 나타낸 것이다. 세 번째 칸

은 비교를 위해 표시한 각 연령대의 전체 사망률이다.

	암으로 인한 사망 인구		전체 사망 인구
	인구 10만 명당 사망률(%)	백분율(%)	전체 사망률(%)
25~34세	12.1	0.012	0.138
35~44세	43.1	0.043	0.221
45~54세	157.2	0.157	0.475
55~64세	445.2	0.445	1.204
65~74세	852.6	0.853	2.647
75~84세	1338.6	1.338	6.139
85세 이상	1662.3	1.662	15.035

자료: *Statistical Abstracts*, no.117, 1992.

55세 이상에서는 암으로 인한 사망률이 두드러진다. 그러나 실제 백분율로 보면 여전히 낮은 편이다(75세 이상 연령대에서는 1%를 조금 넘고, 85세 이상 연령대에서도 2%에 미치지 못한다). 그러나 이 연령대에서 어떤 원인으로든 사망할 가능성은 상당히 높다. 75세가 되면 매년 6%씩 늘어나 85세가 되면 15%에 이른다. 다시 말해, 암도 우리를 죽이는 이런저런 이유 가운데 하나일 뿐이다.

22. Walton(2000: 107). 인구가 2억 8천 명이라면 간접흡연으로 사망할 연간 확률은 1/5000, 즉 0.02%이다. 50세 이상 성인을 다 합하면 1%가 된다. 이만한 규모의 통계적 효과라면 그다지 강한 효과라 할 수 없다. 클루거(Kluger, 1996; Walton, 2000: 107에서 재인용)는 간접흡연의 효과가 큰 반향을 보였던 1980년대 연구와 관련해서 이런 결론을 내린다. "자료는 충분하지도 않고 일관성도 없다. 결론을 내릴 수 없음은 물론이다." 더 최근의 증거는 Taylor et al.(2001; Nelson, 2001)에 요약되어 있다.

23. 이 시기에 국가기관이 흡연과 암의 관련성에 관한 통계 자료에 관심을 기울인 유일한 나라는 독일이었다(Proctor, 1999). 정부의 수반인 히틀러는 건강생활 운동의 광신도였고 흡연을 강력하게 거부한 사람이었다. 그럼에도 불구하고 독재 권력을 휘두른 히틀러조차 내각과 군대에서 대중적으로 퍼졌던 흡연 의례를 금지할 수 없었다. 관료들이 그의 면전에서 담배를 피우지 않는 게 고작이었다. 그래서 히틀러가 1945년 4월 지하 벙커에서 자살했을 때 야릇한 광경이 연출되었다. 그가 죽었다는 사실을 알려준 첫 번째 신호가 정부 각료들이 담배에 불을 붙인 것이었다(Walton, 2000: 93~94).

24. 1950년대의 미국과 영국의 연구를 보면 "골초들은 매사에 활기차고 열정적이며 원기 왕성한 인물이고, 비흡연자는 차분하고 믿음직하며 조용한 인물"이었다는 증거를 보여준다. 궐

련 흡연자는 비흡연자보다 스포츠를 더 즐기고 직업이나 거주지를 더 자주 바꾼다. "궐련 흡연자는 비흡연자보다 외향적인 반면, 파이프 흡연자는 가장 내향적인 사람들이다"(Walton, 2000: 169~170).

25. 여성 기독교 금주운동 연합(Women's Christian Temperance Union)과 반살롱 연대 (Anti-Saloon League)가 정치적 저항력을 분산시킬 수 있다는 우려로 금연 운동에 대해 공식 지지는 유보했지만, 회원 상당수가 양쪽 운동에 다 가담했다(Wagner, 1997: 20).

26. 궐련 흡연이 널리 확산되던 시기에 파이프 흡연이 지위를 회복할 수 없었던 상황과 관련된 사회적 과정을 보여준다. 기술적으로 말한다면 건강 관련 통계 탓이었다고 하겠지만, 실은 의례를 둘러싼 투쟁에서 밀려난 탓이다. 시가는 어느 정도 명성을 회복했는데, 아마도 엘리트주의와 세련미를 연상시킨 덕분이었을 것이다. 시가는 젠더 통합의 시대에 남성적 전유물 ─ 궐련 흡연에 굴복한 연유가 바로 이 특성에 있다 ─ 이라는 함축적 의미를 가지고 있지만, 사교 의례의 형태로서는 최소한 어느 정도는 궐련 흡연의 의례적 속성을 대체할 수 있었다.

27. 퍼트남(Putnam, 2000)은 공식적으로 조직된 사교 집단이 퇴조하고 있다는 증거를 제시하지만 이를 '나 홀로 놀기(bowling alone)' 현상, 즉 공동체의 일반적 퇴조 현상으로 해석한다. 그러나 고립된 개인화보다 사회적 연결망의 지속성을 보여주는 반대되는 증거도 있다 (Fischer, 1982; 2001). 나는 이를 구조적 계층화와 연결시켜 더 큰 지역 사회와 결합되는 의례의 공적 성격이 퇴조한 것이라고 생각한다. 남아 있는 의례는 순전히 상황적 계층화에서 더욱 사적으로 행해지게 되었다고 본다.

28. 던힐(Dunhill, 1954)은 이렇게 썼다. "전 세계적으로 흡연 관습은 소수를 제외하고는 잃어버린 예술, 한계에 도달한 쾌락이 되어가고 있다.……50년 전에 흡연실을 우아하게 장식하던 하바나 시가, 수제품 궐련, 윤기가 흐르는 해포석 파이프도 엘리자베스 시대의 영국에서 그토록 흥분을 불러일으켰던 정교한 흡연 보조 용구들과 마찬가지로 먼 옛날이야기가 되었다"(251).

제9장 사회적 산물인 개인주의와 내면 지향성

1. 연결망 분석은 미시적 수준의 상황 분석이 아니라 개인들이 비교적 높은 수준의 열정으로 되풀이해서 참여하는 상호작용 의례를 보는 중범위 수준의 분석임은 이미 살펴보았다. 엄밀히 말해, 연결망 분석은 두 사람 이상이 모인 상황을 다루지 않는다. 연결망 분석에서 중범위 수준에 상응하는 개념은 연결 또는 연결이 중첩된 정도로 측정하는 연결망 밀도이다. 이는 사람들이 서로 언제나 또는 대개 서로 연결되어 있는 밀착된 연줄집단을 묘사한다(상황을 함께함이 주된 연줄 형성 방식임은 사실이지만, 연줄 집단은 언제 어디서나 함께 있지 않더

라도 가능하다). 연줄 중첩성이 높은 연결망은 높은 수준의 집단 동조를 형성한다는 점에서 뒤르켕이 말하는 기계적 유대와 비슷하다.

2. 푹스(Fuchs, 2001)의 연구에서는 집단 상징이 본질로 다루어진다.

3. 즉, 내적으로 아주 밀착된 관계를 갖고 있지 않은 연결망들은 대개 이런 특성을 보인다. 관계가 연결망 안에 넓게 퍼져 있는 경우와 비교적 밀도 높은 영역들 사이에 있는 구조적 구멍(structural hole)을 연결시켜주는 곳에 자리 잡고 있는 연결망을 포함한다.

4. 스타급 육상선수에 관한 챔블리스의 연구(Chambliss, 1989)가 이 유형을 조명했다. 보통 경기에서 승리하는 (그리고 승리할 자신감에 넘치는) 선수들은 혼자서 자신의 기량을 집중 훈련하기를 즐기며, 기량 훈련 자체에 쾌락을 느낀다. 물론 경쟁자들의 사회에서 중요한 위치를 차지할 수 있다는 뜻이 내포되어 있다.

5. 그런 측면에서 정서적 에너지가 그다지 낮지 않고, 홀로 있을 때 상징을 순환시킴으로써 상당한 정서적 에너지를 얻는 다른 유형의 내향적 성격의 사람들과 사회적으로 배제된 사람들은 다르다.

6. 영국 문학에서 두드러지게 나타나지만 중국의 문헌에도 등장한다. 시골에 살면서 서재나 정원에서 책을 읽거나 그림을 그리며 시간을 보내는 선비들이다. 그러나 이들도 같은 계급 친구가 방문하면 생기를 띠고 대화를 즐긴다. 그와 같은 예는 오경재(吳敬梓)의 『유림외사(儒林外史)』(1759년경)에 나온다(Wu, ca. 1750/1972 참조).

7. 상위 계급 남성을 묘사한 이유는, 작가가 주로 남성이고 여성 작가의 경우에도 작품에서는 거의 이런 성격의 남성들을 묘사하고 있기 때문이다. 같은 환경에서도 상위 계급 여성은 대개 다른 여성들에 둘러싸여 있다. 따라서 상황적으로 상위 계급의 남성보다는 내향성을 덜 보인다(Girouard, 1978).

8. 예를 들면, Adams(1907/1931: chap. 13) 참조.

9. 무대 뒤의 사생활 영역이 널리 가능하도록 역사적 조건이 변화하자, 외향적 성격이라고 볼 수 있는 사교성이 있는 사람도 무대 위의 상황을 위해 준비하거나 무대 위에서 벌어진 일을 생각하느라고 혼자서 시간을 보내게 되었다. 이들은 혼자서 상당한 시간을 보낼 것이고 또 혼자 있을 때도 사교성이 있어서 강한 집중력과 강렬한 감정을 느낄 가능성이 높다. 그러나 우리는 이들을 보통 사회에서 물러나 내면 지향성을 가지고 있다는 의미로 내향적 성격이라 하지 않는다. 이들은 자신이 맺고 있는 사회관계에서 스스로에 대해 부정적 평가를 일삼는 신경증적인 내향성이 될 가능성이 높다.

10. 19세기까지 텍스트를 큰 소리로 읽는 관행이 보편적이었다. 그래서 혼자 책을 읽는 '책벌레'는 비교적 최근의 현상이다.

11. 이런 유형의 인성을 겉으로 드러난 그들의 지적 작업 내용과 혼동해서는 안 될 것이다. 전형적인 미국 대학의 문학 학과에서는 재귀성, 소외, 다원적 관점주의라는 어휘를 사용하지만

그 개념들이 나온 파리 지식인들의 중심과는 거리를 두고 아주 표준화된 방식으로 사용한다.

12. 1980년대와 1990년대의 '폭탄 투하 협박범'은 급진적 학생 운동이 활발했던 시기에 캘리포니아 대학 버클리 캠퍼스에서 수학을 전공했던 학생으로 테크놀로지에 지향성을 보인 '모범생'이었다. 그는 두 가지 문화적 유형을 조합해 자신의 독자적인 정치적 신조를 갖게 되었다. 그는 폭발성 장치를 만들어 주로 주요 산업체나 정부에서 일하는 과학자들에게 우편으로 보냈다. 이는 그에게 가장 익숙한 기술적 연결망에 자신의 소신을 퍼트렸다는 말이다. 이런 개인 '테러리스트'는 가장 급진적인 진영의 정치적 활동가나 사회운동가에게서도 극히 보기 드문 부류이다. 종교 운동의 연구자들이 보여주는 것처럼 극단적으로 반사회적이거나 정신적 병증을 보이는 사람들은 아주 허약한 개종자이다. 종교 운동의 성장을 도와줄 연결망과 관계를 맺지 못하고 능숙한 조직가도 되지 못한다(Stark and Bainbridge, 1985).

13. 여기서 나는 일부러 남성 명사를 사용한다. 내가 알고 있는 이런 부류의 한 맺힌 지식인들은 모두 남성이다. 예외로 거투르드 스타인은 여성이었지만, 사회로부터 물러나지 않고 번창했던 살롱의 중심을 차지했다. 젠더의 사회적 조건을 인과관계에 집어넣어야 할 것이다.

14. 아주 복잡한 극적 서사 구조를 가진 허구의 인물을 증거로 삼는 일은 삼가야겠지만, 햄릿이 속한 연결망의 복잡성을 살펴볼 수는 있을 것이다. 그는 왕자로서 궁정에서 공적 관심사의 한가운데 있다. 일부 친족과 정치적 지지자들의 관점에서는 왕위를 물려받을 태자지만 다른 친족과 정치적 제휴집단이 볼 때는 왕실의 관례에 따라 어머니와 결혼해야 할 삼촌 쪽 세력과 대치하는 소수파이다. 정치적 책략가로서 햄릿은 자기를 염탐함이 분명한 적의 동태를 살피는 첩자 친구가 있어서 그와 은밀히 만나곤 한다. 독일의 대학에서 체류할 때는 유흥과 재치를 자랑하는 학생 집단의 연결망에 속해 있었다. 또한 자신의 정치적 적수와 인척 관계에 있고 결혼하기에는 지체가 낮은 여성과 성관계도 가진다. 연극 공연의 후원자이며 희곡을 써본 경험도 있다. 만일 서사 구조를 위해 만들어낸 극중 인물(이라는 것이 사실에 더 가까울 것) 이 아니라 실재하는 인물이라고 본다면, 햄릿은 온전한 의미의 내향적 성격이 아니라 계기를 만나면 사람 사귀기를 좋아하고 말솜씨를 즐길 줄도 아는 상황적 내향성 유형이다. 그럼에도 불구하고 무대 위와 무대 뒤를 오가며 책략을 부릴 기회가 엄청나게 많고 그가 속한 여러 연결망들은 그를 각기 다른 방향으로 잡아끌고 있다. 사회학적으로 말하면, 바로 이 연결망 구조와 고프먼 식 상황적 만남이 햄릿으로 하여금 실행에 옮기지 못하고 무대 뒤에서 독백을 할 수밖에 없도록 만든다.

15. 개인성 숭배의 가장 오래된 형태는 정치적 우두머리에게 관심의 초점을 두는 의례였다. 그러나 그런 '위대한' 인물들은 흔히 혈통 승계의 구조에 편입되어 있었고 개인적으로 존대를 받기보다는 범주적 존대를 받았다. 중국 역사에서 황제는 보통 한자리에서 꼼짝 않고 앉아 있게 만드는 의례에 둘러싸여 있었고, 개인적인 이름은 지워지고 왕명으로만 남는다. 위용을 떨쳤던 몇 되지 않는 중국의 황제들은 왕권을 찬탈하고 새로운 왕조를 세웠거나 색을 좋

아해 악명이 자자했던 이들로 의례적 지위를 넘나들었다. 세계사 전체를 훑어본 초기 사회학자였던 헤겔은 초기의 국가들은 오직 한 사람(군주)만 자유를 누렸고 현대 사회에서는 모두가 자유로운 존재가 되었다고 도식화했다. 그러나 정치적 인물을 독특한 개성을 지닌 존재로 숭배하게 된 것은 20세기에 와서야 두드러지게 된 현상이다. 현대 대중 매체의 기법을 활용해 상징을 재생산하고 널리 전파시키는 단계를 거쳐 숭배가 이루어졌다. 레닌, 스탈린, 마오쩌둥 등, 또는 비슷하게 숭배되었던 독재자와 지도자들의 모습을 어디서나 볼 수 있었다. 실로 개인성은 현대 사회에서 확산된 현상이고 동시에 극단적으로 과대 포장된 피상적 이미지를 전파하는 수단도 발전하게 되었다.

16. 1610년에서 1640년 사이에 『우울의 해부(Anatomy of Melancholy)』를 썼던 옥스퍼드의 목사 로버트 버튼(Robert Burton)은 학자들의 삶을 정신적인 고통과 이상한 공상에 사로잡히는 경향으로 묘사했다. 그러나 이들을 현대적 의미의 소외된 지식인이나 내향적인 인성으로 볼 수는 없다. 버튼의 우울증 논의는 사랑과 질투로 인한 공상과 비애에 관한 것(주로 문예작품에서 발췌한 것)이었고, 독신 성직자인 학자의 삶을 주로 다루었기 때문이다. 우울증을 유발하는 원인으로 버튼은 가난, 투옥, 야망의 좌절 같은 다양한 삶의 불운에다 초자연적이고 주술적인 힘, 음식, 기후, 질병, 신체적 기질 따위 백과사전의 목록을 다 포함시킨다. 버튼의 우울증에 대한 관점은 이상스런 공상의 성격을 강조하는 것이었는데, 그중에는 종교적 이단, 마술, 미신, 심지어는 가톨릭 전례(그의 정치적 편향성을 보여준다)도 들어 있다. 그에게 우울증은 모든 형태의 '무절제'를 뜻했다. 우울증의 범주를 중세 후반의 스콜라 철학과 인본주의에 끼워 넣은 것으로, 내향성의 현대적 개념화와는 상당한 거리가 있다.

17. 음악 시장과 음악 천재를 숭배하게 된 전환기에 관해서는 Denora(1995) 참조. 상대적으로 더 상업적이고 자율적인 문화 생산 분야에 관해서는 Bourdieu(1993) 참조.

18. 현대 사회가 개인숭배를 하게 된 또 다른 원인은 가족적 결합과 세습 귀족 가문의 사적인 종속 관계를 대체한 관료제적 조직의 성장이다. 관료제는 공식 규칙과 규제로 직위가 정의되는 조직이다. 개인은 이 직위를 단지 일시적으로 점할 뿐 서류나 공식기록상의 경력을 쌓음으로써 이동한다. 직위 경력은 가족 구성원이나 집단의 일원이 아니라 개인으로 다루는 기록이다. 따라서 개인성은 범주 체계로서 현대 조직의 절차로 확립된 것이다. 학력 단계가 길어진 결과 현대인들이 장기간 붙잡혀 있는 교육 과정은 가장 잘 봐주어도 현대인이 경력으로써 자아를 공적으로 연출하기 위해 사용하는 개인적 기록의 축적일 뿐이다. 현대 사회의 개인주의에 또 다른 거대한 구조적 원천인 정치적 권리의 법적 개념화도 마찬가지이다. 현대 민주주의를 위한 투쟁은 국가 참여를 더 증진시키는 방향으로 진행되었다. '1남성 1표(one man, one vote)'라는 구호도 가족의 우두머리인 '남성'(19세기 초반 사회 단위로서 독립적인 재산 소유자라는 자유주의적인 개념)뿐만 아니라 젠더나 독립 여부와 상관없이 모든 사람을 포함하는 정치적 개인을 재규정하는 과정을 통해 확대되어야만 했다. 이런 재규정은

전에는 부양 대상인 아이들로 간주했던 인구 층을 포함시키기 위해 선거 연령을 낮추면서 이루어진 것이다. '1인 1표(one person, one vote)'라는 구호에는 의례적 성격이 들어 있다. 민주적 정신이 가장 널리 퍼져 있고 개인성을 가장 강조하는 사회는 인구의 상당수가 투표소에 가는 번거로움을 마다하지 않는 사회이기 쉽다. 투표라는 개념은 정치적 현실이라기보다는 민주주의 시대의 정치적 상징이다.

19. 옥스퍼드 영어 사전 참조. '외향성'과 '내향성'이 종교에서 심리학으로 옮겨 간 역사를 볼 수 있다. 1656년에 "외향성은……신비주의적 신성 체험에서……생각이 바깥에 있는 대상을 향하고 분심이 드는 것"을 말했다. 1788년에 "마음의 눈이 그분(그리스도)을 떠나 외부의 사물로 향하는 것을 외향성이라 부른다"는 말이 나온다. 외향성이라는 용어가 순전히 물리적 감각이라는 의미로 쓰였던 초기 근대 과학의 용법과 겹치는 시기가 있었다. 1670년에서 1750년 사이의 화학 교과서에는 '외향성'이 화학반응이 겉으로 표출되는 현상을 뜻했는가 하면, 1880년대에 오면 의학에서 '내향성'은 '안으로 오그라드는 발가락'처럼 신체의 내장기관이 제 속으로 되돌아감을 뜻했다.

20. 이는 마음을 비우고 정신을 집중하는 명상의 형태에도 적용된다. 불교와 힌두교에서 해탈 체험이라고 부르고, 기독교나 이슬람교에는 신의 계시로 간주되는 것들이다. 불교의 교리는 소위 '이름과 형상'이라는 사고 형태가 사회적 담론의 한 부분임을 분명히 인식하고 있었으며 명상 수련은 세속사에 대한 집착을 넘어설 수 있게 해주는 방편으로 간주되었다. 열반이나 무상 체험의 종교적 상태는 또한 불교 공동체의 집합적 상징인 성스러운 대상이었다. 사물이나 이미지뿐만 아니라 행위나 체험을 포함해 집합적으로 관심을 집중하는 것이면 무엇이나 뒤르켕이 말하는 성스러운 대상이 될 수 있음을 드러내는 또 하나의 보기이다. 다양한 형태의 종교적 신비주의 관행과 사회적 조직에 관한 자세한 내용은 Collins(1998: 195~208, 290~298, 964~965, reference) 참조.

21. 인류학자 터너(Victor Turner, 1967)가 예리하게 간파한 일화가 있다. 그가 연구하던 부족 사회를 떠나기 전 인적 드문 오솔길을 걷고 있었는데 주술사가 그를 따라와 함께 걸어주었다. 겉으로 표현은 하지 않았지만, 주술사는 부족 사회의 외로운 지식인으로서 상대역이 되었던 터너에게 작별인사를 하는 듯한 느낌을 받았다고 쓰고 있다.

22. 기도 상황에 대해서는 체계적인 역사적 자료도 현대 사회의 자료도 없기 때문에 나는 '아마도'라는 추측성 단어를 쓴다.

23. 베버는 개신교가 근대 사회의 개인주의에 미친 영향을 설명한 것으로 유명하다. 베버가 가톨릭의 반동 종교개혁 운동이 현대인의 심리적 지향성에 기여한 몫을 평가하는 데 인색했던 것은 그의 반가톨릭 성향 때문이었다고 한다(O'Malley, 1993 참조).

24. 고대 문명기에 종교 전문가의 분화가 사실상 기계적 유대의 또 다른 영역인 별도의 폐쇄적 공간을 형성했음은 이미 살펴보았다. 물론 그 공간이 내면적 체험에 집중하는 순간을 더 많

이 허용했음도 사실이다.

25. 따라서 따분함도, 혼자 있어서 따분한 것과 함께하는 다른 사람들이 따분한 것으로 나뉘게 된다.

26. 전근대적 형태에서 유추하면, 성스러운 상징의 경우는 십자고상이나 성물의 대량생산이 될 것이고, 일차적 의례 생산의 수단은 십자고상에 정서적 의미를 부여하는 전례 참여 수단이 대거 확대된 것, 또는 성스러운 유물이 전시된 현장에 대규모 순례 인원을 수용할 수 있게 된 것을 들 수 있다.

27. 미시사회학적 관찰의 분석적 성격을 강조한 고프먼의 관점을 공유하고 있는 가핀켈(1967)은 자신의 민속방법론에는 어떤 반어법적 의도도 없다고 단호하게 말한다.

28. 이러한 '고프먼 식 혁명'의 소묘는 내가 '미시적 역사'라고 할 때 그 의미가 무엇인지를 보여주는 한 보기이다. 미시적 상호작용 영역은 역사를 가지고 있다. 단순히 예법의 변화를 기술한 역사라는 구체적인 의미에서 그치지 않고, 미시적 상황의 상호작용과 그 결과에 작용한 조건을 보여주는 분석적 역사이기도 하다.

참 고 문 헌

Abolafia, Mitchel. 1996. *Making Markets: Opportunism and Restraint on Wall Street*. Cambridge: Harvard University Press.

Adams, Henry. 1907/1931. *The Education of Henry Adams*. New York: Random House.

Allan, G. A. 1979. *A Sociology of Friendship and kinship*. London: Allen and Unwin.

Alexander, Jeffrey C. 1982. *Theoretical Logic in Sociology. Volume 2. The Antinomies of Classical Thought: Marx and Durkheim*. Berkeley: University of California Press.

Amory, Cleveland. 1960. *Who Killed Society?* New York: Harper.

Anderson, Benedict. 1991. *Imagined Communities: Reflections on the Origin and Spread of Nationalism*. London: Verso.

Anderson, Elijah. 1999. *The Code of the Street: Decency, Violence and the Moral Life of the Inner City*. New York: Norton.

_____. 2002. "The Ideologically Driven Critique." *American Journal of Sociology*, 107, pp.1533~1550.

Annett, Joan, and Randall Collins. 1975. "A Short History of Deference and Demeanor." in Randall Collins. *Conflict Sociology: Toward an Explanatory Science*. New York: Academic Press.

Atkinson, J. Maxwell. 1984. "Public Speaking and Audience Responses." in Maxwell Atkinson and John Heritage(eds.). *Structures of Social Action: Studies in Conversation Analysis*. New York: Cambridge University Press.

_____, and John Heritage(eds.). 1984. *Structures of Social Action: Studies in Conversation Analysis*. New York: Cambridge University Press.

Bacon, Francis. 1625/1965. *Essays*. New York: Macmillan.

Barker, R., and M. Bellis, 1995. *Human Sperm Competition: Copulation, Masturbation and Infidelity*. New York: Chapman and Hall.

Bales, Robert Freed. 1950. *Interaction Process Analysis*. Cambridge, Mass.: Addison Wesley.

_____. 1999. *Social Interaction Systems: Theory and Measurement*. New Brunswick, N.J.: Transaction.

Baltzell, E. Digby. 1958. *An American Business Aristocracy*. New York: Macmillan.

Barbalet, Jack. 1998. *Emotion, Social Theory and Social Structure. A Macrosociological Approach.* Cambridge: Cambridge University Press.

Barchas, Patricia R., and Sally P. Mendoza. 1984. *Social Cohesion: Essays Toward a Socio-physiological Perspective.* Westport, Conn.: Greenwood.

Barnes, Barry. 1995. *Elements of Social Theory*. Princeton: Princeton University Press.

Barry, Kathleen. 1995. *The Prostitution of Sexuality*. New York: New York University Press.

Bartell, Gilbert. 1971. *Group Sex*. New York: Wyden.

Barthes, Roland. 1967/1990. *The Fashion System*. Berkeley: University of California Press.

Bartlett, Frederic C. 1932. *Remembering: A Study in Experimental and Social Psychology*. Cambridge: Cambridge University Press.

Baudrillard, Jean. 1968/1996. *The System of Objects*. London: Verso.

Becker, Howard S. 1953. "Becoming a Marijuana User." *American Journal of Sociology*, 59, pp.235~252.

Bell, Catherine. 1992. *Ritual Theory, Ritual Practice*. New York: Oxford University Press.

Berger, Bennet. 1981. *The Survival of a Counterculture: Ideological Work and Everyday Life among Rural Communards.* Berkeley: University of California Press.

Bergesen, Albert. 1984. *The Sacred and the Subversive: Political Witch-hunts as National Rituals.* Society for the Scientific Study of Religion Monograph Series, no.4.

_____. 1999. "The Ritual Order." *Humboldt Journal of Social Relations*, 25, pp.157~197.

Bernstein, Basil. 1971-75. *Class, Codes, and Control*. London: Routledge and Kegan Paul.

Black, Donald. 1998. *The Social Structure of Right and Wrong*. New York: Academic Press.

Blau, Peter M. 1960. "A Theory of Social Integration." *American Journal of Sociology*, 65, pp.545~556.

_____. 1977. *Inequality and Heterogeneity: A Primitive Theory of Social Structure*. New York: Free Press.

Blood, Robert O., and Donald M. Wolfe. 1960. *Husbands and Wives*. New York: Free Press.

Blumer, Herbert. 1969. *Symbolic Interaction*. Englewood Cliffs, N.j.: Prentice-Hall.

Blumstein, Philip, and Pepper Schwartz. 1983. *American Couples: Money/Work/Sex*. New York: Morrow.

Boden, Deidre. 1990. "The World as It Happens: Ethnomethodology and Conversation Analysis." in George Ritzer(ed.). *Frontiers of Social Theory*. New York: Columbia University Press.

Borkenau, Franz. 1981. *End and Beginning. On the Generations of Cultures and the Origins of the West*. New York: Columbia University Press.

Bourdieu, Pierre. 1972/1977. *Outline of a Theory of Practice*. Cambridge: Cambridge University Press.

_____. 1984. *Distinction. A Social Critique of the Judgement of Taste*. Cambridge: Harvard University Press.

_____. 1991. *Language and Symbolic Power*. Cambridge: Harvard University Press.

_____. 1993. *The Field of Cultural Production*. Chicago: University of Chicago Press.

_____. 2001. *Masculine Domination*. Stanford: Stanford University Press.

Bowlby, John. 1965. *Child Care and the Growth of Love*. London: Penguin.

Bradburn, Norman. 1969. *The Structure of Psychological Well-being*. Chicago: Aldine.

Braithwaite, John. 1989. *Crime, Shame, and Reintegration*. New York: Cambridge University Press.

Bromley, David G. 1988. *Falling from the Faith*. Newbury Park, Calif.: Sage.

Brooks, Jerome E. 1952. *The Mighty Leaf: Tobacco through the Centuries*. Boston: Little, Brown.

Bruner, Jerome S. 1966. *Studies in Cognitive Growth*. New York: Wiley.

_____. 1983. *Child's Talk*. New York: Norton.

Buford, Bill. 1992. *Among the Thugs*. New York: Norton.

Burawoy, Michael. 1979. *Manufacturing Consent*. Chicago: University of Chicago Press.

Burke, Peter. 1993. *The Art of Conversation*. Ithaca, N.Y.: Cornell University Press.

Burns, Tom. 1992. *Erving Goffman*. London: Routledge.

Burns, Ronald S. 1982. *Toward a Structural Theory of Action*. New York: Academic.

_____. 1992. *Structural Holes*. Cambridge: Harvard University Press.

Bush, L. K., C. L. Barr, G. J. McHugo and J. T. Lanzetta. 1989. "The Effects of Facial Control and Facial Mimicry on Subjective Reactions to Comedy Routines." *Motivation and Emotion*, 13, pp.31~52.

Capella, J. N. 1981. "Mutual Influence in Expressive Behavior: Adult-Adult and Infant-Adult Dyadic Interaction." *Psychological Bulletin*, 89, pp.101~132.

_____. and S. Planalp. 1981. "Talk and Silence Sequences in Informal Conversations." *Human Communications Research*, 7, pp.117~132.

Caplan, Pat(ed.). 1987. *The Cultural Construction of Sexuality*. London: Tavistock.

Carey, James T. 1968. *The College Drug Scene*. Englewoods Cliffs, N.J.: Prentice Hall.

Carley, Kathleen, and Alan Newell. 1990. "The Nature of the Social Agent." Paper delivered at Annual Meeting of the American Sociological Association, Washington, D.C.

Carrithers, Michael, Steven Collins, and Steven Lukes(eds.). 1985. *The Category of the Person*. Cambridge and New York: Cambridge University Press.

Chambliss, Daniel F. 1989. "The Mundanity of Excellence." *Sociological Theory*, 7, pp.70~86.

Chandler, Alfred D. 1962. *Strategy and Structure*. Cambridge: MIT Press.

_____. 1977. *The Visible Hand: The Managerial Revolution in American Business*. Cambridge: Harvard University Press.

Chapkis, Wendy, 1997. *Live Sex Acts*. London: Routledge.

Chapple, Eliot D. 1981. "Movement and Sound: The Musical Language of Body Rhythms in Interaction." *Teacher's College Record*, 82, pp.635~648.

Charle, Christophe. 1990. *Naissance des 'intellectuels,' 1880~1900*. Paris: Minuit.

Chase-Dunn, Christopher, and Thomas D. Hall. 1997. *Rise and Demise: Comparing World Systems*. Boulder, Colo.: Westview.

Chauncey, George. 1994. *Gay New York: Gender, Urban Culture, and the Making of the Gay Male World 1890~1940*. New York: Basic.

Chesterfield, Lord. 1774/1992. *Letters*. New York: Oxford University Press.

Chodorow, Nancy. 1978. *The Reproduction of Mothering*. Berkeley: University of California Press.

Cicourel, Aaron V. 1973. *Cognitive Sociology*. New York: Free Press.

Clayman, Stephen E. 1993. "Booing: The Anatomy of a Disaffiliative Response." *American Sociological Review*, 58, pp.110~130.

Cohen, Albert K. 1955. *Delinquent Boys: The Culture of the Gang*. New York: Free Press.

Coleman, James S. 1961. *The Adolescent Society*. New York: Free Press.

Collins, Randall. 1974. "Three Faces of Cruelty." *Theory and Society*, 1, pp.415~440.

_____. 1975. *Conflict Sociology: Toward an Explanatory Science*. New York: Academic Press.

_____. 1979. *The Credential Society: An Historical Sociology of Education and Stratification*. New York: Academic.

_____. 1986. *Weberian Sociological Theory*. Cambridge and New York: Cambridge University Press.

_____. 1988. *Theoretical Sociology*. San Diego: Harcourt, Brace, Jovanovich.

_____. 1992. "Can Sociology Create an Artificial Intelligence?" in Randall Collins. *Sociological Insight: An Introduction to Non-obvious Sociology*, New York: Oxford University Press.

_____. 1998. *The Sociology of Philosophies*. Cambridge: Harvard University Press.

_____. 1999. *Macro-History*. Stanford: Stanford University Press.

_____. 2002. "Credential Inflation and the Future of Universities." in Steve Brint(ed.). *The Future of the city of Intellect*, Stanford: Stanford University Press.

_____. 2003. "The Durkheimian Movement in France and in World Sociology." in Jeffrey Alexander and Phil Smith(eds.). *The Cambridge Companion to Durkheim*. Cambridge: Cambridge University Press.

_____. 2008. *Violence: A Micro-sociological Theory*. Princeton: Princeton University Press.

Condon, William S., and W. D. Ogston. 1971. "Speech and Body Motion Synchrony of the Speaker-Hearer." in D. D. Horton and J. J. Jenkins(eds.). *Perception of Language*. Columbus, Ohio: Merrill.

Condon, William S., and Louis W. Sander. 1974a. "Synchrony Demonstrated between Movements of the Neonate and Adult Speech." *Child Development*, 45, pp.456~462.

_____. 1974b. "Naonate Movement is Synchronized with Adult Speech: Interactional Participation and Language Acquisition." *Science*, 183, pp.99~101.

Contole, Julie, and Ray Over. 1981. "Change in Selectivity of Infant Social Behavior Between 15 and 30 Weeks." *Journal of Experimental Child Psychology*, 32, pp.21~35.

Cook, Philip J., and Jens Ludwig. 2000. *Gun Violence. The Real Costs*. New York: Oxford University Press.

Corsaro, William A., and Thomas A. Rizzo. 1990. "Disputes in the Peer Culture of American and Italian Nursery-school Children." in Allen D. Grimshaw(ed.). *Conflict Talk*, New York: Cambridge University Press.

Cowley, Malcolm. 1973. *A Second Flowering: Works and Days of the Lost Generation*. New York: Viking Penguin.

Crane, Diana. 2000. *Fashion and Its Social Agendas: Class, Gender and Identity in Clothing*. Chicago: University of Chicago Press.

Cressey, Paul G. 1932. *The Taxi-dance Hall*. Chicago: University of Chicago Press.

Cuber, John F., and Peggy B. Haroff. 1968. *The Significant Americans: A Study of Sexual Behavior among the Affluent*. Baltimore: Penguin.

Dalton, Melville. 1951. "Informal Factors in Career Achievement." *American Journal of Sociology*, 56, pp.407~415.

_____. 1959. *Men Who Manage*. New York: Wiley.

Dahrendorf, Ralf. 1959. *Class and Class Conflict in Industrial Society*. Stanford: Stanford University Press.

D'Andrade, Roy. 1995. *The Development of Cognitive Anthropology*. Cambridge: Cambridge University Press.

Davis, Allison, B. B. Gardner, and M. R. Gardner. 1941/1965. *Deep South*. Chicago: University of Chicago Press.

D'Emilio, J. 1983. *Sexual Politics, Sexual Communities: The Making of a Homosexual Minority in the United States, 1940-1976*. Chicago: University of Chicago Press.

Denora, Tia. 1995. *Beethoven and the Construction of Genius*. Berkeley: University of California Press.

DiMaggio, Paul. 2002. "Endogenizing 'Animal Spirits': Towards a Sociology of Collective Response to Uncertainty and Risk." in Mauro F. Guillén, Randall Collins, Paula England, and Marshall Meyer(eds.). *The New Economic Sociology*. New York: Russell Sage Foundation.

_____, and Hugh Louch. 1998. "Socially Embedded Consumer Transactions: For What Kind of Purchases Do People Most Often Use Networks?" *American Sociological Review*, 63, pp.619~637.

Douglas, Mary. 1966. *Purity and Danger: An Analysis of the Concepts of Pollution and Taboo*. London: Routledge.

_____. 1973. *Natural Symbols*. Baltimore: Penguin.

Dover, K. J. 1978. *Greek Homosexuality*. New York: Random House.

Drewal, Margaret. 1992. *Yoruba Ritual: Performance, Play, Agency*. Bloomington: Indiana University Press.

Dummett, Michael. 1978. *Truth and Other Enigmas*. Cambridge: Harvard University Press.

Dunhill, Alfred. 1924. *The Pipe Book*. New York: Macmillan.

_____. 1954. *The Gentle Art of Smoking*. New York: Macmillan.

Dunier, Mitchell. 2002. "What Kind of Combat Sport Is Sociology?" *American Journal of Sociology*, 107, pp.1551~1576.

Durkheim, Emile. 1893/1964. *The Division of Labor in Society*. New York: Free Press.

_____. 1895/1982. *The Rules of Sociological Method*. New York: Macmillan.

_____. 1906/1974. *Sociology and Philosophy*. New York: Free Press.

_____. 1912/1965. *The Elementary Forms of Religious Life*. New York: Free Press.

_____, and Marcel Mauss. 1903/1963. *Primitive Classification*. Chicago: University of Chicago Press.

Dworkin, Andrea. 1988. *Intercourse*. New York: Free Press.

Eble, Connie. 1996. *Slang and Sociability*. Chapel Hill: University of North Carolina Press.

Ekman, Paul. 1984. "Expression and the Nature of Emotion." in Klaus R. Scherer and Paul Ekman(eds.). *Approaches to Emotion*. Hillsdale, N.J.: Erlbaum.

_____, and Wallace V. Friesen. 1975/1984. *Unmasking the Face*. Englewood Cliffs, N.J.: Prentice-Hall.

_____. 1978. *The Facial Action Coding System (FACS)*. Palo Alto, Calif: Consulting Psychologists Press.

Elias, Norbert. 1983. *The Court Society*. New York: Pantheon.

Ellingson, Stephan, and Kirby Schroeder. 2000. "Race and the Construction of Same-Sex Sexual Markets in Four Chicago Neighborhoods." Unpublished research report, Department of Sociology, University of Chicago.

Emirbayer, Mustafa, and Ann Mische. 1998. "What Is Agency?" *American Journal of Sociology*, 103, pp.962-1023.

Empson, William. 1930. *Seven Types of Ambiguity*. London: Chatto and Windus.

Erickson, Frederick, and Jeffrey Shultz. 1982. *The Counselor as Gatekeeper: Social Interaction in Interviews*. New York: Academic Press.

Erikson, Kai. 1966. *Wayward Puritans*. New York: Wiley.

Esser, Hartmut. 1993. "The Rationality of Everyday Behavior." *Rationality and Society*, 5, pp.7~31.

Etzioni, Amitai. 1975. *A Comparative Analysis of Complex Organizations*. New York: Free Press.

Fine, Gary Alan, and Sherryl Kleinman. 1979. "Rethinking Subcultures: An Inter-actionist Analysis." *American Journal of Sociology*, 85, pp.1~20.

Finley, Moses I. 1977. *The World of Odysseus*. London: Chatto and Windus.

Fischer, Claude S. 1982. *To Dwell among Friends: Personal Networks in Town and City*. Chicago: University of Chicago Press.

_____. 2001. "Bowling Alone: What's the Score?" Paper presented at Annual Meeting of American Sociological Association, Anaheim, California.

Fligstein, Neil. 1990. *The Transformation of Corporate Control*. Cambridge: Harvard University Press.

Founier, Marcel. 1994. *Marcel Mauss*. Paris: Fayard.

Frey, Bruno S., and Reiner Eichenberger. 1989. "Should Social Scientists Care about Choice Anomalies?" *Rationality and Society*, 1, pp.101~122.

Frijda, Nico H. 1986. *The Emotions*. Cambridge: Cambridge University Press.

Fuchs, Stephan. 1995. "The Stratified Order of Gossip." *Soziale Systeme*, 1, pp.47~92.

_____. 2001. *Against Essentialism: A Theory of Culture and Society*. Cambridge: Harvard University Press.

Gans, Herbert J. 1962. *The Urban Villagers*. New York: Free Press.

_____. 1967. *The Levittowners*. New York: Random House.

Garner, Robert(director). 1962. *Dead Birds*. Film of Peabody Museum of Harvard University expedition to Baliem valley, New Guinea. Carlsbad, Calif.: CRM Films.

Garfinkel, Harold. 1967. *Studies in Ethnomethodology*. Englewood Cliffs, N.J.: Prentice Hall.

Gebhard, Paul H. 1966. "Factors in Marital Orgasm." *Journal of Social Issues*, 22, pp.88~95.

Gibson, David 1999. "Taking Turns and Talking Ties: Sequencing in Business Meetings." Ph.D. diss. Department of Sociology, Columbia University.

_____. 2001. "Seizing the Moment: The Problem of Conversational Agency." *Sociological Theory*, 19, pp.250~270.

Gilbert, Martin. 1988. *Churchill*. A Photographic Portrait. London: Heinemann.

Gilmartin, Brian. 1978. *The Gilmartin Report*. Secaucus, N.J.: Citadel Press.

Gimpel, Jean. 1976. *The Medieval Machine*. New York: Penguin.

Girouard, Mark. 1978. *Life in the English Country House*. New Haven: Yale University Press.

_____. 1979. *The Victorian Country House*. New Haven: Yale University Press.

Gitlin, Todd. 1980. *The Whole World Is Watching: Mass Media in the Making and Unmaking of the New Left*. Berkeley: University of California Press.

Glantz, Stanton. 1996. *The Cigarette Papers*. University of California Press.

Goffman, Erving. 1955/1967. "On Face Work: An Analysis of Ritual Elements in Social Interaction." *Psychiatry*, 18, pp.213-231. Reprinted in Goffman. *Interaction Ritual*. New York: Doubleday, 1967.

_____. 1956/1967. "The Nature of Deference and Demeanor." *American Anthropologist*, 58, pp.473~499. Reprinted in Goffman. *Interaction Ritual*. 1967.

_____. 1961. *Encounters*. Indianapolis: Bobbs-Merrill.

_____. 1963. *Behavior in Public Places: Notes on the Social Organization of Gatherings*. New York: Free Press.

_____. 1967. *Interaction Ritual*. New York: Doubleday.

_____. 1969. *Strategic Interaction*. Philadelphia: University of Pennsylvania Press.

_____. 1971. *Relations in Public: Microstudies of the Public Order*. New York: Basic.

_____. 1974. *Frame Analysis: An Essay on the Organization of Experience*. New York: Harper and

Row.

_____. 1981. *Forms of Talk*. Philadelphia: University of Pennsylvania Press.

Goodman, Jordan. 1993. *Tobacco in History: The Culture of Dependence*. London: Routledge.

Goodwin, Jeff, James M. Jasper, and Francesca Polletta(eds.). 2001. *Passions and Politics: Emotions and Social Movements*. Chicago: University of Chicago Press.

Goody, Jack. 1995. *The Expansive Moment: The Rise of Social Anthropology in Britain and Africa, 1918~1970*. Cambridge: Cambridge University Press.

Gouldner, Alvin W. 1954. *Wildcat Strike*. Yellow Spring, Ohio: Antioch Press.

Granovetter, Mark. 1973. "The Strength of Weak Ties." *American Journal of Sociology*, 78, pp.1360~1380.

Granovetter, Mark. 1985. "Economic Action and Social Structure: The Problem of Embeddedness." *American Journal of Sociology*, 91, pp.481~510.

Granovetter, Mark. 2002. "A Theoretical Agenda for Economic Sociology." in Mauro F. Guillén, Randall Collins, Paula England and Marshall Meyer(eds.). *The New Economic Sociology*, New York: Russell Sage Foundation.

Greeley, Andrew M. 1989. *Religious Change in America*. Cambridge: Harvard University Press.

Green, Lynn. 2001. "Beyond Risk: Sex, Power and the Urban Girl." Ph. D. diss., University of Pennsylvania.

Gregory, Stanford W., Jr. 1983. "A Quantitative Analysis of Temporal Symmetry in Microsocial Relations." *American Sociological Review*, 48, pp.129~135.

Gregory, Stanford, Stephen Webster, and Gang Huang. 1993. "Voice Pitch and Amplitude Convergence as a Metric of Quality in Dyadic Interviews." *Language and Communication*, 13, pp.195~217.

_____. 1994. "Sounds of Power and Deference: Acoustic Analysis of Macro Social Constraints on Micro Interaction." *Sociological Perspectives*, 37, pp.497~526.

Griffin, Susan. 2000. *The Book of the Courtesans*. New York: Random House.

Gusfield, Joseph R. 1963. *Symbolic Crusade: Status Politics and the American Temperance Movement*. Urbana: University of Illinois Press.

Habermas, Jurgen. 1984. *Theory of Communicative Action*. Boston: Beacon.

Hadden, Jeffrey K., and Charles E. Swann. 1981. *Prime Time Preachers: The Rising Power of Televangelism*. Reading, Mass.: Addison-Wesley.

Hall, David. 1984. *America's Working Man: Work, Home, and Politics among Blue Collar Property Owners*. Chicago: University Chicago Press.

Hanneman, Robert, and Randall Collins. 1998. "Modelling Interaction Ritual Theory of Solidarity." in Patrick Doreian and Tom Farraro(eds.). *The Problem of Solidarity: Theories and Models*. New York: Gordon and Breach.

Hardaway, C. Kirk, Penny Marler, and Mark Chaves. 1993. "What the Polls Don't Show: A Closer Look at U. S. Church Attendance." *American Sociological Review*, 58, pp.741~752.

_____. 1998. "Overreporting Church Attendance in America." *American Sociological Review*, 63, pp.123~130.

Harlow, Harry F., and Clara Mears. 1979. *The Human Model: Primate Perspectives*. Washington, D.C.: V. H. Winston.

Hatfield, Elaine, and Susan Sprecher. 1986. *Mirror, Mirror: The Importance of Looks in Everyday Life*. Albany: State University of New York Press.

Hatfield, Elaine, John T. Cacioppo, and Richard L. Rapson. 1994. *Emotional Contagion*. Cambridge: Cambridge University Press.

Heilbron, Johan. 1985. "Les métamorphoses du durkheimisme, 1920-1940." *Revue française de sociologie*, 26, pp.203~237.

Heise, David R. 1979. *Understanding Events: Affect and the Construction of Social Action*. Cambridge: Cambridge University Press.

_____. 1987. "Affect Control Theory: Concepts and Model." *Journal of Mathematical Sociology*, 13, pp.1~31.

Hemingway, Ernest. 1964. *A Moveable Feast,* New York: Macmillan.

Herdt, Gilbert. H. 1994. *Guardians of the Flutes: Idioms of Masculinity*. Chicago: University of Chicago Press.

Heritage, John. 1984. *Garfinkel and Ethnomethodology*. Cambridge: Polity.

Hochschild, Arlie. 1983. *The Managed Heart*. Berkeley: University of California Press.

Homans, George C. 1950. *The Human Group*. New York: Harcourt, Brace.

_____. 1961. *Social Behavior: Its Elementary Forms*. New York: Harcourt.

Hoigard, Cecilie, and Liv Finstad. 1992. *Backstreets: Prostitution, Money, and Love*. Cambridge: Polity.

Horowitz, Donald L. 2001. *The Deadly Ethnic Riot*. Berkeley: University of California Press.

Hubert, Henri, and Marcel Mauss. 1899/1968. *Le Sacrifice*. in *Année Sociologique*, vol.2. Reprinted in Marcel Mauss. *Oeuvres*. Paris: Minuit.

_____. 1902/1972. *A General Theory of Magic*. New York: Norton.

Hymes, Dell. 1974. *Foundations in Sociolinguistics: An Ethnographic Approach*. Philadelphia:

University of Pennsylvania Press.

Ikegami, Eiko. 1995. *The Taming of the Samurai: Honorific Individualism and the Making of Modern Japan*. Cambridge: Harvard University Press.

_____. 2004. *Civility and Aesthetic Publics in Tokugawa Japan*. New York: Cambridge University Press.

Jacobs, Jerry A., and Kathleen Gerson. 2001. "Overworked Individuals or Overworked Families? Explaining Trends in Work, Leisure, and Family Time." *Work and Occupations*, 28(1), pp.40~63.

Jaffe, Joseph, and Stanley Feldstein. 1970. *Rhythms of Dialogue*. New York: Academic.

James, William. 1890. *Principles of Psychology*. New York: Holt.

Jameson, Frederic. 1972. *The Prison House of Language*. Princeton: Princeton University Press.

Jasper, James M. 1997. *The Art of Moral Protest*. Chicago: University of Chicago Press.

Jefferson, Gail. 1985. "An exercise in the transcription and analysis of laughter." in T. A. van Dijk(ed.). *Handbook of Discourse Analysis*. Vol.3. *Discourse and Dialogue*. London: Academic.

Johnson, Weldon T. 1971. "The Religious Crusade: Revival or Ritual?" *American Journal of Sociology*, 76, pp.873~880.

Kahneman, Daniel, Paul Slovic, and Amos Tversky, 1982. *Judgment under Uncertainty: Heuristics and Biases*. London: Cambridge University Press.

Kanter, Rosabeth M. 1977. *Men and Women of the Corporation*. New York: Basic.

Katz, Jack. 1999. *How Emotions Work*. Chicago: University of Chicago Press.

Keegan, John. 1977. *The Face of Battle*. New York: Random House.

_____. 1987. *The Mask of Command*. New York: Viking.

Kemper, Theodore D. 1978. *A Social Interactional Theory of Emotions*. New York: Wiley.

_____(ed.). 1990. *Research Agendas in the Sociology of Emotions*. Albany: SUNY Press.

_____. 1991. *Testosterone and Social Structure*. New Brunswick, N.J.: Rutgers University Press.

Kendon, Adam. 1970. "Movement Coordination in Social Interaction." *Acta Psychologica*, 32, pp.1~25.

_____. 1980. "Gesticulation and Speech: Two Aspects of the Process of Utterance." in Mary R. Key(ed.). *The Relationship of Verbal and Nonverbal Communication*. New York: Mouton.

Kerckhoff, Alan C., and Kurt W. Back. 1968. *The June Bug: A Study of Hysterical Contagion*. New York: Appleton-Century-Crofts.

Kiernan, V. G. 1991. *Tobacco: A History*. London: Hutchinson.

King, Anthony. 2001. "Violent Pasts: Collective Memory and Football Hooliganism." *Sociological Review*, 49, pp.568~585.

Kinsey, Alfred C., Wardell B. Pomeroy, and Clyde D. Martin. 1948. *Sexual Behavior in the Human Male*. Philadelphia: Saunders.

_____, and Paul H. Gebhard. 1953. *Sexual Behavior in the Human Female*. Phildelphia: Saunders.

Klein, Richard. 1993. *Cigarettes are Sublime*. Durham, N. C.: Duke University Press.

Kleinberg, Aviad M. 1992. *Prophets in Their Own Country: Living Saints and the Making of Sainthood in the Later Middle Ages*. Chicago: University of Chicago Press.

Kluger, Richard. 1996. *Ashes to Ashes: America's Hundred-Year Cigarette War, the Public Health, and the Unabashed Triumph of Philip Morris*. New York: Knopf.

Kohn, Melvin L. 1977. *Class and Conformity*. Chicago: University of Chicago Press.

_____, and Carmi L. Schooler. 1983. *Work and Personality*. Norwood, N.J.: Ablex.

Kornai, Janos. 1992. *The Socialist System: The Political Economy of Communism*. Princeton: Princeton University Press.

Kryger, Meir H., Thomas Roth, and William C. Dement(eds.). 2000. *Principles and Practice of Sleep Medicine*. Philadelphia: Saunders.

Kulick, Don. 1998. *Travesti*. Chicago: University of Chicago Press.

Kusch, Martin. 1999. *Psychological Knowledge: A Social History and Philosophy*. London: Routledge.

Labov, William. 1972. "The Study of Language in Its Social Context." in Pier Paolo Giglioli (ed.). *Language and Social Context*. Baltimore: Penguin.

Lamont, Michèle. 1992. *Money, Morals and Manners: The Culture of the French and the American Upper-Middle Classes*. Chicago: University of Chicago Press.

_____. 2000. *The Dignity of Working Men: Morality and the Boundaries of Race, Class, and Immigration*. Cambridge: Harvard University Press.

_____, and Annette Lareau. 1988. "Cultural Capital: Allusions, Gaps and Glissandos in Recent Theoretical Developments." *Sociological Theory*, 6, pp.153~168.

Laumann, Edward O. 1966. *Prestige and Association in an Urban Community*. Indianapolis: Bobbs-Merrill.

_____. 1973. *The Bonds of Pluralism*. New York: Wiley.

Laumann, Edward O., John H. Gagnon, Robert T. Michael, and Stuart Michaels. 1994. *The Social Organization of Sexuality: Sexual Practices in the United States*. Chicago: University of

Chicago Press.

Laumann, Edward O., and Franz U. Pappi. 1976. *Networks of Collective Action. A Perspective on Community Influence Systems*. New York: Academic Press.

Laver, James. 1995. *Costume and Fashion*. New York: Thames and Hudson.

Lawler, Edward J., and Shane R. Thye. 1999. "Bringing Emotions into Social Exchange Theory." *Annual Review of Sociology*, 25, pp.217~244.

Le Bon, Gustave. 1908. *The Crowd: A Study of the Popular Mind*. London: Unwin.

Leidner, Robin. 1993. *Fast Food, Fast Talk: Service Work and the Routinization of Everyday Life*. Berkeley: University of California Press.

Leifer, Eric M. 1995. *Making the Majors: The Transformation of Team Sports in America*. Cambridge: Harvard University Press.

Lemaires, Gérard-Georges. 2001. *The Orient in Western Art*. Cologne: Könemann.

Leventhal, H., and W. Mace. 1970. "The Effect of Laughter on Evaluation of a Slapstick Movie." *Journal of Personality*, 38, pp.16~30.

Lévi-Strauss, Claude. 1949/1969. *The Elementary Structures of Kinship*. Boston: Beacon.

_____. 1958/1963. *Structural Anthropology*. New York: Doubleday.

_____. 1962/1969. *Introduction to a Science of Mythology: 1. The Raw and Cooked*. New York: Harper and Row.

Lewis, W. H. 1957. *The Splendid Century: Life in the France of Louis XIV*. New York: Doubleday.

Lofland, John. 1981. "Collective Behavior: The Elementary Forms." in Morris Rosenberg and Ralph H. Turner(eds.). *Social Psychology. Sociological Perspectives*. New York: Basic.

Lott, John, R., Jr. 1998. *More Guns, Less Crime: Understanding Crime and Gun Control*. Chicago: University of Chicago Press.

Luhmann, Niklas. 1984/1995. *Social Systems*. Stanford, Calif.: Stanford University Press.

Lukes, Steven. 1973. *Emile Durkheim: His life and Work*. London: Allen Lane.

MacKinnon, Neil J. 1994. *Symbolic Interaction as Affect Control*. Albany: SUNY Press.

Malinowski, Bronislaw. 1929/1987. *The Sexual Life of Savages*. Boston: Beacon.

Mann, Michael. 1986. *The Sources of Social Power. Vol.1. A History of Power from the Beginning to A. D. 1760*. Cambridge: Cambridge University Press.

_____. 1993. *The Sources of Social Power. Vol.2. A History of Power from 1760 to 1914*. Cambridge: Cambridge University Press.

March, James G., and Herbert A. Simon. 1958. *Organizations*. New York: Wiley.

Marlatt, G., S. Curry, and J. Gordon. 1988. "A Longitudinal Analysis of Unaided Smoking Cessation." *Journal of Consulting and Clinical Psychology*, 56, pp.715~720.

Marrett, R. R. 1914. *The Threshold of Religion*. London: Methuen.

Marshall, Douglas A. 2002. "Behavior, Belonging, and Belief: A Theory of Ritual Practice." *Sociological Theory*, 20, pp.360~380.

Martos, Joseph. 1991. *Doors to the Sacred: A Historical Introduction to the Sacraments of the Catholic Church*. Tarrytown, New York: Triumph Books.

Marwell, Gerald, and R. E. Ames. 1979. "Experiments on the Provision of Public Goods. 1. Resources, Interest, Group Size, and the Free-rider Problem." *American Journal of Sociology*, 84, pp.1335~1360.

_____. 1980. "Experiments on the Provision of Public Goods. 2. Provision Points, Stakes, Experience and the Free-rider Problem." *American Journal of Sociology*, 85, pp.926~937.

Marwell, Gerald, and Pamela Oliver. 1993. *The Critical Mass in Collective Action: A Micro-Social Theory*. New York: Cambridge University Press.

Marx, Marcia Jean. 1993. *Women and power: managers in the gender-segregated hierarchy*. Ph. D. diss. University of California Riverside.

Masters, William H., and Virginia E. Johnson. 1966. *The Human Sexual Response*. Boston: Little, Brown.

Mauss, Marcel. 1909/1968. *La prière et les rites oraux*. In Oeuvres. Paris: Minuit.

_____. 1914/1994. "Les origines de la notion de monnaie." Translation in Randall Collins (ed.). *Four Sociological Traditions: Selected Readings*. New York: Oxford University Press.

_____. 1925/1967. *The Gift: Forms and Functions of Exchange in Archaic Societies*. New York: Norton.

_____. 1934/1994. "Débat sur les fonctions sociales de la monnaie." Translation in Randall Collins(ed.). *Four Sociological Traditions: Selected Readings*. New York: Oxford University Press.

_____. 1938/1985. "A Category of the Human Mind: The Notion of Person; the Notion of Self." in Michael Carrithers, Steven Collins, and Steven Lukes(eds.). *The Category of the Person*. Cambridge and New York: Cambridge University Press.

Mazur, Allan. 1986. "Signaling Status through Conversation." Unpublished paper.

_____, and Theodore A. Lamb. 1980. "Testosterone, Status, and Mood in Human Males." *Hormones and Behavior*, 14, pp.236~246.

_____, E. Rosa, M. Faupel, J. Heller, R. Leen, and B. Thurman. 1980. "Physiological Aspects of Communication via Mutual Gaze." *American Journal of Sociology*, 86, pp. 50~74.

McClelland, Kent. 1985. "On the Social Significance of Interactional Synchrony." Unpublished paper, Department of Sociology, Grinnell College.

Mcphail, Clark. 1991. *The Myth of the Madding Crowd*. New York: Aldine de Gruyter.

McPherson, J. Miller, and Lynn Smith-Lovin. 1987. "Homophily in Voluntary Organizations: Status Distance and the Composition of Face-to-Face Groups." *American Sociological Review*, 52, pp.370~379.

Mead, George Herbert. 1922. "A Behavioristic Account of the Significant Symbol." *Journal of Philosophy*, 19, pp.157~163.

_____. 1925. "The Genesis of the Self and Social Control." *International Journal of Ethics*, 35, pp.251~277.

_____. 1934. *Mind, Self and Society*. Chicago: University of Chicago Press.

_____. 1938. *The Philosophy of the Act*. Chicago: University of Chicago Press.

Meckel, Mary V. 1995. *A Sociological Analysis of the California Taxi-dancer*. Lewiston, N. Y.: Edward Mellon Press.

Michels, Robert. 1911/1949. *Political Parties. A Study of the Oligarchical Tendency in Organizations*. New York: Free Press.

Miller, Daniel. 1998. *A Theory of Shopping*. Ithaca, N. Y.: Cornell University Press.

Milner, Murray, Jr. 2004. *Freaks, Geeks, and Cool Kids: American Teenagers, Schools, and the Culture of Consumption*. New York: Routledge.

Moffatt, Michael. 1989. *Coming of Age in New Jersey*. New Brunswick: Rutgers University Press.

Montagner, Hubert, A. Restoin, D. Ridgriquez, V. Ullman, M. Viala, D. Laurent, and D. Godard. 1988. "Social Interactions among Children with Peers and Their Modifications in Relation to Environmental Factors." in Michael R. A. Chance(ed.). *Social Fabrics of the Mind*. London: Lawrence Erlbaum.

Monto, Martin. 2001. "Competing Definitions of Prostitution: Insights from Two Surveys of Male Customers." Paper delivered at Annual Meeting of American Sociological Association, Anaheim, California.

Morris, Martina, and Bruce Western. 1999. "Inequality in Earnings at the Close of the Twentieth Century." *Annual Review of Sociology*, 25, pp.623~657.

Nakane, Chie. 1970. *Japanese Society*. Berkeley: University of California Press.

Nathanson, Connie. 1996. "Disease Prevention as Social Change: Toward a Theory of Public Health." *Population and Development Review*, 22(4), #4.

Naudet, Gedeon, and Jules Naudet(directors). 2002. 9·11. Documentary film.

Nelson, E. 2001. "The Miseries of Passive Smoking." *Human & Experimental Toxicology*, 20(2), pp.61~83.

Newman, Katherine. 2002. "No Shame: The View from the Left Bank." *American Journal of Sociology*, 107, pp.1577~1599.

Njal's Saga. ca.1280/1960. Baltimore: Penguin.

O'Donnelll, Ian, and Kimmett Edgar. 1998. "Routine Victimisation in Prisons." *Howard Journal of Criminal Justice*, 37, pp.266~279.

O'Hara, John. 1934. *Appointment in Samara*. New York: Random House.

O'Malley, John W. 1993. *The First Jesuits*. Cambridge: Harvard University Press.

Orwell, Geroge. 1936/1954. *Keep the Aspidistra Flying*. London: Secker and Wargurg.

O'Shaughnessy, Brian. 1980. *The Will: A Dual Aspect Theory*. Cambridge: Cambridge University Press.

O'Sullivan, Maureen, Paul Ekman, Wallace Friesen, and Klaus Scherer. 1985. "What You Say and How You Say It: The Contribution of Speech Content and Voice Quality to Judgments of Others." *Journal of Personality and Social Psychology*, 48, pp.54~62.

Ostrower, Francie. 1995. *Why the Wealthy Give: The Culture of Elite Philanthropy*. Princeton: Princeton University Press.

Page, Benjamin I., and Robert Y. Shapiro. 1992. *The Rational Public: Fifty Years of Trends in Americans' Policy Preferences*. Chicago: University of Chicago Press.

Parsons, Talcott. 1969. *Politics and Social Structure*. New York: Free Press.

Patzer, Gordon. 1985. *The Physical Attractiveness Phenomenon*. New York: Plenum.

Peirce, Charles Sanders. 1955. *Philosophical Writings of Peirce*. New York: Dover.

Perper, Timothy. 1985. *Sex Signals: The Biology of Love*. Philadelphia: ISI Press.

Perrow, Charles. 1984. *Normal Accidents*. New York: Basic.

Phillips, David P., and Kenneth A. Feldman. 1973. "A Dip in Deaths before Ceremonial Occasions: Some New Relationships between Social Integration and Mortality." *American Sociological Review*, 38, pp.678~696.

Powell, Walter. 1989. "Neither Markets nor Hierarchy: Network Forms of Social Organization." *Research in Organizational Behavior*, 12, pp.295~336.

Preston, David L. 1988. *The Social Organization of Zen Practice: Constructing Transcultural Reality*. Cambridge: Cambridge University Press.

Price, Derek J. de Solla. 1986. *Little Science, Big Science, and Beyond*. New York: Columbia

University Press.

Proctor, Robert N. 1999. *The Nazi War on Cancer*. Princeton: Princeton University Press.

Provine, R. R. 1992. "Contagious Laughter." *Bulletin of the Psychonomic Society*, 30, pp.1~4.

_____. 2000. *Laughter: A Scientific Investigation*. London: Faber and Faber.

Putnam, Robert D. 2000. *Bowling Alone: The Collapse and Revival of American Community*. New York: Simon and Schuster.

Radcliffe-Brown, A. R. 1922. *The Andaman Islanders* Cambridge: Cambridge University Press.

Rawls, Anne. 1987. "The Interaction Order Sui Generis: Goffman's Contribution to Social Theory." *Sociological Theory*, 5, pp.136~149.

_____. 2003. *Durkheim's Epistemology*. Cambridge: Cambridge University Press.

Reiss, Ira. 1986. *Journey Into Sexuality*. Englewood Cliffs N.J.: Prentice-Hall.

Richardson, James. T. 1978. *Conversion Careers: In and Out of the New Religions*. Beverly Hills, Calif.: Sage.

Ritzer, George. 1999. *Enchanting a Disenchanted World: Revolutionizing the Means of Consumption*. Thousand Oaks, Calif.: Pine Forge Press.

Rubin, Gayle. 1994. "Sexual Traffic." *Differences: A Journal of Feminist Cultural Studies*, 6, pp.62~99.

Rubin, Lillian. 1976. *World of Pain: Life in the Working-Class Family*. New York: Basic.

Sacks, Harvey. 1987. "On the Preferences for Agreement and Contiguity in Sequences in Conversation." in Graham Button and John R. E. Lee(eds.). *Talk and Social Organization*. Philadelphia: Multilingual Matters.

_____, Emanuel A. Schegloff, and Gail Jefferson. 1974. "A Simplest Systematics for the Organization of Turn-Taking for Conversation." *Language*, 50, pp.696~735.

Sahlins, Marshall. 1972. *Stone Age Economics*. Chicago: Aldine.

Samson, Yvette. 1997. "Shame on You: An Analysis of Shame between Parents and Children." Ph. D. diss. University of California, Riverside.

Sanchez, Lisa E. 1997. "Boundaries of Legitimacy: Sex, Violence, Citizenship, and Community in a Local Sexual Economy." *Law and Social Inquiry*, 22, pp.543~580.

Sanderson, Stephen K. 1999. *Social Transformations: A General Theory of Historical Development*. Oxford: Blackwell.

Saussure, Ferdinand de. 1915/1966. *Course in General Linguistics*. New York: McGraw Hill.

Shapin, Steven, and Simon Schaffer. 1985. *Leviathan and the Air-Pump: Hobbes, Boyle, and the Experimental Life*. Princeton: Princeton University Press.

Scheff, Thomas J., 1990. *Micro-sociology: Discourse, Emotion and Social Structure*. Chicago: University of Chicago Press.

_____, and Suzanne Retzinger. 1991. *Emotions and Violence: Shame and Rage in Destructive Conflicts*. Lexington, Mass: Lexington.

Schegloff, Emanuel. 1992. "Repair after Last Turn: The Last Structurally Provided Defense of Intersubjectivity in Conversation." *American Journal of Sociology*, 97, pp.1985~1945.

Scherer, Klaus R. 1982. "Methods of Research on Vocal Communication." in Klaus R. Scherer and Paul Ekman(eds.). *Handbook of Methods in Nonverbal Behavior Research*. New York: Cambridge University Press.

_____. 1985. "Outline of a Workshop on Vocal Affect Measurement." Paper presented at Annual Meeting, International Society for Research on Emotion.

_____, and Paul Ekman(eds.). 1984. *Approaches to Emotion*. Hillsdale, N.J.: Erlbaum.

Schneider, Mark A. 1993. *Culture and Enchantment*. Chicago: University of Chicago Press.

Schudson, Michael. 1986. *Advertising, the Uneasy Persuasion: Its Dubious Impact on American Society*. New York: Basic.

Scott, Marvin B., and Stanford Lyman. 1968. "Accounts." *American Sociological Review*, 33, pp.46~62.

Searle, Eleanor. 1988. *Predatory Kinship and the Creation of Norman Power. 840-1066*. Berkeley: University of California Press.

Shils, Edward, and Morris Janowitz. 1948. "Cohesion and Disintegration in the Wehrmacht in World War II." *Public Opinion Quarterly*, 12, pp.280~315.

Simon, Herbert A. 1957. *Models of Man*. New York: Wiley.

Simonton, Dean Keith. 1984. *Genius, Creativity and Leadership: Historiometric Inquiries*. Cambridge: Harvard University Press.

_____. 1988. *Scientific Genius: A Psychology of Science*. Cambridge: Cambridge University Press.

Slovic, Paul, Baruch Fischoff, and Sarah Lichtenstein. 1977. "Behavioral Decision Theory." *Annual Review of Psychology*, 28, pp.1~39.

Smelser, Neil J., and Richard Swedberg(eds.). 1994. *Handbook of Economic Sociology*. Princeton: Princeton University Press.

Smith-Lovin, Lynn. 1990. "Emotion as the Confirmation and Disconfirmation of Identity: An Affect Control Model." in Theodore D. Kemper(ed.). *Research Agendas in the Sociology of Emotions*. Albany: SUNY Press.

Snow, David A., Louis A. Zurcher, and Sheldon Ekland-Olson. 1980. "Social Networks and

Social Movements: A Micro-sociological Approach to Differential Recruitment." *American Sociological Review*, 45, pp.787~801.

Sobel, Robert. 1978. *They Satisfy: The Cigarette in American Life*. New York: Anchor.

Sommer, Matthew. 2000. *Sex, Law and Society in Late Imperial China*. Stanford: Stanford: University Press.

Southern R. W. 1970. *Western Society and the Church in the Middle Ages*. Baltimore: Penguin.

Staal, Frits. 1989. *Rules without Meaning: Rituals, Mantras, and the Human Sciences*. New York: Peter Lang.

Stark, Rodney. 1996. *The Rise of Christianity*. Princeton: Princeton University Press.

_____. 2002. "Gods, Rituals and the Moral Order." *Journal for the Scientific Study of Religion*, 41, pp.80~90.

_____, and William Sims Bainbridge. 1985. *The Future of Religion*. Berkeley: University of California Press.

Stinchcombe, Arthur L. 1964. *Rebellion in a High School*. Chicago: Quadrangle Books.

_____. 1965. "Social Structure and Organizations." in James G. March(ed.). *Handbook of Organizations*. Chicago: Rand McNally.

_____. 1994. "Prostitution, Kinship, and Illegitimate Work." *Contemporary Sociology*, 23, pp.856~859.

Stirling, T., W. Rosenbaum, and J. Weinkam. 1993. "Risk Attribution and Tobacco-related Deaths." *American Journal of Epidemiology*, 30, pp.457.

Stone, Lawrence. 1967. *The Crisis of the Aristocracy, 1558~1641*. New York: Oxford University Press.

_____. 1979. *The Family, Sex and Marriage in England, 1500~1800*. London: Weidenfeld and Nicolson.

Strang, Heather, and John Braithwaite(eds.). 2000. *Restorative Justice: Philosophy to Practice*. Aldershot: Ashgate.

Sudnow, David. 1979. *Talk's Body: A Meditation between Two Keyboards*. Cambridge: Harvard University Press.

Swidler, Ann. 1986. "Culture in Action: Symbols and Strategies." *American Sociological Review*, 51, pp.273~286.

Taylor R., R. Cumming, A. Woodward, M. Black. 2001. "Passive Smoking and Lung Cancer: A Cumulative Meta-analysis." *Australian & New Zealand Journal of Public Health*, 25(3), pp.203~211.

Teresa, St. 1565/1957. *The Life of St. Teresa*. Baltimore: Penguin.

Thornhill, Randy, and Craig T. Palmer. 2000. *A Natural History of Rape: Biological Bases of Sexual Coercion*. Cambridge: MIT. Press.

Tilly, Chris, and Charles Tilly. 1994. "Capitalist Work and Labor Markets." in Neil J. Smelser and Richard Swedberg(eds.). *Handbook of Economic Sociology*. Princeton: Princeton University Press.

Tomasello, Michael. 1999. The *Cultural Origins of Human Cognition*. Cambridge: Harvard University Press.

Travers, Jeffrey, and Stanley Milgram. 1969. "An Experimental Study of the Small World Problem.' *Sociometry*, 32, pp.425~443.

Treiman, Donald J.,1977. *Occupational Prestige in Comparative Perspective*. New York: Academic.

Troyer, Ronald J., and Gerald E. Markle. 1983. *Cigarettes: The Battle over Smoking*. New Brunswick, N.J.: Rutgers University Press.

Turner, Bryan S. 1996. *The Body and Society*. London: Sage.

Turner, Jonathan H. 1988. *The Structure of Social Interaction*. Stanford: Stanford University Press.

_____. 1984. *Societal Stratification: A Theoretical Analysis*. New York: Columbia University Press.

_____. 2000. *On the Origins of Human Emotions*. Stanford: Stanford University Press.

_____. 2002. *Face to Face. Toward a Sociological Theory of Interpersonal Behavior*. Stanford: Stanford University Press.

Turner, Victor. 1967. *The Forest of Symbols*. Ithaca, N. Y.: Cornell University Press.

Vatsyayana. ca.200/1964. *The Kama Sutra*. New York: Dutton.

Vygotsky, Lev. 1934/1962. *Thought and Language*. Cambridge: MIT Press.

Wacquant, Löic. 2002. "Scrutinizing the Street: Poverty, Morality and the Pitfalls of Urban Ethnography." *American Journal of Sociology*, 107, pp.1468~1532.

Wagner, David. 1997. *The New Temperance: The American Obsession with Sin and Vice*. Boulder, Colo.: Westview.

Wagner, Susan. 1971. *Cigarette Country: Tobacco in American History and Politics*. New York: Praeger.

Waller, Willard. 1937. "The Rating and Dating Complex." *American Sociological Review*, 2, pp.727~734.

Walton, James. 2000. *The Faber Book of Smoking*. London: Faber and Faber.

Warner, Rebecca M. 1979. "Periodic Rhythms in Conversational Speech." *Language and Speech*, 22, pp.381~396.

_____, T. B. Waggener, and R. E. Kronauer. 1983. "Synchronization Cycles in Ventilation and Vocal Activity during Spontaneous Conversational Speech." *Journal of Applied Physiology*, 54, pp.1324~1334.

Warner, W. Lloyd. 1959. *The living and the Dead*. New Haven: Yale University Press.

Waters, Mary C. 1990. *Ethnic Options: Choosing Identities in America*. Berkeley: University of California Press.

Weber, Max. 1922/1968. *Economy and Society*. New York: Bedminster.

Weeks, Jeffrey. 1977. *Coming Out: Homosexual Politics in Britain from the Nineteenth Century to the Present*. London: Quartet.

White, Harrison C. 1981. "Where Do Markets Come From?" *American Journal of Sociology*, 87, pp.517~547.

_____. 1992. *Identity and Control: A Structural Theory of Social Action*. Princeton: Princeton University Press.

_____. 2002. *Markets from Networks*. Princeton: Princeton University Press.

_____, and Cynthia White. 1965. *Canvases and Careers*. Chicago: University of Chicago Press.

Wiley, Norbert. 1994. *The Semiotic Self*. Chicago: University of Chicago Press.

Willis, Paul. 1977. *Learning to Labor*. New York: Columbia University Press.

Winkin, Yves. 1988. "Erving Goffman: Portrait du sociologue en jeune homme." in Yves Winkin(ed.). *Les moments et leurs hommes*. Paris: Seuil.

Wittgenstein, Ludwig. 1953. *Philosophical Investigations*. New York: Macmillan.

_____. 1956. *Remarks on the Foundations of Mathematics*. Oxford: Blackwell.

Wohlstein, Ronald T., and Clark McPhail. 1979. "Judging the Presence and Extent of Collective Behavior from Film Records." *Social Psychology Quarterly*, 42, pp.76~81.

Wright, Gavin. 1998. "Can a Nation Learn? American Technology as a Network Phenomenon." in Naomi Lamoreaux, Daniel Raff, and Petter Temin(eds.) *Learning by Doing*. Chicago: University of Chicago Press.

Wright, James D., and Peter H. Rossi. 1994. *Armed and Considered Dangerous: A Survey of Felons and their Firearms*. Chicago: Aldine.

Wu Ching-Tzu. ca.1750/1972. *The Scholars*. New York: Grosset and Dunlap.

Wuthnow, Robert. 1989. *Communities of Discourse*: *Ideology and Social Structure in the Reformation, the Enlightenment, and European Socialism*. Cambridge: Harvard University Press.

Young, R. D. and M. Frye. 1966. "Some Are Laughing, Some Are Not — Why?" *Psychological Reports*, 18, pp.747~752.

Zablocki, Benjamin. 1980. *Alienation and Charisma*: A Study of Contemporary *American Communes*. New York: Free Press.

Zelizer, Viviana. 1994. *The Social Meaning of Money*. New York: Basic.

_____. 2000. "The Purchase of Intimacy." *Law and Social Inquiry*, 25, pp.817~848.

찾아보기

지은이

랜들 콜린스(Randall Collins)
하버드 대학교에서 사회학을, 스탠퍼드 대학원 석사과정에서 심리학을 전공했고, UC버
클리에서 사회학으로 박사학위를 받았다. 예일, 버지니아, UC리버사이드와 같은 여러
대학을 거쳐 현재는 펜실베이니아 대학교 사회학과의 대학원 학과장으로 재직하고 있
다. 미시 수준의 사회적 행위와 거시 구조를 연결하고 통합할 수 있는 사회학 이론
체계를 구축하려는 작업을 진행해왔다. 외교관인 아버지의 근무지를 따라 독일, 스페인,
남미 지역에서 어린 시절을 보냈기에 "평범한 미국 아이와 특권을 지닌 외국 아이
사이를 왔다 갔다" 했고, "영국에서 초등학교를 다니며 계층이라는 사회학적 실재를
발견하고 체험"했으며, 1960년대 중반에 버클리에서 공부할 때는 민권운동에 참여하며
연대의 체험이 주는 엄청난 정서적 에너지를 체험했다고 한다.
주요 저서로는 *Conflict Sociology*(Academic Press, 1975), *Credential Society*(Academic Press,
1979), *Weberian Sociological Theory*(Cambridge University Press, 1986), *Theoretical
Sociology*(Harcourt College Pub., 1988), *Sociological Insight: Non-Obvious Sociology*(Oxford
University Press, 1992), *The Sociology of Philosophies*(Harvard University Press, 1992),
Four Sociological Traditions(Oxford University Press, 1994), *Violence: Micro-Sociological
Theory*(Princeton University Press, 2008) 등이 있다.

역자

진수미
서강대학교를 졸업하고, 일리노이 주립대학교(시카고)에서 사회학 박사학위를 받았다.
현재 경북대학교 사회학과 교수로 있다. 산업사회학·조직사회학을 가르쳤으며, 최근에
는 정서사회학에 관심을 두고 있다. 주요 논문으로는 「산업민주화와 생산의 정치와
문화」가 있고, 콜린스의 『상식을 넘어선 사회학(Sociological Insight: Non-Obvious
Sociology)』 초판·개정판을 번역했다.

한울아카데미 1176

사회적 삶의 에너지
상호작용 의례의 사슬

ⓒ 진수미, 2009

지은이 | 랜들 콜린스
옮긴이 | 진수미
펴낸이 | 김종수
펴낸곳 | 도서출판 한울

편집책임 | 이교혜

초판 1쇄 발행 | 2009년 9월 21일
초판 2쇄 발행 | 2010년 10월 18일

주소 | 413-756 파주시 교하읍 문발리 535-7 302(본사)
　　　121-801 서울시 마포구 공덕동 105-90 서울빌딩 3층(서울 사무소)
전화 | 영업 02-326-0095, 편집 02-336-6183
팩스 | 02-333-7543
홈페이지 | www.hanulbooks.co.kr
등록 | 1980년 3월 13일, 제406-2003-051호

Printed in Korea.
ISBN 978-89-460-5176-8 93330 (양장)
ISBN 978-89-460-4141-7 93330 (학생용)

* 책값은 겉표지에 있습니다.
* 이 책은 강의를 위한 학생판 교재를 따로 준비했습니다.
　강의 교재로 사용하실 때에는 본사로 연락해주십시오.